Twenty Lectures on Labor Disputes
Arbitration Rules and Difficult Explanations

劳动争议二十讲

裁判规则与疑难释解

吴博文 著

法律出版社
LAW PRESS · CHINA
北京

图书在版编目（CIP）数据

劳动争议二十讲：裁判规则与疑难释解 / 吴博文著. 北京：法律出版社，2025（2025.6 重印）. -- ISBN 978-7-5244-0315-9

Ⅰ. D922.591.5

中国国家版本馆 CIP 数据核字第 2025H69G77 号

劳动争议二十讲：裁判规则与疑难释解
LAODONG ZHENGYI ERSHIJIANG：CAIPAN GUIZE YU YI'NAN SHIJIE

吴博文 著

策划编辑 李 群 陈昱希
责任编辑 陈昱希
装帧设计 鲍龙卉

出版发行 法律出版社
编辑统筹 法规出版分社
责任校对 张红蕊
责任印制 耿润瑜
经　　销 新华书店

开本 710 毫米×1000 毫米 1/16
印张 44.5 **字数** 857 千
版本 2025 年 6 月第 1 版
印次 2025 年 6 月第 2 次印刷
印刷 北京中科印刷有限公司

地址：北京市丰台区莲花池西里 7 号（100073）
网址：www.lawpress.com.cn
投稿邮箱：info@lawpress.com.cn
举报盗版邮箱：jbwq@lawpress.com.cn
销售电话：010-83938349
客服电话：010-83938350
咨询电话：010-63939796

书号：ISBN 978-7-5244-0315-9　　**定价**：128.00 元
凡购买本社图书，如有印装错误，我社负责退换。电话：010-83938349

作 者 简 介

吴博文

北京市第一中级人民法院民六庭副庭长，三级高级法官。北京市模范法官，北京法院业务标兵，北京法院兼职教师。长年从事劳动争议案件的审理，对劳动争议有系统深入研究。多次参与劳动争议相关司法解释的清理和起草工作。主持、参与多个最高人民法院、人力资源和社会保障部重点课题。参与撰写《最高人民法院新劳动争议司法解释（一）理解与适用》《劳动争议案件裁判规则与法律适用》《股权激励劳动争议裁判思路与法律适用》《新就业形态从业人员劳动权益保障典型案例研究》《企业全流程法律风险防范指引》等著作。数十次在《法律适用》《人民司法》《中国审判》《民事审判指导与参考》《工人日报》《法治日报》《人民法院报》等刊物发表专业调研文章。主审的劳动争议案件被最高人民法院定为指导案例。撰写的案例多次被人民法院案例库、《人民法院案例选》、《中国法院年度案例》、《中国审判案例要览》收录。

由于上述特点，本书既适合作为法官、仲裁员、律师等法律工作者的办案参考，也适合普通劳动者、用人单位工作人员用来全流程了解和应对劳动争议，还适合劳动法学者以及学生进一步了解我国劳动争议仲裁和审判实务。

由于平时工作任务非常繁重，我只有牺牲夜间和周末的休息时间进行本书的写作，因此，首先要感谢母亲和妻子对家庭的大量付出，没有她们的全身心付出，我是不可能完成本书的。一旦动笔才发现，想要系统全面地阐释劳动争议，困难远比想象的多，因此，本书的写作曾数度中断。在此，我要感谢单位领导在关键时刻的期许和鼓励给我增添了强大动力和毅力，历时18个月终于成书。当然，我还要感谢法律出版社李群分社长对本书得以面世所给予的大力支持，以及陈昱希编辑为本书付出的大量心血和劳动。此外，在本书写作过程中，王全兴、林嘉、叶静漪、谢增毅、沈建峰、王天玉、范围、娄宇、阎天等劳动法学者的著述和言传给了我巨大启发和指导，在此一并感谢！

是为序。

吴博文

2025年5月1日于北京

缩略语表

为方便阅读，本书中所涉法律法规文件均使用简称。对于以下司法解释等规定，其简称如下：

简　称	全　称	文号或修改情况
《劳动争议司法解释一》	最高人民法院《关于审理劳动争议案件适用法律问题的解释（一）》	法释〔2020〕26 号
《劳动争议司法解释二》	最高人民法院《关于审理劳动争议案件适用法律问题的解释（二）》	
《劳动争议裁审衔接意见一》	人力资源社会保障部、最高人民法院《关于劳动人事争议仲裁与诉讼衔接有关问题的意见（一）》	人社部发〔2022〕9 号
原《劳动争议司法解释一》	最高人民法院《关于审理劳动争议案件适用法律若干问题的解释》	法释〔2001〕14 号，已失效
原《劳动争议司法解释二》	最高人民法院《关于审理劳动争议案件适用法律若干问题的解释（二）》	法释〔2006〕6 号，已失效
原《劳动争议司法解释三》	最高人民法院《关于审理劳动争议案件适用法律若干问题的解释（三）》	法释〔2010〕12 号，已失效
原《劳动争议司法解释四》	最高人民法院《关于审理劳动争议案件适用法律若干问题的解释（四）》	法释〔2013〕4 号，已失效
《关于在事业单位试行人员聘用制度的意见》	国务院办公厅《转发人事部关于在事业单位试行人员聘用制度意见的通知》	国办发〔2002〕35 号
《关于劳动法若干条文的说明》	劳动部《关于〈劳动法〉若干条文的说明》	劳办发〔1994〕289 号
《贯彻执行劳动法的意见》	劳动部《关于贯彻执行〈中华人民共和国劳动法〉若干问题的意见》	劳部发〔1995〕309 号

续表

简　　称	全　　称	文号或修改情况
《关于确立劳动关系有关事项的通知》	劳动和社会保障部《关于确立劳动关系有关事项的通知》	劳社部发〔2005〕12号
《审理工伤保险行政案件的规定》	最高人民法院《关于审理工伤保险行政案件若干问题的规定》	法释〔2014〕9号
《实施工伤保险条例的意见》	劳动和社会保障部《关于实施〈工伤保险条例〉若干问题的意见》	劳社部函〔2004〕256号
《执行工伤保险条例的意见》	人力资源和社会保障部《关于执行〈工伤保险条例〉若干问题的意见》	人社部发〔2013〕34号
《执行工伤保险条例的意见二》	人力资源社会保障部《关于执行〈工伤保险条例〉若干问题的意见（二）》	人社部发〔2016〕29号
《新就业形态劳动保障权益指导意见〉	人力资源社会保障部、国家发展改革委、交通运输部、应急部、市场监管总局、国家医保局、最高人民法院、全国总工会《关于维护新就业形态劳动者劳动保障权益的指导意见》	人社部发〔2021〕56号
《八民会议纪要》	《第八次全国法院民事商事审判工作会议（民事部分）纪要》	法〔2016〕399号
《民通意见》	最高人民法院《关于贯彻执行〈中华人民共和国民法通则〉若干问题的意见（试行）》	法（办）发〔1988〕6号，已失效
《民事诉讼法解释》	最高人民法院《关于适用〈中华人民共和国民事诉讼法〉的解释》	法释〔2022〕11号，2022年修正
《民事诉讼证据规定》	最高人民法院《关于民事诉讼证据的若干规定》	法释〔2019〕19号，2019年修正
原《民事诉讼证据规定》	最高人民法院《关于民事诉讼证据的若干规定》	法释〔2001〕33号
《诉讼时效司法解释》	最高人民法院《关于审理民事案件适用诉讼时效制度若干问题的规定》	法释〔2020〕17号
《北京市劳动争议解答一》	北京市高级人民法院、北京市劳动人事争议仲裁委员会《关于审理劳动争议案件解答（一）》	京高法发〔2024〕534号

目 录

案例索引

第一讲

劳动关系的基本阐述

第一节　劳动法的重要理念

劳动关系是劳动争议的根源，而劳动法是审理劳动争议案件的法律依据，因此，对劳动争议展开讨论之前，有必要对劳动关系及劳动法作一个简要的阐述。

一、劳动法是独立的部门法

与其他法律一样，从立法角度对劳动法一般有广义和狭义两种理解。广义的劳动法是指调整劳动关系以及与劳动关系密切联系的其他社会关系的法律规范的总体，包括宪法、法律、行政法规、地方性法规、部门规章及地方性规章中的劳动规范，有关劳动的司法解释，经我国政府批准的国际劳工公约中的劳动规范、国际惯例等。狭义的劳动法则是指最高立法机关颁布的劳动法典，即《劳动法》。本书所称的“劳动法”是广义的劳动法。

学界多数观点认为，劳动法既不是民法的一部分，也不从属于经济法，亦不是行政法，而是与他们处于同等地位的独立的部门法。[1] 其理由主要有：

（1）劳动法具有特定的调整对象。劳动法的调整对象，较之民法、经济法和行政法，其特殊性是明显的。它只限于劳动领域的社会关系，且以劳动关系为主。虽然民法、经济法、行政法分别对其中部分社会关系会在一定程度上予以调整，但唯有劳动法是对劳动领域的主要社会关系进行统一调整的法律部门。

（2）劳动法具有其他法律部门不可取代的功能和重要性。劳动法最初之所以从民法体系中独立出来，正是因为民法已不足以有效调整劳动关系，唯有将劳动关系以及与其密切联系的其他社会关系由劳动法按照有别于民法原则的调整原则进行统一调整，才能适应社会经济发展的需要。较之其他法律部门，劳动法所独有的功能和重要性，主要表现在：劳动力是社会财富的源泉，劳动是人类生存和发展的最基本条件，劳动关系是其他经济关系赖以运行的基础，劳动法通过对劳

〔1〕 参见郭捷主编：《劳动法与社会保障法》（第3版），法律出版社2016年版，第18页。

动关系以及与其密切联系的其他社会关系的调整，直接为劳动者的各项合法权益提供法律保障，为劳动过程的实现确立组织规则和管理规则，为劳动力的再生产设定目标和措施，从而直接促进社会生产力的发展、社会财富的创造以及社会的稳定和进步。

（3）劳动法具有作为独立法律部门的传统。一个法律部门在法律体系中处于何种位置，往往同一个国家的法律传统相关联。自19世纪以来，尤其是20世纪初期法国、苏联编纂劳动法典以来，劳动法陆续在世界各国的法律体系中取得了独立法律部门的地位。即使在经济法成为一个独立法律部门以后，无论是在大陆法系国家还是在英美法系国家，劳动法作为一个独立法律部门而存在的传统地位均未动摇。我国虽然直到1994年才制定《劳动法》，但自中华人民共和国成立以来，我国立法实践一直把劳动法作为一个独立的法律部门。[1]

从体系上来说，按照公法、私法和第三法域（公法因素与私法因素融合）的划分，宪法相关法、行政法、刑法、程序法属于公法；民法、商法属于私法；经济法、社会法属于第三法域。而社会法具体又包括劳动法、社会保险法、残疾人保障法、未成年人保护法、妇女权益保障法、老年人权益保障法等。[2]

二、劳动法侧重保护劳动者

劳动法作为社会法，其重要宗旨之一就是侧重保护处于弱势的劳动者一方，平衡不平等的劳动关系。虽然在《劳动合同法》草案审议期间，有部分常委会组成人员提出意见认为，《劳动合同法》涉及劳动合同双方当事人的权利义务，对用人单位的合法权益也应予以保护，这一点在《劳动合同法》的立法宗旨中应有所体现，《劳动合同法》第1条中的保护劳动者的权益应该修改成保护劳动者和用人单位双方的合法权益。但法律委员会经同财政经济委员会和国务院法制办、劳动保障部、全国总工会研究认为，劳动合同不同于经济合同，劳动合同由属于社会法的《劳动合同法》调整，而经济合同是由属于民法的《合同法》调整。《劳动合同法》在明确劳动合同双方当事人的权利和义务的前提下，强调保护劳动者的合法权益是必要的，也是国际上劳动立法的通行规则。[3]

当然，劳动法侧重保护劳动者，并不是说在审理劳动争议案件时要偏向劳动者，而是说劳动法本身是侧重保护劳动者的。对于裁判者来说，应当严格依照劳动法的规定进行裁判，不要抛开法律规定自由发挥。劳动法律在制定时已经经过

---

〔1〕参见王全兴：《劳动法》（第4版），法律出版社2017年版，第44～45页。

〔2〕参见王全兴：《劳动法》（第4版），法律出版社2017年版，第46页。

〔3〕参见桂维康：《劳动关系全流程法律实务解析》，中国法制出版社2023年版，第2页。

充分讨论，其呈现的是立法机关的意志。即使司法裁判者不同意法律的观点，也必须遵照执行，而不能以自己的主观意志对法律进行曲解。严格依照法律规定进行裁判，这就意味着对劳动者与用人单位双方要公平公正、不偏不倚。这种公平体现在举证、认证、释明、辩论、对过错的认定等诸环节。

三、劳动法以强制性规定为主

劳动法是社会法，且一般情形下，从缔约开始劳动者在劳动关系中即处于弱势的受支配地位，因此，为了保护劳动者的合法权益，限制用人单位的行为，劳动法以强制性规定为主。即便是像《劳动合同法》这样带有一定私法性质的劳动法，也不同于合同法的大部分条文是任意性规定、遵循法无禁止即可为的原则——换言之，对于用人单位来说，《劳动合同法》贯彻的是法无授权不可为的理念，其很多条文对于用人单位来说是强制性规定。比如，该法第23条虽然使用了“可以”等的文字表述，[1] 但是其性质是授权性的强制性规定，而不是可以通过约定排除适用的任意性规定。用人单位不能超越该条规定的授权，与不知晓用人单位商业秘密和与知识产权相关的保密事项的劳动者约定竞业限制；用人单位给付竞业限制经济补偿的方式，也不能较之该条规定的方式对劳动者更为不利。上述规定通过向用人单位有限赋权，力图在保护用人单位商业秘密、保障劳动者就业权、促进劳动力合理流动以及正常的商业竞争之间寻求平衡。

需要特别强调的是，所谓强制性规定，其强制性并非千篇一律。一般来说，该强制性是针对双方当事人的。例如，由于人格权制度的根本目的在于维护人的尊严与自由，使人作为人而存在，因此，人格权本身具有专属性，不能转让、继承和放弃，也不能由他人代为行使。这就决定了人格权法是强行法，不论是其中的赋权规范、权利行使规范，还是权利保护规范，性质上大多属于强行性规定，不能任由权利人加以改变；否则，就会违背保护人格尊严和人格自由的理念以及公序良俗原则。[2] 换言之，不论哪一方当事人，均不能违反该强制性——比如，虽然生命权、身体权和健康权对自然人来说是其权利，但是自然人并不能违反法律的强制性规范，放弃其相关权利。又如，《社会保险法》规定，用人单位与劳动者应当依法缴纳社会保险费。该规定不仅涉及劳动者利益，还涉及国家利益和社会公共利益，是强制性规定，用人单位与劳动者双方均不得违反。因此，如果

---

〔1〕《劳动合同法》第23条规定：用人单位与劳动者可以在劳动合同中约定保守用人单位的商业秘密和与知识产权相关的保密事项。对负有保密义务的劳动者，用人单位可以在劳动合同或者保密协议中与劳动者约定竞业限制条款，并约定在解除或者终止劳动合同后，在竞业限制期限内按月给予劳动者经济补偿。劳动者违反竞业限制约定的，应当按照约定向用人单位支付违约金。

〔2〕参见程啸：《人格权研究》，中国人民大学出版社2022年版，第57页。

用人单位与劳动者约定不缴纳社会保险费的，该约定无效——即使该约定出于劳动者自愿。

然而，也有一些强制性规定，其立法目的只是保护某一方当事人的权利不受另一方侵害，换言之，该强制性仅针对合同的其中一方。在这种情况下，应当允许受保护一方在适当的情形下（如在不涉及损害国家利益、社会公共利益以及他人合法权益的情形下），放弃强制性规定对其进行的保护，从而肯认约定的效力。例如，《劳动合同法》上的竞业限制规定虽然一般属于强制性规定，但是其立法目的是对处于弱势缔约地位的劳动者进行保护，并限制用人单位的行为界限，因此，其强制性主要是针对用人单位而不是针对劳动者。这就意味着，即使双方约定的竞业限制条款违反了《劳动合同法》的强制性规定，但是如果劳动者在意思自由的情况下（如劳动关系已经解除、劳动者已经申请了劳动仲裁），仍然认可该约定条款的效力，甘愿受其约束，则裁判机构也就没有必要越俎代庖，强行适用法律的强制性规定对其进行“保护”。

四、劳动法与民法的密切联系

虽然劳动法与民法分属于不同法律部门，但是两者亦有着密切联系。其一，他们遵循一些共同的基本原则，如平等原则、公平原则、自愿原则、诚实信用原则。特别是《劳动合同法》与民法，就具有私法性质的规定而言，二者是特别法与一般法关系。其二，劳动争议案件没有独立的诉讼程序法，而是适用民事纠纷的诉讼程序。其三，由于劳动法中具有私法性质的规范与民法是特别法与一般法关系，因此，在审理劳动争议案件时，劳动法有规定的，适用劳动法，劳动法没有规定的，可以根据其性质适用民法的规定。比如，关于意思表示、要约、承诺、期间等，劳动法没有规定的可以直接适用《民法典》的规定。因此，《劳动争议司法解释一》在帽段部分明确将《民法典》作为其制定依据之一：“为正确审理劳动争议案件，根据《中华人民共和国民法典》……等相关法律规定，结合审判实践，制定本解释。”

第二节　劳动关系相关概念

一、劳动关系

关于劳动关系，学者对其的定义不尽一致。有的学者将其定义为“人们在从事劳动过程中发生的社会关系”“具体表现为劳动者与用人单位之间发生的关系”;[1] 有的学者将其定义为“在运用劳动能力、实现劳动过程中，劳动者与用人单位之间的社会劳动关系”;[2] 有的学者则认为，劳动关系的定义要突出劳动者有偿提供劳动力与用人单位的生产资料相结合这一特点，故可将劳动关系定义为“劳动力所有者（劳动者）与劳动力使用者（雇主或用人单位）之间，为实现劳动过程而发生的一方有偿提供劳动力由另一方用于同其生产资料相结合的社会关系”[3]。

劳动关系的概念有广义和狭义之分，且有两种视角的理解。就法律调整范围的视角而言，狭义劳动关系，仅限于劳动法调整的劳动关系；广义劳动关系，除狭义劳动关系外，还包括民法、公务员法等调整的劳动关系。就劳动关系主体形态的视角而言，狭义劳动关系即学界所称“个别劳动关系”或“单个劳动关系”；广义劳动关系，还包括学界所称“集体劳动关系”或“团体劳动关系”。单个劳动关系的当事人双方仅限于单个劳动者与单个用人单位，其合同为劳动合同。我国劳动立法中所称“劳动关系”指单个劳动关系。与单个劳动关系相对应的是集体（团体）劳动关系，其当事人一方为劳动者团体（工会）及其代表的全体劳动者，另一方为用人单位或用人单位团体，其合同为集体合同。[4] 本书将要阐述的劳动关系，如无特别说明，均是指狭义的劳动关系。

二、劳动关系与劳动法律关系

劳动关系本质是社会关系，经劳动法的调整，就形成法律上的权利义务关系，即劳动法律关系。换言之，劳动法律关系是劳动者与用人单位之间依据劳动法律规范所形成的实现劳动过程的权利和义务关系。劳动关系是劳动法律关系的现实基础，劳动法律关系是劳动关系的法律形式，但并非所有的劳动关系都表现为劳动法律关系。劳动法对劳动关系的调整，在一定意义上就是给劳动关系预设特定的法律模式，即以法律规范对客观存在的劳动关系作出抽象的典型的规定，亦即将其构成要素和运行规则固定下来，作为一定范围内劳动关系的法定模式；并且，以国家强制力要求和保障现实生活中的劳动关系按照法定模式运行。所以，只有已纳入劳动法调整范围，并且符合法定模式的劳动关系，才得以表现为劳动法律关系。它既具有劳动关系的一般属性，也具有法律关系的属性。至于不

[1] 关怀、林嘉主编:《劳动法》(第6版)，中国人民大学出版社2022年版，第10页。
[2] 贾俊玲:《劳动法学》，北京大学出版社2003年版，第4~5页。
[3] 王全兴:《劳动法》(第4版)，法律出版社2017年版，第33页。
[4] 参见王全兴:《劳动法》(第4版)，法律出版社2017年版，第31页。

在劳动法调整范围内的劳动关系，可能成为其他法律部门的法律关系，或者不具有法律关系性质。[1]

三、劳动关系与劳动合同关系

在劳动法上，除了劳动关系，还存在“劳动合同关系”这个概念，比如，《劳动法》第2条规定，“国家机关、事业组织、社会团体和与之建立劳动合同关系的劳动者，依照本法执行”。

劳动合同关系属于劳动关系的一种形态。在我国，依劳动关系确立方式不同可将其划分为劳动合同关系与非合同劳动关系。前者是指依书面、口头或者推定的劳动合同而确立的劳动关系，后者是指以行政方式确立的劳动关系，即固定工制劳动关系。《劳动法》施行以前，非合同劳动关系为一般形态，劳动合同关系为特殊形态。在1986年国有企业实行劳动合同制以前，仅临时工为劳动合同关系，此后，国有企业正式工中劳动合同关系和非合同劳动关系并存，各自适用的劳动法律规范有许多不同。《劳动法》施行后，劳动合同制度普遍实行，劳动合同关系成为劳动关系的一般形态；而非合同劳动关系仅存在于国家机关、事业单位和社会团体，成为特殊形态，随着事业单位聘用制的推行，其存在范围进一步缩小。[2]

第三节　劳动关系“二分法”

一、现行劳动关系“二分法”的弊端

现行劳动关系认定采用“全有或全无”的“二分法”划分标准，这种“二分”体现在两个方面。一方面，以劳动者提供的劳动是从属性劳动还是独立性劳动为标准，将用工主体与劳动者之间形成的用工关系划分为劳动关系和民事法律关系。[3] 如果劳动者向用工主体提供的是从属性劳动，则双方之间形成劳动关系，其权利义务主要交由劳动法调整；如果劳动者向用工主体提供的是独立性劳动，则双方之间形成的就是劳务、承揽、合作等民事法律关系，其权利义务由民法调整。另一方面，在从属性要件之外，我国劳动法实践中还充斥着种种规定，对劳动关系的建立设置了其他要件，使得一些不完全符合全部要件的用工关系可

---

〔1〕参见王全兴：《劳动法》（第4版），法律出版社2017年版，第75页。

〔2〕参见王全兴：《劳动法》（第4版），法律出版社2017年版，第39~40页。

〔3〕参见王天玉：《超越“劳动二分法”：平台用工法律调整的基本立场》，载《中国劳动关系学院学报》2020年第4期。

能被排除在劳动关系之外，而一旦被排除在劳动关系之外，则同样意味着这种用工关系将被划进民事法律关系行列，这实际上也是一种“二分法”。上述劳动关系认定的“二分法”标准，在实践中暴露出明显的弊端，难以适应用工形式的蓬勃发展。

其一，以“二分法”为标准，导致现实中一些用工关系往往处于模糊的中间地带，对其定性存在一定的困难或者争议。这种模糊的中间地带主要有两类。一类以部分依托互联网平台就业的新业态劳动者向平台经营者提供的劳动为典型。与传统劳动关系中的劳动相比，部分新业态劳动者对是否接单、接哪个单、什么时候接单、什么时候休息等往往具有一定程度的自主性；平台经营者等用工主体对他们往往不实行直接的考勤、绩效考核等劳动管理，因此，这种劳动似乎没有传统劳动关系中那样强烈的从属性。但是，用工主体往往又通过特定的算法逻辑、评价机制等管理手段对新业态劳动者的工作和报酬进行监督与控制，使得新业态劳动者的劳动体现出一定的从属性，从而有别于承揽、合作等民法上的用工关系。[1] 另一类则以达到法定退休年龄仍在工作的劳动者（以下简称超龄劳动者）提供的劳动为典型，此外，还包括童工与用工主体形成的用工关系，以及劳动者与被吊销营业执照、被撤销、被提前解散的用工主体之间形成的用工关系，等等。

其二，上述“二分法”标准，致使用工主体与劳动者之间的用工关系要么被划进劳动关系，要么被划进民事法律关系，使处于前述中间地带的劳动者，会因为不同的裁判尺度被认定为劳动关系或者民事法律关系，在劳动保护上产生巨大反差；而被认定为民事法律关系的用工关系中，劳动者提供的劳动从性质上看，很有可能更接近于劳动关系，却得不到必要的劳动保护，然而实际上这部分劳动者群体在基本劳动保护、最低工资保障、职业伤害保障等方面却有着迫切需求，这显然与劳动法保护劳动者合法权益的立法宗旨格格不入。

二、对“二分法”的改良思路

为解决根源于“二分法”的劳动者权益保障问题，在现行法律制度下，笔者认为，可以在完全符合规定要件的劳动关系与民事法律关系之间划出一个中间地带或缓冲地带，将不完全符合规定要件、但是用工性质更接近于劳动关系的用工关系置于其中，从而与民事法律关系区分开来，再通过类推适用或者参照适用劳动法律的相关规定，在基本劳动保护、最低工资保障、职业伤害保障等方面对处

〔1〕 参见北京市第一中级人民法院课题组：《新就业形态下平台用工法律关系定性研究》，载《人民司法》2022 年第 7 期。

于该地带的劳动者施以劳动法的基本保护。

这样处理有充分的法律依据。《民法典》第467条第1款规定，“本法或者其他法律没有明文规定的合同，适用本编通则的规定，并可以参照适用本编或者其他法律最相类似合同的规定”。首先，劳动合同制度和民事合同制度一样，都是市场配置资源的手段。国内主流观点认为劳动合同遵循合同的一般规律和价值取向，因此，在民事用工合同和劳动合同具有共同属性的前提下，根据前述条文规定，跨越劳动合同与民事合同进行法律适用并不存在理论和规则障碍。其次，在劳动关系协调领域，当事人享有的劳动合同自由始终受到劳动基准的限制和补充：劳动基准为劳动合同设置了底线性规则，在劳动合同约定不明或者未约定时，劳动基准发挥着补充性功能。在普通合同领域，法律关于合同的规定显然包含法律的限制性规定和补充性规定，劳动合同领域也是如此。只是在劳动合同领域这些规则更多，具有单方强制色彩，且并不一定包含在劳动合同法中，而是规定在各种劳动基准单行法中。因此，“其他法律最相类似合同的规定”不仅包括劳动合同法的规定，也包括劳动法以及其他单行法中涉及劳动基准的规则。〔1〕最后，这样处理可以有效保障处于中间地带劳动者的基本权益，有利于构建和谐的用工关系，还能够有效避免社保、税收等资金流失，也不至于令互联网平台经营者增加过高的成本，毕竟，依托互联网平台的新就业形态不断壮大，为劳动者就业增收开辟了新渠道，在稳定就业、促进就业中发挥了积极作用。〔2〕

笔者认为，要划出这样一个中间地带，首先要准确界定完全符合规定要件的劳动关系，对于这样的劳动关系，可以称为“完全劳动关系”；在此基础上，类型化梳理不完全符合规定要件、但是用工性质更接近于劳动关系的用工关系，将其与民事法律关系区分开来，对于这样的用工关系，可以称为“不完全劳动关系”。

第四节　完全劳动关系

将完全符合规定要件的劳动关系称为完全劳动关系，一是因为它是完全符合立法期待的劳动关系，二是因为在这样的劳动关系中，劳动者将得到劳动法律全面、完整的保护。

---

〔1〕参见沈建峰：《新就业形态不完全劳动关系的定性与法律适用》，载《学习与探索》2023年第12期。

〔2〕参见北京市就业工作领导小组印发的《关于促进新就业形态健康发展的若干措施》（京就发〔2021〕3号）。

一、完全劳动关系的成立标准不同于普通民事法律关系

对完全劳动关系成立的认定与对民事法律关系成立的认定，存在重大区别。民事法律关系原则上以民事主体意思表示达成一致即告成立；而对完全劳动关系的认定，虽然也强调民事主体需就意思表示达成合意，但是更强调事实优先原则。[1] 并且，对劳动关系的认定还强调民事主体的适格性，即劳动者或者用人单位是否具有建立劳动关系的主体资格。

之所以存在上述区别，是因为劳动关系不是单纯个体之间的民事法律关系，其具有强烈的社会属性，鉴于此，劳动关系认定标准不同于普通民事法律关系是理所当然的。一方面，在劳动关系中，劳动者与用人单位并非处于平等地位的民事主体，因此，国家更强调对劳动者的权益保护。另一方面，劳动关系成立还意味着用人单位与劳动者需要依法缴纳社会保险，直接涉及国家利益和社会公共利益。基于上述理由，劳动关系中的权利义务，主要受归属于社会法的劳动法调整，并且国家对劳动关系的管控要比民事法律关系更强。这种社会属性和强管控，就包括立法对劳动关系的成立设置更多要件。

二、完全劳动关系的成立要件

完全劳动关系需要具备以下四个要件：劳动者与用人单位具有建立劳动关系的主体资格、建立劳动关系的意思表示真实、建立劳动关系的目的合法和开始劳动法意义上的用工。

（一）劳动者与用人单位具有建立劳动关系的主体资格

公民应当达到法定的条件，才有成为劳动者的资格。这种成为劳动者的资格，主要包括具有劳动权利能力和劳动行为能力。劳动权利能力，是指公民能够依法享有劳动权利和承担劳动义务的资格。在我国，公民的劳动权利能力在总体上是平等的。这表现在，凡有劳动能力的公民，其劳动权利能力不因种族、民族、信仰、性别、财产状况等因素的不同而受限制。[2] 劳动行为能力，是指公民能够以自己的行为行使劳动权利、履行劳动义务的资格。在我国，劳动行为能力主要受年龄、劳动能力等因素的影响。就年龄来说，《劳动法》第 15 条规定："禁止用人单位招用未满十六周岁的未成年人。文艺、体育和特种工艺单位招用

---

〔1〕 最高人民法院指导案例 179 号明确了事实优先原则，即在合意与事实冲突时以事实为依据进行法律关系定性。

〔2〕 参见王全兴：《劳动法》（第 4 版），法律出版社 2017 年版，第 90 页。

未满十六周岁的未成年人，必须遵守国家有关规定，并保障其接受义务教育的权利。”《劳动合同法实施条例》第21条规定：“劳动者达到法定退休年龄的，劳动合同终止。”由上述规定可见，未满16周岁的未成年人（以下简称童工）与超龄劳动者都不是立法期待的劳动关系适格主体。

就用人单位来说，首先，其应当属于《劳动法》第2条、《劳动合同法》第2条以及《劳动合同法实施条例》第3条、第4条规定的用人单位种类，否则不具备法定的与劳动者建立劳动关系的资格；其次，其应当具备合法的经营资格，如果其存在未办理营业执照、营业执照被吊销、被提前解散等情形，依照《劳动合同法》第44条第5项的规定，就不具备法定的与劳动者建立劳动关系的资格。

（二）建立劳动关系的意思表示真实

《劳动合同法》第26条第1款第1项规定，以欺诈、胁迫的手段或者乘人之危，使对方在违背真实意思的情况下订立或者变更劳动合同的，劳动合同无效或者部分无效。换言之，劳动者或者用人单位因为受到对方的欺诈、胁迫或者乘人之危，导致其在意思表示不真实的情况下订立了劳动合同的，该劳动合同无效，所成立的劳动关系也不是完全符合立法期待的劳动关系。

需要强调的是，实践中少数用人单位与劳动者订立的用工合同虽然名为合作、承揽、劳务等普通民事合同，但是合同约定的权利义务符合劳动关系本质特征的，应当秉持《民法典》第146条规定的精神，根据合同约定的内容判断当事人的真实意思表示，而不能仅凭合同名称判断当事人的意思表示。同理，用人单位与劳动者订立的虽然是合作、承揽、劳务等普通民事合同，但是实际履行的权利义务符合劳动关系本质特征的，应当根据事实优先原则，以实际履行的权利义务来判断当事人的真实意思表示，进而确定建立的是真实劳动关系。与此相关的内容详见本书第二讲。

（三）建立劳动关系的目的合法

如果建立劳动关系的目的违反法律、行政法规强制性规定，或者违背公序良俗，即建立劳动关系的目的非法，则该用工关系显然不是立法所期待的，也不具备应当受劳动法保护的法益，应当将这样的用工关系排除在劳动关系之外。例如，甲公司与劳动者乙意图建立劳动关系，目的是贩毒。双方订立劳动合同，约定乙为甲贩卖毒品，甲向乙支付劳动报酬，则该用工关系显然不符合立法期待，不应当肯定其劳动关系属性。在这样的非法用工关系中，不论是劳动者还是用工主体的利益，都不应得到劳动法的保护。

（四）开始劳动法意义上的用工

根据《劳动合同法》第 7 条的规定，用人单位自用工之日起即与劳动者建立劳动关系，换言之，“用工”是劳动关系建立的实质要件。此处的“用工”应作何理解？

理论和实务中主要有两种观点。一种观点可以称为“实际使用说”。“实际使用说”认为，用工即劳动者的劳动力被用人单位实际使用或者消耗。该观点注重的是劳动力被实际使用的事实。另一种观点被称为“控制说”。“控制说”认为，用工即劳动者已将其劳动力使用权转让给用人单位，或者说，用人单位对劳动者的劳动力已取得使用权。该观点注重的是劳动者的劳动力处于被用人单位控制的状态，既包括劳动者的劳动力被实际使用，也包括劳动力虽然还未被实际使用但已经处于用人单位有权随时使用的状态。例如，劳动者虽未开始提供劳动，但已经被单位安排去熟悉工作环境、学习规章制度或者进行岗前培训，等等。从保护劳动者的角度，“控制说”对劳动者更为有利。实践中亦有地方立法采用“控制说”。比如，《山西省劳动合同条例》第 8 条第 2 款规定，作为劳动关系建立时间的“用工之日”，是指劳动者根据用人单位的安排，到用人单位报到之日。〔1〕

劳动关系中的用工，区别于普通民事合同中的用工，区别的关键在于其具有支配性或从属性。所谓支配性或从属性是基于不同角度对用工所作的阐释，是用工的“一体两面”。支配性是从用人单位角度，就其对劳动者的用工和劳动管理所折射出来的本质特征所作的阐释；而从属性则是从劳动者的角度，对劳动所折射出来的本质特征所作的阐释。所谓劳动的从属性，有观点认为包括三个从属性，即人格从属性、经济从属性和组织从属性；〔2〕有观点则认为仅包括两个从属性，即人格从属性和经济从属性，至于组织从属性可以被人格从属性吸收。〔3〕从属性是劳动关系的本质属性，核心是人格从属性。需要特别强调的是，虽然从属性可从人格从属性、经济从属性和组织从属性三个角度加以考察，但三个从属性互有交叉，并非泾渭分明。〔4〕

---

〔1〕参见王全兴：《劳动法》（第 4 版），法律出版社 2017 年版，第 35 页。

〔2〕参见《人力资源社会保障部、最高人民法院关于联合发布第三批劳动人事争议典型案例的通知》（人社部函〔2023〕36 号）。

〔3〕参见娄宇：《劳动关系从属性理论的历史演进与现实反思——兼论“不完全劳动关系”》，载《政治与法律》2024 年第 8 期。

〔4〕本部分关于人格从属性、经济从属性、组织从属性三者内涵及关系的论述，参见谢增毅：《数字时代劳动关系概念及认定规范的中国表达》，载《中国社会科学》2024 年第 10 期；王全兴：《劳动法》（第 4 版），法律出版社 2017 年版，第 36 页。

从属性在外观上表现为用人单位对劳动者的控制，有学者将这种控制描述为等级权力。等级权力主要包括三个相关要素：（1）指示权，即分配任务和向劳动者下达命令和指令的权力；（2）监督权，即监督劳动者任务的履行情况以及对命令和指令的遵守情况的权力；（3）惩戒权，即对劳动者不当或疏忽地履行所分配的任务以及不服从命令和指令的行为进行制裁的权力。用人单位之所以选择采取劳动合同这种形式，就是将其作为组织的重要手段，利用等级权力，无须事事征得雇员的同意，可以为用人单位提供经营上的灵活性，从而降低交易成本。因此，外化为控制或等级权力的从属性和劳动关系是相生相伴的。

从属性作为劳动关系的本质属性不难理解，也不存在争议，但从属性的内涵却是发展变化的，如何理解可能存在争议。最初，这一指标被简单地理解为雇主对工人所从事的工作进行的直接控制。随着技术和组织的变化，许多雇主不再能直接监督和控制更加训练有素或专业性更强的工人。因此，实际的从属和控制指标由其他一些指标来补充，包括商业指标（工人是否以自己的名义从事商业活动）和融入指标（工人是否作为企业业务的组成部分履行职责），以及其他指标。由此可见，最初的从属性主要体现为雇主对雇员的直接控制，即体现为人格从属性，随着用工方式的转变以及技术和组织的变化，雇主对雇员的直接控制有所减少，从属性越来越多地体现为雇员对雇主经济上的依赖或融入雇主的组织体系，于是从属性体现为经济从属性或组织从属性。为此，需要进一步厘清人格从属性、经济从属性、组织从属性三者的内涵及相互关系。

人格从属性是从属性的核心和基础。所谓人格从属性，是指雇主对雇员的指示、监督和惩戒，最初主要体现为直接的指示和控制，这是从雇主角度对从属性的描述。从劳动者角度看，人格上的从属性系劳动者自行决定之自由权的一种压抑，同时劳务给付内容的详细情节亦非自始确定，劳务给付的具体详细内容不由劳务提供者决定，而由劳务受领者决定。因此，人格从属性强调劳务给付的具体内容由他人决定，即受雇者接受雇佣方的具体控制或指示。人格从属性的侧重点在于，劳动者受雇主控制程度较高而失去独立人格，即劳动者从事何种劳动、运用何种手段劳动、工作时间和地点等事项，受到雇主较高程度的控制。由于工作性质、职业技能、企业规模、企业文化等因素的影响，劳动者受雇主控制或自主决定的程度不尽相同。故受雇主控制程度较低而拥有相当自主权的劳动者，如高端专业人员、高级管理人员、企业内部承包者，若纳入人格从属性的范围，则有疑义。

使用经济从属性概念的典型国家是美国和德国。美国法院在解释这一标准时，通常考虑以下六个因素：（1）雇佣方施加控制的程度；（2）相关设备和材料投资的程度；（3）工人分享利润和承担损失的机会；（4）工作所需的技术和主动性；（5）双方关系的持久性；（6）工人所提供的服务是雇用方业务不可分割的一部分的程度。可见，经济现实标准是一个综合性的指标，但从其考虑的六个因素尤其是谁投资、谁承担经营风险、向谁提供服务等因素看，经济从属性总体上主要关注业务归属，即劳务提供者是为自己营业，还是为他人营业。德国则是在界定类雇员时，使用经济从属性的概念。其强调受雇者的收入来源是否依赖于服务的企业，通常如果受雇者收入的一半来自其服务的某一企业，则对该企业具有经济从属性。可以认为，经济从属性的侧重点在于，把经济实力强弱的差异作为具有从属性的原因。对其理解有两种：一种是组织体内部的经济从属性，即在同一个组织体内，劳动者的经济实力相对雇主处于弱势，依赖于雇主提供的生产资料和工作岗位，从事劳动、获得劳动报酬，借以谋生和增加财富；雇主基于其经营权，管理生产经营体系和劳动过程，决定劳动条件；经营利润和风险由雇主享有和承担，劳动者的劳动报酬虽然取决于经营盈亏状况，但不分享利润，也不负担亏损。其所涵盖的范围与人格从属性、组织从属性基本相同。另一种是组织体外部的经济从属性，是两个有独立主体资格者之间的经济从属情形，即在同一生产经营链条的不同环节之间，弱势经营者的经营机会，经营中的价格和利润，都由强势经营者控制，甚至弱势经营者得到的利润极低或者几乎得不到利润。依这种经济从属性，可将两个有独立主体资格者之间的经济从属关系视为劳动关系。

关于组织从属性，德国和英国提供了相应的解释。在德国，根据判例法以及《德国民法典》第611a条的规定，判断某人是雇员或自雇者取决于人格从属性的程度。此外，另一个焦点是个人是否融入另一人的业务之中，这就是所谓的组织从属性。因此，组织从属性强调受雇者是否融入他人的业务，但这一解释仍较为宽泛。在英国，对控制标准的一个替代方案是将劳动关系的本质视为雇员服从组织的规则和程序，而不是服从个人指挥，这就是融入标准。在劳动合同中，雇员是作为企业的一部分而受雇的，且其从事的工作是企业不可分割的一部分。因此，从英国法看，对于组织从属性，一方面强调雇员遵守雇主的规则和程序，另一方面强调雇员的工作是雇主业务的组成部分。前者与人格从属性存在较大关联，只是和传统的接受雇主的直接指示存在方式上的区别，后者则是对经济从属性的强化。可以认为，组织从属性的侧重点在于，劳动者的劳动被纳入雇主的生产经营系统，而成为其中的一个组成部分或必要环节；劳动者因而就成为雇主的劳动组织成员，在劳动中承担作为劳动组织成员所应负的遵守雇主的规章制度、保守雇主的商业秘密等义务。按照组织从属性的理解，只要是组织成员，无论其拥有的自主程度如何，都处于从属性地位。可见，组织从属性可以弥补人格从属性的不足，而将由于工作自主性比较高而不宜纳入人格从属性范围的人员纳入组织从属性的范围。例如，律师对于律师事务所，会计师对于会计师事务所，企业内部承包者对于企业。

关于人格、经济、组织从属性三者关系。首先，人格从属性是从属性的核心。虽然，随着用工组织方式的变化以及雇主对雇员控制方式的调整，为了将应受劳动法保护的受雇者纳入其中，人格从属性的内涵不断扩张，并逐渐产生了经济从属性、组织从属性等劳动关系认定标准，但人格从属性和经济从属性、组织从属性并非并列的、等量齐观的关系，人格从属性与经济从属性、组织从属性的关系是源与流、主与次的关系。这一点可以从英国劳动关系认定标准的发展历程看出。在英国，控制标准至少于19世纪的后期开始使用，并延续至今。此后为了适应现实需要，逐渐产生了融入、经济现实、义务的相互性以及多因素标准等标准，这些标准主要产生于20世纪后半期。换言之，经济从属性、组织从属性标准的产生后于人格从属性，是从人格从属性分离和延伸出来的，主要起到辅助和补充的功能。其次，人格从属性、经济从属性、组织从属性的内涵各有侧重，难以截然分开，对从属性应进行整体把握。同时由于三者用语宽泛，三者内涵均富有弹性，因此三者之间并非泾渭分明，往往是互有交叉。由于三者之间的交叉复杂关系，要准确描述人格从属性、经济从属性和组织从属性的含义及其边界是十分困难的。正因如此，人格、经济、组织从属性三者只是考察从属性的不同角度，在认定劳动关系时，并非要求三者同时具备。某一从属性较不明显，但其他从属性突出的，通过总体考虑也可认定从属性的存在。这一点对于数字时代新就业形态用工从属性的判断尤为重要，因为新就业形态灵活性增强，某一方面的从属性可能减弱，但如果其他从属性明显的，仍不可排除劳动关系的存在。

第五节　不完全劳动关系

在界定了完全劳动关系之后，顾名思义，不完全劳动关系就是指不完全符合规定要件亦即不完全符合立法期待、但是其用工性质更接近于劳动关系而非民事法律关系的用工法律关系。这种用工关系虽然不完全符合立法对劳动关系的期待，但是由于涉及劳动者保护，还涉及社会保险、公共税收等国家利益和社会公共利益，因此有必要对其进行干预，而干预的主要方式之一就是适用劳动法对其进行与其用工性质相适应的调整，以达到保障劳动者基本劳动权益、避免社保、税收等资金流失的目的。需要明确的是，如果劳动者向用工主体提供的并非从属性劳动，则用工关系欠缺劳动关系的根本要件，只能将其划入民事法律关系。只有劳动者向用工主体提供了从属性劳动，才有可能将其划入不完全劳动关系。下面，笔者根据不完全劳动关系的形成原因对其进行简单分类。

一、违背真意的事实劳动关系

（一）事实劳动关系概念溯源

在国内，一般将德国学者冈特·豪普特（Gunter Haupt）教授于1941年提出的事实契约理论引为事实劳动关系概念的理论依据。豪普特教授在其《论事实上之契约关系》一文中认为，由于强制缔约制度之存在，尤其是一般契约条款之普遍使用，在甚多情形，契约关系之创设，不必采用缔约方式，仅因事实过程而成立，当事人之意思如何，可不必问。此种因事实过程而成立之契约，豪普特教授称之为“事实上之契约关系”，并将其分为三个基本类型：（1）基于社会接触而产生的事实上契约的关系，其所涉及之现象为缔约过失问题。当事人为缔结契约，势必有所接触，因当事人一方之过失，致他方遭受损害者，时常有之。例如，顾客于选择商品之际，因店员疏忽，致为物品所击伤，契约亦未能缔订。在此情形，若适用侵权行为法规定，因举证及时效问题，被害人请求赔偿，常难奏效，兼以受雇人资力薄弱，雇用人又得主张免责，对被害人利益之保护，颇嫌不周。为使被害人得主张契约上之权利，德国判例学说特另辟蹊径，认为当事人为缔约而接触时，即默示意思表示成立了一种“预备性之契约”或维护契约。豪普特教授认为，此种契约之成立方式，纯属拟制，盖当事人之间，并无缔约意思，甚为显然；又因适用意思表示规定，有责之一方更得以意思表示错误为借口，撤销其意思表示，以逃避契约上之责任。豪普特教授主张应放弃以意思表示为契约关系成立之基础，另寻客观要件，此即社会接触之事实。当事人因社会接触产生照顾、通知、保护等义务，基此事实即足成立契约关系。（2）基于团体关系而生之事实上契约关系，其最主要者系事实上之合伙及事实上之劳动关系。合伙或劳动契约在实施或履行之后，始发现其为无效或因瑕疵致被撤销时，依德国民法之一般原则，当事人对所受领之给付，应依不当得利规定，负返还义务，然如此势必导致复杂繁难之结果。豪普特教授认为，合伙之共同事业若已实施，或劳务已为一部或全部给付，无论在内部或外部既均已发生复杂之法律关系，则此种法律关系实际上业已存在之事实，即不容任意否认，置之不理。合伙或企业系具有团体性之组织，当事人既已纳入其内，则基此事实，即应成立契约关系，并依此而处理彼此间所发生之权义关系。（3）电气、瓦斯、自来水、电车等，系现代经济生活不可欠缺之给付，通常系由大企业经营，就使用之条件及所生之权利义务，订有详密之规定，相对人既少选择自由，对企业所订之条款，亦难变更。依传统之观念，利用此等给付系基于对企业者要约之默示承诺。豪普特教授认为，如此之意思合致，系毫无血肉之形体，与契约之本质并未符合。前述之各项给付具有社会义务，提供者非有正当理由不得拒绝，利用者对使用条件亦无讨价还价之余地，因此，不必假借当事人意思，拟制法律行为之要件，应毅然承认，利用此等给付之事实行为，即可成立契约，确定当事人间之权义关系，至当事人之内心意思如何，可不必问。〔1〕

可见，豪普特教授主张的事实劳动关系是因欠缺有效之契约基础而应当被确认无效或被撤销的关系。在雇佣劳动领域，事实契约理论是为了解决劳动合同被确认无效或被撤销后，当事人已经履行的事实劳动关系的效力问题而提出的，结合德国劳动合同非书面要式规定和德国法的无效和可撤销事由规定可推定，豪普特教授认为的事实上的劳动关系是指劳动关系双方当事人履行违反实质性有效条件的劳动合同而形成的事实上的劳动关系，不包括未签订书面合同的实际用工关系。〔2〕

对于事实劳动关系的定义，在国内理论界主要有以下几种观点：（1）事实劳动关系是指没有订立劳动合同而存在劳动关系的状态。〔3〕（2）在《劳动合同法》施行前后，事实劳动关系的含义有所变化。在《劳动合同法》施行前，事实劳动关系仅限于劳动法调整范围内的没有书面劳动合同作依据的劳动关系；在《劳动合同法》施行后，事实劳动关系是指不符合法定模式的劳动关系，其中包括缺少劳动合同有效要件的劳动关系，即主体不合格、内容违法、意思表示不真实或程序违法的劳动合同所引起的劳动关系，但不包括没有书面劳动合同作依据的劳动关系。〔4〕（3）事实劳动关系既包括未签订书面合同的事实上用工关系，也包括当事人履行无效合同而产生的事实上用工关系。该观点认为事实劳动关系是劳动关系双方当事人在违法的情况下产生的一种事实上用工关系，具有违法性。〔5〕

（二）劳动行政部门规范文件中的事实劳动关系

然而，劳动行政部门使用事实劳动关系的概念却是用于对没有书面劳动合同

---

〔1〕 参见王泽鉴：《民法学说与判例研究》，北京大学出版社2015年版，第399~401页。

〔2〕 参见卢修敏、怀晓红：《事实劳动关系的再认识》，载《法律适用》2008年第11期。

〔3〕 参见董保华主编：《劳动关系调整的法律机制》，上海交通大学出版社2000年版，第200页。

〔4〕 参见王全兴：《劳动法》（第4版），法律出版社2017年版，第76~77页。

〔5〕 参见黄越钦：《劳动法新论》，中国政法大学出版社2003年版，第87页；郑尚元主编：《劳动法学》，中国政法大学出版社2004年版，第124页；黎建飞主编：《劳动法案例分析》，中国人民大学出版社2007年版，第35页。

作为依据的劳动关系的界定，常见于劳动行政部门颁布的规范性文件中。[1]

这是因为，在《劳动合同法》施行之前，根据当时的法律及相关部门规章，书面劳动合同被当成劳动关系得以确立的要件。《劳动法》第16条更是明确规定，“劳动合同是劳动者与用人单位确立劳动关系、明确双方权利和义务的协议。建立劳动关系应当订立劳动合同”。但是这反而导致，在具体的纠纷中，有劳动合同，劳动者才能证明劳动关系的成立。由此引发的问题是，大量的用人单位不与劳动者订立书面劳动合同，或者订立劳动合同之后不给劳动者，导致劳动者难以举证证明劳动关系的存在。因此，为了对没有劳动合同、但事实上存在劳动关系的劳动者加以保护，将其纳入劳动法的调整、保护范围，劳动行政部门在有书面劳动合同的劳动关系之外，使用了事实劳动关系概念。

（三）事实劳动关系概念重述

2008年1月1日施行的《劳动合同法》改变了《劳动法》的规定，虽然仍要求劳动合同应当采取书面形式，但是不再将书面劳动合同作为劳动关系建立的要件。《劳动合同法》第7条规定，“用人单位自用工之日起即与劳动者建立劳动关系”。为了进一步厘清劳动关系与劳动合同的区别，《劳动合同法》第10条第3款强调：“用人单位与劳动者在用工前订立劳动合同的，劳动关系自用工之日起建立。”也就是说，劳动关系建立的要件是“用工”，而不再是书面劳动合同，即使在用工之前已经订立了书面劳动合同，劳动关系的建立时间仍以用工时间为准。在《劳动合同法》施行之后，将没有书面劳动合同的劳动关系特别指称为事实劳动关系已经不再具有实际意义。但是，这并不意味着事实劳动关系这一概念不再有价值，实际上，将“没有书面劳动合同的劳动关系”从事实劳动关系中剥离，对厘清和明确事实劳动关系概念更有裨益。这是因为除了“用工”这一实质要件，劳动关系的成立仍需要前文所述的其他要件，在实践中，在完全符合法定要件的劳动关系之外，还大量存在种种欠缺部分要件、但是劳动者向用工主体提供了从属性劳动的用工形态。其他要件的欠缺，往往只是导致不能成立完全劳动关系，并不必然导致基于用工而产生的事实上的劳动关系的湮灭，现今的事实劳动关系，应当指劳动者或者用人单位以欺诈、胁迫的手段或者乘人之危等手段，使对方在违背真实意思的情况下订立劳动合同而形成的劳动关系。

---

〔1〕参见劳动部办公厅《关于全民合同制工人合同期满后形成事实劳动关系问题的复函》（劳办力字〔1992〕19号）、劳动部办公厅《关于劳动争议受理问题的复函》（劳办发〔1994〕96号）、《贯彻执行劳动法的意见》、劳动和社会保障部《关于确立劳动关系有关事项的通知》（劳社部发〔2005〕12号）。

显然，事实劳动关系是不完全符合立法期待的。比如，劳动者靠不实简历入职用人单位构成欺诈入职的，依照《劳动合同法》第 26 条第 1 款第 1 项的规定，劳动合同无效，此时，即使用人单位未与劳动者订立书面劳动合同，劳动者主张未订立书面劳动合同二倍工资的也不应得到支持；同样，劳动者解除劳动合同并主张经济补偿的，亦不应得到支持。但是，基于事实上已经存在的从属性劳动，遵循实质公平，劳动者或用人单位却又存在需要在某些方面得到劳动法律保护的必要性。法律和相关司法解释也确实是这么规定的：《劳动合同法》第 28 条规定，劳动合同被确认无效，劳动者已付出劳动的，用人单位应当向劳动者支付劳动报酬。劳动报酬的数额，参照本单位相同或者相近岗位劳动者的劳动报酬确定。而按照《劳动争议司法解释一》第 41 条的规定，劳动合同被确认为无效，劳动者已付出劳动的，用人单位还可能要按照《劳动合同法》第28 条、第46 条、第 47 条的规定向劳动者支付劳动报酬和经济补偿。

二、不适格劳动者的用工关系

劳动者的适格性主要体现在对其年龄的限制，童工及超龄劳动者都不是立法期待的劳动关系适格主体。但是，如果他们事实上为用工主体提供了从属性劳动，则显然不能简单以劳务关系等民事法律关系草草处理。

（一）支配性使用童工形成的用工关系

所谓童工，依据《禁止使用童工规定》第 2 条的规定，是指用人单位招用的不满 16 周岁的未成年人。《劳动法》第 15 条规定，禁止用人单位招用未满 16 周岁的未成年人。文艺、体育和特种工艺单位招用未满 16 周岁的未成年人，必须依照国家有关规定，履行审批手续，并保障其接受义务教育的权利。《禁止使用童工规定》第 13 条进一步规定，文艺、体育单位经未成年人的父母或者其他监护人同意，可以招用不满 16 周岁的专业文艺工作者、运动员。用人单位应当保障被招用的不满 16 周岁的未成年人的身心健康，保障其接受义务教育的权利。文艺、体育单位招用不满 16 周岁的专业文艺工作者、运动员的办法，由国务院劳动保障行政部门会同国务院文化、体育行政部门制定。学校、其他教育机构以及职业培训机构按照国家有关规定组织不满 16 周岁的未成年人进行不影响其人身安全和身心健康的教育实践劳动、职业技能培训劳动，不属于使用童工。

对于用人单位使用童工，到底能否建立劳动关系，存有争论。一种观点认为，《劳动法》与《禁止使用童工规定》均明确禁止用人单位招用童工；我国亦不承认经未成年人的法定代理人同意可以建立劳动关系。故用人单位与童工订立的劳动合同，违反了法律、行政法规的强制性规定，一律无效，双方之间均不成立包括劳动关系在内的合法的法律关系，只能成立非法用工关系。[1] 另一种观点则认为，用人单位使用童工，可能构成事实劳动关系。[2] 还有观点认为，用人单位使用童工应当按照劳务关系处理。

笔者认为，《劳动法》和《禁止使用童工规定》关于禁止使用童工的规定，是从保护未满16周岁的未成年人的角度出发而作出的强制性规定，并不意味着一概否定劳动关系。相反，一概否定劳动关系的成立，与保护未满16周岁的未成年人的立法目的是矛盾的。一方面，如果认为法律和行政法规禁止用工主体招用童工，是禁止用工主体与童工建立劳动关系，那么，用工主体与童工之间建立其他的诸如劳务、承揽之类的民事用工关系也同样是被禁止的。不可能说，为保护未满16周岁的未成年人，法律、行政法规只禁止用工主体与其建立对其保护最为周严的劳动关系，却不禁止用工主体与其建立对其保护远不如劳动关系的其他用工法律关系，这在逻辑上是不堪一击的。因此，如果劳动关系不成立，那么诸如劳务关系等其他的用工法律关系也不能成立，这将致使童工不受我国绝大多数劳动法律和民事法律的劳动保护，用工主体就其使用童工，除了承担法律明确强调的诸如工伤、医疗的赔偿责任之外，无须承担其他对童工、对其他受害人的民事责任，其虽然可能会受到刑事或者行政制裁，但是这对童工及其家庭以及其他受害人于事无补。另一方面，如果一概否认用工主体与童工之间可以成立劳动关系，则用工主体反而无须承担劳动法上的义务，童工则失去劳动法的强有力保护，尤其对于那些拐骗童工、强迫童工劳动的用工主体来说，令其堂而皇之地逃避劳动法义务，是极其荒谬的，这样的结果显然与法律保护未满16周岁的未成年人的初衷背道而驰。

因此，虽然童工不是劳动关系的适格主体，但是，为保护童工、不让非法用工主体逃避劳动法上的义务，在童工向用工主体提供从属性劳动的情况下，可以认定成立不完全劳动关系。事实上法律法规也是这样规定的。根据《禁止使用童工规定》第10条的规定，童工患病或者受伤的，用人单位应当负责送到医疗机构治疗，并负担治疗期间的全部医疗和生活费用。童工伤残或者死亡的，用人单位还应当一次性地对伤残的童工、死亡童工的直系亲属给予赔偿，赔偿金额按照国家工伤保险的有关规定计算。根据《工伤保险条例》第66条的规定，用人单位不得使用童工，用人单位使用童工造成童工伤残、死亡的，由该单位向童工或者童工的近亲属给予一次性赔偿，赔偿标准不得低于本条例规定的工伤保险待

---

〔1〕 参见吴彬：《劳动人事争议裁判规则和实操指引》，中国法制出版社2022年版，第49页。
〔2〕 参见王全兴：《劳动法》（第4版），法律出版社2017年版，第95页。

遇。并进一步明确规定，童工或者童工的近亲属就赔偿数额与单位发生争议的，按照劳动争议的有关规定处理。

当然，童工能享受到的劳动法上的权利，较之完全劳动关系是不完整的。比如，在现行社会保险制度下，用工主体无法为童工缴纳社会保险。虽然前述行政法规规定，童工患病或者受伤的，用人单位应当负责送到医疗机构治疗，并负担治疗期间的全部医疗和生活费用；用人单位使用童工造成童工伤残、死亡的，由该单位向童工或者童工的近亲属给予一次性赔偿，赔偿标准不得低于本条例规定的工伤保险待遇；但是这与其他劳动者能够享受到的完整的社会保险权益相比显然相差甚远。又如，由于用人单位与童工订立的劳动合同违反了法律、行政法规的强制性规定，按照《劳动合同法》第26条第1款第3项的规定，当属无效。因此童工的权利无法得到劳动合同的全面保护，童工也不能像其他劳动者那样有权请求用人单位向其支付未订立书面劳动合同的二倍工资、请求与用人单位订立无固定期限劳动合同。但是，有关最低工资标准、工资支付保障、劳动保护、职业危害防护、工作时间、休息休假等劳动者基本劳动权益，童工应当比照劳动法的规定享有。

（二）支配性使用超龄劳动者形成的用工关系

现行法律法规按照身份、性别等因素对不同劳动者的退休年龄作出了不同规定。而对于退休人员能否与用工主体建立劳动关系，学界存在截然相反的两种观点。

一种观点认为，我国现阶段还不存在将退休人员重新就业的劳动关系纳入劳动法适用范围的需求。其主要理由是：劳动力远远供大于求，法定劳动年龄内劳动者，尤其是中青年劳动者的就业压力巨大，将重新就业的退休人员纳入劳动法的适用范围，是对退休人员重新就业的鼓励，会挤占中青年劳动者的就业岗位。并且还会产生双重社会保险的问题。因而，将退休人员重新就业的劳动关系作为民事雇用关系由民法调整即可。

另一种观点认为，（1）大量退休人员重新就业有其客观的经济原因和劳动力需求原因，不可能由于纳入民法适用范围而减少。相反，纳入民法适用范围相对于纳入劳动法适用范围，会降低用工成本，这会刺激用人单位优先使用退休人员。此外，中青年劳动者就业压力巨大的主要原因也不一定在于退休人员重新就业。（2）劳动者资格并未因达到退休年龄而丧失，退休人员仍然享有就业权，将退休人员重新就业的劳动关系适用民法而不适用劳动法，是对退休人员的歧视，违反了《老年人权益保障法》的规定。（3）关于劳动者达到退休年龄应当退休的规定，在现阶段虽然属于强行性规范，但享有基本养老保险待遇对劳动者而言并非义务而是权利，可由劳动者选择。(4) 劳动关系与社会保险关系在一定条件下可以分离，退休人员重新就业的双重社会保险问题可以由社会保险立法作出特别规定来解决。[1]

上述争论在《劳动合同法》的立法过程中亦有所体现，甚至畸变成超过法定退休年龄的劳动者与用工主体能否建立劳动关系的问题，并在法律法规中形成冲突规定。一方面，《劳动合同法》第 44 条第 2 项将“劳动者开始依法享受基本养老保险待遇”规定为劳动合同终止的条件，而未将超过法定退休年龄但是尚未享受基本养老保险待遇的人员排斥于其适用范围之外。按照该法律规定，达到退休年龄的劳动者若未享受基本养老保险待遇，就不构成劳动合同终止的法定条件，言下之意，其仍可以与用人单位建立、延续劳动关系。但是，《劳动合同法实施条例》第 21 条却规定，“劳动者达到法定退休年龄的，劳动合同终止”。也就是说，劳动者一旦达到法定退休年龄，无论是否享有基本养老保险待遇，劳动合同都必须终止。或者说，达到法定退休年龄的劳动者无论是否享有基本养老保险待遇，其都不得与用人单位建立劳动关系，已经存在的劳动关系亦即刻终止。

《劳动争议司法解释一》的规定基本与《劳动合同法》第 44 条第 2 项保持一致。该解释第 32 条第 1 款规定，“用人单位与其招用的已经依法享受养老保险待遇或者领取退休金的人员发生用工争议而提起诉讼的，人民法院应当按劳务关系处理”。其只将已经依法享受养老保险待遇或领取退休金的劳动者，排除在劳动关系当事人范围之外，并没有将达到法定退休年龄但未依法享受养老保险待遇或领取退休金的劳动者排除在外。

而劳动行政部门明确认为超龄劳动者不能建立劳动关系。《人力资源社会保障部对十三届全国人大二次会议第 6979 号建议的答复》（人社建字〔2019〕37 号）指出：《劳动合同法实施条例》第 21 条的规定，主要考虑是，劳动者达到法定退休年龄，不再符合劳动法律法规规定的主体资格，即不具备建立劳动关系的条件，劳动合同自然终止。加之，2008 年《劳动合同法》施行后，大量用人单位反映，劳动者已达到法定退休年龄而未享受基本养老保险待遇的情况很复杂。有的是用人单位依法为劳动者缴纳了社会保险费，但由于劳动者累计缴费年限达不到规定年限，达到退休年龄时不能享受基本养老保险待遇；也有部分农民工因种种原因不愿意参加社会保险，而无法享受基本养老保险待遇的情况；还存在个别用人单位的高级管理人员即便达到法定退休年龄，也不办理退休手续，领取基本

---

〔1〕 参见王全兴：《劳动法》（第 4 版），法律出版社 2017 年版，第 93 页。

养老保险待遇。如果用人单位不能与已达到法定退休年龄而未享受基本养老保险待遇的劳动者终止劳动合同，用人单位可能将不得不一直与该劳动者保持劳动关系，直到劳动者死亡或用人单位注销。这对用人单位有失公平。为此，根据《劳动合同法》第44条第6项关于有“法律、行政法规规定的其他情形”劳动合同终止的授权，2008年9月公布施行的《劳动合同法实施条例》第21条明确，劳动者达到法定退休年龄的，劳动合同终止。

上述法律法规的冲突在一定程度上导致各地方司法裁判规则的差异，产生大量同案不同判的现象，给司法公信力造成负面影响。

笔者认为，超龄劳动者与用工主体可以建立不完全劳动关系。首先，劳动者开始依法享受基本养老保险待遇的，依据《劳动合同法》第44条第2项，其与用人单位正在履行的劳动合同自动终止，业已存在的劳动关系也同时终结；同样，其也不能再与用工主体建立新的劳动关系，新订立的劳动合同因违反法律强制性规定而无效。依据《劳动争议司法解释一》第32条第1款的规定，其与用工主体之间的用工关系按劳务关系对待。这样处理，保护了青壮年就业人口的就业率，而对于已经开始享受基本养老保险待遇的劳动者来说，也不至于对其生存和生活造成过大的不利影响。由于用工关系按劳务关系对待，劳动者自然无法享有劳动法上的权利，比如无法被认定为工伤，无法享有工伤保险待遇；除非有约定，否则无法适用劳动法关于最低工资、加班工资的基准规定，也无法适用关于订立无固定期限劳动合同、未订立书面劳动合同的第二倍工资、解除或者终止劳动合同的经济补偿等保护性规定。至于《劳动合同法》第44条第2项所涉“基本养老保险待遇”包不包括除城镇职工基本养老保险之外的城镇居民社会养老保险和新型农村社会养老保险，笔者认为，从《劳动合同法》第44条第2项的文字表述以及最高人民法院在相关司法解释释义书中所作阐释来看，[1]《劳动合同法》第44条第2项所涉“基本养老保险待遇”仅指城镇职工基本养老保险，不应包括城镇居民社会养老保险和新型农村社会养老保险。

其次，超龄劳动者一律不能与用工主体之间建立劳动关系的裁判观点确有不妥之处。理由如下：（1）超过法定退休年龄但是并未享受基本养老保险待遇的人员，其劳动者资格并不会因达到退休年龄而自动丧失，其仍然享有就业权，强制其与用工主体之间的用工关系适用民法而不适用劳动法，会大大降低用工主体的用工成本，这反而会刺激用工主体优先使用超龄人员，变相给中青年劳动者造成更大的就业压力。（2）一方面，随着人均寿命的大幅延长，老年人的定义发生变

---

〔1〕参见最高人民法院民事审判第一庭编著：《最高人民法院劳动争议司法解释（三）的理解与适用》，人民法院出版社2015年版，第108～112页。

化，目前执行的退休年龄尤其是女性退休年龄就日益显得过低；另一方面，随着互联网时代来临，很多工作对体力的要求降低。这一正一反的因素导致老年人继续就业的能力大幅上升。（3）在超龄劳动者中，相当一部分是养老问题还没有得到妥善解决的农民工，对于他们而言，继续劳动是维持个人生活和家庭生活的必须，断然禁止其与用工主体建立劳动关系，是对该部分人员劳动权益的极大削弱，对其显著不公。

笔者认为，将该部分劳动者的用工关系纳入不完全劳动关系进行保护是顺应时代的。当然，由于该部分劳动者与用工主体订立的劳动合同违反了《劳动合同法实施条例》第 21 条的强制性规定，当属无效，因此其权利无法得到劳动法的全面保护，比如其不能请求用人单位与其订立无固定期限劳动合同、向其支付未订立书面劳动合同的第二倍工资、解除或者终止劳动合同的经济补偿等，囿于我国社会保险征缴的现状，用工主体可能也无法为其缴纳基本养老保险等社会保险。但是，只要用工主体对其进行了支配性用工，则与接受这种支配性用工相对应的基本劳动权利和劳动保护，超龄劳动者有理由与完全劳动关系中的劳动者一样享有。2024 年 9 月颁发的中共中央、国务院《关于实施就业优先战略促进高质量充分就业的意见》第 12 条更是明确指出，“招用超过法定退休年龄劳动者的用人单位，要依法保障劳动者获得劳动报酬、劳动安全卫生保护、工伤保障等基本权益，支持用人单位按规定参加社会保险”。因此，超龄劳动者参照适用劳动法，主张其享有最低工资标准、加班工资、工作时间、休息休假、劳动保护、职业危害防护以及工伤保险待遇等基本劳动权益的，应当得到支持。为落实中央上述意见，国务院《关于渐进式延迟法定退休年龄的办法》（2025 年 1 月 1 日施行）第 6 条第 1 款进一步规定，“用人单位招用超过法定退休年龄的劳动者，应当保障劳动者获得劳动报酬、休息休假、劳动安全卫生、工伤保障等基本权益”。换言之，达到法定退休年龄但是尚未享受基本养老保险待遇的劳动者为用人单位提供劳动的，该劳动者请求参照适用劳动法律法规保障其最低工资、加班工资、休息时间、带薪年休假、工伤待遇、劳动保护、职业危害防护等基本劳动权益的，人民法院应予支持。

事实上，以工伤认定为例，最高人民法院在两个答复中早已明确，对于部分超龄劳动者，工伤的认定并不以存在完全符合法定要件的劳动关系为前提条件。[1]

---

〔1〕 参见最高人民法院行政审判庭《关于超过法定退休年龄的进城务工农民因工伤亡的，应否适用〈工伤保险条例〉请示的答复》（〔2010〕行他字第 10 号）、最高人民法院《关于超过法定退休年龄的进城务工农民在工作时间内因公伤亡的，能否认定工伤的答复》（〔2012〕行他字第 13 号）。

三、不适格用工主体的用工关系

就用工主体建立劳动关系的主体资格，法律同样作了限制性规定。首先，其应当属于《劳动法》第 2 条、《劳动合同法》第 2 条以及《劳动合同法实施条例》第 3 条、第 4 条规定的用人单位种类，否则不具备法定的与劳动者建立劳动关系的资格。其次，其应当具备合法的经营资格，如果其未办理营业执照，就不具有合法的用人单位主体资格；并且，依照《劳动合同法》第 44 条第 5 项的规定，用人单位被吊销营业执照、责令关闭、撤销或者用人单位决定提前解散的，其与劳动者的劳动合同终止，易言之，此时的用人单位已经不再具备与劳动者建立劳动关系的资格。

然而，在上述用工关系中，导致用工主体欠缺或者丧失主体资格这一劳动关系要件的过错在用工主体一方，劳动者并没有过错，其甚至可能都不知道用工主体欠缺或者丧失主体资格，因此，如果劳动者得不到劳动法的保护，也就意味着用工主体可以逃避劳动法上的义务，从而大大减轻其用工成本，这反而会令用工主体因其过错而得利，也会进一步诱使用工主体非法用工。因此，在用工主体不适格的情况下，为了给劳动者提供必要的劳动法上的保护，可以将该用工关系纳入不完全劳动关系。一方面是保护无过错一方劳动者的合法权益，另一方面也能起到增加非法用工的成本、以儆效尤的惩戒和引导作用。

实际上，《劳动合同法》也正是这样规定的。依照该法第 93 条及《劳动争议司法解释一》第 29 条的规定，如果用工主体未合法取得营业执照就进行经营并招用劳动者，由于该用工主体尚未依法成立，没有民事权利能力和民事行为能力，无法独立享有民事权利和承担民事义务，因此，劳动者已经付出劳动且该劳动属于从属性劳动的，该用工主体的出资人应当依照《劳动合同法》有关规定向劳动者支付劳动报酬、经济补偿、赔偿金；给劳动者造成损害的，还应当承担赔偿责任。如果用人单位被吊销营业执照、责令关闭、撤销或者用人单位决定提前解散但是仍然继续对劳动者进行支配性用工的，由于该用人单位并未注销，因此应当由该单位依照《劳动合同法》有关规定向劳动者支付劳动报酬、经济补偿、赔偿金；给劳动者造成损害的，应当承担赔偿责任。不过，依照《劳动合同法》第 44 条第 5 项的规定可以推导出，被吊销营业执照、责令关闭、撤销或者用人单位决定提前解散的，其与劳动者新订立的劳动合同是无效的。这也意味着，劳动者无法主张订立无固定期限劳动合同、未订立书面劳动合同的二倍工资等权利。

当然，如果劳动者明知或者应当知道用工主体不具备建立劳动关系的主体资格，仍然为之提供劳动，则不宜以《劳动法》对其进行保护，亦不宜将该用工关系纳入不完全劳动关系，如业主委员会与其聘用的人员之间的用工关系。由于业主委员会既不具备法人资格，也不是《劳动合同法》第 2 条以及《劳动合同法实施条例》第 3 条和第 4 条明确列明的可以建立劳动关系的非法人组织，因此其不具备建立劳动关系的主体资格，而劳动者对于法律规定理应知晓，因此，业主委员会与劳动者之间形成的用工关系既不属于劳动关系，也不属于不完全劳动关系，对于这种用工关系，可以参照劳务关系处理。同样的道理，设立人以设立中法人的名义招用劳动者从事法人设立相关事项的，该劳动者与设立中的法人之间既不属于劳动关系也不属于不完全劳动关系，对于这种用工关系，亦可以参照劳务关系处理。如果法人设立成功且继续使用劳动者，应当认定自法人成立之日起与劳动者建立劳动关系，同时，依照《民法典》第 75 条第 1 款的规定，法人成立之前对劳动者形成的债务，亦由法人承担。如果法人未设立成功，依照《民法典》第 75 条第 1 款的规定，法人成立之前对劳动者形成的债务由设立人承受。但是，如果设立人是以自己的名义招用劳动者从事法人设立相关事项，且设立人具有用人单位主体资格，则其与劳动者之间就很有可能成立劳动关系。

四、具有弱从属性的灵活用工

2021 年 7 月 16 日，人力资源社会保障部、国家发展改革委、交通运输部、应急部、市场监管总局、国家医保局、最高人民法院、全国总工会联合颁布的《新就业形态劳动保障权益指导意见》提出了“不完全符合确立劳动关系情形”这一概念。依照该文，“符合确立劳动关系情形的，企业应当依法与劳动者订立劳动合同。不完全符合确立劳动关系情形但企业对劳动者进行劳动管理的，指导企业与劳动者订立书面协议，合理确定企业与劳动者的权利义务。个人依托平台自主开展经营活动、从事自由职业等，按照民事法律调整双方的权利义务”。笔者认为，鉴于该文将用工关系分成了“符合确立劳动关系情形的”、“不完全符合确立劳动关系情形但企业对劳动者进行劳动管理的”和“个人依托平台自主开展经营活动、从事自由职业等”三种类型，而第一种和第三种原则上分别归属完全劳动关系和普通民事法律关系并无争议，因此，需要明确的是第二种情形即“不完全符合确立劳动关系情形但企业对劳动者进行劳动管理的”到底指向什么样的用工法律关系。

前文已经述及，劳动从属性的强度有一个“强—弱—无”的渐变过程，这也为继续在从属性理论的框架内保护新业态劳动者的基本劳动权益提供了可能。笔者认为，具有可操作性的划分方式是，在考察新业态劳动者提供的劳动时，将原有的“从属性劳动—独立劳动”划分模式进一步细分为“强从属性劳动—弱从属性劳动—独立劳动”的模式。其中，强从属性劳动对应完全劳动关系；弱从属性劳动则对应《新就业形态劳动保障权益指导意见》中提出的“不完全符合确立劳动关系情形但企业对劳动者进行劳动管理的”这一类型，而此种类型亦可以纳入不完全劳动关系当中；至于独立劳动则对应依托平台，利用自身的体力、专业技能，自主从事劳务、咨询、设计等经营活动的劳动者所形成的普通民事法律关系。

按照《新就业形态劳动保障权益指导意见》的设计，应当健全最低工资和支付保障制度，推动将不完全劳动关系中的劳动者纳入制度保障范围；企业应当向提供正常劳动的劳动者支付不低于当地最低工资标准的劳动报酬，按时足额支付，不得克扣或者无故拖欠；要引导企业建立劳动报酬合理增长机制，逐步提高劳动报酬水平；要完善休息制度，推动行业明确劳动定员定额标准，科学确定劳动者工作量和劳动强度；要督促企业按规定合理确定休息办法，在法定节假日支付高于正常工作时间劳动报酬的合理报酬；要完善基本养老保险、医疗保险相关政策，各地要放开灵活就业人员在就业地参加基本养老、基本医疗保险的户籍限制，个别超大型城市难以一步实现的，要结合本地实际，积极创造条件逐步放开；组织未参加职工基本养老、职工基本医疗保险的灵活就业人员，按规定参加城乡居民基本养老、城乡居民基本医疗保险，做到应保尽保等。《新就业形态劳动保障权益指导意见》中的很多设计，实际上就是参照适用劳动法上有关劳动权利的规定。

由于在不完全劳动关系中，劳动者提供的劳动仅具有弱的人格从属性，用工主体对劳动者的劳动管理尚没有达到支配的程度，因此，在适用劳动法上，可以比照较为近似的非全日制用工进行处理。实际上，非全日制用工作为一种传统的灵活用工，正是因为工作时间较之全日制劳动关系显著缩短，导致其劳动的人格从属性尚处于较弱的层面，因此在体现强从属性的订立书面劳动合同、解除合同、经济补偿等方面并不适用劳动法的一般规定，但是，在体现基本保障的最低工资标准、加班工资、工伤等方面，依然要适用劳动法的一般规定。对于处于不完全劳动关系中的新业态劳动者来说，亦应当按照上述原则适用劳动法。此外，特别具有现实意义的是，以构成不完全劳动关系的骑手为例，由于其提供的劳动具有弱的人格从属性，因此，当其因送单发生交通事故致人损害时，用工主体理所当然应当依照《民法典》第1191条向受害者承担用人者责任，从而使受害的第三人的合法权益得到较为充分的保障。

五、排除在不完全劳动关系之外的非法用工

需要特别强调的是，如果用工关系因其建立的目的违反法律、行政法规强制

性规定或者违背公序良俗的，即使相关人员已经付出劳务，也不能以不完全劳动关系对待，因为在这样的用工关系中，不存在应当受到劳动法保护的法益。比如，用工主体招用人员进行生产、贩运与销售毒品或者卖淫嫖娼，其建立用工关系的目的违反法律、行政法规强制性规定或者违背公序良俗，所招用人员提供的劳动也具有严重违法性，显然不应当受劳动法的保护，[1] 不构成不完全劳动关系。

案例1　马某与H公司劳动争议案[2]

——从事非法虚拟货币运营，不受劳动法保护

【基本案情】

马某以要求确认与H公司存在劳动关系等请求为由申请劳动仲裁，仲裁裁决作出后，双方均不服仲裁裁决，提起诉讼。

马某主张，其2021年9月1日入职H公司，H公司为其开通钉钉权限和企业邮箱，发放了办公电脑及工牌；2021年12月底H公司变更组织架构，钉钉系统显示由H公司调整为G公司。H公司架构调整前后马某工作内容及地点等均无变化，其在职期间主要工作内容为软件运营。马某还主张其月工资65000元人民币，其每月均在H公司虚拟币平台收到虚拟币10800元左右，按汇率折算折合人民币每月不低于68000元。H公司主张，马某与其不存在劳动关系，马某提交的钉钉系统显示的雷某及李某均不是其公司员工，而是G公司的员工，且马某的钉钉系统显示归属的企业主体也是G公司，该公司与其无关。华控大厦是H公司的办公地址，其公司为虚拟币交易软件提供服务，也有人员在该地点短期办公；马某所述的虚拟币不是由其给马某发放的，其未向马某发放过工资，范某也非其员工。

【裁判要点】

生效判决认为：马某负责运营的软件为虚拟币交易软件，根据中国人民银行等部门《关于防范代币发行融资风险的公告》，代币发行融资是指融资主体通过代币的违规发售、流通，向投资者筹集比特币、以太币等所谓“虚拟货币”，是一种未经批准非法公开融资的行为，涉嫌非法发售代币票券、非法发行证券以及非法集资、金融诈骗、传销等违法犯罪活动。公告发布之日起，各类代币发行融资活动应当立即停止。H公司为虚拟币交易软件提供服务违反上述规定，马某从

---

〔1〕参见杨复卫：《“事实劳动关系”类型化研究》，载《西部法学评论》2013年第4期。

〔2〕参见北京市海淀区人民法院民事判决书，(2023) 京0108民初18589号。

事的工作内容亦违反法律法规之规定，故其要求确认与H公司存在劳动关系并要求H公司支付各项劳动关系项下的待遇均缺乏依据，法院对其诉讼请求均不予支持。

【延伸思考】

中国人民银行、中央网信办、工业和信息化部、工商总局、银监会、证监会、保监会《关于防范代币发行融资风险的公告》明确指出，国内通过发行代币形式包括首次代币发行（ICO）进行融资的活动大量涌现，投机炒作盛行，涉嫌从事非法金融活动，严重扰乱了经济金融秩序。代币发行融资本质上是一种未经批准非法公开融资的行为，涉嫌非法发售代币票券、非法发行证券以及非法集资、金融诈骗、传销等违法犯罪活动。有关部门将密切监测有关动态，加强与司法部门和地方政府的工作协同，按照现行工作机制，严格执法，坚决治理市场乱象。发现涉嫌犯罪问题，将移送司法机关。本公告发布之日起，各类代币发行融资活动应当立即停止。已完成代币发行融资的组织和个人应当做出清退等安排，合理保护投资者权益，妥善处置风险。有关部门将依法严肃查处拒不停止的代币发行融资活动以及已完成的代币发行融资项目中的违法违规行为。本公告发布之日起，任何所谓的代币融资交易平台不得从事法定货币与代币、“虚拟货币”相互之间的兑换业务，不得买卖或作为中央对手方买卖代币或“虚拟货币”，不得为代币或“虚拟货币”提供定价、信息中介等服务。

如前所述，如果用工关系因其建立的目的违反法律、行政法规强制性规定或者违背公序良俗的，即使相关人员已经付出劳务，也不能以完全劳动关系或者不完全劳动关系对待，因为在这样的用工关系中，不存在应当受到劳动法保护的法益。本案中，马某明知猎头向其介绍的业务是被国家禁止从事的业务，仍从事相关业务，因此，其与用工主体之间建立的用工关系不应受劳动法的保护，不能成立劳动关系。由于不成立劳动关系，而在普通民事法律关系中，并不禁止约定以非货币形式支付劳务报酬，所以马某在已经受领虚拟货币的情况下再主张H公司向其支付货币工资，自然得不到支持。由于不成立劳动关系，自然也不存在未订立书面劳动合同二倍工资和解除劳动关系补偿金或赔偿金。

第二讲

劳动关系的认定规则

长期以来，劳动关系或作为劳动法主要保护对象的雇员（劳动者）的概念，无论在英美法系还是大陆法系国家和地区，鲜有成文法对其进行详细而明确的规定，劳动关系概念和认定规则主要由法院生成。但是，近年来，随着网络信息技术的发展以及由此带来的平台用工等新就业形态的兴起，一些国家和地区将劳动关系或劳动合同的概念及认定予以成文化。例如，2017 年，德国在其民法典出台百年后，首次在《德国民法典》第 611a 条中明确了劳动合同的概念和认定方法。美国加利福尼亚州于 2019 年通过了 Assembly Bill 5（AB5）法案，将判例中有关劳动关系认定的规则予以成文化。2021 年 12 月《欧洲议会和欧盟理事会关于改善平台用工工作条件的指令建议》引入了劳动关系推定规则，明确了判定平台和工人之间劳动关系的重要规则。美国、德国和欧盟等作为世界上具有代表性的法域，劳动关系概念及其认定规则的成文化动向值得密切关注并深入研究。[1] 而在我国劳动仲裁和司法实践中，有大量案件涉及劳动关系认定。特别是随着平台用工的发展，法院在处理平台用工劳动争议尤其是劳动关系认定上面临重大挑战，亟须准确的、适应新时代的劳动关系认定规则以统一裁判尺度。

第一节　劳动法时代劳动关系的认定规则

如前所述，在《劳动合同法》施行之前的劳动法时代，书面劳动合同被当成劳动关系得以成立的要件，有劳动合同的是劳动关系，没有劳动合同的不是劳动关系。因此，书面劳动合同成为证明劳动关系存在的必要证据，在具体的纠纷中，有劳动合同，劳动者才能证明劳动关系的成立。由此引发的问题是，大量的用人单位不与劳动者订立书面劳动合同，或者订立劳动合同之后不给劳动者，导致劳动者难以举证证明劳动关系的存在。

---

〔1〕 参见谢增毅：《数字时代劳动关系概念及认定规范的中国表达》，载《中国社会科学》2024 年第 10 期。

为了对没有书面劳动合同但事实上存在劳动关系的劳动者加以保护，劳动行政部门使用了事实劳动关系概念，对没有书面劳动合同但是事实上存在劳动关系的情形加以规范。但是，在没有书面劳动合同的情况下，到底以什么标准来认定劳动关系，实践中存在争议，没有统一标准。为解决这个问题，原劳动和社会保障部 2005 年 5 月颁布了《关于确立劳动关系有关事项的通知》，其第 1 条规定了认定事实劳动关系的实质要件。其规定，在没有订立书面劳动合同的情况下，“同时具备下列情形的，劳动关系成立。（一）用人单位和劳动者符合法律、法规规定的主体资格；（二）用人单位依法制定的各项劳动规章制度适用于劳动者，劳动者受用人单位的劳动管理，从事用人单位安排的有报酬的劳动；（三）劳动者提供的劳动是用人单位业务的组成部分”。

《关于确立劳动关系有关事项的通知》第 1 条对统一认定事实劳动关系的标准、保护劳动者权益无疑起到了积极作用，但是仍有不足之处。

（1）《关于确立劳动关系有关事项的通知》第 1 条实际上是试图从劳动关系的主体资格（用人单位和劳动者符合法律、法规规定的主体资格），人格从属性（用人单位依法制定的各项劳动规章制度适用于劳动者，劳动者受用人单位的劳动管理），经济从属性（劳动者从事用人单位安排的有报酬的劳动），组织从属性（劳动者提供的劳动是用人单位业务的组成部分）四个方面归纳劳动关系的几个本质特征。然而，“劳动者提供的劳动是用人单位业务的组成部分”并不能反映组织从属性。并且，从该规定来看，同时符合上述要件的才是劳动关系。这样难免以偏概全，遗漏一些虽然不同时具备这些常见特征，但仍然是劳动关系的情形。典型的就是，有些劳动者，如用人单位的后勤、安保、卫生部门人员，其提供的劳动可能并不属于用人单位业务的组成部分，但是显然不能因此就“一刀切”，认定双方之间必然不存在劳动关系。正如本书第一讲所述，人格从属性、经济从属性、组织从属性的内涵各有侧重，三者之间并非泾渭分明，往往是互有交叉，对从属性应进行整体把握。人格、经济、组织从属性三者只是考察从属性的不同角度，在认定劳动关系时，并非要求三者同时具备。某一从属性较不明显，但其他从属性突出的，通过总体考虑也可认定从属性的存在。[1] （2）从举证角度来看，该规定实际上将举证证明责任全部分配给劳动者，并要求劳动者同时证明四个要件，这无疑过度加重了劳动者的举证证明责任，仅靠劳动者自身的举证能力，大多数情况下难以完成举证。（3）实践中，一些管理不规范的用人单位，没有成文的劳动规章制度；一些用人单位，对劳动者的管理以口头为主；一

〔1〕 参见谢增毅：《数字时代劳动关系概念及认定规范的中国表达》，载《中国社会科学》2024 年第 10 期。

些用人单位以现金支付工资。这些情形都可能导致劳动者难以证明该规定所列举的劳动关系成立条件，从而承担举证不能的后果，而用人单位反而因为管理不规范，更容易规避劳动法对其的适用。

第二节　劳动关系认定规则探寻

笔者认为，一个高效的，可以广泛适用于不同行业、不同工种的劳动关系定性的规则体系，应当遵循以下几条基本规则：[1]

一、劳动者提供了劳动则推定双方存在劳动关系，但该劳动不具有从属性的除外

（一）域外关联案例运用这一规则

该规则既符合现行法律规定，也有比较法上相关案例的支持。在 2013 年 O'connor v. Uber 案中，美国加利福尼亚北部地区法院否决了 Uber 公司关于驾驶员是独立合同工的诉讼请求。2015 年 Berwick v. Uber 案中，美国加利福尼亚劳动委员会法官亦裁定 Berwick 是 Uber 公司的雇员而非独立合同工。加利福尼亚 Uber 案中法官判断劳动关系是否存在分为两步：（1）劳动者一方需要初步举证其向 Uber 公司提供了劳务，劳动者一方若有证据证明其向另一方提供了劳务，即可初步认定劳动关系的存在。（2）由 Uber 公司提供反证证明提供劳务一方不是雇员而是独立合同工。2016 年，在 Mr Y Aslam，Mr J Farrar and Others v. Uber B. V，Uber London Ltd and Uber Britannia Ltd 案中，英国劳动法庭就 Uber 驾驶员与 Uber 公司之间的劳动纠纷作出裁判，解决了 Uber 驾驶员是否为 Uber 公司员工的问题。英国劳动法庭认为，当一名 Uber 驾驶员在 Uber 授权工作的地域范围内打开 Uber 软件，并且有接受驾驶任务的能力与意愿，该驾驶员就在一份“雇佣”合同和一份包括其他条款的合同下为 Uber 公司工作。该判决的主要理由是 Uber 公司是一家运输公司而非技术公司，其通过驾驶员向乘客提供驾驶服务，驾驶员接受 Uber 公司的任务将乘客按照 Uber 公司规定的路线送到目的地，驾驶员的报酬由 Uber 公司规定和计算，没有机会与乘客谈判，与乘客之间不存在合同关系。通过否定驾驶员和乘客之间订有运输合同，英国劳动法庭确认 Uber 公司和乘客之间订有运

〔1〕 部分内容参见北京市第一中级人民法院课题组：《新就业形态下平台用工法律关系定性研究》，载《人民司法》2022 年第 7 期。

输合同，进而从驾驶员承担运输工作推导出驾驶员和 Uber 公司间存在劳动关系。[1]

从上述英美两国判决看，虽然具体的论证思路并不一样，但是法官实际上均有意无意运用了一个规则——当有证据显示劳动者向平台等相关主体提供了劳动，且劳动者亦主张双方之间是劳动关系时，则初步推定双方之间存在劳动关系，进而举证责任发生转移，由用工主体反证其虽然存在用工行为，但是并非支配性用工，双方之间并非劳动关系。只不过加利福尼亚法官是从正面阐述了这一规则，而英国法庭则是通过否定驾驶员与乘客之间订有运输合同，从反面确认了这一规则。

（二）域外立法已有采用类似规则的先例

2019 年 9 月，美国加利福尼亚州通过了 AB5 法案，该法案于 2020 年 1 月生效，并纳入加利福尼亚州劳动法典。该法案来源于加利福尼亚州最高法院 2018 年 Dynamex 案的判决。根据加利福尼亚州劳动法典，为获取报酬而提供劳动或服务的人应被视为雇员而非独立承包商，除非雇用单位证明提供劳动或服务的人满足以下所有条件：（1）在履行工作中不受雇用单位的控制或指示；（2）从事的工作不属于雇用单位的通常业务范围；（3）通常地从事独立设立的与履行的工作性质相同的贸易、职业或业务。由于要求雇主须证明同时满足三个条件，因此该规则也被称为 ABC 标准。ABC 标准于 1935 年起源于缅因州，自马萨诸塞州于 2004 年采用该标准以来，已成为各州独立承包商定义的主要改革内容。

2021 年 12 月，《欧洲议会和欧盟理事会关于改善平台用工工作条件的指令建议》公布。该指令建议引入劳动关系推定规则，明确了平台用工背景下，判定平台和工人劳动关系存否的规则。根据指令建议第 4 条，控制工作履行的数字劳工平台与通过该平台从事工作的人之间的合同关系应在法律上推定为劳动关系。指令建议规定，控制工作履行应理解为至少满足其所列举的五项条件中的两项。根据指令建议第 5 条，平台可以推翻上述推定，但举证责任由平台承担。欧盟各方于 2024 年 3 月达成的最终草案文本保留了平台用工中劳动关系推定的规则，但将具体规则留给成员国自行决定。最终草案删去了最初指令建议中的劳动关系推定规则中列举的具体条件，仅要求成员国必须考虑表明平台对工人进行控制和从属的事实。目前共有 10 个欧盟成员国或存在广泛适用于各种工作关系的一般推定规则（克罗地亚、爱沙尼亚、希腊、马耳他、荷兰、葡萄牙、斯洛文尼亚、西班

---

〔1〕 相关案例参见虞琦楠：《共享经济背景下网约车用工模式劳动关系分析——以法院判决为切入点》，载《上海市经济管理干部学院学报》2018 年第 3 期。

牙）或存在适用于特定工人群体或行业的推定规则（比利时、法国）。可见，欧盟成员国中建立劳动关系法律推定规则的国家占有相当比例。[1]

（三）该规则体现了法律关于劳动关系实质要件的重要变化

如前所述，为正确认定劳动关系，《劳动合同法》修正了劳动法时代以书面劳动合同作为劳动关系要件的规定，也没有采用《关于确立劳动关系有关事项的通知》第1条确立的认定标准，而是在第7条作出全新规定。按照该规定，“用人单位自用工之日起即与劳动者建立劳动关系”。为了进一步厘清劳动关系与劳动合同的区别，《劳动合同法》第10条强调：“已建立劳动关系，未同时订立书面劳动合同的，应当自用工之日起一个月内订立书面劳动合同。用人单位与劳动者在用工前订立劳动合同的，劳动关系自用工之日起建立。”根据上述规定，劳动关系建立的要件是存在用工。就劳动法意义上的用工，本书已经在前面部分进行了阐述，此处不再赘述。因此，鉴于劳动者较弱的举证能力以及用工主体应当负有的用工管理责任，只要劳动者能够证明其向用工主体提供了劳动，就初步完成了证明劳动关系存在的举证证明责任，此时，举证责任发生转移，用工主体如果要证明双方之间不存在劳动关系，则需要提供证据证明劳动者提供的劳动不具有从属性，或者双方订立了足以排斥劳动关系的其他类型的用工合同，从而证明双方之间是劳务关系、承揽关系等其他用工关系，而不是劳动关系。

二、双方订立的民事合同与真实存在的法律关系不一致时，以真实存在的法律关系为准

（一）劳动者与用工主体订立民事用工合同时，推定其是双方之间真实用工关系的体现

首先，根据该规则，当劳动者与用工主体订立了劳务合同、承揽合同等民事用工合同的，原则上要以该合同来认定双方之间的法律关系，这是对《民法典》第5条契约自由原则的恪守。并且，建立劳动关系应当订立劳动合同，而订立劳动合同亦属于民事法律行为的一种。《民法典》第133条规定，民事法律行为是民事主体通过意思表示设立、变更、终止民事法律关系的行为。换言之，意思表示是民事法律行为的核心要素，意思表示一致是民事法律行为成立的前提条件。因此，劳动关系的建立，除了看用工之外，也要看民事主体双方有没有建立劳动

〔1〕参见谢增毅：《数字时代劳动关系概念及认定规范的中国表达》，载《中国社会科学》2024年第10期。

关系的合意。应当认为，《劳动合同法》第7条第一句隐含了双方对建立劳动关系达成合意的推定。也就是说，对于《劳动合同法》第7条第一句完整的解读应当是：囿于劳动者举证能力弱，只要其能证明存在用工的事实，法律就推定其与用人单位存在建立劳动关系的意思表示并就此达成合意，而无须其就此举证证明。因此，如果有证据证明双方存在的是建立其他法律关系的合意，比如，用工一方提供反证证明双方订立了劳务合同或者承揽、合作等民事合同，此时应当根据双方真实意思表示来确定法律关系的性质，否则有违契约自由原则，对用工一方来说也有失公平。

（二）坚持事实优先原则

但是，当双方订立的合同与实际履行和真实存在的法律关系不一致时，应当以实际履行和真实存在的法律关系为准。比如，当劳动者主张双方之间虽然订立的是承揽合同但是真实的用工关系是劳动关系时，应当允许从业人员举证证明其主张，以利于查清用工一方与劳动者是否存在劳动关系。主要从两个方面进行审查：一是审查双方订立的合同内容，看是否名为其他合同，实为劳动合同；二是审查合同的履行情况，看劳动者提供的劳动，是否符合前文所说的从属性特征，如果符合，仍然要认定双方实际存在的是劳动关系。

对双方订立的合同作实质性审查的理由至少有两个：

（1）有利于保护劳动者合法权益。在劳动关系中，相对于劳动者，用人单位往往处于优势支配地位，为防范用人单位利用自身优势支配地位迫使劳动者订立其他类型的合同，逃避劳动法上的义务，当提供劳务一方对双方之间真实的法律关系提出质疑且就其质疑提供了证据时，为保护劳动者的合法权益，有必要对双方之间的法律关系作实质性审查。

（2）有利于揭示民事主体的真实意思表示。这样做既是对诚实信用原则的遵循，也与《民法典》第146条的精神相契合。根据《民法典》第146条的精神，认定法律关系的性质，要以民事主体之间真实的意思表示为基础，以实际履行和真实存在的法律关系为准。

案例2　聂某诉林氏兄弟公司确认劳动关系案[1]

——劳动关系认定要坚持事实优先原则

【基本案情】

2016年4月8日，聂某与林氏兄弟公司签订《合作设立茶叶经营项目的协议》，内容为："第一条：双方约定，甲方出资进行茶叶项目投资，聘任乙方为茶叶经营项目经理，乙方负责公司的管理与经营。第二条：待项目启动后，双方相机共同设立公司，乙方可享有管理股份。第三条：利益分配：在公司设立之前，乙方按基本工资加业绩方式取酬。公司设立之后，按双方的持股比例进行分配。乙方负责管理和经营，取酬方式：基本工资+业绩、奖励+股份分红。第四条：双方在运营过程中，未尽事宜由双方友好协商解决。第五条：本合同正本一式两份，公司股东各执一份。"

协议签订后，聂某到该项目上工作，工作内容为负责《中国书画》艺术茶社的经营管理，主要负责接待、茶叶销售等工作。林氏兄弟公司的法定代表人林某按照每月基本工资10000元的标准，每月通过银行转账向其发放上一自然月工资。聂某请假需经林某批准，且实际出勤天数影响工资的实发数额。2017年5月6日林氏兄弟公司通知聂某终止合作协议。聂某实际工作至2017年5月8日。

聂某申请劳动仲裁，认为双方系劳动关系并要求林氏兄弟公司支付未订立书面劳动合同二倍工资差额，林氏兄弟公司主张双方系合作关系。劳动争议仲裁机构裁决驳回聂某的全部仲裁请求。聂某不服仲裁裁决，提起诉讼。

一审法院判决：（1）确认林氏兄弟公司与聂某于2016年4月8日至2017年5月8日存在劳动关系；（2）林氏兄弟公司支付聂某2017年3月1日至2017年5月8日工资22758.62元；（3）林氏兄弟公司支付聂某2016年5月8日至2017年4月7日未签订劳动合同二倍工资差额103144.9元；（4）林氏兄弟公司支付聂某违法解除劳动关系赔偿金27711.51元；（5）驳回聂某的其他诉讼请求。林氏兄弟公司不服一审判决，提出上诉。北京市第一中级人民法院判决：（1）维持一审判决第一项、第二项、第四项；（2）撤销一审判决第三项、第五项；（3）驳回聂某的其他诉讼请求。

【裁判要点】

北京市第一中级人民法院作出生效判决认为，对合同性质的认定不能仅凭合同名称而定，而应根据合同双方当事人所设立的权利义务关系来进行认定。双方

---

〔1〕参见聂某诉林氏兄弟公司确认劳动关系案，最高人民法院指导案例179号。

签订的协议第3条明确约定了聂某的取酬方式，聂某可获得基本工资、业绩等报酬，此种取酬方式与合作经营中的收益分配明显不符。合作经营合同的典型特征在于合作双方共同出资、共担风险，而本案合同中既未约定聂某的劳务出资比例，更未约定双方共负风险，明显与合作经营合同不符。本案《合作设立茶叶经营项目的协议》名为合作经营，实为具有劳动雇佣内容的合同。进一步判定本案合同的性质，除应当考察合同的内容外，还应当考察履行合同过程中所体现的双方当事人的权利与义务关系。具体到本案，首先，经过公证的微信沟通记录显示出聂某询问林某是否发放工资、询问林某来应聘人员的面试情况及结果、向林某汇报《中国书画》艺术茶社的经营状态、按照林某的要求安排落实相关具体事务、向林某请假，聂某提交的请假单亦显示其请假需经过林某的批准，上述证据反映出聂某需听从林氏兄弟公司的指示和要求，接受其劳动管理，符合劳动合同中人格从属性的基本特征。其次，经过公证的邮件往来记录显示出聂某按月向林某汇报包括本人在内的《中国书画》艺术茶社人员的考勤情况、上月款项分配情况、当月开支情况、当月销售情况、下月工作计划及备用金申请。其中每月明细中均显示聂某的工资构成及金额，且其实发工资与出勤天数密切相关。上述证据充分体现出林氏兄弟公司按月向聂某支付工资，且聂某的实际出勤天数影响实发工资金额，工作中聂某需接受林氏兄弟公司的管理，双方在履行合同过程中形成的关系符合劳动合同中人格从属性和经济从属性的特征。综上，林氏兄弟公司与聂某之间存在劳动关系。[1]

【延伸思考】

关于劳务给付过程中的合意与事实冲突问题、劳动合同书面形式问题、从属性标准构成问题等，已是理论和实务争论的重大基础性问题。179号案例给出了事实优先原则、合同实质原则，明确了争议裁决的方法。本案判决旨在解决劳动关系认定中的几个关键问题：

（1）合意与事实冲突的裁决。建立劳动关系的标准模型是双方当事人达成缔结劳动关系的合意，以法定书面合同的形式确立并据此履行。如果一方或双方当事人没有清晰表明缔结劳动关系的合意，或者双方合意不是劳动关系，就需要基于已发生的劳动事实判定双方法律关系的性质。本案判决明确了“事实优先”原则，即在合意与事实冲突时以事实为依据进行法律关系定性。

（2）书面劳动合同形式与实质冲突的裁决。书面劳动合同的标准模型是双方当事人以劳动合同为名、按照《劳动合同法》第17条合同必备条款订立的书面合同。

---

〔1〕 参见北京市第一中级人民法院民事判决书，（2018）京01民终5911号。

如果双方当事人订立的书面合同不是以劳动合同为名，但合同约定符合《劳动合同法》第 17 条合同必备条款，就需要基于合同约定的实质判定合同性质。

三、难以查清用工事实的，依据劳动关系实质要件与形式标志之间的辩证关系进行认定

并不是在所有的案件中，都能查清用工主体对劳动者的用工性质，抑或能查清在多个关联方、转包方中，具体是哪一个或哪几个主体在对劳动者进行用工，甚至连到底是否存在用工事实，往往囿于劳动者的举证能力，也未必能查清。但是劳动者往往又能提供一些诸如工作证、工资支付记录、社保缴纳记录、招聘登记表之类的证据材料，在这种情况下，如何认定用工关系的法律性质，以及具体由哪一方承担用工主体的责任？笔者认为，在这种情形下，应当依据劳动关系实质要件与形式标志之间的辩证关系进行判断和认定。

（一）形式标志在认定法律关系性质时的运用

前文已就劳动关系的实质要件作了阐述，即支配性用工或从属性劳动。而所谓劳动关系的形式标志，是指由用工所映射出来的劳动关系的一些形式特征。比如书面的劳动合同、考勤记录，还有像《关于确立劳动关系有关事项的通知》第 2 条所提及的工资支付记录、工资发放花名册、社保缴纳记录、工作证和招聘登记表等。在劳动者不能直接证明用工事实的时候，如果能提供相应的证据证明上述形式标志的存在，也可能帮助裁判者形成心证。当劳动者证明的形式标志足够充分的时候，当裁判者根据劳动者的举证，认为其与涉及这些形式标志的用工主体之间存在劳动关系意义上的用工的可能性高达一定程度时，可以依据《民事诉讼法解释》第 108 条第 1 款关于举证规则的规定，认定双方间存在劳动关系。依据该规定，对负有举证证明责任的当事人提供的证据，人民法院经审查并结合相关事实，确信待证事实的存在具有高度可能性的，应当认定该事实存在。

具体到实践，比如，当平台将配送业务外包给甲公司，甲公司将该配送业务转包给乙公司，乙公司又将该配送业务转包给丁公司，如果发生纠纷后各公司为逃避担责，都否认对劳动者进行了用工，劳动者也无法举证其到底为哪家单位提供劳务或劳动时，就可以根据从业人员提供的相关形式标志，对是否存在劳动关系以及与哪家单位存在劳动关系进行判断和认定。

当然，在形式标志中，那些能直接反映出用工关系从属性特征的标志，对劳动关系的证明效力往往较其他形式标志更高，如书面劳动合同、符合工资发放周期的转账记录、考勤记录等。而像带有平台标识（Logo）的工作服、劳动工具

等，则往往只是用工主体出于宣传企业形象、便于劳动者展业等商业目的而配备，并不能直接反映人格从属性、组织从属性等从属性特征，因此对劳动关系的证明效力就较低。区分不同的形式标志证明效力存在高低的意义在于，当查明不同的形式标志指向两个以上的民事主体时，往往可以根据形式标志之间的证明效力高低来认定劳动者到底与哪个主体存在劳动关系。

（二）实质要件与形式标志的辩证关系

在认定劳动关系时，从属性劳动是劳动关系的实质要件，它决定着劳动关系的本质，也决定了形式标志，决定了何种现象和事实可以成为认定劳动关系的形式标志。但是，形式标志跟实质要件比起来，更具直观性，更容易举证，而且，一般情况下，形式标志与实质要件是统一的。所以，一般情况下，只要形式标志足够充分，就可以推定劳动关系的存在。但是，需要注意的是，当形式标志与实质要件不一致时，还是要依据实质要件来认定是否存在劳动关系。比如，用人单位与劳动者在用工之前就已经订立了劳动合同的，实际用工时间晚于劳动合同订立时间，此时，劳动关系建立的时间仍应以实际开始用工的时间为准，而不是以劳动合同订立的时间为准。

四、对于平台用工来说，以从属性的有无和强弱作为区分三类用工关系的关键

随着互联网平台经济的快速发展，越来越多的人依托互联网平台提供工作机会，通过付出劳动获取相应报酬，典型的像外卖骑手、网约车司机、互联网营销师等，这种新就业形态俨然成为传统全日制用工的重要补充。由于平台用工形式的新颖性和多样性，且法律法规尚未对这个新生事物作出针对性规范，导致在具体案件审理中，对于平台用工法律关系的性质难以把握，尤其是对是否构成劳动关系难以把握。

前文已经述及，《新就业形态劳动保障权益指导意见》提出了“不完全符合确立劳动关系情形”这一概念。依照该文规定，“符合确立劳动关系情形的，企业应当依法与劳动者订立劳动合同。不完全符合确立劳动关系情形但企业对劳动者进行劳动管理的，指导企业与劳动者订立书面协议，合理确定企业与劳动者的权利义务。个人依托平台自主开展经营活动、从事自由职业等，按照民事法律调整双方的权利义务”。鉴于该文中将用工关系分成了“符合确立劳动关系情形的”、“不完全符合确立劳动关系情形但企业对劳动者进行劳动管理的”和“个人依托平台自主开展经营活动、从事自由职业等”这三种类型，而第一种和第三种

原则上分别归属完全劳动关系和普通民事法律关系并无争议，因此，需要明确的是第二种情形即“不完全符合确立劳动关系情形但企业对劳动者进行劳动管理的”到底指向什么样的用工法律关系。

笔者认为，具有可操作性的划分方式是，在考察新业态劳动者提供的劳动时，将原有的“从属性劳动—独立劳动”划分模式进一步细分为“强从属性劳动—弱从属性劳动—独立劳动”的模式。其中，强从属性劳动对应完全劳动关系；弱从属性劳动则对应《新就业形态劳动保障权益指导意见》中提出的“不完全符合确立劳动关系情形但企业对劳动者进行劳动管理的”这一类型，而此种类型亦可以纳入不完全劳动关系中；至于独立劳动则对应依托平台，利用自身的体力、专业技能，自主从事劳务、咨询、设计等经营活动的劳动者所形成的普通民事法律关系。该划分标准实际上就是最高人民法院发布的首批新就业形态劳动争议专题指导性案例（第42批指导性案例）中提出的“支配性劳动管理”标准。该批指导性案例共4个，其中指导性案例237号、238号从正面指出，用人单位对劳动者存在用工事实，构成支配性劳动管理的，应当依法认定存在劳动关系。指导性案例239号、240号则从反面指出，用人单位对劳动者不存在支配性劳动管理的，不构成完全劳动关系。[1]“支配性劳动管理”是对传统“从属性”标准的细化，将劳动关系认定的标准从“有无”从属性细化为从属性的“强、弱、无”，显然在司法实践中更具有可操作性，也更符合经济社会现状和新就业形态的实际。具体而言，强从属性劳动对应支配性劳动管理，构成完全劳动关系；弱从属性劳动对应一定程度的劳动管理，构成不完全劳动关系；独立劳动对应无劳动管理，只能形成普通民事法律关系。

案例3　秦某丹诉北京某汽车公司劳动争议案[2]

——新就业形态劳动关系认定的裁判思路之一

【基本案情】

秦某丹于2020年12月31日注册某代驾平台司机端App，申请成为代驾司机。该平台运营者为北京某汽车公司。平台中的《信息服务协议》约定：北京某

〔1〕参见《回应司法实践需求！最高人民法院发布首批新就业形态劳动争议专题指导性案例》，载微信公众号“最高人民法院”2024年12月23日。

〔2〕参见秦某丹诉北京某汽车公司劳动争议案，（2023）京01民终6036号民事判决书，该案由笔者主审，被定为最高人民法院指导案例240号。

汽车公司为代驾司机提供代驾信息有偿服务，代驾司机通过北京某汽车公司平台接单，与代驾服务使用方达成并履行《代驾服务协议》，由平台记录代驾服务过程中的各项信息数据；代驾司机以平台数据为依据，向代驾服务使用方收取代驾服务费，向北京某汽车公司支付信息服务费；北京某汽车公司不实际提供代驾服务，也不代理平台任何一方用户，仅充当代驾司机与代驾服务使用方之间的中间人，促成用户达成《代驾服务协议》；北京某汽车公司与代驾司机不存在任何劳动、劳务、雇佣等关系，但是有权根据平台规则，对代驾司机的代驾服务活动及收费情况进行监督，有权根据平台用户的反馈，对代驾司机的代驾服务活动进行评价，以及进行相应调查、处理。

在协议实际履行过程中，北京某汽车公司未对秦某丹按员工进行管理，亦未要求其遵守公司劳动规章制度。代驾服务使用方发出代驾服务需求信息后，平台统一为符合条件的司机派单，秦某丹自行决定是否接单、抢单。秦某丹仅需购买工服、接受软件使用培训、进行路考、接受抽查仪容等，其在工作时间、工作量上具有较高的自主决定程度，有权决定是否注册使用平台、何时使用平台从事代驾服务等。秦某丹从事代驾服务所取得的劳动报酬即代驾服务费用，由代驾服务使用方直接支付。平台根据代驾司机接单率对其进行赠送或者扣减金币等奖罚措施。该金币可用于代驾司机购买平台道具以提高后续抢单成功率，与其收入不直接关联。此外，平台统计代驾司机的成单量、有责取消率等数据，并对接单状况存在明显异常的代驾司机账号实行封禁账号等风控措施。

后双方发生劳动争议，秦某丹申请劳动仲裁，请求北京某汽车公司支付2021年1月31日至2022年1月31日未订立书面劳动合同的二倍工资差额8074.38元。仲裁委员会裁决：驳回秦某丹的仲裁请求。秦某丹不服，提起诉讼。一审法院判决：驳回秦某丹的诉讼请求。宣判后，秦某丹不服，提起上诉。北京市第一中级人民法院作出（2023）京01民终6036号民事判决：驳回上诉，维持原判。

【裁判要点】

生效判决认为，秦某丹所持北京某汽车公司向其支付未订立书面劳动合同二倍工资差额的诉讼请求，是以双方存在劳动关系为前提条件的，本案的争议焦点是秦某丹是否因注册为代驾司机、从事代驾服务而与北京某汽车公司形成劳动关系。

其一，从秦某丹同意的相关协议的效力和性质来看，不存在合同目的、合同必要条款违反法律或行政法规强制性规定、违背公序良俗等导致合同整体无效的情形；相关协议具体条款虽然约定北京某汽车公司可以对代驾司机的代驾服务活动及收费情况进行监督、根据平台用户的反馈对代驾司机代驾服务活动进行评价等内容，但是这些约定均属于公司为维护平台正常运营、提供优质服务所采取的必要运营和管理手段范畴，尚未达到构成劳动关系的支配性劳动管理程度，因此相关协议属于普通民事合同，不属于劳动合同。

其二，从双方对相关协议的实际履行来看，北京某汽车公司让秦某丹购买工服、培训其使用软件的知识、对其进行路考、抽查拍照检查其仪容、根据接单率对其进行赠送金币或者扣减金币甚至暂时封禁账号的奖罚措施等行为，亦属于公司为维护平台正常运营、提供优质服务所采取的必要运营和管理手段范畴，尚未达到支配性劳动管理程度。即便秦某丹所主张的北京某汽车公司接到投诉后不做调查就屏蔽其账户属实，也只能说明公司在维护平台运营、处理与代驾司机合作关系时存在有待改进和完善的空间，而不能由此认定北京某汽车公司对秦某丹存在支配性的劳动管理。平台企业基于完全、适当地履行其与代驾服务使用者之间的民事合同需要，对代驾司机向代驾服务使用者提供的服务进行必要的监督和指示是其应有的权利。

其三，秦某丹不向北京某汽车公司提供劳动或工作成果，其提供代驾服务的时间、地点等取决于代驾服务使用者的叫单，其提供代驾服务所获劳动报酬不由北京某汽车公司支付，公司未对其进行员工管理，亦未要求其遵守公司的劳动规章制度。秦某丹有权决定是否注册使用、何时使用平台从事代驾服务，在决定是否接单、抢单等事项上亦具有较高自由度。结合上述分析，法院认定秦某丹在本案中未能证明北京某汽车公司对其进行了劳动法意义上的支配性用工和劳动管理，因此，无法认定秦某丹与北京某汽车公司形成劳动关系，故判决驳回其诉讼请求。

【延伸思考】

代驾员与代驾公司之间是一种什么关系？是否必然是劳动关系？笔者认为，对此不能一概而论，还是应当结合案情来具体分析代驾员与代驾公司之间是否符合劳动关系的认定标准。司法实践中，认定劳动关系最核心的标准还是管理标准，即用人单位与劳动者之间是否存在管理与被管理、指挥与被指挥、监督与被监督的关系。如果代驾公司依法制定的各项劳动规章制度适用于代驾司机，代驾司机受代驾公司的劳动管理，从事代驾公司安排的有报酬的劳动，可以认定双方之间存在劳动关系，代驾司机主张与平台企业存在劳动关系的，人民法院应当根据用工事实和劳动管理程度，综合考虑劳动者对工作时间及工作量的自主决定程度、劳动过程受管理控制程度、劳动者是否需要遵守劳动规章制度、劳动者工作的持续性、获取劳动报酬的方式等因素，依法审慎予以认定。指导案例240号确立的裁判要旨是，平台企业或者平台用工合作企业为维护平台正常运营、提供优质服务等进行必要运营管理，但未形成支配性劳动管理的，对于劳动者提出的与该企业之间存在劳动关系的主张，人民法院依法不予支持。

那么，区分强从属性和弱从属性的标准是什么？对此，笔者认为，首先，依据从属性理论，人格从属性最能体现劳动关系区别于普通民事法律关系的本质特征，而经济从属性则不仅出现在劳动关系中，在普通民事法律关系中也可能存在。所谓经济从属性，一般认为是指劳动者以每月领取的薪酬作为其生存、发展乃至投资的主要经济支撑，因此其对用人单位构成了经济上的从属性。但是当新业态劳动者的收入主要来源于开网约车、送外卖等所得报酬时，不论其与平台经营者之间是什么法律关系，其相对于平台经营者都有一定程度的经济从属性。因此，经济从属性并不是劳动关系独有的特性。易言之，在不完全劳动关系中，不仅应允许存在经济从属性，还应允许存在较强的经济从属性。其次，对新业态劳动者进行一定程度的劳动管理，也不必然意味着这种劳动具有劳动法意义上的强从属性，如果平台经营者只是对劳动者向客户提供的服务质量进行必要的监督和指示，应当允许其存在。因为即便是在承揽合同中，承揽人在工作期间，也应当接受定作人必要的监督检验；而《民法典》第 1193 条还承认了定作人对承揽人拥有指示权。因此，举轻以明重，在不完全劳动关系中，平台经营者基于完全、适当地履行其与客户之间民事合同的需要，对新业态劳动者向客户提供的服务进行必要的监督和指示，对其劳动进行必要的管理，是其应有的权利。可以认为，此时劳动者提供的劳动仅具有弱的人格从属性，换言之，只要用工主体的劳动管理尚没有达到支配性程度，就可以认为此种用工关系尚不属于完全劳动关系。

当然，就平台用工来说，以上分类是在假设只有一个主体对劳动者进行用工的前提下所作的简化分类，如果考虑实践中的外包、层层转包、两个以上的主体同时用工等情形，则用工关系会复杂得多。比如，平台经营者将特定区域的业务外包给第三方公司，由第三方公司负责招募骑手从事终端配送，但是平台经营者又通过算法等技术手段对骑手订单分配、报酬支付、工作时间、奖惩考核等进行管理，由此，在外包商、平台经营者与骑手之间就形成一种三角用工关系。在这个三角用工关系中，外包公司与平台经营者之间是分包或者承揽等民事关系，外包公司与骑手之间一般建立的是劳动关系，而平台经营者与骑手之间则可能形成不完全劳动关系甚至劳动关系。如果外包公司与平台经营者都与骑手形成劳动关系，则事实上形成混同用工；如果外包公司与骑手是劳动关系，平台经营者与骑手是不完全劳动关系，则形成一种与劳务派遣相似的用工模式。

案例4　郎溪某服务公司诉徐某申确认劳动关系纠纷案[1]

——新就业形态劳动关系认定的裁判思路之二

【基本案情】

郎溪某服务公司与某咚买菜平台的运营者上海某网络公司于2019年4月1日订立《服务承揽合同》。该合同约定：郎溪某服务公司为上海某网络公司完成商品分拣、配送等工作；双方每月定期对郎溪某服务公司前一个月的承揽费用进行核对后由上海某网络公司支付；郎溪某服务公司自行管理所涉提供服务的人员，并独立承担相应薪酬、商业保险费、福利待遇，以及法律法规规定的雇主责任或者其他责任。

2019年7月，郎溪某服务公司安排徐某申到某咚买菜平台九亭站从事配送工作。郎溪某服务公司与徐某申订立《自由职业者合作协议》《新业态自由职业者任务承揽协议》。两份协议均约定：徐某申与郎溪某服务公司建立合作关系，二者的合作关系不适用劳动合同法。其中，《新业态自由职业者任务承揽协议》约定：郎溪某服务公司根据合作公司确认的项目服务人员服务标准及费用标准向徐某申支付服务费用；无底薪、无保底服务费，实行多劳多得、不劳不得制。但郎溪某服务公司并未按照以上协议约定的服务费计算方式支付费用，实际向徐某申支付的报酬包含基本报酬、按单计酬、奖励等项目。2019年8月12日，郎溪某服务公司向徐某申转账人民币9042.74元。2019年8月13日，徐某申在站点听从指示做木架，因切割木板意外导致右脚受伤，住院接受治疗，自此未继续在该站点工作。2019年9月3日，郎溪某服务公司以“服务费”名义向徐某申支付15000元。徐某申在站点工作期间，出勤时间相对固定，接受站点管理，按照排班表打卡上班，根据系统派单完成配送任务，没有配送任务时便在站内做杂活。

徐某申因就工伤认定问题与郎溪某服务公司发生争议，申请劳动仲裁。仲裁委员会裁决：徐某申与郎溪某服务公司在2019年7月5日至2019年8月13日存在劳动关系。郎溪某服务公司不服，提起诉讼。一审法院判决：确认徐某申与郎溪某服务外包公司在2019年7月5日至2019年8月13日存在劳动关系。宣判后，郎溪某服务外包公司不服，提起上诉。上海市第一中级人民法院于2022年3月7日作出（2021）沪01民终11591号民事判决：驳回上诉，维持原判。

【裁判要点】

生效判决认为，根据《劳动法》《劳动合同法》的规定，“用人单位自用工之

[1] 参见郎溪某服务公司诉徐某申确认劳动关系纠纷案，最高人民法院指导案例237号。

日起即与劳动者建立劳动关系”，“建立劳动关系应当订立劳动合同”。但实践中存在企业与劳动者签订承揽、合作等合同，以规避与劳动者建立劳动关系的情况。对此，人民法院应当根据用工事实，综合考虑人格从属性、经济从属性、组织从属性等因素，准确认定企业与劳动者是否存在劳动关系，依法处理劳动权益保障案件。劳动关系的本质特征是支配性劳动管理。在新就业形态下，平台企业生产经营方式发生较大变化，劳动管理的具体形式也随之具有许多新的特点，但对劳动关系的认定仍应综合考量人格从属性、经济从属性、组织从属性的有无及强弱。具体而言，应当综合考虑劳动者对工作时间及工作量的自主决定程度、劳动过程受管理控制程度、劳动者是否需要遵守有关工作规则、算法规则、劳动纪律和奖惩办法、劳动者工作的持续性、劳动者能否决定或者改变交易价格等因素，依法作出相应认定。

本案中，虽然郎溪某服务公司与徐某申订立的是承揽、合作协议，但结合查明的事实，应当认定徐某申与郎溪某服务公司之间存在劳动关系。具体而言，(1) 徐某申在站点从事配送工作，接受站点管理，按照站点排班表打卡上班，并根据派单按时完成配送任务，在配送时间、配送任务等方面不能自主选择，即使没有配送任务时也要留在站内做杂活。(2) 徐某申的报酬组成包含基本报酬、按单计酬及奖励等项目，表明郎溪某服务公司对徐某申的工作情况存在相应的考核与管理，并据此支付报酬。(3) 郎溪某服务公司从上海某网络公司承揽商品分拣、配送等业务，徐某申所从事的配送工作属于郎溪某服务公司承揽业务的重要组成部分。综上，徐某申与郎溪某服务公司之间存在用工事实，构成支配性劳动管理，符合劳动关系的本质特征，应当认定存在劳动关系。

【延伸思考】

实践中，由于存在外包、层层转包、两个以上的主体同时用工等情形，平台用工关系较为复杂。指导案例237号确立了以下裁判要旨：平台企业或者平台用工合作企业与劳动者订立承揽、合作协议，劳动者主张与该企业存在劳动关系的，人民法院应当根据用工事实，综合考虑劳动者对工作时间及工作量的自主决定程度、劳动过程受管理控制程度、劳动者是否需要遵守有关工作规则、算法规则、劳动纪律和奖惩办法、劳动者工作的持续性、劳动者能否决定或者改变交易价格等因素，依法作出相应认定。对于存在用工事实，构成支配性劳动管理的，应当依法认定存在劳动关系。

第三讲 劳动关系的特殊形态

第一节 双重劳动关系

所谓双重劳动关系，是指同一个劳动者同时与两个以上的用人单位建立劳动关系。从产生原因来看，双重劳动关系分为两种：一种是停薪留职人员、提前退休的内退人员、下岗人员以及因企业经营性停产放长假的人员又与其他用人单位建立劳动关系形成的双重劳动关系，另一种则是非全日制用工劳动者，甚至全日制用工劳动者利用其余时间与其他用人单位建立劳动关系形成的双重劳动关系。

在我国从计划经济向市场经济转型过程中，随着改革开放不断深入，产业升级换代不断推进，相当多企业在优胜劣汰过程中或者发生经营困难或者因科技创新大大提高了生产效率，导致企业的人力资源相对过剩。为了安置相对过剩的劳动者，企业根据不同情况，对不同劳动者采取停薪留职、提前退休、下岗待岗，甚至直接放长假等方式，以期达到分流过剩人员的目的。在此背景下，被分流的人员往往会另谋出路，到其他用人单位工作，这就形成所谓的“双重劳动关系”。

关于双重劳动关系的法律规制问题存在争论，一种观点认为，基于双重劳动关系在我国产生的历史、体制等原因，双重劳动关系虽然具有合理性，但是存在损害劳动者和国家的利益、破坏市场秩序等现象，因此，从长远来看，应当逐步清理和消除双重劳动关系现象的存在。[1] 另一种观点则认为，承认双重劳动关系的合法性，有利于保护双重劳动关系中的劳动者的合法权益；有利于正确区分劳动关系和劳务关系；有利于促进良性就业，扩大人力资源利用；有利于促进和谐劳动关系的建立等，[2] 因此，应当承认其合法性。

笔者认为，双重劳动关系并不违法。

首先，《劳动合同法》第 69 条第 2 款从正面规定从事非全日制用工的劳动者

---

〔1〕 参见邵芬：《双重劳动关系探源及其思考》，载《法学评论》2001 年第 1 期。

〔2〕 参见曹艳春：《劳动合同法确立双重劳动关系之肯定论》，载《政法论丛》2006 年第 2 期；林海权：《双重劳动关系法律问题研究》，载《中国劳动关系学院学报》2007 年第 1 期；曾婧：《论双重劳动关系的合法性》，载《法制与社会》2010 年第 4 期。

可以与一个或者一个以上用人单位订立劳动合同；只不过后订立的劳动合同不得影响先订立的劳动合同的履行。易言之，法律对非全日制劳动者的双重劳动关系是明确肯定的。而该法第 39 条第 4 项则从反面规定，劳动者同时与其他用人单位建立劳动关系，对完成本单位的工作任务造成严重影响，或者经用人单位提出，拒不改正的，用人单位可以解除劳动合同。易言之，法律对全日制劳动者建立双重劳动关系并不鼓励，但也并未否定其合法性。人力资源和社会保障部劳动关系司在《答网民关于能否与两家用人单位同时订立全日制劳动合同的来信》时也明确指出，《劳动法》和《劳动合同法》未对劳动者同时与两家用人单位建立劳动关系作出禁止性规定。〔1〕

其次，《劳动争议司法解释一》第 32 条第 2 款明确规定："企业停薪留职人员、未达到法定退休年龄的内退人员、下岗待岗人员以及企业经营性停产放长假人员，因与新的用人单位发生用工争议而提起诉讼的，人民法院应当按劳动关系处理。"由于上述四类人员与原单位的劳动关系并未终结，因此，该解释明确肯定了上述四类人员的双重劳动关系。这就意味着，对其他符合双重劳动关系实质要件的双重劳动关系没有理由作区别对待。

在双重劳动关系下，劳动者与新老用人单位之间因劳动关系产生的权利义务原则上均应当适用劳动法律法规。例如，《实施工伤保险条例的意见》第 1 条规定，"职工在两个或两个以上用人单位同时就业的，各用人单位应当分别为职工缴纳工伤保险费。职工发生工伤，由职工受到伤害时其工作的单位依法承担工伤保险责任"。但是，由于现阶段社会保险政策的限制，在适用相关法律法规时，要有所调整。比如，就社会保险的缴纳义务，根据国情，在停薪留职、提前退休、下岗待岗、企业经营性停产放长假等情形下，劳动者与新用人单位建立用工关系的，应当由新用人单位与劳动者按照相关规定缴纳社会保险费用。〔2〕此外，实践中，在部分城市，如果员工已经和一家用人单位建立全日制劳动关系并缴纳五险，那么第二家用人单位将无法为该员工缴纳五险或者单独缴纳工伤保险（两家非全日制用人单位可以同时缴纳工伤保险），这将导致如果该员工在第二家用人单位发生工伤，第二家用人单位将因无法缴纳工伤保险而需自行支付工伤保险待遇。〔3〕

---

〔1〕 参见《劳动关系司答网民关于能否与两家用人单位同时签订全日制劳动合同的来信》，载人力资源和社会保障部官网，https：//www. mohrss. gov. cn/SYrlzyhshbzb/zxhd/buzhangxinxiang/huiyingxuandeng/202401/t20240117_ 512293. html，2024 年 11 月 22 日访问。

〔2〕 参见最高人民法院民事审判第一庭编著：《最高人民法院劳动争议司法解释（三）的理解与适用》，人民法院出版社 2015 年版，第 129 页。

〔3〕 参见桂维康：《劳动关系全流程法律实务解析》，中国法制出版社 2023 年版，第 23 页。

第二节　借用及共享用工

新冠疫情初期，政府为有效控制疫情，出台了延迟复工、强制隔离等政策，大部分企业停产停工，产生很多暂时歇业的员工。但是以生鲜电商为代表的互联网平台业务量不降反升，在人们足不出户的时期，其替代线下商超和菜场成为老百姓菜篮子的重要部分。消费方式的改变、线上订单的激增导致部分平台陷入“用工荒”。于是，共享员工这一用工模式应运而生。据报道，电商平台盒马鲜生通过共享员工模式接纳了来自西贝、温莎 KTV、大众出行等 40 多家企业、超过 5000 名的共享员工，在降低合作企业成本、保障员工稳定收入的同时，也缓解了盒马鲜生人力稀缺的压力。[1] 事实上，共享用工是在世界各国雇佣形态的多元发展中广泛存在的一种灵活用工形式，该用工形式因契合特殊时期的经济情势而凸显优势。一方面，一些企业因停工停产或开工不足，员工无法全员正常上班；另一方面，一些企业需要大量员工从事诸如医疗用品、消费用品等商品物资的应急生产。于是，停工或开工不足的劳动力闲置企业将员工派到劳动力紧缺的企业工作，促进了企业之间通过协商建立的共享用工模式的发展。[2]

共享用工，是指员工富余的 A 单位将与之建立劳动关系的员工甲借调至缺工的 B 单位工作，甲与 A 的劳动关系不发生改变，甲与 B 不成立劳动关系，A 与 B 签订协议明确双方权利义务。由于共享用工在形式上与双重劳动关系有相似性，且其名称突出“共享”二字，难免会令人误以为共享用工构成双重劳动关系。但是劳动行政主管部门对共享用工有明确界定。人力资源社会保障部办公厅《关于做好共享用工指导和服务的通知》（人社厅发〔2020〕98 号）明确要求，“各级人力资源社会保障部门要指导员工富余企业（原企业）在将劳动者安排到缺工企业工作前征求劳动者意见，与劳动者协商一致。共享用工期限不应超过劳动者与原企业订立的劳动合同剩余期限”。“原企业与劳动者协商一致，将劳动者安排到缺工企业工作，不改变原企业与劳动者之间的劳动关系”。可见，共享用工要求借出借入企业与劳动者之间事先就共享用工协商一致，并且共享用工期限不应超过劳动者与借出企业订立劳动合同的剩余期限，这些特征是双重劳动关系所不具备的，因此，共享用工并不构成双重劳动关系。当然，劳动者非由用人单位安排而自行到其他单位工作的，不属于共享用工情形，有可能构成双重劳动关系。

---

〔1〕 参见吕校宇：《数字经济新业态加速成熟盒马鲜生“共享员工”平台拟 4 月份上线》，载《证券日报》2020 年 3 月 25 日。

〔2〕 参见田思路：《共享用工：“狭义借调”中的三方合同构成》，载《法学》2022 年第 1 期。

与共享用工本质上相同的用工形式是早已有之的单位之间对员工的借用，而对于借用用工关系中劳动关系的认定，部门规章早有规定。借用这一用工形式，在计划经济时期被广泛使用。在计划经济时代，我国的就业实现方式主要由国家统一分配和安置，受制度限制，单位之间的人员流动存在很大障碍，无论是企业、事业单位还是国家机关都常用借用的用工形式，主要集中在对管理人员的补充、后备干部的锻炼、技术人员的攻关、无法解决编制情况下专项工作的完成上。原劳动部在《贯彻执行劳动法的意见》第7条中明确了借用情形下劳动合同关系的属性及协商变更劳动合同条款的要求，即“用人单位应与其长期被外单位借用的人员、带薪上学人员、以及其他非在岗但仍保持劳动关系的人员签订劳动合同，但在外借和上学期间，劳动合同中的某些相关条款经双方协商可以变更”。[1] 也就是说，在我国，借用用工关系中，劳动者只是与借出单位存在劳动关系，与借用单位之间不存在劳动关系。正因如此，《工伤保险条例》第43条第3款才规定，“职工被借调期间受到工伤事故伤害的，由原用人单位承担工伤保险责任，但原用人单位与借调单位可以约定补偿办法”。而对于借用用工关系中劳动者与借出借入单位之间其他权利义务的分配，没有规定的，可以参照有关劳务派遣用工中权利义务分配劳动规定处理。

案例5　张某与某餐饮公司确认劳动关系纠纷案[2]

——员工借出企业无法继续履行协议，共享用工如何处理

【基本案情】

张某为某餐饮公司服务员。2020年春节期间，因新冠疫情影响，餐饮公司停止营业，多名员工滞留当地。而某电商公司则业务量持续暴发增长，送货、拣货等岗位人员紧缺。电商公司遂与餐饮公司签订了共享用工协议，约定张某自2020年2月3日至5月4日借用到电商公司从事拣货员岗位工作，每月电商公司将工资交由餐饮公司后，由餐饮公司支付张某。张某同意临时到电商公司工作。然而，餐饮公司于3月20日依法宣告破产，并通知张某双方劳动合同终止，同时告知电商公司将无法履行共享用工协议。电商公司仍安排张某工作并支付工资。4月16日，张某申请劳动仲裁，请求确认其与电商公司自2020年2月3日至4月

〔1〕 田思路：《共享用工：“狭义借调”中的三方合同构成》，载《法学》2022年第1期。

〔2〕 本案为人力资源社会保障部、最高人民法院《关于联合发布第一批劳动人事争议典型案例的通知》（人社部函〔2020〕62号）发布的案例7。

16日存在劳动关系。

【裁判要点】

经仲裁委员会庭前调解，电商公司认可与张某自2020年3月20日起存在劳动关系，双方订立了2020年3月20日至2021年3月19日的劳动合同，张某撤回了仲裁申请。

【延伸思考】

本案的争议焦点是员工借出企业无法继续履行共享用工协议，借入企业继续用工的，双方是否建立劳动关系。我国劳动法并不禁止用人单位之间对劳动者的借用。《劳动合同法》第44条规定："有下列情形之一的，劳动合同终止：……（四）用人单位依法宣告破产的。"因共享用工协议的履行以劳动者与借出企业劳动关系的存在为前提，共享用工的用工模式自借出企业宣告破产时被打破。借入企业明知劳动者与借出企业劳动关系终止的情况下继续用工，应根据有关法律和政策规定建立劳动关系。

共享用工属于特殊情况下的灵活用工方式，在法律主体认定、劳动报酬支付、社会保险缴纳等方面还存在制度盲点，但需要明确的是，借出企业不得以营利为目的借出员工，也不得以共享用工之名，进行违法劳务派遣，或诱导劳动者注册个体工商户以规避用工责任。此外，劳动者在企业停工停产等特殊情况下，自主选择为其他企业提供劳动，不属于共享用工，应根据相关法律和政策认定是否建立双重劳动关系。

第三节　混同用工

除了前述借用、共享用工，实践中与双重劳动关系具有相似性的还有混同用工。所谓混同用工，是产生于司法实践的概念，并没有一个权威、准确的定义。笔者认为，混同用工，是指具有某种关联的两个或者两个以上的用工主体，在同一段期间内，交叉重叠使用同一个劳动者的用工情形。

混同用工不同于借用、共享用工，借用、共享用工反映的是不同的用工主体对同一劳动力分阶段、不同期地单独享有和使用，而混同用工则是不同的用工主体在同一段期间内持续交叉重叠对劳动者进行支配性用工。如果用工主体之间声称是借用劳动者，但是却在同一段期间内交叉重叠对劳动者进行支配性用工，则构成混同用工，需要承担混同用工的法律责任。

混同用工与双重劳动关系是一种存在重叠、交集的关系。实际上，在混同用工中，两个以上的用工主体与劳动者之间都存在支配性用工，也就是说，从劳动关系的实质要件来看，可以说混同用工是特殊的双重劳动关系甚至是多重劳动关系。但是，司法实践在处理混同用工时基本是以认定单一劳动关系为原则，双重或者多重劳动关系为例外。也就是说，对于混同用工，一般不以双重劳动关系或者多重劳动关系进行处理，而是以某种标准认定劳动者与其中一个用工主体形成劳动关系，这主要是考虑到如果认定为双重劳动关系会对社会保险、公积金等制度形成一定程度的冲击，因此化繁为简，这种处理具有合理性。

笔者赞同将混同用工从双重劳动关系中剥离出来：（1）在混同用工中，用工主体之间存在某种关联性，它们或者是关联企业，或者是股东、实际控制人有重合，或者是股东、实际控制人之间有亲属、朋友等关系，等等；而在双重劳动关系中，用工主体之间一般没有关联性。（2）在混同用工中，用工主体在同一段期间内对劳动者存在交叉重叠用工，这种交叉重叠用工，也可能表现为劳动者在同一段期间内，多次以不同用工主体员工的身份对外执行工作任务。这种交叉重叠用工，一定是在用工主体的安排下进行的，是用工主体意志的体现。而在双重劳动关系中，在同一段期间内，不同用工主体对劳动者不存在交叉用工，比如，企业停薪留职人员、未达到法定退休年龄的内退人员、下岗待岗人员以及企业经营性停产放长假人员与新老用人单位之间。即使在同一段期间内，不同用工主体对劳动者存在交叉用工，这种用工也不是用工主体安排的，而是劳动者为了获取更多的收入，主动自愿的，比如，非全日制用工劳动者，甚至全日制用工劳动者利用工作时间之外的时间与其他用人单位建立劳动关系所形成的双重劳动关系。

部分地方已经对混同用工形成了具体的裁判规则。比如，《北京市劳动争议解答一》第38条规定，“有关联关系的用人单位交叉轮换使用劳动者的，根据现有证据难以查明劳动者实际工作状况的，参照以下原则处理：（1）订立劳动合同的，按劳动合同确认劳动关系；（2）未订立劳动合同的，可以根据审判需要将有关联关系的用人单位列为当事人，以有关联关系的用人单位发放工资、缴纳社会保险、工作地点、工作内容，作为判断存在劳动关系的因素；（3）在有关联关系的用人单位交叉轮换使用劳动者，工作内容交叉重叠的情况下，对劳动者涉及给付内容的主张，可根据劳动者的主张，由一家用人单位承担责任，或由多家用人单位承担连带责任”。吉林省高级人民法院《关于审理劳动争议案件法律适用问题的解答（二）》第3条规定，“有关联关系的用人单位以交叉、轮换等方式使用劳动者，劳动者要求确认劳动关系的，参照下列原则处理：（1）订立书面劳动合同的，劳动者要求按书面劳动合同确认劳动关系，应予支持。订立书面劳动合同的用人单位提供证据证明劳动者在关联企业工作不是履行双方书面劳动合同的行为或劳动合同已经解除或终止的除外；（2）未订立书面劳动合同的，根据劳动者工作时间、工作内容、工资发放、社会保险缴纳等因素综合判断劳动关系；根据上述情况仍无法确定劳动关系的，可根据劳动者的主张确认劳动关系；（3）在工作内容交叉重叠的情况下，劳动者提出的具有给付内容的诉讼请求，可根据劳动者的主张，由一家用人单位承担责任，或由关联企业承担连带责任”。山东省高级人民法院、山东省人力资源和社会保障厅《关于审理劳动人事争议案件若干问题会议纪要》第4条规定，“关联公司混同用工，劳动者与关联公司均符合劳动关系特征的情况下，劳动者对于劳动关系的确认享有选择权，但是劳动关系项下的劳动权益不能重复享受”。

从地方裁判规则来看，在认定混同用工及其法律责任时，基本遵循两条处理原则：（1）劳动关系认定上作简化处理，原则上只认定劳动者与其中一家用工主体存在劳动关系；（2）混同用工中的用工主体，往往需要对劳动者承担连带给付责任。

笔者认为，首先，在劳动关系认定上，正如前文所述，考虑到如果认定为双重劳动关系会对社会保险、公积金等制度形成一定程度的冲击，因此作简化处理，原则上只认定劳动者与其中一个用工主体存在劳动关系。具体的认定规则可以是：（1）其中一个用工主体与劳动者订立了书面劳动合同的，以该主体作为劳动关系主义务人；（2）在同一期间内两个以上的用工主体均与劳动者订立书面劳动合同的或者均未与劳动者订立书面劳动合同的，可以根据用工主体对劳动者用工的先后顺序，社会保险缴纳以及劳动报酬支付情况，结合劳动者的主张和选择，认定其中一个用工主体作为劳动关系主义务人。

其次，虽然在劳动关系认定上，对混同用工一般不认定双重劳动关系，但是混同用工中的用工主体，往往需要对劳动者承担连带给付责任，这种处理方式妥当地保护了劳动者的合法权益，也是混同用工最大的特点。（1）混同用工中的用工主体承担连带给付责任的法律依据在于，用工主体既然对劳动者进行劳动法意义上的用工，就需要承担劳动法上诸如支付劳动报酬、安排年休假等义务。两个以上的单位对劳动者混同用工，如前所述，实质上这两个单位与劳动者之间均符合劳动关系的本质特征，因此，自然都需要承担劳动法上诸如支付劳动报酬、经济补偿、安排年休假等义务，这就构成《民法典》第518条规定的连带债务，因此，劳动者可以依据该条规定，请求部分或者全部用工主体承担给付责任。（2）由于连带债务是基于同一法律关系而产生的，因此，人民法院受理劳动争议案件后，如果劳动者请求追加混同用工中的其他用工主体承担连带给付责任，由于增加的诉讼请求与仲裁的请求是基于同一连带债务而产生的，则符合《劳动争议司法解释一》第14条规定的不可分性，人民法院应当合并审理。（3）在混同用工中，混同用工的单位相对于劳动者是连带债务人，因此，依据《诉讼时效司法解释》第17条的规定，在仲裁时效期内，劳动者向其中一家主体主张权利的行为，不仅对该单位构成时效中断，对其他混同用工的主体也产生时效中断的效力。

由于连带责任是一种严厉的法定责任，因此在认定混同用工时要注意防范混同用工认定标准的泛化和扩大化，平衡保护用人单位的合法利益。首先，如果能认定多个用工主体是在不同时间段内分别使用劳动者，而不是在同一段期间内交叉重叠使用劳动者，则不构成混同用工。比如，能够认定劳动者2018年为A公司劳动，2019年为B公司劳动，2020年又为A公司劳动，则不能认定在2018年至2020年这三年内A、B公司对该劳动者存在混同用工。其次，混同用工的实质要件在于存在交叉重叠用工，因此认定混同用工的关键是在事实层面能够认定两个以上的用工主体对同一劳动者存在交叉重叠用工的行为，这意味着，不能仅因为多个主体轮流给劳动者缴纳社保或者轮流给劳动者发工资，就认定存在混同用工，认定混同用工中的用工的标准，应当比确认单个劳动关系中的用工的标准更高。这是因为，在确认单个劳动关系的案件中，劳动者作为弱势一方，对其合法权益进行保护更能体现劳动法律保护劳动者的立法目的；而在认定混同用工的案件中，在劳动关系已经能够确认、劳动者基本权益能够得到保障的前提下，平衡保护用工主体一方的利益、不随意令其套上连带责任的沉重“枷锁”则显得更为重要。

从征求意见稿来看，《劳动争议司法解释二》拟在总结前述地方裁判规则的基础上规定：被多个用人单位交替或者同时进行用工的劳动者请求确认劳动关系的，按照下列情形分别处理：（1）已订立书面劳动合同，劳动者请求按照劳动合同确认劳动关系的，人民法院应予支持；（2）未订立书面劳动合同，劳动者请求确认劳动关系的，人民法院可以根据用工管理行为、工作时间、工作内容、工资报酬发放、社会保险缴纳等因素予以确认。劳动者请求用人单位共同承担责任的，人民法院应予支持，但用人单位之间依法对劳动者的工资报酬、福利待遇等作出约定且经劳动者同意的除外。

第四节　“长期两不找”

所谓“长期两不找”，特指实践中存在的一种现象，即劳动者与用人单位之间几年、十几年甚至几十年未曾联系，劳动者在此期间未向用人单位提供劳动，用人单位亦未给劳动者发放工资、缴纳社保，但双方之间未解除或者终止劳动关系。出现这种纠纷的原因，一般是劳动者提起仲裁或诉讼，目的是补缴社会保险费或者办理退休手续等。

部分地区对“长期两不找”进行了规定，如《北京市劳动争议解答一》第22条规定，“劳动者长期未向用人单位提供劳动，用人单位也长期不再向劳动者支付劳动报酬等相关待遇，双方长期两不找的，可以认定此期间双方不享有和承担劳动法上的权利义务”。上海市高级人民法院民一庭《关于审理劳动争议案件若干问题的解答》第12条规定，“劳动者长期不提供正常劳动，用人单位又未解除劳动关系的，可以认定双方劳动关系处于中止履行状态，中止履行期间用人单位和劳动者不存在劳动法上的权利义务关系”。

对于“长期两不找”，笔者赞同按照劳动关系处于中止状态处理，并对处理原则作如下阐述：

（1）“长期两不找”发生的原因应当是劳动者未提供劳动在先，用人单位不发放工资在后。因为如果是用人单位不发放工资在先，则构成未及时足额发放工资，属于违反劳动合同和劳动法律的违约行为，需要承担违约责任，这种违约责任不会因为时间的流逝就自动消灭，劳动者可以请求其补足工资、补缴社保，并且可以依法解除劳动合同并要求其支付经济补偿，自然也就不存在“双方不享有和承担劳动法上的权利义务”一说了。（2）如果双方对到底是劳动者未提供劳动在先，还是用人单位不发放工资在先这一基本事实存在争议，则根据《劳动争议司法解释一》第44条的规定，用人单位需要对其减少劳动报酬的原因负举证证明责任。例如，用人单位主张劳动者先不来上班其才停发工资，而劳动者主张是用人单位让其回家待岗，则此种情形下，根据前述司法解释的规定，用人单位需要对其停发工资的原因负举证证明责任。（3）“长期两不找”仅适用于对劳动关系尚未终结的情形的处理。如果有证据证明劳动关系已经终结，则不能适用“长期两不找”进行处理。比如，双方仅订立过1次固定期限劳动合同，劳动合同早已到期并未续签，且在该合同到期之前双方即处于劳动者未提供劳动、用人单位亦未给劳动者发放工资、缴纳社保的状态。这种情形下，劳动关系早已终止，无须适用“长期两不找”。（4）“长期两不找”的法律后果是劳动关系的中止履行，中止期间双方均无须负担劳动法上的义务，即用人单位不必支付该期间劳动者的工资或者为其缴纳社会保险。（5）如果此后一方当事人提出解除劳动关系，另一方因不同意解除而申请仲裁及提起诉讼，仲裁机构和人民法院经审查后如认为上述解除行为符合法律规定的，应当确认劳动关系解除。

第五节 分支机构与劳动者的劳动关系

一、依法取得营业执照或者登记证书的分支机构可以与劳动者建立劳动关系

在一般情况下，用人单位具有完全的用人资格，可以独立行使全部用人权利和履行全部用人义务。而在特殊情形下，有的用人主体只具有部分用人资格。例如，在劳务派遣中，派遣单位和用工单位都是不完全资格用人单位，一个完整的用人资格被分为两个不完整的部分。又如，根据《劳动合同法实施条例》第4条的规定，用人单位设立的分支机构，依法取得营业执照或者登记证书的，可以作为用人单位与劳动者订立劳动合同；未依法取得营业执照或者登记证书的，受用人单位委托可以与劳动者订立劳动合同。也就是说，用人单位的分支机构能否作为用人单位与劳动者订立劳动合同、建立劳动关系，就看该分支机构有无依法取得营业执照或者登记证书。依法取得营业执照或者登记证书的分支机构，属于不完全资格用人单位，可以以自己的名义与劳动者订立劳动合同，建立劳动关系。而未依法取得营业执照或者登记证书的分支机构，不属于不完全资格用人单位，只是用人单位的单位行政，[1] 不能以自己的名义与劳动者订立劳动合同、建立劳动关系；其如果与劳动者订立劳动合同，则应当视为受用人单位委托与劳动者订立劳动合同，此时，与劳动者订立劳动合同、建立劳动关系的，是设立该分支机构的用人单位本身。

二、分支机构与劳动者劳动关系的责任承担

《劳动合同法实施条例》明确依法取得营业执照或者登记证书的分支机构可以直接与劳动者订立劳动合同、建立劳动关系，但是这并不意味着此种情形下，分支机构违反劳动法上的义务所产生的民事责任也仅由分支机构独立承担。

实践中，就分支机构和总公司的责任承担问题，存在认识分歧。通过检索裁判文书，笔者发现，有判决总公司承担责任的，也有判决分支机构承担责任的，还有判决分支机构与总公司承担连带责任的，甚至有判决分支机构承担责任、总公司承担补充责任的。

笔者认为，在劳动法没有特别规定的情况下，应当适用《民法典》第74条的规定来确定民事责任的承担主体。该条规定，法人可以依法设立分支机构。法

---

〔1〕 参见王全兴：《劳动法》（第4版），法律出版社2017年版，第116页。

律、行政法规规定分支机构应当登记的，依照其规定。分支机构以自己的名义从事民事活动，产生的民事责任由法人承担；也可以先以该分支机构管理的财产承担，不足以承担的，由法人承担。从《民法典》第74条第2款来看，分支机构产生的民事责任最终由法人承担。分支机构担责，应当只是从便捷诉讼、利于执行等角度考虑作出的规定。毕竟像银行、保险、证券等分支机构财大气粗，完全没必要非得去异地以总公司为诉讼当事人。

具体而言，如果劳动者只起诉了分支机构，那么可以理解为其依据《民法典》第74条第2款直接要求分支机构担责，此时，人民法院可以直接判决分支机构担责，如果分支机构钱不够，执行中直接让总公司兜底就行。如果劳动者只起诉要求总公司担责，那么依据《民法典》第74条第2款前半部分，人民法院可以直接判决总公司担责。如果劳动者将总公司和分支机构列为共同被告，要求他们承担连带责任，鉴于根据《民法典》第74条第2款，总公司与分支机构之间并非连带关系，部分类似于《民法典》第1188条规定的监护人与被监护人之间的担责关系，〔1〕因此，不应当判决总公司和分支机构承担连带责任。

需要强调的是，《民法典》第74条第2款规定的不是补充责任。所谓补充责任，是指在第一责任人的财产不足以承担其应负的民事责任时，负补充责任的人对不足部分承担的责任。〔2〕因此，补充责任人承担的是第二顺位的赔偿责任，在第一责任人未承担责任前，其享有抗辩权。只有当第一责任人无力赔偿时，补充责任人才承担赔偿责任。并且，补充责任人在承担相应的补充责任后，有权向第一责任人追偿。〔3〕而总公司作为最终责任人，其是责任的直接承担人，并非第二顺位的责任人；其作为分支机构财产的最终所有人，也无所谓自己向自己追偿。

案例6　徐某诉L公司确认劳动关系案〔4〕

——分支机构与劳动者建立劳动关系的责任承担

【基本案情】

孙某于2020年1月工作中突发疾病，经抢救无效去世。孙某妻子徐某诉至法

---

〔1〕《民法典》第1188条规定："无民事行为能力人、限制民事行为能力人造成他人损害的，由监护人承担侵权责任。监护人尽到监护职责的，可以减轻其侵权责任。有财产的无民事行为能力人、限制民事行为能力人造成他人损害的，从本人财产中支付赔偿费用；不足部分，由监护人赔偿。"

〔2〕典型的补充责任，参见《民法典》第1198条第2款、第1201条。

〔3〕参见张新宝：《中国民法典释评·侵权责任编》，中国人民大学出版社2020年版，第123页。

〔4〕参见北京市第一中级人民法院民事判决书，(2021) 京01民终8322号。

院，请求确认孙某与L公司自2019年9月7日至2020年1月17日存在劳动关系。

徐某主张，孙某经周某介绍，于2019年9月入职L公司通州分公司，岗位为保安队长，工作地点为通州区某产业园；孙某从事的工作，属于L公司通州分公司的业务范围，受通州分公司管理，而通州分公司是L公司依法设立的分支机构；依据《民法典》第74条，分支机构以自己的名义从事民事活动，产生的民事责任由法人承担，据此，通州分公司不具备用工主体资格，其法律责任应由L公司承担，故应认定孙某与L公司之间存在劳动关系。

L公司主张其与孙某之间不存在劳动关系，周某是其下属通州分公司的员工。通州分公司则主张其与某仓储公司签订有《保安服务合同》，为仓储公司提供保安服务，周某与其系合作关系。周某到庭陈述：其与通州分公司之间是合作关系，其负责找保安，对保安进行管理；保安会与通州分公司订立劳动合同，孙某因为提供的身份证信息虚假，没有订立劳动合同；所有产业园保安的工资都由其发放，从其与通州分公司的合作费中支出。徐某、L公司、通州分公司对周某的上述陈述均无异议。

【裁判要点】

生效判决认为，《劳动合同法》第7条规定，用人单位自用工之日起即与劳动者建立劳动关系。因此，徐某主张孙某与L公司在2019年9月7日至2020年1月17日存在劳动关系，则需要就L公司在上述期间对孙某存在劳动法上的用工承担举证证明责任。但是一方面，徐某认可孙某系通过周某介绍被通州分公司招聘为保安；另一方面，徐某自认，孙某从事由通州分公司安排的，受通州分公司管理的有报酬的劳动。也就是说，徐某的陈述以及其他在案证据都将对孙某进行劳动法上用工的主体指向了通州分公司，而不是L公司。因此，从举证角度来看，徐某未能证明孙某与L公司曾存在劳动关系。

民事责任的承担主体与劳动关系中的用工主体是两个不同的法律概念，并不必然具有同一性。其一，《劳动合同法实施条例》第4条规定，“劳动合同法规定的用人单位设立的分支机构，依法取得营业执照或者登记证书的，可以作为用人单位与劳动者订立劳动合同”。而本案中的通州分公司即属于由L公司设立的、依法取得营业执照的分支机构，因此其具备与劳动者订立劳动合同、建立劳动关系的主体资格。其二，《民法典》第74条虽然规定分支机构从事民事活动产生的民事责任由法人承担，但是所谓民事责任，是指民事主体不履行民事义务所应承担的民法上的不利后果。因此，上述相关规定针对的是分支机构违反约定或法定义务之后，产生的民事责任由谁承担的问题。而本案中徐某的诉讼请求是要求确认孙某与L公司存在劳动关系，并非要求L公司替代通州分公司承担民事责任。

显然，劳动关系之确认与民事责任的替代承担是两个截然不同的概念，因此，上述规定自然不能适用于劳动关系确认问题。故徐某要求确认孙某与L公司之间存在劳动关系的诉讼主张，没有法律依据，法院不予支持。

【延伸思考】

通州分公司用人资格的不完全性主要体现在：一方面，《劳动合同法实施条例》规定其可以作为用人单位与劳动者订立劳动合同。这就意味着通州分公司具有用人主体资格，是合法的用人单位，其可以独立于L公司之外，以自己的名义招聘劳动者，与劳动者建立劳动关系，行使用人权利，履行用人义务。另一方面，由于通州分公司毕竟只是分支机构，这意味着其行使的用人权利和负担的民事责任都是受限的。就权利行使来说，其人事权、财务权、管理权都可能会受到L公司的支配，是不完整的；就责任承担来说，基于权责对等原则和保护相对人的考虑，《民法典》第74条第2款规定，“分支机构以自己的名义从事民事活动，产生的民事责任由法人承担；也可以先以该分支机构管理的财产承担，不足以承担的，由法人承担”。易言之，通州分公司所负担的民事责任亦是有限的。所谓有限，一是指其以自己的名义与劳动者建立劳动关系，产生的民事责任可以由作为法人的L公司直接承担。这是因为通州分公司作为分支机构不具有法人资格，其人事权、财务权往往为其所属的L公司所掌控，其并无独立的财产，因而也不具有独立的财产承担能力。二是指其以自己的名义与劳动者建立劳动关系，产生的民事责任也可以先以其管理的财产承担，不足以承担的，再由L公司承担。因为从促进交易效率、保护交易安全以及便捷诉讼的角度出发，有必要在一定程度上承认分支机构可以其管理的财产承担民事责任，然后再由法人承担兜底责任。

第六节　劳务派遣

劳务派遣，是指劳务派遣单位按照用工单位的需要招收劳动者并与之订立劳动合同，再将劳动者派遣到用工单位劳动。由于劳务派遣适应了用工单位用工灵活性的需求，因此在我国迅速发展起来。同时，它顺应国有企业事业单位改革、下岗职工再就业、农村劳动力有序转移、企业节约劳动力成本等形势发展，在促进劳动力市场发育，满足企业灵活用工需求等方面发挥了积极作用。[1]

---

〔1〕参见信春鹰、阚珂主编：《中华人民共和国劳动合同法释义》（第2版），法律出版社2013年版，第210页。

一、劳务派遣用工限制

劳务派遣作为一种特殊的用工方式，有促进灵活就业、减少企业人力资源管理成本等优势，但由于劳动与劳动关系分离、招工与用工分离，传统的劳动者与用人单位的双方关系转化为更为复杂的劳动者、劳务派遣单位、用工单位三方关系，使劳动者合法权益的保护难度加大。这决定劳务派遣只能作为用工的补充形式，而不能成为劳动关系中用工的主流形式。因此，根据《劳动合同法》第66条的规定，劳动合同用工是我国企业的基本用工形式，劳务派遣用工是补充形式，只能在临时性、辅助性或者替代性的工作岗位上实施。

临时性工作岗位是指存续时间不超过6个月的岗位；辅助性工作岗位是指为主营业务岗位提供服务的非主营业务岗位；替代性工作岗位是指用工单位的劳动者因脱产学习、休假等原因无法工作的一定期间内，可以由其他劳动者替代工作的岗位。《劳务派遣暂行规定》第3条第3款规定，用工单位决定使用被派遣劳动者的辅助性岗位，应当经职工代表大会或者全体职工讨论，提出方案和意见，与工会或者职工代表平等协商确定，并在用工单位内公示。

《劳动合同法》对劳务派遣用工的数量也有限制，明确用工单位应当严格控制劳务派遣用工数量，不得超过其用工总量的一定比例。《劳务派遣暂行规定》第4条进一步规定，用工单位应当严格控制劳务派遣用工数量，使用的被派遣劳动者数量不得超过其用工总量的10%。用工总量是指用工单位订立劳动合同人数与使用的被派遣劳动者人数之和。

但需要注意的是，外国企业常驻代表机构和外国金融机构驻华代表机构等使用被派遣劳动者的，以及船员用人单位以劳务派遣形式使用国际远洋海员的，不受临时性、辅助性、替代性岗位和劳务派遣用工比例的限制。[1]

然而在现实中，在全国范围内来看，违反上述规定，在非临时性、辅助性或者替代性工作岗位使用派遣工，以及突破派遣用工数量比例的现象仍然存在，以致司法实践不得不考虑客观存在的事实，一般不会判定违规劳务派遣无效，仍肯认其用工效力。

由于部分劳务派遣用工具有临时性的特点，因此法律不禁止用工单位以非全日制形式招用被派遣的劳动者，只是规定劳务派遣单位不得以非全日制用工形式招用被派遣劳动者。[2] 这就意味着，劳务派遣单位可以将同一个全日制劳动者同时派遣到两个或两个以上的用工单位从事非全日制劳动。

---

〔1〕 参见《劳务派遣暂行规定》第25条。

〔2〕 参见《劳动合同法实施条例》第30条。

二、无资质单位派遣劳动者的劳动关系认定

为规范劳务派遣用工，我国对经营劳务派遣业务采取行政许可准入限制。首先，经营劳务派遣业务应当具备下列条件：（1）注册资本不得少于人民币200万元；（2）有与开展业务相适应的固定的经营场所和设施；（3）有符合法律、行政法规规定的劳务派遣管理制度；（4）法律、行政法规规定的其他条件。其次，经营劳务派遣业务，应当向劳动行政部门依法申请行政许可；经许可的，依法办理相应的公司登记。未经许可，任何单位和个人不得经营劳务派遣业务。[1]

基于上述强制性规定，对于法人组织未经行政许可就经营劳务派遣业务，招用劳动者并与之订立劳动合同，然后以劳务派遣形式将劳动者派遣至用工单位的，应当依据事实优先原则，依照《劳动合同法》第7条、第10条第3款的规定，根据真实用工情况认定劳动关系。也就是说，如果劳动者并未向“派遣单位”提供劳动，只向用工单位提供了劳动，即使劳动者是与“派遣单位”订立的劳动合同，由于该劳动合同并未真正履行，仍然应当认定劳动者与用工单位成立劳动关系，而不是与“派遣单位”成立劳动关系。

三、禁止系统内派遣与二次派遣

系统内派遣，是指用人单位或者其所属单位出资或合伙设立的劳务派遣单位，向本单位或者所属单位派遣劳动者。在我国，系统内派遣曾是为满足国有企业改革中减员的需要而出现的一种派遣形式。《劳动合同法》禁止系统内派遣。该法第67条明确规定，用人单位不得设立劳务派遣单位向本单位或者所属单位派遣劳动者。《劳动合同法实施条例》第28条进一步规定，用人单位或者其所属单位出资或者合伙设立的劳务派遣单位，向本单位或者所属单位派遣劳动者的，属于《劳动合同法》第67条规定的不得设立的劳务派遣单位。

同样，如果用人单位违反上述强制性规定，设立劳务派遣单位向本单位或者所属单位派遣劳动者，或者，用人单位所属单位出资或者合伙设立的劳务派遣单位向本单位或者所属单位派遣劳动者的，应当依据事实优先原则，根据真实用工情况认定劳动关系。即如果劳动者并未向“派遣单位”提供劳动，只向本单位或者所属单位提供了劳动，即使劳动者是与“派遣单位”订立的劳动合同，仍然应当认定劳动者与本单位或者所属单位成立劳动关系，而不是与“派遣单位”成立劳动关系。

---

〔1〕参见《劳动合同法》第57条。

二次派遣，是指劳务派遣单位向用工单位派遣劳动者之后，用工单位将该劳动者再次派遣到其他用人单位劳动。由于法律对劳务派遣单位资质有严格要求，一般情况下用工单位只有用工权而无派遣资质。并且，如果允许用工单位二次派遣，显然不利于被派遣劳动者的权益保护，因此，《劳动合同法》明确禁止二次派遣。该法第 62 条第 2 款规定，用工单位不得将被派遣劳动者再派遣到其他用人单位。

四、被派遣者应当同工同酬

传统的劳务派遣用工中，一个突出的问题就是派遣工与正式工相比，工资、福利待遇明显偏低，同工不同酬的现象较为严重。甚至部分用工单位选择劳务派遣的真正目的，就是靠同工不同酬来降低用工成本。

为解决同工不同酬的问题，《劳动合同法》第 63 条规定，被派遣劳动者享有与用工单位的劳动者同工同酬的权利。用工单位应当按照同工同酬原则，对被派遣劳动者与本单位同类岗位的劳动者实行相同的劳动报酬分配办法。用工单位无同类岗位劳动者的，参照用工单位所在地相同或者相近岗位劳动者的劳动报酬确定。劳务派遣单位与被派遣劳动者订立的劳动合同和与用工单位订立的劳务派遣协议，载明或者约定的向被派遣劳动者支付的劳动报酬应当符合前款规定。《劳务派遣暂行规定》第 9 条还强调，用工单位应当按照《劳动合同法》第 62 条规定，向被派遣劳动者提供与工作岗位相关的福利待遇，不得歧视被派遣劳动者。

五、劳务派遣与外包

劳务派遣用工不同于外包用工。外包用工，是指发包人将其特定业务项目发包给承包人，由承包人招用劳动者来完成所承包的项目。在这里，承包人与发包人之间是承揽或劳务关系，承包人与劳动者之间是劳动关系，劳动者的劳动过程由承包人管理，而不是由发包人管理。而在劳务派遣中，派遣单位与用工单位之间不存在业务项目承包关系，派遣单位为用工单位提供的劳务只限于部分人力资源管理服务，被派遣劳动者从事的劳动不由派遣单位所承包和管理，而是由用工单位管理。[1]

实践中，“假外包真派遣”的现象并不罕见。典型的“假外包真派遣”，是指甲公司作为发包人与乙公司作为承包人签订承包合同，约定乙公司承包甲公司的项目，并由乙公司自己招用劳动者完成该项目。但是在实际履行中，乙公司并不

〔1〕 参见王全兴：《劳动法》（第 4 版），法律出版社 2017 年版，第 232 页。

对该项目上的劳动者进行劳动管理，真正对该项目上的劳动者进行劳动管理的是甲公司。换言之，虽然甲乙公司之间签订的是承包合同，但是两者之间真正履行的是劳务派遣关系。实际上，有的地区已经尝试对假外包与真外包进行区分。例如，《江苏省劳动合同条例》第36条第3款规定，“企业将其业务发包给其他单位，但承包单位的劳动者在企业的生产经营场所使用企业的设施设备、按照企业的安排提供劳动，或者以企业的名义提供劳动，以及其他名为劳务外包实为劳务派遣的，其劳动者的人数纳入前款规定的比例计算”。为规范“假外包真派遣”，《劳务派遣暂行规定》第27条规定：“用人单位以承揽、外包等名义，按劳务派遣用工形式使用劳动者的，按照本规定处理。”也就是说，对于“假外包真派遣”，要按照劳务派遣对待。

六、劳务派遣中的三角关系

在劳务派遣中，一个完整的用人资格被分为两个不完整的部分，由派遣单位与用工单位分享；用工单位是通过派遣单位招收劳动者，招工与用工发生分离，因此，其展现出来的法律关系较之普通劳动关系更为复杂。

（一）派遣单位与劳动者

在劳务派遣中，派遣单位与劳动者是劳动关系的主体，但是由于派遣单位仅具有部分用人资格，因此其向劳动者承担的义务也比完全的用人单位要少。派遣单位需要承担的劳动法上的义务主要是除与直接用工相关义务之外的其他义务，包括：（1）如实告知被派遣劳动者工作内容、工作条件、工作地点、职业危害、安全生产状况、劳动报酬、劳动者要求了解的其他情况、应遵守的规章制度以及劳务派遣协议的内容；（2）建立培训制度，对被派遣劳动者进行上岗知识、安全教育培训；（3）按照国家规定和劳务派遣协议约定，依法支付被派遣劳动者的劳动报酬和相关待遇；（4）按照国家规定和劳务派遣协议约定，依法为被派遣劳动者缴纳社会保险费，并办理社会保险相关手续；（5）督促用工单位依法为被派遣劳动者提供劳动保护和劳动安全卫生条件；（6）依法出具解除或者终止劳动合同的证明；（7）协助处理被派遣劳动者与用工单位的纠纷；（8）法律法规规章规定的其他事项。[1] 例如，派遣单位应当与被派遣劳动者订立2年以上的固定期限劳动合同。[2] 被派遣劳动者被用工单位依法退回后无工作期间，派遣单位应当按照

---

〔1〕 参见《劳务派遣暂行规定》第8条。
〔2〕 参见《劳动合同法》第58条。

不低于所在地人民政府规定的最低工资标准向其按月支付报酬。[1] 依照《住房公积金管理条例》（2019 修订）的相关规定，派遣单位应当为劳动者依法缴纳公积金。被派遣劳动者在用工单位因工作遭受事故伤害的，派遣单位应当依法申请工伤认定。劳务派遣单位承担工伤保险责任，但可以与用工单位约定补偿办法。

相应地，派遣单位有权了解劳动者与劳动合同直接相关的基本情况，劳动者应当如实说明；劳动者如要解除劳动关系，应当向派遣单位提出；劳动者违法解除劳动合同给派遣单位造成损失的，应当赔偿损失。例如，劳动者没有法律依据却从用工单位不告而别，派遣单位依照与用工单位的约定向用工单位赔偿了损失，此时，派遣单位可以据此依据《劳动合同法》第 90 条向劳动者主张损失赔偿。

（二）用工单位与劳动者

由于用工单位分享了一部分用人资格，其亦应承担相应的义务。用工单位需要承担的劳动法上的义务主要是与用工直接相关的义务，包括：（1）执行国家劳动标准，提供相应的劳动条件和劳动保护；（2）告知被派遣劳动者的工作要求和劳动报酬；（3）支付加班费、绩效奖金，提供与工作岗位相关的福利待遇；（4）对在岗被派遣劳动者进行工作岗位所必需的培训；（5）连续用工的，实行正常的工资调整机制。[2] 除此之外，用工单位还应当承担与用工直接相关的其他义务，例如，如果没有依法安排被派遣劳动者带薪年休假，应当向劳动者支付未休年休假工资报酬。用工单位应当履行《职业病防治法》规定的用人单位的义务。[3] 被派遣劳动者在用工单位因工作遭受事故伤害的，虽然工伤认定由派遣单位申请，但是用工单位应当协助工伤认定的调查核实工作。被派遣劳动者在申请进行职业病诊断、鉴定时，用工单位应当负责处理职业病诊断、鉴定事宜，并如实提供职业病诊断、鉴定所需的劳动者职业史和职业危害接触史、工作场所职业病危害因素检测结果等资料，派遣单位应当提供被派遣劳动者职业病诊断、鉴定所需的其他材料。

相应地，被派遣劳动者也需要承担因劳动引发的义务。例如，遵守用工单位的劳动规章制度和经营管理制度，遵守职业道德，保守工作过程中知悉的商业秘密等保密信息。

---

〔1〕 参见《劳务派遣暂行规定》第 12 条第 2 款。

〔2〕 参见《劳动合同法》第 62 条。

〔3〕 参见《职业病防治法》第 86 条。

（三）派遣单位与用工单位

派遣单位应当与用工单位订立劳务派遣协议。劳务派遣协议应当载明下列内容：（1）派遣的工作岗位名称和岗位性质；（2）工作地点；（3）派遣人员数量和派遣期限；（4）按照同工同酬原则确定的劳动报酬数额和支付方式；（5）社会保险费的数额和支付方式；（6）工作时间和休息休假事项；（7）被派遣劳动者工伤、生育或者患病期间的相关待遇；（8）劳动安全卫生以及培训事项；（9）经济补偿等费用；（10）劳务派遣协议期限；（11）劳务派遣服务费的支付方式和标准；（12）违反劳务派遣协议的责任；（13）法律、法规、规章规定应当纳入劳务派遣协议的其他事项。[1] 派遣单位与用工单位之间的权利义务原则上依照双方签订的派遣协议执行。对于未约定或者约定不明的项目，如劳务派遣协议没有约定住房公积金由谁承担，原则上应当结合实际用工情况，依据公平原则确定。

用工单位应当根据工作岗位的实际需要与劳务派遣单位确定派遣期限，不得将连续用工期限分割订立数个短期劳务派遣协议。[2]

七、劳务派遣中的竞业限制

如前所述，虽然《劳动合同法》规定，劳务派遣只能在临时性、辅助性、替代性的工作岗位上实施，但在实践中，劳务派遣适用范围远远超出了上述工作岗位，因此，被派遣劳动者在工作中并非一概接触不到用工单位的商业秘密等保密信息，应当肯认用工单位有权依法与被派遣劳动者约定竞业限制。在用工单位将被派遣劳动者退回劳务派遣单位后或者派遣单位解除或终止与被派遣劳动者的劳动合同后，用工单位应当在竞业限制期内按月向被派遣劳动者支付经济补偿。被派遣劳动者违反竞业限制约定的，应当向用工单位承担违约责任。用工单位应当将约定竞业限制的情况告知派遣单位。在竞业限制期内，派遣单位明知用工单位与被派遣劳动者约定了竞业限制还将劳动者派遣至与原用工单位生产或者经营同类产品、从事同类业务的有竞争关系的其他用工单位，派遣单位需承担连带赔偿责任。

八、跨区派遣

法律允许跨区派遣。《劳动合同法》第61条规定派遣单位跨地区派遣劳动者的，被派遣劳动者享有的劳动报酬和劳动条件，按照用工单位所在地的标准执行。派遣单位跨地区派遣劳动者的，应当在用工单位所在地为被派遣劳动者参加

---

〔1〕参见《劳务派遣暂行规定》第7条。

〔2〕参见《劳动合同法》第59条。

社会保险，按照用工单位所在地的规定缴纳社会保险费，被派遣劳动者按照国家规定享受社会保险待遇。派遣单位在用工单位所在地设立分支机构的，由分支机构为被派遣劳动者办理参保手续，缴纳社会保险费。派遣单位未在用工单位所在地设立分支机构的，由用工单位代劳务派遣单位为被派遣劳动者办理参保手续，缴纳社会保险费。[1]

九、被派遣劳动者的退回

有下列情形之一的，用工单位可以将被派遣劳动者退回派遣单位：（1）被派遣劳动者有《劳动合同法》第 39 条和第 40 条第 1 项、第 2 项规定情形的；[2]（2）用工单位有《劳动合同法》第 40 条第 3 项、第 41 条规定情形的；（3）用工单位被依法宣告破产、吊销营业执照、责令关闭、撤销、决定提前解散或者经营期限届满不再继续经营的；（4）劳务派遣协议期满终止的。但是，被派遣劳动者有《劳动合同法》第 42 条规定情形的，在派遣期限届满前，用工单位不得因为前述（2）至（4）的原因将被派遣劳动者退回派遣单位；派遣期限届满的，应当延续至相应情形消失时方可退回。[3]

十、劳动合同的解除

被派遣劳动者可以与派遣单位协商一致解除劳动合同。被派遣劳动者提前 30 日以书面形式通知派遣单位，可以解除劳动合同；在试用期内提前 3 日通知派遣单位，可以解除劳动合同。[4] 被派遣劳动者还可以依据《劳动合同法》第 38 条单方解除劳动合同。[5] 需要强调的是，被派遣劳动者解除劳动合同的意思表示应当向派遣单位作出，其向用工单位作出的解除意思表示，不能产生与派遣单位解除劳动合同的法律效果。但是，被派遣劳动者向用工单位作出解除劳动合同意思表示的，应当认可用工单位有权据此将其退回派遣单位。

派遣单位行政许可有效期未延续或者《劳务派遣经营许可证》被撤销、吊销的，与被派遣劳动者订立的劳动合同应当履行至期限届满。双方协商一致可以解除劳动合同。[6]

被派遣劳动者因前述第 1 种情形被退回的，派遣单位可以依法单方解除与劳

〔1〕 参见《劳务派遣暂行规定》第 18、19 条。

〔2〕 参见《劳动合同法》第 65 条第 2 款。

〔3〕 参见《劳务派遣暂行规定》第 12 条第 1 款、第 13 条。

〔4〕 参见《劳务派遣暂行规定》第 14 条。

〔5〕 参见《劳动合同法》第 65 条第 1 款。

〔6〕 参见《劳务派遣暂行规定》第 11 条。

动者的劳动合同。[1] 被派遣劳动者因前述第 2 种至第 4 种情形被退回的，派遣单位重新派遣时维持或者提高劳动合同约定条件，被派遣劳动者不同意的，劳务派遣单位可以解除劳动合同；派遣单位重新派遣时降低劳动合同约定条件，被派遣劳动者不同意的，劳务派遣单位不得解除劳动合同，但被派遣劳动者提出解除劳动合同的除外。派遣单位被依法宣告破产、吊销营业执照、责令关闭、撤销、决定提前解散或者经营期限届满不再继续经营的，劳动合同终止。用工单位应当与劳务派遣单位协商妥善安置被派遣劳动者。[2]

派遣单位或者被派遣劳动者依法解除、终止劳动合同的经济补偿，依照《劳动合同法》第 46 条、第 47 条的规定执行。派遣单位违法解除或者终止被派遣劳动者的劳动合同的，依照《劳动合同法》第 48 条的规定执行，[3] 即劳动者要求继续履行劳动合同的，派遣单位应当继续履行；劳动者不要求继续履行劳动合同或者劳动合同已经不能继续履行的，派遣单位应当依法支付赔偿金。派遣单位因《劳务派遣暂行规定》第 15 条、第 16 条规定的情形，与被派遣劳动者解除或者终止劳动合同的，应当依法向被派遣劳动者支付经济补偿。[4]

十一、法律责任

根据《劳动争议调解仲裁法》第 22 条第 2 款的规定，劳务派遣单位或者用工单位与劳动者发生劳动争议的，劳务派遣单位和用工单位为共同当事人。

用工单位决定使用被派遣劳动者的辅助性岗位，未经职工代表大会或者全体职工讨论，提出方案和意见，或者未与工会或者职工代表平等协商确定，或者未在用工单位内公示，给被派遣劳动者造成损害的，依法承担赔偿责任。派遣单位违反试用期规定的，按照《劳动合同法》第 83 条规定执行。[5] 违反《劳动合同法》规定，未经许可擅自经营劳务派遣业务的，由劳动行政部门责令停止违法行为，没收违法所得，并处违法所得 1 倍以上 5 倍以下的罚款；没有违法所得的，可以处 5 万元以下的罚款。

派遣单位、用工单位违反《劳动合同法》《劳动合同法实施条例》有关劳务派遣规定的，或者违反《劳务派遣暂行规定》退回被派遣劳动者的，由劳动行政部门责令限期改正；逾期不改正的，以每人 5000 元以上 1 万元以下的标准处以罚款，对派遣单位，吊销其劳务派遣业务经营许可证。用工单位给被派遣劳动者造

〔1〕 参见《劳动合同法》第 65 条第 2 款。
〔2〕 参见《劳务派遣暂行规定》第 15、16 条。
〔3〕 参见《劳动合同法实施条例》第 35、36 条。
〔4〕 参见《劳务派遣暂行规定》第 17 条。
〔5〕 参见《劳务派遣暂行规定》第 22、23 条。

成损害的，派遣单位与用工单位承担连带赔偿责任。劳务派遣期间，被派遣劳动者因执行工作任务造成他人损害的，由接受劳务派遣的用工单位承担侵权责任；劳务派遣单位有过错的，承担相应的责任。[1]

案例7　惠某与某服务公司、某传媒公司劳务派遣合同纠纷案[2]

——劳动者超时加班发生工伤，用工单位、派遣单位需承担连带赔偿责任

【基本案情】

某服务公司（已依法取得劳务派遣行政许可）与某传媒公司签订劳务派遣协议，约定某服务公司为某传媒公司提供派遣人员，每天工作11小时，每人每月最低保底工时286小时。2017年9月，某服务公司招用李某并派遣至某传媒公司工作，未为李某缴纳工伤保险。2018年8月、9月、11月，李某月工时分别为319小时、293小时、322.5小时，每月休息日不超过3日。2018年11月30日，李某工作时间为当日晚8时30分至12月1日上午8时30分。李某于12月1日凌晨晕倒在单位卫生间，经抢救无效于当日死亡，死亡原因为心肌梗死等。2018年12月，某传媒公司与李某近亲属惠某等签订赔偿协议，约定某传媒公司支付惠某等工亡待遇42万元，惠某等不得再就李某工亡赔偿事宜或李某在派遣工作期间享有的权利，向某传媒公司提出任何形式的赔偿要求。上述协议签订后，某传媒公司实际支付惠某等各项费用计423497.80元。此后，李某所受伤害被社会保险行政部门认定为工伤。

某服务公司、惠某等不服仲裁裁决，诉至人民法院。惠某等请求判决某服务公司与某传媒公司连带支付医疗费、一次性工亡补助金、丧葬补助金、供养亲属抚恤金，共计1193821元。某服务公司请求判决其不应支付供养亲属抚恤金；应支付的各项赔偿中应扣除某传媒公司已支付款项；某传媒公司承担连带责任。法院判决，按照《工伤保险条例》，因用人单位未为李某参加工伤保险，其工亡待遇由用人单位全部赔偿。某服务公司和某传媒公司连带赔偿惠某等医疗费、一次性工亡补助金、丧葬补助金、供养亲属抚恤金合计766911.55元。

---

〔1〕参见《劳动合同法》第92条，《劳务派遣暂行规定》第20、24条，《民法典》第1191条。

〔2〕本案为人力资源社会保障部、最高人民法院《关于联合发布第二批劳动人事争议典型案例的通知》（人社部函〔2021〕90号）发布的案例7。

【裁判要点】

生效判决认为，某服务公司和某传媒公司协议约定的被派遣劳动者每天工作时间及每月工作保底工时，均严重超过法定标准。李某工亡前每月休息时间不超过3日，每日工作时间基本超过11小时，每月延长工作时间超过36小时数倍，其依法享有的休息权受到严重侵害。某传媒公司作为用工单位长期安排李某超时加班，存在过错，对李某在工作期间突发疾病死亡负有不可推卸的责任。惠某等主张某传媒公司与某服务公司就李某工伤的相关待遇承担连带赔偿责任，应予支持。惠某等虽与某传媒公司达成了赔偿协议，但赔偿协议是在劳动者未经社会保险行政部门认定工伤的情形下签订的，且赔偿协议约定的补偿数额明显低于法定工伤保险待遇标准，某服务公司和某传媒公司应对差额部分予以补足。

【延伸思考】

派遣单位给劳动者造成损害的，用工单位无须承担连带责任。只有用工单位给劳动者造成损害的，派遣单位需承担连带责任。所谓“用工单位给被派遣劳动者造成损害”，既包括直接造成损害，也包括间接造成损害，但是无论如何，损害的发生应当与用工单位有紧密的关联，换言之，用工单位对于损害的发生应当具有过错。实践中有连带责任扩大化的倾向，动辄判令用工单位承担连带责任。如前所述，连带责任是一种严厉的法定责任，因此一定要注意防范连带责任认定标准的泛化和扩大化，严格审查损害的发生与用工单位有没有关联，以平衡保护单位一方的合法利益。

第七节 非全日制用工

非全日制用工，是指以小时计酬为主，劳动者在同一用人单位一般平均每日工作时间不超过4小时，每周工作时间累计不超过24小时的用工形式。

非全日制用工是灵活就业的一种重要形式，其能适应企业降低人工成本、灵活用工的客观需要，有利于失业人员再就业、缓解就业压力。正是因为工作时间较全日制劳动关系显著缩短，导致劳动者在人格从属性和经济从属性上相比完全劳动关系显著弱化，因此，其本质上属于不完全劳动关系中的第4种，即弱从属性的灵活用工。由于非全日制用工本质上属于不完全劳动关系，与之相适应，处于其中的劳动者与用人单位享有的劳动法权利以及承担的劳动法义务是不完全的。

其一，《劳动合同法》明确支持从事非全日制用工的劳动者可以与一个或者一个以上用人单位订立劳动合同。而对于完全劳动关系来说，法律虽然没有禁止双重劳动关系，但是显然也是不鼓励的。例如，《劳动合同法》第39条第4项规定，劳动者同时与其他用人单位建立劳动关系，对完成本单位的工作任务造成严重影响，或者经用人单位提出，拒不改正的，用人单位可以解除劳动合同。

其二，对订立劳动合同的要求不同。完全劳动关系的双方必须订立书面劳动合同，如果不订立，用人单位将面临二倍工资等惩罚。而对于非全日制用工，非全日制用工双方当事人并非必须订立书面劳动合同，而是可以订立口头协议，这也意味着非全日制用工不适用二倍工资制度。但是，从避免纠纷的角度来说，笔者建议用人单位与劳动者订立非全日制劳动合同。因为一旦发生纠纷，且劳动者主张双方之间是全日制劳动关系时，非全日制劳动合同可以起到反证双方之间是非全日制劳动关系的作用。

其三，完全劳动关系中，用人单位应当按月向劳动者支付劳动报酬，并且劳动者在法定工作时间或依法签订的劳动合同约定的工作时间内提供了正常劳动的前提下，用人单位依法应支付的劳动报酬不得低于当地月最低工资标准。而非全日制用工的计酬方式灵活多样，虽然以小时计酬为主，但不局限于此，也可以以日、周等为单位计酬或者按件计酬，但是小时计酬标准不得低于用人单位所在地人民政府规定的最低小时工资标准，且劳动报酬结算支付周期最长不得超过15 日。

其四，在完全劳动关系中，只要劳动合同期限在 3 个月以上（以完成一定工作任务为期限的劳动合同除外），用人单位就可以与劳动者约定试用期。而非全日制用工双方当事人不得约定试用期。因此，如果非全日制用工的用人单位与劳动者约定试用期，由劳动行政部门责令改正；违法约定的试用期已经履行的，由用人单位以劳动者试用期满月工资为标准，按已经履行的超过法定试用期的期间向劳动者支付赔偿金。

其五，非全日制用工双方当事人任何一方都可以随时通知对方终止用工。终止用工，用人单位不向劳动者支付经济补偿。[1] 这就意味着在非全日制用工项下不存在用人单位违法解除或者违法终止劳动关系一说。虽然《劳动合同法》没有明确非全日制用工的劳动者能否依据该法第 38 条解除合同并要求用人单位支付经济补偿，但是如果用人单位抢先于劳动者提出终止用工则肯定无须支付经济补偿，而一旦劳动者抢先提出终止用工，用人单位就要支付经济补偿，有没有经济补偿完全看哪一方先提出终止用工——这显然是没有道理的。因此，从体系解释角度来看，劳动者以《劳动合同法》第 38 条为依据解除劳动合同，其不能要求用人单位支付经济补偿。当事人任何一方都可以随时终止用工还意味着，虽然法

〔1〕 参见《劳动合同法》第 69～72、83 条。

律没有明确否定非全日制劳动者享有年休假、产假、医疗期等权利，但是事实上劳动者是很难享受到的。

其六，在完全劳动关系中，用人单位与劳动者必须依法参加和缴纳社会保险。而对于非全日制用工来说，劳动者既可以在用人单位参加基本养老保险和职工基本医疗保险，也可以自行缴纳基本养老保险和职工基本医疗保险。〔1〕但是，用人单位应当按照国家有关规定为建立非全日制劳动者缴纳工伤保险费。从事非全日制工作的劳动者发生工伤，依法享受工伤保险待遇；被鉴定为伤残 5－10 级的，经劳动者与用人单位协商一致，可以一次性结算伤残待遇及有关费用。〔2〕

实践中，有用人单位与劳动者订立非全日制劳动合同后，按照全日制对劳动者进行用工。如果劳动者有证据证明其持续提供每日远超 4 小时的劳动，则应当按照事实优先原则，认定双方之间是全日制劳动关系。如果用人单位偶尔安排劳动者工作超过 4 小时，应当依法支付加班工资。此外，《劳动合同法实施条例》第 30 条规定，劳务派遣单位不得以非全日制用工形式招用被派遣劳动者。

〔1〕参见《社会保险法》第 10、23 条。

〔2〕参见劳动和社会保障部《关于非全日制用工若干问题的意见》（劳社部发〔2003〕12 号）第 12 条。

第四讲 特殊主体的劳动关系

第一节　全日制在校生能否建立劳动关系

虽然在校生身份上有一定的特殊性，但是法律并没有规定在校生不能与用人单位建立劳动关系，《贯彻执行劳动法的意见》第 4 条也没有排除《劳动法》对在校生的适用。[1] 因此，在校生向用工主体提供从属性劳动的，就可能与用工主体建立劳动关系。这里所说的在校生劳动，包括高等学校、中等专科、职业学校学生的实习、勤工俭学、自发受雇和见习。[2]

一、学生实习

学生实习，是指学校按照专业培养目标要求和教学计划的安排，组织在校生到用人单位进行教学实习和顶岗实习，是学校专业教学的重要内容。实践中有真假实习之分。常见的假实习，是培训机构与企业合谋，将“实习生”派往企业较长时间作为其员工使用，但不享受员工待遇。对于培训机构而言，是以安排实习之名，行职业介绍之实；对于企业而言，是以接受实习之名，行用工之实。真正的学生实习，应当是教学关系与劳动力使用关系并存。对于假实习，应当认定其已形成劳动关系。对此，有的地方已经作出积极规定。比如，《北京市劳动争议解答一》第 35 条规定：“在校学生在用人单位进行实习，应当根据具体事实进行判断，对完成学校的社会实习安排或自行从事社会实践活动的实习，不认定劳动关系。但用人单位与在校学生之间名为实习，实为劳动关系的除外。”

二、勤工俭学

勤工俭学，是指学生由学校组织，利用课余时间在校内外参加劳动取得合法

---

〔1〕《贯彻执行劳动法的意见》第 4 条规定，公务员和比照实行公务员制度的事业组织和社会团体的工作人员，以及农村劳动者（乡镇企业职工和进城务工、经商的农民除外）、现役军人和家庭保姆等不适用《劳动法》。

〔2〕本节部分内容参见王全兴：《劳动法》（第 4 版），法律出版社 2017 年版，第 93～95 页。

报酬，用于改善学习和生活条件。勤工俭学与实习的根本区别就在于，勤工俭学中不存在教学关系。对于勤工俭学是否形成劳动关系，立法没有明确规定，现实中只有两种选择，或是作为民事雇佣看待，或是作为劳动关系的一种特殊形态看待。但是《贯彻执行劳动法的意见》第12条规定，在校生利用业余时间勤工助学，不视为就业，未建立劳动关系，可以不签订劳动合同。

三、自发受雇

自发受雇，是指学生未经学校组织，私自在校外从事有报酬的劳动。自发受雇区别于实习的关键在于其未经学校组织，也不在教学计划内，不属于教学环节；区别于勤工俭学的界限在于未经学校组织。因此，其中的劳动力使用关系，只要具备劳动关系要件，就可以作为劳动关系看待。例如，有的学生虽未毕业，但是学校对其的教学计划已经完成，只是毕业手续尚未办理完毕，该学生自发应聘在某单位从事有报酬的劳动，具备劳动关系要件的，就可以作为劳动关系看待。

四、见习

见习，是指毕业生见习，包括两种情形。第一种情形是见习期内的见习，即对毕业生初次正规就业所实行的功能类似于试用期的见习，包括在劳动合同期限内，属于正规就业劳动关系，见习期满转为正式职工。从相关规范性文件的历史沿革来看，此种见习制度针对的是毕业后由国家或者政府分配工作的毕业生。〔1〕随着计划经济的逐步消退及市场经济的发展，毕业生就业开始实行“供需见面及双向选择”,〔2〕原大中专院校毕业生就业的政策陆续废止。高校毕业生与企业基本是通过人力资源市场这个天然平台，以自主择业、双向选择的方式建立劳动关系。目前除部分行政机关、事业单位在人事制度的框架下仍可适用此种见习期制度之外，此种见习期制度已名存实亡。〔3〕第二种情形是见习基地的见习。所谓见习基地，是指经各级人力资源社会保障等有关部门和单位审核认定，可以吸纳符合条件的见习人员参加就业见习并享受相关政策扶持的单位。这种见习属于毕业

---

〔1〕参见国务院《关于高等学校和中等专业学校毕业生在见习期间的临时工资待遇的规定》(〔57〕议字第57号)、《高等学校毕业生调配派遣办法》(〔81〕教学字048号，已失效)、《高等学校毕业生见习暂行办法》(〔87〕教学字022号，已失效)、劳动部办公厅《对〈关于劳动用工管理有关问题的请示〉的复函》(劳办发〔1996〕5号)、《普通高等学校毕业生就业工作暂行规定》(教学〔1997〕6号)第4条等规定。

〔2〕参见《普通高等学校毕业生就业工作暂行规定》(教学〔1997〕6号)。

〔3〕参见吕潇逸：《试用期与实习期、见习期、学徒期的区别》，载微信公众号“广东联建律师事务所”2023年11月8日。

生正规就业前的过渡就业形式。第一种见习的见习期，从其性质来看，是《劳动合同法》规定的试用期的一种特殊形态，即对毕业生初次正规就业所实行的试用期，属于《劳动合同法》规定的试用期范畴。第二种见习基地的见习，鉴于其定位是毕业生正规就业前的过渡就业，原则上不适用《劳动合同法》关于试用期的规定。

根据《劳动合同法》第96条的规定精神，事业单位与实行聘用制的工作人员订立、履行、变更、解除或者终止劳动合同（聘用制劳动合同），优先适用有关事业单位的特殊规定，没有特殊规定的，才适用《劳动合同法》。因此，对于属于事业单位工作人员的、新参加工作的毕业生，其见习期的期限以及见习期内的工资适用有关事业单位的特殊规定，不适用《劳动合同法》关于试用期的规定。

既不具备见习基地资格、也不是事业单位的用人单位与不属于在校生的劳动者约定见习期的，在双方建立劳动关系的前提下，应当将见习期认定为试用期，适用《劳动合同法》关于试用期的规定对相关约定进行审查。

案例8　郭某诉江苏某药房连锁有限公司劳动争议案〔1〕

——用人单位明知是在校生仍与其订立劳动合同并实际履行的，劳动关系是否成立

【基本案情】

郭某系江苏某大学药学专业2008届毕业生，于2008年7月毕业。2007年10月26日郭某向江苏某药房连锁有限公司（以下简称某公司）进行求职登记，并在某公司的求职人员登记表中登记其为2008届毕业生，2007年是其实习年。2007年10月30日某公司与郭某订立劳动合同，期限3年，从2007年10月30日起至2010年12月30日止；其中试用期60天，从2007年10月30日起至2007年12月30日止。合同还约定，录用条件之一为具备中专或中专以上学历；郭某从事营业员工作；试用期满后月工资收入不少于900元，试用期工资标准不低于同工种同岗位职工工资的80%等。2008年7月21日，某公司提出劳动仲裁申请，请求确认其与郭某之间的劳动关系不成立。劳动仲裁委员会以郭某系在校学生，不符合就业条件，不具有建立劳动关系的主体资格，在校学生勤工助学或实习与用人单位之间的关系不属于《劳动法》的调整范围，故双方之间的争议不属劳动争议处理范围为由，决定终结某公司诉郭某的仲裁活动。郭某不服仲裁决定，诉至人民法院，请求判决确认其与某公司之间的劳动合同有效。

〔1〕参见郭某诉江苏某药房连锁有限公司劳动争议案，载《最高人民法院公报》2010年第6期。

【裁判要点】

生效判决认为，实习是以学习为目的到相关单位参加社会实践，没有工资，不存在由实习生与单位订立劳动合同、明确岗位、报酬、福利待遇等情形。本案中，郭某虽于2008年7月毕业，但其在2007年10月26日明确向某公司表达了求职就业愿望，并进行了求职登记，求职人员登记表中登记其为2008届毕业生，2007年是其实习年。2007年10月30日郭某与某公司自愿订立了劳动合同。某公司对郭某的情况完全知情，双方在此基础上就应聘、录用达成一致意见，订立了劳动合同，而且明确了岗位、报酬。该情形不应视为实习。郭某与某公司签订劳动合同时已年满19周岁，符合《劳动法》规定的就业年龄，具备与用工单位建立劳动关系的行为能力和责任能力。从《贯彻执行劳动法的意见》第12条不能推定出在校生不具备劳动关系的主体资格。故郭某与某公司存在劳动关系，双方订立的劳动合同合法、有效，对双方均具有法律约束力。

【延伸思考】

即将毕业的大专院校在校学生以就业为目的与用人单位订立劳动合同，有别于由学校组织的实习，且接受用人单位管理，按合同约定付出劳动；用人单位在明知求职者系在校学生的情况下，仍与之订立劳动合同并向其发放劳动报酬的，该劳动合同合法有效，应当认定双方之间形成劳动合同关系。

第二节　个体工商户与用工主体可以建立劳动关系

众所周知，在劳动关系当中，个体工商户一般以用人单位身份出现，而不以劳动者身份出现，之所以发生个体工商户以劳动者身份出现在劳动关系中，与近年来互联网平台用工的蓬勃发展有一定的关联。以互联网外卖、快递平台用工为例，常见的用工模式包括自营型、劳务派遣型、外包型、商户负责配送型、共享型、众包型[1]以及个体工商户型等用工模式。

以外卖骑手为例，在个体工商户型用工模式下，骑手先注册成为个体工商户，再以个体工商户的名义与平台经营者或者其合作企业签订相应的承揽、合作协议，之后才能从事配送工作。平台经营者之所以引入该模式，有税务上的考虑。平台经营者与骑手的交易若按劳务所得纳税，依2019年1月1日开始实施的

〔1〕 众包型用工最常见的形式是，不特定的大众可通过平台关联的App注册成为骑手、司机等，其无须受雇于固定的用人单位，只需登录App即可抢单。其在实践中又主要存在两种形式：一种是由平台发布配送任务，再由注册的骑手、司机等根据自己的意愿接单进行配送服务；另一种是平台仅提供信息撮合服务，由用户在平台上发布配送任务，再由注册的骑手、司机根据意愿接单，向用户直接交付配送服务。

综合所得税率计算，如月收入在3000元至12000元，税率为10%。若骑手注册为个体工商户，平台经营者与骑手的交易则按经营所得征收税率，一般按行业从0.1%到1%不等。这种纳税差额使骑手为了拿到更多现金报酬，更有意愿注册为个体工商户。然而，关于这种用工模式背后到底是什么样的民事关系的争论近年来越来越多。第一种观点认为，我国劳动关系中的劳动者一方只能是自然人，个体工商户不能作为劳动者一方与他人建立劳动关系，因此个体工商户与平台经营者或者其合作企业之间只能是平等主体之间的普通民事关系，不能是劳动关系。第二种观点则认为，在《民法典》中，个体工商户被规定在总则编第三章“自然人”下辖的第四节“个体工商户和农村承包经营户”之中，因此，个体工商户是自然人的一种特殊形态，其与平台经营者或者其合作企业建立劳动关系并不存在身份上的障碍。[1]

笔者赞同第二种观点，《民法典》明确将个体工商户规定为自然人的特殊形态，因此该身份不构成自然人以劳动者的身份与用工主体建立劳动关系的法律障碍；至于到底能否构成劳动关系，还是要回归到用工主体对以个体工商户形态出现的劳动者是否存在支配性用工。正如最高人民法院指导案例179号指出的，即使劳动者与用工主体签订的是民事用工合同，但是如果在实际用工中用工主体对劳动者存在支配性用工，或者说劳动者向用工主体提供的是从属性劳动，则要贯彻事实优先原则，在合意与事实冲突时以事实为依据进行法律关系定性。

在新就业形态下，劳动关系与合作关系之间的边界更加模糊，劳动者的劳动形式、劳动时间、工作场所、取酬方式等更加灵活多样。一些平台企业及其用工合作企业利用这一特点，一方面诱导或强迫劳动者注册成为个体工商户，并与之订立合作协议；另一方面仍对劳动者进行较强程度的劳动管理，单方确定劳动规则、报酬标准等事项，以合作之名行劳动用工之实，严重损害了劳动者劳动保障权益。对此，国务院印发的《促进个体工商户发展条例》第30条第2款规定：“任何单位和个人不得诱导、强迫劳动者登记注册为个体工商户。”在仲裁和司法实践中，应当重点审查企业与劳动者之间是否存在劳动管理和从属性劳动，防止“去劳动关系化”规避用工责任，充分保障劳动者各项劳动保障权益。

最高人民法院指导案例238号确立了两个裁判要旨，分别是：（1）平台企业或者平台用工合作企业要求劳动者注册为个体工商户后再签订承揽、合作协议，劳动者主张根据实际履行情况认定劳动关系的，人民法院应当在查明事实的基础上，依据相关法律，准确作出认定。对于存在用工事实，构成支配性劳动管理

---

〔1〕 参见北京市第一中级人民法院课题组：《新就业形态下平台用工法律关系定性研究》，载《人民司法》2022年第7期。

的，依法认定存在劳动关系。（2）对于主营业务存在转包情形的，人民法院应当根据用工事实和劳动管理程度，结合实际用工管理主体、劳动报酬来源等因素，依法认定劳动者与其关系最密切的企业建立劳动关系。

第三节　外国人和港澳台人员的劳动关系

我国对于外国人（依照《国籍法》不具有中国国籍的人员）在华就业有特殊规定。根据《外国人在中国就业管理规定》的相关规定，外国人在我国内地就业实行就业许可制度。用人单位拟聘雇或者接受被派遣外国人的，应当为其申请办理《外国人就业许可证书》，持此证书方可与用人单位建立劳动关系。如果没有就业许可证或者就业许可证到期的，外国人不能与用人单位构成劳动关系。《劳动争议司法解释一》第 33 条规定："外国人、无国籍人未依法取得就业证件即与中华人民共和国境内的用人单位签订劳动合同，当事人请求确认与用人单位存在劳动关系的，人民法院不予支持。持有《外国专家证》并取得《外国人来华工作许可证》的外国人，与中华人民共和国境内的用人单位建立用工关系的，可以认定为劳动关系。"从征求意见稿来看，《劳动争议司法解释二》拟进一步规定，有下列情形之一，外国人、无国籍人请求确认与用人单位存在劳动关系的，人民法院不予支持：（1）未依法取得就业证件的；（2）超过就业证件使用期限继续在用人单位工作的；（3）因违反中国法律被中国公安机关取消居留资格的；（4）变更工作单位、就业区域、职业后，未依法变更或者重新办理就业证件的；（5）法律、行政法规规定的其他情形。前款（1）（2）（4）项规定的情形，已取得永久居留资格的外国人以及符合可免办就业许可和就业证情形的除外。

港澳台人员在内地（大陆）就业的，原来也实行就业许可证制度，但是后来该制度被废止。2018 年 7 月 28 日，国务院印发《关于取消一批行政许可事项的决定》，取消港澳台人员在内地（大陆）就业许可。同年 8 月 23 日，人力资源社会保障部颁布《关于废止〈台湾香港澳门居民在内地就业管理规定〉的决定》，废止《台湾香港澳门居民在内地就业管理规定》。根据人力资源社会保障部《关于香港澳门台湾居民在内地（大陆）就业有关事项的通知》的规定，在内地（大陆）求职、就业的港澳台人员，可使用港澳台居民居住证、港澳居民来往内地通行证、台湾居民来往大陆通行证等有效身份证件办理人力资源社会保障各项业务，以工商营业执照、劳动合同（聘用合同）、工资支付凭证或社会保险缴费记录等作为其在内地（大陆）就业的证明材料。[1]

---

〔1〕 参见吴彬：《劳动人事争议裁判规则和实操指引》，中国法制出版社 2022 年版，第 8 页。

第四节　股东、法定代表人、董监高、母公司派出员工的劳动关系

一、股东

股东并非必然不能同时与单位成立劳动关系，如被授予股权激励的劳动者与用人单位之间，在二级市场购买自家单位股票的劳动者与用人单位之间是可以成立劳动关系的。即便是持股比例较高的股东，如果其为公司工作，接受公司劳动管理，从公司领取工资，则仍有可能与公司构成劳动关系；如果其仅作为股东行使对公司的管理权，工作时间不受公司约束，亦无须接受公司的劳动管理，则仅为股东，与公司不存在劳动关系。

二、法定代表人

法定代表人即单位营业执照或其他法人证照上登记的负责人、代表人，其行为直接代表单位。对于法定代表人是否能与单位建立劳动关系，司法实践中存有分歧观点。一种观点认为，兼任法定代表人的股东对公司具有全面控制权的情况下，应认定双方不存在劳动关系。若法定代表人并不具备股东身份，而是公司对外聘请的职业经理人的，应当认定存在劳动关系。〔1〕另一种观点则认为，公司作为独立的法人与公司的法定代表分属不同的主体，法定代表人虽然对外代表公司从事公司行为但不能将二者混同，亦不能以此否认二者建立劳动关系的可能性。除在国有公司和企业中，法定代表人本身是国家公务人员身份时与公司企业不构成劳动关系外，其他情况下，公司的法定代表人都可以与公司建立劳动关系。〔2〕有的法定代表人、董事、执行董事还同时兼任公司高管。这类人员与公司之间通常存在双重法律关系，即职务上的聘任关系与劳动关系。〔3〕

三、董事、监事

担任董事、监事职务本身，并不等于建立劳动关系，但是董事、监事的职务也不妨碍劳动者与公司同时建立劳动关系。虽然仅担任董事或监事，但在公司全

---

〔1〕参见苏银华：《股东兼任公司法定代表人的，与该公司之间是否存在劳动关系》，载《中国法院2019年度案例：劳动纠纷》，中国法制出版社2019年版，第17页。

〔2〕参见王黎：《法定代表人可以与公司建立劳动关系，并享受相关劳动权益保障》，载《中国法院2018年度案例：劳动纠纷》，中国法制出版社2018年版，第34页。

〔3〕参见周斌、韩琰：《劳动争议指导案例、典型案例与企业合规实务》，中国法制出版社2023年版，第345页。

职工作，按月领取报酬，缴纳社会保险，就有可能被认定为劳动关系。如果是股东担任的外部监事，则不存在劳动关系。

四、高级管理人员

劳动法没有对何为高级管理人员进行规定，而《公司法》附则部分规定，高级管理人员，是指公司的经理、副经理、财务负责人，上市公司董事会秘书和公司章程规定的其他人员。因此，在劳动争议案件中，对于公司的高级管理人员，应当依照《公司法》附则相关规定进行认定。对于其他类型用人单位的高级管理人员，《公司法》附则相关规定亦可以作为确定高级管理人员范围的参考。

高级管理人员与用人单位之间是劳动关系吗？劳动法并没有参考学界观点，对不同层级劳动者的劳动关系作区分规定。而《实施〈劳动法〉中有关劳动合同问题的解答》（劳部发〔1995〕202 号）显然将高级管理人员与用人单位之间的关系定位成劳动关系。该解答第 1 条规定："按照劳动部劳部发〔1994〕360 号文的规定，厂长、经理是由其上级部门聘任（委任）的，应与聘任（委任）部门签订劳动合同。实行公司制的企业厂长、经理和有关经营管理人员，应根据《中华人民共和国公司法》中有关经理和经营管理人员的规定与董事会签订劳动合同。"第 2 条规定："按照劳动部劳办发〔1995〕19 号和 33 号文件的规定，党委书记、工会主席等党群专职人员也是职工的一员，按照《劳动法》的规定，应当与用人单位签订劳动合同。对于有特殊规定的，可以按有关规定办理。"笔者认为，从现行法律规定出发，高级管理人员与用人单位是否构成劳动关系，依然要运用从属性理论进行判断，不能"一刀切"地认为高级管理人员与用人单位一定构成劳动关系或者一定不构成劳动关系。

五、母公司派出员工

在关联公司尤其是母子公司的情形下，实践中经常出现母公司派遣本单位工作人员到子公司担任董事长、总经理、高级管理人员等领导职务的情况。此类劳动者究竟与哪个公司建立劳动关系？笔者认为，应当区别情况分别认定。

劳动者与子公司订立劳动合同，且改由子公司为其缴纳社保、向其发放劳动报酬的，一方面可以认定劳动者与子公司之间在主观上具有建立劳动关系的合意，在客观上存在劳动法意义上的用工；另一方面母公司断缴社保、不再支付劳动报酬，改由子公司缴纳社保、支付劳动报酬的事实，可以视为母公司与劳动者就解除劳动关系以行为达成了合意。因此，此种情形下，可以认定母公司与劳动者解除劳动关系，子公司与劳动者建立劳动关系。

劳动者虽然在子公司工作并领取劳动报酬，劳动合同订立单位、社保缴费单位仍为母公司的，一方面，由于母公司与子公司系关联关系，两家公司可能根据生产经营需要调整工资发放主体，故工资发放关系不能作为判断劳动关系归属的决定性因素；另一方面，劳动者到子公司工作系母公司安排，劳动者与子公司之间缺乏建立劳动关系的合意，而且母公司并未与劳动者终止或者解除劳动关系，否则劳动合同应当重新签订，社保缴费单位也应当发生变化。[1] 是故，在此情况下，可以认定劳动者与母公司有劳动关系，与子公司没有建立劳动关系。此时三者之间实际上是借用关系。

第五节　保险代理人与保险公司之间不是劳动关系

代理是为拓展民事主体的行为能力和行动范围而设置的一项重要制度，可分为民事代理和商事代理。保险代理是商事代理的一种，是保险公司为了更好地开展保险业务，与保险代理人签订代理合同，由保险代理人以保险人的名义办理相关保险业务的行为。

保险代理人的类型多种多样。根据他们所代理的业务不同，分为人寿保险代理人、财产责任险代理人、事故及健康险代理人。按保险代理人与保险公司的关系和代理地位不同，分为独立保险代理人和专业保险代理人。独立保险代理人独立于保险公司，可按照自己意愿同时为几家保险公司代理业务，在保险公司授权范围内开展活动。专业保险代理人只能为一家保险公司或某一保险集团代理业务，依附于保险公司。按保险代理机构的经营管理模式和机构设置不同，分为总代理人、分代理人和个人代理人。总代理人是独立的经营者，在保险公司授权范围和区域内销售保险，其组织形式一般是公司。分代理人是直接由保险公司设立的业务代理机构，其经理是保险公司的雇员，其全部费用由保险公司支付。在个人代理中，个人与保险公司签订代理合同，独立开展业务，承担费用开支，从保险公司获得佣金。

关于保险代理人和保险公司之间法律关系的性质，存在不同观点。一种观点认为，保险代理人与保险公司是代理关系，是平等主体间的民事关系，双方的权利义务主要根据保险代理合同确定。另一种观点则认为，保险代理人与保险公司之间虽然有签订代理合同，但是保险代理人要接受保险公司的管理，参加带有考勤性质的晨夕会，一般也是按月获得报酬，因此更应认定为劳动关系。笔者认

---

〔1〕 参见吴彬：《劳动人事争议裁判规则和实操指引》，中国法制出版社2022年版，第31页。

为，《保险法》第117条第1款规定："保险代理人是根据保险人的委托，向保险人收取佣金，并在保险人授权的范围内代为办理保险业务的机构或者个人。"财政部、国家税务总局《关于个人所得税法修改后有关优惠政策衔接问题的通知》（财税〔2018〕164号）第3条规定："保险营销员、证券经纪人取得的佣金收入，属于劳务报酬所得，以不含增值税的收入减除20%的费用后的余额为收入额，收入额减去展业成本以及附加税费后，并入当年综合所得，计算缴纳个人所得税。保险营销员、证券经纪人展业成本按照收入额的25%计算。扣缴义务人向保险营销员、证券经纪人支付佣金收入时，应按照《个人所得税扣缴申报管理办法（试行）》规定的累计预扣法计算预扣税款。"中国保险监督管理委员会《关于个人保险代理人法律地位的复函（保监厅函〔2006〕265号）》中亦明确："一、根据《中华人民共和国保险法》（以下简称《保险法》）第一百二十五条和一百二十八条的规定，个人保险代理人属于保险代理人的一种，其与保险公司之间属于委托代理关系。二、在具体案件中，保险公司的业务人员是否属于个人保险代理人，保险公司与该业务人员之间是否属于委托代理关系，应当依据二者间订立的具体协议的法律性质确定。"根据上述法律和规定，如果保险代理人与保险公司之间订立了代理协议，则两者之间属于代理关系，不宜认定存在劳动关系。[1]

同样，证券经纪人与证券公司之间一般也不宜认定存在劳动关系。

第六节　建筑施工、矿山企业与实际施工人招用劳动者之间的关系

现实中，经常有建筑工地的劳动者在工地干活受伤之后，为了能认定成工伤，仲裁或者起诉要求确认其与建筑施工企业之间存在劳动关系，但是实际上，这些劳动者往往并非直接受雇于其所仲裁或者起诉的建筑施工企业，而是直接受雇于某个不具备用工主体资格的组织或自然人（以下简称实际施工人）。那么，对于建筑施工、矿山企业与实际施工人招用的劳动者之间的用工关系应当如何认定？

对于该问题，《关于确立劳动关系有关事项的通知》第4条规定："建筑施工、矿山企业等用人单位将工程（业务）或经营权发包给不具备用工主体资格的组织或自然人，对该组织或自然人招用的劳动者，由具备用工主体资格的发包方

〔1〕本部分内容参见《劳动纠纷裁判思路与规范释解》（第3版），法律出版社2016年版，第40~41页；桂维康：《劳动关系全流程法律实务解析》，中国法制出版社2023年版，第25~26页。

承担用工主体责任。”需要强调的是，此处的“用工主体责任”不能等同于成立劳动关系。换言之，“用工主体责任”并不以劳动关系为前提和基础。比如，用人单位与童工直接不能建立劳动关系，但是《工伤保险条例》第66条规定，用人单位不得使用童工，用人单位使用童工造成童工伤残、死亡的，由该单位向童工或者童工的近亲属给予一次性赔偿，赔偿标准不得低于该条例规定的工伤保险待遇。上述用人单位需要承担的法律责任，就是用工主体责任。又如，《执行工伤保险条例的意见》第7条规定：“具备用工主体资格的承包单位违反法律、法规规定，将承包业务转包、分包给不具备用工主体资格的组织或者自然人，该组织或者自然人招用的劳动者从事承包业务时因工伤亡的，由该具备用工主体资格的承包单位承担用人单位依法应承担的工伤保险责任。”这里的工伤保险责任同样是用工主体责任。

一般情况下，劳动者是明知自己受雇于实际施工人而不是受雇于建筑施工、矿山企业的，在施工过程中，其也是接受实际施工人的劳动指令和劳动管理的，而作为发包单位或者承包单位的建筑施工、矿山企业虽然存在转包、违法分包等违法行为，但是其毕竟既没有直接招用这些劳动者，也没有对这些劳动者进行支配性用工。换言之，劳动者与作为发包单位或者承包单位的建筑施工、矿山企业之间既没有建立劳动关系的合意，也没有因为用工形成事实上的劳动关系。而前述《关于确立劳动关系有关事项的通知》第4条规定由具备用工主体资格的发包方承担用工主体责任，目的不是强行在存在转包、违法分包等违法行为的建筑施工、矿山企业与劳动者之间成立劳动关系，而是解决劳动者因工伤亡后的权利保障问题。所谓“用工主体责任”其性质应当属于替代责任，即为了充分保障因工伤亡劳动者的权益，由存在转包或者违法分包行为的建筑施工、矿山企业先行为其违法行为承担法律责任，代替实际施工人向劳动者承担给付工伤保险待遇的责任后，再向实际施工人进行追偿。换句话说，建筑施工、矿山企业在此情形下承担工伤保险责任的基础不是劳动关系而是替代责任。[1]

但是，实践中也存在这样的情况：实际施工人是以身为发包人或者承包人的建筑施工、矿山企业的名义招用的劳动者；在劳动者眼里，实际施工人是建筑施工、矿山企业的员工，其是在建筑施工、矿山企业发包或者承包的工地、矿山进行劳动，对其进行劳动管理的具体人员是代表建筑施工、矿山企业对其进行管理和发放工资。那么，在这种情况下，能否认定劳动者与建筑施工、矿山企业成立劳动关系？笔者认为，虽然实际施工人在招用劳动者时隐瞒了自己的身份，存在

〔1〕 参见吴彬：《劳动人事争议裁判规则和实操指引》，中国法制出版社2022年版，第24页。

过错，但是由于建筑施工、矿山企业将相关业务转包、违法分包给不具备用工主体资格的实际施工人，并对实际施工人的行为疏于监督和管理，间接导致劳动者认为其是受雇于建筑施工、矿山企业，为建筑施工、矿山企业提供劳动，因此，实际施工人与建筑施工、矿山企业以及劳动者之间形成了表见代理关系。根据《民法典》第 172 条的规定，实际施工人“代理”建筑施工、矿山企业招用劳动者的行为有效，这就意味着，劳动者与建筑施工、矿山企业之间可能成立劳动关系。

当然，实践中建筑施工、矿山企业等往往并不是将工程（业务）或经营权直接发包给不具备用工主体资格的组织或自然人，而是分包给具备相关资质的总承包单位和分包单位，然后总承包单位和分包单位再将工程（业务）或经营权直接转包或者违法分包给不具备用工主体资格的组织或自然人。这种情况下，由于《保障农民工工资支付条例》第 28 条第 1 款规定：“施工总承包单位或者分包单位应当依法与所招用的农民工订立劳动合同并进行用工实名登记，具备条件的行业应当通过相应的管理服务信息平台进行用工实名登记、管理。未与施工总承包单位或者分包单位订立劳动合同并进行用工实名登记的人员，不得进入项目现场施工。”只要劳动者与施工总承包单位或者分包单位之间订立了书面劳动合同，前述的表见代理就难以成立，此时，一般不能认定劳动者与建筑施工、矿山企业之间直接成立劳动关系。

第七节　基层群众性自治组织与劳动者能否建立劳动关系

如前所述，劳动者和用人单位需要具备相应的主体资格才能建立劳动关系。就用人单位来说，其应当属于《劳动合同法》第 2 条规定的用人单位种类。因此，有观点认为，由于居民委员会、村民委员会等基层群众性自治组织不属于《劳动合同法》第 2 条规定的用人单位范畴，故其与劳动者之间不能建立劳动关系。[1] 部分地区的裁判规则中亦作此规定。[2] 但是，亦有部分地区的裁判实践认为，村民委员会、居民委员会与其对外招聘人员发生的用工关系符合劳动关系

〔1〕 参见杨力：《关于村民委员会作为劳动关系主体的适格问题》，载齐齐哈尔市中级人民法院网 2015 年 4 月 30 日，http：//qqherzy. hljcourt. gov. cn/public/detail. php？ id＝2120。

〔2〕《江苏省实施〈劳动人事争议仲裁办案规则〉细则》第 4 条第 3 项规定，村民委员会、居民委员会、业主委员会等群众性自治组织与劳动者发生的争议不作为劳动争议处理。

特征的，应按劳动关系处理。[1]

该问题之所以存有争议，是因为在2017年10月1日《民法总则》施行之前，居民委员会、村民委员会等基层群众性自治组织尚不属于法律规定的法人，从法律上讲，其不具备依法独立享有民事权利和承担民事义务的能力。另外，在《民法总则》施行之前，其既不属于《劳动合同法》第2条明确列明的可以建立劳动关系的非法人组织，也不属于《劳动合同法实施条例》第3条、第4条明确的可以建立劳动关系的非法人组织。而我国的劳动行政主管部门明确要求劳动者与用人单位需要具有建立劳动关系的主体资格才能建立劳动关系。因此，对于既不属于法人也不属于法律法规明确规定的可以建立劳动关系的非法人组织的居民委员会、村民委员会来说，就其能否与劳动者建立劳动关系，自然会存在不同观点。

不过，2017年10月1日施行的《民法总则》第101条第1款明确规定："居民委员会、村民委员会具有基层群众性自治组织法人资格，可以从事为履行职能所需要的民事活动。"换言之，自此以后，法律明确居民委员会、村民委员会是独立的民事主体，具有民事权利能力和民事行为能力，依法独立享有民事权利和承担民事义务，可以从事为履行职能所需要的民事活动。而居民委员会、村民委员会基于履行职能的需要招用劳动者，当然属于"为履行职能所需要的民事活动"之范畴。《民法典》也承继了《民法总则》的上述规定。虽然劳动法律并没有对此进行相应的修正，但是由于《民法总则》明确赋予居民委员会、村民委员会法人地位，从解释角度，居民委员会、村民委员会自当属于《劳动合同法》第2条规定的"等组织"范畴。并且，举重以明轻，连不具备独立财产、不能依法独立享有民事权利和承担民事义务的个体工商户、合伙组织、分支机构都可以与劳动者建立劳动关系，再将已经具备法人地位的居民委员会、村民委员会排除在用人单位之外，既不利于保护劳动者的合法权益，也等于变相剥夺了居民委员会、村民委员会一部分从事民事活动的权利能力，违反了《民法总则》和《民法典》的规定。因此，村民委员会、居民委员会等基层群众性自治组织与其对外招聘人员发生的用工关系符合劳动关系本质特征的，可以依法认定为劳动关系。

申言之，对于法人来说，由于法律赋予其民事权利能力和民事行为能力，令其能够独立享有民事权利和承担民事义务，可以从事为履行职能所需要的民事活动，因此，原则上法人都是适格的用人单位主体，具备与劳动者建立劳动关系的

---

〔1〕参见广东省高级人民法院《关于审理劳动争议案件疑难问题的解答》第4条规定，村民委员会、居民委员会与其对外聘用人员发生的用工关系符合劳动关系特征的，应按劳动关系处理。

主体资格；而对于非法人组织来说，由于其不能独立享有民事权利和承担民事义务，因此原则上其不是适格的用人单位主体，但是法律法规明确赋予其用人单位主体资格的除外。

案例9　某居民委员会诉姜某某劳动争议案[1]

——居民委员会具有合法的用人单位主体资格

【基本案情】

被告姜某某通过公开招聘到某居民委员会从事场镇车辆秩序整理、清洁卫生管理、夜间巡逻等工作，按月领取报酬和值班补助，但未订立书面劳动合同。2021年2月，姜某某从该居民委员会离职，双方因确认劳动关系、违法解除劳动关系赔偿金等问题发生争议，姜某某申请劳动仲裁。仲裁裁决：确认某居民委员会与姜某某劳动关系存续期间为2017年10月1日至2021年2月28日；由某居民委员会向姜某某支付违法解除劳动关系赔偿金12600元。某居民委员会不服该裁决，提起诉讼，主张社区居民委员会是“自我管理、自我教育、自我服务”的基层群众性自治组织，不属于劳动法上的用人单位，请求撤销仲裁裁决，驳回姜某某的全部请求。

【裁判要点】

生效判决认为，《劳动合同法》第2条第1款“中华人民共和国境内的企业、个体经济组织、民办非企业单位等组织（以下称用人单位）与劳动者建立劳动关系，订立、履行、变更、解除或者终止劳动合同，适用本法”的规定，对于用人单位采用概括列举式表述，而非完全列举式表述，并未将居民委员会排除在外。依法登记的居民委员会作为基层群众性自治组织，具有特别法人资格，拥有权利能力和行为能力，可以从事为履行职能所需要的民事活动。居民委员会对外招聘工作人员发生的用工关系，符合劳动关系特征的，应按劳动关系处理。本案中，姜某某是某居民委员会公开招聘的工作人员，接受其管理，从事其安排的有报酬的劳动，适用其制定的各项劳动制度。某居民委员会与姜某某之间的用工关系，符合劳动关系的法律特征，故对该居民委员会的诉讼请求不予支持。

【延伸思考】

实践中，对于居民委员会、村民委员会等基层群众性自治组织是否属于劳动

---

〔1〕参见最高人民法院新闻局：《最高人民法院发布提级管辖典型案例》，载最高人民法院网2024年5月8日，https://www.court.gov.cn/zixun/xiangqing/431852.html。

法上的用人单位，存在法律适用分歧，导致许多劳动者的权益无法得到平等保护，一些地区社保部门也拒绝此类组织为劳动者购买社会保险。本案明确基层群众性自治组织的“自治”属性，在于强调人民群众直接行使民主权利，不意味着其不能参与私法活动，因此认定居民委员会具备用人单位主体资格，可以对劳动者承担相应的义务，对于解决同类案件法律适用分歧、平等维护广大劳动者的合法权益具有重要意义。

但是，居民委员会、村民委员会等基层群众性自治组织与其成员之间则不能认定存在劳动关系。部分地区对此作出了规定。例如《北京市劳动争议解答一》第34条规定，“依照《中华人民共和国村民委员会组织法》和《中华人民共和国城市居民委员会组织法》的规定，村民委员会和居民委员会成员（主任、副主任和委员）依法由选举产生，其与该组织之间不属于劳动关系”。这是因为，居民委员会、村民委员会与其成员之间的关系不符合劳动关系的特征。

其一，居民委员会、村民委员会与其成员之间并非通过意思表示一致建立关系，而是经由选举建立关系。根据《村民委员会组织法》第11条的规定，“村民委员会主任、副主任和委员，由村民直接选举产生。任何组织或者个人不得指定、委派或者撤换村民委员会成员”。由此可见，村民委员会的成员是经由选举产生，并且，行使选举权的不是村民委员会，而是该村村民。根据《村民委员会组织法》第15条的规定，选举村民委员会，有登记参加选举的村民过半数投票，选举有效；候选人获得参加投票的村民过半数的选票，始得当选。同样，居民委员会的成员也是经由选举产生，行使选举权的不是居民委员会，而是本居住地区全体有选举权的居民或者由每户派出的代表。

其二，居民委员会、村民委员会与其成员之间并非用工关系。居民委员会、村民委员会选举成员的目的不是使用其劳动力为自己服务，成员参加选举其目的也不应是获得劳动报酬。根据《村民委员会组织法》第2条的规定，村民委员会是村民自我管理、自我教育、自我服务的基层群众性自治组织，其办理本村的公共事务和公益事业，调解民间纠纷，协助维护社会治安，向人民政府反映村民的意见、要求和提出建议。根据《村民委员会组织法》第6条的规定，“对村民委员会成员，根据工作情况，给予适当补贴”，可见，成员领取的并非劳动报酬，而是适当的补贴。《村民委员会组织法》第29条规定，“村民委员会应当实行少数服从多数的民主决策机制和公开透明的工作原则，建立健全各种工作制度”。显然，村民委员会与成员之间的关系与劳动关系中用人单位与劳动者的关系是迥异的。

根据《城市居民委员会组织法》第2条的规定，居民委员会是居民自我管理、自我教育、自我服务的基层群众性自治组织。根据《城市居民委员会组织法》第3条的规定，居民委员会的任务是宣传宪法、法律、法规和国家的政策，维护居民的合法权益，教育居民履行依法应尽的义务，爱护公共财产，开展多种形式的社会主义精神文明建设活动；办理本居住地区居民的公共事务和公益事业；调解民间纠纷；协助维护社会治安；协助人民政府或者它的派出机关做好与居民利益有关的公共卫生、计划生育、优抚救济、青少年教育等项工作；向人民政府或者它的派出机关反映居民的意见、要求和提出建议。《城市居民委员会组织法》第11条规定，“居民委员会决定问题，采取少数服从多数的原则。居民委员会进行工作，应当采取民主的方法，不得强迫命令”。显然，居民委员会与成员之间的关系与劳动关系中用人单位与劳动者的关系是迥异的。《城市居民委员会组织法》第17条规定，居民委员会成员的生活补贴费的范围、标准和来源，由不设区的市、市辖区的人民政府或者上级人民政府规定并拨付；经居民会议同意，可以从居民委员会的经济收入中给予适当补助。由此可见，居民委员会成员领取的并非劳动报酬，而是生活补贴。

第八节　外国企业常驻代表机构与其聘用的我国公民之间的关系

国务院《关于管理外国企业常驻代表机构的暂行规定》（国发〔1980〕272号）第11条规定，“常驻代表机构租用房屋、聘请工作人员，应当委托当地外事服务单位或者中国政府指定的其它单位办理”。那么，外国企业常驻代表机构与其聘用的我国公民之间是劳动关系吗？

在我国，劳动关系中用人单位一方为特殊主体，必须是法人或者是法律法规明确规定的适格的非法人组织。而外国企业常驻代表机构既不是法人，也不属于法律法规明确规定的适格的非法人组织，因此，在我国，其不是劳动关系的适格主体，不能与劳动者建立劳动关系。

然而，在上述用工关系中，如果劳动者得不到基本的劳动法保护，显然不利于保护我国公民的合法劳动权益，也意味着外国企业常驻代表机构可以逃避劳动法上的义务，反而会令其因此得利。因此，为了给劳动者提供必要的劳动法上的保护，可以将该用工关系纳入不完全劳动关系，具体归为“不适格用工主体的用工关系”这一类。

就劳动者与外国企业常驻代表机构之间因用工发生的纠纷的处理路径，可以比照劳动法上最近似的有关不适格用工主体的用工关系的规定进行处理。比如，

《劳动合同法》第93条规定："对不具备合法经营资格的用人单位的违法犯罪行为，依法追究法律责任；劳动者已经付出劳动的，该单位或者其出资人应当依照本法有关规定向劳动者支付劳动报酬、经济补偿、赔偿金；给劳动者造成损害的，应当承担赔偿责任。"《劳动争议司法解释一》第29条从程序法的角度作出相应的规定："劳动者与未办理营业执照、营业执照被吊销或者营业期限届满仍继续经营的用人单位发生争议的，应当将用人单位或者其出资人列为当事人。"

比照上述规定，首先，可以将劳动者与外国企业常驻代表机构之间因用工发生的纠纷纳入劳动争议的审理范围；其次，赋予依法设立的外国企业常驻代表机构作为劳动争议案件当事人的诉讼主体资格，使其可以以自己掌控的财产承担相应的民事责任；最后，由于外国企业常驻代表机构不能独立承担民事义务，因此，为了保护我国公民的合法劳动权益，当劳动者依法申请追加外国企业为当事人的，人民法院应予支持。从征求意见稿来看，《劳动争议司法解释二》也准备专门规定，依法设立的外国企业常驻代表机构可以作为劳动争议案件的当事人。当事人依法申请追加外国企业为当事人的，人民法院应予支持。

第九节　清算组与其聘用人员之间是否形成劳动关系

人类难免生老病死，同样，用人单位也有其诞生和消亡。用人单位的消亡方式包括解散、宣告破产等。所谓解散，对于法人来说，主要包括法人章程规定的存续期间届满或者法人章程规定的其他解散事由出现，法人的权力机构决议解散，因法人合并或者分立需要解散，法人依法被吊销营业执照、登记证书，被责令关闭或者被撤销以及法律规定的其他情形。对于非法人组织来说，解散主要包括章程规定的存续期间届满或者章程规定的其他解散事由出现，出资人或者设立人决定解散以及法律规定的其他情形。[1]

用人单位解散的，应当依法进行清算。企业破产的，破产清算是至关重要的一个环节。无论是解散清算还是破产清算，清算组为了进行清算，必然需聘用一定的工作人员。这些工作人员，既可能是原用人单位工作人员，也可能是清算组新聘用的人员，那么，清算组与这些人员之间形成的用工关系是不是劳动关系？对此，笔者认为，清算组与这些人员之间形成的用工关系宜按照劳务关系处理。

其一，用人单位因为解散进入清算的，清算期间，不论这些受清算组聘用的

〔1〕参见《民法典》第69、106条。

清算人员是原用人单位工作人员还是新聘用的人员，依照现行法律和相关司法解释，清算组与其之间的用工关系，均宜按照劳务关系处理，而原用人单位与其之间不存在劳动关系。

这是因为，首先，依照《劳动合同法》第 44 条第 5 项的规定，用人单位因为被吊销营业执照、责令关闭、撤销而解散的，或者用人单位决定提前解散的，其即不再具备用人单位的主体资格，其与劳动者之间的劳动合同终止，这也意味着劳动关系的终止；而依照《民法典》第 69 条、第 106 条以及《新劳动争议司法解释一》第 48 条的规定，用人单位经营期限届满不再继续经营的，劳动合同因为同样的原因终止。因此，用人单位因为解散而进入清算阶段时，其与原有劳动者之间的劳动合同和劳动关系已经因符合法定终止情形而自动终止，也不能再与新的劳动者建立劳动关系。其次，清算组不属于《劳动合同法》第 2 条以及《劳动合同法实施条例》第 3 条、第 4 条规定的可以建立劳动关系的用人单位，没有与劳动者建立劳动关系的主体资格。如前所述，对于非法人组织来说，由于其不能独立享有民事权利和承担民事义务，因此原则上不是适格的用人单位主体，除非法律、行政法规明确赋予其用人单位主体资格。比如，法律法规明确的个体工商户以及会计师事务所、律师事务所等合伙组织。而清算组既不是法人，也不是上述法律、行政法规明确的适格用人单位，因此其没有与劳动者建立劳动关系的主体资格。因此，用人单位因为解散进入清算的，清算期间，不论这些受清算组聘用的清算人员是原用人单位工作人员还是新聘用的人员，清算组与其之间的用工关系均不构成劳动关系，宜按照劳务关系处理。

其二，用人单位因为人民法院受理破产申请进行清算的，如果清算组从用人单位原有劳动者之外新聘用工作人员，则双方之间形成劳务关系，这些新聘用人员与用人单位之间不存在劳动关系。

这是因为，首先，《企业破产法》第 41 条将支付给管理人及其聘用工作人员的费用列为破产费用，而不是列入破产企业的工人工资作为破产财产进行第一顺序清偿的。因此，管理人（清算组）聘用的工作人员所获得的劳动报酬应属于劳务费而不属于劳动法所调整的工资报酬。其次，如前所述，清算组既不是法人，也不是法律、行政法规明确的适格用人单位，因此其没有与劳动者建立劳动关系的主体资格。

其三，用人单位因为人民法院受理破产申请进行清算的，如果清算组从用人单位劳动者中聘用工作人员，则双方之间形成劳务关系，这些聘用人员与用人单位之间仍存在劳动关系。

这是因为，对于破产企业，依照《劳动合同法》第 44 条第 4 项的规定，只有当用人单位被依法宣告破产时，其与劳动者的劳动合同才终止。换言之，法律、行政法规并没有规定被受理破产申请的用人单位与劳动者之间的劳动合同自动终止，所以只要双方没有主动解除劳动合同，劳动合同也没有到期，则用人单位与劳动者之间的劳动关系继续存在。此时，如果该部分劳动者接受清算组的聘用，则其同时与清算组之间形成劳务关系。

第五讲 招聘与录用

第一节 招 聘 广 告

一、招聘广告的法律性质

招聘广告中对待遇、福利等的介绍或者描述对用人单位有没有法律约束力？具有怎样的法律约束力？

招聘广告也属于广告的一种，因此，对其法律性质的认定可以类推适用《民法典》中有关商业广告的规定。根据《民法典》第473条的规定，商业广告和宣传属于要约邀请；但是，商业广告和宣传的内容符合要约条件的，构成要约。

所谓要约，是希望与他人订立合同的意思表示，该意思表示应当符合下列条件：（1）内容具体确定；（2）表明经受要约人承诺，要约人即受该意思表示约束。[1] 而要约邀请又称要约引诱，[2] 是当事人订立合同的预备行为，行为人在法律上无须承担责任。因此，要约邀请在性质上是一种事实行为，本身不具有法律意义。

要约与要约邀请的主要区别表现在：（1）要约是当事人自己主动愿意订立合同的意思表示；而要约邀请是当事人表达某种意愿的事实行为，其内容是希望对方主动向自己提出订立合同的意思表示。（2）要约中含有当事人表示愿意承受要约拘束的意旨，要约人将自己置于一旦对方承诺，合同即告成立的无可选择的地位；而要约邀请人对于相对人的意思表示，仍有决定承诺与否的自由。[3]

再考虑到劳动关系的建立与一般的民事合同的成立不同，其具有人身属性，特别强调以用人单位与劳动者之间的互相考察与信任为前提，因此，一般情况下，就劳动关系的建立来说，招聘广告仅构成要约邀请，不构成要约。易言之，即使招聘广告的内容符合前述的要约条件，也不能认定其构成建立劳动关系意义

---

〔1〕参见《民法典》第472条。

〔2〕参见崔建远：《合同法总论》（上卷），中国人民大学出版社2024年版，第296页。

〔3〕参见韩世远：《合同法总论》（第4版），法律出版社2018年版，第119～120页。

上的要约，其对用人单位没有直接的法律约束力。

案例10　王某要求某外资企业送其出国培训案[1]

——招聘广告的内容对用人单位不具有约束力

【基本案情】

王某看到某外资企业登出了一则招聘广告，广告中写道："本单位录用的员工将送到国外培训半年至一年。"于是王某辞去原工作，并顺利通过应聘入职了该单位。但是一年过去了，出国培训的事情依然没有动静，也没有听说哪位同事出国培训了。王某找到单位负责人理论，认为单位应当履行在招聘广告中的承诺。单位负责人当面答应王某一定会考虑，但是几天过去后，单位还是没有动静。王某觉得用人单位欺人太甚，明明写好的条件，单位却没有给予兑现，侵犯了自己的合法利益，便申请了劳动仲裁。单位则声称，单位与王某的劳动合同中并没有约定单位应当送王某出国培训的条款，因此单位没有此项义务。招聘广告中的条件并没有写进劳动合同中，因此并没有法律约束力。

【裁判要点】

生效裁决认为，某外资企业招聘广告中有关"录用的员工将送到国外培训"的承诺不具备法律约束力，因此驳回王某提出的要求单位应当履行招聘广告中的承诺、送其出国培训的请求。

【延伸思考】

本案中，某外资企业登出的招聘广告中虽然有"本单位录用的员工将送到国外培训半年至一年"的内容，但是该内容并没有具体明确送员工出国培训的时间、条件等关键信息，不构成合同意义上的要约，对于用人单位来说，并不具有法律约束力。

虽然招聘广告的内容没有直接的法律约束力，但是，一方面，如果招聘广告中对于劳动者入职之后的工资标准、十三薪、福利待遇等内容已具体确定，在相应内容与劳动者入职后与用人单位订立的劳动合同不存在冲突的情况下，招聘广告能作为证据，起到佐证相关工资标准、存在相关福利待遇的作用。另一方面，如果劳动者基于对招聘广告的信赖产生损失，用人单位需要承担损失赔偿责任。

〔1〕参见张嫱：《真坑！应聘前要警惕招聘广告中的"要约邀请"》，载新华网，http://www.news.cn/legal/2022-07/28/c_1128869731.htm。

二、发布虚假招聘广告的法律后果[1]

所谓虚假招聘广告，主要是指招聘广告中对用人单位现状的描述不符合事实，或者用人单位客观上没有提供招聘广告中承诺的待遇的能力。

根据人力资源社会保障部颁布的《就业服务与就业管理规定》（2022 修订）第 14 条、第 67 条的规定，用人单位招用人员不得提供虚假招聘信息，发布虚假招聘广告。有提供虚假招聘信息、发布虚假招聘广告的，由劳动保障行政部门责令改正，并可处以 1000 元以下的罚款。对当事人造成损害的，应当承担赔偿责任。

依照《劳动合同法》第 26 条的规定，以欺诈的手段使对方在违背真实意思的情况下订立劳动合同的，劳动合同无效或部分无效。如果导致劳动合同无效，劳动者可以依据《劳动合同法》第 38 条第 1 款第 5 项立即解除劳动合同，并且要求用人单位支付经济补偿。因此，用人单位在发布招聘广告时，关于本单位的介绍内容应尽量真实。特别是在涉及用人单位的一些硬性条件时，如单位获得的资质证书、获奖情况、提供的福利制度等，要避免夸大其词，以免劳动者基于招聘广告中载明的不实信息入职用人单位，进而以用人单位欺诈导致其入职为由解除劳动关系并诉请经济补偿。

第二节　就 业 歧 视

一、就业歧视的内容

用人单位发布的招聘广告，往往有意无意间包含种种歧视性内容，如性别歧视、年龄歧视、身高歧视等，根据相关法律规定，此类歧视性内容可能对劳动者构成就业歧视。

涉及就业歧视的法律规定主要包括《劳动法》第 12 条和《就业促进法》第 3 条、第 25 条、第 26 条、第 27 条、第 29 条、第 31 条、第 62 条。《劳动法》第 12 条规定："劳动者就业，不因民族、种族、性别、宗教信仰不同而受歧视。"《就业促进法》第 3 条进一步规定："劳动者依法享有平等就业和自主择业的权利。劳动者就业，不因民族、种族、性别、宗教信仰等不同而受歧视。"对比可见，虽然两个法条都是通过有限列举的方式对就业歧视的种类作出规定，但是相较于

---

〔1〕 本部分内容参见陈元、何力：《民法典背景下劳动人事争议法律操作指引》，法律出版社 2021 年版，第 32～33 页。

《劳动法》第12条，《就业促进法》第3条在有限列举之后加了一个“等”字，从而使就业歧视的种类有了合理拓宽的可能性。比如，《就业促进法》第29条将就业歧视的种类扩大到残疾人，该法第30条将就业歧视的种类扩大到传染病人，该法第31条将就业歧视的种类扩大到农村劳动者。

笔者通过检索用人单位发布的招聘广告，发现常见的歧视性内容包括性别歧视、年龄歧视、婚育歧视、户口歧视、户籍歧视等，具体见表5－1。

表5－1　招聘广告中常见的就业歧视

歧视性表述	歧视类型
限本市户口	户籍歧视
限城市户口	歧视农民
年龄35岁以下	年龄歧视
只招单身	婚育歧视
只招男性	性别歧视
男性1米75以上，女性160以上	身高歧视
乙肝患者不能录用	病原携带者歧视
残疾人不能录用	残疾人歧视
某地人不得录用	地域歧视
拒绝招用某族人	民族歧视

例如，在“王某与西安某物业管理有限责任公司劳动争议上诉案”中，[1]双方当事人就用人单位是否因乙肝体检侵犯其就业平等权和隐私权引发争议。求职者因是乙肝病毒携带者而遭到歧视并被拒绝录用的现象，是我国过去长期存在的顽疾。为此，有关部门通过部门规章的方式，从规范体检行为入手来防止就业歧视。2010年，人社部、教育部、原卫生部等部门出台《关于进一步规范入学和就业体检项目维护乙肝表面抗原携带者入学和就业权利的通知》（人社部发〔2010〕12号）等文件，要求用人单位在招用工过程中，除了国家法律、行政法规和原卫生部规定禁止从事的工作外，不得强行将乙肝病毒血清学指标作为体检标准。基于个人信息保护的视角，用人单位不得通过体检过度收集劳动者的健康信息，除非具有合法的正当目的，如劳动者从事特定职业，对健康具有特殊要求等。据此，原则上除了法律法规规定，或者岗位确有需要外，用人单位不得强制劳动者体检并获取体检信息，体检范围和信息处理不得超过必要限度，这也是许

〔1〕参见陕西省西安市中级人民法院民事判决书，(2015) 西中民高终字第00492号。

多国家的做法。在美国，医疗信息具有敏感性质，法院认为，医疗信息通常属于个人信息，但若医疗信息与雇员工作直接相关，雇主可以获取。在匈牙利，其《劳动法典》（2019 修订）第 10 条规定，当劳动法规有规定，或者为了行使劳动法规规定的权利或履行义务所必需时，雇员可以被要求健康体检。可见，对体检和健康信息的处理是受到严格限制的。[1]

在实践中，还存在对有犯罪前科人员的就业歧视。例如，在“福州市某物业管理有限公司、陈某劳动合同纠纷案”中，[2] 双方就求职者是否隐瞒刑事处罚记录发生争议。法院认为，“《刑法》第一百条规定的前科报告制度关键在于如实报告而非主动报告”，求职者在未被询问的情况下没有主动说明前科并不构成隐瞒和欺诈，法院的这一立场值得肯定。这涉及用人单位在何种情况下可以收集求职者的前科信息，因为前科信息涉及求职者和劳动者的隐私权和平等就业权。应当合理权衡具有前科的求职者隐私权、就业权与用人单位知情权和合法利益。实务中，许多用人单位在招聘广告中要求求职者无任何犯罪记录的做法从个人信息保护和公民就业权角度而言值得商榷，涉嫌就业歧视。就业是公民的一项基本权利，用人单位将无犯罪记录作为一般岗位的录用条件未免过于苛刻，将严重影响公民的就业权，因此，用人单位随意限制有前科人员的就业资格应受到法律限制。

具体而言，对求职者犯罪和刑罚信息的收集应考虑用人单位的性质和岗位要求，除非用人单位具有法定或正当事由，否则劳动者在求职招聘过程中没有报告自己全部犯罪记录的义务，用人单位也无权收集雇员的全部犯罪记录。[3] 用人单位不能仅以劳动者具有前科而拒绝录用。[4] 用人单位只有在因法律法规对特定岗位的任职资格有明确要求，或者特定岗位所必需时，才有权知晓求职者的相关犯罪和刑罚记录，并可因此拒绝录用。例如，《公司法》第 178 条对公司高管任职条件的规定，《未成年人保护法》第 62 条对密切接触未成年人的单位招聘工作人员条件的规定等。

至于特定岗位所需，例如，在“李某诉上海某信息公司、深圳某网络公司平等就业权案”中，[5] 法院指出：“信息公司在骑手注册阶段签订的格式化众包用

---

〔1〕 参见谢增毅：《职场个人信息处理的规制重点——基于劳动关系的不同阶段》，载《法学》2021 年第 10 期。

〔2〕 参见福建省福州市中级人民法院民事判决书，（2019）闽 01 民终 4020 号。

〔3〕 参见谢增毅：《职场个人信息处理的规制重点——基于劳动关系的不同阶段》，载《法学》2021 年第 10 期。

〔4〕 参见叶小琴：《公民就业权视域下劳动者前科报告义务的体系解释——以美国雇员案犯罪记录争议为切入》，载《法学评论》2019 年第 2 期。

〔5〕 参见北京市第一中级人民法院民事判决书，（2022）京 01 民终 5595 号。

户协议中，将骑手资格限定为‘无犯罪记录’确有不当，有违平等、公正的社会主义核心价值观，不利于构建文明、和谐的社会关系。首先，基于客户人身、财产安全考虑，物流配送服务确实可以对骑手提出一定的合理要求，如要求骑手暴力倾向低、没有偷盗习惯。但是其一，《就业促进法》第三条规定，‘劳动者依法享有平等就业和自主择业的权利。劳动者就业，不因民族、种族、性别、宗教信仰等不同而受歧视’。而通过改造，有犯罪前科的人员改过自新的并不在少数，这些前科人员作为劳动者的平等就业权应当受到保护。其二，并非所有的犯罪都是社会危险性较高的暴力犯罪或者侵犯私有财产罪，亦并非所有的犯罪都是主观恶性较重的故意犯罪；并且经过刑罚改造和时间流逝，很多前科人员已经不具有社会危险性，帮助其回归社会是用工主体的社会责任，是对平等、公正的社会主义核心价值观的积极发扬。其三，虽然由于有前科劳动者所背负的刑事前科的特殊性，为维护公共利益及公共秩序，可以通过立法对其就业资格进行相应限制，但是该种限制显然应当遵循合理性边界，有利于构建文明、和谐的社会关系。综上，信息公司应当对其相关格式合同的条款做进一步的合法性与合理性检查。”

根据最高人民法院指导案例 185 号的裁判要旨，用人单位在招用人员时，基于地域、性别等与“工作内在要求”无必然联系的因素，对劳动者进行无正当理由的差别对待的，构成就业歧视，劳动者以平等就业权受到侵害，请求用人单位承担相应法律责任的，人民法院应予支持。不过，需要强调的是，并非所有招聘广告设置的区别对待都构成就业歧视。比如，国家对女职工和未成年工实行特殊劳动保护，因此，从事矿山井下、国家规定的第四级体力劳动强度的劳动岗位，是禁止招用女职工的；而从事矿山井下、有毒有害、国家规定的第四级体力劳动强度的劳动岗位，则是禁止招用未成年工的。[1] 又如，某些岗位的工作内容专注于学术研究或者技术研究，因此对学历提出较高要求，这属于用人单位合理的招聘需求，不构成就业歧视。

二、就业歧视的司法救济

如果劳动者发现用人单位存在就业歧视，能否通过司法途径维护自身权益？答案是肯定的。《就业促进法》第 62 条规定：“违反本法规定，实施就业歧视的，劳动者可以向人民法院提起诉讼。”最高人民法院指导案例 185 号也明确，劳动者可以以平等就业权受到侵害为由，请求用人单位承担相应法律责任。

但是，当劳动者以就业歧视提起诉讼时，该纠纷是属于劳动争议还是侵权纠

〔1〕 参见《劳动法》第 58、59、64 条。

纷？不同的定性将导致案件处理程序上的重大差别。如果是劳动争议，则必须适用仲裁前置的程序；如果是侵权纠纷，则人民法院可以直接受理。并且，案件在管辖、时效、诉讼费、法律责任等方面也将存在重大的不同。在司法实践中，对此问题认识并不统一，有的认为该类案件是劳动争议，有的则认为该类案件是侵权纠纷。为解决这个问题，最高人民法院专门在“一般人格权纠纷”案由下增加了“平等就业权纠纷”的案由。[1]

（一）没有劳动关系时就业歧视的司法救济路径

当然，这并不是说，对于所有的就业歧视纠纷劳动者都只能以“平等就业权纠纷”的案由直接向人民法院提起民事诉讼。如果该歧视发生在双方建立劳动关系之前，则依照《劳动争议调解仲裁法》第 2 条的规定，该争议不属于劳动争议，因此，劳动者只能以“平等就业权纠纷”为案由，直接向人民法院提起民事诉讼。

案例 11　闫某某诉浙江某度假村有限公司平等就业权纠纷案[2]

——以地域事由区别对待劳动者构成就业歧视

【基本案情】

2019 年 7 月，浙江某度假村有限公司（以下简称某公司）通过智联招聘平台向社会发布了一批公司人员招聘信息，其中包含有“法务专员”“董事长助理”两个岗位。2019 年 7 月 3 日，闫某某通过智联招聘针对某公司发布的前述两个岗位分别投递了求职简历。闫某某投递的求职简历中包含有姓名、性别、出生年月、户口所在地、现居住城市等个人基本信息，其中户口所在地填写为“河南南阳”，现居住城市填写为“浙江杭州西湖区”。显示闫某某投递的前述“董事长助理”岗位在 2019 年 7 月 4 日 14 时 28 分被查看，28 分时给出岗位不合适的结论，“不合适原因：河南人”；“法务专员”岗位在同日 14 时 28 分被查看，29 分时给出岗位不合适的结论，“不合适原因：河南人”。闫某某提起诉讼，请求判令某公司赔礼道歉、支付精神抚慰金以及承担诉讼相关费用。

一审判决：（1）被告某公司赔偿闫某某精神抚慰金及合理维权费用损失共计 10000 元。（2）某公司向闫某某进行口头道歉并在《法制日报》公开登报赔礼道

---

〔1〕 参见最高人民法院《关于增加民事案件案由的通知》（法〔2018〕344 号）。

〔2〕 参见闫某某诉浙江某度假村有限公司平等就业权纠纷案，最高人民法院指导案例 185 号。

歉。(3) 驳回闫某某的其他诉讼请求。宣判后，闫某某、某公司均提起上诉。二审法院判决：驳回上诉，维持原判。

【裁判要点】

生效判决认为，平等就业权是劳动者依法享有的一项基本权利，既具有社会权利的属性，亦具有民法上的私权属性，劳动者享有平等就业权是其人格独立和意志自由的表现，侵害平等就业权在民法领域侵害的是一般人格权的核心内容——人格尊严，人格尊严的重要方面就是要求平等对待，就业歧视往往会使人产生一种严重的受侮辱感，对人的精神健康甚至身体健康造成损害。据此，劳动者可以在其平等就业权受到侵害时向人民法院提起民事诉讼，寻求民事侵权救济。

闫某某向某公司两次投递求职简历，均被某公司以“河南人”不合适为由予以拒绝，显然在针对闫某某的案涉招聘过程中，某公司使用了主体来源的地域空间这一标准对人群进行归类，并根据这一归类标准而给予闫某某低于正常情况下应当给予其他人的待遇，即拒绝录用，可以认定某公司因“河南人”这一地域事由要素对闫某某进行了差别对待。《就业促进法》第3条在明确规定民族、种族、性别、宗教信仰四种法定禁止区分事由时使用“等”字结尾，表明该条款是一个不完全列举的开放性条款，即法律除认为前述四种事由构成不合理差别对待的禁止性事由外，还存在与前述事由性质一致的其他不合理事由，亦为法律所禁止。何种事由属于前述条款中“等”的范畴，一个重要的判断标准是，用人单位是根据劳动者的专业、学历、工作经验、工作技能以及职业资格等与“工作内在要求”密切相关的“自获因素”进行选择，还是基于劳动者的性别、户籍、身份、地域、年龄、外貌、民族、种族、宗教等与“工作内在要求”没有必然联系的“先赋因素”进行选择，后者构成为法律禁止的不合理就业歧视。劳动者的“先赋因素”，是指人们出生伊始所具有的人力难以选择和控制的因素，法律作为一种社会评价和调节机制，不应该基于人力难以选择和控制的因素给劳动者设置不平等条件；反之，应消除这些因素给劳动者带来的现实上的不平等，将与“工作内在要求”没有任何关联性的“先赋因素”作为就业区别对待的标准，根本违背了公平正义的一般原则，不具有正当性。本案中，某公司以地域事由要素对闫某某的求职申请进行区别对待，而地域事由属于闫某某乃至任何人都无法自主选择、控制的与生俱来的“先赋因素”，在某公司无法提供客观有效的证据证明，地域要素与闫某某申请的工作岗位之间存在必然的内在关联或存在其他的合法目的的情况下，某公司的区分标准不具有合理性，构成法定禁止事由。故某公司在案涉招聘活动中提出与职业没有必然联系的地域事由对闫某某进行区别对待，构戌对闫某某的就业歧视，损害了闫某某平等地获得就业机会和就业待遇的权益，主观上具有过错，构成对闫某某平等就业权的侵害，依法应承担公开赔礼道歉并赔偿精神抚慰金及合理维权费用的民事责任。

【延伸思考】

就精神损害赔偿，《民法典》第1183条第1款规定，“侵害自然人人身权益造成严重精神损害的，被侵权人有权请求精神损害赔偿”。而根据2020年修订前的最高人民法院《关于确定民事侵权精神损害赔偿责任若干问题的解释》（法释〔2001〕7号）第8条的规定，侵权行为造成的精神损害后果必须是严重的后果才能支持精神损害赔偿，[1] 这显然是没有道理的，好在最高人民法院《关于确定民事侵权精神损害赔偿责任若干问题的解释》（2020年修正）删除了上述规定。对于严重精神损害的认定，在司法实践中一直存有分歧。本指导案例中，法院判决某公司赔偿闫某某精神抚慰金及合理维权费用损失共计10000元，向闫某某进行口头道歉并公开登报赔礼道歉。可见，本指导案例倾向于就业歧视将导致求职者遭受严重精神损害，因而可以适用精神损害赔偿。因为“就业歧视往往会使人产生一种严重的受侮辱感，对人的精神健康甚至身体健康造成损害”，故依法应承担公开赔礼道歉并赔偿精神抚慰金及合理维权费用的民事责任。至于精神损害抚慰金的数额，最高人民法院《关于确定民事侵权精神损害赔偿责任若干问题的解释》（2020修正）第5条规定，精神损害的赔偿数额根据以下因素确定：(1) 侵权人的过错程度，但是法律另有规定的除外；(2) 侵权行为的目的、方式、场合等具体情节；(3) 侵权行为所造成的后果；(4) 侵权人的获利情况；(5) 侵权人承担责任的经济能力；(6) 受理诉讼法院所在地的平均生活水平。司法实践中，各个地区关于精神损害抚慰金所参考的具体赔偿标准规定有所差异。[2]

需要明确的是，对于侵害平等就业权行为的救济，应遵循比例原则，即判决不法歧视行为人依法承担侵权赔偿责任即可，不应判决强制成立劳动合同，以免矫枉过正、侵害用人单位的意思自治。[3]

---

〔1〕 最高人民法院《关于确定民事侵权精神损害赔偿责任若干问题的解释》（法释〔2001〕7号）第8条规定：因侵权致人精神损害，但未造成严重后果，受害人请求赔偿精神损害的，一般不予支持，人民法院可以根据情形判令侵权人停止侵害、恢复名誉、消除影响、赔礼道歉。因侵权致人精神损害，造成严重后果的，人民法院除判令侵权人承担停止侵害、恢复名誉、消除影响、赔礼道歉等民事责任外，可以根据受害人一方的请求判令其赔偿相应的精神损害抚慰金。

〔2〕 参见周斌、韩琰：《劳动争议指导案例、典型案例与企业合规实务》，中国法制出版社2023年版，第6~7页。

〔3〕 参见李宇：《民法总则要义：规范释论与判解集注》，法律出版社2017年版，第24页。

（二）有劳动关系时就业歧视的司法救济路径

如果歧视发生在双方劳动关系建立、存续期间，则这样的纠纷既属于劳动争议，也属于人格权纠纷。此时，劳动者究竟该如何选择司法救济的路径？笔者认为，此时对于劳动者来说，就业歧视纠纷实际上构成请求权竞合，或者说构成劳动争议和人格权纠纷（平等就业权纠纷）的竞合，应当允许其结合自身情况在两者之间自行选择。劳动者选择以人格权纠纷（平等就业权纠纷）起诉的，人民法院应当直接受理，而不能要求劳动者必须先申请劳动仲裁；劳动者也可以选择先行申请劳动仲裁，走劳动争议程序。

需要注意的是，劳动者选择走平等就业权纠纷抑或劳动争议救济自身的权利，会在以下方面产生不同的法律效果：（1）主管和管辖。案由如果是劳动争议，劳动者需先申请劳动争议仲裁，对仲裁裁决不服再向法院起诉。案由如果是平等就业权纠纷，劳动者可以直接向法院起诉。（2）时效。案由如果是劳动争议，依据《劳动争议调解仲裁法》第27条，劳动争议申请仲裁的时效为1年。案由如果是平等就业权纠纷，依据《民法典》第188条，向法院请求保护民事权利的诉讼时效期间为3年。（3）诉讼费。案由如果是劳动争议，依据《劳动争议调解仲裁法》第53条，劳动争议仲裁不收费；依据《诉讼费用交纳办法》第13条，劳动争议案件每件交纳10元案件受理费。案由如果是平等就业权纠纷，依据《诉讼费用交纳办法》第13条，侵害姓名权、名称权、肖像权、名誉权、荣誉权以及其他人格权的案件，每件交纳100元至500元。涉及损害赔偿，赔偿金额不超过5万元的，不另行交纳；超过5万元至10万元的部分，按照1%交纳；超过10万元的部分，按照0.5%交纳。（4）法律责任。案由如果是劳动争议，由于我国现行劳动法律未规定精神损害赔偿和赔礼道歉等法律责任形式，劳动者请求用人单位承担精神损害赔偿、赔礼道歉等法律责任的，有可能会因为劳动法律上没有直接依据而得不到支持。案由如果是平等就业权纠纷，依照《民法典》的相关规定，劳动者有权请求用人单位承担精神损害赔偿和赔礼道歉等法律责任。[1] 前述最高人民法院指导案例185号对此亦予以明确。

---

〔1〕参见林嘉、杨飞：《论劳动者受到就业歧视的司法救济》，载《政治与法律》2013年第4期。

第三节 录　用

一、用人单位的告知义务和劳动者的说明义务

《劳动合同法》第8条规定了用人单位的告知义务和劳动者的说明义务。该条规定，用人单位招用劳动者时，应当如实告知劳动者工作内容、工作条件、工作地点、职业危害、安全生产状况、劳动报酬，以及劳动者要求了解的其他情况；用人单位有权了解劳动者与劳动合同直接相关的基本情况，劳动者应当如实说明。

（一）告知义务和说明义务的内容

首先，该条规定的目的是增加双方的了解，以帮助双方决定是否建立劳动关系。因此，从履行义务的时间来看，用人单位的告知义务和劳动者的说明义务均应当在双方劳动关系建立之前履行，否则就失去了告知和说明的意义。

其次，用人单位告知义务的内容分为两部分：（1）主动告知义务的内容，即用人单位应当主动让劳动者知悉的内容，包括工作内容、工作条件、工作地点、职业危害、安全生产状况、劳动报酬；（2）被动告知义务的内容，即用人单位应劳动者要求了解而应当告知的内容。而劳动者原则上只负有被动告知义务，无主动告知义务。即只有在用人单位向劳动者了解有关情况时，劳动者才应当如实说明。[1] 但是，在特殊情况下，基于诚实信用原则，劳动者亦应承担主动告知义务。例如，某小型化工企业招聘“三班倒”的化工工人，所以不能用孕妇，但是有妇女来应聘，隐瞒已经怀孕的情况，应聘上岗后不久就提出已经怀孕不能倒班上岗。[2] 这个案例中，由于岗位对劳动者身体有很高的要求，孕妇显然是无法胜任的，因此，该妇女在应聘时，应当主动向企业告知其已经怀孕的事实，否则有违诚实信用原则。

再次，如果用人单位或者劳动者没有如实履行其告知义务或说明义务，导致对方在违背真实意思的情况下订立劳动合同的，依照《劳动合同法》第26条第1款第1项的规定，劳动合同无效。此时，劳动者或者用人单位分别可以依照该法第38条第1款第5项或者第39条第5项解除劳动合同。因劳动合同无效造成损害的，劳动者或者用人单位可以依照该法第86条主张损害赔偿。劳动者依此解除劳动合同的，可以同时依照该法第46条第1项主张解除劳动关系的经济补偿。

---

〔1〕参见王全兴：《劳动法》（第4版），法律出版社2017年版，第177～178页。

〔2〕参见信春鹰、阚珂主编：《中华人民共和国劳动合同法释义》（第2版），法律出版社2013年版，第91页。

最后，用人单位告知义务的范围比劳动者说明义务的范围更广泛。劳动者说明义务的范围仅是与劳动合同直接相关的基本情况，而用人单位告知义务的范围，不仅包括如实告知劳动者工作内容、工作条件、工作地点、职业危害、安全生产状况、劳动报酬等与劳动合同直接相关的基本情况，还包括劳动者要求了解的其他情况。笔者理解，之所以劳动者说明义务的范围小于用人单位告知义务的范围，原因之一就是对劳动者个人信息的保护。

（二）说明义务与个人信息保护〔1〕

所谓个人信息，是以电子或者其他方式记录的能够单独或者与其他信息结合识别特定自然人的各种信息，包括自然人的姓名、出生日期、身份证件号码、生物识别信息、住址、电话号码、电子邮箱、健康信息、行踪信息等。〔2〕作为个人信息保护的特定领域，劳动者个人信息保护自然应适用个人信息保护的一般原则和规则。《民法典》第1035条规定，处理个人信息应当遵循合法、正当、必要原则，不得过度处理，并应符合个人同意等条件。该规则自然适用于劳动者的个人信息保护。同时，也应当关注劳动者个人信息保护的特殊性。职场个人信息保护存在特殊背景，雇主和雇员存在劳动关系，为了确保雇员履行劳务给付等义务，雇主具有指挥、命令和监督雇员的权利，这些行为可能涉及雇员的个人信息，并侵害雇员隐私和个人信息权利。因此，雇主法律上的正当利益与其采取的措施对雇员隐私和个人信息的影响程度是否符合比例，雇主正当利益和雇员隐私权利之间应如何平衡，便成为职场个人信息保护的核心问题。对此，许多国家将比例原则，即雇主正当利益和雇员权利受到侵扰的程度应合乎比例，雇主正当利益与雇员隐私和个人信息权利之间应平衡，作为职场个人信息保护的一项重要原则。比例原则成为雇主处理个人信息需要遵守的核心原则，并指导劳动者个人信息处理的具体规则。

劳动者求职时的说明义务涉及劳动者提供信息和用人单位询问信息等信息处理。由于劳动关系是持续、稳定且具有人身信赖性质的关系，所以用人单位需要充分了解求职者的相关信息，而且信息越充分越有利于其作出适当决定，因此在求职和招聘阶段，用人单位具有处理信息的正当性。但是，若用人单位处理的信息范围过宽，则可能使其基于法律所禁止的事由或其他事由，歧视甚至拒绝录用求职者，从而损害求职者的平等就业权或其他权利。所以，设立劳动者求职阶段的信息处理规则十分重要。

〔1〕本条有关个人信息的部分内容，参见谢增毅：《职场个人信息处理的规制重点——基于劳动关系的不同阶段》，载《法学》2021年第10期。

〔2〕参见《民法典》第1034条。

根据个人信息处理的一般原则和比例原则，总体上，在求职招聘阶段，用人单位仅可以收集与工作相关的信息。例如，在德国，法院限制雇主询问问题的权利已有数十载。按照法理，雇主在面试中只可询问其具有知晓答案的合法利益的问题。如果雇主询问了其无权询问的问题，申请人可不如实回答，并且不用担心日后因此原因被解雇。通常雇主不被允许询问雇员与劳动关系无关的问题，如家庭结构、婚姻状态、信用信息、诉讼经历、俱乐部会员身份等。在法国，在求职阶段，根据《劳动法典》第1221－6条的规定，对于雇主和雇员，判断是否可以询问的核心是评估被询问的信息是否与工作相关。在日本，劳动行政机关通常提示雇主，除非有特别的职业上的必要性或其他为达成业务目的所必要而应表明收集之目的且自本人收集外，一般不应收集求职者的下列信息：（1）可能导致歧视的事项，包括民族、种族、社会地位、出身、家庭登记地址、出生地及其他导致社会歧视的事项；（2）思想或信仰；（3）加入工会情况。总体上看，除少数国家和地区对求职阶段的个人信息处理作了明确规定外，大部分国家和地区遵循的原则是信息处理必须与工作相关，且应遵循信息处理的一般原则，但是何为“与工作相关”仍存在较大的弹性空间和不确定性。由于不同类型雇主、不同职业、不同岗位对求职者的要求不同，相应地，雇主的知情权也有差异，所以在立法上很难清晰地列举雇主信息处理的范围，只能提炼出一般原则和相对具体的规则。

实际上，从《劳动合同法》第8条的规定来看，其也基本体现了上述原则和规则，即用人单位有权了解的信息仅包括“劳动者与劳动合同直接相关的基本情况”。就如何理解这一规定，劳动和社会保障部在2007年颁布的《就业服务与就业管理规定》（2022修订）第7条明确了求职者应当提供的信息范围，即“劳动者求职时，应当如实向公共就业服务机构或职业中介机构、用人单位提供个人基本情况以及与应聘岗位直接相关的知识技能、工作经历、就业现状等情况，并出示相关证明”，但是弹性依然较大。

案例12　林某诉M公司劳动争议案〔1〕

——求职者仅就与劳动合同直接相关的基本情况承担如实说明义务

【基本案情】

林某于2017年4月7日入职M公司，于2017年4月23日在医院检验确认已

〔1〕参见广东省广州市中级人民法院民事判决书，（2018）粤01民终12990号。

怀孕，于2017年6月9日进行超声检查，检查提示宫内妊娠约13+周（胎儿存活）。林某分别于2017年5月17日、5月27日告知M公司怀孕事实。2017年6月14日，M公司向林某邮寄送达《辞退通知书》，辞退理由为：林某在应聘时提交的《应聘信息登记表》及《新员工入职申请表》中“婚姻状况”所填写的内容与事实不符，严重违背相关法律法规及《应聘信息登记表》《新员工入职申请表》中关于资料真实性的约定条款。2017年6月15日，林某申请劳动仲裁，要求M公司支付解除劳动关系赔偿金20万元，劳动争议仲裁机构于2017年12月12日裁决驳回林某的仲裁请求。林某不服仲裁裁决，诉至法院。

庭审中，林某称其于2015年9月28日办理结婚登记手续，由于个人认知偏差，以为摆酒后才算结婚，故在《应聘信息登记表》及《新员工入职申请表》中婚姻状况一栏填写未婚，且婚姻状况属于个人隐私，其没有告知M公司的义务。M公司辩称林某填写《新员工入职申请表》中个人申明处明确如有不实处，林某无条件接受公司处罚甚至辞退，现林某未如实填写婚姻状况，故公司可予以辞退。

【裁判要点】

生效判决认为，《劳动合同法》第8条规定，用人单位有权了解劳动者与劳动合同直接相关的基本情况，劳动者应当如实说明。依照上述规定，劳动者的告知义务是附条件的，只有在用人单位要求了解的是劳动者与劳动合同直接相关的基本情况时，劳动者才有如实说明的义务。劳动者与劳动合同直接相关的基本情况一般应包括健康状况、知识技能、文化程度、工作技能、工作经历、职业资格等，劳动者不如实说明就可能构成重大误解、甚至构成欺诈、构成对用人单位知情权的侵害。但用人单位不能为了解情况而侵害劳动者的隐私，劳动者对于那些与工作无关且侵害个人隐私权的问题，有权拒绝说明。对于与劳动合同没有直接联系的信息，劳动者即使未如实说明，也不能认定为构成欺诈。对于实践中用人单位“若有不实处，愿无条件接受公司处罚甚至辞退”的规定，应理解为劳动者对与劳动合同直接相关的基本情况如健康状况、学历、专业、工作经历、教育背景等的填写有不实的，用人单位可解除劳动合同。本案中，林某应聘的岗位为人事行政，婚姻状况不是其工作能力的影响因素，也不是其从事人事行政工作的必需条件，故M公司以林某入职时“婚姻状况”所填写的内容与事实不符为由辞退林某，不符合法律规定的可以解除劳动合同的情形，属于违法解除，应向林某支付解除劳动合同赔偿金3500元。

【延伸思考】

该判决的价值取向具有较强的指导意义，也是对《劳动合同法》第8条规定的细化，值得肯定。根据该判决，雇主在求职阶段向雇员收集的信息应限于目的范围和必要限度内，若缺乏正当利益和合法理由，不得收集类似婚姻状况等个人信息，对于不相关的问题，个人可拒绝回答或不如实回答。德国联邦劳动法院在一系列判决中也确认，雇员有权对雇主的非法提问给予不实的回答。[1]

（三）不履行告知义务和说明义务的法律责任

如果用人单位未履行告知义务或者劳动者未履行说明义务，将可能导致对方基于错误或者不真实的认识与之建立劳动关系，而根据《劳动合同法》第 26 条第 1 款第 1 项的规定，以欺诈的手段使对方在违背真实意思的情况下订立劳动合同的，劳动合同无效。

一方面，依照《劳动合同法》第 86 条的规定，劳动合同被确认无效，给对方造成损害的，有过错的一方应当承担赔偿责任。另一方面，依照《劳动合同法》第 38 条第 1 款第 5 项和第 46 条的规定，因用人单位原因致使劳动合同无效的，劳动者可以解除劳动关系并向用人单位主张经济补偿；而依照该法第 39 条第 5 项的规定，因劳动者原因致使劳动合同无效的，用人单位可以解除劳动关系并无须支付经济补偿。

二、录用通知

（一）录用通知的约束力

录用通知是用人单位决定录用某员工之后向其发出的书面或者口头通知（包括电子邮件、微信、短信等电子数据），也就是俗称的“Offer”。用人单位往往会在录用通知中明确拟录用员工的薪酬、福利待遇等劳动合同基本信息，并要求拟录用员工按照录用通知中写明的时间、地点、程序办理入职手续。与前述招聘广告不同的是，一般来说，录用通知的内容具体确定，且含有一旦劳动者按照要求办理入职双方将建立劳动关系的意思表示，显然，其符合要约的本质特征，构成法律意义上的要约。一旦劳动者按照录用通知的要求办理入职，即以行为作出承诺，则录用通知的相关内容产生缔约的法律效果，其作为约定，对双方都产生法律约束力。如果该约定与双方之后订立的劳动合同等合同没有冲突，也没有明确失效或者被其他约定替代，就会继续对双方具有法律约束力。

---

〔1〕 参见［德］沃尔夫冈·多伊普勒：《德国劳动法》（第 11 版），王倩译，上海人民出版社 2016 年版，第 149 页。

案例13　刘某诉F公司劳动争议案〔1〕

——录用通知载明的待遇标准与劳动合同不冲突的，对用人单位仍具有约束力

【基本案情】

刘某于2016年9月9日入职F公司，双方订立的劳动合同约定月工资12000元，未约定十四薪。2017年2月27日F公司以刘某严重违反公司的规章制度为由解除劳动合同。之后，刘某以要求F公司支付工资、十四薪等为由申请劳动仲裁，劳动争议仲裁机构裁决：（1）F公司支付刘某2017年2月1日至2017年2月27日工资9931.03元；（2）驳回刘某的其他仲裁请求。刘某不服该裁决结果提起诉讼。刘某主张F公司应支付其2016年9月9日至2017年2月28日的十四薪，F公司则主张劳动报酬支付应以劳动合同的约定为准。

刘某就其主张提举了以下证据：（1）电子邮件打印件。显示2016年9月5日F公司向刘某发送的电子邮件《录用通知书》载明，"刘某：薪资（税后）12000元/月（14个月）。不满一年，按实际天数/365×（2×月薪）。……请在2016年9月9日9：00携带以下资料到公司报到"。（2）F公司在仲裁期间提交的答辩书，载明："……2、劳动合同约定的十四个月的工资为奖金，应当在员工保质保量完成工作任务的情况下以奖金的形式发放。"F公司称关于约定了十四薪的内容是笔误，因双方劳动合同未约定十四薪。

一审法院判决：F公司支付刘某2017年2月1日至2017年2月27日工资11448.28元以及2016年9月9日至2017年2月27日十四薪11309.59元。F公司不服一审判决，上诉请求改判其无须支付刘某2016年9月9日至2017年2月27日的十四薪。

【裁判要点】

生效判决认为，双方都认可真实性的录用通知书中明确载明刘某的年工资为14个月的税后月工资，该通知书中的内容系真实意思表示，经送达刘某后，刘某按照通知书中要求的时间前往F公司报到，至此，该通知书对双方当事人均产生了法律约束力。因之后双方订立的劳动合同并未约定刘某的年工资标准，因此通知书中关于年工资为14个月税后月工资的约定，与劳动合同的相关约定并不冲突，故而继续有效。最终，二审判决驳回F公司上诉，维持原判。

〔1〕参见北京市第一中级人民法院民事判决书，（2017）京01民终9479号。

【延伸思考】

实务中，经常有用人单位在招录劳动者时以十四薪、十六薪等高薪待遇作为招揽人才的手段，并通过录用通知书的形式向劳动者进行明确，但正式录用后却不将超出12个月部分的薪水写进劳动合同。那么，应该怎么看待录用通知书的性质和效力呢？以本案为例，录用通知书中则明确载明刘某的薪资为“薪资（税后）12000元/月（14个月）。不满一年，按实际天数/365×（2×月薪）”，该月工资标准以及年薪资标准是具体、确定且不附条件的，可以推定其即是F公司在招聘中向刘某允诺的工资标准。该录用通知书向刘某发出，其中载明的内容当是F公司的真实意思表示，而其中明确载明同意录用刘某等内容，即希望与其建立劳动关系，因此，录用通知书的法律性质为要约，是F公司希望与刘某订立劳动合同的意思表示。录用通知书经电子邮件途径送达刘某后即生效，而刘某按照通知书中要求的时间和方式前往公司报到，即是以行为作出承诺，该承诺在要约确定的期限内向F公司作出，至此，该通知书中关于薪资为十四薪的内容实际上成为双方之间的约定，对双方均产生法律约束力。而双方之后订立的劳动合同就刘某的劳动报酬明确约定的只有月工资标准，既未对刘某年度工资总额进行约定，也没有类似“录用通知内容与劳动合同不一致的，以劳动合同为准”的约定排除录用通知的约束力，因此，通知书中关于薪资为十四薪的约定继续存在，且与劳动合同的内容并无冲突，应视为劳动合同的补充，对双方仍然具有法律约束力。

2021年1月20日，深圳市中级人民法院召开《深圳法院劳动争议审判白皮书（2005－2020）》新闻发布会，同时公布12个劳动争议典型案例，案例4也明确认为，录用通知书可作为认定劳动者福利待遇的依据，该案例具有一定的典型意义。[1]

（二）代理招聘中录用通知的效力

在实践中，当用人单位是分支机构时，其往往没有独立的人事权和招聘权，而是由总公司统筹进行招聘。另外，有些用人单位虽然形式上是独立法人，却也没有独立自主的人事权和招聘权，其招聘工作被集团公司或者上级单位所把持。在这种情况下，真正行使招聘权的单位所实施的招聘行为，所产生的法律后果能否由用人单位承担？笔者认为，如果甲公司替乙公司招录员工丙，并向其发放了录用通知，员工丙按照录用通知的要求报到，而乙公司并未对甲公司的招录行为提出异议，并按照录用通知的约定与员工丙订立劳动合同、建立劳动关系，则显

〔1〕参见广东省深圳市中级人民法院民事判决书，(2020) 粤03民终14698号。

然乙公司愿意受甲公司招录员工行为的约束。可以认为，甲公司与乙公司在招录员工丙一事上形成了代理与被代理的法律关系。录用通知中有关员工丙工资构成、福利待遇等内容，可以视为甲公司代理乙公司向员工丙作出的要约；一旦员工丙按照要求报到、入职，应视为其向甲公司作出的承诺，该承诺的法律效果由被代理人乙公司承担。录用通知中有关工资构成、福利待遇等内容，对乙公司与员工丙构成约定，具有法律约束力。对于劳动合同中未约定或约定不明的相关待遇，如果录用通知中有明确约定，则该约定并不失其效力，仍然对双方当事人具有法律约束力。

（三）录用通知的撤回、撤销与失效

录用通知之所以构成要约，是因为其含有要以一定条件与求职者建立劳动关系的意思表示。意思表示生效，表意人将受意思表示的拘束。[1] 在民法上，以对话方式作出的意思表示，相对人知道其内容时生效。以非对话方式作出的意思表示，到达相对人时生效。以非对话方式作出的采用数据电文形式的意思表示，相对人指定特定系统接收数据电文的，该数据电文进入该特定系统时生效；未指定特定系统的，相对人知道或者应当知道该数据电文进入其系统时生效。当事人对采用数据电文形式的意思表示的生效时间另有约定的，按照其约定。无相对人的意思表示，表示完成时生效。法律另有规定的，依照其规定。以公告方式作出的意思表示，公告发布时生效。[2]

意思表示在符合一定条件时可以撤回或者撤销。意思表示的撤回，指意思表示尚未发生效力时，使其不发生效力的单独行为。意思表示经撤回的，与自始未为意思表示相同。[3] 依照《民法典》的规定，只有撤回意思表示的通知在意思表示到达相对人前或者与意思表示同时到达相对人时，才发生撤回意思表示的法律效果。因此，如果用人单位因种种原因改变主意，不想录用通知生效的，可以设法令撤回通知先于录用通知书到达劳动者或者与录用通知书同时到达劳动者一方。然而，在通讯发达的当今社会，录用通知往往是通过电子邮箱、电话等方式向劳动者发送的，一旦发送一般即意味着送达，再想撤回实难做到。

意思表示的撤销，是指意思表示在发出并生效以后，表意人又撤销其意思表示。大陆法系国家的民法一般不允许对已经生效的意思表示进行撤销，以免损害相对人的信赖利益。但是，随着缔约过失责任的发展，意思表示被撤销后，相对

〔1〕 参见陈华彬：《民法总则》，中国政法大学出版社2017年版，第492～493页。
〔2〕 参见《民法典》第137～139条。
〔3〕 参见陈华彬：《民法总则》，中国政法大学出版社2017年版，第501页。

人的信赖利益损失可以得到补救。而允许撤销意思表示，在特殊情况下有利于表意人根据市场行情作出新的选择。[1] 正是基于这一原因，我国《民法典》允许要约撤销。不过根据《民法典》第476条的规定，这种撤销受到严格的限制，如果要约人以确定承诺期限或者其他形式明示要约不可撤销，或者受要约人有理由认为要约不可撤销，并已经为履行合同做了合理准备工作的，要约不可撤销。而录用通知作为要约，一般会明确告知求职者将被录用，并明确告知相关待遇，令求职者有理由认为该要约不可撤销；或者明确通知求职者办理入职的时间，即实际上确定了求职者承诺的期间，则这样的录用通知是不可撤销的。

那么，如果用人单位强行撤销不可撤销的录用通知，可能承担什么样的法律责任？笔者认为，鉴于劳动关系的建立以及劳动合同的订立与一般民事合同的成立不同，涉及对自然人劳动力的使用，特别强调以用人单位与求职者充分了解、互相信任、完全自愿为基础，因此，即使用人单位强行撤销不可撤销的录用通知，也不宜强制用人单位与求职者订立劳动合同、建立劳动关系。但是，求职者基于对录用通知和用人单位的信赖，可能会停止寻找其他就业机会或者放弃其他就业机会，甚至有些劳动者正是在收到录用通知之后才从原用人单位辞职。用人单位破坏了求职者的信赖，给其造成损失，需要为此承担缔约过失责任，具体可能包括交通费、食宿费、解除前一个劳动关系产生的工资损失、放弃其他就业机会产生的工资损失等。

案例14　季某诉某人力公司、某咨询公司缔约过失纠纷案[2]

——用人单位不当撤销录用通知给求职者造成损失的，需承担缔约过失责任

【基本案情】

2021年2月9日，某人力公司向季某个人邮箱发送电子邮件，载明：“请您确认相关信息并在1个工作日内邮件回复‘本人确认接收此份offer’，同时按照下表要求提交您的身份证件和联系住址……”该电子邮件的附件《聘用与薪酬福利通知书》载明：“季先生，请将此聘用与薪酬福利通知书作为劳动合同的补充进行签署。入职日期：2021-3-18；职位：美术总监，中国发行业务；合同结束

[1] 参见王利明、杨立新、王轶、程啸：《民法学》（第3版），法律出版社2011年版，第106页。

[2] 参见上海市黄浦区人民法院民事判决书，（2021）沪0101民初29436号。

日期：2022－3－17；薪酬福利：1. 基本工资：税前基本工资112500（税前）元/月。2. 一次性补贴：公司将分批向您发放一次性补贴100000元（税前）作为签约奖励和稳岗奖励。如果背景筛查结果显示以下情况，公司可能撤回聘用意向书且立即终止与您的劳动合同：（1）您的学历，工作经历等与事实不符；（2）您没有透露之前的犯罪行为或不道德的行为；……”次日，季某回复邮件“本人确认接收此份通知。”

2021年2月18日，某人力公司向季某发送新员工入职流程简介的邮件，其中包含提交个人材料、劳动合同签署等。2021年2月22日，季某向上海某公司发送主题为“X6项目组－老白－离职申请”的电子邮件：“……我不得不再次向你们提出离职申请……下一份工作的入职时间为3月18日，我希望可以抽出一些时间来陪伴我的家人，所以想申请在贵公司的最后一天的日期为3月12日。”2021年3月5日，某人力公司向季某发送撤销offer的通知书的电子邮件，附件《撤销通知书》载明：“季某，因背调未通过原因，我司决定撤销《聘用与薪酬福利通知书》，不再与您建立劳动关系。”此后，季某实际未入职某人力公司。

2021年3月12日，上海某公司向季某出具《离职证明》。2021年5月14日，季某与上海某软件公司订立劳动合同，约定工资为税前1044800元/年，员工还将获得391800元（税前）的一次性签约奖金。

2021年10月8日，季某申请劳动仲裁，要求某人力公司赔偿缔约损失255172.41元。该仲裁委员会作出不予受理通知书。季某对该通知不服，诉至法院。

诉讼中，某人力公司陈述，季某未通过背景调查的原因是其存在不道德行为。某人力公司提供2021年2月28日与两名案外人员的调查记录，调查记录为打印件，无参与人员签名盖章。季某对该调查记录的真实性、合法性、关联性均不予认可，认为并非录音的文字整理，而系自行记录，且无具体人员的身份，对调查人员与受访人员的身份不认可。

【裁判要点】

生效判决认为，某人力公司2021年2月9日向季某发出《聘用通知书》，要求其于1个工作日内回复邮件确认接收，《聘用通知书》同时载明“取决于通过聘用的背景筛查，如筛查……您没有透露之前的犯罪行为或不道德行为可能撤回聘用意向书且终止劳动合同”，但某人力公司在背景筛查中缺乏充分证据，提供的事实不具有考证性，故某人力公司在向季某发出的要约中确定了承诺期限，该情节符合《民法典》第476条规定的要约不得撤销的第一种情形。同时，季某于2月22日向上家工作单位发出邮件于3月12日辞去工作，该情节又与要约不得撤销的第二种情形相符。综上，某人力公司撤销录用的行为无效。

某人力公司向季某发出聘用通知，允诺提供给其的职位、部门、试用期及月薪、试用后月薪等订立劳动合同的具体条件，季某对该要约产生合理信赖，并与上海某公司解除了劳动合同，做好为某人力公司工作的准备。某人力公司不录用季某的行为有违法定诚信义务，在此期间，造成季某一定时间的失业状态，应承担缔约过失责任，赔偿季某因此而遭受的经济损失。结合季某前、后履行的劳动合同薪酬，对其因某人力公司缔约过失行为所致经济损失之具体金额，法院酌定按80000元/月，计2个月为宜。法院判决：（1）某人力公司赔偿季某损失人民币160000元；（2）驳回季某的其他诉讼请求。

【延伸思考】

此类案件的争议焦点在于用人单位是否构成缔约过失责任。对于要求用人单位承担缔约过失责任一方的劳动者而言，应当证明其收到了用人单位的录用通知书、接受了录用通知，并进一步证明已经为入职用人单位作了准备，付出了成本，由于用人单位拒绝录用遭受损失。如果用人单位一方抗辩不应当承担缔约过失责任，应当围绕其并未违反诚实信用原则、在缔约过程中不存在过错承担举证责任。[1]

依照《民法典》第478条的规定，要约在一定情形出现时会失效。因此，录用通知作为要约，也有可能会发生失效的情况。一是求职者因某种原因明确拒绝用人单位的录用。二是求职者对录用通知载明的待遇不满意，向用人单位提出不同的待遇要求，这实际上构成一个新的要约，录用通知作为旧的要约自动失效。三是求职者没有按照录用通知要求的时间或者条件办理入职，比如录用通知要求求职者携带离职证明原件办理入职，但是求职者因没有离职证明无法办理入职。当然，为了减少不必要的纠纷，用人单位也可以在录用通知中明确写明录用通知失效的具体情形。

（四）体检与发放录用通知的顺序

用人单位在招录求职者时，对于拟招录的求职者，一般都会要求其去指定机构进行入职体检，那么，体检程序应当在发放录用通知之前还是之后进行呢？如前所述，用人单位向求职者发放录用通知，意味着录用该求职者，具有缔约的法律效果，因此，从用人单位避免法律风险的角度看，应当先安排求职者体检，符合要求之后再向求职者发放录用通知，办理入职手续。这样虽然可能会增加一些

〔1〕参见北京市兰台律师事务所编著：《劳动争议攻防策略：请求权基础思维分析与合规操作》，中国法制出版社2023年版，第48页。

体检费用，但是可以有效降低产生法律纠纷的风险。并且，将体检安排在发放录用通知之后，不管实际上是否是因为体检结果的原因，求职者都可能将体检与被拒绝录用联系起来，心理上更容易受到刺激。[1]

三、用人单位不得扣押劳动者证件和要求提供担保

《劳动合同法》第9条规定，用人单位招用劳动者，不得扣押劳动者的居民身份证和其他证件，不得要求劳动者提供担保或者以其他名义向劳动者收取财物。

首先，需要明确的是，该条不仅适用于招录阶段，还适用于劳动关系整个存续期间。否则用人单位可以通过不在招录阶段扣押、收取，转而在劳动合同履行过程中扣押、收取的方式轻易规避法律的适用。

其次，需要强调的是，用人单位不得为减轻自身经营风险，要求劳动者为其经营的业务提供担保。原则上也不得以向劳动者提供的办公用品、劳动工具价值不菲为由，向劳动者索取金钱担保；例外是“承包经营”等特殊情况下，用人单位可以适当收取抵押金。例如，《北京市劳动和社会保障局关于订立劳动合同不得收取抵押金抵押物问题的复函》（京劳社资函〔2003〕36号）指出，用人单位与劳动者订立的劳动合同是建立和存续劳动关系的证明。因此，依据国家和本市的有关规定，在订立、变更、续订和履行劳动合同过程中，用人单位不得收取抵押金、抵押物、保证金、定金及其他费用，也不得扣押劳动者身份证及其他证明。但是用人单位实行经营承包，向承包人收取“风险抵押金”等生产经营管理行为除外。

案例15　吉安市某公司诉吴某、秦某买卖合同纠纷案[2]

——用人单位不得为减轻经营风险要求劳动者提供担保

【基本案情】

秦某系吉安市某公司业务员，其主要负责广东区域的业务拓展、经营。吴某系秦某发展的广东客户，因经营需要多次通过秦某向吉安市某公司赊购猪肉。

〔1〕 参见陈元、何力：《民法典背景下劳动人事争议法律操作指引》，法律出版社2021年版，第26页。

〔2〕 参见聂雪刚：《公司要求员工为客户担保法院判决不予支持》，载中国法院网，https：//www.chinacourt.org/article/detail/2022/07/id/6808740.shtml。

2021年9月7日，吉安市某公司要求秦某对其经手的客户欠款承担连带担保责任，秦某向吉安市某公司出具了《客户欠款担保责任书》，承诺其对广东业务2021年度应收账款承担担保等。

同年12月28日，吉安市某公司与吴某对账，吴某确认尚欠该公司猪肉款合计206717.86元，并出具欠条一份，承诺在2022年2月28日前清偿完毕上述欠款。若逾期付款将自2022年3月1日开始按月利率1%支付逾期付款利息。付款期限届满，吴某仅支付了部分货款，对于余款146707.86元虽经催收，但均无果。为此，吉安市某公司将吴某、秦某诉至法院。

【裁判要点】

法院认为，吴某拖欠吉安市某公司货款146707.86元，事实清楚，证据充分，依法予以认定。吴某未按约定全面履行付款义务，构成违约，应承担违约责任。吉安市某公司要求吴某支付逾期付款利息，有事实和法律依据，依法予以支持。

秦某虽向吉安市某公司出具了《客户欠款担保责任书》，但签订该责任书时，他与吉安市某公司并非平等的民事主体关系。该公司要求秦某出具责任书的行为，既违反了《劳动合同法》第9条，用人单位不得要求劳动者提供担保的强制性规定，又违反了担保合同成立的法律规定。且该担保书并无明确的担保内容，秦某不具备为吴某的债务提供担保的意思表示，属无效担保，故秦某在该案中无须对吴某结欠金额承担连带清偿责任。

【延伸思考】

一方面，用人单位开展经营活动必然会产生经营风险，用人单位不能将其自身作为市场经营主体在经营过程中可能产生的经营风险转嫁给劳动者一方，由劳动者承担，这严重违背了公平原则和诚实信用原则，也不当增加了劳动者的负担，造成劳动者在劳动关系中的权利义务不对等。本案中，吉安市某公司令员工秦某对其经手的客户欠款承担连带担保责任，实际上就是将本应由自身承担的经营风险转嫁给劳动者。

另一方面，《劳动合同法》第9条规定，用人单位招用劳动者，不得要求劳动者提供担保或者以其他名义向劳动者收取财物。吉安市某公司要求秦某出具了《客户欠款担保责任书》的行为，违反了上述强制性规定，类推适用《劳动合同法》第26条第1款第3项规定，该担保无效。

第六讲 劳动合同的订立

第一节 劳动合同概述

一、劳动合同的内涵与外延

什么是劳动合同?《劳动法》对此有明确定义，第 16 条第 1 款规定：“劳动合同是劳动者与用人单位确立劳动关系、明确双方权利和义务的协议。”该定义是对劳动合同内涵的表述，按照该表述，除了规范的劳动合同文本是劳动合同，其他符合这一定义的协议，即使合同名称不是劳动合同，也可能成为实际上的劳动合同或者成为劳动合同的组成部分。

正是基于这个定义，最高人民法院指导案例 179 号的裁判要点指出：“用人单位与劳动者签订的书面协议中包含工作内容、劳动报酬、劳动合同期限等符合劳动合同法第十七条规定的劳动合同条款，劳动者以用人单位未订立书面劳动合同为由要求支付第二倍工资的，人民法院不予支持。”从该裁判要点来看，在能够认定劳动关系的前提下，明确双方劳动关系下的权利和义务的协议，即使名称不叫劳动合同，即使欠缺部分必要条款，仍然可以视为劳动合同。当然，从最高人民法院指导案例 179 号的裁判要点来看，能够视为劳动合同的文件，其首先要具备协议的性质，即经由用人单位与劳动者双方签订。完全不具有协议性质的文件，如用人单位单方下发的任命书等,〔1〕不能认定为劳动合同。

除了劳动合同文本以及名为其他协议实为劳动合同的合同，以下文件也属于劳动合同：

（1）劳动合同的附件，劳动合同的形式有主件和附件之分，主件一般是指在确立劳动关系时所订立的书面劳动合同；附件则是指法定或约定作为劳动合同主件之补充而明确当事人双方相互权利义务的书面文件。〔2〕例如，用人单位与劳动者可以约定将用人单位的规章制度作为劳动合同的附件。

---

〔1〕 参见江苏省南京市中级人民法院民事判决书，(2024) 苏 01 民终 3271 号。

〔2〕 参见王全兴：《劳动法》（第 4 版），法律出版社 2017 年版，第 146 页。

（2）用人单位与劳动者就劳动关系下某个专门事项订立的专项协议，属于“明确双方权利和义务的协议”，是劳动合同的组成部分。例如，《劳动合同法》第22条第1款规定，“用人单位为劳动者提供专项培训费用，对其进行专业技术培训的，可以与该劳动者订立协议，约定服务期”。服务期协议就是前述的专项协议，属于劳动合同的一部分。《劳动合同法》第23条第1款规定，“用人单位与劳动者可以在劳动合同中约定保守用人单位的商业秘密和与知识产权相关的保密事项”。同样，保密协议也是前述的专项协议，属于劳动合同的一部分。再如，《劳动合同法》第23条第2款规定，“对负有保密义务的劳动者，用人单位可以在劳动合同或者保密协议中与劳动者约定竞业限制条款”，竞业限制条款或者竞业限制协议也是前述的专项协议，属于劳动合同的一部分。

（3）用人单位与劳动者在劳动合同履行过程中对劳动合同进行的变更，亦属于劳动合同的组成部分。书面变更自不在话下，符合一定条件的口头变更，也是劳动合同的组成部分。例如，根据《劳动争议司法解释一》第43条的规定，用人单位与劳动者协商一致口头变更的劳动合同，已经实际履行超过1个月的，只要其内容不违反法律、行政法规且不违背公序良俗，就成为劳动合同的有效组成部分。

（4）对于用人单位与劳动者为终结劳动关系、了结相关权利义务所订立的协议，需要区分不同情形进行认定。其一，如果该协议是在用人单位与劳动者已经就解除或者终止劳动关系达成初步意向的情况下，或者是在劳动关系已经解除或者终止之后，通过平等协商所达成的权利处分协议，则其与劳动合同显然有所区别，不应当认为该类协议属于劳动合同的组成部分，而应当认定为平等民事主体之间就权利义务进行处分所达成的协议。其二，如果该协议是在劳动合同履行过程中，甚至是在劳动合同订立之际，即预先就终结劳动关系、了结相关权利义务所订立，则显然符合劳动合同“明确双方权利和义务的协议”的本质特征，属于劳动合同的一部分。

二、劳动法律上劳动合同概念的两层含义

从《劳动合同法》等规定来看，需要从两个角度理解劳动合同的概念。

第一个角度，是将劳动合同作为一个客观存在的法律事实来理解，这也是对劳动合同概念的通常理解，劳动法一般也是在这个意思上使用劳动合同的表述。劳动法将劳动合同作为一种法律事实而予以规范，以劳动合同运行过程中的订立、履行、中止、变更、违反、解除和终止行为作为法律调整的主要节点。

第二个角度，则是在某些特殊情形下，从法律关系（社会关系）的角度理解

劳动合同的概念。即在某些条文中，劳动合同特指劳动合同关系。何为“劳动合同关系”，本书前面部分已有阐述，在劳动法上，除了劳动关系，还存在“劳动合同关系”这个概念，比如《劳动法》第 2 条规定，“在中华人民共和国境内的企业、个体经济组织和与之形成劳动关系的劳动者，适用本法。国家机关、事业组织、社会团体和与之建立劳动合同关系的劳动者，依照本法执行”。实际上，劳动合同关系属于劳动关系的一种形态。

在我国，依劳动关系确立方式不同，可将其划分为劳动合同关系与非合同劳动关系。前者是指依书面、口头或者推定的劳动合同而确立的劳动关系，后者则是指以行政方式确立的劳动关系，即固定工制劳动关系。《劳动法》施行以前，非合同劳动关系为一般形态，劳动合同关系为特殊形态。在 1986 年国有企业实行劳动合同制以前，仅临时工为劳动合同关系，此后，国有企业正式工中劳动合同关系和非合同劳动关系并存，各自所适用的劳动法律规范有许多不同。《劳动法》施行以后，劳动合同制度普遍实行，劳动合同关系成为劳动关系的一般形态，而非合同劳动关系仅存在于国家机关、事业单位和社会团体，成为特殊形态，随着事业单位聘用制的推行，其存在范围进一步缩小。

第二个角度的现实意义主要在于：

（1）劳动合同关系和非合同劳动关系的划分在我国还不乏法律意义。即这两类劳动关系在国家机关、事业单位和社会团体中至今仍然并存，在法律适用上也还有一定差异。《劳动法》中的“劳动关系”，包括有劳动合同关系和非合同劳动关系；而《劳动合同法》中的“劳动关系”，仅指是劳动合同关系。

（2）劳动合同关系具有区别于作为法律事实的劳动合同的法律意义。在有的场合，虽然有劳动合同，但没有劳动合同关系。例如，根据《劳动合同法》第 10 条的规定，订立（书面）劳动合同但未开始用工的，劳动关系则未建立。而在有的场合，劳动合同仅指劳动合同关系。例如，对于尚未订立（书面）劳动合同的劳动关系以及劳动合同整体无效的劳动关系而言，依据《劳动合同法》第 38 条、第 39 条、第 40 条等规定，劳动者或者用人单位仍然可能有权解除或者终止“劳动合同”，那么，这里所谓的解除或者终止“劳动合同”，实际上就是指劳动合同关系的解除或者终止，而不是作为法律事实存在的劳动合同的解除或终止，[1] 因为此时，作为法律事实的劳动合同要么因未订立而自始不存在，要么因无效而视为自始不存在，均没有“解除”的可能性。

〔1〕 参见王全兴：《劳动法》（第 4 版），法律出版社 2017 年版，第 131～132 页。

三、劳动合同应以书面形式存在

（一）合同的存在形式

凡合同必然要以一定的形式存在，近现代合同法以合同自由为原则，而形式自由为合同自由的应有之义，因而，近现代法上，普遍以形式自由作为一般原则，称为不要式原则，唯于例外情形，要求特定的形式。[1]

当事人订立合同，可以采用书面形式、口头形式或者其他形式。书面形式，是指合同书、信件、电报、电传、传真等可以有形地表现所载内容的形式。以电子数据交换、电子邮件等方式能够有形地表现所载内容，并可以随时调取查用的数据电文，视为书面形式。[2] 因此，以合同书、信件、电报、电传、传真等形式和以电子数据交换、电子邮件等能够有形地表现所载内容，并可以随时调取查用的数据电文形式订立的劳动合同，均属于书面劳动合同。口头形式，是指仅以对话方式表达了合同的内容。[3] 这种口头协议既可面谈作出，也可通过电话交谈或者微信语音等形式作出。[4] 其他形式则包括推定形式和混合形式。当事人未以书面形式或者口头形式订立合同，但是从双方从事的民事行为能够推定双方有订立合同意愿的，可以认定是以其他形式订立合同，但法律另有规定的除外。学说称此种情形为推定形式。例如，某商店安装自动售货机，顾客将规定的货币投入机器内，买卖合同即成立。[5] 而混合形式则是指合同的内容同时以书面、口头或者推定形式存在。

（二）劳动合同是要式合同

劳动法对于劳动合同的存在形式有更高的要求。《劳动法》第 19 条规定，“劳动合同应当以书面形式订立”，《劳动合同法》第 10 条同样规定，“建立劳动关系，应当订立书面劳动合同”。可见，劳动合同是要式合同。所谓要式合同，是指必须依据法律规定的或者当事人要求的形式而成立的合同。[6] 因此，劳动合同应当以书面形式订立，不能以口头或者其他形式订立。

---

〔1〕 参见韩世远：《合同法总论》（第 4 版），法律出版社 2018 年版，第 107 页。

〔2〕 参见《民法典》第 469 条。

〔3〕 参见朱广新：《合同法总则研究》（上册），中国人民大学出版社 2018 年版，第 178 页。

〔4〕 参见韩世远：《合同法总论》（第 4 版），法律出版社 2018 年版，第 113 页。

〔5〕 参见崔建远：《合同法总论》（上卷），中国人民大学出版社 2008 年版，第 212 页；王利明：《合同法研究》（第一卷），中国人民大学出版社 2011 年版，第 510 ~ 511 页。

〔6〕 参见韩世远：《合同法总论》（第 4 版），法律出版社 2018 年版，第 84 页。

（三）非书面形式的劳动合同无效

对于一般的要式合同来说，依照《民法典》第490条第2款，如果没有采用书面形式订立，则合同不成立，但是一方当事人已经履行主要义务，对方接受时，该合同成立。而除了法律另有规定或者当事人另有约定的，原则上，合同自成立时生效。[1] 但是，《劳动合同法》对劳动合同要式性的规定，有别于《民法典》。《劳动合同法》第16条规定："劳动合同由用人单位与劳动者协商一致，并经用人单位与劳动者在劳动合同文本上签字或者盖章生效。"也就是说，该法不仅否定了口头劳动合同和其他形式劳动合同的法律效力，即使一方当事人已经履行口头或者其他形式约定的主要义务，对方业已接受，该劳动合同仍然不生效。

笔者认为，《劳动合同法》否定口头和其他形式劳动合同的效力，初衷可能是基于保护劳动者权益的考虑，但是在该法已经设置未订立书面劳动合同二倍工资制度的情况下，强行否定口头以及其他形式劳动合同的效力，只会使劳动者的权利处于不确定状态，不利于保护劳动者合法权益，亦徒增纠纷。此外，如果肯认口头以及其他形式劳动合同的法律效力，会使某些劳动法的法律条文逻辑上更严密。例如，关于《劳动合同法》上劳动合同解除和终止的规定，对于未订立书面劳动合同的劳动关系而言，则可以指口头或者推定劳动合同。

四、劳动合同的成立与生效

就普通民事合同来说，所谓合同成立，是指双方当事人完成合意，亦即双方当事人就合同内容协商一致，表明合同已开始存在。合同生效则是指合同发生当事人所预期的法律效果，双方当事人应当履行合同约定的义务。合同成立与生效的区别主要在于：（1）判断不同。合同成立与否属于事实判断问题，其着眼点在于判断合同是否存在；而合同有效与否则是法律价值判断问题，其着眼点在于判断合同是否符合法律的精神和规定，能否发生法律上当事人期待的效力。（2）原则不同。合同的成立适用意思自治原则，只要具备意思表示一致的事实，合同即告成立。合同的生效，则意味着法律采取一定标准对当事人的缔约行为进行全面的评价或者干预，只有合法的合同才能生效。（3）要件不同。合同成立仅以当事人和意思表示一致为核心要件。合同生效的要件则一般包括主体适格、意思表示真实和不违反法律及社会公共利益。（4）消极后果不同。合同如果缺少成立要件而不成立，当事人可以通过补正或者实际履行而使合同成立；如果当事人没有采

---

〔1〕参见《民法典》第136条第1款、第502条第1款。

取补正措施，有过失的一方当事人则应根据缔约过失责任制度，赔偿另一方当事人所遭受的信赖利益的损失。对于已成立但无效的合同，有过失方不仅应承担民事责任（如缔约过失责任、返还不当得利责任），还可能承担行政责任或刑事责任。[1] 如前所述，一般情况下，合同依法成立的同时即告生效。

对于劳动合同来说，依照《劳动合同法》第 16 条的规定，劳动合同由用人单位与劳动者协商一致，并经用人单位与劳动者在劳动合同文本上签字或者盖章生效。可见，在一般情况下，劳动合同也是成立的同时即生效。

五、缺乏必要条款的劳动合同是否成立、生效

（一）劳动合同的必要条款

合同的条款按其重要性可以分为必要条款和非必要条款。所谓必要条款，一般是指欠缺此类条款合同即无法成立。[2] 那么，哪些条款属于必要条款呢？对此，法律没有明确规定。而最高人民法院《关于适用〈中华人民共和国民法典〉合同编通则若干问题的解释》（法释〔2023〕13 号）第 3 条第 1 款规定："当事人对合同是否成立存在争议，人民法院能够确定当事人姓名或者名称、标的和数量的，一般应当认定合同成立。但是，法律另有规定或者当事人另有约定的除外。"也就是说，一般情况下，能够确定当事人姓名或者名称、标的和数量的条款属于必要条款，除非法律另有规定或者当事人另有约定，只要合同具备上述必要条款即告成立。

对于劳动合同来说，有别于普通民事合同的是，法律明确规定了哪些条款属于必要条款。从规定来看，劳动合同的必要条款远不止确定当事人姓名或者名称、标的和数量的条款。按照《劳动法》第 19 条第 1 款的规定，劳动合同的必要条款有 7 项：（1）劳动合同期限；（2）工作内容；（3）劳动保护和劳动条件；（4）劳动报酬；（5）劳动纪律；（6）劳动合同终止的条件；（7）违反劳动合同的责任。而《劳动合同法》第 17 条第 1 款进一步将必要条款规定为 9 项：（1）用人单位的名称、住所和法定代表人或者主要负责人；（2）劳动者的姓名、住址和居民身份证号码或者其他有效身份证件号码；（3）劳动合同期限；（4）工作内容和工作地点；（5）工作时间和休息休假；（6）劳动报酬；（7）社会保险；（8）劳动保护、劳动条件和职业危害防护；（9）法律、行政法规规定应当纳入劳动合同的其他事项。

---

〔1〕 参见王全兴：《劳动法》（第 4 版），法律出版社 2017 年版，第 185 页。

〔2〕 参见韩世远：《合同法总论》（第 4 版），法律出版社 2018 年版，第 115 页。

需要强调的是，与《劳动法》第 19 条第 1 款规定的一般必要条款比较，“劳动纪律”、“劳动合同终止的条件” 和 “违反劳动合同的责任” 未被《劳动合同法》列为必要条款。由于《劳动合同法》第 17 条第 1 款是对《劳动法》第 19 条第 1 款的替代，故《劳动合同法》第 17 条第 1 款中“法律、法规规定应当纳入劳动合同的其他事项”，不应当包括《劳动法》第 19 条第 1 款所规定而《劳动合同法》第 17 条第 1 款未列入的事项。这三种事项之所以不再作为必要条款，各有其特殊理由。其一，“劳动纪律” 属于劳动规章制度的内容，《劳动合同法》第 4 条已就其制定程序作出专门规定，由劳动合同约定“劳动纪律”，则不符合该法定程序。其二，“劳动合同终止的条件” 被《劳动法》列为必要条款，与《劳动法》第 23 条允许约定终止是一致的；而《劳动合同法》第 44 条和《劳动合同法实施条例》第 13 条表明已不允许约定终止，故“劳动合同终止的条件” 不再作为必要条款。其三，“违反劳动合同的责任” 被《劳动法》列为必要条款，与《劳动法》未对违约金作出明确规定是一致的；而《劳动合同法》第 25 条规定，除违反服务期和竞业限制约定的情形外，用人单位不得与劳动者约定由劳动者承担违约金，故“违反劳动合同的责任” 不宜再被列为必要条款。[1]

（二）劳动合同欠缺法定必要条款的法律后果

如前所述，对于普通民事合同来说，欠缺必要条款的法律后果一般是合同无法成立。而就劳动合同来说，笔者认为，欠缺法定必要条款的后果主要是劳动合同因内容不完整而未完全成立，但是已经生效。理由包括：（1）劳动合同成立即当事人双方就确立劳动关系和明确权利义务达成合意，劳动合同欠缺法定的必要条款所表明的是未就劳动合同的主要内容达成合意，只是涉及劳动合同成立与否的问题，而未涉及劳动合同的效力评价问题。（2）劳动合同欠缺法定必要条款在实践中导致劳动合同完全不成立的现象不多见。因为劳动合同欠缺的一般是明确双方当事人权利义务的条款，只导致劳动合同不完全成立；如果欠缺的是确立劳动关系的条款，才有可能导致劳动合同不成立，不过鲜见这种极端现象（即使如此，因用工而建立的劳动关系还存在）。（3）《劳动合同法》第 81 条规定，用人单位提供的劳动合同文本未载明《劳动合同法》规定的劳动合同必备条款的，由劳动行政部门责令改正；给劳动者造成损害的，应当承担赔偿责任。这表明，一方面，欠缺法定必要条款的劳动合同属于应当改正的劳动合同，其效力并未因欠缺法定必要条款而被否定，而生效是以成立为前提的；另一方面，《劳动合同法》

---

〔1〕 参见王全兴：《劳动法》（第 4 版），法律出版社 2017 年版，第 152 页。

并没有将欠缺法定必要条款的劳动合同一概认定为未成立的劳动合同，否则应当规定在此种情况下，用人单位需向劳动者支付未订立书面劳动合同的二倍工资。[1]

对于欠缺法定必要条款的劳动合同的法律效果，最高人民法院指导案例179号也持上述观点。该案二审生效判决认为，本案合同在内容上已具备书面劳动合同的以下必备条款：适格且明确的用人单位及劳动者、工作岗位及职责内容、工资等劳动报酬内容、以目标公司设立为截点的合同期限，且该合同经双方当事人签名或盖章，形式相对完备。虽然该合同不完全具备劳动合同的所有必备条款，但缺少必备条款并不影响双方已约定的条款及其效力，本案双方签订的合同仍可以起到与书面劳动合同一样的固定双方劳动关系权利义务的作用，足以认定为具有书面劳动合同的性质。[2] 从该指导案例的裁判要点和二审生效判决的论述来看，欠缺部分必要条款的劳动合同属于未完全成立的劳动合同，其不同于因缺少一方当事人签字或者盖章而完全未成立、亦未生效的劳动合同。两者的主要区别在于，前者可以视为已经订立了书面劳动合同，只是这个劳动合同属于应当改正的劳动合同，而后者不能视为已经订立了书面劳动合同。

六、书面劳动合同与劳动关系的分离

本书前文已经阐述，在《劳动合同法》施行之前，书面劳动合同被当成劳动关系得以成立的要件，为正确认定劳动关系，《劳动合同法》在第7条作出全新规定。按照该规定，“用人单位自用工之日起即与劳动者建立劳动关系”。为了进一步厘清劳动关系与书面劳动合同的分离，《劳动合同法》第10条强调：“已建立劳动关系，未同时订立书面劳动合同的，应当自用工之日起一个月内订立书面劳动合同。用人单位与劳动者在用工前订立劳动合同的，劳动关系自用工之日起建立。”

可见，《劳动合同法》施行之后，劳动合同与劳动关系是分离存在的，这种分离具体主要表现在：

（1）劳动合同只是用来固定双方的权利义务、更好地保护劳动者、方便行政管理的工具，并不能决定劳动关系的建立。劳动合同订立时间先于用工时间的，劳动关系自用工之日起建立，而不是自劳动合同订立时建立。

（2）当用人单位已经开始对劳动者进行用工，但是还没有订立劳动合同时，尚不涉及劳动合同的解除或终止，但是《劳动合同法实施条例》第5条和第6

---

〔1〕参见王全兴：《劳动法》（第4版），法律出版社2017年版，第153页。
〔2〕参见北京市第一中级人民法院民事判决书，(2018) 京01民终5911号。

条，都明确作出了在一定情形下终止劳动关系的规定。换言之，当用工时间先于劳动合同订立时间时，劳动关系已经建立。

（3）当用人单位与劳动者始终未订立书面劳动合同时，双方仍然可以依据《劳动合同法》第36条至第41条解除劳动关系，亦可以依据该法第44条终止劳动关系。

（4）当劳动合同意思表示不真实等原因无效的情况下，因用工而建立的事实劳动关系往往并不会因为劳动合同的无效而不存在。此时，劳动者和用人单位只是可以分别依据《劳动合同法》第38条第1款第5项和第39条第5项行使解除权。此处应当是对劳动关系的解除权而不是对书面劳动合同的解除权。因为根据民法理论以及《劳动法》第18条第2款的规定，无效的合同是自始无效的，不存在还能对无效的合同进行解除一说。因此，劳动合同无效的时候，不管是劳动者依据《劳动合同法》第38条还是用人单位依据该法第39条行使解除权，解除的实际上是基于用工而建立的事实劳动关系，而不是劳动合同。当然，劳动者和用人单位也可以从有利于己方的利益出发，选择不行使解除权，从而使劳动关系得以继续。这从反面说明，劳动合同自始无效时，劳动关系却依然可能自始存在。

七、劳动合同的种类

按照期限的不同，劳动合同分为固定期限劳动合同、无固定期限劳动合同和以完成一定工作任务为期限的劳动合同。[1]

固定期限劳动合同，是指用人单位与劳动者约定合同终止时间的劳动合同，[2] 具体是指劳动合同双方当事人在劳动合同中明确约定了合同效力的起始和终止的时间。劳动合同期限届满，劳动关系即告终止。如果双方协商一致，还可以续订劳动合同。固定期限的劳动合同的期限可以是较短时间，如1年、2年，也可以是较长时间，如5年、10年，甚至更长时间。不管时间长短，劳动合同的起始和终止日期都是固定的，具体期限由当事人双方根据工作需要和实际情况确定。[3]

无固定期限劳动合同，是指用人单位与劳动者约定无确定终止时间的劳动合同。[4]“无确定终止时间”是指劳动合同没有一个确切的终止时间，劳动合同的期限长短不能确定，但并不是没有终止时间。只要没有出现法定解除情形或者双

---

〔1〕参见《劳动合同法》第12条。

〔2〕参见《劳动合同法》第13条第1款。

〔3〕参见信春鹰、阚珂主编：《中华人民共和国劳动合同法释义》（第2版），法律出版社2013年版，第40页。

〔4〕参见《劳动合同法》第14条第1款。

方协商一致解除的，双方当事人就要继续履行劳动合同。一旦出现了法定情形或者双方协商一致解除的，无固定期限劳动合同同样也能够解除。[1] 并且，如果出现法定终止情形，无固定期限劳动合同亦可能终止。实践中，还存在少数没有约定期限的劳动合同，对于这样的劳动合同，其起始时间可以根据订立日期或者实际用工之日进行确定；而其终止时间，可以视为双方当事人订立的是无确定终止时间的劳动合同，即无固定期限劳动合同。

以完成一定工作任务为期限的劳动合同，是指用人单位与劳动者约定以某项工作的完成为合同期限的劳动合同。[2] 用人单位与劳动者协商一致，可以订立以完成一定工作任务为期限的劳动合同。某一项工作或工程开始之日，即为合同开始之时，此项工作或者工程完毕，合同即告终止。以完成一定工作任务为期限的劳动合同，合同双方当事人在合同存续期间建立的是劳动关系，这种劳动合同实际上属于固定期限的劳动合同，只不过表现形式不同。一般在以下几种情况下，用人单位与劳动者可以订立以完成一定工作任务为期限的劳动合同：（1）以完成单项工作任务为期限的劳动合同；（2）以项目承包方式完成承包任务的劳动合同；（3）因季节原因用工的劳动合同；（4）其他双方约定的以完成一定工作任务为期限的劳动合同。[3]

八、劳动合同的期限

在实践中，一个极其常见的不规范且被忽视的现象是，劳动合同的期限不规范，这可能直接影响到试用期长度的确定。因为《劳动合同法》第 19 条第 1 款规定，劳动合同期限 3 个月以上不满 1 年的，试用期不得超过 1 个月；劳动合同期限 1 年以上不满 3 年的，试用期不得超过 2 个月；3 年以上固定期限和无固定期限的劳动合同，试用期不得超过 6 个月。

举例来说，用人单位与劳动者订立了期限自 2022 年 1 月 5 日至 2023 年 1 月 4 日的劳动合同，那么，该劳动合同期限有没有满 1 年？劳动法没有明确规定劳动合同期限的计算方法，此时，自应适用《民法典》第 10 章关于期间的规定。《民法典》第 202 条规定，“按照年、月计算期间的，到期月的对应日为期间的最后一日；没有对应日的，月末日为期间的最后一日”。也就是说，期限自 2022 年 1 月 5 日开始的劳动合同，要到 2023 年 1 月 5 日才是满 1 年的最后一日，换言之，

---

〔1〕 参见信春鹰、阚珂主编：《中华人民共和国劳动合同法释义》（第 2 版），法律出版社 2013 年版，第 43 页。

〔2〕 参见《劳动合同法》第 15 条第 1 款。

〔3〕 参见信春鹰、阚珂主编：《中华人民共和国劳动合同法释义》（第 2 版），法律出版社 2013 年版，第 48 ~ 49 页。

期限自2022年1月5日至2023年1月4日的劳动合同是不满1年的劳动合同。同理，实践中最常见的期限自某年1月1日至同年12月31日的劳动合同，实际上尚未满1年，期限自某年1月1日至次年1月1日的劳动合同才是满1年的劳动合同。

九、集体合同

企业职工一方与用人单位通过平等协商，可以就劳动报酬、工作时间、休息休假、劳动安全卫生、保险福利等事项订立集体合同。集体合同草案应当提交职工代表大会或者全体职工讨论通过。企业职工一方与用人单位可以订立劳动安全卫生、女职工权益保护、工资调整机制等专项集体合同。集体合同由工会代表企业职工一方与用人单位订立；尚未建立工会的用人单位，由上级工会指导劳动者推举的代表与用人单位订立。在县级以下区域内，建筑业、采矿业、餐饮服务业等行业可以由工会与企业方面代表订立行业性集体合同，或者订立区域性集体合同。集体合同订立后，应当报送劳动行政部门；劳动行政部门自收到集体合同文本之日起15日内未提出异议的，集体合同即行生效。依法订立的集体合同对用人单位和劳动者具有约束力。行业性、区域性集体合同对当地本行业、本区域的用人单位和劳动者具有约束力。[1]

集体合同中劳动报酬和劳动条件等标准不得低于当地人民政府规定的最低标准；用人单位与劳动者订立的劳动合同中劳动报酬和劳动条件等标准不得低于集体合同规定的标准。[2] 易言之，就劳动报酬和劳动条件等标准来说，集体合同起到兜底作用，因此，用人单位与劳动者订立的劳动合同中约定的劳动报酬和劳动条件等标准低于集体合同的，以集体合同约定的标准为准；高于集体合同的，以劳动合同约定的标准为准。

用人单位未在用工的同时订立书面劳动合同，与劳动者约定的劳动报酬不明确的，新招用的劳动者的劳动报酬按照集体合同规定的标准执行；没有集体合同或者集体合同未规定的，实行同工同酬。劳动合同对劳动报酬和劳动条件等标准约定不明确，引发争议的，用人单位与劳动者可以重新协商；协商不成的，适用集体合同规定；没有集体合同或者集体合同未规定劳动报酬的，实行同工同酬；没有集体合同或者集体合同未规定劳动条件等标准的，适用国家有关规定。[3]

用人单位违反集体合同，侵犯职工劳动权益的，工会可以依法要求用人单位承担责任；因履行集体合同发生争议，经协商解决不成的，工会可以作为当事

---

〔1〕 参见《劳动合同法》第51~54条。
〔2〕 参见《劳动合同法》第55条。
〔3〕 参见《劳动合同法》第11、18条。

人，依法申请劳动仲裁、提起诉讼。[1]

从上述规定可以看出，集体合同与劳动合同主要有以下区别：（1）主体不同。集体合同的主体是用人单位和工会或劳动者的代表，劳动合同的主体则是用人单位和单个劳动者。（2）内容不同。集体合同主要是关于劳动报酬、工作时间、休息休假、劳动安全卫生、保险福利等事项，其效力是面向全体劳动者的。而劳动合同则是单个劳动者的权利义务约定。（3）目的不同。集体合同的目的是确定一个整体上的劳动标准，而劳动合同的目的是确定劳动关系并确定劳动关系双方当事人的权利义务。此外，二者在合同期限、生效要件等方面也都有不同。因此，集体合同不能代替劳动合同。[2] 如果用人单位未与劳动者订立书面劳动合同，劳动者要求用人单位支付未订立书面劳动合同的二倍工资，用人单位以存在集体合同为由抗辩的，该抗辩理由不成立，用人单位仍需支付二倍工资。

第二节　无固定期限劳动合同

在20世纪90年代推行劳动合同制度前，我国主要实行固定工制。那时，无固定期限劳动合同就是“铁饭碗”“终身制”，企业很难解除劳动关系，造成了劳动者“能进不能出”的局面，严重影响了企业的适应市场能力和自主经营能力。自《劳动法》颁布以来，劳动合同制度在全国各类企业中推行，克服了以往存在的企业活力不足的问题，取得了很好的效果，但同时劳动合同却走向了另一个极端，全社会无固定期限劳动合同的比例太低，劳动合同短期化问题严重，整个社会的劳动关系很不稳定。[3] 而在现代劳动合同法中，劳动合同期限制度经与解雇保护制度结合，以保护劳动者就业稳定和限制雇主自主用工为目的，一方面引导多使用不定期劳动合同，另一方面对定期劳动合同和劳务派遣的使用给予约束。这一趋势并没有因出现开放定期劳动合同的迹象而改变。依劳动合同期限制度与解雇保护制度的结合方式不同，可将劳动合同期限制度划分为两种模式：一种是不定期劳动合同为常态、解雇保护制度仅适用于不定期劳动合同的模式，几乎通行于除我国以外的市场经济国家和地区；另一种是定期劳动合同为常态、解雇保护制度统一适用于不定期劳动合同和定期劳动合同的模式，实行于我国。[4] 因此，《劳动合同法》对无固定期限劳动合同进行了重新定位，以期在保持劳动力

---

〔1〕 参见《劳动合同法》第56条。

〔2〕 参见许庆涛：《集体合同上签字能否代替签订劳动合同》，载《人民司法》2013年第4期。

〔3〕 参见信春鹰、阚珂主编：《中华人民共和国劳动合同法释义》（第2版），法律出版社2013年版，第42页。

〔4〕 参见王全兴：《劳动法》（第4版），法律出版社2017年版，第143页。

合理、有序流动的前提下，保持劳动关系的相对稳定。[1]

《劳动法》时代，与劳动者订立无固定期限劳动合同并不是用人单位的法定强制性义务，用人单位拥有选择权。该法第20条第2款规定，“劳动者在同一用人单位连续工作满十年以上，当事人双方同意续延劳动合同的，如果劳动者提出订立无固定期限的劳动合同，应当订立无固定期限的劳动合同”。也就是说，即使劳动者在同一用人单位连续工作满10年以上，在劳动合同到期时，该用人单位如果不同意延续该劳动合同，即使劳动者提出订立无固定期限劳动合同，用人单位也可以拒绝。

一、用人单位必须订立无固定期限劳动合同的情形

但是，《劳动合同法》时代，在以下几种情形下，劳动者提出或者同意续订无固定期限劳动合同的，用人单位不再拥有选择权，而是必须与劳动者订立无固定期限劳动合同。

（一）劳动者在同一用人单位连续工作满10年的

当劳动者在同一用人单位连续工作满10年，其提出或者同意续订、订立劳动合同的，除了其提出订立固定期限劳动合同外，该用人单位应当与其订立无固定期限劳动合同。这种情形又包括两种具体的情况。第一种是劳动者在同一用人单位连续工作满10年，劳动合同恰好期满，此时，劳动者提出或者同意续订劳动合同的，除了其提出订立固定期限劳动合同外，该用人单位应当与其订立无固定期限劳动合同。第二种是劳动者在同一用人单位连续工作满10年，劳动合同尚未到期，此时，劳动者提出或者同意订立新劳动合同的，除了其提出订立固定期限劳动合同外，该用人单位应当与其订立无固定期限劳动合同；易言之，此种情形，劳动者提出或者同意订立新劳动合同的，并不以劳动合同到期为前提。

连续工作满10年的起始时间，自用人单位用工之日起计算，包括《劳动合同法》施行前的工作年限。[2]

就如何理解“同一用人单位连续工作时间”，劳动部办公厅《对〈关于如何理解“同一用人单位连续工作时间”和“本单位工作年限”的请示〉的复函》（劳办发〔1996〕191号）指出：“一、‘同一用人单位连续工作时间’是指劳动者与同一用人单位保持劳动关系的时间。二、按照《劳动法》及有关配套规章的规定，劳动者患病或非因工负伤，依法享有医疗期，因此在计算‘同一用人单位

---

〔1〕参见信春鹰、阚珂主编：《中华人民共和国劳动合同法释义》（第2版），法律出版社2013年版，第43页。

〔2〕参见《劳动合同法实施条例》第9条。

连续工作时间'时，不应扣除劳动者依法享有的医疗期时间。三、在计算医疗期、经济补偿时，'本单位工作年限'与'同一用人单位连续工作时间'为同一概念，也不应扣除劳动者此前依法享有的医疗期时间。"因此，劳动者在同一用人单位连续工作时间等同于劳动者与同一用人单位保持劳动关系的时间，既包括正常工作时间，也包括因伤、因病、因停工停产等各种原因导致停止工作的时间，还包括依照《劳动合同法》第 42 条、第 45 条劳动合同自动延续的时间。

（二）用人单位初次实行劳动合同制度或者国有企业改制重新订立劳动合同时，劳动者在该用人单位连续工作满 10 年且距法定退休年龄不足 10 年的

用人单位初次实行劳动合同制度或者国有企业改制重新订立劳动合同时，劳动者在该用人单位连续工作满 10 年且距法定退休年龄不足 10 年的，其提出或者同意订立劳动合同的，除了其提出订立固定期限劳动合同外，该用人单位应当与其订立无固定期限劳动合同。

此种情形下，连续工作满 10 年的起始时间，也是自用人单位用工之日起计算，包括《劳动合同法》施行前的工作年限。对于初次实行劳动合同制度的用人单位而言，包括劳动者之前在该用人单位的工作年限；对于因国有企业改制重新订立劳动合同的劳动者而言，包括其改制前在该国有企业的工作年限。

（三）连续订立二次固定期限劳动合同，且劳动者没有法定情形，续订劳动合同的

连续订立二次固定期限劳动合同，且劳动者没有《劳动合同法》第 39 条和第 40 条第 1 项、第 2 项规定的情形，此时其提出或者同意续订劳动合同的，除了其提出订立固定期限劳动合同外，该用人单位应当与其订立无固定期限劳动合同。

1. 无固定期限劳动合同的订立不以用人单位同意续订为前提

从全国范围看，仍有个别地区坚持《劳动法》时代的裁判思路，认为是否订立无固定期限劳动合同需以用人单位同意续订劳动合同为前提，如果用人单位不同意续订劳动合同，则双方的劳动关系因劳动合同到期而终止。这种裁判思路是违反《劳动合同法》规定的，应予纠正。对于该问题，在最高人民法院公布的《法答网精选答问（第六批）》中亦有明确，摘录如下：[1]

---

〔1〕 参见最高人民法院：《法答网精选答问（第六批）》，载《人民法院报》2024 年 6 月 13 日，第 7 版。

问题2：用人单位与劳动者连续两次订立固定期限劳动合同，期满后用人单位对续订无固定期限劳动合同是否享有选择权？

答疑意见：《劳动合同法》第14条第2款规定："用人单位与劳动者协商一致，可以订立无固定期限劳动合同。有下列情形之一，劳动者提出或者同意续订、订立劳动合同的，除劳动者提出订立固定期限劳动合同外，应当订立无固定期限劳动合同：……（三）连续订立二次固定期限劳动合同，且劳动者没有本法第三十九条和第四十条第一项、第二项规定的情形，续订劳动合同的。"根据该规定，在劳动者不存在《劳动合同法》第39条和第40条第1项、第2项规定的用人单位可以解除劳动合同的情形下，如果用人单位与劳动者订立了一次固定期限劳动合同，在订立第二次固定期限劳动合同时，应当预见到期满后存在订立无固定期限劳动合同的可能。如果劳动者在固定期限劳动合同期间遵纪守法，完成了工作任务，可以依法要求与用人单位续订无固定期限劳动合同，用人单位也应当续订，这有利于引导劳动者遵纪守法努力工作，也符合用人单位的利益。因此，在已具备《劳动合同法》第14条规定的应当订立无固定期限劳动合同条件的情况下，劳动者续订无固定期限劳动合同的权利应予保障，如果用人单位不同意续订合同，应当按照《劳动合同法》第48条规定承担法律后果，即"用人单位违反本法规定解除或者终止劳动合同，劳动者要求继续履行劳动合同的，用人单位应当继续履行；劳动者不要求继续履行劳动合同或者劳动合同已经不能继续履行的，用人单位应当依照本法第八十七条规定支付赔偿金"。此外，还需注意的是，劳动者在两次固定劳动合同期满后继续在用人单位工作，用人单位未表示异议，但未与劳动者订立无固定期限劳动合同，劳动者主张用人单位支付未订立无固定期限劳动合同双倍工资差额的，应予支持。支付劳动者的第二倍工资按月计算，不满一个月的，按该月计薪日计算。此类争议的仲裁时效期间适用《劳动争议调解仲裁法》第27条第1款的规定，从用人单位应当订立劳动合同的次日起计算。

案例16　Z公司诉张某劳动争议案[1]

——连续两次订立固定期限劳动合同后，劳动者有权要求订立无固定期限劳动合同

【基本案情】

2000年8月22日，某工厂与张某订立5年期劳动合同。当月，因该工厂与部

〔1〕参见北京市第一中级人民法院民事判决书，（2018）京01民终7448号。

队脱离隶属关系，Z公司接管该厂的业务和职工，并承继该厂对外的债权债务。2005年12月29日，Z公司与张某订立5年期劳动合同，2010年12月29日，双方订立3年期劳动合同。2013年12月18日，双方续订3年期劳动合同，期限至2016年12月28日终止。2016年12月8日，Z公司通知张某，合同到期后将不再续订劳动合同。

张某申请劳动仲裁，请求与Z公司续签无固定期限劳动合同，并按原工资待遇支付其工资。劳动争议仲裁机构裁决：Z公司与张某续签无固定期限劳动合同，并按原工资待遇支付工资。Z公司不服仲裁裁决，诉至法院，请求判令其不与张某订立无固定期限劳动合同且不需要支付工资。一审法院判决：（1）确认Z公司与张某自2016年12月29日起存在无固定期限劳动合同关系；（2）Z公司向张某支付自2017年1月1日至2018年7月5日的工资。Z公司不服一审判决，提起上诉。

【裁判要点】

二审生效判决认为，截至2016年12月28日劳动合同到期时，双方已经连续订立三次固定期限劳动合同，因此张某已经符合《劳动合同法》第14条第2款第3项规定的可以订立无固定期限劳动合同的条件。张某明确表示要续订无固定期限劳动合同，Z公司也未举证证明张某拒绝续订劳动合同或者主动要求继续订立固定期限劳动合同，因此，Z公司应当依法与张某订立无固定期限劳动合同，而不能以不愿续订劳动合同为由拒绝订立。

鉴于书面劳动合同需劳动者与用人单位就劳动合同必要条款进行协商并达成一致方可订立，基于民事主体意思自治原则，在Z公司拒绝订立无固定期限劳动合同的情况下，不宜直接判令Z公司与张某订立无固定期劳动合同。但是《劳动合同法》第14条第2款第3项系强制性规定，一审法院基于劳动争议司法解释关于处理具有不可分性诉讼请求的规定，变通确认双方自固定劳动合同期满起存在无固定期限劳动合同关系是符合法律规定的。在双方存在固定期限劳动合同关系期间，Z公司仍应按照原合同约定向张某支付工资。

【延伸思考】

司法实践中，对于劳动者诉请订立无固定期限劳动合同，但是用人单位拒绝订立的，应当如何处理？笔者认为，考虑到书面劳动合同需劳动者与用人单位就劳动合同条款进行协商并达成一致方可订立，因此，基于民事主体意思自治原则，不宜直接判令双方订立无固定期劳动合同。并且，如果在用人单位拒绝订立的情况下，直接判决双方订立无固定期限劳动合同，可能面临难以执行的问题。鉴于"订立无固定期限劳动合同"与"确认存在无固定期限劳动合同关系"两者系基于同一法律事实产生，具有不可分性，可以变通判决双方之间存在无固定期限劳动合同关系，双方间的权利义务则按照原劳动合同的约定处理。对此，部分地区作了明确规定，如《北京市劳动争议解答一》第46条，《江西省高级人民法院、江西省人力资源和社会保障厅关于办理劳动争议案件若干问题的解答（试行)》第8条。

2. 连续订立二次固定期限劳动合同的次数起算时间

至于连续订立二次固定期限劳动合同的次数起算时间，根据《劳动合同法》第97条第1款的规定，“本法第十四条第二款第三项规定连续订立固定期限劳动合同的次数，自本法施行后续订固定期限劳动合同时开始计算”，《劳动合同法》施行前订立固定期限劳动合同的次数，不计算在《劳动合同法》第14条第2款第3项所指的连续订立二次固定期限劳动合同之内。

3. 用人单位规避劳动合同订立次数的行为无效

实践中，有少数用人单位为了规避订立无固定期限劳动合同，会通过延长固定期限劳动合同期限等方式规避劳动合同订立次数，这显然是违反诚实信用原则的，而根据法理，违反诚实信用原则的行为不产生行为人希望发生的法律效果。因此，对于用人单位通过与劳动者协商延长原劳动合同期限的，应当认定延长的部分属于再次订立劳动合同；对于用人单位与劳动者约定劳动合同期满后自动续延的，应当认定自动延续的部分属于再次订立劳动合同；对于劳动者仍在原工作场所、工作岗位工作，双方通过交替变换用人单位名称等方式再次订立劳动合同，应当认定劳动者与原用人单位再次订立劳动合同；实践中，用人单位还会以其他违反诚信原则的行为规避二次订立劳动合同，需要根据具体案情进行甄别。

实际上，《劳动合同法实施条例》第10条对于该问题已经作过规定，只不过因文字表达不够明晰，在司法实践中未引起重视。该条规定：“劳动者非因本人原因从原用人单位被安排到新用人单位工作的，劳动者在原用人单位的工作年限合并计算为新用人单位的工作年限。原用人单位已经向劳动者支付经济补偿，新用人单位在依法解除、终止劳动合同计算支付经济补偿的工作年限时，不再计算劳动者在原用人单位的工作年限。”由于该条第2句明确指向计算经济补偿时合并计算工作年限问题，容易令人误解其第1句仅是指向经济补偿。实际上，第1句专门规定的是，在什么情况下劳动者在不同用人单位的工作年限应当合并计算的问题，其指向的不应仅是经济补偿，还应当包括无固定期限劳动合同的订立等其他涉及合并计算工作年限的情形。工作年限的合并计算，意味着劳动者非因本人原因从原用人单位被安排到新用人单位工作的，在计算订立劳动合同次数的时候，也应当按照合并工作年限之后的订立次数计算。当然，结合《劳动合同法实施条例》第10条第2句规定，如果原用人单位已经向劳动者支付经济补偿，劳动者在原用人单位订立劳动合同的次数不算入其与新用人单位订立劳动合同的次数，这样处理更符合公平原则。

案例17　田某诉某软件公司北京分公司劳动争议案[1]

——劳动者非因本人原因被安排到新单位工作，按照合并工作年限计算订立劳动合同次数

【基本案情】

田某与某软件公司订立期限为2016年4月18日至2018年4月17日的劳动合同。2018年4月18日，田某被安排至某软件公司北京分公司工作，并订立劳动合同，期限为2018年4月18日至2020年4月17日。2020年4月14日，某软件公司北京分公司向田某发送《终止劳动合同通知书》，决定于2020年4月17日劳动合同到期终止并不再续签。田某不同意，认为其已经与用人单位连续订立二次固定期限劳动合同，符合订立无固定期限劳动合同的条件，某软件公司及其北京分公司径行终止劳动合同，属于违法终止劳动合同。田某诉至法院，要求某软件公司及其北京分公司支付违法终止劳动合同赔偿金。

【裁判要点】

生效判决认为，某软件公司及其北京分公司虽然分别与田某订立劳动合同建立劳动关系，但是某软件公司与其北京分公司存有关联关系，在田某任职期间，非因其个人原因，由某软件公司安排，与北京分公司订立劳动合同，田某符合与用人单位连续订立两次固定期限劳动合同情形，用人单位应当与田某订立无固定期限劳动合同。某软件公司北京分公司于2020年4月14日与田某终止劳动合同，属于违法终止劳动合同，应当支付田某违法终止劳动合同赔偿金。

【延伸思考】

用人单位通过设立分公司、关联公司等，与劳动者订立劳动合同时交替变换合同主体的行为，存在规避《劳动合同法》第14条的情形，工作年限和订立固定期限劳动合同的次数仍应连续计算。本案在查明两个用人单位系总分公司关系，由用人单位安排轮流与劳动者订立固定期限劳动合同的情形下，纠正用人单

〔1〕 参见北京市朝阳区人民法院立案二庭：《北京市朝阳区人民法院涉多元用工劳动争议典型案例》，载微信公众号“朝阳法苑”2024年7月9日，http：//mp. weixin. qq. com/s/dDKlIbgXBPH6s－jmNvbztw。

位规避签订无固定期限劳动合同的行为，有利于明晰用工规范，推动建立和谐健康的劳动关系。

4. 对合并、分立后的新用人单位连续订立二次劳动合同的理解

劳动者与原用人单位已经订立固定期限劳动合同，该用人单位在劳动合同履行过程中被合并或者分立，劳动者入职承继原用人单位权利义务的新用人单位一段时间之后，能否要求与之订立无固定期限劳动合同？

笔者认为，《劳动合同法》第34条规定，“用人单位发生合并或者分立等情况，原劳动合同继续有效，劳动合同由承继其权利和义务的用人单位继续履行”。也就是说，在原用人单位发生合并或者分立时，新用人单位作为原用人单位权利义务的概括承受者，承继了原用人单位与劳动者的劳动合同，而不是与劳动者新订立了一份劳动合同。故在这种情况下，不存在已经连续订立二次固定期限劳动合同的客观事实，劳动者不能在新用人单位工作一段时间之后，要求与之订立无固定期限劳动合同。但是，如果新用人单位与劳动者重新订立一份固定期限劳动合同，则由于其已经从原用人单位处承继了一份劳动合同，新订立的劳动合同就构成第二份劳动合同，此时，劳动者要求与之订立无固定期限劳动合同就有了法律依据。

5. 自动续订的劳动合同属于二次订立劳动合同

实践中用人单位与劳动者往往还会在劳动合同中约定，劳动合同到期双方无异议的视为自动续订。这种续订其性质属于第二次订立劳动合同，实践中对此没有争议。有争议的是，部分约定仅表述为到期自动续订，但是没有约定续订劳动合同的期限，此时，如何确定续订劳动合同的具体期限？对此，笔者认为，较为合理的处理是视为双方续订了一份与原劳动合同内容和期限相同的合同。

二、满足订立无固定期限劳动合同条件，仍可以协商一致订立固定期限劳动合同

如果上述三种法定情形出现之后，用人单位与劳动者已经协商一致续订或者订立了固定期限劳动合同的，应当肯认当事人的意思自由和缔约自由，不能仅因劳动者事后反悔就否定已订立的固定期限劳动合同的效力。也就是说，符合订立无固定期限劳动合同条件的劳动者与用人单位协商一致订立固定期限劳动合同，劳动者再请求用人单位支付未订立无固定期限劳动合同第二倍工资或者请求将已经订立的固定期限劳动合同变更为无固定期限劳动合同的，不应予以支持。从征求意见稿来看，《劳动争议司法解释二》也准备就此作出规定。

案例18 陈某诉X公司劳动争议案〔1〕

——劳动者符合订立无固定期限劳动合同时，

仍可以协商订立固定期限劳动合同

【基本案情】

2018年3月29日，X公司、陈某订立期限自2018年3月29日至2019年3月29日的劳动合同。2019年3月29日，双方续订期限自2019年3月29日至2020年3月28日的劳动合同。2020年3月29日，双方订立期限自2020年3月29日至2021年3月28日的劳动合同。2021年3月29日，双方订立期限自2021年3月29日至2022年3月28日的劳动合同。2022年3月29日，双方订立期限自2022年3月29日至2023年3月28日的劳动合同。2023年2月28日陈某向X公司提交辞职报告。

之后，双方因工资、经济补偿等产生争议，陈某申请劳动仲裁，请求X公司支付未订立无固定期限劳动合同的二倍工资差额132000元（12000元/月×11个月）。劳动争议仲裁机构裁决驳回陈某的该项请求。陈某不服裁决，诉至法院。

【裁判要点】

生效判决认为，《劳动合同法实施条例》第11条规定，除劳动者与用人单位协商一致的情形外，劳动者依照《劳动合同法》第14条第2款的规定，提出订立无固定期限劳动合同的，用人单位应当与其订立无固定期限劳动合同。陈某未举证证明之前的劳动合同期满后，因X公司拒绝导致未订立无固定期限劳动合同，现有证据也不能证明陈某在订立劳动合同时受到用人单位的欺诈、胁迫等，导致其意思不真实、不自由，因此法院认定双方订立的固定期限劳动合同系双方协商一致后的真实意思表示，陈某要求X公司支付未订立无固定期限劳动合同二倍工资差额的诉讼请求无事实和法律依据，法院不予支持。

【延伸思考】

如前所述，即使劳动者符合订立无固定期限劳动合同的情形，但是如果用人单位与劳动者已经协商一致续订了固定期限劳动合同的，不能仅因劳动者事后反悔就否定已订立的固定期限劳动合同的效力。正因如此，《劳动合同法实施条例》第11条规定，“除劳动者与用人单位协商一致的情形外，劳动者依照劳动合同法第十四条第二款的规定，提出订立无固定期限劳动合同的，用人单位应当与其订立无固定期限劳动合同。对劳动合同的内容，双方应当按照合法、公平、平等自

〔1〕参见新疆维吾尔自治区乌鲁木齐市中级人民法院民事判决书，（2024）新01民终3687号。

愿、协商一致、诚实信用的原则协商确定；对协商不一致的内容，依照劳动合同法第十八条的规定执行”。

三、视为订立无固定期限劳动合同的情形

除上述三种情形下用人单位负有强制订立无固定期限劳动合同的义务外，《劳动合同法》还规定了一种视为订立无固定期限劳动合同的情形。该法第 14 条第 3 款规定，“用人单位自用工之日起满一年不与劳动者订立书面劳动合同的，视为用人单位与劳动者已订立无固定期限劳动合同”。根据《劳动合同法实施条例》第 7 条的规定，此时用人单位“应当立即与劳动者补订书面劳动合同”。就补订的书面劳动合同的内容如何确定，该条例未作规定，笔者认为，可以类推适用前述《劳动合同法实施条例》第 11 条。

四、不适用无固定期限劳动合同规定的情形

如前所述，《劳动合同法》对无固定期限劳动合同进行了重新定位，以期在保持劳动力合理、有序流动的前提下，保持劳动关系的相对稳定。易言之，《劳动合同法》关于用人单位应当订立无固定期限劳动合同的规定，旨在稳定劳动关系。因此，其不宜适用于以下不追求劳动关系稳定的情形。

（一）没有取得定居权的外籍劳动者

《外国人在中国就业管理规定》（2017 年修正）第 17 条规定，“用人单位与被聘用的外国人应依法订立劳动合同。劳动合同的期限最长不得超过五年。劳动合同期限届满即行终止，但按本规定第十八条的规定履行审批手续后可以续订”。而依照该规定第 2 条的解释，“本规定所称外国人，指依照《中华人民共和国国籍法》规定不具有中国国籍的人员。本规定所称外国人在中国就业，指没有取得定居权的外国人在中国境内依法从事社会劳动并获取劳动报酬的行为”。因此，对于没有取得定居权的外国人来说，用人单位与其订立的劳动合同期限最长不得超过 5 年，因此，其不适用《劳动合同法》第 14 条订立无固定期限劳动合同的规定。而对于获得在中国永久居留资格的外国人来说，依照《外国人在中国永久居留享有相关待遇的办法》（人社部发〔2012〕53 号）第 1 条的规定，“除政治权利和法律法规规定不可享有的特定权利和义务外，原则上和中国公民享有相同权利，承担相同义务”。第 4 条规定，“在中国就业，免办《外国人就业证》；符合条件的，可优先办理《外国专家证》、《回国（来华）专家证》以及各地人才工作居住证”。因此，获得在中国永久居留资格的外国人应当适用《劳动合同法》

第14条订立无固定期限劳动合同的规定。

而对于台港澳劳动者来说，在《台港澳人员就业证》取消前，用人单位与赴大陆（内地）工作的台港澳人员的劳动合同期限受制于《台港澳人员就业证》的有效期，因此，大陆（内地）用人单位无法与台港澳人员订立无固定期限劳动合同。但是，2018年7月28日，国务院发布《关于取消一批行政许可等事项的决定》，明确取消台港澳人员在大陆（内地）就业许可；次月，人社部发布《关于废止〈台湾香港澳门居民在内地就业管理规定〉的决定》《关于香港澳门台湾居民在内地（大陆）就业有关事项的通知》，决定自2018年8月23日起废止《台湾香港澳门居民在内地就业管理规定》，台港澳人员在大陆（内地）就业不再需要办理《台港澳人员就业证》；《劳动争议司法解释一》亦删除了关于台港澳人员未取得就业证不予认定劳动关系的规定。因此，在2018年7月28日之后，台港澳人员应当适用《劳动合同法》第14条订立无固定期限劳动合同的规定。[1]

（二）公益性岗位

《劳动合同法实施条例》第12条规定，地方各级人民政府及县级以上地方人民政府有关部门为安置就业困难人员提供的给予岗位补贴和社会保险补贴的公益性岗位，其劳动合同不适用《劳动合同法》有关无固定期限劳动合同的规定以及支付经济补偿的规定。

（三）非全日制用工

非全日制劳动具有临时性，并且容易形成双重甚至多重劳动关系，劳动关系稳定不是其追求的目标，故不宜适用无固定期限劳动合同的相关规定。因此，《劳动合同法》第71条规定，"非全日制用工双方当事人任何一方都可以随时通知对方终止用工。终止用工，用人单位不向劳动者支付经济补偿"。这等于否定了《劳动合同法》第14条中的强制性规定对非全日制用工的适用。

（四）以完成一定工作任务为期限的劳动合同

《劳动合同法》第12条明确将劳动合同分为固定期限劳动合同、无固定期限劳动合同和以完成一定工作任务为期限的劳动合同三类，换言之，以完成一定工作任务为期限的劳动合同是与固定期限劳动合同并列存在的劳动合同类型，其不属于固定期限劳动合同。因此，劳动者即使与同一用人单位连续订立二次以完成

---

〔1〕 参见蔡晓阳：《用人单位能否与赴内地工作的台港澳人员签订无固定期限劳动合同?》，载微信公众号"兰台劳动"2022年12月7日。

一定工作任务为期限的劳动合同，也不能认定是连续订立二次无固定期限劳动合同，其不能依据《劳动合同法》第 14 条要求与用人单位订立无固定期限劳动合同。例外是劳动者在同一用人单位连续工作满 10 年。

（五）劳务派遣

实践中，对劳务派遣是否适用《劳动合同法》关于应当订立不定期劳动合同的规定存有争论。有观点认为，劳务派遣属于过渡性就业，且现阶段多为低质量就业，若对劳务派遣适用无固定期限劳动合同，就与劳务派遣制度的宗旨不符；并且，派遣单位无用工能力，用工单位追求用工灵活性，都不适合于无固定期限劳动合同。[1] 笔者赞同该观点，认为劳务派遣不应当适用《劳动合同法》第 14 条第 2 款的规定，但是可以适用该条第 3 款的规定。并且，《劳动合同法》第 58 条第 2 款规定，“劳务派遣单位应当与被派遣劳动者订立二年以上的固定期限劳动合同”，从该规定来看，似乎法律对劳务派遣劳动合同的定位也是固定期限劳动合同。当然，实践中存在部分用工单位对非临时性、辅助性、替代性工作岗位也使用派遣用工的现象，对于该部分劳动者，应当允许其适用《劳动合同法》第 14 条第 2 款保护自己的劳动权益，向劳务派遣单位主张订立无固定期限劳动合同。

五、用人单位拒绝依法订立无固定期限劳动合同时，劳动者享有选择权

虽然《劳动合同法》第 14 条第 2 款规定，在三种情形下只要劳动者提出订立或者续订无固定期限劳动合同，用人单位就负有强制缔约义务，但是在现实中，仍有一些用人单位因为对法律规定有误解或者对无固定期限劳动合同有抵触，拒绝与劳动者订立无固定期限劳动合同。在这种情况下，劳动者固然可以坚持要求用人单位与之订立无固定期限劳动合同，但是如果用人单位拒绝与之订立，由于书面劳动合同需劳动者与用人单位就劳动合同必要条款进行协商并达成一致方可订立，基于民事主体意思自治原则，不宜直接判令双方订立无固定期劳动合同。虽然可以变通地认定双方之间存在无固定期限劳动合同关系，但是双方之间具体合同权利义务的确定也不会一帆风顺。正所谓“强扭的瓜不甜”，此时如果劳动者不强求继续与用人单位订立劳动合同，转而主张终止或者解除劳动关系，要求用人单位支付违法终止或者违法解除劳动关系赔偿金是否具有法律依据？笔者认为，需要区分不同情形具体分析。

---

〔1〕 参见王全兴：《劳动法》（第 4 版），法律出版社 2017 年版，第 179 页。

其一，如果双方的第二次固定期限劳动合同已经到期，或者劳动者在该用人单位连续工作满10年且第一次劳动合同刚好到期，用人单位拒绝依法订立无固定期限劳动合同，应当视为用人单位以行为终止劳动关系，这种终止行为不符合《劳动合同法》关于终止劳动关系的规定，构成违法终止，此时，劳动者如果不再要求继续履行，可以依据《劳动合同法》第48条选择要求用人单位支付违法终止劳动关系赔偿金。实际上，就该问题前面提到的最高人民法院公布的《法答网精选答问（第六批）》中亦持这种观点，[1] 答疑意见明确指出：在已具备《劳动合同法》第14条规定的应当订立无固定期限劳动合同条件的情况下，劳动者续订无固定期限劳动合同的权利应予保障，如果用人单位不同意续订合同，应当按照《劳动合同法》第48条规定承担法律后果，即“用人单位违反本法规定解除或者终止劳动合同，劳动者要求继续履行劳动合同的，用人单位应当继续履行；劳动者不要求继续履行劳动合同或者劳动合同已经不能继续履行的，用人单位应当依照本法第八十七条规定支付赔偿金”。

同理，如果用人单位虽然同意订立无固定期限劳动合同，但是仅同意以低于原固定期限劳动合同的标准订立无固定期限劳动合同而劳动者不同意的，亦应视为用人单位以行为终止劳动关系。这是因为，《劳动合同法》第14条第2款文字上虽然没有明确用人单位在订立无固定期限劳动合同时不得降低原劳动合同约定条件，但是用人单位在订立无固定期限劳动合同时不得降低原劳动合同约定条件是不言自明的。当劳动者符合该款规定情形，享有要求用人单位订立无固定期限劳动合同的权利时，如果允许用人单位单方面降低原劳动合同约定条件，则该项权利对于劳动者来说就毫无保障，这无疑是违背立法目的的。因此，劳动者同样可以依据《劳动合同法》第48条选择要求用人单位支付违法终止劳动关系赔偿金。

案例19　张某与Z公司劳动争议案[2]

——依法订立无固定期限劳动合同时，用人单位不得单方降低原劳动合同约定条件

【基本案情】

张某于2014年6月3日入职Z公司，双方订立过两次劳动合同，第二次劳动

[1] 参见最高人民法院：《法答网精选答问（第六批）》，载《人民法院报》2024年6月13日，第7版。

[2] 参见北京市第一中级人民法院民事判决书，(2022)京01民终8260号。

合同期限为2017年6月3日至2020年6月2日。合同到期后，Z公司于2020年7月16日向张某提出续订无固定期限劳动合同，同时要求其签署岗位协议以明确工资标准。Z公司向张某送达的《续订劳动合同通知》载明："张某：请你在2020年7月22日前到公司人力资源部续订劳动合同，逾期未续订的将视为你不同意续订劳动合同。新一期劳动合同约定条款如下：劳动合同期限：无固定期限劳动合同……工资标准：基本工资2400元、绩效工资5600元……工作岗位、工资标准及工作要求将通过《岗位协议》的形式进行约定，作为劳动合同附件。"因张某此前的工资标准为基本工资3600元、岗位工资8400元，其对工资标准有异议，未签署岗位协议。2020年7月24日，Z公司向张某送达《终止劳动合同通知》，内容为："张某：你与公司签订的劳动合同于2020年6月2日期满。根据《劳动合同法实施条例》第6条规定，公司决定与你终止劳动合同。"Z公司于2020年9月9日向张某支付终止劳动合同经济补偿金87125.73元。

张某以要求Z公司支付违法终止劳动合同赔偿金等为由申请劳动仲裁，劳动争议仲裁机构裁决Z公司支付张某违法终止劳动合同赔偿金差额87125.73元。Z公司不服裁决结果，提起诉讼。

【裁判要点】

生效判决认为，其一，Z公司与张某曾连续订立过两次固定期限劳动合同，故依据《劳动合同法》第14条第2款第3项的规定，在第二次劳动合同期满后，Z公司并不享有主动终止劳动关系的权利。其二，《劳动合同法》第14条第2款文字上没有明确写明用人单位在订立无固定期限劳动合同时不得降低原劳动合同约定条件，但是，当劳动者符合该款规定情形，享有要求用人单位订立无固定期限劳动合同的权利时，如果允许用人单位单方面降低原劳动合同约定条件，则该项权利对于劳动者来说毫无保障，这无疑是违背立法目的的。因此，Z公司虽提出与张某订立无固定期限劳动合同，但是明确要求降低其工资标准，张某拒绝签署岗位协议具有合理性。Z公司以张某拒绝签署书面劳动合同为由与其终止劳动关系不符合法律规定，系违法终止，Z公司还应向张某支付违法终止劳动合同赔偿金差额87125.75元。

【延伸思考】

《劳动合同法》虽然没有明确规定用人单位在订立无固定期限劳动合同时不得降低原劳动合同约定条件，但是，在连续订立两次固定期限劳动合同之后，作为续订，在劳动者不同意的前提下，无固定期限劳动合同不得降低原劳动合同约定条件是不言自明的，否则用人单位完全可以通过降低劳动报酬、福利待遇等以减少用工成本或者迫使劳动者离职，《劳动合同法》赋予劳动者订立无固定期限劳动合同的权利将毫无保障，保持劳动关系的相对稳定的立法目的也会落空。

其二，如果劳动者在该用人单位连续工作满10年但是正在履行的劳动合同尚未到期，此时劳动者虽然可以主张订立无固定期限劳动合同，但是原劳动合同并未到期，也就不存在终止的问题，此时用人单位拒绝订立无固定期限劳动合同，或者仅同意以低于原固定期限劳动合同的标准订立无固定期限劳动合同而劳动者不同意的，可以视为用人单位以行为提前解除劳动关系，构成违法解除，劳动者可以依据《劳动合同法》第48条选择要求用人单位支付违法解除劳动关系赔偿金。

其三，至于因用人单位自用工之日起满1年不与劳动者订立书面劳动合同，被视为已订立无固定期限劳动合同的，由于法律强制规定视为双方已经订立了新的无固定期限劳动合同，也就不存在用人单位违法解除或者终止原劳动合同的问题，且该拟制合同的具体内容得依满1年之前双方实际履行的劳动报酬、劳动条件、福利待遇标准来确定，一般不存在合同内容难以确定的问题。此种情况下，劳动者要求用人单位支付违法解除、终止劳动关系赔偿金的，没有法律依据。

六、无固定期限劳动合同内容的确定

就无固定期限劳动合同的内容如何确定，结合《劳动合同法实施条例》第11条的规定，首先，应当依据劳动者与用人单位协商一致的内容确定。其次，劳动者依照《劳动合同法》第14条第2款规定提出订立无固定期限劳动合同，双方对劳动合同的内容双方协商不一致的，按照原固定期限劳动合同约定内容确定。前面已经阐述，用人单位拒绝依法订立无固定期限劳动合同的，应当视为用人单位以行为解除或者终止劳动关系。此时，劳动者可以依据《劳动合同法》第48条要求继续履行劳动合同。既然是继续履行劳动合同，当然意味着新的无固定期限劳动合同执行的劳动报酬、劳动条件、福利待遇等标准应当于原固定期限劳动合同相同。并且，正如前所述，《劳动合同法》第14条第2款文字上虽然没有明确用人单位在订立无固定期限劳动合同时不得降低原劳动合同约定条件，但是用人单位在订立无固定期限劳动合同时不得降低原劳动合同约定条件是不言自明的。而且，原劳动合同（包括双方在实际履行中进行的发生法律效力的书面、口头等形式的变更）经过持续的履行，就劳动报酬、劳动条件等标准也已经不存在约定不明确的问题，便于确定。最后，在特殊情况下可能存在原劳动合同对劳动报酬和劳动条件等标准约定不明确的，此时，依照《劳动合同法》第18条的规定执行。而《劳动合同法》第18条规定，劳动合同对劳动报酬和劳动条件等标准约定不明确，引发争议的，用人单位与劳动者可以重新协商；协商不成的，适用集体合同规定；没有集体合同或者集体合同未规定劳动报酬的，实行同工同酬；没有集体合同或者集体合同未规定劳动条件等标准的，适用国家有关规定。

至于因用人单位自用工之日起满1年不与劳动者订立书面劳动合同，被视为已订立无固定期限劳动合同的，就该拟制的合同内容，首先亦是依据双方协商一致的内容确定；无法协商一致的，得依满1年之前双方实际履行的劳动报酬、劳动条件、福利待遇标准来确定；极个别情况下劳动报酬和劳动条件等标准无法明确的，可以类推适用《劳动合同法实施条例》第11条的规定，依照《劳动合同法》第18条的规定执行。

第三节　未订立书面劳动合同的二倍工资

据报道，2005年全国人大常委会在劳动法执法检查中发现，中小型企业和非公有制企业的劳动合同签订率不到20%，个体经济组织的签订率更低。即使在东南沿海经济发达地区，非公有制经济组织的劳动合同签订率也很低。[1] 为了扭转上述状况，一方面，《劳动合同法》没有赋予书面劳动合同以成立劳动关系的效力，即书面劳动合同不再作为成立劳动关系的要件。另一方面，《劳动合同法》创设了一个严厉的新制度，即未订立书面劳动合同的二倍工资制度，其目的主要就在于预防和惩戒用人单位不与劳动者订立书面劳动合同。二倍工资制度的施行，显著提高了用人单位与劳动者订立书面劳动合同的比例。

一、二倍工资规定的内容

二倍工资规定集中在《劳动合同法》第10条、第82条和《劳动合同法实施条例》第5条至第7条。结合上述规定以及《劳动合同法》其他规定，建立劳动关系，应当订立书面劳动合同；已建立劳动关系，未同时订立书面劳动合同的，应当自用工之日起1个月内订立书面劳动合同。自用工之日起1个月内，经用人单位书面通知后，劳动者不与用人单位订立书面劳动合同的，用人单位应当书面通知劳动者终止劳动关系，无须向劳动者支付经济补偿。用人单位自用工之日起超过1个月不满1年未与劳动者订立书面劳动合同的，应当向劳动者每月支付二倍的工资，并与劳动者补订书面劳动合同；劳动者不与用人单位订立书面劳动合同的，用人单位应当书面通知劳动者终止劳动关系，并依照《劳动合同法》第47

〔1〕 参见中国新闻网：《近年来中国劳动合同签订率低权益难以有效保护》，载搜狐网，http：//news. sohu. com/20070723/n251208045. shtml。

条的规定支付经济补偿。用人单位向劳动者每月支付二倍工资的起算时间为用工之日起满1个月的次日，截止时间为补订书面劳动合同的前一日。用人单位自用工之日起满1年未与劳动者订立书面劳动合同的，视为自用工之日起满1年的当日已经与劳动者订立无固定期限劳动合同，应当立即与劳动者补订书面劳动合同。用人单位违反《劳动合同法》规定不与劳动者订立无固定期限劳动合同的，自应当订立无固定期限劳动合同之日起向劳动者每月支付二倍的工资。[1] 用人单位违反《劳动合同法》第14条的规定不与劳动者订立无固定期限劳动合同的，应当自订立无固定期限劳动合同之日起向劳动者每月支付二倍的工资，不再有1个月不支付二倍工资的缓冲期。并且，此种情形下，支付二倍工资的截止点应当为双方实际订立无固定期限劳动合同的前一日，不受1年的限制。

但是，对于用人单位因为自用工之日起满1年不与劳动者订立书面劳动合同被视为订立无固定期限劳动合同之后，仍然不与劳动者订立书面劳动合同的，劳动者能否主张未订立书面劳动合同的二倍工资这一问题，实践中存在争议。一种观点认为，在此阶段用人单位仍然应当承担二倍工资责任。[2] 但是很多地区的地方性文件均规定，对于此种情形下劳动者主张未订立书面劳动合同的二倍工资的不予支持。[3] 不支持的主要理由是认为二倍工资的法律责任对于用人单位相当严厉，而视为订立无固定期限劳动合同亦是一种较为严厉的法律责任，在已经令用人单位承担视为订立无固定期限劳动合同的法律责任之后，不宜再令其承担二倍工资的双重惩罚，否则对于用人单位来说负担过重。为统一裁判尺度，《劳动争议裁审衔接意见一》第20条规定，“用人单位自用工之日起满一年未与劳动者订立书面劳动合同，视为自用工之日起满一年的当日已经与劳动者订立无固定期限劳动合同。存在前款情形，劳动者以用人单位未订立书面劳动合同为由要求用人单位支付自用工之日起满一年之后的第二倍工资的，劳动人事争议仲裁委员会、人民法院不予支持”。从征求意见稿来看，《劳动争议司法解释二》也准备作出相似规定。

第一份书面劳动合同到期后，用人单位继续对劳动者用工，但是未与劳动者续订书面劳动合同的，虽然法律法规没有明确规定，但是此种情形下用人单位需要支付二倍工资是对法律进行体系解释的应有之义，并且此时对于用人单位来

---

〔1〕 参见《劳动合同法》第10条第1、2款，第82条第2款；《劳动合同法实施条例》第5~7条。

〔2〕 参见王全兴：《劳动法》（第4版），法律出版社2017年版，第150页。

〔3〕 参见《北京市劳动争议解答一》第41条。

说，不应再有1个月不支付二倍工资的缓冲期。[1] 就该问题，部分地区作了明确规定，可供参考。

例如，《北京市劳动争议解答一》第41条规定，“如果劳动合同期满后，劳动者仍在用人单位工作，用人单位未与劳动者订立书面劳动合同的，计算二倍工资的起算点为自劳动合同期满的次日，截止点为双方补订书面劳动合同的前一日，最长不超过十二个月”。之所以“最长不超过十二个月”，是因为此种情形下，用人单位满1年不与劳动者订立书面劳动合同的，仍然适用视为订立无固定期限劳动合同，在视为订立无固定期限劳动合同的情况下，为了平衡双方利益，不再支持劳动者二倍工资的主张。

二、用人单位无须支付二倍工资的情形

《劳动合同法》设置二倍工资制度，目的是扭转当时实践中书面劳动合同签订率低的局面，其兼具对劳动者的损失补偿和对用人单位不订立书面劳动合同的预防和惩戒功能，在多数情况下，劳动者并未因未订立书面劳动合同产生直接的经济损失，其预防和惩戒功能更为突出，并且，对于用人单位来说，这是一种严厉的金钱罚。

鉴于此，在以下情形中用人单位无须支付二倍工资。

（一）未订立原因在劳动者一方的

所谓“未订立原因在劳动者一方”，主要指在用人单位及时向劳动者提出订立书面劳动合同后，劳动者没有正当理由却拒绝订立。实践中，确实存在部分劳动者出于种种原因，不愿意订立书面劳动合同，此时，对于用人单位来说，规范的做法当然是依照《劳动合同法实施条例》第5条，自用工之日起1个月内，书面通知劳动者终止劳动关系。但是现实中用人单位由于管理不规范、节省人力成本等原因，往往会选择继续留用劳动者，这就埋下了纠纷隐患。少数劳动者可能会基于利益驱使，违背诚信原则，向用人单位主张二倍工资以及订立无固定期限劳动合同，而用人单位往往并没有固定证据，无法证明其曾向劳动者提出过订立劳动合同并被劳动者拒绝。因此，如果用人单位选择继续留用劳动者，就应当固定相关证据。

---

〔1〕 参见最高人民法院民事审判第一庭编著：《最高人民法院新劳动争议司法解释（一）理解与适用》，人民法院出版社2021年版，第387页。

案例 20 张某某诉某营销策划公司劳动争议案[1]

——因劳动者自身原因未订立劳动合同的，

用人单位无须支付二倍工资

【基本案情】

张某某主张其 2017 年 9 月至 2018 年 8 月与某营销策划公司存在劳动关系，且未订立书面劳动合同，遂起诉要求公司支付未订立书面劳动合同二倍工资 128928 元。公司提交的视频显示，公司人力员工将书面劳动合同等入职资料交与张某某，后张某某将劳动合同书带离现场。公司另提交载有手写的张某某身份信息、联系电话以及签名的劳动合同，其上载明的张某某身份证号的出生年份与张某某向人民法院提供的身份证号不同。张某某否认劳动合同为其所签，辩称公司另有一名重名同事“张某某”，并申请对签名真实性鉴定。经公安机关核实，公司提交的劳动合同上载明的所谓“张某某”身份证号码未查询到相关身份信息，显示为不存在该号码。另经裁判文书网查询，张某某自 2007 年至本案一审期间 20 余次向不同的用人单位提起劳动争议诉讼，其中多起案件中均包括要求用人单位支付未订立书面劳动合同二倍工资的诉请。

【裁判要点】

生效判决认为，订立书面劳动合同虽是用人单位应尽的义务，但各方均应诚实守信地促成订立合同文本。劳动者存在明显故意或重大过失导致未订立书面劳动合同的，用人单位无须支付二倍工资。本案中，张某某否认劳动合同文本上签名的真实性，但公司已将书面劳动合同文本交与张某某，结合张某某未合理说明该劳动合同文本最终去向，陈述与其重名的“张某某”的身份信息无法查证，以及张某某近年来提出大量劳动争议诉讼熟知未订立书面劳动合同二倍工资的法律知识等事实，能够认定张某某存在不订立书面劳动合同的故意。因此，应视为公司已履行了订立书面劳动合同的法定责任。即使经鉴定公司提交的书面劳动合同非张某某本人签订，也不影响本案最终结果。因此，对张某某的鉴定申请不予准许，对其要求公司支付未订立书面劳动合同二倍工资的诉请不予支持。

【延伸思考】

建立和谐稳定的劳动关系是劳动合同法的立法宗旨之一，该宗旨也是民事活动诚实守信原则在劳动法律领域的具体体现。劳动者与用人单位在劳动合同签

---

〔1〕 参见四川省成都市中级人民法院民六庭：《2018 年度成都法院劳动争议十大典型案例》，载成都法院网，http：//cdfy. scssfw. gov. cn/article/detail/2019/05/id/3873061. shtml。

订、履行过程中均应坚持诚实守信原则。当用人单位已经善意地促成订立书面劳动合同情况下，因劳动者存在故意或者重大过失导致最终未订立书面劳动合同的，用人单位不承担惩罚性责任。

当然，如果劳动者有正当理由拒绝订立，则未订立劳动合同的原因不在劳动者一方。比如，用人单位要求劳动者订立的劳动合同缺少《劳动合同法》第 17 条第 1 款的规定必要条款，或者提供的劳动合同文本中有关劳动报酬、劳动条件等必要条款为空白，又或者劳动合同文本中约定的劳动报酬、福利待遇等劳动基准低于法定标准，在这种情况下，劳动者当然有权拒绝订立，并要求与用人单位就具体条款进一步协商。

（二）因不可抗力导致未订立的

现实中，还会发生用人单位希望订立书面劳动合同，但是因不可抗力等特殊原因导致无法及时订立的情况，典型的如因新冠疫情，用人单位工作人员被隔离，导致无法及时订立书面劳动合同。这种情况下，用人单位对于未订立书面劳动合同并无过错，不应受到支付二倍工资的惩罚。因此，如果用人单位能够举证证明其已提出订立书面劳动合同，但是受不可抗力等因素影响，客观上导致其无法及时与劳动者订立劳动合同，则对于劳动者要求用人单位支付相应期间未订立或者未续订书面劳动合同二倍工资的请求，不应予以支持。当然，如果用人单位本来能够及时与劳动者订立书面劳动合同，因用人单位拖延等原因未及时订立，之后遇到不可抗力的无法订立的，这种情形下，用人单位对于未订立书面劳动合同仍具有过错，仍需支付二倍工资。

案例 21　陈某与某教育咨询公司劳动争议案〔1〕

——用人单位提出订立书面劳动合同但因不可抗力无法订立的，无须支付二倍工资

【基本案情】

陈某于 2017 年 2 月 5 日入职某教育咨询公司，双方订立 3 年期的书面劳动合同。2020 年 2 月 3 日，某教育咨询公司发电子邮件告知滞留在河北家乡的陈某将

〔1〕 参见北京市人力资源和社会保障局：《北京市涉新冠肺炎疫情劳动争议仲裁十大典型案例》，载北京市人力资源和社会保障局官网，https：//rsj. beijing. gov. cn/bm/ztzl/dxal/202011/t20201120_2141 627. html。

与其续订劳动合同，陈某回复称，由于新冠疫情影响，现阶段无法回到公司续订劳动合同，也无法通过快递接收劳动合同文本，其将在返回公司后第一时间与公司续订劳动合同。2020年4月8日，陈某从河北家乡返回北京，由于双方未能就工资调整达成一致，陈某未与某教育咨询公司续订劳动合同，并于次日离职。2020年5月6日，陈某提出仲裁申请，要求某教育咨询公司支付2020年2月5日至4月8日未订立书面劳动合同二倍工资差额。

【裁判要点】

经劳动争议仲裁机构释明，陈某撤回其仲裁申请。

【延伸思考】

本案中，在劳动合同到期前，某教育咨询公司履行了通知陈某续订劳动合同的义务，但由于新冠疫情影响客观上无法与其续订书面劳动合同，在此情形下，如果继续让某教育咨询公司承担支付未订立劳动合同二倍工资差额的责任，有失公允。当然，用人单位仍需尽到通知劳动者订立或续订劳动合同的义务，只有在履行该义务后客观上无法实现订立或续订劳动合同的，用人单位才可免除支付未订立或续订书面劳动合同双倍工资差额的责任。用人单位特别是中小企业应避免只注重入职时劳动合同的订立，而忽略劳动合同到期时的续订。

（三）劳动合同出现法定顺延情形的

为保护特定法益，劳动法规定在某些情形下劳动合同自动延续，此时，由于原劳动合同发生自动延续的法律效果，双方无须就该延续期间另行订立书面劳动合同，因此，劳动者就该期间主张二倍工资的自然不应得到支持。

例如，《劳动合同法》第45条规定，“劳动合同期满，有本法第四十二条规定情形之一的，劳动合同应当续延至相应的情形消失时终止。但是，本法第四十二条第二项规定丧失或者部分丧失劳动能力劳动者的劳动合同的终止，按照国家有关工伤保险的规定执行”。而该法第42条规定了六种情形，分别是：（1）从事接触职业病危害作业的劳动者未进行离岗前职业健康检查，或者疑似职业病病人在诊断或者医学观察期间的；（2）劳动者在本单位患职业病或者因工负伤并被确认丧失或者部分丧失劳动能力的；（3）劳动者患病或者非因工负伤，在规定的医疗期内的；（4）女职工在孕期、产期、哺乳期的；（5）劳动者在本单位连续工作满15年，且距法定退休年龄不足5年的；（6）法律、行政法规规定的其他情形。因此，当上述情形出现时，劳动合同发生自动延续至相应的情形消失的法律效果。

案例22 F公司诉赵某劳动争议案[1]

——劳动者主张劳动合同法定自动延续期间二倍工资的不应得到支持

【基本案情】

2016年9月5日赵某入职F公司，双方订立有效期自当日至2019年9月4日的劳动合同，约定合同期限届满任何一方提出不再续订的，合同终止。该劳动合同到期后双方未续订劳动合同。

赵某于2019年10月8日到医院检查，知晓自己怀孕，当日彩超报告单显示其受孕52天。双方当事人确认，2020年5月26日至2020年9月30日系赵某产假期间，其哺乳期至2021年5月26日结束。2021年8月2日，F公司向赵某送达《劳动合同到期不续签通知书》，载明“赵女士：您好，您于2016年9月5日入职我公司，现双方合同将于2021年9月4日到期，公司决定不与您续签劳动合同……”

之后，赵某申请劳动仲裁，要求F公司支付违法解除劳动合同赔偿金、未续订劳动合同二倍工资差额等款项。劳动争议仲裁机构裁决：F公司向赵某支付违法解除劳动关系的赔偿金81890元、2020年8月13日至2020年9月4日未订立书面劳动合同的二倍工资差额6878.16元。F公司不服裁决提起诉讼。法院判决：F公司向赵某支付违法解除劳动关系赔偿金81890元，无须支付2020年8月13日至2020年9月4日未订立书面劳动合同的二倍工资差额6878.16元。

【裁判要点】

生效判决认为，双方订立的劳动合同于2019年9月4日到期时，赵某已经处于孕期。根据《劳动合同法》第42条第4项以及第45条的规定，双方之间的劳动合同应当续延至哺乳期结束时终止。换言之，双方当事人虽然没有续订劳动合同，但是由于之前的劳动合同出现续延至赵某哺乳期结束方才终止的法定情形，故双方当事人无须在赵某哺乳期结束前续订劳动合同。因此，F公司无须向赵某支付2020年8月13日至2020年9月4日未续订书面劳动合同的二倍工资差额。

赵某哺乳期满后，F公司未与赵某订立书面劳动合同，赵某仍在F公司提供劳动。对于此种情形，一方面，考虑到双方订立的劳动合同早已于2019年9月到期，基于诚实信用原则以及对赵某信赖利益和后续就业利益的保护，F公司应当在赵某哺乳期届满之前通知其是否续订劳动合同。另一方面，依据《劳动合同法》第14条第2款第3项的规定，连续订立二次固定期限劳动合同之后，劳动者

[1] 参见北京市第一中级人民法院民事判决书，(2023)京01民终8268号。

即享有要求订立无固定期限劳动合同的权利，因此，赵某哺乳期满后继续在F公司提供劳动的期间，不宜再认定为原劳动合同的延续期间，而应当认定为F公司与赵某续订第二份劳动合同的期间。有鉴于上述分析，F公司于2021年8月2日以双方劳动合同到期不续订为由提出与赵某解除劳动关系，有违《劳动合同法》第14条第2款第3项的规定，损害了赵某享有的在将来要求订立无固定期限劳动合同的权利，构成违法解除，其应当向赵某支付违法解除劳动关系赔偿金。

【延伸思考】

为保护孕期、产期、哺乳期妇女的生育权益和劳动权益，《劳动合同法》明确规定女职工在孕期、产期、哺乳期的，劳动合同续延至相应的情形消失时终止。法律之所以如此规定，是为了防止妇女在第一份劳动合同即将到期、用人单位不与之续订劳动合同的情况下，其工作、生活、生育受到不利影响所作的特别规定。这是一种法定的、自动的劳动合同延期终止，不需要当事人作出意思表示，也不以当事人知晓劳动者处于孕期、产期、哺乳期为前提，只要发生劳动者受孕的事件，即相应产生劳动合同续延至相应的情形消失时才告终止的法律效果。既然法律已经强制规定劳动合同自动延续，剥夺了用人单位按约定期限终止劳动关系的权利，劳动者的相关权益不会因用人单位不续订劳动合同遭受不利影响，其相关权益已经得到保障，自然不宜再令用人单位背负未订立书面劳动合同二倍工资的惩罚性责任，否则对于用人单位来说，权利义务显著失衡。

又如，《劳动合同法实施条例》第17条规定："劳动合同期满，但是用人单位与劳动者依照劳动合同法第二十二条的规定约定的服务期尚未到期的，劳动合同应当续延至服务期满；双方另有约定的，从其约定。"因此，双方依法约定服务期且服务期长于劳动合同期限的，该劳动合同自动延续到服务期满，但是双方另有约定的从其约定。

再如，依照《工会法》第19条的规定，基层工会专职主席、副主席或者委员自任职之日起，其劳动合同期限自动延长，延长期限相当于其任职期间；非专职主席、副主席或者委员自任职之日起，其尚未履行的劳动合同期限短于任期的，劳动合同期限自动延长至任期期满。但是，任职期间个人存在严重过失或者达到法定退休年龄的除外。

（四）补签劳动合同并倒签日期的

在实践中，常见的一种现象是，劳动关系建立，但是用人单位没有及时与劳动者订立书面劳动合同，经过一段时间之后，用人单位与劳动者订立书面劳动合同，并将订立日期往前倒签，甚至直接倒签至劳动关系建立之日，那么，这种倒签能否产生用人单位希望的法律效果，日后劳动者向用人单位主张倒签期间未订立书面劳动合同二倍工资的，能否得到支持？

如前所述，《劳动合同法》设置未订立书面劳动合同二倍工资制度，目的是扭转当时实践中书面劳动合同签订率低的顽疾，其兼具对劳动者的损失补偿和对用人单位不订立书面劳动合同的预防和惩戒功能，在多数情况下，劳动者并未因未订立书面劳动合同产生直接的经济损失，其预防和惩戒功能更为突出。而劳动者作为完全民事行为能力人，应当明白自己倒签劳动合同日期可能产生的法律后果，在并无欺诈、胁迫等外力导致其意思表示不真实的情况下，应当将其倒签行为解释为：其对自己的相关权利作出处分，其中就包括自愿放弃部分或者全部的未订立书面劳动合同二倍工资差额。因此，如果在倒签之后劳动者又申请仲裁或者起诉，向用人单位主张倒签期间未订立书面劳动合同二倍工资的，不应予以支持。当然，如果劳动者能够证明其是因受到欺诈、胁迫等原因倒签的劳动合同，用人单位仍然需要支付相应期间的二倍工资。此外，如果用人单位与劳动者虽然倒签劳动合同，但是未倒签到劳动关系建立之日，则对于用工之日起满 1 个月的次日至倒签日期的前 1 日，劳动者仍然可以主张未订立劳动合同的二倍工资。就该问题，部分地区形成了较为统一的裁判尺度。〔1〕

（五）劳动者对订立书面劳动合同具有管理职权的

一方面，二倍工资制度对用人单位来说是一种严厉的惩戒制度；另一方面，随着《劳动合同法》的施行，二倍工资制度确实起到了较好的预防、惩戒作用，书面劳动合同签订率得到了极大提高，可以说，大规模不订立书面劳动合同的顽疾得到了根治。在这样的背景下，各地在适用二倍工资制度审理对订立劳动合同负有管理职权的特殊劳动者的案件时普遍较为审慎，避免损及用人单位的合法权益。其中，有些地区的做法过于“一刀切”，并不可取。但是也有一些地区的做法较好地平衡了用人单位与劳动者的利益。例如，北京地区对于法定代表人向用人单位主张二倍工资的，一般不予支持；对于高级管理人员，如果用人单位能够证明该高级管理人员职责范围包括管理订立劳动合同内容的，一般不予支持，但是，有证据证明高级管理人员向用人单位提出订立劳动合同而被拒绝的，仍可支持其二倍工资的请求；对于人事管理部门负责人或主管人员向用人单位主张二倍工资的，如果用人单位能够证明订立劳动合同属于其工作职责，可不予支持，当然，有证据证明人事管理部门负责人或主管人员向用人单位提出签订劳动合同，

〔1〕 参见《北京市劳动争议解答一》第 42 条。

而用人单位予以拒绝的除外。[1] 浙江地区规定，订立书面劳动合同系用人单位的法定义务，但是用人单位有充分证据证明劳动者拒绝订立或者利用主管人事等职权故意不订立劳动合同的，劳动者主张二倍工资的可不予支持。[2]

（六）劳动者找人代签劳动合同的

现实中，个别劳动者出于种种原因，让别人替自己在书面劳动合同上签字。如果这种代签是经过劳动者事先授权或者事后追认的，可以认定代签有效，书面劳动合同已经合法订立。但是如果这种代签没有经过劳动者事先授权或者事后追认，或者没有证据证明经过劳动者事先授权或者事后追认，这种情况下，严格来说，依照《劳动合同法》第16条第1款的规定，用人单位与该劳动者之间的劳动合同尚未订立和生效。但是如果支持劳动者向用人单位主张二倍工资，又很容易诱使少数劳动者在利益驱动下作出违背诚实信用的行为，而用人单位对此难以防范。比如，劳动者拿着劳动合同文本离开用人单位工作人员视线范围，在签完字之后交给用人单位工作人员，用人单位工作人员是无法判断劳动合同文本上的签字是否为劳动者本人所签。笔者认为，如果有证据证明劳动者通过找他人代签等手段致使用人单位未与其本人订立真实的书面劳动合同，可以认定其上述行为既违反了《劳动合同法》第16条第1款的规定，也有违诚实信用的原则，对其二倍工资的诉请可不予支持。[3]

（七）劳动合同被认定无效的

实践中，当书面劳动合同因用人单位原因无效时，劳动者能否向用人单位主张二倍工资？笔者认为，未订立书面劳动合同与劳动合同无效是两个不同的概念，劳动合同无效的前提是存在劳动合同，只是该合同被评价为无效。而未订立书面劳动合同是指用人单位对劳动者已形成了用工关系，但未依法订立书面劳动合同的违法情形。劳动合同无效属于效力判断，订立书面劳动合同属于行为要求，二倍工资惩罚的是未订立书面劳动合同的不作为，而非无效合同。《劳动合同法》规定的二倍工资是对用人单位不订立书面劳动合同的惩罚，不能扩张适用。

---

〔1〕 参见《北京市劳动争议解答一》第44条。

〔2〕 参见浙江省高级人民法院民一庭《关于审理劳动争议纠纷案件若干疑难问题的解答》第1条。

〔3〕 参见上海市高级人民法院《关于审理劳动争议案件若干问题的解答》（民一庭调研指导〔2010〕34号）“一、关于双倍工资的几个问题”第4条。

（八）未订立书面劳动合同，但是劳动者存在欺诈入职的

用人单位未及时与劳动者订立书面劳动合同，但是劳动者系以欺诈、胁迫、乘人之危手段入职的，此种情形下，劳动者主张未订立书面劳动合同的二倍工资应否得到支持？

笔者认为，劳动者的该主张不应得到支持。原因在于，如果将劳动法上规定的劳动者的权利义务看作一个整体，这个权利整体事实上是以完全符合立法期待的劳动关系为模型而设置的。本书前文已经阐述，这样的劳动关系需要具备4个要件：劳动者与用人单位具有建立劳动关系的主体资格、建立劳动关系的意思表示真实、建立劳动关系的目的合法、开始劳动法意义上的用工。换言之，对于劳动者来说，其能够完整享受劳动法上的权利是有前提条件的，即其与用人单位之间的劳动关系是前述完全符合立法期待的劳动关系。如果劳动者系以欺诈、胁迫、乘人之危手段与用人单位建立劳动关系，这种劳动关系属于意思表示不真实的事实劳动关系，是不完全劳动关系。由于这种不完全性是劳动者造成的，劳动者自然不能完整享有劳动法上的权利。而依照《劳动合同法》第26条第1款第1项，此种情形下即使双方订立书面劳动合同，该劳动合同也因劳动者的原因而归于无效。因此，此时，劳动者不属于二倍工资制度所要保护的对象，即使用人单位未与劳动者订立书面劳动合同，劳动者主张未订立书面劳动合同二倍工资的也不应得到支持。

三、约定劳动合同期满原劳动合同继续有效的，需要支付二倍工资

一些用人单位出于规避订立无固定期限劳动合同或者减轻二次订立书面劳动合同工作量的考虑，与劳动者约定“劳动合同期满未续订的，原劳动合同继续有效”，这样的约定是属于续订了原劳动合同，还是属于二次订立书面劳动合同？

笔者认为，根据《劳动合同法》第26条第1款第2项的规定，用人单位免除自己的法定责任、排除劳动者权利的约定无效。而“劳动合同期满未续订的，原劳动合同继续有效”的约定使双方劳动合同期限无法确定，用人单位可以主张双方只订立过一次劳动合同，从而规避连续二次订立固定期限劳动合同后需要订立无固定期限劳动合同的法定义务，同时也排除了劳动者要求订立无固定期限劳动合同的权利，因此这样的约定是无效的，原劳动合同期满之后应当认定用人单位未再与劳动者续订书面劳动合同，其应当向劳动者支付未订立书面劳动合同的二倍工资。

四、第二倍工资的计算基数

为统一区域内的裁判尺度，各地区纷纷出台适用于区域内的规范性文件，主要内核是削减计入第二倍工资计算基数的工资项目，但具体标准五花八门。

例如，北京地区规定，计算第二倍工资的工资标准时，因基本工资、岗位工资、职务工资、工龄工资、级别工资等按月支付的工资组成项目具有连续性、稳定性特征，金额相对固定，属于劳动者正常劳动的应得工资，应作为未订立劳动合同第二倍工资差额的计算基数，不固定发放的提成工资、奖金等一般不作为未订立劳动合同第二倍工资差额的计算基数。〔1〕该标准优点是简单、便于计算，但是一概将不固定发放的提成工资排除在外，对于以销售提成为主要收入的销售人员来说是不公平的。

上海地区规定，劳动关系双方对月工资有约定的，第二倍工资的计算基数应按照双方约定的正常工作时间月工资来确定。双方对月工资没有约定或约定不明的，应按《劳动合同法》第 18 条规定来确定正常工作时间的月工资，并以确定的工资数额作为第二倍工资的计算基数。按《劳动合同法》第 18 条规定仍无法确定正常工作时间工资数额的，可按劳动者实际获得的月收入扣除加班工资、非常规性奖金、福利性、风险性等项目后的正常工作时间月工资确定。月工资未明确各构成项目的，由用人单位对工资构成项目进行举证，用人单位不能举证或证据不足的，双倍工资的计算基数按照劳动者实际获得的月收入确定。按上述原则确定的双倍工资基数均不得低于本市月最低工资标准。〔2〕该标准将作为法定工资的加班工资排除在外显然是没有法律依据的。

广东地区曾规定，二倍工资差额的计算基数为劳动者当月应得工资，但不包括以下两项：（1）支付周期超过 1 个月的劳动报酬，如季度奖、半年奖、年终奖、年底双薪以及按照季度、半年、年结算的业务提成等；（2）未确定支付周期的劳动报酬，如一次性的奖金，特殊情况下支付的津贴、补贴等。〔3〕该标准将多项工资构成项目排除在外，没有法律依据且容易出现计算错误。

相比之下，深圳地区、江苏地区等地的规定更符合《劳动合同法》第 82 条的文义，也最便于计算。《深圳市劳动争议仲裁、诉讼实务座谈会纪要》第 6 条规定，《劳动合同法》第 82 条规定的“二倍工资”中加付的一倍工资是指包括加

---

〔1〕参见《北京市劳动争议解答一》第 55 条。

〔2〕参见上海市高级人民法院《关于审理劳动争议案件若干问题的解答》（民一庭调研指导〔2010〕34 号）“一、关于双倍工资的几个问题”第 3 条。

〔3〕参见广东省高级人民法院、广东省劳动人事争议仲裁委员会《关于审理劳动人事争议案件若干问题的座谈会纪要》（粤高法〔2012〕284 号，已失效）第 14 条。

班工资在内的所有应发工资。江苏地区曾规定，用人单位因未与劳动者签订书面劳动合同而应每月支付的二倍工资，按照劳动者当月的应得工资予以确定，包括计时工资或者计件工资以及加班加点工资、奖金、津贴和补贴等货币性收入。劳动者当月工资包含季度奖、半年奖、年终奖的，应按分摊后该月实际应得奖金数予以确定。[1]

另外，对于二倍工资的计算方法，从征求意见稿来看，《劳动争议司法解释二》拟规定，用人单位未依法与劳动者订立书面劳动合同的，应当支付劳动者的第二倍工资按月计算。不满一个月的，按实际工作日计算。

五、第二倍工资的仲裁时效

二倍工资中的第二倍工资属于惩罚性赔偿，兼具赔偿劳动者因未订立书面劳动合同产生的损失和预防、惩戒用人单位不订立书面劳动合同的功能，显然其法律性质不同于劳动报酬，因此其仲裁时效不适用《劳动争议调解仲裁法》第27条第4款，而应当适用该条第1款的规定，按日计算。

〔1〕 参见江苏省高级人民法院、江苏省劳动人事争议仲裁委员会《关于审理劳动人事争议案件的指导意见（二）》（苏高法审委〔2011〕14号，已失效）第2条。

第七讲 劳动合同的效力瑕疵

第一节 民事合同的效力

合同的效力，又称合同的法律效力，是指法律赋予依法成立的合同具有约束当事人各方乃至第三方的强制力。[1] 作为合同效力评价的结果，在我国法上具体分为合同有效、无效、可撤销以及效力未定诸种情形。[2] 劳动合同作为具有一定程度私合同性质的合同，其效力评价规则与民事合同并无本质区别。

一、有效的合同

根据《民法典》的规定，一般情况下，同时具备下列条件的民事合同即为有效合同：（1）行为人具有相应的民事行为能力；（2）意思表示真实；（3）不违反法律、行政法规的强制性规定，不违背公序良俗。[3] 有效的民事合同即发生依缔约主体意思表示所追求发生的法律上的效果。

二、无效的合同

合同无效，是自始、当然、确定的无效。所谓自始无效，是指无效的合同因不具备生效要件，从成立之时起就无效，从未发生当事人所欲发生的法律效果，而不是之后无效。此与合同成立即已发生完全的或不完全的法律效力，之后因解除或撤销而归于无效的情形不同。无效的合同自始就没有法律约束力。[4] 当事人已为给付的，可本于不当得利或所有物返还请求权的规定，请求返还所为的给付（有特殊规定的除外）。所谓当然无效，是指不问当事人意思如何，当然不生效力，既不需要当事人主张其无效，也无须经过任何程序，该法律行为即为无效。此点与合同的撤销或解除须依当事人的意思并经一定程序并不相同。应说明的

---

〔1〕 参见崔建远：《合同法总论》（上卷），中国人民大学出版社2024年版，第499页。

〔2〕 参见韩世远：《合同法总论》（第4版），法律出版社2018年版，第194～195页。

〔3〕 参见《民法典》第143条。

〔4〕 参见《民法典》第155条。

是，无效的合同系当然无效，不待法院或仲裁机构的裁判，但当事人对其是否无效有争议时，不妨提起无效确认之诉，请求法院或仲裁机构确认。所谓确定无效，是指无效的合同不仅于其成立时不发生法律效力，此后也绝无再发生法律效力的可能，即其不生效力已属确定。例如，不可能经由行为人事后的承认，而使无效的法律行为成为有效。此与效力未定的民事行为可以经过补正而生效不同。[1]

1. 无效合同的类型

无效的民事合同包括：(1) 无民事行为能力人订立的民事合同；(2) 行为人与相对人以虚假的意思表示订立的民事合同；(3) 违反法律、行政法规的强制性规定的民事合同，但是，该强制性规定不导致该民事合同无效的除外；(4) 违背公序良俗的民事合同；(5) 行为人与相对人恶意串通，损害他人合法权益的民事合同。

2. 合同无效的原因

就合同无效的原因是存在于合同内容的全部或部分，可将合同无效区分为全部无效与部分无效。全部无效，则该合同当然全部不生效力。如果无效的原因仅存在于合同内容的一部分，不影响其他部分效力，则其他部分仍然有效。[2] 所谓部分无效不影响其他部分的合同，主要有以下情形：(1) 合同标的之数量超过法律许可的范围。例如，借款合同约定的利息超过国家规定的最高利率，其高于国家规定的最高利率的部分无效。(2) 合同的标的，由数种不同事项拼合而成，其中一项或数项无效。例如，买卖合同的标的物有数个，其中之一为法律禁止流通物，则该项买卖中仅买卖禁止流通物部分无效，其他部分仍可有效。(3) 合同中的某项条款，因违反法律禁止性规定或公序良俗被法院认定无效。例如，雇佣合同约定“工伤概不负责”，该条款因违反公序良俗被法院认定无效，而雇佣合同本身并不无效。[3] 就民事合同全部无效与部分无效的判断标准，可以考虑两个要点：(1) 合同无效部分与其他部分在客观上是可以分离的，而且当事人明示或者可推定的意思也是可分开的。(2) 无效部分不是合同当事人主要意思表示和主要缔约目的。如果无效部分是合同当事人的主要缔约目的或者主要意思表示，就不能主张其余部分有效。[4]

---

〔1〕 参见陈华彬：《民法总则》，中国政法大学出版社2017年版，第548～549页。

〔2〕 参见《民法典》第156条。

〔3〕 参见梁慧星：《民法总论》（第4版），法律出版社2011年版，第198页。

〔4〕 参见李永军：《合同法》（第4版），法律出版社2005年版，第452页。

3. 绝对无效与相对无效

以无效效果的范围为标准，可将合同无效进一步细分为绝对无效与相对无效。前者任何人均得主张，并得对任何人主张之。后者系指不得以其无效对抗善意第三人。无效的合同，以绝对无效为原则，相对无效为例外，并限于法律明定的情形。[1] 就我国法而言，学者认为合同法中恶意串通，损害特定第三人利益的合同，只有受害的第三人才能主张合同无效，没有遭受损害者并不享有宣告合同无效的权利，此即为相对无效的合同。[2] 在我国，相对无效之概念作为一个理论上的分析范畴，虽因可撤销之概念的独立存在而已大大缩小其内涵和外延，仍然可以存在。[3]

合同无效，行为人因该行为取得的财产，应当予以返还；不能返还或者没有必要返还的，应当折价补偿。有过错的一方应当赔偿对方由此所受到的损失；各方都有过错的，应当各自承担相应的责任。法律另有规定的，依照其规定。[4]

三、可撤销的合同

所谓合同的撤销，是指因意思表示不真实，通过撤销权人行使撤销权，使已经生效的合同归于消灭。存在撤销原因的合同，被称为可撤销的合同。可撤销的合同与无效合同有着明显的区别，无效合同自成立时起即告无效，而可撤销合同的命运则可由撤销权人决定，在被撤销前，该合同仍属有效。

1. 可撤销的民事合同

可撤销的民事合同产生的原因均为意思表示不真实。可撤销的民事合同包括：（1）基于重大误解订立的合同；（2）因受到欺诈订立的合同；（3）因受胁迫订立的民事合同；（4）一方利用对方处于危困状态、缺乏判断能力等情形，致使成立时显失公平的合同。[5]

2. 撤销权的行使

在上述可撤销的合同中，重大误解方、受欺诈方、受胁迫方、受损害方分别有权行使撤销权。撤销权属于形成权，撤销权的行使，为撤销权人单方的行为，无须相对人表示同意，也无须其配合，这是撤销权性质上为形成权使然。但须注

---

〔1〕 参见王泽鉴：《民法总则》（增订版），中国政法大学出版社 2001 年版，第 483 页。

〔2〕 参见王利明：《合同法研究》（第一卷）（修订版），中华人民大学出版社 2011 年版，第 628 页。

〔3〕 参见韩世远：《合同法总论》（第 4 版），法律出版社 2018 年版，第 216 页。

〔4〕 参见《民法典》第 157 条。

〔5〕 参见《民法典》第 147 ~151 条。

意，我国法律要求撤销权人行使撤销权时应向人民法院或者仲裁机构提出请求。换言之，撤销权的行使应采请求撤销之诉或仲裁申请的方式为之。例如，撤销权人不采取向法院起诉或向仲裁机构申请仲裁的方式为之，而直接向相对人以意思表示为之，应不发生撤销权行使的效力（如相对人表示同意则可发生协议解除的效力）。如果当事人只是以抗辩的方式主张撤销权，尚未为足，法院或者仲裁庭不应予以支持。[1]

3. 撤销权的消灭

作为一种形成权，撤销权如总不行使，势必使民事法律关系处于不定状态，对相对人相当不利，故有必要确立撤销权的消灭事由，在保护相对人的同时，也可督促权利人尽早行使权利。[2] 撤销权的消灭事由有二：（1）除斥期间经过。撤销权既属于形成权，有溯及地使可撤销的合同归于消灭的效力，则应有除斥期间的限制。除斥期间的作用，在促使撤销权人尽快地行使权利，并保护相对人利益，有利于交易安全。因此，《民法典》根据可撤销的原因，对每种撤销权均规定了行使期限，[3] 行使期间经过，撤销权归于消灭，可撤销的合同因而成为完全有效的合同。（2）放弃撤销权。撤销权既属于民事权利，其行使与否自然取决于权利人的意思，权利人也可放弃权利。因此，《民法典》第 152 条规定，当事人知道撤销事由后明确表示或者以自己的行为表明放弃撤销权的，撤销权消灭。

根据《民法典》第 157 条的规定，合同被撤销后，行为人因该行为取得的财产，应当予以返还；不能返还或者没有必要返还的，应当折价补偿。有过错的一方应当赔偿对方由此所受到的损失；各方都有过错的，应当各自承担相应的责任。法律另有规定的，依照其规定。

四、效力未定的合同

效力未定的合同，是指效力是否发生尚未确定，有待于其他行为或者事实使其确定的民事合同。[4] 效力未定的合同区别无效合同在于，无效合同是自始、当然、确定无效，而效力未定的合同是否发生效力尚不确定，有待其他行为或者事实使之确定。换言之，效力未定的合同存在发生效力的可能性，在这点上，与无效合同迥异。[5]

---

〔1〕 参见韩世远：《合同法总论》（第 4 版），法律出版社 2018 年版，第 249 页。
〔2〕 参见韩世远：《合同法总论》（第 4 版），法律出版社 2018 年版，第 250 页。
〔3〕 参见《民法典》第 152 条。
〔4〕 参见陈华彬：《民法总则》，中国政法大学出版社 2017 年版，第 557 页。
〔5〕 参见韩世远：《合同法总论》（第 4 版），法律出版社 2018 年版，第 294 页。

效力未定的合同与可撤销的合同也存在差异。可撤销的合同属于“未决的生效”，而效力未定的合同则属于“未决的不生效”。效力未定的合同存在因追认而有效的问题、存在合同相对人的催告以及撤销的问题，而这些问题是可撤销合同场合所没有的；可撤销的合同命运的最终决定，在我国要借助于法院或者仲裁机构，而效力未定合同命运的最终决定，并没有这种限制，多数情况下仅在民事主体私人之间即可以完成。[1]

效力未定的合同包括：（1）限制民事行为能力人缔结的合同；（2）无权代理人以被代理人名义缔结的合同。[2]

效力未定的合同经追认权人追认后，该合同有效。效力未定的合同确定不发生效力后，根据《民法典》第157条的规定，行为人因该行为取得的财产，应当予以返还；不能返还或者没有必要返还的，应当折价补偿。有过错的一方应当赔偿对方由此所受到的损失；各方都有过错的，应当各自承担相应的责任。法律另有规定的，依照其规定。

第二节　劳动合同的无效

一、劳动法关于劳动合同无效的规定

《劳动合同法》在《劳动法》条文的基础上对劳动合同无效制度进行了完善，一是补充增加了劳动合同无效的情形，二是新增了劳动合同无效后劳动报酬支付规则，三是就劳动合同无效的法律责任，《劳动法》只规定了用人单位一方的法律责任，《劳动合同法》补充增加了劳动者的法律责任，彰显公平。《劳动合同法》用4个条文规定了劳动合同无效制度。该法第26条规定：“下列劳动合同无效或者部分无效：（一）以欺诈、胁迫的手段或者乘人之危，使对方在违背真实意思的情况下订立或者变更劳动合同的；（二）用人单位免除自己的法定责任、排除劳动者权利的；（三）违反法律、行政法规强制性规定的。对劳动合同的无效或者部分无效有争议的，由劳动争议仲裁机构或者人民法院确认。”第27条规定：“劳动合同部分无效，不影响其他部分效力的，其他部分仍然有效。”第28条规定：“劳动合同被确认无效，劳动者已付出劳动的，用人单位应当向劳动者支付劳动报酬。劳动报酬的数额，参照本单位相同或者相近岗位劳动者的劳动报酬确定。”第86条规定：“劳动合同依照本法第二十六条规定被确认无效，给对

---

〔1〕 参见韩世远：《合同法总论》（第4版），法律出版社2018年版，第245页。
〔2〕 参见《民法典》第145、171条。

方造成损害的，有过错的一方应当承担赔偿责任。”

二、劳动合同无效的情形

如前所述，民事合同的无效包括全部无效和部分无效，而根据《劳动合同法》第26条、第27条的规定，劳动合同的无效同样如此。就劳动合同无效或者部分无效的具体情形，该法第26条作了具体规定，使劳动合同的无效与普通民事合同的无效既有相同之处又有自己的特点。与民法上合同无效规定最显著不同的是，在劳动法上，以欺诈、胁迫的手段或者乘人之危，使对方在违背真实意思的情况下订立或者变更的劳动合同不是可撤销的劳动合同，而是无效的劳动合同。显而易见，劳动法对于通过欺诈、胁迫、乘人之危致对方在意思表示不自由的情形下订立合同的行为给予更严厉的否定性评价。

（一）以欺诈的手段使对方在违背真实意思的情况下订立或者变更的劳动合同

劳动法没有专门就欺诈的含义以及构成要件作出规定，因此，就欺诈的认定仍应当适用民法上的规定。在民法上，欺诈是指故意告知虚假情况，或者负有告知义务的人故意隐瞒真实情况，致使当事人基于错误认识作出意思表示。〔1〕因此，因欺诈致使劳动合同无效或者部分无效，需具备以下四个构成要件：

1. 用人单位或者劳动者存在欺诈的故意

所谓欺诈的故意，是指欺诈的一方明知自己告知虚假情况或隐瞒真实情况会使被欺诈人陷入错误认识，而希望或放任这种结果的发生。可见，欺诈方实际上是有恶意的。欺诈方告知虚假情况或隐瞒真实情况，不论是否使自己或第三人牟利，均不妨碍恶意的构成。如果一方向他方陈述某种事实时，对于其陈述的事实的真伪不能作出准确的判断，却仍向他人作出陈述，以至于因陈述事实的虚假性而导致他方陷入错误，行为人主观上是否具有欺诈的故意，值得研究。例如，某人不能确定其出售的商品具有某种功能而向他人吹嘘该产品具有该种功能，此种情况也可认为陈述的一方具有欺诈的故意，因为陈述人不能判定其陈述的事实是否真实，也就不能告诉他人该事实是真实的。在陈述时，其应当知道该事实若属虚假，会使他人陷入错误认识，而陈述人却作为真实的事实向他人陈述，显然可

〔1〕参见最高人民法院《关于适用〈中华人民共和国民法典〉总则编若干问题的解释》（法释〔2022〕6号）第21条规定：“故意告知虚假情况，或者负有告知义务的人故意隐瞒真实情况，致使当事人基于错误认识作出意思表示的，人民法院可以认定为民法典第一百四十八条、第一百四十九条规定的欺诈。”

认定陈述人具有欺诈他人的故意。[1]

但是，在劳动法上，对欺诈故意的认定有区别于民法的特点。《劳动合同法》第8条规定了用人单位的告知义务和劳动者的说明义务。该条规定："用人单位招用劳动者时，应当如实告知劳动者工作内容、工作条件、工作地点、职业危害、安全生产状况、劳动报酬，以及劳动者要求了解的其他情况；用人单位有权了解劳动者与劳动合同直接相关的基本情况，劳动者应当如实说明。"因此，其一，劳动者原则上只负有被动告知义务，无主动告知义务。即只有在用人单位向劳动者了解有关情况时，劳动者才应当如实说明。[2] 其二，基于对劳动者个人信息的保护以及对其劳动权的保障、对用人单位就业歧视的防范，劳动者说明义务的范围仅是与劳动合同直接相关的基本情况，与劳动合同不直接相关的情况，不构成用人单位决定是否与之订立劳动合同的正当理由。因此，对于不属于劳动者说明义务范围的内容，即使劳动者陈述不实，也不构成欺诈故意。

例如，在林某诉M公司劳动争议案中，生效判决认为，《劳动合同法》第8条规定，用人单位有权了解劳动者与劳动合同直接相关的基本情况，劳动者应当如实说明。依照该规定，劳动者的告知义务是附条件的，只有在用人单位要求了解的是劳动者与劳动合同直接相关的基本情况时，劳动者才有如实说明的义务。劳动者与劳动合同直接相关的基本情况一般应包括健康状况、知识技能、文化程度、工作技能、工作经历、职业资格等，劳动者不如实说明就可能构成重大误解，甚至构成欺诈、构成对用人单位知情权的侵害。但用人单位不能为了解情况而侵害劳动者的隐私，劳动者对于那些与工作无关且侵害个人隐私权的问题，有权拒绝说明。对于与劳动合同没有直接联系的信息，劳动者即使未如实说明，也不能认定为构成欺诈。对于实践中用人单位"若有不实处，愿无条件接受公司处罚甚至辞退"的规定，应理解为劳动者对与劳动合同直接相关的基本情况如健康状况、学历、专业、工作经历、教育背景等的填写如有不实的，用人单位可解除劳动合同。本案中，林某应聘的岗位为人事行政，婚姻状况不是其工作能力的影响因素，也不是其从事人事行政工作的必需条件，故M公司以林某入职时"婚姻状况"所填写的内容与事实不符为由辞退林某，不符合法律规定的可以解除劳动合同的情形，属于违法解除，应向林某支付解除劳动合同赔偿金。[3]

又如，2020年8月，邓某与A公司订立劳动合同，岗位为销售经理。邓某在

---

〔1〕 参见王利明：《民法总则》，中国人民大学出版社2017年版，第332页。

〔2〕 参见王全兴：《劳动法》（第4版），法律出版社2017年版，第177～178页。

〔3〕 参见广州市中级人民法院民事判决书，（2018）粤01民终12990号。

入职登记表的“有无法律诉讼案件纠纷或判决”一栏填写“无”，但是实际上邓某与前用人单位存在劳动争议且诉至法院。2021 年 11 月，A 公司向邓某送达《解除劳动合同通知书》，解除理由为邓某以欺诈方式向公司提供虚假信息。邓某不服处理结果，申请劳动仲裁。生效仲裁裁决认为，邓某隐瞒自身涉诉情况，并不会对其胜任 A 公司销售经理一职产生实质性影响，不构成欺诈。因某公司未提供有效证据证明邓某存在业务能力不能满足岗位要求的情形，且邓某也不存在其他欺诈行为，其向邓某送达《解除劳动合同通知书》的行为属于违法解除劳动合同，应依法向邓某支付赔偿金。[1]

2. 欺诈方实施了欺诈行为

所谓欺诈行为，是指欺诈方将其欺诈故意表示于外部的行为，实践中，大都表现为故意陈述虚假事实或故意隐瞒真实情况使他人陷入错误。[2] 所谓故意告知虚假情况，也就是指虚假陈述。例如，根据《劳动法》的规定，从事特种作业的劳动者必须经过专门培训并取得特种作业资格，而应聘的劳动者并没有这种资格，但是其谎称自己取得了特种作业资格，并向用人单位提供了假的资格证书。所谓故意隐瞒真实情况，是指行为人有义务向他方如实告知某种真实的情况而故意不告知。例如，某小型化工企业招聘“三班倒”的化工工人，所以不能用孕妇，但是有妇女来应聘，故意隐瞒已经怀孕的情况，应聘上岗后不久就提出已经怀孕不能倒班上岗。[3]

3. 被欺诈方因欺诈陷入错误认识

欺诈方虽有故意欺诈的行为，但是相对方并未因此而陷入错误认识，或者发生的错误认识并不是欺诈造成的，则不构成民法上的欺诈，不发生欺诈的法律后果。例如，某小型互联网企业在招聘时声称所聘岗位从不加班，但是小王早已通过在该企业上班的好友打听到，实际上该企业由于人少活多，人人都需要长期加班。为了有一份工作，小王仍然应聘并入职该企业。在这种情况下，小王就不能以该企业欺诈为由主张解除劳动关系并索要经济补偿。另外，错误虽然不是由于欺诈而来，但因欺诈的缘故，使错误的程度加深或继续保持，仍然构成欺诈。[4]

---

〔1〕 参见陕西省人力资源和社会保障厅、陕西省高级人民法院《关于联合发布第二批劳动人事争议典型案例的通知》（陕人社发〔2023〕36 号）发布的案例 7。

〔2〕 参见王利明：《民法总则》，中国人民大学出版社 2017 年版，第 332 页。

〔3〕 参见信春鹰、阚珂主编：《中华人民共和国劳动合同法释义》（第 2 版），法律出版社 2013 年版，第 91 页。

〔4〕 参见王家福主编：《中国民法学·民法债权》，法律出版社 1991 年版，第 350 页。

4. 被欺诈方因错误认识订立或者变更劳动合同

被欺诈方在因欺诈发生了错误认识以后，基于错误认识与欺诈方订立或者变更劳动合同。这就表明欺诈行为与被欺诈方不真实的意思表示之间具有因果联系。如果被欺诈方虽因欺诈行为陷入错误，但是并未因此作出意思表示，则不能认定构成欺诈。例如，实践中偶尔会出现劳动者冒充他人身份求职、入职用人单位并订立劳动合同的现象，如果劳动者冒充的是用人单位本就青睐的人或者是具有一定影响力、用人单位愿意与之建立劳动关系的特定人物，则用人单位显然属于因错误认识订立劳动合同，劳动者构成欺诈。如果劳动者因自身有被刑事处罚或者行政处罚等经历，担心影响求职，于是冒充他人，其欺诈行为亦与用人单位订立劳动合同之间具有因果联系。因为如果用人单位知道其有被刑事处罚或者行政处罚等经历，极有可能不愿意与之订立劳动合同，即劳动者的欺诈行为导致用人单位因错误认识订立劳动合同。但是，如果劳动者本身符合劳动法上的劳动者主体资格，且其冒充的人也没有比之更让用人单位青睐的特点，则劳动者的欺诈行为并不是导致用人单位与之建立劳动关系、订立劳动合同的原因。换言之，不管其有没有冒充他人身份的欺诈行为，用人单位都会与之订立劳动合同。这种情况下，不能认定构成劳动法上的欺诈。

需要强调的是，从《劳动合同法》第 26 条的规定来看，该条所指的欺诈方限于用人单位或者劳动者，不包括第三人实施的欺诈。因此，用人单位或者劳动者受第三人欺诈，在违背真实意思的情况下订立或者变更的劳动合同并非无效。

接下来，我们结合正反两个案例更加全面地了解劳动争议案件中缔约欺诈的认定思路。

案例 23　赵某要求某网络公司继续履行劳动合同案〔1〕

——认定劳动者构成缔约欺诈的裁判思路

【基本案情】

2018 年 6 月，某网络公司发布招聘启事，招聘计算机工程专业大学本科以上学历的网络技术人员 1 名。赵某为销售专业大专学历，但其向该网络公司提交了计算机工程专业大学本科学历的学历证书、个人履历等材料。后赵某如愿入职某网络公司从事网络技术工作。2018 年 9 月初，某网络公司偶然获悉赵某的实际学

〔1〕 本案为人力资源社会保障部、最高人民法院《关于联合发布第一批劳动人事争议典型案例的通知》（人社部函〔2020〕62 号）发布的案例 10。

历为大专，并向赵某询问。赵某承认自己为应聘而提供虚假学历证书、个人履历的事实。某网络公司认为，赵某提供虚假学历证书、个人履历属欺诈行为，严重违背诚实信用原则，根据《劳动合同法》第26条、第39条的规定解除了与赵某的劳动合同。赵某不服，申请劳动仲裁，要求裁决某网络公司继续履行劳动合同。

【裁判要点】

生效裁决认为，《劳动合同法》第8条既规定了用人单位的告知义务，也规定了劳动者的告知义务。如果劳动者违反诚实信用原则，隐瞒或者虚构与劳动合同直接相关的基本情况，导致用人单位与之订立劳动合同，根据《劳动合同法》第26条第1款规定属于劳动合同无效或部分无效的情形。用人单位可以根据该法第39条规定解除劳动合同并不支付经济补偿。此外，应当注意的是，《劳动合同法》第8条“劳动者应当如实说明”应仅限于“与劳动合同直接相关的基本情况”，如履行劳动合同所必需的知识技能、学历、学位、职业资格、工作经历等，用人单位无权要求劳动者提供婚姻状况、生育情况等涉及个人隐私的信息，也即不能任意扩大用人单位知情权及劳动者告知义务的外延。本案中，“计算机工程专业”“大学本科学历”等情况与某网络公司招聘的网络技术人员岗位职责、工作完成效果有密切关联性，属于“与劳动合同直接相关的基本情况”，赵某在应聘时故意提供虚假学历证书、个人履历，致使某网络公司在违背真实意思的情况下与其订立劳动合同。因此，根据《劳动合同法》第26条第1款的规定，双方签订的劳动合同无效。某网络公司根据《劳动合同法》第39条第5项的规定，解除与赵某的劳动合同符合法律规定，故驳回赵某的仲裁请求。

【延伸思考】

需要注意的是，《民事诉讼法解释》第109条规定：“当事人对欺诈、胁迫、恶意串通事实的证明，以及对口头遗嘱或者赠与事实的证明，人民法院确信该待证事实存在的可能性能够排除合理怀疑的，应当认定该事实存在。”换言之，相对于证明一般事实所需达到的“高度可能性”标准，司法解释对证明欺诈、胁迫等事实规定了更高的证明标准——“排除合理怀疑”标准。因此，在审理相关案件时，对于欺诈的认定较一般事实应当更为审慎，要严格按照欺诈的四个构成要件进行认定，只有用人单位或者劳动者的行为符合欺诈的四个构成要件，才能认定其构成劳动法上的欺诈。本案生效裁决较好地论证了欺诈的构成要件，值得借鉴。

案例24 李某与G公司劳动争议案[1]

——不认定劳动者构成缔约欺诈的裁判思路

【基本案情】

2011年5月16日，李某入职G公司，岗位为总裁助理。2016年5月16日，双方订立期限至2026年5月13日的劳动合同。

2022年8月，李某以G公司欠薪为由解除劳动合同，并申请劳动仲裁，要求G公司支付2020年4月1日至2022年7月31日欠发的工资以及解除劳动合同经济补偿。劳动争议仲裁机构裁决G公司向李某支付工资差额28829.75元、解除劳动合同经济补偿163244.46元。G公司与李某均不服仲裁裁决，向法院起诉。

G公司主张李某存在学历造假行为，为此其提交了李某入职时填写的《员工档案表》，其中记载1997年9月至2000年7月李某在河北大学就读于计算机应用专业。G公司提交的李某与公司法定代表人邹某的微信聊天记录显示，2022年5月，邹某与李某协商安置问题的时候，承诺为李某推荐别的工作；因推荐工作之需，李某向邹某发送简历一份，简历记载的教育经历为郑州大学计算机应用专业。G公司主张，李某毕业于郑州大学和河北大学两所院校的大专，显然不符合常识，至少有一个学历是虚假的；中国高等教育学生信息网并未显示李某的学历信息；其检索河北大学官网，学科专业最低为本科专业，并无专科专业，进一步证明李某学历造假。

李某则主张其在郑州大学的学历系在2018年后取得，与先前取得的河北大学学历并不矛盾。李某还主张，其在入职G公司之前，已经与公司法定代表人、创始人邹某在另一家公司共事两三年，当时邹某是其直属领导，其入职G公司时是邹某直接招聘的，邹某对其学历并没有要求，没有提过学历的事情。G公司认可李某与公司创始人邹某在另一家公司共事过，其入职G公司是邹某直接招聘的，同时主张当时对李某的学历和具体专业均有要求，但是因为时间太久远，已经无法举证。李某进一步主张，邹某自始至终没有关注其是哪个学校毕业的，也没有问过此事，其入职的材料直接交给公司存档，邹某都没有看过，邹某招用其看重的是能力。G公司自认在李某入职时对其学历进行了审查，审查结果为真实学历。

【裁判要点】

生效判决认为，李某在入职G公司之前，已经与公司创始人邹某在另一家公司共事过，当时邹某即是李某直属领导，李某入职G公司时亦是邹某直接招聘

[1] 参见北京市第一中级人民法院民事判决书，(2023)京01民终6849号。

的，因此，李某所述邹某招用其看重的是能力、对其学历未提出要求具有高度可能性，法院予以采信。并且，G公司虽然主张当时对李某的学历和具体专业均有要求，但是并未举证证明，且G公司自认入职时对其学历进行过审查，且审查结果为真实学历，故法院认定G公司未能证明李某系以欺诈的手段使G公司在违背真实意思的情况下订立劳动合同，对G公司所持劳动合同无效的主张不予支持。进而，G公司以劳动合同无效为由主张不予支付工资差额及解除劳动合同补偿金的诉请，法院均不予支持。

【延伸思考】

劳动者在入职时填写的简历内容不实，并不必然构成入职欺诈。首先，要看劳动者主观上是否有虚构简历或者隐瞒工作经历等的故意，有的劳动者在填写入职申请表时，遗漏了一些并不重要的工作经历，未必是存在欺诈的故意。其次，要看简历瑕疵是否给用人单位录用带来实质性的影响。最后，要看录用时用人单位是否对简历进行过审查。如某公司以劳动者入职时提供虚假资料为由解除劳动合同，但解除决定最后被法院判决撤销，因公司未有证据显示劳动者填写的职务“高级租赁主任”与《员工背景调查记录》所载“高级物业营运主任”存在实质差别，而月薪标准15000元与《员工背景调查记录》载明其月薪标准14800元亦无重大差异，故该两项不应属于提供虚假材料。劳动者应如实陈述个人信息，用人单位亦应注意保护劳动者的利益和合理信赖。〔1〕

（二）以胁迫的手段使对方在违背真实意思的情况下订立或者变更的劳动合同

劳动法同样没有专门就胁迫的含义以及构成要件作出规定，因此，就胁迫的认定亦应当适用民法上的规定。在民法上，胁迫是指以给自然人及其近亲属等的人身权利、财产权利以及其他合法权益造成损害或者以给法人、非法人组织的名誉、荣誉、财产权益等造成损害为要挟，迫使其基于恐惧心理作出意思表示。〔2〕因此，因胁迫致使劳动合同无效或者部分无效，需具备以下四个构成要件：

---

〔1〕 参见周斌、韩琰：《劳动争议指导案例、典型案例与企业合规实务》，中国法制出版社2023年版，第13～14页。

〔2〕 参见最高人民法院《关于适用〈中华人民共和国民法典〉总则编若干问题的解释》（法释〔2022〕6号）第22条规定：“以给自然人及其近亲属等的人身权利、财产权利以及其他合法权益造成损害或者以给法人、非法人组织的名誉、荣誉、财产权益等造成损害为要挟，迫使其基于恐惧心理作出意思表示的，人民法院可以认定为民法典第一百五十条规定的胁迫。”

1. 用人单位或者劳动者具有胁迫的故意

所谓胁迫的故意，首先，胁迫者意识到自己的行为将造成受胁迫者心理上的恐惧而故意进行威胁。其次，胁迫者希望通过胁迫行为使受胁迫者作出某种意思表示。一般来说，胁迫的故意并不包括胁迫者希望通过胁迫行为使自己获得某种利益，牟利只是其动机问题。[1]

2. 胁迫人实施了胁迫行为

胁迫行为包括两种情况：一是以将要发生的损害相威胁。所谓将要发生的损害，是指涉及生命、身体、财产、名誉、自由、健康、信用等方面的损害。二是胁迫者以直接面临的损害相威胁。也就是说，胁迫者通过实施某种不法行为，形成对对方当事人及其亲友人身损害和财产损害的威胁，而迫使对方作出民事法律行为。如对对方施行暴力（殴打、肉体折磨、拘禁等），或散布谣言、毁人名誉、毁损房屋等。当然，将来发生的损害必须是受胁迫者可以相信将要发生的情况，并足以使受胁迫者感到恐惧、害怕。如果一方所实施的将要造成损害的威胁是毫无根据、根本不可能发生的，受胁迫者根本不相信，也就不会使受胁迫者感到恐惧，从而不构成胁迫。但只要受胁迫者在当时情况下相信损害会发生，就构成胁迫。[2]

3. 胁迫行为具有非法性

通常认为，只须胁迫的目的或手段之一为违法即可。首先，如果手段是违法的，则无须过问目的是否合法。假如甲扬言，如果乙不签发支票偿还其欠甲的债务则打断他的腿，这便是非法胁迫。[3] 其次，如果目的是违法的，手段是否合法则无关紧要。例如，A 公司如果胁迫小李与之订立劳动合同的目的是让其去贩毒，则该劳动合同显然无效。最后，目的或手段分别而言均属合法，但二者的结合有悖于公序良俗的，同样可以构成违法。[4] 例如，张某以告发某公司存在偷税漏税为威胁强迫与之订立劳动合同。尽管张某告发某公司偷税漏税的行为本身并不违法，其与该公司订立劳动合同的目的也不违法，但是这两者之间并不相干，它们的结合不具有合法性。

4. 受胁迫人因胁迫而订立或者变更劳动合同

受胁迫人因胁迫而发生恐惧心理，并且因该恐惧心理而订立或者变更劳动合

---

〔1〕 参见王利明：《民法总则》，中国人民大学出版社 2017 年版，第 334 ~ 335 页。
〔2〕 参见王利明：《民法总则》，中国人民大学出版社 2017 年版，第 334 页。
〔3〕 参见韩世远：《合同法总论》（第 4 版），法律出版社 2018 年版，第 261 页。
〔4〕 参见韩世远：《合同法总论》（第 4 版），法律出版社 2018 年版，第 261 页。

同。[1] 如果受胁迫人并未因胁迫而发生恐惧，或者虽然发生了恐惧，但并非因胁迫行为所致，或者虽有恐惧心理，但并未因此订立或者变更劳动合同，则均不构成劳动法上的胁迫。

需要注意的是，胁迫不以危害重大为要件。只要一方所表示施加的危害或者正在施加的危害足以使对方感到恐惧，就可以构成胁迫行为。需要指出的是，因胁迫行为是针对特定的当事人实施的，所以确定胁迫行为是否构成，应当以特定的受害人而不是一般人在当时的情况下是否感到恐惧为标准来加以判断。即使一般人不感到恐惧，但受害人感到恐惧，亦可构成胁迫。[2] 需要强调的是，从《劳动合同法》第26条的规定来看，该条所指的胁迫人限于用人单位或者劳动者，不包括第三人实施的胁迫。因此，用人单位或者劳动者受第三人胁迫，在违背真实意思的情况下订立或者变更的劳动合同并非无效。

（三）乘人之危，使对方在违背真实意思的情况下订立或者变更的劳动合同

所谓乘人之危，是指行为人利用相对人的急迫需要或危难处境，迫使其违背真实意思接受于其不利的条件的现象。在司法解释上，已失效的《民通意见》第70条规定："一方当事人乘对方处于危难之机，为牟取不正当利益，迫使对方作出不真实的意思表示，严重损害对方利益的，可以认定为乘人之危。"乘人之危，在《民法通则》上属于民事行为无效的法定情形。将乘人之危作为影响意思表示效力的事由之一，从比较法来看，是很难找到对应规定的，因而被有些学者称为"是我国民法通则的一个独创"。[3]《合同法》将其修正为合同可撤销、可变更的事由，2017年10月1日施行的《民法总则》取消了关于乘人之危的独立规定，将乘人之危纳入显失公平当中，作为显失公平的一种情形，是民事法律行为可撤销的事由。《民法典》承继了《民法总则》的上述规定，但是《劳动合同法》尚未作相应修改，因此，乘人之危在劳动法上仍属于独立的无效情形。因乘人之危致使劳动合同无效或者部分无效，需具备以下四个构成要件：

1. 劳动者或者用人单位处于危难处境或急迫需要

所谓危难处境，是指当事人意想不到的或者不愿遭受的不利状况，比如遭受自然灾害或者患有疾病而急需金钱，又如船舶遇险急需救助。所谓急迫需要，是

---

〔1〕 参见韩世远：《合同法总论》（第4版），法律出版社2018年版，第262页。

〔2〕 参见王利明：《民法总则》，中国人民大学出版社2017年版，第335页。

〔3〕 参见佟柔主编：《民法总则》，中国人民公安大学出版社1990年版，第241页。

指由于特定的情事而发生的急需满足的状况。[1]

2. 用人单位或者劳动者乘对方危难或急迫之际逼迫对方

由于乘人之危的合同是一方乘他方危难或急迫而要求对方订立的合同，因而不法行为人主观上具有乘人之危的故意。如果行为人在订立合同时，并不知道对方处于危难或急迫状态，即使提出苛刻条件并为对方所接受，也不能认为是乘人之危。[2]

3. 劳动者或者用人单位出于危难或急迫订立或者变更劳动合同

用人单位或者劳动者乘人之危要求对方订立或者变更劳动合同，对方陷入危难或出于急迫需要而不得不订立或者变更劳动合同。所以，此类劳动合同从根本上违背了受害人的真实意志。

4. 劳动者或者用人单位因订立或者变更劳动合同而遭受严重损害

乘人之危的行为，往往使受害人被迫接受对自己十分不利的条件，订立了某种使自己受到损害的合同。而不法行为人则取得了在正常情况下不可能取得的重大利益，并明显违背了公平原则，超出了法律所允许的限度。乘人之危的合同大多形成双方利益极不均衡的结果。因此，乘人之危的合同也是显失公平的。[3]

（四）用人单位免除自己的法定责任、排除劳动者权利的劳动合同

劳动合同主体的不平等性使用人单位免责条款丧失了产生的基础。免责条款是基于“私法自治”和“契约自由”而产生的，其法理基础在于民事责任的“私人性”。[4] 而契约自由适用的前提与基础就在于主体的平等性，进而免责条款产生基础亦为约定主体的平等性。劳动关系中劳动者对于用人单位所具有的人身上和经济上的从属性，决定了劳动合同主体的不平等性。而劳动合同主体的不平等性则意味着在约定免责条款时极有可能会违反公平的法律价值，导致弱者方会负担更多的责任义务，强者方则会回避本应由其承担的责任。公平作为法律的第一要义，任何时候都不能被撼动。这种约定的免责条款当然无效。[5]

而从实践来看，确实如此。在订立或者变更劳动合同时，相对于劳动者，用人单位往往处于绝对优势的缔约地位，决定着合同的内容，而劳动者对于合同内

---

〔1〕 参见韩世远：《合同法总论》（第3版），法律出版社2011年版，第194页。

〔2〕 参见王利明：《合同法》，中国人民大学出版社2015年版，第132页。

〔3〕 参见王利明：《合同法》，中国人民大学出版社2015年版，第133页。

〔4〕 参见韩世远：《免责条款研究》，载梁慧星主编：《民商法论丛》（第二卷），法律出版社1994年版，第460~461页。

〔5〕 参见太月：《劳动违约责任免责事由的适用分析》，载《当代法学》2013年第4期。

容事实上并无磋商的能力。受利益驱使，用人单位会利用自己的优势缔约地位，在劳动合同中约定于己有利的条款。而从实践看，劳动合同文本一般都是由用人单位草拟和提供的格式文本。因此，为了保障劳动者的合法缔约利益，《劳动合同法》第26条规定，用人单位免除自己的法定责任、排除劳动者权利的劳动合同无效或者部分无效。实际上，这也是合同的一般原则，民法上一直以来就有类似规定，《民法典》第497条也规定，下列格式条款无效：（1）提供格式条款一方不合理地免除或者减轻其责任、加重对方责任、限制对方主要权利；（2）提供格式条款一方排除对方主要权利。《民法典》第506条还规定，合同中的下列免责条款无效：（1）造成对方人身损害的；（2）因故意或者重大过失造成对方财产损失的。

用人单位免除自己的法定责任、排除劳动者权利，有时表现为劳动合同简单化、法定条款缺失、仅规定劳动者的义务，更常见的是通过约定的方式明确免除用人单位的法定责任、排除劳动者权利。例如，劳动合同约定“生老病死都与企业无关”“用人单位有权根据生产经营变化以及劳动者的工作情况调整其工作岗位，劳动者必须服从用人单位的安排”等“霸王条款”。[1] 实践中这样的约定五花八门，有的明显免除用人单位的法定责任、排除劳动者权利，很好判断；有的约定则需要根据具体情况进行评价。

例如，由于工资可能由基本工资、绩效工资、提成工资等多个不同性质的部分组成，这就导致每个月的工资总额并不固定，为了方便计算和掌握加班工资，用人单位就可能会在劳动合同中约定加班工资的固定计算基数，即不论每个月实际工资是多少，都按照某个固定金额作为月工资基数来计算加班工资。当然，用人单位会利用优势缔约地位，约定一个低于劳动者实际月工资的加班工资计算基数。如果约定的计算基数与劳动者的实际月工资相比只是略低，还可以视为经过协商，劳动者放弃了部分权利；但是如果约定的计算基数显著低于劳动者的实际月工资，就应当认定为用人单位免除自己的法定责任、排除劳动者权利。为了保障劳动者劳动权益，《劳动法》第44条规定了加班工资的计算标准，虽然没有明确加班工资的计算基数，但是按照该规定，不论是哪种类型的加班工资，均应当高于劳动者正常工作时间的工资标准。因此，如果劳动合同约定的计算基数显著低于劳动者的实际月工资，就极有可能导致加班时间段的工资标准低于正常工作时间的工资标准，这显然免除了用人单位依法定标准支付加班工资的责任，也排除了劳动者获得法定标准加班工资的权利，这样的约定应当被评价为无效约定。

---

〔1〕 信春鹰、阚珂主编：《中华人民共和国劳动合同法释义》（第2版），法律出版社2013年版，第91～92页。

又如，T公司与孙某约定：大区负责人缴纳风险保证金，风险保证金为3万元或10万元。大区按照阿米巴经营计算经营利润，并按比例分配提成。如有大区经营利润为负，也按比例承担经营利润亏损额。大区负责人年度利润分享和风险分担按风险保证金分为两档，风险保证金3万元的，分享年度经营利润的20%或承担经营利润亏损额的20%；风险保证金10万元的，分享年度经营利润的40%或承担经营利润亏损额的40%；经营利润亏损承担首先从风险保证金中扣除，风险保证金不足以承担亏损责任的，其余部分从提成中扣除。法院认为，孙某虽是T公司杭州分公司的负责人，但其与T公司之间既没有股权关系、投资关系，也没有内部承包关系，因此，T公司关于由孙某缴纳风险保证金、分享经营利润、承担经营亏损的约定，实质上是用人单位要求劳动者用个人财产提供担保，并将用人单位经营风险转嫁给劳动者。〔1〕上述约定既违反了《劳动合同法》第9条中用人单位“不得要求劳动者提供担保或者”的强制性规定，也变相免除用人单位的法定责任（依约向劳动者支付奖金的义务）、排除了劳动者权利（付出劳动后依约获得相应奖金的权利），应属无效。

案例25 张某与某科技公司劳动争议案〔2〕

——预先放弃加班工资的约定无效

【基本案情】

张某于2020年6月入职某科技公司，月工资20000元。某科技公司在与张某订立劳动合同时，要求其订立一份协议作为合同附件，协议内容包括“我自愿申请加入公司奋斗者计划，放弃加班费”。半年后，张某因个人原因提出解除劳动合同，并要求支付加班费。某科技公司认可张某加班事实，但以其自愿订立放弃加班费协议为由拒绝支付。张某申请劳动仲裁，请求裁决某科技公司支付2020年6月至12月加班费24000元。

【裁判要点】

生效裁决认为，《劳动合同法》第26条规定，“下列劳动合同无效或者部分无效：……（二）用人单位免除自己的法定责任、排除劳动者权利的”。加班费是劳动者延长工作时间的工资报酬，《劳动法》第44条、《劳动合同法》第31条

〔1〕参见（2023）京0108民初27003号民事判决书。

〔2〕本案为人力资源社会保障部、最高人民法院《关于联合发布第二批劳动人事争议典型案例的通知》（人社部函〔2021〕90号）发布的案例2。

明确规定了用人单位支付劳动者加班费的责任。约定放弃加班费的协议免除了用人单位的法定责任、排除了劳动者权利，显失公平，应认定无效。本案中，某科技公司利用在订立劳动合同时的主导地位，要求张某在其单方制定的格式条款上签字放弃加班费，既违反法律规定，也违背公平原则，侵害了张某工资报酬权益。故裁决某科技公司支付张某2020年6月至12月加班费24000元。

【延伸思考】

在劳动合同订立或者履行过程中，双方预先约定，劳动者将放弃加班工资，这样的约定属于用人单位与劳动者就劳动关系下的某个专门事项订立的专项协议，是明确双方权利和义务的协议，依照《劳动法》第16条第1款的规定，该约定不论是在劳动合同当中还是独立于劳动合同，均属于劳动合同的一部分，依照《劳动合同法》第26条第1款第2项规定，该约定属于用人单位免除自己的法定责任、排除劳动者权利的约定，当属无效。但是，如果双方是在劳动合同解除之际，通过平等协商约定劳动者放弃部分或者全部加班工资，则属于劳动者事后对权利的处分，依照《劳动争议司法解释一》第35条第1款，劳动者与用人单位就解除或者终止劳动合同办理相关手续、支付工资报酬、加班费、经济补偿或者赔偿金等达成的协议，不违反法律、行政法规的强制性规定，且不存在欺诈、胁迫或者乘人之危情形的，应当认定有效。

（五）违反法律、行政法规强制性规定的劳动合同

违反法律、行政法规强制性规定的民事合同无效，一直为我国民法所承认。《民法总则》施行前，根据《合同法》及其司法解释的规定，合同违反强制性规定时，依该强制性规定是属于效力性的还是属于管理性的，而分别判定合同无效或有效，[1] 在无效与有效之间根本无任何回旋余地。《民法总则》及《民法典》的进步是新增了“但是该强制性规定不导致该民事法律行为无效的除外”的规定。[2] 该但书规定的意旨不是指，违反强制性规定的民事法律行为原则上无效，例外情形下有效；而是指，违反强制性规定的民事法律行为可能会产生无效之后果，也可能产生不使民事法律行为无效的后果；至于民事法律行为到底是无效还是无效之外的其他效果（效力待定、可变更、可撤销等），取决于对民事法律行为所违反的强制性规定的具体解释。质言之，该但书规定旨在明示，第153条第1款规定同时也是一种解释性规定。“不导致该民事法律行为无效”是一种

---

〔1〕 参见最高人民法院《关于适用〈中华人民共和国合同法〉若干问题的解释（二）》（法释〔2009〕5号，已失效）第14条。

〔2〕 参见《民法典》第153条第1款。

比较开放的规定，民事法律行为的效力取决于对民事法律行为违反的强制性规定的具体解释，也就是说，“强制性规定不导致该民事法律行为无效”是对强制性规定予以解释后的一种结果，不是先定的。[1]

相较于《民法典》第153条第1款的规定，《劳动合同法》第26条第1款第3项规定“违反法律、行政法规强制性规定的”劳动合同无效就显得过于绝对。由于《劳动合同法》久未修正，而《民法典》是最新立法思想的体现，因此，在适用《劳动合同法》第26条第1款第3项规定时，亦应当结合《民法典》第153条第1款的规定进行解释，不能“一刀切”地认为只要劳动合同违反了法律、行政法规强制性规定就一概无效。更为重要的是，劳动法是社会法，而且是公法性质较强的社会法，且一般情形下，从缔约开始劳动者在劳动关系中即处于弱势的受支配地位，因此，为了保护劳动者的合法权益，限制用人单位的行为，对于用人单位来说，劳动法以强制性规范为主。即便是像《劳动合同法》这样带有一定私法性质的劳动法，也并不像合同法那样，大部分条文是任意性规定、遵循法无禁止即可为的原则——对于用人单位来说，《劳动合同法》在很大程度上贯彻的是法无授权不可为的理念，其很多条文是授权性质的强制性规定。换言之，劳动法上的许多强制性规定——以《劳动合同法》第24条的竞业限制规定为例——其目的是对处于弱势缔约地位的劳动者进行保护，只是限制用人单位的行为界限，而不是为了限制劳动者的行为。因此，其强制性主要是针对用人单位来说的，而不是针对劳动者的。这就意味着，如果用人单位与并不属于《劳动合同法》第24条规定的可以约定竞业限制的劳动者约定竞业限制之后，但是该劳动者也认为其属于可以约定竞业限制的人员，愿意受约定的约束，则裁判机构也就没有必要越俎代庖，强行对其进行“保护”，否定双方竞业限制约定的效力。并且，劳动者往往因为无能力或者无义务审查合同是否违反强制性规定，基于信赖已经履行了竞业限制约定，如果再认定约定无效，反将使劳动者承担不利后果。[2] 何况，劳动者与用人单位之间的竞业限制约定一般不涉及损害国家利益、社会公共利益以及损害他人合法权益的问题，因此，既然作为理性人的劳动者自己选择受约定的约束，裁判机构自是没有必要多加干涉。

（六）符合《民法典》规定的其他无效情形的劳动合同

前文分析了《劳动合同法》明确规定的劳动合同无效情形，接下来的问题

---

〔1〕 参见朱广新：《合同法总则研究》（上册），中国人民大学出版社2018年版，第353～355页。

〔2〕 最高人民法院《关于适用〈中华人民共和国民法典〉合同编通则若干问题的解释》（法释〔2023〕13号）第16条第1款第3项正是体现了这一理念。

是，当劳动合同不存在《劳动合同法》规定的无效情形，却存在《民法典》规定的其他无效情形，如无民事行为能力人订立的劳动合同、[1] 双方通谋虚假表示订立的劳动合同、[2] 订立的劳动合同违背公序良俗，[3] 以及双方恶意串通订立的损害他人利益的劳动合同，[4] 此时，劳动合同是否无效？

笔者认为，《劳动合同法》虽然属于社会法，但是其仍具有一定程度的私法属性，相较于《民法典》，《劳动合同法》在一定程度上构成特别法，对于法理上相通的内容，《劳动合同法》没有规定的，依然可以根据其性质适用《民法典》的相关规定，认定其无效。

1. 无民事行为能力人、16 周岁以下未成年人订立的劳动合同

无民事行为能力人限于自然人，不能是法人以及其他组织。按照《民法典》的规定，无民事行为能力人包括三种自然人，即不满 8 周岁的未成年人、[5] 不能辨认自己行为的成年人以及不能辨认自己行为的 8 周岁以上的未成年人。[6]

我国劳动法律法规对劳动者年龄有严格限制，不满 16 周岁的自然人原则上不具备建立劳动关系的主体资格，其与用工主体订立的劳动合同因违反法律、行政法规强制性规定而无效。因此，对于不满 16 周岁的未成年无民事行为能力人订立的劳动合同，可以直接适用《劳动合同法》第 26 条的规定认定劳动合同无效。而对于不能辨认自己行为的成年人订立的劳动合同，则可以适用《民法典》第 144 条认定其无效。

2. 双方通谋虚假表示订立的劳动合同

《民法典》第 146 条第 1 款规定，行为人与相对人以虚假的意思表示实施的民事法律行为无效。此即学说所称的通谋的虚假表示。虚假表示，即虚假的意思表示，是指表意人明知其所表示的内容与其内心的真实意思不一致而作出的意思表示。[7] 通谋的虚假表示则是指行为人与相对人共同作出虚假的意思表示，实施了虚假的民事法律行为。例如，为逃避债务而虚假赠与财产、为了规避房屋限购政策而虚假离婚、[8] 买卖二手房时为了逃税而订立成交价远低于实际成交价的二手房买卖合同。又如，在建设工程施工过程中，承包方 A 公司将工程的劳务施工

---

〔1〕 参见《民法典》第 144 条。
〔2〕 参见《民法典》第 146 条。
〔3〕 参见《民法典》第 153 条第 2 款。
〔4〕 参见《民法典》第 154 条。
〔5〕 参见《民法典》第 20 条。
〔6〕 参见《民法典》第 21 条。
〔7〕 参见韩世远：《合同法总论》（第 4 版），法律出版社 2018 年版，第 218 页。
〔8〕 参见王利明：《民法总则》，中国人民大学出版社 2017 年版，第 324 页。

部分违法分包给没有劳务分包资质的自然人包工头甲，该包工头甲雇用农民工乙具体从事油工，乙受甲的用工管理，对受雇于甲心里明知，为了应付行政主管部门检查，A公司与乙订立书面劳动合同，但是双方都认为两者之间并不存在直接的劳动、劳务以及其他的用工关系。这种情形下订立的劳动合同，就属于双方以虚假的意思表示订立的劳动合同，当属无效。

3. 违背公序良俗的劳动合同

违背公序良俗的合同包括两类：一类是危害公共秩序的合同。对公共秩序的维护，在法律上大都有明确的规定，危害公共秩序的行为通常也就是违反法律、行政法规的强制性规定的行为。但有时，法律规定并不可能涵盖无余，因此，合同危害了公共秩序，即使没有现行的法律规定，也应当被宣告无效。另一类是违背善良风俗的合同。善良风俗，也称为社会公共道德，是指由社会全体成员所普遍认许、遵循的道德准则。

从实践来看，违背善良风俗的民事法律行为主要包括以下几种情况：(1) 危害婚姻法、损害正常的家庭关系秩序的法律行为。例如，双方离婚后约定禁止一方当事人生育，约定断绝亲子关系，夫妻在离婚时约定禁止任何一方在离婚后再婚等。(2) 违反有关收养关系的法律行为。例如，收养人和送养人在达成收养协议时约定送养人收取一定的报酬，或禁止收养的子女的姓氏随送养人。(3) 违反性道德的法律行为，如有偿性服务合同等。(4) 以赌债偿还为内容的法律行为。(5) 贬损人格尊严和限制人身自由的法律行为。例如，双方订立合同，约定一方帮另一方还债以后，另一方以身相许。再如，在雇佣合同中规定不准雇员外出，或规定离开商场、工作场地，需要搜身等。(6) 限制职业选择自由的法律行为。例如，在合同中规定不准另一方选择任何合法的职业。(7) 违反公平竞争的法律行为。例如，在拍卖或招标中的串通行为，数个企业互相约定共同哄抬价格、操纵市场等。(8) 违反劳动者保护的法律行为。一些私人企业的在与员工订立合同时对工伤事故订立所谓生死合同条款，即只要发生工伤事故雇主概不承担责任。这些约定不仅违反了强行法的规定，也是违反公序良俗的。(9) 诱使债务人违约的法律行为。例如，双方在合同中约定，一方违反其与他人之间订立的合同，另一方将为其支付一定的费用作为报酬。(10) 禁止投诉的法律行为。例如，在合同中约定，禁止一方投诉另一方的某种违法行为。[1]

4. 恶意串通，损害他人合法权益的劳动合同

此种情形指的是，当事人明知订立劳动合同会损害他人权益，仍彼此勾结订

---

〔1〕 参见王利明：《民法总则》，中国人民大学出版社2017年版，第327页。

立可能损害他人合法权益的劳动合同。例如，王某的女朋友小丽被M公司裁员，处于失业状态。因王某担任K公司法定代表人，小丽便想去K公司工作，并将这个想法告诉了王某。王某对小丽说，K公司实际上因经营不善已经停产停业，入不敷出。小丽则说，如果王某不帮她，就跟王某分手。于是王某以K公司名义招录了小丽，并与小丽订立了劳动合同，约定月工资5万元，该工资标准远高于小丽先前的工资标准。该劳动合同就属于恶意串通，损害股东合法权益的劳动合同，应当认定为无效。

需要注意的是，其一，对于"损害他人合法权益"，不能基于履行情况或履行后果进行论断，必须截取民事法律行为成立之时点予以判断。依成立之时点判断有无损害，只能是对损害所可能发生结果的一种符合因果律的预测或经验推断，这里的"损害"因而只能理解为一种"可能的损害"，而不能理解为一种现实的损害。[1] 其二，损害他人合法权益的情形应当区分为损害的是特定的第三人还是不特定的第三人，如果损害的是不特定的第三人的利益，实质上损害的是公共秩序，应当依据《民法典》第153条认定该法律行为绝对无效。而如果损害的是特定的第三人的利益，才应当适用《民法典》第154条。

三、劳动合同无效的法律后果

（一）劳动者和用人单位不享有完整的劳动法权利

本书前文已经阐述，劳动关系不是单纯的个体之间的民事法律关系，较之普通民事法律关系的私法属性，劳动关系具有强烈的社会属性，劳动关系成立还意味着用人单位与劳动者需要依法缴纳社会保险，这就直接涉及国家利益和社会公共利益，因此，国家对劳动关系的管控要比普通民事法律关系更强，这种社会属性和强管控，就包括立法对劳动关系的成立设置了多个要件。完全符合立法期待的劳动关系，需要具备四个要件：劳动者与用人单位具有建立劳动关系的主体资格、建立劳动关系的意思表示真实、建立劳动关系的目的合法、开始劳动法意义上的用工。这就意味着，虽然劳动关系与劳动合同是分离的，因用工而建立的事实劳动关系往往并不会因为劳动合同的无效而不存在，但是如果劳动合同无效的原因是劳动者或者用人单位没有建立劳动关系的主体资格、建立劳动关系的目的违法，是无法建立完全劳动关系的，这就意味着相对于完全劳动关系，劳动者和用人单位可能无法享有完整的劳动法上的权利。

例如，由于童工没有建立劳动关系的主体资格，其与用工主体订立的劳动合

〔1〕 参见朱广新：《合同法总则研究》（上册），中国人民大学出版社2018年版，第369页。

同因违反法律、行政法规的强制性规定而无效。即使童工向用工主体提供了从属性劳动，也只能成立不完全劳动关系，童工能享受到的劳动法上的权利，较之完全劳动关系是不完整的。比如，在现行社会保险制度下，用工主体无法为童工缴纳社会保险。又如，由于用人单位与童工订立的劳动合同违反了法律、行政法规的强制性规定，按照《劳动合同法》第26条第1款第3项的规定，当属无效。因此童工的权利无法得到劳动合同的全面保护，童工也不能像其他劳动者那样有权请求用人单位向其支付未订立书面劳动合同的二倍工资、请求与用人单位订立无固定期限劳动合同。

再如，按照《劳动合同法》第44条的规定，用人单位被吊销营业执照、责令关闭、撤销或者用人单位决定提前解散的，就不再具备与劳动者建立劳动关系的资格，其与劳动者之间的劳动合同终止，这就意味着新成立的劳动合同亦因违法该强制性规定而无效。为了给劳动者提供必要的劳动法上的保护，可以将该用工关系纳入不完全劳动关系。并且，应当最大限度地适用劳动法上的有关规定，一方面是保护无过错一方劳动者的合法权益，另一方面也能起到增加非法用工的成本、以儆效尤的惩戒和引导作用。但是，劳动者无法主张订立无固定期限劳动合同、未订立书面劳动合同的第二倍工资等权利。

当然，用工关系因其建立的目的违反法律、行政法规强制性规定或者违背公序良俗的，即使相关人员已经付出劳务，也不存在应当受到劳动法保护的法益。比如，用工主体招用人员进行生产、贩运与销售毒品或者卖淫嫖娼，其建立用工关系的目的违反法律、行政法规强制性规定或者违背公序良俗，所招用人员提供的劳动也具有严重违法性，显然不应当受劳动法的保护。[1]

（二）劳动者已经付出劳动的，用人单位需支付劳动报酬

如前文所述，合同无效意味着自始、当然、确定的无效，因此，恢复原状是合同无效的必然后果。根据《民法典》第157条的规定，当事人因无效合同取得的财产，应当予以返还；不能返还或者没有必要返还的，应当折价补偿。有过错的一方应当赔偿对方由此所受到的损失；各方都有过错的，应当各自承担相应的责任。法律另有规定的，依照其规定。

但是，劳动合同的特殊性在于，它是继续性合同，劳动者已经付出的劳动无法恢复原状。我们知道，按照履行次数的不同，合同可以分为一时性合同与继续性合同。所谓一时性合同，是指合同的内容因一次履行即可实现合同目的。大多

〔1〕 参见杨复卫：《“事实劳动关系”类型化研究》，载《西部法学评论》2013年第4期。

数合同都是一时性合同，合同一次履行之后，就导致权利义务的终止。[1] 所谓继续性合同，是指合同的内容并非一次履行可以完结，而是继续地实现。时间因素在继续性合同的履行上居于重要地位，总给付的内容取决于应为给付时间的长短，换言之，随着履行时间的推移在当事人之间不断地产生新的权利义务。[2] 雇佣合同、劳动合同、租赁合同等均属于继续性合同。继续性合同消灭时，或无恢复原状的可能性，或不宜恢复原状，故通常不生恢复原状义务问题。[3] 因此，《劳动合同法》第28条规定："劳动合同被确认无效，劳动者已付出劳动的，用人单位应当向劳动者支付劳动报酬。劳动报酬的数额，参照本单位相同或者相近岗位劳动者的劳动报酬确定。"也就是说，虽然劳动合同无效，但是由于劳动者付出的劳动无法恢复原状，是故用人单位自然要支付对价，即劳动报酬。

但是，笔者认为，该条规定的劳动报酬确定方式存在一定的缺陷，主要理由如下：

（1）用人单位与劳动者就劳动报酬的标准一般是有明确约定的，即使没有书面约定，通过核实银行流水等证据材料，也不难查明双方实际约定的劳动报酬，因此，当劳动合同无效时，抛开劳动合同约定的、实际履行的劳动报酬标准，另行参照本单位相同或者相近岗位劳动者的劳动报酬来确定劳动报酬标准，有舍近求远之嫌。

（2）实践中，劳动者的工作能力、工作积极性各异，不同的劳动者在相同时间段内完成的劳动成果往往差别较大，因此，即使是相同或者相近岗位，用人单位与劳动者约定的劳动报酬往往存在差异，这是客观存在的现象，也是多劳多得、不吃"大锅饭"的体现。所以，罔顾个体差异，抛开体现个性差异的实际约定，一味参照相同或相近岗位劳动者的劳动报酬，不能体现公平原则。

（3）如前所述，用人单位与相同或者相近岗位劳动者约定的劳动报酬往往存在差异，而现实中的用人单位普遍实行密薪制，致使劳动者并不掌握本单位其他相同或者相近岗位劳动者的劳动报酬情况，因此，当劳动合同无效时，如果参照本单位相同或者相近岗位劳动者的劳动报酬来确定劳动报酬，就会诱使用人单位违反诚信，利用信息的不透明，以相同或者相近岗位劳动者中较低的劳动报酬标准来提举证据，甚至会为此作虚假陈述乃至制造虚假证据，而劳动争议仲裁机构或者法院事实上难以查明真实情况。

---

〔1〕 参见王利明：《合同法研究》（第一卷）（第3版），中国人民大学出版社2015年版，第33页。

〔2〕 参见崔建远：《债法总论》，法律出版社2013年版，第37页。

〔3〕 参见韩世远：《合同法总论》（第4版），法律出版社2018年版，第90页。

（4）如果双方约定的劳动报酬标准与本单位相同或者相近岗位劳动者的劳动报酬本就相仿，则抛开双方已有的约定，按照本单位相同或者相近岗位劳动者的劳动报酬确定就显得没有必要。而如果实际约定的劳动报酬远高于本单位相同或者相近岗位劳动者的劳动报酬，并且劳动合同无效的原因在用人单位一方时，不参照约定标准却参照较低的标准来确定劳动报酬，显然令用人单位因自己的过错获利，令劳动者承担了合同无效的不利后果，这是与公平原则和诚实信用原则相悖的。如果实际约定的劳动报酬远低于本单位相同或者相近岗位劳动者的劳动报酬，并且劳动合同无效的原因在劳动者一方时，不参照约定标准却参照较高的标准来确定劳动报酬，显然令劳动者因自己的过错获利，令用人单位承担了合同无效的不利后果，这同样是与公平原则和诚实信用原则相悖的。

（5）在司法实践中，对于类似的情况已有参照实际履行的约定标准来确定合同对价的先例，并且在实践中反馈良好。如有关建设工程施工合同的司法解释中就规定，当事人就同一建设工程订立的数份建设工程施工合同均无效，但建设工程质量合格，一方当事人请求参照实际履行的合同关于工程价款的约定折价补偿承包人的，人民法院应予支持。[1]

综合上述理由，笔者认为，一般情况下，比照有关建设工程施工合同司法解释的规定，参照用人单位与劳动者约定的、实际履行的劳动报酬标准来确定劳动者的劳动报酬，更能彰显公平原则和诚实信用原则。只有在双方确实没有约定劳动报酬标准或者确实难以查明双方约定的标准的情况下，或者在约定的劳动报酬标准因劳动者或者用人单位欺诈、胁迫、乘人之危等，确实不能体现劳动者真实劳动成果的情况下，才有撇开双方已有的约定，另行参照本单位相同或者相近岗位劳动者的劳动报酬或者其他标准来确定劳动报酬标准的必要。

（三）无过错方有权解除劳动合同关系

按照《劳动合同法》第 38 条第 1 款第 5 项、第 46 条第 1 项的规定，因用人单位的原因导致劳动合同符合该法第 26 条第 1 款规定的情形而无效的，劳动者可以解除劳动合同关系，并要求用人单位向其支付经济补偿。相应地，按照该法第 39 条第 5 项的规定，因劳动者的欺诈、胁迫或者乘人之危导致劳动合同无效的，用人单位可以解除劳动合同关系，并且无须支付经济补偿。

为了解决劳动合同无效的情况下事实劳动关系的存废问题，《劳动合同法》在第 38 条和第 39 条分别赋予作为无过错方的劳动者和用人单位解除劳动合同关

〔1〕 参见最高人民法院《关于审理建设工程施工合同纠纷案件适用法律问题的解释（一）》（法释〔2020〕25 号）第 24 条第 1 款的规定。

系的权利。此时，劳动者和用人单位分别可以依据《劳动合同法》第 38 条第 1 款第 5 项和第 39 条第 5 项行使解除权，解除劳动合同关系。需要强调的是，此处应当是对劳动合同关系的解除权而不是对书面劳动合同的解除权。因为根据民法理论以及《劳动法》第 18 条第 2 款的规定，无效的劳动合同是自始无效的，不存在还能对无效的合同进行解除一说。因此，劳动合同无效的时候，不管是劳动者还是用人单位行使解除权，解除的实际上是基于用工而建立的劳动合同关系，即事实劳动关系，而不是书面劳动合同。

当然，劳动者和用人单位也可以从有利于己方的利益出发，选择不行使解除权，从而使劳动关系得以继续。比如，劳动者入职的时候虽然有简历造假的欺诈情节，但是入职以后业绩非常好，成了用人单位的业务骨干，那么用人单位基于自身的利益，可以选择继续与劳动者履行劳动关系，没必要非得强行解除劳动关系，因为这样反而有损用人单位的利益。

（四）过错方的赔偿责任

依照《劳动合同法》第 86 条的规定，劳动合同被确认无效，给对方造成损害的，有过错的一方应当承担赔偿责任。赔偿责任的界定，应当以赔偿实际损害为原则。[1]

此外，前文已经阐述，当劳动合同存在《民法典》规定的其他无效情形，如无民事行为能力人订立的劳动合同、双方通谋虚假表示订立的劳动合同、订立的劳动合同违背公序良俗以及双方恶意串通订立的损害他人利益的劳动合同，可以根据其性质适用《民法典》的相关规定，认定其无效。那么，因符合前述《民法典》的其他规定导致劳动合同无效的，亦应当类推适用《劳动合同法》第 38 条第 1 款第 5 项和第 39 条第 5 项的规定，赋予作为无过错方的用人单位或者劳动者单方解除劳动关系的权利。

案例 26　任某与 A 公司劳动争议再审案[2]

——专职律师与律所以外的用人单位订立的劳动合同是否有效

【基本案情】

A 公司申请再审称，任某为专职律师，根据《律师法》和《律师执业管理办

〔1〕参见王全兴：《劳动法》（第 4 版），法律出版社 2017 年版，第 195 页。
〔2〕参见广东省高级人民法院民事裁定书，（2017）粤民申 9200 号。

法》，专职律师在从业期间应当专职执业。二审法院认定专职执业并未禁止与其他用人单位建立劳动关系，是适用法律错误，深圳市律师协会曾认定专业律师在执业期间与公司建立劳动关系违规并予以处罚。

【裁判要点】

再审法院认为，劳动合同无效的事由载于《劳动合同法》第26条，该条规定，以欺诈、胁迫的手段或者乘人之危，使对方在违背真实意思的情况下订立或者变更劳动合同的、用人单位免除自己的责任、排除劳动者权利的，或者违反法律、行政法规强制性规定的劳动合同无效。对照本案，任某在与A公司建立劳动关系时，没有向A公司隐瞒自己的律师身份。《律师法》第10条规定，“律师只能在一个律师事务所执业”，并没有禁止律师在一个律师事务所执业的同时，为律师事务所以外的其他用人单位提供劳动。《律师执业管理办法》虽然规定专职律师在从业期间应当专职执业，但该办法属于部门规章，并非法律或者行政法规，故当事人之间的劳动合同不因违反该办法而无效。除此之外，双方的劳动合同不存在《劳动合同法》规定的其他无效事由，故应为有效合同。任某根据有效的劳动合同向A公司主张合法权利，二审法院予以支持，符合法律规定。律师行业协会对专职律师与其他用人单位建立劳动关系进行处罚，属于行业管理行为，再审法院不作干涉。综上，A公司的再审申请缺乏理据，再审法院不予支持。

【延伸思考】

就专职律师能否与律师事务所之外的用人单位订立劳动合同、建立劳动关系，在全国范围内存在激烈的争论，主要有三种观点。第一种观点认为，根据《律师法》和《律师执业管理办法》的规定，律师只能在一个律师事务所执业，律师从业期间应当专职执业，但兼职律师或法律、行政法规另有规定的除外。劳动者在作为专职律师执业期间，与其他用人单位签订的劳动合同，违反了律师应当专职执业的强制性规定，双方劳动合同中涉及双方建立劳动关系的部分应为无效，双方之间的纠纷可以按劳务关系处理。[1] 第二种观点认为，根据《律师法》和《律师执业管理办法》的规定，专职律师只能在一个律师事务所执业，其在执业期间应当专职执业，因此，其不具备与其他用人单位再建立劳动关系的主体资格，订立的劳动合同自然无效。由于不具备建立劳动关系的资格，其与其他用人单位之间的用工关系可以按照劳务关系处理。第三种观点认为，首先，劳动者虽然是执业律师，但是其作为年满16周岁的公民，具有建立劳动关系的主体资格。其在入职时已经明确告知用人单位其执业律师身份，单位对其作了背景调查，并

---

〔1〕 参见华峰：《专职律师与非律所签订的劳动合同，是否合法有效?》，载微信公众号“共融律师事务所”2022年3月15日。

未提出异议，因此，双方订立的劳动合同是双方真实意思表示，合法有效。其次，根据《律师法》第10条规定，律师只能在一个律师事务所执业。律师变更执业机构的，应当申请换发律师执业证书，《律师执业管理办法》第47条也规定律师只能在一个律师事务所执业，律师在从业期间应当专职执业，但兼职律师或者法律、行政法规另有规定的除外。对上述条文从文义上理解是指律师实际执行律师业务时，只能在一个律师事务所执业，并没有禁止律师在律师事务所之外向其他用人单位提供劳动。也不能推出未实际执业的律师不能与其他用人单位建立劳动关系。《律师法》和《律师执业管理办法》的上述规定，只是对律师执业行为的管理性规定，并非效力性强制性规定，双方签订的劳动合同不因违反上述规定而无效。如果劳动者因挂靠律师执业证行为违反了相关管理规范，也只是属于行政处罚的范围，与双方的民事法律关系没有关联。[1]

笔者赞同第三种观点。第一种观点没有正确认识劳动合同与劳动关系之间的关系，因为，即使劳动合同无效，也不能直接得出劳动关系不存在的结论。正如本书反复强调的，劳动关系与劳动合同是分离存在的，劳动关系的建立以用人单位开始对劳动者进行支配性用工为要件，而不是以存在有效的劳动合同为要件，即使劳动合同无效，因用工而建立的事实劳动关系依然可能客观存在。第二种观点实际上是认为《律师法》和《律师执业管理办法》剥夺了专职律师与律师事务所之外的用人单位建立劳动关系的主体资格。但是，从《律师法》的规定难以得出这个结论，而《律师执业管理办法》作为部门规章，显然也不可能剥夺律师作为劳动者以及完全民事行为能力人与其他用人单位建立劳动关系的主体资格，因为建立劳动关系的主体资格属于劳动者的劳动行为能力范畴。如果专职律师与其他用人单位建立劳动关系的行为违反了律师行业管理规定，应当受到的是行业管理性质的处罚，而不能直接否定其建立劳动关系的主体资格和劳动合同的效力。

事实上，实践中很多用人单位在招聘法务等法律事务岗位工作人员时，特地强调劳动者需具有律师执业证，换言之，与具有执业律师身份的劳动者建立劳动关系，是其真实意思表示。只不过当双方发生纠纷之后，为了不承担、少承担劳动法上的义务，用人单位才主张专职律师不能与之建立劳动关系。这样的行为本身就是违反诚实信用原则的，不应得到司法判决的变相支持。如在M公司与陈某再审劳动争议案中，再审法院查明，M公司在网上公开的2015年招聘启事中，对法律事务岗位明确要求需“具有律师执业证”，而陈某应聘入职的最初岗位正

〔1〕 参见北京市东城区人民法院民事判决书，（2020）京0101民初19276号。

是法律审计部副总经理，故M公司关于陈某隐瞒律师身份、劳动合同无效的再审申请理由不能成立。[1]

第三节　可撤销的劳动合同

劳动法没有规定劳动合同的可撤销与效力未定，这是否意味着对于劳动合同来说，不存在可撤销与效力未定的情形？笔者认为不能这样理解。因为，相关新旧劳动争议司法解释均规定，劳动者与用人单位就解除或者终止劳动合同办理相关手续、支付工资报酬、加班费、经济补偿或者赔偿金等达成的协议“存在重大误解或者显失公平情形，当事人请求撤销的，人民法院应予支持”，也就是说，对于终结劳动关系协议，司法解释是认可其存在可撤销情形的。而劳动合同显然也存在重大误解、显失公平、劳动者事后追认的可能性，虽然劳动法对此没有完全涉及，但是不可能说，只有终结劳动关系的协议存在因重大误解、显失公平可撤销的情形，而当劳动合同本身存在重大误解、显失公平等情形时却与正常劳动合同无异。因此，应当认为，劳动法仅对意思表示不真实情形中更为严重的一类，即欺诈、胁迫、乘人之危等意思表示不自由的情形进行了重于民法评价的效力评价，而对诸如重大误解、显失公平等其他意思表示不真实的情形，交由已有的民法规则进行调整。

但是，研究效力未定的劳动合同几乎没有意义。本讲前面部分已经分析，效力未定的合同包括限制民事行为能力人缔结的合同和无权代理人以被代理人名义缔结的合同这两类。由于未成年人订立的劳动合同是无效合同，因此，对劳动合同来说，可能发生效力未定后果的就限于不能完全辨认自己行为的成年人订立的劳动合同，以及无权代理人以被代理人名义缔结的劳动合同。但是，就无权代理人以被代理人名义缔结劳动合同来说，现实中难以发生。就不能完全辨认自己行为的成年人订立劳动合同来说，鉴于劳动关系是具有强烈人身属性的社会关系，其实质上是以用人单位能够对劳动者进行支配性的劳动管理为前提发生的，否则劳动合同目的无法实现，而不能完全辨认自己行为的成年人显然是无法令用人单位对其进行支配性管理的，因此，一旦用人单位在试用期内发现劳动者不能完全辨认自己行为，应当允许其以试用期不符合录用条件为由，适用《劳动合同法》第39条第1项解除劳动合同。事实上，原劳动部在1996年颁布的《关于实行劳动合同制度若干问题的通知》第11条就规定，用人单位对新招用的职工，在试

〔1〕参见四川省高级人民法院民事裁定书，(2019)川民申4286号。

用期内发现并经有关机构确认患有精神病的，可以解除劳动合同。因此，本书不再阐述效力未定的劳动合同，只对可撤销的劳动合同展开分析。

一、可撤销的劳动合同

（一）因重大误解订立的劳动合同

所谓重大误解，是指行为人对行为的性质、对方当事人或者标的物的品种、质量、规格、价格、数量等产生错误认识，按照通常理解如果不发生该错误认识行为人就不会作出相应意思表示。[1] 因重大误解订立劳动合同需具备以下几个要件：

1. 劳动者或者用人单位对劳动合同的内容等发生了重大误解

当事人在订立合同的过程中，可能因多种原因对合同的内容等发生误解，但是从维护交易安全出发，并非所有误解都会导致该合同被撤销。一方面，必须是表意人对合同的内容发生了误解，只有在表意人对合同的内容等发生误解时，才能使该合同成为可撤销的合同。另一方面，误解必须是重大的，就劳动合同而言，必须是对劳动合同主要内容如用人单位主体、劳动报酬的标准、工作岗位、工作地点等发生了误解。

2. 劳动者或者用人单位因为误解订立了劳动合同

构成因重大误解而订立的劳动合同，不仅要求表意人内心出现了重大误解，而且要求表意人因为该误解订立了劳动合同。例如，小刘家在北京，想找一份北京的工作。某公司在网上发布招聘广告，写明工作地点在吉林省朝阳市。小刘看到该则招聘广告，由于粗心，误以为工作地点在北京市朝阳区，便欣然应聘并被录取，双方订立了劳动合同。在这个案例中，一方面，小刘对应聘工作的工作地点产生误解，该误解属于对劳动合同主要内容的误解，构成重大误解；另一方面，小刘家在北京，想找一份北京的工作，如果小刘知道该工作地点在吉林省，便不会去应聘，因此，小刘系因误解订立了劳动合同。

3. 误解是由误解方自己的过错造成的

误解是由误解方自己的过错造成的，而不是因为受他人的欺骗或不正当影响造成的。在这一点上，它与误传是不同的。在误传的情况下，表意人所作出的意

〔1〕 参见最高人民法院《关于适用〈中华人民共和国民法典〉总则编若干问题的解释》（法释〔2022〕6号）第19条第1款规定：“行为人对行为的性质、对方当事人或者标的物的品种、质量、规格、价格、数量等产生错误认识，按照通常理解如果不发生该错误认识行为人就不会作出相应意思表示的，人民法院可以认定为民法典第一百四十七条规定的重大误解。”

思表示是真实的，只是由于传达人或传达机关在传达过程中的失误造成了错误，而误解完全是由自己的原因造成的。[1] 不过，需要注意的是，司法解释规定，行为人以其意思表示存在第三人转达错误为由请求撤销民事法律行为的，适用有关重大误解的规定。[2]

（二）订立时显失公平的劳动合同

就显失公平的内涵，民法上从《民法总则》开始发生重大变化。在《民法总则》之前，司法解释认为显失公平是指一方当事人利用优势或者利用对方没有经验，致使双方的权利义务明显违反公平、等价有偿原则的情形。《民法总则》和《民法典》扩大了显失公平的内涵，将乘人之危纳入显失公平。现在民法上的显失公平，指的是“一方利用对方处于危困状态、缺乏判断能力等情形，致使民事法律行为成立时显失公平”。由于《劳动合同法》规定乘人之危是劳动合同无效的法定情形，因此，劳动法上可撤销的显失公平内涵小于民法上的显失公平，其仅指向民法上乘人之危之外的显失公平，包括主客观两方面的构成要件：

1. 主观要件

“利用对方缺乏判断力等情形”这一主观要件，包含两方面的内容。第一，对方须处于缺乏判断力等情形。从汉语表达上讲，缺乏判断力的原因是多方面的，如经历浅薄、没有经验、意志薄弱、信息匮乏等。[3] 除上述情形外，该条使用了“等”字这一表述，表明除了利用对方缺乏判断能力外，如果存在其他类似影响当事人意思自由的情形，表意人也应当有权主张撤销民事法律行为。[4] 第二，一方须明知对方存在缺乏判断力等情形而在缔约之际加以利用。不知道对方存在缺乏判断力等情形，或者虽然知道对方处于这样的情形而未有意识地将其加以利用，都无法满足主观要件。[5]

2. 客观要件

此处的显失公平，是指双方当事人在劳动合同中的权利义务明显失衡、显著不相称。[6] 显失公平的判断时间点，法律明确规定为“民事法律行为成立时”，

---

〔1〕 参见王利明：《民法总则》，中国人民大学出版社 2017 年版，第 331 页。

〔2〕 参见最高人民法院《关于适用〈中华人民共和国民法典〉总则编若干问题的解释》（法释〔2022〕6 号）第 20 条规定：“行为人以其意思表示存在第三人转达错误为由请求撤销民事法律行为的，适用本解释第十九条的规定。”

〔3〕 参见朱广新：《合同法总则研究》（上册），中国人民大学出版社 2018 年版，第 316 页。

〔4〕 参见王利明：《民法总则》，中国人民大学出版社 2017 年版，第 337 页。

〔5〕 参见朱广新：《合同法总则研究》（上册），中国人民大学出版社 2018 年版，第 317 页。

〔6〕 参见李适时主编：《中华人民共和国民法总则释义》，法律出版社 2017 年版，第 474 页。

对于劳动合同而言，也就是劳动合同成立时。与之相对应，订立劳动合同后发生显失公平，则属情势变更问题，由《劳动合同法》第 40 条第 3 项等规定调整。

“显失公平”本身为不确定概念，需要裁判者作价值补充，裁判者被授予了自由裁量权，对此，裁判者应审慎行事，切忌干涉过度。公平与否，在由裁判者衡量时，遵循的是客观标准。可是，合同本是双方当事人意思自治的结果，评价之事，在当事人本来所采者恰恰不是客观标准，而是主观标准。这种评价标准的龃龉或者不统一，一方面，是实务无法避免的不得不然；另一方面，也提示了裁判者应抱持谦抑的态度，不宜过度“家父主义”。[1]

（三）受第三人欺诈订立的劳动合同

劳动法规定了劳动者与用人单位之间受欺诈订立的劳动合同无效，但是没有规定受第三人欺诈订立的劳动合同效力如何，而《民法典》第 149 条规定：“第三人实施欺诈行为，使一方在违背真实意思的情况下实施的民事法律行为，对方知道或者应当知道该欺诈行为的，受欺诈方有权请求人民法院或者仲裁机构予以撤销。”因此，在劳动法没有规定时，适用《民法典》相关规定的结果是，受第三人欺诈订立的劳动合同构成可撤销的劳动合同，其需要具备以下构成要件：

第一，欺诈行为由第三人实施。第三人欺诈中的“第三人”应当是订立劳动合同的劳动者和用人单位以外的第三人，如果是劳动者或者用人单位实施欺诈行为，则不构成第三人欺诈。当然，如果劳动者、用人单位的代理人、代表人实施了欺诈行为，应当构成当事人一方实施欺诈行为，而不成立第三人欺诈。[2]

第二，受欺诈方因为第三人的欺诈行为订立劳动合同。例如，为了帮自己的侄子小王找一份好工作，老王准备将他推荐给世界500强的 W 公司。W 公司总经理张总是其多年的好友，但是 W 公司明确要求求职者必须通过英语六级，而小王只通过了英语四级。为了小王能够成功入职，老王向张总谎称小王早就通过了英语六级，但是六级证书不慎丢失。出于对老朋友的信任，张总没有再让人力员工核实小王的英语六级成绩，直接录用了他。

第三，第三人欺诈劳动者或者用人单位，与劳动者或者用人单位订立劳动合同的相对方知道或者应当知道该欺诈行为。在第三人实施欺诈行为的情形下，为了保护交易安全，不应当一概允许受欺诈方主张撤销劳动合同，只有在合同相对方知道或者应当知道第三人的欺诈行为时，受欺诈方才能请求人民法院或者仲裁机构撤销劳动合同。

---

〔1〕 参见韩世远：《合同法总论》（第 4 版），法律出版社 2018 年版，第 292 页。

〔2〕 参见王利明：《民法总则》，中国人民大学出版社 2017 年版，第 333 页。

（四）受第三人胁迫订立的劳动合同

与欺诈一样，劳动法规定了劳动者与用人单位之间受胁迫订立的劳动合同无效，但是没有规定受第三人胁迫订立的劳动合同效力如何。而《民法典》第150条规定："一方或者第三人以胁迫手段，使对方在违背真实意思的情况下实施的民事法律行为，受胁迫方有权请求人民法院或者仲裁机构予以撤销。"因此，在劳动法没有规定时，适用《民法典》相关规定的结果是，受第三人胁迫订立的劳动合同构成可撤销的劳动合同。受第三人胁迫订立的劳动合同其构成要件与以胁迫的手段使对方在违背真实意思的情况下订立或者变更的劳动合同是一样的，只是胁迫人从劳动者或者用人单位中的一方变成了订立劳动合同的劳动者和用人单位以外的第三人，故本书不再赘述。

需要注意的是，与受第三人欺诈订立的劳动合同只有在相对方知道或者应当知道该欺诈行为时才可撤销不同，由于胁迫相比欺诈而言危害性更为剧烈，[1] 因此，《民法典》规定不论受胁迫人的合同相对方是否知道或者应当知道第三人的胁迫行为，该受第三人胁迫订立的劳动合同均属可撤销合同。

二、撤销权的行使

依据《民法典》的规定，撤销权的行使具有如下特点：(1) 撤销权由因意思表示不真实而受损害的一方当事人享有，如重大误解中的误解人、显失公平中遭受重大不利的一方。关于实施欺诈、胁迫等行为的人是否可以主张撤销，虽然学界存在争议，但一般认为，其不能享有撤销权。如果欺诈、胁迫行为人也享有撤销权，可能会鼓励其从事违法行为，也违反诚信原则。(2) 撤销权是一种专属权利，不得与法律行为相分离而单独转让。权利人不能在转让合同时保留撤销权，或者在转让撤销权时保留合同债权。(3) 撤销权必须在法定期限内行使。因为撤销权是形成权，其应当适用除斥期间。尤其是撤销权具有强大的效力，会导致法律行为被消灭，当事人之间发生恢复原状的后果。如果没有期限限制，可能导致法律行为的效力悬而未决，这就极不利于维护当事人的利益，也不利于保障交易安全。[2] (4) 本书前面部分已经阐述，我国法律要求撤销权人行使撤销权时应向人民法院或者仲裁机构提出请求。如撤销权人不采取向法院起诉或向仲裁机构申请仲裁的方式为之，而直接向相对人以意思表示为之，应不发生撤销权行使的效力（如相对人表示同意则可发生协议解除的效力）。如果当事人只是以抗辩的

---

〔1〕 参见韩世远：《合同法总论》（第4版），法律出版社2018年版，第258页。

〔2〕 参见王利明：《民法总则》，中国人民大学出版社2017年版，第337～338页。

方式主张撤销权，法院或者仲裁庭不应予以支持。[1]

撤销权的行使期限通常为1年。[2] 该期限在性质上属于除斥期间，是法定的不变期间，不存在中止、中断、延长的情形。该期限从其知道或应当知道撤销事由之日起开始计算。如果超过1年不行使权利，或者在知道具有撤销事由后明确表示或者以行为的方式放弃撤销权，撤销权最终归于消灭，则可撤销合同成为有效合同。[3] 不过，与欺诈、重大误解等行为不同，胁迫行为具有特殊性，胁迫不终止，被胁迫人不可能自由提起撤销诉讼。因此，受胁迫人只能在胁迫终止后的1年内行使撤销权。另外，对于重大误解的当事人而言，自知道或者应当知道撤销事由之日起90日内没有行使撤销权，该撤销权消灭。也就是说，因重大误解而撤销法律行为的，撤销权行使期限较短。因为在重大误解的情形下，撤销权人通常都具有过错，不应当使其享有与其他情形下的撤销权人同样的除斥期间。[4] 此外，为避免法律关系长期不确定，《民法典》第152条第2款又规定："当事人自民事法律行为发生之日起五年内没有行使撤销权的，撤销权消灭。"换言之，自民事法律行为成立之日起，超过5年的，撤销权消灭，即使当事人不知道且不应当知道撤销事由，也发生同样的效果。

撤销权一旦行使，经法院或者仲裁确认，将使劳动合同的效力溯及既往地消灭，发生等同于劳动合同无效的效果。具体参见本讲前面"劳动合同无效的法律后果"部分，此处不再赘述。不过，对于劳动合同因被撤销而无效的，劳动者或者用人单位是否享有解除劳动关系的权利，需要具体分析。

劳动合同因重大误解而撤销的，导致合同无效的过错方是重大误解方，此时，无过错的相对方有权类推适用《劳动合同法》第38条第1款第5项或者第39条第5项解除劳动关系。劳动合同因显失公平而撤销的，遭受重大不利的一方有权类推上述条款解除劳动关系。劳动合同因受第三人欺诈而撤销的，受欺诈一方有权类推上述条款解除劳动关系。劳动合同因受第三人胁迫而撤销的，如果相对方对胁迫的发生没有过错，则双方都没有类推上述条款解除劳动关系的权利；如果相对方有过错，则受胁迫方有权类推上述条款解除劳动关系。

---

〔1〕 参见韩世远：《合同法总论》（第4版），法律出版社2018年版，第249页。

〔2〕 参见《民法典》第152条第1款。

〔3〕 参见王利明：《民法总则》，中国人民大学出版社2017年版，第338页。

〔4〕 参见石宏主编：《中华人民共和国民法总则条文说明、立法理由及相关规定》，北京大学出版社2017年版，第362页。

第八讲 试用期与服务期

第一节 试用期与学徒期、实习期、见习期

一、什么是试用期

试用期，是指用人单位与劳动者约定的，主要是让用人单位进一步考察劳动者是否符合录用条件，同时劳动者也可以进一步了解用人单位是否适合自己，以便确定劳动关系是否进入正式状态的短暂性、实验性期限。较之劳动关系的一般期限，其主要特点在于：以当事人双方相互考察和熟悉为主要目的；劳动关系不稳定，劳动合同相对易于解除；劳动者的工资和福利待遇，一般低于正式劳动关系存续期间；作为劳动关系进入正式状态的前置阶段而存在，期限短暂。在《劳动法》和《劳动合同法》中，试用期条款都不是法定必备条款。[1]

劳动者在试用期间应当享有全部的劳动权利。这些权利包括取得劳动报酬的权利、休息休假的权利、获得劳动安全卫生保护的权利、接受职业技能培训的权利、享受社会保险和福利的权利、提请劳动争议处理的权利以及法律规定的其他劳动权利；还包括依照法律规定，通过职工大会、职工代表大会或者其他形式，参与民主管理或者就保护劳动者合法权益与用人单位进行平等协商的权利。[2] 不能因为试用期的身份而对劳动者的权利加以限制，与其他劳动者区别对待。

二、试用期与学徒期

所谓学徒期，是对进入某些工作岗位的新招工人熟悉业务、提高工作技能的一种培训方式。[3] 学徒期制度作为招工与传艺二合一的制度，是计划经济分配体

〔1〕 参见王全兴：《劳动法》（第4版），法律出版社2017年版，第153～154页。

〔2〕 参见信春鹰、阚珂主编：《中华人民共和国劳动合同法释义》（第2版），法律出版社2013年版，第66页。

〔3〕 参见劳动部办公厅《对〈关于劳动用工管理有关问题的请示〉的复函》（劳办发〔1996〕5号）第3条。

制的产物。[1] 按照当时的规定，新参加工作的工人，实行学徒期和熟练期制度，[2] 学徒期应为3年，技术比较简单的工种的学徒期可以适当缩短，但不得少于2年。[3] 由此可见，学徒期制度是在一定期限内针对进入某些工作岗位的新招工人以师傅指导学徒的方式进行培训的制度，其并非劳动法上的特有概念。按照当时行业主管部门的规定，在实行劳动合同制度后，这一培训方式在某些技术岗位仍继续采用，并按照技术等级标准规定的期限执行。学徒期包含在劳动合同期限内，试用期和学徒期可以同时约定。[4]

学徒期和试用期的主要区别如下：(1) 设立目的不同。学徒期制度是对进入某些工作岗位的新招工人熟悉业务、提高工作技能的一种培训方式；试用期制度是为用人单位和劳动者在建立劳动关系后为相互了解、选择而设定的一个不超过6个月的双向考察期。(2) 期限不同。学徒学习期限应为3年，技术比较简单的工种的学习期限可以适当缩短，但不得少于2年。具体工种的学习期限应当根据国务院各主管部门及省、市、自治区有关的主管局（厅）等公布的规定执行；试用期的期限根据劳动合同期限的不同设定不同的上限，最长不得超过6个月。(3) 始期不同。学徒期的始期与工人接触新业务岗位的时机相关，其可以与劳动合同期的始期一致，也可以与培训、转岗的始期一致，灵活性较大；试用期的始期则必须与劳动合同的始期保持一致。[5]

三、试用期与实习期

实习期一般分为两种情况：一种是依照法律规定的专门执业类别所规定的专业训练期限，另一种是基于教育教学需要的实践活动。

第一种实习期，是指实习人员根据法律法规的要求在单位通过实践进行一定专业训练的期限。实习期一般以1年为限。这类实习人员一般都与单位建立劳动关系，实习目的在于从工作中增强从事这些专业工作的熟练度，以便将来能够较为独立地从事这样的职业。比如律师、医师、专利代理人等。第二种实习期，是

---

〔1〕 参见吕潇逸：《试用期与实习期、见习期、学徒期的区别》，载微信公众号“广东联建律师事务所”2023年11月8日。

〔2〕 参见国务院办公厅《关于印发机关、事业单位工资制度改革三个实施办法的通知》（国办发〔1993〕85号，已失效）。

〔3〕 参见国家劳动总局《关于加强和改进学徒培训工作的规定》（1981年5月21日施行，已失效）第3条。

〔4〕 参见劳动部办公厅《对〈关于劳动用工管理有关问题的请示〉的复函》（劳办发〔1996〕5号）第3条。

〔5〕 参见吕潇逸：《试用期与实习期、见习期、学徒期的区别》，载微信公众号“广东联建律师事务所”2023年11月8日。

指实习人员出于教学需要在单位进行社会实践的行为，如大学生毕业前的毕业实习。这类实习人员一般与用人单位不建立劳动关系，实习的目的在于让学生接触社会，实践自己在书本中学到的理论知识。[1] 对于第二种实习期，应当区分毕业前实习期和毕业后实习期。毕业前实习者还是在校学生，与实习单位一般不存在劳动关系，故在毕业后被原实习单位录用的，是否适用试用期的问题由双方约定；毕业后实习期，实质上是试用期，应当适用《劳动合同法》关于试用期的规定。[2] 另外，在现实中，第二种实习有真假之分。常见的假实习，是培训机构与企业合谋，将“实习生”派往企业较长时间作为其员工使用，但不享受员工待遇。对于培训机构而言，是以安排实习之名，行职业介绍之实；对于企业而言，是以接受实习之名，行用工之实。真正的学生实习，应当是教学关系与劳动力使用关系并存。对于假实习，应当认定其已形成劳动关系。[3]

四、试用期与见习期

本书前面章节已经提到，所谓见习有两种。

第一种是对毕业生初次正规就业所实行的功能类似于试用期的见习，包括在劳动合同期限内，属于正规就业劳动关系，见习期满转为正式职工。强制的毕业生见习制度最早见于国务院《关于高等学校和中等专业学校毕业生在见习期间的临时工资待遇的规定》（〔57〕议字第57号）：“国家为了更好地加强锻炼和合理地使用高等学校和中等专业学校的毕业生，每个毕业生在工作初期都必须有至少一年的见习时期，在见习期内不评定正式工资，只发给临时工资。”《高等学校毕业生调配派遣办法》（〔81〕教学字048号）第26条规定：“毕业生到达工作岗位后，实行一年见习的制度。见习期满后，经所在单位考核合格的转正定级。考核不合格的，可延长见习期半年到一年。延长见习期考核仍不合格的，按定级工资标准低一级待遇。”该办法有关规定因与国家现行有关人事管理政策和《劳动合同法》的规定不一致，实际已不执行，于2009年被废止。[4]《高等学校毕业生见习暂行办法》（〔87〕教学字022号，已失效）缩小了必须见习的毕业生范围，该

---

〔1〕 参见陈华涛：《实习期、见习期、学徒期的区别》，载微信公众号“陈华涛律师”2023年2月28日。

〔2〕 参见王全兴：《劳动法》（第4版），法律出版社2017年版，第155页。

〔3〕 例如，《北京市劳动争议解答一》第35条规定，在校学生在用人单位进行实习，应当根据具体事实进行判断，对完成学校的社会实习安排或自行从事社会实践活动的实习，不认定劳动关系。但用人单位与在校学生之间名为实习，实为劳动关系的除外。

〔4〕 参见教育部、国家发展改革委、人力资源社会保障部《关于废止〈高等学校毕业生调配派遣办法〉的通知》（教政法〔2009〕6号）。

办法第 2 条规定："高等学校本、专科毕业生分配工作后，原则上都要安排到基层见习。见习期为一年。对入学前已从事一年以上有关本专业实际工作的，经所在单位批准，可免去见习期。"《劳动部办公厅对〈关于劳动用工管理有关问题的请示〉的复函》（劳办发〔1996〕5 号）第 4 条指出，"大中专、技校毕业生新分配到用人单位工作的，仍应按原规定执行为期一年的见习期制度，见习期内可以约定不超过半年的试用期"。根据以上历史沿革可以看出，见习期制度针对的是毕业后由国家或者政府分配工作的毕业生。但是，随着计划经济的逐步消退及市场经济的发展，1997 年 3 月 24 日国家教委发布了新的《普通高等学校毕业生就业工作暂行规定》（教学〔1997〕6 号），毕业生就业开始实行"供需见面及双向选择"，原大中专院校毕业生就业的政策陆续废止。现阶段，高校毕业生与企业基本是通过人力资源市场这个天然平台，以自主择业、双向选择的方式建立劳动关系。目前，除部分行政机关、事业单位在人事制度的框架下仍可适用见习期制度外，基于分配工作为前提的见习期制度在劳动合同项下已经难有适用空间。[1]

第二种是见习基地的见习。所谓见习基地，是指经各级人力资源社会保障等有关部门和单位审核认定，可以吸纳符合条件的见习人员参加就业见习并享受相关政策扶持的单位。这种见习属于毕业生正规就业前的过渡就业形式。

第一种见习期是《劳动合同法》规定的试用期的一种特殊形态，即对毕业生初次正规就业所实行的试用期，属于《劳动合同法》规定的试用期范畴，因此，对于此种见习期，应当适用《劳动合同法》有关试用期的规定进行调整。而第二种见习基地的见习，鉴于其定位是毕业生正规就业前的过渡就业，因此原则上不适用《劳动合同法》关于试用期的规定。

此外，根据《劳动合同法》第 96 条的规定精神，事业单位与实行聘用制的工作人员订立、履行、变更、解除或者终止劳动合同（聘用制劳动合同），优先适用有关事业单位的特殊规定，没有特殊规定的，才适用《劳动合同法》。因此，对于属于事业单位工作人员的、新参加工作的毕业生，其见习期的期限以及见习期内的工资适用有关事业单位的特殊规定，不适用《劳动合同法》关于试用期的规定。

至于既不具备见习基地资格、也不是事业单位的用人单位与不属于在校生的劳动者约定见习期的，在双方建立劳动关系的前提下，应当将见习期认定为试用期，适用《劳动合同法》关于试用期的规定对相关约定进行审查。

---

〔1〕 参见吕潇逸：《试用期与实习期、见习期、学徒期的区别》，载微信公众号"广东联建律师事务所"2023 年 11 月 8 日。

第二节　试用期相关规定

《劳动法》对试用期的规定较为简略，一是第21条规定，劳动合同可以约定试用期，试用期最长不得超过6个月；二是第25条规定，劳动者在试用期间被证明不符合录用条件的，用人单位可以解除劳动合同；三是第32条规定，在试用期内的劳动者可以随时通知用人单位解除劳动合同。由于对试用期规定得过于原则，就业压力使劳动关系双方地位失衡，用人单位滥用试用期侵犯劳动者合法权益的现象较为突出。主要表现在：（1）只约定试用期不签订劳动合同，试用期满即终止劳动关系，劳动者往往因没有书面的合同无法证明劳动关系存在，其合法权益难以得到保护。（2）试用期劳动者的劳动报酬权利、工作时间和休息休假权利以及社会保险权利得不到保证。（3）试用期限不合理且被多次使用，无论劳动合同期限长短试用期一律为6个月，甚至巧立名目分开计算岗位实习期、培训期，延长对劳动者的试用期，从而达到减少劳动者劳动报酬，降低人工成本的目的。（4）试用期内或试用期满用人单位随意解除劳动合同且不支付经济补偿金。（5）用人单位以学徒期、见习期代替试用期，将最长不超过6个月的试用期延长至1年，从而规避试用期的规定。[1]

为解决实践中试用期被滥用的问题，《劳动合同法》在《劳动法》的基础上对试用期的规定进行了系统完善，本书在接下来的部分结合法条规定详细阐述。

一、试用期并非劳动合同必要条款

《劳动合同法》第17条第2款规定："劳动合同除前款规定的必备条款外，用人单位与劳动者可以约定试用期、培训、保守秘密、补充保险和福利待遇等其他事项。"也就是说，试用期条款并非劳动合同的必要条款，而是一个约定的条款。如果双方没有事先约定，用人单位就不能以试用期为由减少劳动报酬或者解除劳动合同。事实上，并不是所有工作岗位都有约定试用期的必要。而且有些劳动者并不是第一次入职一个用人单位，用人单位对其已经很熟悉，没有再次约定试用期的必要。因此，劳动合同双方当事人用人单位和劳动者必须就试用期条款充分协商，取得一致，试用期条款才能成立。合同是双方当事人意思表示一致的结果，是在互利互惠的基础上充分表达各自意见并就合同条款取得一致后达成的

---

〔1〕参见姜颖：《完善劳动合同试用期的立法建议》，载《中国人力资源开发》2006年第7期。

协议。因此，任何一方都不得凌驾于另一方之上，不得把自己的意志强加给另一方，更不得以强迫、命令、胁迫等手段签订劳动合同试用期条款。[1]

二、试用期的期限及起算时间

《劳动法》只规定了试用期最长不得超过6个月，《劳动合同法》对此进行了完善，根据劳动合同的类型与期限长短合理区分了试用期的长度。该法第19条第1款规定："劳动合同期限三个月以上不满一年的，试用期不得超过一个月；劳动合同期限一年以上不满三年的，试用期不得超过二个月；三年以上固定期限和无固定期限的劳动合同，试用期不得超过六个月。"第19条第3款规定："以完成一定工作任务为期限的劳动合同或者劳动合同期限不满三个月的，不得约定试用期。"第70条规定："非全日制用工双方当事人不得约定试用期。"也就是说，非全日制用工不得约定试用期；以完成一定工作任务为期限的劳动合同不得约定试用期；劳动合同期限不满3个月的，也不得约定试用期。

事业单位与实行聘用制的工作人员约定试用期，优先适用有关事业单位的特殊规定，没有特殊规定的，才适用《劳动合同法》。例如，《事业单位人事管理条例》第13条规定，初次就业的工作人员与事业单位订立的聘用合同期限3年以上的，试用期为12个月。国务院办公厅转发人事部《关于在事业单位试行人员聘用制度意见的通知》（国办发〔2002〕35号）第4条规定，试用期一般不超过3个月；情况特殊的，可以延长，但最长不得超过6个月。被聘人员为大中专应届毕业生的，试用期可以延长至12个月。

《劳动合同法》没有规定劳务派遣能否约定试用期，有学者认为，试用期不宜适用于派遣单位与被派遣劳动者的劳动合同，因为派遣单位并不用工，故不存在对被派遣劳动者试用的前提；而用工单位是变动的，被派遣劳动者与用工单位的劳动关系一般具有临时性，故没有试用的必要。[2] 但是《劳务派遣暂行规定》第6条规定："劳务派遣单位可以依法与被派遣劳动者约定试用期。劳务派遣单位与同一被派遣劳动者只能约定一次试用期。"这意味着劳务派遣也要适用《劳动合同法》关于试用期的规定。

因为试用须以用工为前提，故当用工之日与劳动合同订立日不一致时，试用期的起点应当是开始用工之日，而不是劳动合同订立之日。[3] 就用工之日如何确

---

〔1〕 参见信春鹰、阚珂主编：《中华人民共和国劳动合同法释义》（第2版），法律出版社2013年版，第65~66页。

〔2〕 参见王全兴：《劳动法》（第4版），法律出版社2017年版，第155页。

〔3〕 参见王全兴：《劳动法》（第4版），法律出版社2017年版，第155页。

定，本书前文已经阐述，“控制说”更符合实际。按照“控制说”，部分用人单位在给劳动者正式安排工作之前先培训的，双方的劳动关系已经建立。既然岗前培训属于用人单位对劳动者的用工期间，自然亦属于用人单位考察劳动者的期间，相对于试用期，其不具有独立性。并且，劳动者也可以通过试用期进一步了解用人单位是否适合自己，以决定是否与用人单位建立持久的劳动关系。因此岗前培训如果先于试用期而独立存在，会导致如果劳动者通过考察发现用人单位不适合自己，却不能在培训阶段提前 3 日通知解除劳动合同，而要适用《劳动合同法》关于转正之后解除的规定，即提前 30 日书面通知用人单位方可解除劳动合同，但是等到培训结束进入“试用期”，其又能提前 3 日通知即解除劳动合同。这显然是不符合立法原意。此外，如果岗前培训先于试用期独立存在，并且约定的试用期工资低于非试用期工资的，就会导致劳动者在尚未正式提供劳动的岗前培训期间的工资水平高于培训结束之后正式提供劳动期间的工资水平，这显然存在巨大的逻辑漏洞，也有违公平。

三、同一用人单位与同一劳动者只能约定一次试用期

为了解决实践中试用期限被多次使用、巧立名目增加实习期、延长试用期等问题，《劳动合同法》第 19 条第 2 款规定：“同一用人单位与同一劳动者只能约定一次试用期。”

如何理解“同一用人单位与同一劳动者只能约定一次试用期”？一种观点认为，《关于实行劳动合同制度若干问题的通知》第 4 条规定，“用人单位对工作岗位没有发生变化的同一劳动者只能试用一次”，《关于劳动法若干条文的说明》第 21 条规定，本条中规定的“试用期”适用于初次就业或再次就业时改变劳动岗位或工种劳动者。因此，“同一用人单位与同一劳动者只能约定一次试用期”是指在一个劳动合同期内以及合同续订之时，在同一或同类岗位上，只能约定一次试用期。如果续订之时，岗位发生了实质性变化，则可以再次约定试用期。笔者认为，从规定的文意来看，并不存在分歧，其是指同一用人单位与同一劳动者只能约定一次试用期，而不论劳动者工作内容是否发生变化，双方是否曾终结过劳动关系并间隔一段时间后再次建立劳动关系。这样规定能够有效防范用人单位利用各种手段规避试用期规定，维护劳动关系的稳定。人力资源和社会保障部在答网民来信时亦明确指出，按照《劳动合同法》的规定，同一用人单位与同一劳动者只能约定一次试用期。劳动部《关于实行劳动合同制度若干问题的通知》（劳部发〔1996〕354 号）和《关于劳动法若干条文的说明》相关内容与《劳动合同

法》不一致的，适用《劳动合同法》。[1]

另外，最高人民法院民事审判第一庭编的《民事审判指导与参考》2010 年第 4 辑（总第 44 辑）的解答亦持该观点。解答中提到：实践中，对于如何理解《劳动合同法》中有关“同一用人单位与同一劳动者只能约定一次试用期”的规定，出现了分歧。有些劳动者在与单位解除或者终止劳动合同并间隔若干时间后再次被单位招用，有可能职位和岗位发生了变化，在这种情况下，若一概不能约定试用期，似乎显得有些不合理，故对这条规定应当从其立法原意入手理解。由于《劳动合同法》的立法意图就是促使劳动者与用人单位之间建立稳定的劳动合同关系，如果不作上述规定，有可能出现有的单位有意在短期内多次与劳动者签订合同、适用多个试用期现象。故此，如果用人单位连续使用同一劳动者在同一岗位或者可替代性的岗位工作，不论是延长劳动合同期限还是劳动合同终止后隔时用人单位再次招用的等，均不应另行约定试用期。[2]

四、试用期能否中止和延长

劳动法虽然没有明确规定试用期可以中止，但是实践中确实存在因不可抗力等因素导致劳动合同暂时无法履行的情形，因此，为了使试用期能够实现其双向考察的目的，基于公平原则，部分地区明确规定了试用期的中止，或者允许双方约定试用期中止。

例如，《江苏省劳动合同条例》（2013 年修订）第 15 条第 2 款规定，劳动者在试用期内患病或者非因工负伤须停工治疗的，在规定的医疗期内，试用期中止。北京市高级人民法院、北京市劳动人事争议仲裁委员会《关于审理新型冠状病毒感染肺炎疫情防控期间劳动争议案件法律适用问题的解答》第 5 条规定：“劳动者在试用期内因客观原因不能返岗上班，用人单位可以采取灵活的试用考察方式考核劳动者是否符合录用条件。无法采取灵活考察方式实现试用期考核目的的，用人单位与劳动者协商顺延试用期，不违反劳动合同法第十九条第二款关于‘同一用人单位与同一劳动者只能约定一次试用期’的规定精神。劳动者因上述原因导致无法正常提供劳动的期间不应计算在原约定的试用期内，不应视为延长了原约定的试用期。如扣除受疫情影响期间后实际履行的试用期超过原约定试用期的，劳动者要求用人单位以试用期满月工资为标准支付超出原约定试用期之

---

〔1〕 参见《劳动关系司答网民关于咨询如何把握〈劳动合同法〉第十九条与〈关于实行劳动合同制度若干问题的通知〉第 4 条、〈关于中华人民共和国劳动法若干条文的说明〉第二十一条的区别的来信》，载人力资源和社会资源部官网，https：//www. mohrss. gov. cn/SYrlzyhshbzb/zxhd/buzhangxinxiang/huiyingxuandeng/202301/t20230116_ 493564. html，2024 年 11 月 22 日访问。

〔2〕 参见桂维康：《劳动关系全流程法律实务解析》，中国法制出版社 2023 年版，第 47 ~48 页。

后实际履行期间的工资差额，并根据劳动合同法第八十三条的规定要求用人单位以试用期满月工资为标准支付该期间赔偿金的，应予支持。”上述规定虽然使用的是“顺延试用期”，但是实际上规定的是试用期因不可抗力的中止。

上述规定符合公平原则和试用期的立法目的，笔者认为，应当允许用人单位与劳动者在出现不可抗力或者其他导致试用期双向考察目的不能实现的情形时，约定中止试用期。但是实践中还存在一种情形，如劳动者在试用期内患病停工治疗，用人单位与其协商中止试用期，但是劳动者不同意，此时用人单位能否单方中止试用期？笔者认为，虽然按照《劳动合同法》第35条的规定，用人单位需与劳动者协商一致才能变更试用期的约定，但是当出现导致试用期双向考察目的不能实现的情形时，如果不允许用人单位中止试用期，对用人单位来说显失公平，而劳动者也违背了诚实信用原则，因此，当出现不可抗力或者其他导致试用期双向考察目的不能实现的情形，且劳动者不同意中止试用期时，应当允许用人单位单方面中止试用期，但是用人单位应当明确通知劳动者中止的原因和期限。

实践中经常有企业会提出这样的问题：员工在试用期内表现不如意，公司想再给员工一次机会，而且员工也主动提出希望延长试用期，也就是说，如果双方协商一致，试用期能否延长呢？《劳动合同法》虽然没有明确规定试用期是否可以延长，但是“同一用人单位与同一劳动者只能约定一次试用期”的规定，事实上意味着《劳动合同法》规定的试用期是一种不得延长的期限，约定延长试用期将被认为是二次约定试用期，即使延长之后的试用期总长度未超法定最长试用期。因为，既然“同一用人单位与同一劳动者只能约定一次试用期”，如果允许用人单位与劳动者延长试用期，那相当于变相允许用人单位与劳动者约定两次或两次以上的试用期，这直接与法律的规定相抵触。[1] 因此，从试用期满的次日起，劳动者就成为该用人单位正式员工，而不论其是否办理了转正手续。如果用人单位认为劳动者在约定的试用期内表现出来的工作能力不能胜任，则应当及时依法对劳动者进行培训或者调整工作岗位，直至解除劳动合同；[2] 如果劳动者被证明不符合录用条件，用人单位可以直接解除劳动合同，[3] 而不是单方或者约定延长劳动者试用期。

〔1〕 参见刘继承：《HR赋能劳动人事争议预防与处理指南》，法律出版社2022年版，第164页。
〔2〕 参见《劳动合同法》第40条第2项。
〔3〕 参见《劳动合同法》第39条第1项。

案例27　某途教育公司诉王某华劳动争议案[1]

——在法定最长试用期内延长试用期的，属于二次约定试用期

【基本案情】

王某华于2018年3月26日入职某途教育公司，任渠道总监一职，双方订立期限自2018年3月26日起至2021年3月25日止的劳动合同，约定试用期至2018年6月25日，试用期月基本工资2400元、岗位工资4800元，转正后月基本工资3000元、岗位工资5000元、绩效工资可至4000元、通联费200元及交通费1000元。2018年6月25日，某途教育公司向王某华发出延期考察通知书，其内容显示："王先生……在三个月试用期间没有签单，按照公司《营销人员绩效激励办法》，不予转正……现经公司决议，将王某华的考察期延长三个月，日期为2018年6月26日至2018年9月25日……"落款时间为2018年9月30日的《试用期转正通知书》载有："王某华……经过试用期的综合考评，您已经顺利地通过了公司的转正审核，自2018年10月1日起成为公司的一名正式员工。"王某华正常工作至2018年12月27日。某途教育公司于2018年12月28日向王某华送达解除劳动合同通知书。

王某华申请劳动仲裁，要求某途教育公司支付违法约定试用期的赔偿金、工资差额等。仲裁裁决支持王某华的请求。某途教育公司不服，提起诉讼。法院判决，某途教育公司支付王某华2018年6月26日至2018年9月30日的违法约定试用期的赔偿金42027.59元、工资差额6480.04元等。

【裁判要点】

生效判决认为，根据《劳动合同法》第19条第1款、第2款的规定，3年以上固定期限和无固定期限的劳动合同，试用期不得超过6个月，同一用人单位与同一劳动者只能约定一次试用期。本案中，某途教育公司与王某华订立自2018年3月26日起至2021年3月25日止的三年期固定期限劳动合同，其中约定试用期为2018年3月26日至2018年6月25日。后某途教育公司以王某华在3个月试用期间没有签单为由将试用期延长至2018年9月25日，属于二次约定试用期。某途教育公司虽主张王某华对延长试用期表示认可，但二次约定试用期行为已违反法律强制性规定。而且，某途教育公司出具的《试用期转正通知书》显示，王某华自2018年10月1日成为正式员工。结合2018年9月26日至2018年10月25

---

〔1〕参见北京市第一中级人民法院民事判决书，（2020）京01民终5195号，该案系人民法院案例库入库案例，入库编号：2024－07－2－490－002。

日的工资发放情况，及其他在案证据，可以认定某途教育公司将王某华的试用期实际延长至2018年9月30日，亦实际违反了试用期最长期限的规定。

【延伸思考】

该案是人民法院案例库入库参考案例，裁判要旨明确：用人单位在法定最长试用期内延长试用期的，违反同一用人单位与同一劳动者只能约定一次试用期的法律规定，属于二次约定试用期，用人单位应当按照《劳动合同法》第83条的规定向劳动者支付违法约定试用期的赔偿金。该裁判要旨为类案审理提供了明确规则指引。

《劳动合同法》施行前，用人单位滥用试用期的现象较为突出。为防止用人单位反复“试用”劳动者，损害劳动者的合法权益，《劳动合同法》第19条第2款规定，“同一用人单位与同一劳动者只能约定一次试用期”。据此，用人单位不得与劳动者二次约定试用期；试用期期满后，用人单位要么与劳动者解除劳动合同，要么让劳动者转正，不得继续试用劳动者。

二次约定试用期的通常表现形式有：(1) 用人单位初次与劳动者订立劳动合同时约定了试用期，在劳动合同履行过程中又约定试用期；(2) 用人单位初次与劳动者订立劳动合同时约定了试用期，续订劳动合同时又约定试用期；(3) 双方订立的固定期限劳动合同约定了试用期，之后改订无固定期限劳动合同时又约定试用期；(4) 劳动合同中约定了试用期，在劳动关系解除或者终止后，双方隔了一段时间重新建立劳动关系时再次约定试用期；(5) 劳动合同中约定了试用期，劳动者岗位发生变化后再次约定试用期。用人单位存在上述二次约定试用期行为的，直接违反了“同一用人单位与同一劳动者只能约定一次试用期”的规定，属于违法约定试用期。违法约定的试用期已经履行的，用人单位应当以劳动者试用期满月工资为标准，按已经履行的超过法定试用期的期间向劳动者支付赔偿金。

除前述直接二次约定试用期的情形外，实践中还存在通过延长试用期的方式变相二次约定试用期的现象。所谓延长试用期，是指用人单位不直接与劳动者第二次约定试用期，而是将第一次试用期顺延。由于顺延的试用期与第一次约定的试用期是连续一体的，这就造成只约定了一个试用期、没有二次约定试用期的假象。加之《劳动合同法》未规定试用期的延长问题，一些用人单位便试图通过延长试用期的方式规避劳动合同法禁止二次约定试用期的规定。实际上，《劳动合同法》没有直接规定延长试用期的问题，是因为延长试用期与二次约定试用期并无本质区别，性质上属于变相的二次约定试用期，基于立法简洁、避免语义重复的考虑，《劳动合同法》未单独对此作出规定。司法实践中，对于用人单位与劳动者按照法定最长试用期约定的试用期期满后，不能通过延长试用期的方式变相二次约定试用期并无争议。但是，对于在法定最长试用期内能否延长试用期，实践中存有不同的观点。一种观点认为，在法定最长试用期内延长试用期属于变相二次约定试用期；另一种观点则认为，只要在法定最长试用期内就可以延长试用期，不属于二次约定试用期。

本案中，某途教育公司和王某华订立了3年期劳动合同，并约定了3个月试用期。按照法律规定，3年期劳动合同能够约定的最长试用期为6个月。因此，某途教育公司认为，《劳动合同法》第83条中“超过法定试用期”应当理解为超过法定最长试用期，只要延长的试用期仍在法定最长试用期内，其就无须支付违法约定试用期的赔偿金。但是，从文义角度分析，“超过法定试用期”并不能当然理解为“超过法定最长试用期”；从立法目的分析，劳动合同法相关规定要破解的是用人单位滥用试用期、巧立名目与劳动者二次甚至多次约定试用期的问题。因此，判定是否构成“二次约定试用期”的标准应看是否存在第二次约定试用期或者变相第二次约定试用期的行为，而不是看两次约定的试用期的时间长短。这实际上也是对用人单位的用工管理提出要求，促进其提高自身的用工管理水平，结合劳动者的具体情况，审慎地与之约定相应期限的试用期，而不是随意地或者“一刀切”地确定试用期长度，反悔后又随意通过再次约定试用期的方式调整试用期的长度。

除直接延长试用期外，实践中还存在中止试用期的现象。中止试用期往往意味着试用期的顺延，与延长试用期在外在表现上具有相似性。但是，为了实现试用期双向考察的制度目的，平等保护用人单位与劳动者的合法权益，应当允许因不可抗力等因素导致劳动合同暂时无法履行时中止试用期。如果剔除因不可抗力等因素导致劳动合同暂时无法履行的期间后，实际试用期仍然超出原约定试用期的，超出部分亦属于延长试用期，同样应当纳入二次约定试用期的范畴。[1]

五、劳动合同仅约定试用期的，试用期不成立

《劳动合同法》第19条第4款规定，“试用期包含在劳动合同期限内。劳动合同仅约定试用期的，试用期不成立，该期限为劳动合同期限”。也就是说，不管劳动合同双方当事人订立的是固定期限劳动合同还是无固定期限劳动合同，如果约定了试用期，劳动合同期限的前一段是试用期，试用期包括在整个劳动合同期限里。不允许单独约定试用期，如果仅约定了试用期，没有约定劳动合同的期

---

〔1〕 参见吴博文、甄乾龙：《用人单位在法定最长试用期内延长试用期的性质认定》，载《人民法院报》2024年9月26日，第8版。

限，则约定的试用期不成立，视为没有约定试用期，该约定的试用期期限直接被视为是劳动合同的期限。

六、试用期的工资标准

在《劳动合同法》之前，法律没有明确规定试用期工资的下限，于是一些用人单位将试用期员工看成廉价劳动力，任意压低工资，导致劳动者提供劳动后的劳动报酬得不到保障。为了改变这种现象，《劳动合同法》第20条规定了试用期工资的下限，即“劳动者在试用期的工资不得低于本单位相同岗位最低档工资或者劳动合同约定工资的百分之八十，并不得低于用人单位所在地的最低工资标准”。由于存在文字上的歧义，《劳动合同法实施条例》第15条对《劳动合同法》第20条进行了修正，即“劳动者在试用期的工资不得低于本单位相同岗位最低档工资的80%或者不得低于劳动合同约定工资的80%，并不得低于用人单位所在地的最低工资标准”。换言之，劳动者在试用期的工资要满足“三个不低于”，即既不得低于本单位相同岗位最低档工资的80%，也不得低于劳动合同约定的转正工资的80%，还不得低于用人单位所在地的最低工资标准。

七、违法约定试用期的法律责任

虽然《劳动合同法》就试用期规定了前述强制性条款，但是我们知道，不需要承担法律责任的法律条文是难以实施的。因此，为保障试用期条文的真正施行，《劳动合同法》第83条规定了较为严厉的法律责任。该条规定，用人单位违反本法规定与劳动者约定试用期的，由劳动行政部门责令改正；违法约定的试用期已经履行的，由用人单位以劳动者试用期满月工资为标准，按已经履行的超过法定试用期的期间向劳动者支付赔偿金。

用人单位违法约定试用期的具体类型有四种。（1）不得约定试用期的约定了试用期，包括非全日制用工约定了试用期、以完成一定工作任务为期限的劳动合同约定了试用期、劳动合同期限不满3个月的约定了试用期。（2）仅约定了试用期。上述两种违法约定的试用期无效。（3）二次约定试用期、延长约定试用期。二次约定、延长约定的部分无效。（4）超过法定最长期限约定试用期，比如，1年期劳动合同约定了3个月试用期，超过法定最长期限（2个月）的部分无效。

除了违法约定被评价为无效，按照《劳动合同法》第83条的规定，用人单位违反该法规定约定试用期的，一是要承担被责令改正的行政责任；二是违法约定部分已履行的，要向劳动者支付惩罚性赔偿金，惩罚性赔偿金的金额以劳动者试用期满月工资为标准，按已经履行的超过法定试用期的期间向劳动者支付。这里应当指出的是，支付赔偿金不能代替正常的劳动报酬。如果劳动者实际履行的试用期超过了法定的最长时限，则用人单位除了向劳动者支付赔偿金外，还要向劳动者支付劳动合同约定的试用期满后的月工资。[1]

至于试用期约定的工资标准低于法定标准的，不属于违法约定试用期，不适用《劳动合同法》第 83 条的规定。

八、试用期内劳动合同的解除

相比转正以后，《劳动合同法》对试用期内解除劳动合同作了特别的规定。一是劳动者解除的提前通知义务更简便。转正之后，在用人单位没有过错的情况下，劳动者要想主动解除劳动合同则需要提前 30 日以书面形式通知用人单位。而在试用期内，劳动者只要提前 3 日通知用人单位即可；通知形式也不限于书面，口头形式亦可。[2] 二是《劳动合同法》第 39 条第 1 项专门规定，劳动者在试用期间被证明不符合录用条件的，用人单位可以解除劳动合同。

（一）如何理解《劳动合同法》第 21 条

《劳动合同法》第 21 条规定，“在试用期中，除劳动者有本法第三十九条和第四十条第一项、第二项规定的情形外，用人单位不得解除劳动合同。用人单位在试用期解除劳动合同的，应当向劳动者说明理由”。这是一条颇具争议的规定。按理说，试用期是用人单位进一步考核劳动者是否合格、劳动者进一步了解用人单位是否适合自己要求，以便确定劳动关系是否进入正式状态的短暂性、实验性期限，因此不论是劳动者还是用人单位在试用期内解除劳动合同都应当比转正之后容易，然而，如果按照《劳动合同法》第 21 条的规定，试用期内用人单位解除劳动合同反而比转正之后更难了。而从立法机关编著的释义书的表述来看，立法原意就是第 21 条的字面意思：“实践中，试用期用人单位随意解除劳动合同的现象严重。有些单位利用试用期解除劳动合同相对容易的情况，任意解除，走马观花式地更换试用人员。有的餐饮业单位好像永远在招聘，永远在试用劳动者，招聘的人员竟有 90% 以上，甚至是 100% 都不合格。这是用人单位热衷于约定试用期的另一个重要原因。在立法征求意见过程中，有人建议明确规定在试用期内，除非法定事由，用人单位不得任意解除劳动合同，解除劳动合同要提前通知，并规定相应的经济补偿。为遏制部分用人单位恶意使用试用期，《劳动合同

---

〔1〕 参见信春鹰、阚珂主编：《中华人民共和国劳动合同法释义》（第 2 版），法律出版社 2013 年版，第 338 页。

〔2〕 参见《劳动合同法》第 37 条。

法》作出了针对性规定，在试用期中，除有证据证明劳动者不符合录用条件等情形外，用人单位不得解除劳动合同。用人单位在试用期解除劳动合同的，应当向劳动者说明理由。”[1]

由于第21条文字意思清晰明确，这就意味着，除劳动者主动解除劳动合同以及双方协商一致解除劳动合同外，在试用期中，用人单位只能依据《劳动合同法》第39条和第40条第1项、第2项解除劳动合同，而不能依据第41条进行经济性裁员，也不能依据第40条第3项情势变更原则解除劳动合同。

（二）劳动者患病或者不胜任工作是否属于不符合录用条件

所谓录用条件，一般是指用人单位在录用之前就公布的客观的录用条件，比如招聘广告上载明的录用条件，或者是面试时明确向劳动者告知的录用条件。在司法实践中，部分地区明确了不符合录用条件的具体情形，并规定用人单位与劳动者可以约定试用期不符合录用条件的情形。[2]

有观点认为，当劳动者在试用期内被发现患病的，可以理解为“身体健康状况不符合录用条件”，而劳动者在试用期内不胜任工作的，可以理解成“工作能力不符合录用条件”。因此，用人单位可以不必履行《劳动合同法》第40条规定的程序，即对于患病的劳动者，不必等待医疗期满，也不必为其另行安排工作；对于不能胜任工作的劳动者，不必经过培训或者调整工作岗位，而选择直接适用该法第39条第1项解除劳动合同。但也有观点认为前述观点是有欠妥当的。因为这意味着劳动者不能生病，一旦生病，其就业的权利都被剥夺了，这带有一定的就业歧视的意味，还涉嫌违背公序良俗。当然，如果劳动者在试用期内被发现患有精神病的，可以参照原劳动部在1996年颁布的《关于实行劳动合同制度若干问题的通知》中的第11条进行处理，该条规定，用人单位对新招用的职工，在试用期内发现并经有关机构确认患有精神病的，可以解除劳动合同。而如果用人单位把不胜任工作列为不符合录用条件，违反了法律规定。因为《劳动合同法》第40条第2项规定，劳动者不能胜任工作的，用人单位要对其进行培训或者调整

---

[1] 信春鹰、阚珂主编：《中华人民共和国劳动合同法释义》（第2版），法律出版社2013年版，第71页。

[2] 例如，《北京市劳动争议解答一》第78条规定，劳动者不符合录用条件的情况主要有以下情形：(1) 劳动者违反诚实信用原则对影响劳动合同履行的自身基本情况有隐瞒或虚构事实的，包括提供虚假学历证书、假身份证、假护照等个人重要证件；对履历、知识、技能、业绩、健康等个人情况说明与事实有重大出入的；(2) 在试用期间存在工作失误的，对工作失误的认定以劳动法相关规定、用人单位规章制度以及双方合同约定内容为判断标准；(3) 双方约定属于用人单位考核劳动者试用期不符合录用条件的其他情况。

工作岗位。如果直接依据第39条第1项解除劳动合同，显然违反了《劳动合同法》第40条第2项的强制性规定。因此，所谓不符合录用条件并不包括不胜任工作这种情形，否则，《劳动合同法》第40条第2项就应该加上一个适用前提，就是只适用于转正以后的劳动者，然而该条并没有将试用期劳动者排除在其适用范围。

（三）试用期满后，用人单位不能再以试用期内不符合录用条件为由解除劳动合同

《劳动合同法》第39条第1项规定，劳动者在试用期间被证明不符合录用条件的，用人单位可以解除劳动合同。有观点认为，该规定并未明确一定要在试用期内解除劳动合同，因此只要劳动者在试用期间被证明不符合录用条件，用人单位在试用期满后也能依据此条解除劳动合同。

但是司法实践一般认为，用人单位如果在试用期间发现劳动者不符合录用条件，应当即时解除劳动合同，试用期满后，考察期已过，用人单位便不得再以此为由解除劳动合同。这是因为：（1）从法条的文意来看，“劳动者不符合录用条件”是在试用期间被证明的；（2）既然是在试用期间已经被证明不符合录用条件，那么用人单位就不应让其转正，这就需要用人单位在试用期内解除劳动合同；（3）如果用人单位不在试用期内解除劳动合同，就意味着劳动者的转正，一旦转正，就表示用人单位容忍了劳动者不符合录用条件这一事实，那么，此时再以“劳动者不符合录用条件”为由解除劳动合同已然违反了诚实信用原则。而原劳动部办公厅发布的《对〈关于如何确定试用期内不符合录用条件可以解除劳动合同的请示〉的复函》（1995年1月19日公布）也明确指出，“对试用期内不符合录用条件的劳动者，企业可以解除劳动合同；若超过试用期，则企业不能以试用期内不符合录用条件为由解除劳动合同”。

用人单位如果以“劳动者不符合录用条件”为由解除劳动合同，一是要在录用之前就向劳动者告知录用条件，或者在劳动合同中约定了不符合录用条件的情形，且这些条件是合法合理的。不合法合理的录用条件对劳动者不具有约束力。二是用人单位需要在试用期内对劳动者是否符合录用条件进行考核，并证明劳动者不符合录用条件。三是用人单位的解除劳动合同决定应当在试用期内作出并通知劳动者，通知中应当向劳动者说明解除的理由。

若试用期满后未办理劳动者转正手续，不能认为劳动者还处在试用期间，用人单位也不能再以试用期不符合录用条件为由解除劳动合同。

案例28　刘某与A公司劳动争议案[1]

——约定的录用条件应当明确

【基本案情】

刘某于2021年6月17日入职A公司，从事销售工作，双方订立了3年期劳动合同，约定试用期6个月，自2021年6月17日起至2021年12月16日止。A公司于2021年7月26日以刘某试用期不合格为由与其解除劳动合同，刘某遂申请劳动仲裁，要求A公司支付违法解除劳动合同赔偿金6000元。A公司主张，对销售人员最主要的考核指标是业绩，刘某入职一个月以来，既未给公司带来订单，也未介绍新的客户给公司，完全不符合录用条件。刘某认为，虽然他的业绩确实不太理想，但符合招聘广告中的录用条件，即本科学历、2年以上同行业从业经验，入职后也没有人告知其岗位职责及考核标准。

【裁判要点】

生效裁决认为，根据《劳动合同法》第39条第1款和《劳动合同法实施条例》第19条第2款规定，劳动者在试用期间被证明不符合录用条件的，用人单位可以解除劳动合同。试用期是用人单位与劳动者双方互相了解、确定对方是否符合自己招聘条件或求职条件进行进一步考察的时间期限。从法律规定来看，明确了用人单位的举证责任，这实际上也是限制用人单位在试用期间随意解除劳动合同的行为，如果用人单位没有证据证明劳动者在试用期间不符合录用条件，用人单位就不能以上述理由与劳动者解除劳动合同，否则需承担违法解除劳动合同的一切法律后果。A公司招聘信息中只提及要求本科学历、2年以上同行业从业经验，入职后对刘某的考核标准并未明确，不能适用试用期间不符合录用条件的相关规定，因此，A公司构成违法解除劳动合同，应支付刘某违法解除劳动合同赔偿金3000元。

【延伸思考】

天津市人社局发布该案例时提示，用人单位以试用期间不符合录用条件与劳动者解除劳动合同应具备以下几个要件：第一，用人单位作为劳动用工管理的主体，应在发布招聘信息时，明确录用条件、岗位职责等信息，入职约定试用期的，应明确试用期内的考核标准；第二，录用条件应当符合劳动合同目的，与工

[1] 参见天津市人力资源和社会保障局：《天津市人社局关于发布2021年度劳动人事争议典型案例的通知》，载天津政务网，https：//hrss. tj. gov. cn/zhengwagongkai/zhengcezhinan/zxwjnew/202201/t20220128_ 5793123. html。

作岗位、工作能力相联系，不能设定明显不能完成或超过一般劳动者平均水平、歧视性、违反法律法规规定等录用条件；第三，用人单位认为劳动者不符合录用条件，应在试用期满之前明确通知劳动者解除劳动合同。该提示科学合理，值得参考。

第三节 服务期

劳动关系中的服务期，是指劳动关系双方当事人约定的、对劳动者具有特殊约束力的、劳动者因获得特殊待遇而应当为用人单位持续提供劳动的最短期限。实践中，服务期主要分为两种：一种是劳动法上的服务期，即《劳动合同法》第22条及其配套规定《劳动合同法实施条例》第16条、第17条、第26条规定的服务期；另一种是劳动法外的服务期，即劳动法没有规定，但是实践中常见的，用人单位给予劳动者其他特殊劳动条件或者特殊待遇后与劳动者约定的服务期。

一、劳动法上的服务期

劳动法上的服务期，见于《劳动合同法》第22条以及《劳动合同法实施条例》第16条、第17条、第26条。《劳动合同法》第22条规定："用人单位为劳动者提供专项培训费用，对其进行专业技术培训的，可以与该劳动者订立协议，约定服务期。劳动者违反服务期约定的，应当按照约定向用人单位支付违约金。违约金的数额不得超过用人单位提供的培训费用。用人单位要求劳动者支付的违约金不得超过服务期尚未履行部分所应分摊的培训费用。用人单位与劳动者约定服务期的，不影响按照正常的工资调整机制提高劳动者在服务期期间的劳动报酬。"《劳动合同法实施条例》第16条规定："劳动合同法第二十二条第二款规定的培训费用，包括用人单位为了对劳动者进行专业技术培训而支付的有凭证的培训费用、培训期间的差旅费用以及因培训产生的用于该劳动者的其他直接费用。"该条例第17条规定："劳动合同期满，但是用人单位与劳动者依照劳动合同法第二十二条的规定约定的服务期尚未到期的，劳动合同应当续延至服务期满；双方另有约定的，从其约定。"该条例第26条规定："用人单位与劳动者约定了服务期，劳动者依照劳动合同法第三十八条的规定解除劳动合同的，不属于违反服务期的约定，用人单位不得要求劳动者支付违约金。有下列情形之一，用人单位与劳动者解除约定服务期的劳动合同的，劳动者应当按照劳动合同的约定向用人单位支付违约金：（一）劳动者严重违反用人单位的规章制度的；（二）劳动者严重失职，营私舞弊，给用人单位造成重大损害的；（三）劳动者同时与其他用人单位建立劳动关系，对完成本单位的工作任务造成严重影响，或者经用人单位提出，拒不改正的；（四）劳动者以欺诈、胁迫的手段或者乘人之危，使用人单位在违背真实意思的情况下订立或者变更劳动合同的；（五）劳动者被依法追究刑事责任的。”

由上述规定可见，第一，劳动法上规定用人单位可以与劳动者约定服务期的情形仅限于用人单位为劳动者提供专项培训费用，对其进行专业技术培训的情形。上述关于用人单位可以约定服务期的规定属于授权性强制性规定。正如本书一再强调的，劳动法是社会法，而且是公法性质较强的社会法，且一般情形下，从缔约开始劳动者在劳动关系中即处于弱势的受支配地位，因此，为了保护劳动者的合法权益，限制用人单位的行为，劳动法以强制性规范为主。即便是像《劳动合同法》这样带有一定私法性质的劳动法，也并不像合同法那样，大部分条文是任意性规定、遵循法无禁止即可为的原则——换言之，对于用人单位来说，《劳动合同法》在很大程度上贯彻的是法无授权不可为的理念，其很多条文对于用人单位来说都是强制性规定。鉴于此，《劳动合同法》第 22 条第 1 款虽然使用了“可以”的文字表述，但是其性质是授权性的强制性规定，也就是说，原则上，用人单位不能在该条规定之外，与劳动者约定非该条情形的服务期。

第二，服务期的约定则需以用人单位为劳动者提供专项培训费用，对其进行专业技术培训为前提，也就是说，该服务期约定实际上是以用人单位为劳动者提供专项培训费用，对其进行专业技术培训为生效条件，系附生效条件的约定。

第三，专项培训费用既包括用人单位为了对劳动者进行专业技术培训而支付的有凭证的培训费用，比如聘请专业人员为劳动者讲课所支付的费用；也包括培训期间的差旅费用；还包括因培训产生的用于该劳动者的其他直接费用，比如教材费、设备费等。

案例 29　张某要求某体检公司返还服务期违约金案[1]

——培训期间工资不属于专项培训费用

【基本案情】

2013 年 6 月 1 日，张某入职某体检公司。2014 年 7 月 3 日，某体检公司与张某签订培训协议，该公司安排张某到外地参加 1 年专业技术培训。培训协议约定：由某体检公司支付培训费、差旅费，并按照劳动合同约定正常支付张某培训期间

〔1〕 本案为人力资源社会保障部、最高人民法院《关于联合发布第一批劳动人事争议典型案例的通知》（人社部函〔2020〕62 号）发布的案例 9。

工资；张某培训完成后在某体检公司至少服务5年；若张某未满服务期解除劳动合同，应当按照某体检公司在培训期间所支出的所有费用支付违约金。培训期间，某体检公司实际支付培训费47000元、差旅费5600元，同时支付张某工资33000元。培训结束后，张某于2015年7月3日回某体检公司上班。2018年3月1日，张某向某体检公司递交书面通知，提出于2018年4月2日解除劳动合同。某体检公司要求张某支付违约金85600元（47000元+5600元+33000元），否则拒绝出具解除劳动合同的证明。为顺利入职新用人单位，张某支付了违约金，但认为违约金数额违法，遂申请劳动仲裁，请求某体检公司返还违法收取的违约金85600元。

【裁判要点】

生效裁决认为，专项培训费用与工资存在明显区别：（1）从性质来看，专项培训费用是用于培训的直接费用，工资是劳动合同履行期间用人单位支付给劳动者的劳动报酬；（2）从产生依据来看，专项培训费用是因用人单位安排劳动者参加培训产生，工资是依据国家有关规定或劳动合同约定产生；（3）从给付对象来看，专项培训费用由用人单位支付给培训服务单位等，工资由用人单位支付给劳动者本人。

本案中，张某脱产参加培训是在劳动合同履行期间，由某体检公司安排，目的是提升其个人技能，使其能够创造更大的经营效益，张某参加培训的行为，应当视为履行对某体检公司的劳动义务。综合前述法律规定，某体检公司支付给张某培训期间的33000元工资不属于专项培训费用。仲裁委员会结合案情依法计算得出：培训期间某体检公司支付的专项培训费用为52600元（47000元+5600元）；培训协议约定张某培训结束后的服务期为5年（60个月），张某已实际服务33个月，服务期尚未履行部分为27个月。因此，张某依法应当支付的违约金为23670元（52600元÷60个月×27个月），某体检公司应当返还张某61930元（85600元－23670元）。

【延伸思考】

用人单位可以与劳动者约定专业技术培训服务期，保障用人单位对劳动者技能培训投入的相应收益，这既有利于劳动者人力资源的开发，也有利于用人单位提升市场竞争力，对增强劳动关系的稳定性具有积极意义。实践中，用人单位在与劳动者订立服务期协议时，应当注意依法对服务期限、违约金等事项进行明确约定。特别要注意的是，协议约定的违约金不得超过用人单位提供的专项培训费用、实际要求劳动者支付的违约金数额不得超过服务期尚未履行部分所应分摊的培训费用等问题。劳动者参加了用人单位提供的专业技术培训，并签订服务期协议的，应当尊重并依法履行该约定，一旦违反，应当依法承担违约责任。

第四，《劳动合同法》第22条规定的“提供专项培训费用”“进行专业技术培训”不同于《劳动法》规定的“职业技能培训”以及普通的入职、管理、安全培训。《劳动法》第3条第1款规定，劳动者享有接受职业技能培训的权利。该法第66条规定，“国家通过各种途径，采取各种措施，发展职业培训事业，开发劳动者的职业技能，提高劳动者素质，增强劳动者的就业能力和工作能力”。该法第68条还规定，“用人单位应当建立职业培训制度，按照国家规定提取和使用职业培训经费，根据本单位实际，有计划地对劳动者进行职业培训”。从上述《劳动法》的规定可以看出，职业技能培训与专业技术培训是两个不同的概念。职业技能培训是指针对准备就业和已经就业的人员，以开发其职业技能为目的而进行的技术业务知识和实际操作能力的教育和训练。其种类有初中高级职业培训、劳动预备制度培训、再就业培训和企业职工培训。对员工进行职业技能培训是用人单位的法定义务，是用人单位应当建立的制度之一，其受众是用人单位全体职工。[1] 而专业技术培训是指用人单位为了提高生产效率，满足特殊岗位的需要，对员工进行的专业操作技能及专业知识的培训，其对象是特殊岗位、专门岗位的员工，内容仅指专业技能及专业知识，实践中主要表现为脱产或半脱产学习、实习，时间周期相对于职业培训来讲要长。

第五，《劳动合同法》规定的服务期违约金是典型的补偿性违约金，不具有惩罚性，该条明确禁止劳动者承担的服务期违约金的数额不得超过用人单位提供的培训费用。如果约定由劳动者承担的服务期违约金数额超过用人单位提供的培训费用，超过部分当属无效。

第六，为了保护劳动者，《劳动合同法》甚至直接规定了用人单位请求劳动者支付违约金的数额限制，即用人单位要求劳动者支付的违约金不得超过服务期尚未履行部分所应分摊的培训费用。例如，甲公司为乙劳动者提供了专项培训费用共计10万元，与乙约定了5年的服务期，并约定服务期违约金10万元，乙在甲公司工作3年后因个人原因离职，则甲公司要求乙支付的违约金不得超过4万元。

第七，服务期可以短于或等于劳动合同期限，也可以超过劳动合同期限。服务期满，劳动合同未到期的，未到期部分应当继续履行。劳动合同期满，但是服务期尚未到期的，劳动合同应当延续至服务期满，即双方亦应当继续履行劳动合同至服务期满。需要注意的是，依据《劳动合同法实施条例》第17条的规定，此处的“劳动合同应当延续至服务期满”既不同于劳动合同的续订，也不同于劳

〔1〕 参见吴彬：《劳动人事争议裁判规则和实操指引》，中国法制出版社2022年版，第171页。

动合同期限的协商变更；当然，如果劳动合同双方当事人另有约定——比如约定劳动合同期满但是服务期尚未到期的，双方应当续订劳动合同——则从其约定。

第八，当用人单位存在《劳动合同法》第 38 条规定的过错或者违约情形，且劳动者依据该条合法解除劳动合同时，应当认定服务期条款对劳动者不再具有约束力。因为《劳动合同法》第 38 条赋予劳动者在用人单位出现特定违约情形后维护自身合法权益、单方解除劳动合同的权利，如果因为服务期的约定导致劳动者依法单方解除劳动合同时需要承担违反服务期的违约责任，实际上等于该约定变相限制或者排除了《劳动合同法》第 38 条赋予劳动者的单方解除权，与《劳动合同法》第 26 条第 1 款第 2 项相悖，是故《劳动合同法实施条例》第 26 条第 1 款作出相应规定。

第九，用人单位依据《劳动合同法》第 39 条第 2 项至第 6 项合法解除劳动合同，[1] 此时由于劳动者对于劳动合同的解除存在较重的过错，故其仍应受服务期期限的约束，否则会诱使劳动者基于自身利益作出有违诚实信用原则的行为，以迫使用人单位解除劳动合同，从而变相规避服务期条款。而用人单位依据《劳动合同法》第 39 条第 1 项与劳动者合法解除劳动合同的，按照《劳动合同法实施条例》第 26 条第 2 款的文意，服务期条款对劳动者不再具有约束力。

第十，如果用人单位不再要求劳动者履行剩余服务期，从而终止与劳动者的劳动关系，则用人单位不得追索劳动者服务期的赔偿责任。因为服务期的设立主要是约束劳动者的，当用人单位自愿放弃要求劳动者继续服务后，劳动者并无过错，自然不必就剩余服务期向用人单位承担违约责任。

二、服务期与劳动合同期限的区别

服务期和劳动合同期限是两个不同的概念，二者之间存在以下区别：

其一，订约前提不同。劳动合同期限的订立以劳动者向用人单位提供一般劳动，用人单位给予劳动者一般劳动待遇为前提；服务期的订立则以用人单位向劳动者提供特殊待遇，劳动者在特别约定的服务期限内提供劳动为前提。

其二，生效要件不同。劳动合同期限的约定经劳动者与用人单位签字后即生效，属诺成生效；而服务期的约定则需以用人单位给付劳动者特殊劳动条件或者特殊待遇后方才生效，属附条件生效。

---

[1] 《劳动合同法》第 39 条规定："劳动者有下列情形之一的，用人单位可以解除劳动合同：（一）在试用期间被证明不符合录用条件的；（二）严重违反用人单位的规章制度的；（三）严重失职，营私舞弊，给用人单位造成重大损害的；（四）劳动者同时与其他用人单位建立劳动关系，对完成本单位的工作任务造成严重影响，或者经用人单位提出，拒不改正的；（五）因本法第二十六条第一款第一项规定的情形致使劳动合同无效的；（六）被依法追究刑事责任的。"

其三，效力约束不同。劳动合同期限对用人单位的约束强于对劳动者的约束，用人单位无正当理由不得提前解除劳动合同，劳动者只需依照法律规定行使劳动合同解除权即可辞职。而服务期对用人单位的约束弱于对劳动者的约束，用人单位提供特殊劳动条件或者特殊待遇在先，劳动者履行服务期义务在后，义务承担的先后次序决定了劳动者违约的可能性高于用人单位。劳动者违反服务期的约定，本质上是违反了受领特殊待遇的约定条件，损害了用人单位的期待利益，应当承担相应的违约责任。

三、用人单位能否与劳动者约定《劳动合同法》第22条之外的服务期

前文已经分析，原则上用人单位不能在该条规定之外，与劳动者约定非该条情形的服务期。比如，劳动合同期限为3年，用人单位与劳动者另外约定2年的服务期，并约定劳动者违反服务期约定时需承担服务期违约金，这样的约定属于无效约定。

但是，在实践中还大量存在这样一种情形，即用人单位基于为劳动者提供了特殊劳动条件或者特殊待遇，如为劳动者办理北京户口落户、提供住房、专车、给予股权激励等，然后与劳动者约定《劳动合同法》第22条之外的服务期，且关于服务期的约定亦是劳动者的真实意思表示。由于上述特殊劳动条件或者特殊待遇，既是不为一般劳动者所享有的待遇，也是劳动者常规劳动待遇之外的待遇，如果劳动者在上述方面享受了超过其正常工资报酬的福利待遇，且服务期是双方自愿约定的，则基于公平原则和诚实信用原则，用人单位可以与劳动者约定一定的服务期，但是不能以此约定违约金，因为《劳动合同法》第25条明确规定，“除本法第二十二条和第二十三条规定的情形外，用人单位不得与劳动者约定由劳动者承担违约金”。当然，不能约定服务期违约金并不代表用人单位不能请求劳动者承担违约责任。由于用人单位提供特殊劳动条件或者特殊待遇在先，劳动者履行服务期义务在后，义务承担的先后次序决定了劳动者违约的可能性高于用人单位。劳动者违反服务期的约定，本质上是违反了受领特殊待遇的约定条件，损害了用人单位的期待利益，因此，应当承担相应的违约责任。只不过，这种违约责任的承担，应当比照《劳动合同法》第22条的规定进行处理。一方面，这种违约责任不应当具有惩罚性，只能起到补偿用人单位损失的作用，因此，劳动者承担的违约责任不能超过用人单位提供的特殊劳动条件或者特殊待遇的总价值；另一方面，应当对用人单位提供的特殊劳动条件或者特殊待遇按照服务期年限进行分摊，劳动者承担的违约责任不能超过服务期尚未履行部分所应分摊的价值。比如，用人单位向劳动者提供了集资建房待遇，并基于此约定服务期，则在

计算劳动者违反服务期约定的违约责任时，应当以该房屋的市场价与集资价之间的差价，除以约定的服务期年限，计算出劳动者每年实际享受的特殊待遇利益，对于未履行的服务期，劳动者按照相应金额和年限向用人单位承担违约责任。

实际上，部分地方在司法实践中已经形成了类似的裁判规则，比如，《北京市劳动争议解答一》第74条规定："在不属于《劳动合同法》第三十八条规定的情况下，劳动者违反劳动合同约定的期限提前解除合同，用人单位拒绝继续履行约定的正常劳动报酬、福利外的经济方面的特殊待遇，或者要求劳动者返还正常劳动报酬、福利外的经济方面的特殊待遇，如何处理？用人单位除向劳动者支付正常劳动报酬外，还特别给予劳动者如汽车、房屋、住房补贴等经济方面特殊待遇，双方对特殊待遇与约定工作期限的关联性有明确约定的按约定；虽无明确约定，但能够认定用人单位系基于劳动者的工作期限给予劳动者特殊待遇的，由于劳动者未完全履行合同，用人单位可以就劳动者未履行合同对应部分拒绝给付特殊待遇，对已经预先给付的，可以按照相应比例要求返还。"从征求意见稿来看，《劳动争议司法解释二》可能会在总结地方裁判规则的基础上规定，用人单位除向劳动者支付正常劳动报酬外，与劳动者约定服务期限并提供住房等特殊待遇，劳动者违反劳动合同约定提前解除劳动合同且不符合《劳动合同法》第38条规定情形时，用人单位请求劳动者折价补偿服务期限尚未履行部分应分摊费用或者赔偿造成的损失的，人民法院可以判令劳动者承担相应责任。

四、特殊待遇服务期条款的效力

以股权激励为例，实施股权激励的用人单位为了防范劳动者在享受股权激励之后离职，往往会在股权激励协议中约定如果发生提前辞职、被辞退、劳动合同期满未续签等情形，劳动者将承担相应违约责任的条款，如丧失行权资格、退回所授予的股票或者股权、返还出售股票获得的收益等，这样的约定实际上是劳动者为获得特殊待遇而与用人单位约定为其持续提供一定期限的劳动，否则将承担相应违约责任，因此，实质上属于服务期条款。

在司法实践中，有观点认为，此种服务期条款是民事主体意思自治的结果，法律又没有禁止性规定，因此应当认定为有效。[1]

基于前述对用人单位能否与劳动者约定《劳动合同法》第22条之外的服务期的分析，笔者认为，如果用人单位以向劳动者给付股权激励为前提，与劳动者约定服务期，该服务期期限的约定原则上可以认定为有效；但是就服务期期限对

〔1〕 参见广东省深圳市中级人民法院民事判决书，(2013) 深中法商终字第2088号。

劳动者的约束力，以及由劳动者承担违约责任的约定的效力，则需要区分不同情形进行评价。评价的标准是，如果在某种情形下，相关约定免除了用人单位的法定责任、排除了劳动者权利的，就可以认定该约定对劳动者不具有强制约束力。

（一）服务期条款对劳动者不再具有强制约束力的情形

第一，如前文所述，依据《劳动合同法实施条例》第26条第1款的规定，如果劳动者系依据《劳动合同法》第38条合法解除劳动合同，应当认定服务期条款对劳动者不再具有强制约束力。因为《劳动合同法》第38条赋予劳动者在用人单位出现特定违约情形后维护自身合法权益、单方解除劳动合同的权利，如果因为服务期的约定导致劳动者依法单方解除劳动合同需要承担违反服务期的违约责任，实际上等于该约定变相限制或者排除了《劳动合同法》第38条赋予劳动者的单方解除权，也变相减轻了用人单位出现《劳动合同法》第38条列明的违约情形时的违法成本，与劳动合同法的立法目的背道而驰。

第二，依据《劳动合同法实施条例》第26条第2款的规定，如果用人单位依据《劳动合同法》第39条第1项与劳动者合法解除劳动合同的，按照《劳动合同法实施条例》第26条第2款的文意，服务期条款对劳动者不再具有强制约束力。

第三，如果用人单位依据《劳动合同法》第36条、第40条、第41条、第46条第5项提出解除或者终止劳动合同的，应当认定服务期条款对劳动者不再具有强制约束力。因为一方面，此时终结劳动关系是由用人单位提出且劳动者不存在过错，便没有理由令劳动者背负违反服务期的违约责任。另一方面，此时终结劳动关系，用人单位应当依法向劳动者支付解除或者终止劳动合同的经济补偿，如果令劳动者承担违反服务期的违约责任，则会变相减轻或者免除用人单位的法定责任、排除劳动者权利，进而会诱使用人单位基于自身利益作出违反诚实信用原则的解除行为。

案例30　李某诉M公司给付获授股票案〔1〕

——服从单位安排与关联公司订立劳动合同的，无须承担违反服务期的违约责任

【基本案情】

M公司、N公司、P公司系关联公司。2016年5月，李某入职M公司，之后

〔1〕参见北京市昌平区人民法院民事判决书，（2021）京0114民初19489号。

的几年内在公司的安排下，李某陆续与上述三家公司订立了劳动合同。2016年12月8日，M公司与李某订立《期权协议书》，双方约定：M公司授予李某股票期权29700份，李某持有的股票期权分三次行权；实际行权额度应依据约定的行权条件和考核结果分批行权；考核年度为2017－2019年三个会计年度，M公司未满足业绩考核目标的，李某对应考核当年可行权的股票期权均不得行权，由公司注销；对个人的考核按照公司现行《考核管理办法》相关规定组织实施；李某辞职或因公司裁员而离职，其在绩效考核年度内因考核合格已获授但尚未行权的股票期权可继续保留，其余未获准行权的股票期权不得行权，由公司统一注销。

截至2018年11月30日，李某获授的M公司股票已经行权14850股。2021年8月6日，P公司以李某严重失职、营私舞弊，对公司利益造成重大损害以及半年度绩效为D档为由与其解除劳动合同。P公司的解除行为被生效判决认定为违法解除。之后，李某起诉请求M公司向其交付其于2016年12月8日获授的14850股股票。M公司抗辩称，李某于2018年3月起即不再是M公司员工，不再具备期权行权的身份条件，且无法对其进行绩效考核，亦不满足约定的行权条件。

【裁判要点】

生效判决认为，M公司、N公司、P公司系关联公司，存在交叉轮换使用李某的情形，M公司也未提交任何李某办理离职手续的相关资料；李某主张其工作岗位、工作内容和工作地点未发生变化，对此M公司亦未提举证据予以反驳。因此，李某系听从M公司安排与不同关联主体订立劳动合同。李某服从M公司安排后，M公司在未明确告知李某解除劳动合同且未明确告知李某服从安排会导致无法行权的不利后果的情况下，擅自以李某已非公司员工为由拒绝其行权，剥夺了其正当权益，李某的诉讼请求应予支持。

【延伸思考】

在股权激励协议中，一般会针对劳动者约定服务期条款，如果发生劳动者提前辞职、被辞退、劳动合同期满未续签等情形，将触发违约责任条款，违约责任主要包括丧失行权资格、强制回购股权、强制由第三方受让股权等。本案中，M公司拒绝李某继续行权的主要理由就是其已经从本公司离职，丧失了继续行权的身份资格，并且导致公司无法对其进行绩效考核。但是，M公司既未明确告知李某，安排其与N公司订立劳动合同就意味着其与M公司的劳动合同宣告解除，也未明确告知李某，服从安排会导致其丧失行权身份和行权资格，李某与N公司订立劳动合同，系服从M公司安排，在此种情形下，应当认定服务期条款对其不再具有约束力。因为此时终结劳动关系是由M公司提出且劳动者不存在过错，没有理由令劳动者背负违反服务期的违约责任，否则会诱使用人单位基于自身利益作出违反诚实信用原则的解除行为。此种处理也与《民法典》第159条的精神相一致。

第四，如果劳动合同因出现《劳动合同法》第44条第4项、第5项情形自动终止，应当认定服务期条款对劳动者不再具有强制约束力。因为此时劳动关系的法定终结是由于用人单位的原因造成的，劳动者对劳动关系的终结不存在过错，自然不应背负违反服务期的违约责任。并且此种情形下，用人单位亦需依法向劳动者支付终止劳动合同的经济补偿，如果令劳动者承担违反服务期的违约责任，则会变相减轻或者免除用人单位的法定责任、排除劳动者权利。

第五，如果劳动者依法要求与用人单位订立或者续订无固定期限劳动合同，但是用人单位拒绝或者只同意继续订立固定期限劳动合同，此时劳动者再依据《劳动合同法》第37条提前30日解除劳动合同，〔1〕或者依据该法第44条第1项终止劳动合同的，〔2〕应当认定服务期条款对劳动者不再具有强制约束力。因为《劳动合同法》赋予劳动者在法定情形下订立或者续订无固定期限劳动合同的权利，如果此时用人单位拒不订立无固定期限劳动合同，劳动者虽然可以继续坚持要求用人单位订立，但是其当然也可以认为强扭的瓜不甜，转而主动终结劳动关系；如果此时用人单位要求继续订立固定期限劳动合同，劳动者对于此种非法要求当然可以拒绝。在此种情形下，如果还要求劳动者承担违反服务期的违约责任，等于是变相鼓励用人单位拒绝订立无固定期限劳动合同的不诚信行为。

第六，劳动合同期满但是服务期尚未届满，因用人单位单方要求降低劳动合同约定条件续订劳动合同而导致劳动者不同意续订的，应当认定服务期条款对劳动者不再具有强制约束力。因为依据《劳动合同法》第46条第5项的规定，如果劳动合同期满因用人单位单方要求降低劳动合同约定条件续订劳动合同而导致劳动者不同意续订，用人单位应当向劳动者支付经济补偿，因此，如果此种情形下认定服务期条款对劳动者的约束力，无疑是变相减轻甚至免除了用人单位向劳动者支付经济补偿的法定义务。

第七，如果用人单位违法解除或者违法终止劳动合同，且劳动者不要求继续履行劳动合同，则服务期条款对劳动者不再具有强制约束力。理由很简单，因为违法解除或者违法终止劳动合同的直接过错在用人单位，没有理由反而令劳动者

---

〔1〕《劳动合同法》第37条规定："劳动者提前三十日以书面形式通知用人单位，可以解除劳动合同。劳动者在试用期内提前三日通知用人单位，可以解除劳动合同。"

〔2〕《劳动合同法》第44条规定："有下列情形之一的，劳动合同终止：（一）劳动合同期满的；（二）劳动者开始依法享受基本养老保险待遇的；（三）劳动者死亡，或者被人民法院宣告死亡或者宣告失踪的；（四）用人单位被依法宣告破产的；（五）用人单位被吊销营业执照、责令关闭、撤销或者用人单位决定提前解散的；（六）法律、行政法规规定的其他情形。"

背负违反服务期的违约责任，否则也会变相减轻甚至免除用人单位向劳动者支付违法解除或者违法终止劳动合同赔偿金的法定义务，进而诱使用人单位基于自身利益作出违反诚实信用原则的解除和终止行为。

当然，在上述情形中，服务期条款对劳动者只是不再具有强制约束力，而对于是否需要依据约定承担违反服务期的责任，劳动者享有选择权：其既可以选择不受服务期条款的约束，也可以基于股票价格波动、股权欠缺流动性等考虑，选择接受服务期条款的约束。但是基于诚实信用原则，劳动者应当将其选择及时通知企业一方。

（二）服务期条款或者服务期期限对劳动者具有约束力的情形

第一，依据《劳动合同法实施条例》第 26 条第 2 款的规定，如果用人单位依据《劳动合同法》第 39 条第 2 项至第 6 项合法解除劳动合同，此时由于劳动者对于劳动合同的解除存在严重的过错，故其应受服务期条款的约束，否则会诱使劳动者基于自身利益做出有违诚实信用原则的违约行为，以迫使用人单位解除劳动合同，从而变相规避服务期条款。

第二，劳动者依据《劳动合同法》第 36 条、第 37 条解除劳动合同的，劳动者与用人单位对于劳动合同的解除均不存在过错，原则上服务期期限对劳动者具有约束力。但是，就服务期条款中有关劳动者承担违约责任的约定的效力，还需要根据具体的约定进行具体分析。对此，本节前面部分已经阐述，不再赘述。

第九讲 工作时间与休息休假

工作时间，是指劳动者为履行劳动义务，在法定限度内应当从事劳动或工作的时间。休息时间，是指劳动者得免于履行劳动给付义务而自行支配的时间。工作时间的范围，不仅包括作业时间，还包括准备工作时间、结束工作时间以及法定非劳动消耗时间（如劳动者自然需要中断时间、工艺需要中断的时间、停工待活时间、女职工哺乳婴儿时间等）；不仅包括在岗位上工作的时间，还包括依据法规或单位行政安排离岗从事其他活动的时间。休息时间的范围，包括日常休息时间和休假。前者即工作日内不计入工作时间的间歇时间（如用膳时间、午休时间）和计入工作时间的间歇时间（法定非劳动消耗时间），以及相邻两个工作日之间的休息时间和周休息日（周六日）；后者即劳动者依法享有的有工资保障的各种假日。可见，在工作时间和休息时间之间，一方面既能明确界定范围，另一方面又有一定交叉，存在计入工作时间的休息时间。对劳动者来说，工作时间是支出劳动力的量化形式，休息时间是恢复和增强劳动力的必要时间，二者之间是劳动力的使用和再生产的关系。[1]

第一节 工时制度

工作时间的长短直接影响到劳动者的生活质量和劳动力的恢复，为了合理安排劳动者的工作和休息时间，维护劳动者的休息权利，调动其工作积极性，促进社会主义现代化建设事业的发展，我国制定了多种工时制度，包括标准工时和非标准工时。其中非标准工时又包括缩短工作日、延长工作日、连续工作日、综合计算工时工作制以及不定时工作制。标准工时是我国法定正常情况下的工时制度，非标准工时只有在符合法定条件的特殊情况下才能实行。

---

〔1〕参见王全兴：《劳动法》（第4版），法律出版社2017年版，第323页。

一、标准工时制及其变形

标准工时，是指法定的在正常情况下普遍适用的，按照正常作息办法安排的工作日和工作周。其主要特点是：（1）它以正常情况作为其适用条件；（2）它普遍适用于一般职工；（3）它是按正常作息办法安排工时，属于均衡工作制；（4）它一般以法定最长工时作为其时间长度；（5）它被作为确定其他工作日长度的基准。各国关于最长工时的立法表明，缩短法定最长工时，已成世界性趋势。〔1〕我国法定周最长工时，共和国成立以来一直为48小时，从1994年3月1日起缩短为44小时，〔2〕从1995年5月1日起又进一步缩短为40小时。

《国务院关于职工工作时间的规定》第3条规定，职工每日工作8小时、每周工作40小时。这是现阶段我国执行的标准工时。对实行计件工作的劳动者，用人单位也应当根据标准工时制度合理确定其劳动定额和计件报酬标准。〔3〕

就标准工时制下，每周具体哪两天休息，《国务院关于职工工作时间的规定》第7条规定，国家机关、事业单位实行统一的工作时间，星期六和星期日为周休息日。企业和不能实行前款规定的统一工作时间的事业单位，可以根据实际情况灵活安排周休息日。其中，企业根据所在地的供电、供水和交通等实际情况，经与工会和职工协商后，可以灵活安排周休息日。〔4〕

就企业职工是否一定要每周休息两天，《〈国务院关于职工工作时间的规定〉问题解答》（劳部发〔1995〕187号）第1条指出，有条件的企业应尽可能实行职工每日工作8小时、每周工作40小时这一标准工时制度。有些企业因工作性质和生产特点不能实行法定的标准工时制度的，应当保证职工每周工作时间不超过40小时，每周至少休息1天；有些企业还可以实行不定时工作制、综合计算工时工作制等其他工作和休息办法。也正是因为有上述规定，实践中一些企业便以此为由安排职工每周工作6天。笔者认为，上述规定的每周工作6天是有条件的，即（1）该企业必须是因工作性质和生产特点不能实行法定的标准工时制度；（2）该企业应当保证职工每周工作时间不超过40小时。发生劳动争议时，企业应当就是否满足这两个条件承担举证证明责任。如果企业不能证明其因工作性质和生产特点不能实行法定的标准工时制度，则就休息日加班需向职工支付休息日

---

〔1〕参见王全兴：《劳动法》（第4版），法律出版社2017年版，第327页。

〔2〕1995年修订前的《国务院关于职工工作时间的规定》第3条规定：国家实行职工每日工作8小时、平均每周工作44小时的工时制度。

〔3〕参见《劳动法》第37条。

〔4〕参见《劳动部贯彻〈国务院关于职工工作时间的规定〉的实施办法》（1995年3月26日施行）第9条。

加班工资；如果企业能够证明其因工作性质和生产特点不能实行法定的标准工时制度，但是不能证明职工每周工作时间不超过 40 小时，则其需要向职工支付相应的延时加班工资或者休息日加班工资。

任何单位和个人不得擅自延长职工工作时间。〔1〕《劳动法》第41 条规定，用人单位由于生产经营需要，经与工会和劳动者协商后可以延长工作时间，一般每日不得超过 1 小时；因特殊原因需要延长工作时间的，在保障劳动者身体健康的条件下延长工作时间每日不得超过 3 小时，但是每月不得超过 36 小时。但是，有下列特殊情形和紧急任务之一的，延长工作时间不受上述规定的限制：（1）发生自然灾害、事故或者因其他原因，使人民的安全健康和国家资财遭到严重威胁，需要紧急处理的；（2）生产设备、交通运输线路、公共设施发生故障，影响生产和公众利益，必须及时抢修的；（3）必须利用法定节假日或公休假日的停产期间进行设备检修、保养的；（4）为完成国防紧急任务，或者完成上级在国家计划外安排的其他紧急生产任务，以及商业、供销企业在旺季完成收购、运输、加工农副产品紧急任务的。〔2〕

在特殊条件下从事劳动和有特殊情况，还可能需要在标准工时基础上适当缩短工作时间。为此，《劳动部贯彻〈国务院关于职工工作时间的规定〉的实施办法》（1995 年 3 月 26 日施行）第 4 条规定，在特殊条件下从事劳动和有特殊情况，需要在每周工作 40 小时的基础上再适当缩短工作时间的，应在保证完成生产和工作任务的前提下，根据在标准工时基础上，由企业根据实际情况决定。目前允许实行缩短工作日的情形限于以下几种：（1）特定的岗位。从事矿山井下作业、高山作业、严重有毒有害作业、特别繁重和过度紧张的体力劳动的职工，每个工作日的时间要少于 8 小时。（2）夜班。实行三班制的企业，从事夜班工作的时间比白班减少 1 小时。在这里夜班一般是指在当日晚上 10 时至次日早晨 6 时之间当班。（3）哺乳期女工。哺乳未满周岁婴儿的女职工，每班工作时间内可哺乳两次（含人工喂养），每次 30 分钟；多胞生育的每多哺乳一婴儿，每次哺乳时间增加 30 分钟；一班内两次哺乳可以合并使用。哺乳时间和哺乳往返时间算作工作时间。（4）未成年工和怀孕女工。未成年工应实行少于 8 小时工作日制度。怀孕 7 个月以上女职工，在正常工作时间内应安排一定的休息时间。〔3〕

---

〔1〕 参见《国务院关于职工工作时间的规定》第 6 条。

〔2〕 参见《劳动部贯彻〈国务院关于职工工作时间的规定〉的实施办法》（1995 年 3 月 26 日施行）第 7 条。

〔3〕 参见王全兴：《劳动法》（第 4 版），法律出版社 2017 年版，第 328 页。

二、综合计算工时工作制

所谓综合计算工时工作制，是指分别以周、月、季、年等为周期，综合计算工作时间，但其平均日工作时间和平均周工作时间与法定标准工作时间基本相同的工时制度。[1]

因工作性质或者生产特点的限制，不是所有用人单位都能实行标准工时制。因此，《国务院关于职工工作时间的规定》（1995 修订）第 5 条规定，不能实行每日工作 8 小时、每周工作 40 小时标准工时制度的，按照国家有关规定，可以实行其他工作和休息办法。《劳动部贯彻〈国务院关于职工工作时间的规定〉的实施办法》（1995 年 3 月 26 日施行）第 5 条进一步规定，因工作性质或生产特点的限制，不能实行每日工作 8 小时、每周工作 40 小时标准工时制度的，可以实行不定时工作制或综合计算工时工作制等其他工作和休息办法。《关于企业实行不定时工作制和综合计算工时工作制的审批办法》（劳部发〔1994〕503 号）第 3 条进一步规定，企业因生产特点不能实行标准工时制以及不能保证劳动者每周至少休息 1 日的，可以实行不定时工作制或综合计算工时工作制等其他工作和休息办法。

就哪些职工可以实行综合计算工时工作制，劳动部《关于企业实行不定时工作制和综合计算工时工作制的审批办法》（劳部发〔1994〕503 号）第 5 条规定，企业对符合下列条件之一的职工，可实行综合计算工时工作制：（1）交通、铁路、邮电、水运、航空、渔业等行业中因工作性质特殊，需连续作业的职工；（2）地质及资源勘探、建筑、制盐、制糖、旅游等受季节和自然条件限制的行业的部分职工；（3）其他适合实行综合计算工时工作制的职工。《〈国务院关于职工工作时间的规定〉问题解答》（劳部发〔1995〕187 号）第 6 条进一步明确，交通、铁路、邮电、水运、航空、渔业等行业中因工作性质特殊，需要连续作业的职工，地质、石油及资源勘探、建筑、制盐、制糖、旅游等受季节和自然条件限制的行业的部分职工，亦工亦农或由于受能源、原材料供应等条件限制难以均衡生产的乡镇企业的职工等，可以实行综合计算工时工作制。另外，对于那些在市场竞争中，由于外界因素影响，生产任务不均衡的企业的部分职工也可以参照实施综合计算工时工作制。

为了保障劳动者休息权，企业实行综合计算工时工作制的，需要经过劳动行政部门审批才能实行。中央直属企业实行综合计算工时工作制的，经国务院行业主管部门审核，报国务院劳动行政部门批准。地方企业实行综合计算工时工作制

---

〔1〕 参见劳动部《关于企业实行不定时工作制和综合计算工时工作制的审批办法》（劳部发〔1994〕503 号）第 5 条。

的审批办法，由各省、自治区、直辖市人民政府劳动行政部门制定，报国务院劳动行政部门备案。[1]

此外，人力资源和社会保障部、商务部《关于服务外包企业实行特殊工时制度有关问题的通知》（人社部发〔2009〕36号）规定，在国务院批转的北京、天津、重庆、大连、深圳、广州、武汉、哈尔滨、成都、南京、西安、济南、杭州、合肥、南昌、长沙、大庆、苏州、无锡等20个服务外包示范城市，对符合条件且劳动用工管理规范的技术先进性服务外包企业，确因生产特点无法实行标准工时工作制的部分岗位，经所在地省级人力资源社会保障（劳动保障）部门批准，可以实施特殊工时工作制。其中，对因工作性质特殊需连续工作的职工和其他适合实行综合计算工时工作制的职工，经批准可以实行综合计算工时工作制。

就实行综合计算工时工作制是否必须保证劳动者每周至少休息1天和每日实际工作时间不得超过11小时，劳动行政部门作了放宽处理，即实行综合计算工时工作制的，原则上无须保证劳动者每周至少休息1天和每日实际工作时间不得超过11小时。劳动部《关于职工工作时间有关问题的复函》（劳部发〔1997〕271号）第9条指出，实行综合计算工时工作制是从部分企业生产实际出发，允许实行相对集中工作、集中休息的工作制度，以保证生产的正常进行和劳动者的合法权益。因此，在审批综合计算工时工作制过程中不宜再要求企业实行符合标准工时工作制的规定。但是，在审批综合计算工时工作制过程中应要求企业做到以下两点：（1）企业实行综合计算工时工作制以及在实行综合计算工时工作中采取何种工作方式，一定要与工会和劳动者协商。（2）对于第三级以上（含第三级）体力劳动强度的工作岗位，劳动者每日连续工作时间不得超过11小时，而且每周至少休息1天。

三、不定时工作制

所谓不定时工作制，是指法定在特殊条件下实行的，每日无固定起讫时点，亦即不固定计算工作日长度的工作日。[2]

就哪些职工可以实行不定时工作制，劳动部《关于企业实行不定时工作制和综合计算工时工作制的审批办法》（劳部发〔1994〕503号）第4条规定，企业对符合下列条件之一的职工，可以实行不定时工作制：（1）企业中的高级管理人员、外勤人员、推销人员、部分值班人员和其他因工作无法按标准工作时间衡量的职工；（2）企业中的长途运输人员、出租汽车司机和铁路、港口、仓库的部分

---

〔1〕参见劳动部《关于企业实行不定时工作制和综合计算工时工作制的审批办法》（劳部发〔1994〕503号）第7条。

〔2〕参见王全兴：《劳动法》（第4版），法律出版社2017年版，第328页。

装卸人员以及因工作性质特殊，需机动作业的职工；（3）其他因生产特点、工作特殊需要或职责范围的关系，适合实行不定时工作制的职工。《〈国务院关于职工工作时间的规定〉问题解答》（劳部发〔1995〕187号）第5条进一步明确，不定时工作制是针对因生产特点、工作特殊需要或职责范围的关系，无法按标准工作时间衡量或需要机动作业的职工所采用的一种工时制度。例如，企业中从事高级管理、推销、货运、装卸、长途运输驾驶、押运、非生产性值班和特殊工作形式的个体工作岗位的职工，出租车驾驶员等，可实行不定时工作制。鉴于每个企业的情况不同，企业可依据上述原则结合企业的实际情况进行研究，并按有关规定报批。

为了保障劳动者休息权，企业实行不定时工作制的，需要经过劳动行政部门审批才能实行。中央直属企业实行不定时工作制的，经国务院行业主管部门审核，报国务院劳动行政部门批准。地方企业实行不定时工作制的审批办法，由各省、自治区、直辖市人民政府劳动行政部门制定，报国务院劳动行政部门备案。〔1〕但需要注意的是，在实践中，部分地区对于不定时工作制的是否需获审批存在特殊规定。例如，《北京市企业实行综合计算工时工作制和不定时工作制办法的通知》（京劳社资发〔2003〕157号）第16条规定，企业中的高级管理人员实行不定时工作制，不办理审批手续。因此，在北京，企业可以直接与高级管理人员直接约定实行不定时工作制。

案例31　张某与某物业公司劳动争议案〔2〕

——用人单位与劳动者自行约定实行不定时工作制无效

【基本案情】

2017年11月1日，张某与某物业公司订立3年期劳动合同，约定张某担任安全员，实行不定时工作制。物业公司于2018年4月向当地人力资源社会保障部门就安全员岗位申请不定时工作制，获批期间为2018年5月1日至2019年4月30日。2018年9月30日，张某与物业公司经协商解除劳动合同。双方认可2017年11月至2018年4月、2018年5月至2018年9月，张某分别在休息日工作15天、

〔1〕参见劳动部《关于企业实行不定时工作制和综合计算工时工作制的审批办法》（劳部发〔1994〕503号）第7条。

〔2〕本案为人力资源社会保障部、最高人民法院《关于联合发布第一批劳动人事争议典型案例的通知》（人社部函〔2020〕62号）发布的案例13。

10天，物业公司既未安排调休也未支付休息日加班工资。张某要求物业公司支付上述期间休息日加班工资，物业公司以张某实行不定时工作制为由未予支付。2018年10月，张某申请劳动仲裁，请求物业公司支付2017年11月至2018年9月的休息日加班工资8046元。

【裁判要点】

生效裁决认为，本案的争议焦点是未经审批，物业公司能否仅凭与张某的约定实行不定时工作制。《劳动法》第39条规定："企业因生产特点不能实行本法第三十六条、第三十八条规定的，经劳动行政部门批准，可以实行其他工作和休息办法。"《关于企业实行不定时工作制和综合计算工时工作制的审批办法》第4条规定："企业对符合下列条件之一的职工，可以实行不定时工作制。（一）企业中的高级管理人员、外勤人员、推销人员、部分值班人员和其他因工作无法按标准工作时间衡量的职工……"由上述条款可知，用人单位对劳动者实行不定时工作制，有严格的适用主体和适用程序要求。只有符合国家规定的特殊岗位劳动者，并经过人力资源社会保障部门审批，用人单位才能实行不定时工作制，否则不能实行。

本案中，张某所在的安全员岗位经审批实行不定时工作制的期间为2018年5月1日至2019年4月30日。2017年11月至2018年4月，物业公司未经人力资源社会保障部门审批，对张某所在岗位实行不定时工作制，违反相关法律规定。因此，应当认定此期间张某实行标准工时制，物业公司应当按照《劳动法》第44条规定支付张某休息日加班工资。故裁决物业公司支付张某2017年11月至2018年4月的休息日加班工资4828元。

【延伸思考】

不定时工作制和综合计算工时工作制是针对因生产特点、工作特殊需要或职责范围的关系，无法按标准工作时间衡量或需要机动作业的劳动者所采用的工时制度，为保障劳动者的合法权益，这两种工时制度必须经劳动行政部门审批方可实行。未经依法审批，用人单位与劳动者约定实行不定时工作制或者综合计算工时工作制是无效约定。

在实务中，如果双方未约定实行何种工时制度，则劳动者应当适用标准工时。如果双方约定了实行何种工时制度，按照约定执行；但是如果双方约定的工时制度因未经审批而无效，则劳动者仍然应当适用标准工时。此外，即使双方约定了不定时工作制且经过审批，但是并未实际履行不定时工作制的，用人单位仍应当按照标准工时制度向劳动者支付加班工资。[1]

---

〔1〕参见天津市第一中级人民法院民事判决书，（2015）一中民一终字第0686号，该案系人民法院案例库入库案例，入库编号：2024-07-2-490-009。

仲裁机构和法院在审理涉及非标准工时案件时，如果该工时制度与案件基本待证事实相关，应当审查用人单位是否存在实行非标准工时制度的法定条件。对于双方约定实行不定时工作制和综合计算工时工作制的，应当审查该工时制度是否经过依法审批，未经依法审批，用人单位不得实行不定时工作制和综合计算工时工作制。

此外，人力资源和社会保障部、商务部《关于服务外包企业实行特殊工时制度有关问题的通知》（人社部发〔2009〕36号）规定，在国务院批转的北京、天津、重庆、大连、深圳、广州、武汉、哈尔滨、成都、南京、西安、济南、杭州、合肥、南昌、长沙、大庆、苏州、无锡等20个服务外包示范城市，对符合条件且劳动用工管理规范的技术先进性服务外包企业，确因生产特点无法实行标准工时工作制的部分岗位，经所在地省级人力资源社会保障（劳动保障）部门批准，可以实施特殊工时工作制。其中，对软件设计人员、科技研发人员、中高级管理人员和其他工作无法按照标准工作时间衡量或需机动作业的职工，经批准可以实行不定时工作制。

由于《关于企业实行不定时工作制和综合计算工时工作制的审批办法》（劳部发〔1994〕503号）第3条明确规定，企业因生产特点不能实行标准工时制以及不能保证劳动者每周至少休息1日的，可以实行不定时工作制或综合计算工时工作制等其他工作和休息办法。因此，对于实行不定时工作制的劳动者，企业无须保证其每周至少休息1日。

经批准实行不定时工作制的职工，不受《劳动法》第41条规定的日延长工作时间标准和月延长工作时间标准的限制，[1] 但用人单位应采用弹性工作时间等适当的工作和休息方式，确保职工的休息休假权利和生产、工作任务的完成。[2]

第二节　带薪休假

劳动者有休息权。在标准工时制下，职工每日工作8小时、每周工作40小时。[3] 国家机关、事业单位实行统一的工作时间，星期六和星期日为周休息日。企业和不能实行前款规定的统一工作时间的事业单位，可以根据实际情况灵活安

---

〔1〕《劳动法》第41条规定，用人单位由于生产经营需要，经与工会和劳动者协商后可以延长工作时间，一般每日不得超过1小时；因特殊原因需要延长工作时间的，在保障劳动者身体健康的条件下延长工作时间每日不得超过3小时，但是每月不得超过36小时。

〔2〕参见《贯彻执行劳动法的意见》第67条。

〔3〕参见《国务院关于职工工作时间的规定》第3条。

排周休息日。[1] 有些企业因工作性质和生产特点不能实行法定的标准工时制度的，应当保证职工每周工作时间不超过40小时，每周至少休息1天；[2] 对于因工作性质或生产特点的限制，实行不定时工作制或综合计算工时工作制等其他工作和休息办法的职工，企业都应根据《劳动法》和《国务院关于职工工作时间的规定》的有关条款，在保障职工身体健康并充分听取职工意见的基础上，采取集中工作、集中休息、轮休调休、弹性工作时间等适当的工作和休息方式，确保职工的休息休假权利和生产、工作任务的完成。[3]

劳动者享有的休息又分为不带薪休息和带薪休息。前者主要包括工作日内不计入工作时间的间歇时间（如就餐时间、午休时间）、工作日之间的休息时间以及周休息日（周六日）。后者是法定的劳动者得免于上班劳动并且有工资保障的休息时间，[4] 主要包括法定节假日、带薪年休假、探亲假、婚丧假、产假等。

一、法定节假日和法定休假日

（一）法定节假日

法定节假日，是指根据国家、民族的传统习俗而由法律规定的在节日和纪念日实行的休假。严格地说，其并非专为劳动者规定，但由于其涉及劳动者中断劳动以及用人单位得继续依法支付工资，所以，劳动法对此作了专门规定。[5]

按照《全国年节及纪念日放假办法》（2024修订）的规定，全体公民放假的节日有13天：（1）新年，放假1天（1月1日）；（2）春节，放假4天（农历除夕、正月初一至初三）；（3）清明节，放假1天（农历清明当日）；（4）劳动节，放假2天（5月1日、2日）；（5）端午节，放假1天（农历端午当日）；（6）中秋节，放假1天（农历中秋当日）；（7）国庆节，放假3天（10月1日、2日、3日）。全体公民放假的假日，如果适逢星期六、星期日，应当在工作日补假。全体公民放假的假日，可合理安排统一放假调休，结合落实带薪年休假等制度，实际形成较长假期。除个别特殊情形外，法定节假日假期前后连续工作一般不超过6天。

部分公民放假的节日及纪念日有：（1）妇女节（3月8日），妇女放假半天；（2）青年节（5月4日），14周岁以上的青年放假半天；（3）儿童节（6月1

---

〔1〕 参见《国务院关于职工工作时间的规定》第7条。

〔2〕 参见《〈国务院关于职工工作时间的规定〉问题解答》（劳部发〔1995〕187号）第1条。

〔3〕 参见《〈国务院关于职工工作时间的规定〉问题解答》（劳部发〔1995〕187号）第6条。

〔4〕 参见王全兴：《劳动法》（第4版），法律出版社2017年版，第329页。

〔5〕 参见王全兴：《劳动法》（第4版），法律出版社2017年版，第329页。

日），不满14周岁的少年儿童放假1天；（4）中国人民解放军建军纪念日（8月1日），现役军人放假半天。部分公民放假的假日，如果适逢星期六、星期日，则不补假。

少数民族习惯的节日，由各少数民族聚居地区的地方人民政府，按照各该民族习惯，规定放假日期。

二七纪念日、五卅纪念日、七七抗战纪念日、九三抗战胜利纪念日、九一八纪念日、教师节、护士节、记者节、植树节等其他节日、纪念日，均不放假。

（二）法定休假日

法定休假日，是《劳动法》使用的概念，它仅指前述法定节假日当中全体公民放假的节日。现阶段，我国的法定休假日共有13天，包括元旦1天、春节4天、清明节1天、劳动节2天、端午节1天、中秋节1天、国庆节3天。其与其他法定节假日在劳动法上的区别是：（1）用人单位安排劳动者在法定休假日工作的，应当向劳动者支付不低于工资的300%的工资报酬，[1]且这300%不包括已经包含在工资收入中的部分，用人单位应当另外按照不低于劳动者本人工资标准的300%支付工资报酬。[2]而用人单位安排劳动者在其他法定节假日工作的，法律没有强制规定需支付加班工资。例如，在青年节，已经参加工作的青年放假半天，但是如果用人单位安排该青年在放假的半天里工作，可以不向该青年支付加班工资。（2）法定休假日如果适逢星期六、星期日，应当在工作日补假；而其他法定节假日如果适逢星期六、星期日，则不补假。

二、带薪年休假

带薪年休假简称年休假，是指法律规定的职工满一定的工作年限后，每年享有的保留工作带薪连续休假。[3]职工在年休假期间享受与正常工作期间相同的工资收入。[4]需要强调的是，法律、行政法规并没有排除实行不定时工作制的劳动者享有带薪年休假的权利，实行不定时工作制的劳动者也依法享有带薪年

---

〔1〕参见《劳动法》第44条第3项。

〔2〕参见原劳动部《对〈工资支付暂行规定〉有关问题的补充规定》（劳部发〔1995〕226号）第2条，以及人力资源社会保障部办公厅《关于做好〈国务院关于修改《全国年节及纪念日放假办法》的决定〉贯彻实施工作的通知》（人社厅函〔2025〕1号）。

〔3〕参见关怀、林嘉主编：《劳动法》（第6版），中国人民大学出版社2022年版，第150页。

〔4〕参见《企业职工带薪年休假实施办法》第11条。

休假。[1]

我国年休假制度发展较晚，直到《劳动法》的颁布，才在法律层面确定了年休假制度。该法第 45 条规定，国家实行带薪年休假制度。劳动者连续工作 1 年以上的，享受带薪年休假。具体办法由国务院规定。2008 年 1 月 1 日，《职工带薪年休假条例》开始施行，配套的《企业职工带薪年休假实施办法》于 2008 年 9 月 18 日起施行。

（一）享受年休假的资格

与用人单位建立劳动关系的劳动者连续工作满 12 个月以上的，有资格享受年休假。[2] 所谓“连续工作”，既包括在同一用人单位连续工作，也包括在不同的用人单位之间不间断的连续工作。[3] 满 12 个月是一次性要求，在劳动者工作过程中只要有过一次连续工作满 12 个月的状态，从此以后其就具备了享受带薪年休假的资格，而不是要求其每次休年休假之前都必须达到连续工作满 12 个月的情形。[4] 例如，劳动者在符合参加工作后曾经“连续工作满 12 个月”条件后，新入职某用人单位，则其新入职当年的年休假时间以当年度在该用人单位已工作时间计算。具体来说，其新入职当年度年休假天数，按照在该单位剩余日历天数折算确定，折算后不足 1 整天的部分不享受年休假。折算方法为：（当年度在本单位剩余日历天数 ÷365 天）×职工本人全年应当享受的年休假天数。[5]

（二）年休假天数的确定

职工累计工作已满 1 年不满 10 年的，年休假 5 天；已满 10 年不满 20 年的，年休假 10 天；已满 20 年的，年休假 15 天。[6] 年休假天数根据职工累计工作时间确定。职工在同一或者不同用人单位工作期间，以及依照法律、行政法规或者

---

〔1〕 参见劳动部《关于职工工作时间有关问题的复函》（劳部发〔1997〕271 号）第 8 条规定，对于实行不定时工作制的劳动者，企业应当根据标准工时制度合理确定劳动者的劳动定额或其他考核标准，以便安排劳动者休息。其工资由企业按照本单位的工资制度和工资分配办法，根据劳动者的实际工作时间和完成劳动定额情况计发。对于符合带薪年休假条件的劳动者，企业可安排其享受带薪年休假。

〔2〕 参见《职工带薪年休假条例》第 2 条，《企业职工带薪年休假实施办法》第 2 条、第 3 条。

〔3〕 参见国务院法制办《对〈关于《职工带薪年休假条例》有关问题的请示〉的复函》（国法秘政函〔2009〕5 号）第 1 条、人力资源和社会保障部办公厅《关于〈企业职工带薪年休假实施办法〉有关问题的复函》（人社厅函〔2009〕149 号）第 1 条。

〔4〕 参见北京市兰台律师事务所编著：《劳动争议攻防策略：请求权基础思维分析与合规操作》，中国法制出版社 2023 年版，第 133 页。

〔5〕 参见《企业职工带薪年休假实施办法》第 5 条。

〔6〕 参见《职工带薪年休假条例》第 3 条。

国务院规定视同工作期间，应当计为累计工作时间。[1] 累计工作时间，是指职工从事全日制工作的时间，[2] 以及依法服兵役和其他按照国家法律、行政法规和国务院规定可以计算为工龄的期间（视同工作期间）。职工的累计工作时间可以根据档案记载、单位缴纳社保费记录、劳动合同或者其他具有法律效力的证明材料确定。[3]

国家法定休假日、休息日不计入年休假的假期。[4] 换言之，除法定休假日之外的其他法定节假日（如青年节、妇女节）是要计入年休假的假期的。不过，职工依法享受的探亲假、婚丧假、产假等国家规定的假期以及因工伤停工留薪期间不计入年休假假期。[5]

对于员工处于年休假天数临界点，即其年休假将从 5 天变为 10 天，或从 10 天变为 15 天时，可以分段计算其享有的年休假天数。例如，员工在当年 9 月年休假满 10 年，休假天数从 9 月变为 10 天，而根据年休假"一般不跨年度安排"的原则，[6] 年休假一般按照自然年进行计算，那么当年年休假天数将分段计算，即 9 月之前按照 5 天进行折算，9 月之后按照 10 天进行折算。[7]

年休假存在法定扣减情形。职工有下列情形之一的，不享受当年的年休假：（1）职工依法享受寒暑假，其休假天数多于年休假天数的；（2）职工请事假累计 20 天以上且单位按照规定不扣工资的；（3）累计工作满 1 年不满 10 年的职工，请病假累计 2 个月以上的；（4）累计工作满 10 年不满 20 年的职工，请病假累计 3 个月以上的；（5）累计工作满 20 年以上的职工，请病假累计 4 个月以上的。[8] 凡职工请病假未达到前述（3）（4）（5）规定情形的，其当年的年休假不受影响，仍可以依法享受带薪年休假。[9] 确因工作需要，职工享受的寒暑假天数少于其年休假天数的，用人单位应当安排补足年休假天数。职工已享受当年的年休

---

〔1〕参见《企业职工带薪年休假实施办法》第 4 条。

〔2〕参见国务院法制办《对〈关于《职工带薪年休假条例》有关问题的请示〉的复函》（国法秘政函〔2009〕5 号）第 2 条。

〔3〕参见人力资源和社会保障部办公厅《关于〈企业职工带薪年休假实施办法〉有关问题的复函》（人社厅函〔2009〕149 号）第 2 条。

〔4〕参见《职工带薪年休假条例》第 3 条。

〔5〕参见《企业职工带薪年休假实施办法》第 6 条。

〔6〕参见《职工带薪年休假条例》第 5 条。

〔7〕参见北京市兰台律师事务所编著：《劳动争议攻防策略：请求权基础思维分析与合规操作》，中国法制出版社 2023 年版，第 133 页。

〔8〕参见《职工带薪年休假条例》第 4 条。

〔9〕参见《劳动关系司答网民咨询关于病假期限未达到法定享受年休假标准时如何计算的来信》，载人力资源和社会保障部官网，https：//www. mohrss. gov. cn/SYrlzyhshbzb/zxhd/buzhangxinxiang/huiyingxuandeng/202201/t20220110_ 432560. html，2024 年 11 月 22 日访问。

假，年度内又出现前述（2）（3）（4）（5）规定情形之一的，不享受下一年度的年休假。[1]

（三）年休假由用人单位统筹安排

《职工带薪年休假条例》第5条规定，“用人单位根据生产、工作的具体情况，并考虑职工本人意愿，统筹安排职工年休假”。从该条规定来看，年休假原则上由用人单位根据生产、工作的具体情况统筹安排，换句话说，从生产经营角度，统筹安排年休假是用人单位的权利。“并考虑职工本人意愿”并不是说用人单位统筹安排年休假时必须征得劳动者同意，而是说，一方面，用人单位可以根据生产、工作的具体情况，统筹安排职工年休假；另一方面，当职工主动申请休年休假时，用人单位可以根据生产、工作的具体情况，并考虑该职工本人意愿，决定是否批准其休年休假。也就是说，（1）用人单位根据生产、工作的具体情况，在1个年度内集中统筹安排年休假时，不需要征得劳动者本人的同意。不过，基于对劳动者信赖利益的保护，用人单位在统筹安排年休假之前，应当明确告知劳动者其统筹安排的是年休假，而不能笼统地通知放假。并且，如果用人单位通知统筹安排年休假，却没有正常发放这期间的劳动报酬，则不能认为统筹安排了年休假。（2）当职工申请休年休假时，在考虑职工本人意愿的同时，用人单位可以根据生产、工作的具体情况，决定批准或者不批准其休年休假。如果不批准，用人单位应当有正当理由。

年休假在1个年度内可以集中安排，也可以分段安排，一般不跨年度安排。单位因生产、工作特点确有必要跨年度安排职工年休假的，可以跨1个年度安排，[2] 但是应征得职工本人同意。[3]

案例32　张某与某房地产开发公司劳动争议案[4]

——用人单位有权统筹安排员工休带薪年休假

【基本案情】

张某于2019年9月18日入职某房地产开发公司，2021年11月26日，某房

[1] 参见《企业职工带薪年休假实施办法》第7、8条。
[2] 参见《职工带薪年休假条例》第5条。
[3] 参见《企业职工带薪年休假实施办法》第9条。
[4] 本案为天津市人社局《关于发布2021年度劳动人事争议典型案例的通知》（津人社局函〔2022〕9号）发布的案例4。

地产开发公司以张某不胜任工作为由，单方解除劳动合同。张某主张在职期间，其未休过带薪年休假，故申请劳动仲裁，要求某房地产开发公司支付其2020年未休的10天年休假工资和2021年未休的9天年休假工资。案件审理中，某房地产开发公司辩称，为照顾外地员工，每年春节前、后都会各多放假7天，就是安排员工休年假。但张某主张休假时间是公司决定的，并非自己申请自主决定的时间，所以并不能代表其已休年休假。某房地产开发公司提供了放假通知和工资发放明细，证明该休假期间正常发放张某工资。

【裁判要点】

生效裁决认为，《职工带薪年休假条例》第5条规定，“单位根据生产、工作的具体情况，并考虑职工本人意愿，统筹安排职工年休假”。由此可见，劳动者虽然享有休年休假的权利，但是休年休假并非只有劳动者向用人单位提出申请一条途径，用人单位也是可以主动安排的。劳动者本人意愿只是其中一项因素，并非决定因素，而这一条规定也体现了用人单位根据自身经营状况统筹安排员工休年休假系其法定义务，即便劳动者不主动提出申请，也不能视为劳动者放弃休年休假的权利。在双方存在劳动关系的前提下，用人单位有权安排员工休年休假。因为年休假制度设定的目的是保障劳动者休息的权利，让劳动者能够享受较长时间的休息休假，以维持和恢复其劳动能力。只要保障了员工休假，就达到了休息的目的。用人单位在安排职工休年休假时，既要尊重职工的自主权，也要考虑企业的正常工作秩序，统筹安排职工休假。

本案中，对于某房地产开发公司在春节前、后安排张某放假，虽然属于公司单方面的安排，但并不影响张某已经休假的事实成立，并且某房地产公司在安排的休假期间仍正常发放工资，也符合劳动者享受年休假的法律规定。张某2020年、2021年共计应享受带薪年休假9天，而某房地产开发公司每年安排春节前、后休假10天，已超过张某应享受的带薪年休假天数，故驳回张某的仲裁请求。

【延伸思考】

基于休息权这一宪法赋予公民的基本权利，带薪年休假应时而生。随着劳动者维权意识的不断提高，带薪年休假也受到更多的关注。作为用人单位应充分尊重和保障劳动者休假的权利，协助劳动者实现自己的权利。作为劳动者要增强维权意识，合理主张自身权利，积极配合用人单位统筹安排年休假，实现用人单位和职工个人的“双赢”。

（四）年休假过期是否作废

现实中，有些用人单位会在规章制度中规定“年休假过期作废”，即如果员工不在限定的期限内申请休年休假，就不再享有休年休假的权利，单位也不会给予经济补偿。这样的规定有效吗？实际上，一方面，从生产经营角度，统筹安排年休假是用人单位的权利；另一方面，从保障职工休息权的角度，安排职工休年休假又是用人单位的法定义务。《职工带薪年休假条例》第7条规定："单位不安排职工休年休假又不依照本条例规定给予年休假工资报酬的，由县级以上地方人民政府人事部门或者劳动保障部门依据职权责令限期改正；对逾期不改正的，除责令该单位支付年休假工资报酬外，单位还应当按照年休假工资报酬的数额向职工加付赔偿金；对拒不支付年休假工资报酬、赔偿金的，属于公务员和参照公务员法管理的人员所在单位的，对直接负责的主管人员以及其他直接责任人员依法给予处分；属于其他单位的，由劳动保障部门、人事部门或者职工申请人民法院强制执行。"因此，虽然劳动者可以主动申请休年休假，但是如果员工没有主动申请年休假，用人单位也应当统筹安排其休年休假，而不能规定"年休假过期作废"。这样的规定或者约定违反了《职工带薪年休假条例》的强制性规定，免除了用人单位的法定义务，排除了劳动者的权利，是无效的。只有在用人单位安排职工休年休假，但是职工因本人原因且书面提出不休年休假的，用人单位可以只支付其正常工作期间的工资收入，〔1〕不再安排其休年休假。

（五）未休年休假工资报酬

用人单位经职工同意不安排年休假或者安排职工年休假天数少于应休年休假天数，应当在本年度内对职工应休未休年休假天数，按照其日工资收入的300%支付未休年休假工资报酬，其中包含用人单位支付职工正常工作期间的工资收入。〔2〕换言之，如果用人单位已经在平时支付了职工正常工作期间的工资，则该职工因未休当年年休假主张用人单位向其支付未休年休假工资报酬的，用人单位只需要按照其日工资收入的200%支付未休年休假工资报酬。

未休年休假工资报酬的计算。计算未休年休假工资报酬的日工资收入企业等单位按照职工本人的月工资除以月计薪天数（21.75天）、事业单位按职工本人全年工资收入除以全年计薪天数（261天）进行折算。〔3〕前款所称月工资是指职工在用人单位支付其未休年休假工资报酬前12个月剔除加班工资后的月平均工资。在本用人单位工作时间不满12个月的，按实际月份计算月平均工资。实行

〔1〕参见《企业职工带薪年休假实施办法》第10条。

〔2〕参见《企业职工带薪年休假实施办法》第10条。

〔3〕参见人力资源社会保障部办公厅《关于做好〈国务院关于修改《全国年节及纪念日放假办法》的规定〉贯彻实施工作的通知》（人社厅〔2025〕1号）。

计件工资、提成工资或者其他绩效工资制的职工，日工资收入的计发办法按照上述标准执行。[1] 因此。如果某企业连续数年未安排劳动者休年休假，劳动者主张未休年休假工资报酬，在计算时，月工资基数可以统一按照企业实际支付前12个月剔除加班工资后的月平均工资进行确定，而无须按年度分别确定月工资标准。

离职当年未休年休假工资报酬的计算。用人单位与职工解除或者终止劳动合同时，当年度未安排职工休满应休年休假的，应当按照职工当年已工作时间折算应休未休年休假天数并支付未休年休假工资报酬，但折算后不足1整天的部分不支付未休年休假工资报酬。折算方法为：（当年度在本单位已过日历天数 ÷ 365天）× 职工本人全年应当享受的年休假天数 − 当年度已安排年休假天数。用人单位当年已安排职工年休假的，多于折算应休年休假的天数不再扣回。[2]

（六）劳动者自行辞职的，用人单位是否需要支付当年未休年休假工资报酬

由于年休假原则上由用人单位根据生产、工作的具体情况统筹安排，因此，当用人单位主动解除或者提出解除劳动合同，乃至劳动合同到期终止前，用人单位均应当提前安排劳动者休完年休假，否则应当向劳动者支付未休年休假工资报酬。但是，劳动者尚未休完当年年休假即自行辞职的，能否要求用人单位支付未休年休假工资报酬？笔者认为，需要区分不同情形进行分析：

（1）劳动者因用人单位的过错，依据《劳动合同法》第38条合法解除劳动合同的，属于依法维护自身合法权益，此种情形下显然可以要求用人单位支付未休年休假工资报酬。

（2）劳动者依法提前30日通知用人单位解除劳动合同的，基于劳动者是依法行使解除权，并不存在过错，而年休假是劳动者的法定权利，不因其依法行为而被剥夺，因此，此种情形下劳动者亦可以要求用人单位支付未休年休假工资报酬。

（3）劳动者违法解除劳动合同的，即用人单位不存在《劳动合同法》第38条规定的过错情形，且劳动者也未提前30日通知用人单位就解除劳动合同的，此时，系劳动者的违法解除行为造成用人单位未能安排其休年休假，因此，原则上用人单位可以不支付劳动者当年度未休年休假工资报酬。但是，即便在劳动者违法解除的情况下，也存在一种例外情形，即劳动者辞职时已是当年年底，而用人

---

〔1〕参见《企业职工带薪年休假实施办法》第11条。

〔2〕参见《企业职工带薪年休假实施办法》第12条。

单位仍未安排其休完当年年休假，且劳动者不同意跨年度休的，则应当根据具体案情，判断用人单位是否需要支付当年度未休年休假工资报酬。例如，劳动者于当年12月30日违法解除劳动合同，而此时其当年尚剩余5天年休假，则此时其违法解除的行为并不构成导致用人单位未能安排其休年休假的原因，因此，用人单位仍应支付未休年休假工资报酬。

（七）待岗职工是否享有带薪年休假

实践中，对于劳动者在待岗期间是否享受带薪年休假问题，存在不同的观点。之所以存在观点分歧，概因待岗期间劳动者没有提供劳动。笔者认为，就此问题，需要区分待岗是合法待岗还是非法待岗进行分析。

所谓合法待岗，主要包括用人单位与劳动者协商一致待岗以及非因劳动者原因造成的用人单位停工、停产导致的待岗。如果待岗经由双方协商一致，劳动者同意带薪待岗，且开始待岗时当年剩余工作日多于劳动者待岗天数的，则考虑到一方面此种待岗的根本原因往往是用人单位生产经营出现严重困难，难以为继；另一方面劳动者在不用工作的同时还可以领取待岗工资，因此，基于公平原则，不宜再认定劳动者还享有带薪年休假待遇。如果待岗虽然经过双方协商一致，但是劳动者待岗期间是不带薪的，则待岗不能等同于带薪休假，劳动者仍然应当享有带薪年休假。如果是非因劳动者原因造成的用人单位停工、停产导致的待岗，若劳动者提供了正常劳动，则当然应享有带薪年休假。若劳动者没有提供正常劳动，且开始待岗时当年剩余工作日多于劳动者待岗天数的，考虑到一方面此种待岗的原因是用人单位生产经营出现严重困难，难以为继；另一方面劳动者在不用工作的同时享有基本的生活保障，[1] 基于公平，也不宜再认定劳动者还享有带薪年休假待遇。但是，如果用人单位没有依照《工资支付暂行规定》第12条以及当地规定向劳动者支付待岗期间生活费，劳动者仍应享有带薪年休假。

所谓非法待岗，是指用人单位既没有与劳动者协商一致，也没有法定理由就单方面令劳动者待岗。由于用人单位令劳动者待岗是非法的，劳动者处于被迫待岗状态，因此，劳动者没有提供劳动的原因在用人单位，不能让劳动者承担未提供劳动导致的不利后果。此种情形下，除非用人单位在待岗期间照常向劳动者支付正常工作期间的劳动报酬，否则劳动者仍应享有带薪年休假。

---

〔1〕 参见《工资支付暂行规定》（劳部发〔1994〕489号）第12条规定，非因劳动者原因造成单位停工、停产在一个工资支付周期内的，用人单位应按劳动合同规定的标准支付劳动者工资。超过一个工资支付周期的，若劳动者提供了正常劳动，则支付给劳动者的劳动报酬不得低于当地的最低工资标准；若劳动者没有提供正常劳动，应按国家有关规定办理。

（八）未休年休假工资报酬是否为劳动报酬

关于未休年休假工资报酬的法律性质，素有争议。一种裁判观点认为其属于劳动报酬，另一种裁判观点则认为其不属于劳动报酬。对未休年休假工资报酬法律性质的不同认识，直接导致以下两种情况：（1）在确定未休年休假工资报酬的仲裁时效起算点时，不同的裁判观点采用不同的起算点；（2）在用人单位未及时足额支付未休年休假工资报酬时，对于劳动者能否解除劳动合同并要求用人单位支付经济补偿的问题，不同地区有着不一致的裁判尺度。最高人民法院《关于审理劳动争议案件适用法律问题的解释（二）（征求意见稿）》曾在第5条明确将未休年休假工资报酬定性为劳动报酬。该征求意见稿第5条规定，"劳动者主张用人单位支付未休年休假工资报酬、加班费的仲裁时效适用劳动争议调解仲裁法第二十七条第四款规定的，人民法院应予支持"。但是该条文后来被删除。因此，就未休年休假工资报酬的法律性质，还需进一步统一认识。

（九）对福利年休假的处理

实践中，作为一项福利，一些用人单位在法定的带薪年休假之外，还为员工增加了约定的带薪年休假，本来这是一件好事，却往往因为约定不明确引发纠纷。

案例33　陶某与H公司劳动争议案〔1〕

——如何处理法定年休假与福利年休假之间的关系

【基本案情】

2016年1月6日，陶某入职H公司。2017年12月4日，双方解除劳动合同。陶某随后申请劳动仲裁并诉至法院，请求H公司支付其在职期间未休带薪年假工资158620.69元。

陶某主张其自入职之日起每年应休年假20天，包括法定年休假15天以及公司的额外年休假5天，其在职期间从未休过年休假。陶某就其主张提举了以下证据：1. 社会保险个人权益记录。显示陶某1996年1月至2015年7月养老保险实际缴费月数共计199个月，1996年以前实际缴费年限3年3个月。2. 录用意向书。载明："4. 福利待遇：……您将享受5天/年的额外年休假。"H公司主张陶某每年应休5天年休假，在职期间实际休年假10天，并就其主张提举了办公系统

〔1〕参见北京市第一中级人民法院民事判决书，（2019）京01民终927号。

截屏，载明陶某自2016年2月29日至2017年9月22日休年假小时数共计76小时（9.5天）。陶某自行提举的证据亦显示其休年休假时间共计9.5天。

【裁判要点】

生效判决认为，陶某满足入职前已连续工作满12个月的条件，社保个人权益记录显示，陶某累计工作年限已满20年，故陶某自入职H公司时即享受每年15天法定带薪年休假。因劳动合同中对于带薪年休假并无明确约定，故结合录用意向书中的约定，确认陶某享有5天/年的额外年休假。上述额外年休假系H公司给予陶某的超过法定标准的年休假，具有补充法定年休假的福利性质，陶某可以据此享受超出法定天数的带薪年休假，但如果陶某进而主张未休上述额外年休假则H公司须按照未休法定带薪年休假的标准支付其三倍工资，则需证明双方就此存在约定，否则对H公司显失公平。陶某在职期间已休9.5天年休假，在分析上述已休的9.5天带薪年休假的构成时，在没有证据显示陶某选择了先休额外年休假后休法定年休假时，基于公平原则，法院认定上述已休的9.5天年休假系法定年休假。否则，如果认定上述已休年休假中优先适用额外年休假，其不利的导向是，用人单位无偿给予劳动者的福利反而成为自身的负担，则用人单位干脆取消此类福利，最终受不利影响的还是劳动者。因此，H公司还需向陶某支付未休年休假工资报酬84482.76元。

【延伸思考】

一些用人单位在法定年休假之外，每年还给予劳动者福利年休假，这无疑有利于劳动者更好地休息和恢复劳动力，值得鼓励。但是，用人单位应当与劳动者就福利年休假带来的权利义务进行明确约定，以免因为福利年休假引发劳动争议，好事变成坏事。实际上，《企业职工带薪年休假实施办法》第13条已经规定，“劳动合同、集体合同约定的或者用人单位规章制度规定的年休假天数、未休年休假工资报酬高于法定标准的，用人单位应当按照有关约定或者规定执行”。因此，用人单位应当充分利用该规定赋予的权利，在劳动合同或者规章制度中对福利年休假作出清晰、具体的约定。

在双方没有明确约定的情况下，首先，劳动者就未休的福利年休假直接适用有关法定年休假的法律规定，向用人单位索要未休年休假工资报酬是没有法律依据的。其次，福利年休假是法定年休假的补充，因此，劳动者应当先休法定年休假，再休法定年休假，否则会诱使劳动者先休福利年休假，然后以剩余未休完的法定年休假向用人单位索要未休年休假工资报酬。这样的话，用人单位无偿给予劳动者的福利反而成为自身的负担，则用人单位干脆取消此类福利，最终受不利影响的是整个劳动者群体。

三、探亲假、婚丧假、产假

（一）探亲假

为了适当解决职工同亲属长期远居两地的探亲问题，国家规定了探亲假。探亲假，是与父母或配偶分居两地的职工，在一定期限内享有的与父母或配偶团聚的假期。

我国的探亲假制度最早见于1958年2月9日施行的国务院《关于工人、职员回家探亲的假期和工资待遇的暂行规定》。1981年3月6日，国务院《关于职工探亲待遇的规定》施行，前述暂行规定被废止。

国务院《关于职工探亲待遇的规定》第2条规定，“凡在国家机关、人民团体和全民所有制企业、事业单位工作满一年的固定职工，与配偶不住在一起，又不能在公休假日团聚的，可以享受本规定探望配偶的待遇；与父亲、母亲都不住在一起，又不能在公休假日团聚的，可以享受本规定探望父母的待遇。但是，职工与父亲或与母亲一方能够在公休假日团聚的，不能享受本规定探望父母的待遇”。第8条规定，“集体所有制企业、事业单位职工的探亲待遇，由各省、自治区、直辖市人民政府根据本地区的实际情况自行规定”。但是，学徒、见习生、实习生在学习、见习、实习期间不能享受探亲假。〔1〕并且，国务院《关于职工探亲待遇的规定》所称的父母，包括自幼抚养职工长大，现在由职工供养的亲属。不包括岳父母、公婆。〔2〕

由于上述规定以列举的方式规定探亲假适用于在国家机关、人民团体、全民所有制企业、集体所有制企业、事业单位的职工，并不包括其他类型用人单位的员工，那么，现今大量存在的私营企业、个体工商户的员工，能否依照前述规定享有探亲假？笔者认为，其一，探亲假是在40多年前推行的，时代早已不同。当时国家实行的是毕业生统一分配政策，有的职工被分配到比较偏远的地方工作，因此有必要出台探亲政策。其二，工时、休假制度相对延长。1981年还是单休日，每年休息50多天，现在是双休加上法定节假日，每年休息可达115天。法定休假日由原来的7天增至11天，并通过调休每年形成3天至7天小长假，基本能够满足职工旅游出行、探望亲属等需求。其三，多年来，交通通行工具的极大发

---

〔1〕参见国家劳动总局《关于制定〈国务院关于职工探亲待遇的规定〉实施细则的若干问题的意见》（〔81〕劳总险字12号）第2条。

〔2〕参见国家劳动总局《关于制定〈国务院关于职工探亲待遇的规定〉实施细则的若干问题的意见》（〔81〕劳总险字12号）第1条。

展，缩短了路程的时间。[1] 因此，在法律法规没有明确规定的情况下，不宜强制其他类型的用人单位适用探亲假制度，增加其金钱和人力负担。

职工探望配偶的，每年给予一方探亲假一次，假期为30天。未婚职工探望父母，原则上每年给假一次，假期为20天。如果因为工作需要，本单位当年不能给予假期，或者职工自愿两年探亲一次的，可以两年给假一次，假期为45天。已婚职工探望父母的，每四年给假一次，假期为20天。探亲假期是指职工与配偶、父、母团聚的时间，另外，根据实际需要给予路程假。上述假期均包括公休假日和法定节日在内。[2] 凡实行休假制度的职工（如学校的教职工），应该在休假期间探亲；如果休假期较短，可由本单位适当安排，补足其探亲假的天数。[3] 华侨、侨眷职工出境探望配偶，4年以上一次的给假半年，不足4年的按每年给假1个月计算；未婚归侨、侨眷出境探望父母，4年以上一次的给假4个月，3年一次的给假70天，1年或两年1次的按国内其他职工同样处理。[4]

职工在规定的探亲假期和路程假期内，按照本人的标准工资发给工资。[5] 职工探望配偶和未婚职工探望父母的往返路费，由所在单位负担。已婚职工探望父母的往返路费，在本人月标准工资30%以内的，由本人自理，超过部分由所在单位负担。[6] 具体探亲路费的报销标准，详见财政部《关于职工探亲路费的规定》（〔81〕财事字第113号），本书不再赘述。

（二）婚丧假

婚丧假是指劳动者本人结婚以及其直系亲属死亡时依法享受的假期。[7]《劳动法》第51条规定，劳动者在法定休假日和婚丧假期间以及依法参加社会活动期间，用人单位应当依法支付工资。根据国家劳动总局、财政部1980年2月20日颁布执行的《关于国营企业职工请婚丧假和路程假问题的规定》（〔80〕劳总薪字29号）的规定，职工本人结婚或职工的直系亲属（父母、配偶和子女）死亡时，可以根据具体情况，由本单位行政领导批准，酌情给予1天至3天的婚丧假。职工结婚时双方不在一地工作的；职工在外地的直系亲属死亡时需要职工本人去

---

〔1〕 参见《探亲假，想知道的这几个方面，请查收》，载微信公众号“嘉兴人社”2023年1月12日。

〔2〕 参见《国务院关于职工探亲待遇的规定》第3条。

〔3〕 参见《国务院关于职工探亲待遇的规定》第4条。

〔4〕 参见劳动人事部、财政部、公安部、中国银行《关于台胞职工出境探亲待遇的通知》（劳人险〔1983〕16号）。

〔5〕 参见《国务院关于职工探亲待遇的规定》第5条。

〔6〕 参见《国务院关于职工探亲待遇的规定》第6条。

〔7〕 参见郭捷主编：《劳动法与社会保障法》（第3版），法律出版社2016年版，第202页。

外地料理丧事的，都可以根据路程远近，另给予路程假。在批准的婚丧假和路程假期间，职工的工资照发，途中的车船费等，全部由职工自理。劳动和社会保障部办公厅《关于对再婚职工婚假问题的复函》（劳社厅函〔2000〕84 号）明确指出，再婚者与初婚者的法律地位相同，用人单位对再婚职工应当参照国家有关规定，给予同初婚职工一样的婚假待遇。

（三）产假

《劳动法》第 62 条规定，女职工生育享受不少于 90 天的产假。从有利于女职工身体恢复和母乳喂养的角度，2012 年 4 月修订的《女职工劳动保护特别规定》（国务院令第 619 号）第 7 条将生育产假假期延长至 14 周（98 天）。即我国女职工生育享受 98 天产假，其中产前可以休假 15 天；难产的，增加产假 15 天；生育多胞胎的，每多生育 1 个婴儿，增加产假 15 天。同时为保障流产女职工的权益，该规定参照原劳动部《关于女职工生育待遇若干问题的通知》（劳险字〔1988〕2 号，已失效）中关于流产假的档次划分，明确了流产产假，规定怀孕未满 4 个月流产的，享受 15 天产假；怀孕满 4 个月流产的，享受 42 天产假。[1]

就产假期间的待遇，《女职工劳动保护特别规定》第 8 条规定，女职工产假期间的生育津贴，对已经参加生育保险的，按照用人单位上年度职工月平均工资的标准由生育保险基金支付；对未参加生育保险的，按照女职工产假前工资的标准由用人单位支付。女职工生育或者流产的医疗费用，按照生育保险规定的项目和标准，对已经参加生育保险的，由生育保险基金支付；对未参加生育保险的，由用人单位支付。

为鼓励生育，部分地区还在国家规定的 98 天产假基础上增加了产假天数，有的还设置了男方的陪产假。例如，《北京市人口与计划生育条例》（2021 年修正）第 19 条规定，“按规定生育子女的夫妻，女方除享受国家规定的产假外，享受延长生育假六十日，男方享受陪产假十五日。男女双方休假期间，机关、企业事业单位、社会团体和其他组织不得将其辞退、与其解除劳动或者聘用合同，工资不得降低；法律另有规定的，从其规定。女方经所在机关、企业事业单位、社会团体和其他组织同意，可以再增加假期一至三个月。按规定生育子女的夫妻，在子女满三周岁前，每人每年享受五个工作日的育儿假；每年按照子女满周岁计算。夫妻双方经所在机关、企业事业单位、社会团体和其他组织同意，可以调整延长生育假、育儿假的假期分配。女方自愿减少延长生育假的，男方享受的陪产假可

〔1〕 参见郭捷主编：《劳动法与社会保障法》（第 3 版），法律出版社 2016 年版，第 203 页。

以增加相应天数；夫妻双方享受的育儿假合计不超过十个工作日”。就地方延长的产假期间生育津贴的支付，笔者认为，已经参加生育保险的，仍应当按照用人单位上年度职工月平均工资的标准由生育保险基金支付；只有未参加生育保险的，才应当按照女职工产假前工资的标准由用人单位支付。

实践中，由于种种原因，女职工未婚先育时有发生。对于未婚先育的女职工能否享受产假和生育保险，存有不同观点。一种观点认为，未婚先育违反计划生育法律规定，并非合法生育，不能享受产假和生育保险待遇。另一种观点则认为，产假是针对女职工生产这一事实而言的，无论是否符合国家生育政策，其均应当享有产假。不过，生育保险有法定条件，未婚先育并非合法生育，不能享受生育保险。

笔者认为，就不符合规定生育的女职工能否享有产假的问题，从《劳动法》《女职工劳动保护特别规定》等法律法规的规定来看，产假是针对女职工生育这一事实而言的，是从女职工劳动保护角度所作的规定，与女职工生育是否符合国家生育政策并不相干，因此，只要女职工生育，均可以享有国家规定的产假。但是，对于部分地区在国家规定的98天产假基础上增加的产假天数，未婚先育的女职工则未必能享有。还以北京市为例，由于《北京市人口与计划生育条例》(2021修正）增加的产假是以“按规定生育子女的夫妻”为条件的，因此，未婚先育等不符合国家生育政策的女职工无法享有。

就不符合规定生育的女职工能否享有生育津贴的问题，首先，从《社会保险法》（2018修正）第54条、第56条等规定来看，只要用人单位已经缴纳生育保险费的，其职工就享受生育保险待遇；女职工享受生育津贴并不以必须符合国家计划生育政策为条件，只要“女职工生育享受产假”的，就可以按照国家规定享受生育津贴。并且，2022年8月，在国家卫生健康委就《关于进一步完善和落实积极生育支持措施的指导意见》有关情况举行发布会时，有记者提问：“生育津贴的发放有地区提出了结婚证等前置条件，让一些未结婚但已生育的女性办理生育津贴可能存在障碍，是否考虑统一消除这些门槛?”相关人员在答记者问时也指出，就“领取生育津贴的门槛，社会保险法遵循权利和义务对等，只要履行了生育保险的缴费责任，国家层面在待遇享受方面是没有门槛的，而且在经办服务清单上，关于享受生育保险生育津贴所需提供的相关材料也不需要刚才您说的那些材料。您关注的这个问题，我们也了解到，可能有一些地方有提供生育服务相关材料的要求，后续我们也将会同相关部门跟踪有关情况，更好保障参保人的合法权益。"[1] 然而，现实中，部分地区在具体执行生育保险政策时，却仍然规定享有生育津贴的前提必须是符合计划生育政策。例如，《上海市城镇生育保险办法》（2009 修正）第 13 条规定："申领生育生活津贴、生育医疗费补贴的妇女必须同时具备下列条件：（一）具有本市城镇户籍；（二）参加本市城镇社会保险；（三）属于计划内生育；（四）在按规定设置产科、妇科的医疗机构生产或者流产（包括自然流产和人工流产）。" 当然，也有部分地区面对当今我国人口形势的深刻变化，及时修正了政策。例如，天津市原《天津市职工生育保险规定》（津政办发〔2016〕99 号）第 16 条中规定，"符合计划生育规定怀孕的女职工生育或终止妊娠，按日享受生育津贴"；但是新的《天津市职工生育保险规定》（津政办规〔2022〕18 号）第 16 条已经相应修改为"女职工生育或终止妊娠，按日享受生育津贴"。

〔1〕 国家卫生健康委就《关于进一步完善和落实积极生育支持措施的指导意见》有关情况举行发布会（实录全文），载微信公众号"健康中国"2022 年 8 月 17 日。

第十讲

工　　资

第一节　工资及相关概念

一、工资的内涵与外延

什么是工资？是不是劳动者从用人单位获取的所有劳动报酬都是工资？学者对工资有不同的定义。有学者认为，工资即职工劳动报酬，是指劳动关系中，职工因履行劳动义务而获得的，由用人单位以法定方式支付的各种形式的物质补偿。[1] 有学者认为，工资是劳动者因履行劳动合同义务而获得的，用人单位以法定和约定的标准和形式向劳动者支付的劳动报酬。[2] 有的学者则指出，工资只能是以货币形式直接支付给劳动者的劳动报酬，是劳动报酬的重要组成部分。[3] 而我国法律及相关规范性文件对工资的支付形式有严格的规定。《劳动法》第50条明确规定，“工资应当以货币形式按月支付给劳动者本人”。《工资支付暂行规定》更是将工资的支付形式限定在法定货币。[4] 因此，可以说，不是以法定货币形式支付给劳动者的劳动报酬都不能算入工资。

笔者倾向于使用原劳动部《贯彻执行劳动法的意见》第53条规定中的表述对工资进行界定，即劳动法上的工资是指用人单位依据国家有关规定或劳动合同的约定，以货币形式直接支付给本单位劳动者的劳动报酬，一般包括计时工资、计件工资、奖金、津贴和补贴、延长工作时间的工资报酬以及特殊情况下支付的工资等。工资是劳动者劳动收入的主要组成部分。劳动者的以下劳动收入不属于工资范围：（1）单位支付给劳动者个人的社会保险福利费用，如丧葬抚恤救济费、生活困难补助费、计划生育补贴等；（2）劳动保护方面的费用，如用人单位

---

〔1〕 参见王全兴：《劳动法》（第4版），法律出版社2017年版，第335页。

〔2〕 参见郭捷主编：《劳动法与社会保障法》（第3版），法律出版社2016年版，第208页。

〔3〕 参见关怀、林嘉主编：《劳动法》（第6版），中国人民大学出版社2022年版，第152页。

〔4〕《工资支付暂行规定》第5条规定，工资应当以法定货币支付。不得以实物及有价证券替代货币支付。

支付给劳动者的工作服、解毒剂、清凉饮料费用等；（3）按规定未列入工资总额的各种劳动报酬及其他劳动收入，如根据国家规定发放的创造发明奖、国家星火奖、自然科学奖、科学技术进步奖、合理化建议和技术改进奖、中华技能大奖等，以及稿费、讲课费、翻译费等。

上述界定中关于工资外延的表述，源于国家统计局《关于工资总额组成的规定》（1990年1月1日发布）。所谓工资总额，是指各单位在一定时期内直接支付给本单位全部职工的劳动报酬总额。工资总额的计算应以直接支付给职工的全部劳动报酬为根据。[1]《关于工资总额组成的规定》第4条规定，工资总额由下列六个部分组成：（1）计时工资；（2）计件工资；（3）奖金；（4）津贴和补贴；（5）加班加点工资；（6）特殊情况下支付的工资。

按照《关于工资总额组成的规定》第11条的规定，下列各项不列入工资总额的范围：（1）根据国务院发布的有关规定颁发的发明创造奖、自然科学奖、科学技术进步奖和支付的合理化建议和技术改进奖以及支付给运动员、教练员的奖金；（2）有关劳动保险和职工福利方面的各项费用；（3）有关离休、退休、退职人员待遇的各项支出；（4）劳动保护的各项支出；（5）稿费、讲课费及其他专门工作报酬；（6）出差伙食补助费、误餐补助、调动工作的旅费和安家费；（7）对自带工具、牲畜来企业工作职工所支付的工具、牲畜等的补偿费用；（8）实行租赁经营单位的承租人的风险性补偿收入；（9）对购买本企业股票和债券的职工所支付的股息（包括股金分红）和利息；（10）劳动合同制职工解除劳动合同时由企业支付的医疗补助费、生活补助费等；（11）因录用临时工而在工资以外向提供劳动力单位支付的手续费或管理费；（12）支付给家庭工人的加工费和按加工订货办法支付给承包单位的发包费用；（13）支付给参加企业劳动的在校学生的补贴；（14）计划生育独生子女补贴。

二、劳动报酬、劳动收入及其他收入

在工资之外，劳动者因劳动关系而取得的收入还可能包括其他形式的劳动报酬和劳动收入，即前述《贯彻执行劳动法的意见》第53条所指不属于工资范围的劳动收入：单位支付给劳动者个人的社会保险福利费用，如丧葬抚恤救济费、生活困难补助费、计划生育补贴等；劳动保护方面的费用，如用人单位支付给劳动者的工作服、解毒剂、清凉饮料费用等；按规定未列入工资总额的各种劳动报酬及其他劳动收入，如根据国家规定发放的创造发明奖、国家星火奖、自然科学

[1] 参见《关于工资总额组成的规定》第3条。

奖、科学技术进步奖、合理化建议和技术改进奖、中华技能大奖等，以及稿费、讲课费、翻译费等。另依据国家统计局《关于工资总额组成的规定》的相关规定，工资总额不包括对购买本企业股票和债券的职工所支付的股息（包括股金分红）和利息等。由此可见，工资并非劳动者基于劳动关系取得的全部报酬和收入。

（一）劳动报酬

笔者建议使用“劳动报酬”来界定劳动者在劳动关系中因履行劳动合同取得的所有收入。换言之，所谓劳动报酬，应是指劳动者为履行劳动合同，向用人单位提供体力劳动或脑力劳动后，从用人单位处直接或者间接获得的劳动对价。劳动报酬包括三部分：一是用人单位以货币形式直接支付给劳动者的各种工资或报酬；二是用人单位以非货币形式提供给劳动者的各种物质、服务和权利；三是用人单位为劳动者直接向有关机构支付的失业、养老、人身、医疗、家庭财产等保险金。

（二）劳动收入

在因劳动关系所得的劳动报酬之外，劳动者还有可能因劳动取得其他的收入。笔者使用“劳动收入”来界定这一范畴。所谓劳动收入，是指劳动者基于劳动取得的全部收入，除了前述劳动报酬之外，还包括不属于由用人单位给付的劳动对价的那部分收入，比如根据国家规定发放的创造发明奖、国家星火奖、自然科学奖、科学技术进步奖等，又如并非用人单位支付的创造发明奖等奖金，以及劳动者在劳动关系外通过向其他主体提供劳动获得的稿费、讲课费、翻译费等。

（三）其他收入

在劳动收入之外，劳动者还可能存在其他收入，比如，劳动者购买股票和债券所取得的股金分红和利息等。工资、劳动报酬、劳动收入三者之间的关系可以通过图 10－1 展示出来。

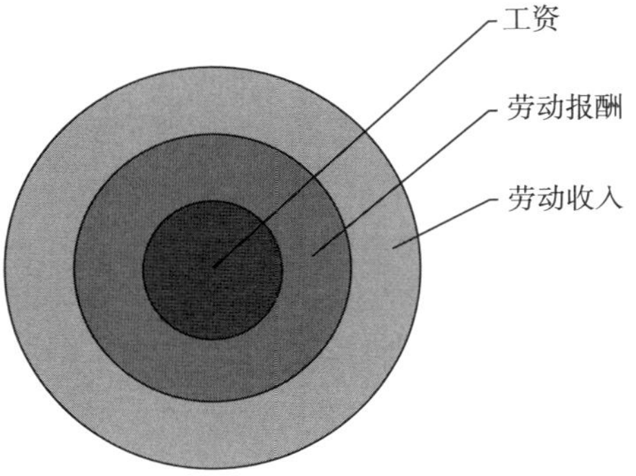

图 10－1　工资、劳动报酬、劳动收入的关系

三、职工福利

职工福利，是指用人单位和有关社会服务机构为满足劳动者生活的共同需要和特殊需要，在工资和社会保险之外向职工及其亲属提供一定货币、实物、服务等形式的物质帮助。其中包括：为减少劳动者生活费用开支和解决劳动者生活困难而提供的各种补贴；为方便劳动者生活和减轻职工家务负担而提供的各种生活设施和服务；为活跃劳动者文化生活而提供的各种文化设施和服务。

1. 职工福利的基本属性

职工福利具有下述基本属性：（1）补偿性。即职工福利是对劳动者所提供的劳动的一种物质补偿，享受职工福利须以履行劳动义务为前提。（2）均等性。企业职工福利在职工之间的分配和享受，具有一定程度的机会均等和利益均沾特点。每个职工都有享受本单位职工福利的均等权利，都能共同享受本单位分配的福利补贴和举办的各种福利事业。（3）补充性。即职工福利是对按劳分配的补充。实行按劳分配难以避免各个劳动者由于劳动能力、供养人口等因素的差别所导致的个人消费品满足程度不平等和部分职工生活困难，职工福利可以在一定程度上缓解按劳分配带来的生活富裕程度差别。所以，职工福利不是个人消费品分配的主要形式，而仅仅是工资的必要补充。（4）集体性。即职工福利的主要形式是举办集体福利事业，职工主要是通过集体消费和共同使用公共设施的方式分享职工福利。虽然某些职工福利项目要分配给个人，但不是福利的主要部分。（5）差别性。即在不同的用人单位之间，职工福利由于同经济效益相联系而有一定差别；在同一用人单位的各个职工之间，因某些职工福利项目同个人劳动贡献相联系有一定差别。〔1〕

2. 职工福利与工资的区分

职业福利也可能以货币形式发放，在实践中，其与工资的界限往往并不清晰。如何区分福利与工资，往往成为司法实践中的一个难题。笔者认为，可以参照财政部《关于企业加强职工福利费财务管理的通知》（财企〔2009〕242 号）的规定对福利与工资进行区分。

按照该通知，企业职工福利费是指企业为职工提供的除职工工资、奖金、津贴、纳入工资总额管理的补贴、职工教育经费、社会保险费和补充养老保险费（年金）、补充医疗保险费及住房公积金以外的福利待遇支出，包括发放给职工或为职工支付的以下各项现金补贴和非货币性集体福利：（1）为职工卫生保健、生

---

〔1〕 参见王全兴：《劳动法》（第 4 版），法律出版社 2017 年版，第 448 页。

活等发放或支付的各项现金补贴和非货币性福利，包括职工因公外地就医费用、暂未实行医疗统筹企业职工医疗费用、职工供养直系亲属医疗补贴、职工疗养费用、自办职工食堂经费补贴或未办职工食堂统一供应午餐支出、符合国家有关财务规定的供暖费补贴、防暑降温费等。(2) 企业尚未分离的内设集体福利部门所发生的设备、设施和人员费用，包括职工食堂、职工浴室、理发室、医务所、托儿所、疗养院、集体宿舍等集体福利部门设备、设施的折旧、维修保养费用以及集体福利部门工作人员的工资薪金、社会保险费、住房公积金、劳务费等人工费用。(3) 职工困难补助，或者企业统筹建立和管理的专门用于帮助、救济困难职工的基金支出。(4) 离退休人员统筹外费用，包括离休人员的医疗费及离退休人员其他统筹外费用。企业重组涉及的离退休人员统筹外费用，按照财政部《关于企业重组有关职工安置费用财务管理问题的通知》(财企〔2009〕117 号) 执行。国家另有规定的，从其规定。(5) 按规定发生的其他职工福利费，包括丧葬补助费、抚恤费、职工异地安家费、独生子女费、探亲假路费，以及符合企业职工福利费定义但没有包括在本通知各条款项目中的其他支出。

按照该通知，企业为职工提供的交通、住房、通信待遇，已经实行货币化改革的，按月按标准发放或支付的住房补贴、交通补贴或者车改补贴、通信补贴，应当纳入职工工资总额，不再纳入职工福利费管理；尚未实行货币化改革的，企业发生的相关支出作为职工福利费管理，但根据国家有关企业住房制度改革政策的统一规定，不得再为职工购建住房。企业给职工发放的节日补助、未统一供餐而按月发放的午餐费补贴，应当纳入工资总额管理。

四、常见工资制度

现实中，用人单位可以根据自身的特点决定其采取的工资分配方式。常见的工资制度有以下几种：[1]

(一) 等级工资制

等级工资制，是指根据劳动者的技术等级或职务等级划分工资级别，按等级发放工资的制度。在计划经济时代，我国曾实行严格的等级工资制，对企业工人的技术等级和企业管理人员的职务等级进行明确的划分，并对应固定的工资标准。随着企业工资分配制度改革的深入，企业开始享有对等级工资制中的等级标准、工资标准的自主确定权，可以根据经济效益的好坏、负担能力的大小来决定

---

〔1〕 参见关怀、林嘉主编：《劳动法》(第 6 版)，中国人民大学出版社 2022 年版，第 156 ~ 157 页。

企业的工资标准。科学合理的等级工资制可以鼓励劳动者积极提升劳动技能，提高企业的劳动生产率。但是等级工资制只能反映劳动者的技术水平或职务高低，而不能反映劳动者的实际劳动力输出，还需与其他工资制度配合使用，才能真正实现按劳分配。

（二）效益工资制

效益工资制又称工效挂钩制度，即企业的工资总额同企业经济效益挂钩的制度。自1985年企业工资制度改革以来，国家已开始在大中型企业实行了效益工资制。1993年，劳动部、财政部、国家计委、国家体改委、国家经贸委联合发布了《国有企业工资总额同经济效益挂钩规定》（劳部发〔1993〕161号），对工资总额同经济效益挂钩的原则、经济效益资本及其基数、工资总额基数等内容作了具体的规定。实行效益工资制，一方面，职工个人的工资同企业的经济效益相联系：企业经济效益越高，其工资总额则按比例增加，职工个人的工资也就越高；反之，企业的经济效益低，工资总额也降低，职工个人的工资随之降低。另一方面，职工个人的工资同其劳动贡献相联系：职工个人对企业的贡献越大，其效益工资也就越高；反之，职工劳动贡献少，其效益工资也就减少。

（三）岗位技能工资制

岗位技能工资制包括岗位工资制和技能工资制。岗位工资制实行一岗一薪，易岗易薪。岗位工资由某一岗位的劳动繁重程度、劳动环境、工作责任大小等因素来决定。技能工资是根据劳动者的劳动技能和工作业绩来考核决定。岗位技能工资制有效地打破了等级工资制的等级限制，较好地贯彻了按劳分配的原则，使劳动者的工资收入与其劳动技能、劳动强度、劳动条件、劳动贡献等密切相连，充分发挥了工资的激励机能。

（四）年薪制

年薪制，是指以企业会计年度为考核周期来计发工资收入。年薪是将劳动者的工资收入与企业经营业绩挂钩的一种工资分配方式，通常由基本薪酬和风险收入两部分组成。这是一种国际上较为通用的支付劳动者薪金的方式。年薪制一开始只适用于董事、经理等高级管理人员，随着经济的发展，越来越多的用人单位开始与单位中层劳动者甚至是普通劳动者约定实行年薪制。

五、工资支付保障

工资支付直接关系到劳动者的生活保障，应当严格遵循以下支付规则。

（一）货币支付

《劳动法》第50条规定，工资应当以货币形式按月支付给劳动者本人。《工资支付暂行规定》第5条进一步规定，工资应当以法定货币支付，不得以实物及有价证券替代货币支付。

案例34　张某诉某科技公司劳动争议案〔1〕

——以非货币形式支付工资的行为无效

【基本案情】

张某于2016年9月入职某科技公司，担任销售部总监，双方签订了期限至2019年12月31日的劳动合同，约定工资以《录用通知函》为准。《录用通知函》载明张某税前固定月薪人民币26000元。后双方因劳动合同解除等事项发生纠纷，张某将某科技公司诉至法院，请求其支付工作期间的工资差额等项。

张某主张其与某科技公司订立的劳动合同约定月工资为税前26000元，但是银行账户到账工资存在发放不足额的问题。究其原因，系某科技公司存在以某某通积分形式发放工资的行为。以积分形式发放工资违反法律规定，其有理由认为积分仅为福利而非工资。某科技公司辩称已足额支付张某的工资，但认可张某的工资系通过银行转账及某某通积分方式发放。双方均确认某某通积分1分可折抵1元使用，通过某网络平台可用于购买购物卡、充值缴费、偿还信用卡等。某科技公司主张采用上述工资支付方式系出于避税目的；张某主张通过某某通积分消费需支付6%的手续费。

【裁判要点】

生效判决认为，《劳动法》第50条规定，“工资应当以货币形式按月支付给劳动者本人。不得克扣或者无故拖欠劳动者的工资”。该规定属于强制性法律规定。原劳动部为配套《劳动法》颁布施行而制定的《工资支付暂行规定》第5条亦强调：“工资应当以法定货币支付。不得以实物及有价证券替代货币支付。”以非货币形式支付工资的行为，严重冲击了我国的财政、税收及社会保险等体系制度，应当被严格禁止；并且，法院应当从行为效力上对相应的民事法律行为予以否定性评价。故以非货币形式支付工资的行为，不发生工资支付的法律效力。鉴于双方对张某的月工资标准没有争议，对工资发放情况亦无争议，故某科技公司

---

〔1〕参见北京市第一中级人民法院民事判决书，（2019）京01民终8364号。

应向张某支付2016年9月1日至2018年6月13日未足额发放的货币工资部分。

【延伸思考】

从劳动合同履行的角度，用人单位作为支付工资义务的履行主体，在具体的履行方式上享有一定程度的自由选择权，而不必以劳动者同意为前提，但是这种自由，应当受强制性规定的限制。从法律到行政规章，皆强制规定工资应当以货币形式支付给劳动者。因此，以非货币形式发放工资的行为有违法律和行政规章，属违法行为，有关行政部门可以依法对其进行行政处罚。

在行政处罚之外，这种违法行为的效力在民事上应如何认定？进而，有没有必要从价值评判的角度对其在民法上的效力亦予以否定？笔者认为，首先，工资的支付是劳动合同的必要条款，是用人单位在劳动合同项下所负担的主给付义务之一，因此，其属于民事法律行为的要素，受有关法律、行政法规的效力性规范的调整。其次，行政处罚虽然能制裁用人单位的违法行为，但对于劳动者利益的保护却无济于事。比如本案中，尽管通过网络平台，某某通积分可用于购买购物卡、充值缴费、偿还信用卡等，但是，其一，某某通积分仅能在指定网络平台使用，且无法提现，无法像法定货币那样在广大场所均能使用，这就极大地限制了劳动者本应享有的消费自由。其二，由于只能在指定平台使用，劳动者作为消费者，无法货比三家，也没有议价能力，必将陷入极其不利的弱势消费者地位。其三，通过某某通积分消费需支付一定比例的手续费，这直接降低了劳动者的购买力，变相降低了其劳动所得。其四，既然某某通积分可以用以支付工资，那么其他网络平台的虚拟货币、卡、券也可以用来发工资，进而也没有理由否定用肉、蔬菜、鞋子、书等实物抵工资的行为，这显然是荒谬的。可见，以非货币形式支付工资的行为，除了严重冲击和危害我国的货币、财政、税收及社会保险等诸多制度体系和经济秩序外，也是对劳动者通过劳动换取劳动报酬权利的严重侵害，可谓既损害了国家和社会公共利益，又侵害了劳动者的个人利益。对于该种行为，除了严格禁止外，还应当以违反法律、行政法规的强制性规定为由认定为无效，才有利于保护各方利益。

以非货币形式发放工资的行为被认定为无效后，自始不发生工资支付的法律效果。由于导致支付工资行为无效的过错在用人单位一方，因此，劳动者就用人单位少支付的货币工资以及其他损失，可以向用人单位主张赔偿。劳动者基于无效的民事行为受领的非货币，属于不当得利，用人单位同样可以向劳动者主张返还，不能返还或者没有必要返还的，可以要求折价补偿。用人单位如果还有其他损失，则只能自行承担。

（二）直接支付

工资应当以货币形式按月支付给劳动者本人。[1] 劳动者本人因故不能领取工资时，可由其亲属或委托他人代领。用人单位可委托银行代发工资，[2] 但应当将工资存入劳动者本人账户。

（三）足额支付

用人单位不得克扣或者无故拖欠劳动者的工资。[3] 根据《劳动合同法》的相关规定，用人单位不足额支付劳动报酬的将承担相应的法律责任。

实践中，一些用人单位会与劳动者约定工资异议期条款，如约定“劳动者在收到工资后，如对发放金额有异议应在 3 日内提出，否则视为其认可该笔工资已结清”，那么，诸如此类的工资异议期条款对劳动者有没有约束力？笔者认为，该类条款与劳动法的强制性规定相抵触，且涉嫌免除用人单位法定义务、排除劳动者权利、增加劳动者负担，当属无效，具体理由结合以下案例进行阐释。

案例 35　马某与某体育用品公司劳动争议案[4]

——关于工资异议期的约定无效

【基本案情】

2022 年 7 月 25 日，马某入职某体育用品公司，双方订立的劳动合同中约定：马某月工资由基本工资 9500 元及绩效奖金 4500 元（经考核后发放）构成；马某在每月收到某体育用品公司付款或转账的工资后，对于发放数额如有异议应在 3 日内向某体育用品公司书面提出；未在收款或银行进账后 3 日内提出书面异议的，均视为马某对本月应得各项劳动报酬均已结清没有异议。2023 年 2 月 22 日，某体育用品公司与马某解除劳动合同。双方因 2022 年 12 月绩效奖金金额发生争议协商未果，马某向仲裁委员会提出仲裁申请，要求某体育用品公司支付 2022 年 12 月的绩效奖金差额 2250 元。

庭审中，某体育用品公司称马某 2022 年 12 月绩效考核未达标，但未就该主

[1] 参见《劳动法》第 50 条。

[2] 参见《工资支付暂行规定》第 6 条。

[3] 参见《劳动法》第 50 条。

[4] 参见《北京市发布 2024 年度十大劳动人事争议仲裁典型案例》之案例 3，载微信公众号“北京人社”2024 年 12 月 17 日。

张举证。某体育用品公司认为，按照劳动合同约定，马某于发薪后3日内未就薪资提出书面意见视为认可，故无须支付马某2022年12月绩效奖金差额。

【裁判要点】

经仲裁庭调解，某体育用品公司向马某支付2022年12月绩效奖金差额2250元，马某撤回仲裁申请。

【延伸思考】

本案的争议焦点是，双方约定的工资异议期条款是否有效？笔者认为，该条款无效，理由有三：（1）劳动者在劳动关系存续期间对用人单位存在人格、组织、经济上的从属性，受用人单位支配性劳动管理，其与用人单位之间的地位是不对等的，因此，劳动者很有可能因为担心提出异议会导致在工作中受到不公正对待甚至是丢掉工作而不敢提出异议。劳动者未及时提出异议，还有可能是因为劳动者未设置到账提醒导致未发现工资发放金额的减少，尤其是当工资中包括加班工资、绩效工资、提成、奖金等金额不固定部分时，劳动者很难在短时间内搞清楚准确的工资金额是多少，在这种情况下，基于对双方地位不对等等因素的考量，劳动者很少会贸然提出异议。正是基于此种考量，为保障劳动者的劳动报酬追索权，《劳动争议调解仲裁法》第27条第4款规定劳动报酬的仲裁时效从劳动关系终结时起算："劳动关系存续期间因拖欠劳动报酬发生争议的，劳动者申请仲裁不受本条第一款规定的仲裁时效期间的限制；但是，劳动关系终止的，应当自劳动关系终止之日起一年内提出。"（2）《劳动法》第50条规定，"工资应当以货币形式按月支付给劳动者本人，不得克扣或者无故拖欠"，该规定要求用人单位承担及时足额支付劳动报酬的法定义务，而工资异议期条款显然免除了用人单位的上述法定义务。(3)《劳动合同法》第38条第1款第2项、第46条第1项赋予劳动者一项重要权利，即用人单位未及时足额支付劳动报酬的，劳动者可以解除劳动关系并向用人单位主张解除劳动关系的经济补偿。而工资异议期条款对劳动者行使该权利增设了障碍，排除了劳动者依法解除劳动关系并向用人单位主张解除劳动关系的权利。综上，工资异议期条款利用用人单位与劳动者不对等的地位，免除了用人单位的法定义务，排除了劳动者的权利，依据《劳动合同法》第26条第1款第2项，当属无效。[1]

（四）及时支付

工资必须在用人单位与劳动者约定的日期支付。如遇节假日或休息日，则应

〔1〕 相关判决还可参见北京市第一中级人民法院民事判决书，(2023) 京01民终2681号。

提前在最近的工作日支付。[1] 对完成一次性临时劳动或某项具体工作的劳动者，用人单位应按照有关协议或合同规定在其完成劳动任务后即支付工资。[2] 劳动关系双方依法解除或终止劳动合同时，用人单位应在解除或终止劳动合同时一次付清劳动者工资。[3]

（五）优先支付

用人单位破产或者依法清算时，职工应得工资属于优先清偿的债权，排在破产人欠缴的税款和普通破产债权等债权之前。[4]

（六）禁止非法扣除工资

依照《工资支付暂行规定》第 15 条、第 16 条的规定，只有在以下法定情形下，用人单位才能扣除劳动者工资。

首先，有下列情况之一的，用人单位可以代扣劳动者工资：（1）用人单位代扣代缴的个人所得税；（2）用人单位代扣代缴的应由劳动者个人负担的各项社会保险费用；（3）法院判决、裁定中要求代扣的抚养费、赡养费；（4）法律、法规规定可以从劳动者工资中扣除的其他费用。

其次，因劳动者本人原因给用人单位造成经济损失的，用人单位可以要求其赔偿经济损失。经济损失的赔偿，可从劳动者本人的工资中扣除。但每月扣除的部分不得超过劳动者当月工资的 20%。若扣除后的剩余工资低于当地月最低工资标准，则按最低工资标准支付。

（七）农民工工资支付保障

为了根治农民工欠薪问题，规范农民工工资支付行为，保障农民工按时足额获得工资，2019 年 12 月 30 日，国务院颁布了《保障农民工工资支付条例》，明确规定农民工有按时足额获得工资的权利，任何单位和个人不得拖欠农民工工资。该条例明确要求建设单位应当向施工单位提供工程款支付担保；施工总承包单位应当按照有关规定开设农民工工资专用账户，专项用于支付该工程建设项目农民工工资；施工总承包单位或者分包单位应当依法与所招用的农民工订立劳动合同并进行用工实名登记，具备条件的行业应当通过相应的管理服务信息平台进

---

[1] 参见《工资支付暂行规定》第 7 条。
[2] 参见《工资支付暂行规定》第 8 条。
[3] 参见《工资支付暂行规定》第 9 条。
[4] 参见《企业破产法》第 113 条、《工资支付暂行规定》第 14 条。

行用工实名登记、管理，未与施工总承包单位或者分包单位订立劳动合同并进行用工实名登记的人员，不得进入项目现场施工；建设单位应当按照合同约定及时拨付工程款，并将人工费用及时足额拨付至农民工工资专用账户，加强对施工总承包单位按时足额支付农民工工资的监督；分包单位对所招用农民工的实名制管理和工资支付负直接责任，施工总承包单位对分包单位劳动用工和工资发放等情况进行监督，分包单位拖欠农民工工资的，由施工总承包单位先行清偿，再依法进行追偿，工程建设项目转包，拖欠农民工工资的，由施工总承包单位先行清偿，再依法进行追偿；施工总承包单位应当按照有关规定存储工资保证金，专项用于支付为所承包工程提供劳动的农民工被拖欠的工资；建设单位或者施工总承包单位将建设工程发包或者分包给个人或者不具备合法经营资格的单位，导致拖欠农民工工资的，由建设单位或者施工总承包单位清偿，施工单位允许其他单位和个人以施工单位的名义对外承揽建设工程，导致拖欠农民工工资的，由施工单位清偿。〔1〕

六、不依法支付工资的法律责任

（一）行政责任

用人单位未按照劳动合同的约定或者国家规定及时足额支付劳动者劳动报酬的、低于当地最低工资标准支付劳动者工资的、安排加班不支付加班费的，由劳动行政部门责令限期支付劳动报酬、加班费；劳动报酬低于当地最低工资标准的，应当支付其差额部分；逾期不支付的，责令用人单位按应付金额 50% 以上 100% 以下的标准向劳动者加付赔偿金。〔2〕

（二）民事责任

用人单位未及时足额支付劳动报酬的，劳动者可以解除劳动合同，并要求用人单位支付经济补偿。〔3〕

（三）刑事责任

以转移财产、逃匿等方法逃避支付劳动者的劳动报酬或者有能力支付而不支付劳动者的劳动报酬，数额较大，经政府有关部门责令支付仍不支付的，处 3 年

〔1〕 参见关怀、林嘉主编：《劳动法》（第 6 版），中国人民大学出版社 2022 年版，第 166～167 页。

〔2〕 参见《劳动合同法》第 85 条。

〔3〕 参见《劳动合同法》第 38 条第 1 款第 2 项、第 46 条第 1 项、第 47 条。

以下有期徒刑或者拘役，并处或者单处罚金；造成严重后果的，处3年以上7年以下有期徒刑，并处罚金。单位犯前款罪的，对单位判处罚金，并对其直接负责的主管人员和其他直接责任人员，依照前款的规定处罚。有前两款行为，尚未造成严重后果，在提起公诉前支付劳动者的劳动报酬，并依法承担相应赔偿责任的，可以减轻或者免除处罚。[1]

前述“数额较大”，是指：（1）拒不支付1名劳动者3个月以上的劳动报酬且数额在5000元至20000元以上的；（2）拒不支付10名以上劳动者的劳动报酬且数额累计在30000元至100000元以上的。前述“造成严重后果”，是指：（1）造成劳动者或者其被赡养人、被扶养人、被抚养人的基本生活受到严重影响、重大疾病无法及时医治或者失学的；（2）对要求支付劳动报酬的劳动者使用暴力或者进行暴力威胁的；（3）造成其他严重后果的。[2]

七、最低工资制度

最低工资制度是国家为了维护劳动者取得劳动报酬的合法权益，保障劳动者个人及其家庭成员的基本生活需要而建立的法律制度，它体现了劳动法促进社会进步的立法目的，与按劳分配原则相辅相成，并行不悖。

最低工资具有以下法律特征：（1）最低工资的保障范围是劳动者个人及其家庭成员的基本生活费用。基本生活费用应是劳动者本人及平均赡养人口为维持最低生活需求而必须支付的费用，包括衣、食、住、行等方面所需的最低费用。（2）最低工资是国家通过立法确定的法定标准。为了防止用人单位片面追求经济效益、滥用工资分配自主权，从而侵害劳动者取得劳动报酬的权利，需要国家通过立法确定最低工资。因此，《劳动法》第48条第1款明文规定：“国家实行最低工资保障制度。最低工资的具体标准由省、自治区、直辖市人民政府规定，报国务院备案。”（3）最低工资是劳动者获得劳动报酬的最低底线。它要求劳动合同、集体合同、工资集体协议在约定劳动者工资标准时以及在劳动者提供了正常的情况下，用人单位向本单位劳动者支付工资时，均不得低于最低工资标准，否则约定无效，并按最低工资标准执行。[3]

最低工资标准，是指劳动者在法定工作时间或依法签订的劳动合同约定的工作时间内提供了正常劳动的前提下，用人单位依法应支付的最低劳动报酬。实行

---

〔1〕 参见《刑法》第276条之一。

〔2〕 参见最高人民法院《关于审理拒不支付劳动报酬刑事案件适用法律若干问题的解释》（法释〔2013〕3号）。

〔3〕 参见郭捷主编：《劳动法与社会保障法》（第3版），法律出版社2016年版，第217页。

计件工资或提成工资等工资形式的用人单位，在科学合理的劳动定额基础上，其支付劳动者的工资不得低于相应的最低工资标准。换言之，只要劳动者提供了正常劳动，用人单位向其支付的工资就不得少于最低工资标准。劳动者由于本人原因造成在法定工作时间内或依法签订的劳动合同约定的工作时间内未提供正常劳动的，不适用最低工资标准。所谓正常劳动，是指劳动者按依法签订的劳动合同约定，在法定工作时间或劳动合同约定的工作时间内从事的劳动。劳动者依法享受带薪年休假、探亲假、婚丧假、生育（产）假、节育手术假等国家规定的假期间，以及法定工作时间内依法参加社会活动期间，视为提供了正常劳动。〔1〕

那么，劳动者未完成规定的工作任务的，用人单位可否向其支付低于最低工资标准的工资？劳动部《贯彻执行劳动法的意见》第56条规定，“在劳动合同中，双方当事人约定的劳动者在未完成劳动定额或承包任务的情况下，用人单位可低于最低工资标准支付劳动者工资的条款不具有法律效力”。因此，在劳动者提供了正常劳动的情况下，即便未完成工作任务，用人单位仍应向其支付不低于最低工资标准的工资。

最低工资标准一般采取月最低工资标准和小时最低工资标准的形式。月最低工资标准适用于全日制就业劳动者，小时最低工资标准适用于非全日制就业劳动者。〔2〕 最低工资标准每两年至少调整一次。〔3〕

一般来说，只要是劳动者在法定或约定工作时间内提供了正常劳动的情况下所获得的各种工资项目，都应作为最低工资的组成部分。换言之，劳动报酬之外的收入、法定或约定工作时间之外的劳动报酬以及法定或约定工作时间内超出正常劳动部分的劳动报酬，都不应纳入最低工资的范围。《贯彻执行劳动法的意见》第54条规定，最低工资不包括加班工资，以货币形式支付的住房和用人单位支付的伙食补贴，中班、夜班、高温、低温、井下、有毒、有害等特殊工作环境和劳动条件下的津贴，国家法律、法规、规章规定的社会保险福利待遇。但是，2004年3月1日施行的《最低工资规定》第12条对上述条文作了修正，加班工资、中班、夜班、高温、低温、井下、有毒有害等特殊工作环境、条件下的津贴以及法律、法规和国家规定的劳动者福利待遇等，不作为最低工资的组成部分。

上述条文变化，导致对于最低工资标准中是否包含个人缴纳的社会保险费用以及住房公积金发生了争议，各地裁判尺度并不统一。浙江、深圳、广州、陕西、海南等地规定，最低工资不需要扣除劳动者个人依法缴纳的社会保险费和住房公

〔1〕 参见《最低工资规定》第3、12条。

〔2〕 参见《最低工资规定》第5条。

〔3〕 参见《最低工资规定》第10条。

积金。江苏等地则规定，最低工资不需要扣除社会保险费，但需要扣除个人缴纳的住房公积金。上海、北京等地规定，最低工资标准不包含个人应依法缴纳的社会保险费和住房公积金。[1]

第二节　工资的形式及构成

一、工资的形式

工资的形式是指计量劳动和支付工资的形式。我国现行的工资形式主要有计时工资和计件工资两种基本形式，另外在一定范围内实行年薪制。[2]

（一）计时工资

计时工资是指按照单位时间工资率（计时工资标准）和工作时间支付劳动者个人工资的一种形式。计时工资标准一般分为月工资标准、日工资标准和小时工资标准。其中，月工资标准是确定日（小时）工资标准的基础，即日工资标准为月工资标准除以月均法定计薪工作日数所得之商，小时工资标准为日工资标准除以日均法定工作时数（8 小时）所得之商。职工全勤，按月工资标准计发工资；职工缺勤或加班加点，按日工资标准或小时工资标准扣发或加发工资。计时工资在任何部门、用工单位和岗位（工种）都可适用。在实行计时工资的条件下，职工完成法定工作时间和劳动定额后，按本人的工资等级和工资标准领取的工资数额，即为标准工资。它是工资的基本部分，可作为计算工资的其他组成部分、计件工资的计件单价以及某些项目的社会保险待遇的基础或依据。[3]

计时工资是适用范围最广泛的工资形式，具体包括：（1）对已做工作按计时工资标准支付的工资；（2）实行结构工资制的单位支付给职工的基础工资和职务（岗位）工资；（3）新参加工作职工的见习工资（学徒的生活费）；（4）运动员体育津贴。[4]

（二）计件工资

计件工资是指按照劳动者完成的合格产品的数量和预先规定的计件单位计算工资的形式。它是用一定时间内的劳动成果来计算的工资，即用间接劳动时间来

---

〔1〕参见桂维康：《劳动关系全流程法律实务解析》，中国法制出版社 2023 年版，第 105 页。
〔2〕参见郭捷主编：《劳动法与社会保障法》（第 3 版），法律出版社 2016 年版，第 214 页。
〔3〕参见王全兴：《劳动法》（第 4 版），法律出版社 2017 年版，第 341 ~ 342 页。
〔4〕参见《关于工资总额组成的规定》第 5 条。

计算，因此它是计时工资的转化形式。计件工资的优点是能够使劳动成果与劳动报酬直接联系起来，更好地体现按劳分配的原则；缺点是容易因追求数量而忽视质量，甚至影响安全生产。[1]

计件工资在实践中有多种具体形式，一般可作以下分类：(1) 个人计件工资和集体计件工资。前者是按职工集体的劳动成果和计件单价计发工资，后者是按职工个人的劳动成果和计件单价计算集体应得工资总额，再在集体内职工之间进行合理分配。(2) 无限计件工资和有限计件工资。前者即无论职工完成或超额完成劳动定额多少，都按同一计件单价计发工资。后者对职工的计件超额工资加以一定限制，如对个人或集体超额工资规定最高限额；采用累进计件单价；实行浮动计件单价等。(3) 直接计件工资和间接计件工资。前者是按职工本人完成的产量，以计件单价计发工资；后者按辅助工人的服务对象所完成的产量，以计件单价计发工资。在这里，间接计件单价 = 辅助工人的工资标准/所服务工人的产量定额，间接计件工资额 = 间接计件单价 × 所服务工人的实际产量。(4) 超额计件工资和累进计件工资。前者是对完成的定额任务实行计时工资制，而对超过定额任务的部分按同一计件单价计发工资。后者是对完成的定额任务按基本计件单价计发工资，而对超过定额任务的部分则按递增计件单价计发工资。(5) 包工计件工资和提成计件工资。前者又称包工工资，是把一定数量和质量的生产或工程任务包给职工个人或集体，并预先规定应完成任务的期限和实得工资总额，只要包工方按规定完成任务，就可领取全部预定工资。[2] 后者又称提成工资，是按营业额提成或利润提成办法支付给个人的工资。[3]

实践中就计件工资最常见的纠纷是由提成工资引发的。一是，对于客户分期支付货款的销售提成的支付方式，少数用人单位与劳动者约定，客户每支付一次款项后用人单位向劳动者支付相应金额的提成，但是如果劳动者离职的，不再享有其离职时尚未回款的金额对应的提成。这样的约定有效吗？笔者认为，提成工资属于计件工资的一种，是劳动者提供劳动之后的劳动报酬，因此，既然劳动者已经向用人单位提供了相应劳动，就理应获得相应的提成，离职不能成为用人单位剥夺其劳动成果的理由。即使劳动者离职，只要提成的发放条件成就，用人单位仍然应当向劳动者支付相应的提成，而不能将劳动者的劳动报酬据为己有。因此，前述劳动者离职后不再享有未回货款的提成的约定免除了用人单位支付劳动报酬的法定义务，排除了劳动者取得劳动报酬的权利，根据《劳动合同法》第26

---

〔1〕 参见郭捷主编：《劳动法与社会保障法》（第3版），法律出版社2016年版，第214页。

〔2〕 参见王全兴：《劳动法》（第4版），法律出版社2017年版，第342页。

〔3〕 参见《关于工资总额组成的规定》第6条。

条第1款第2项，当属无效。

二是，用人单位与劳动者约定，客户每支付一次款项后用人单位向劳动者支付相应金额的提成，等客户支付完毕尾款后，用人单位向劳动者支付剩余的提成。但是，劳动者离职后，用人单位往往会以客户没有继续付款为由拒绝继续支付提成；或者以客户虽然回款，但是该回款是经由其他员工催款才取得、离职者未为回款做贡献为由拒绝支付剩余提成。对于此类纠纷如何处理？笔者认为：（1）上述以回款作为提成发放条件的约定是有效的。因为提成工资虽然属于劳动报酬，但是其与固定工资不同的是，其本质上是用人单位为激励劳动者增加销售业绩而让渡给劳动者的一部分销售利润，因此，在客户未付款时，相应的销售利润尚未产生，为合理控制经营风险，用人单位可以与劳动者约定将回款作为提成发放的条件。（2）如果没有事先的约定，用人单位不能事后以劳动者离职后未为催款做出贡献为由拒付提成。因为，如果没有事先约定，应当推定劳动者在完成销售之后无须承担催收回款的义务。并且，用人单位还应当进一步证明相应的货款确实是经其他员工催要才回款的，而不是客户主动支付的。因为如果是客户主动支付的，即使存在劳动者离职后仍需催款的约定，但是事实上客户未经催款就支付了货款，换言之，劳动者未催款并未对回款造成明显不利的影响，在这种情况下，用人单位无权剥夺劳动者的劳动报酬。（3）如果用人单位以未回款为由拒付提成的，其应当就该主张承担举证证明责任。这是因为，一方面，劳动者离职后不再掌握用人单位的相关信息，难以获取客户是否付款的相关信息，让劳动者承担举证责任，对劳动者明显不公；另一方面，虽然未回款是消极事实，但是用人单位可以提供其向客户催款而客户予以拒绝、或者客户出具的未付款说明等证据来佐证确未回款的事实。

计件工资的适用范围不具有普遍性，一般只适用于劳动工序相对独立、产品量或工作量能精确计算、产品质量有明确标准并能科学测定、生产过程能正常进行、管理制度比较健全的企业。[1]

（三）年薪

年薪是指对符合一定条件的劳动者实行以一个账务年度为核算工资依据计发劳动报酬的工资形式。年薪与计时工资和计件工资的不同之处在于，实行年薪制的劳动者除含有计时工资或计件工资外，尚与企业经营风险相联系，如资产的保值增值及相关安全责任的承担等。[2] 因此，年薪作为一种特殊的工资形式，其本

〔1〕参见王全兴：《劳动法》（第4版），法律出版社2017年版，第342页。

〔2〕参见郭捷主编：《劳动法与社会保障法》（第3版），法律出版社2016年版，第214页。

质在于它所对应的劳动不只是一般意义的劳动力支出，而是一种经营活动。由此决定了年薪具有以下特征：（1）年薪应当以企业经济效益的基本时间单位即财务年度，作为计发报酬的时间单位。（2）年薪更适合于对实际行使经营权并对企业经济效益负有职责的人员，即董事、经理等高级职员。（3）年薪的构成中，除包括作为一般意义劳动力支出之补偿的基本劳动报酬外，还应当包括与行使经营权和承担经营责任从而对企业经济效益起关键性作用相对应的利润分享收入。[1]

二、基本工资

工资构成是指劳动者的工资总额由几部分内容组成。《劳动法》第 47 条规定，单位根据单位的生产经营特点和经济效益，依法自主确定本单位的工资分配方式和水平。参照前述相关规范性文件，结合实际情况，工资一般包括计时工资、计件工资、奖金、津贴和补贴、延长工作时间的工资报酬以及特殊情况下支付的工资等。

基本工资是指劳动者与用人单位在劳动合同中约定的与工作岗位相适应的相对固定的工资单位。[2] 劳动者在法定工作时间内提供正常劳动的情况下即可获得基本工资。因此，它构成工资的主干，与奖金、津贴、补贴等辅助工资相对应。但是，需要指出的是，在现实中，劳动者工资却呈现出基本工资在全部工资额中所占比重越来越低的趋势，这说明工资分配制度不合理，应当纳入基本工资的劳动报酬却未纳入。

三、奖金

奖金，在传统意义上，是指支付给职工的超额劳动报酬和增收节支的劳动报酬。传统意义上的奖金按劳动者付出的超额劳动来支付，是对劳动者作出优异成绩的一种奖赏。按照《关于工资总额组成的规定》第 7 条的规定，奖金包括：（1）生产奖；（2）节约奖；（3）劳动竞赛奖；（4）机关、事业单位的奖励工资；（5）其他奖金。较之基本工资，其主要特征有：（1）非常规性。即奖金所对应的是劳动者在完成正常劳动的基础上所提供的超额劳动。这里的“超额”主要表现为劳动质量、劳动成果上的超额，如超额完成劳动任务或取得超常劳动效果等；而工作时间上的超额，则一般可用加班加点工资或补休来补偿。（2）浮动性。即劳动者获得奖金与否或多少，所在单位是否发放奖金或奖金水平高低，都是经常变动的。（3）非普遍性。即法律上并不要求用人单位必须向每个劳动者都支付奖

---

〔1〕 参见王全兴：《劳动法》（第 4 版），法律出版社 2017 年版，第 342 页。
〔2〕 参见郭捷主编：《劳动法与社会保障法》（第 3 版），法律出版社 2016 年版，第 215 页。

金。换言之，奖金只适用于符合奖励条件的场合。[1]

奖金是工资的组成部分，如果用人单位明确约定或者规定了奖金的兑现条件，那么，只要劳动者符合该奖金兑现条件，用人单位就应当向劳动者支付相应奖金，不能在程序上设置障碍，拒绝兑现奖金。

案例36　彭某诉南京市某有限责任公司追索劳动报酬纠纷案[2]

——用人单位应当向符合奖励条件的劳动者支付奖金

【基本案情】

南京市某有限责任公司（以下简称某公司）于2016年8月制定《某公司关于引进投资项目的奖励暂行办法》（以下简称《奖励办法》），规定成功引进商品房项目的，某公司将综合考虑项目规模、年化平均利润值合并表等综合因素，以项目审定的预期利润或收益为奖励基数，按照0.1%－0.5%确定奖励总额。该奖励由投资开发部拟定各部门或其他人员的具体奖励构成后提出申请，经集团领导审议、审批后发放。2017年2月，彭某入职某公司担任投资开发部经理。2017年6月，投资开发部形成《会议纪要》，确定部门内部的奖励分配方案为总经理占部门奖金的75%、其余项目参与人员占部门奖金的25%。

彭某履职期间，其所主导的投资开发部成功引进无锡红梅新天地、扬州GZ051地块、如皋约克小镇、徐州焦庄、高邮鸿基万和城、徐州彭城机械六项目，后针对上述六项目投资开发部先后向某公司提交了六份奖励申请。直至彭某自某公司离职，某公司未发放上述奖励。

彭某经劳动仲裁程序后诉至法院，要求某公司支付奖励1689083元。某公司认可案涉六项目初步符合《奖励办法》规定的受奖条件，但以无锡等三项目的奖励总额虽经审批但具体的奖金分配明细未经审批，及徐州等三项目的奖励申请未经审批为由，主张彭某要求其支付奖金的请求不能成立。对于法院“如彭某现阶段就上述项目继续提出奖励申请，某公司是否启动审核程序”的询问，某公司明确表示拒绝，并表示此后也不会再启动六项目的审批程序。

一审法院判决驳回彭某的诉讼请求。彭某不服，提起上诉。江苏省南京市中级人民法院作出二审判决：（1）撤销民事一审判决；（2）某公司于本判决生效之

〔1〕参见王全兴：《劳动法》（第4版），法律出版社2017年版，第340页。

〔2〕参见彭某诉南京市某有限责任公司追索劳动报酬纠纷案，最高人民法院指导案例182号（2022年）。

日起15日内支付彭某奖励1259564.4元。

【裁判要点】

生效判决认为，首先，从《奖励办法》设置的奖励对象来看，投资开发部以引进项目为主要职责，且在某公司引进各类项目中起主导作用，故其系该文适格的被奖主体；从《奖励办法》设置的奖励条件来看，投资开发部已成功为某公司引进符合城开公司战略发展目标的无锡红梅新天地等六项目，符合该文规定的受奖条件。故就案涉六项目而言，彭某所在的投资开发部形式上已满足用人单位规定的奖励申领条件。

其次，案涉六项目奖励申请未经审核或审批程序尚未完成，不能成为某公司拒绝支付彭某项目奖金的理由。某公司作为奖金的设立者，有权设定相应的考核标准、考核或审批流程。其中，考核标准系员工能否获奖的实质性评价因素，考核流程则属于某公司为实现其考核权所设置的程序性流程。在无特殊规定的前提下，因流程本身并不涉及奖励评判标准，故而是否经过审批流程不能成为员工能否获得奖金的实质评价要素。某公司也不应以六项目的审批流程未启动或未完成为由，试图阻却彭某获取奖金的实体权利的实现。此外，对劳动者的奖励申请进行实体审批，不仅是用人单位的权利，也是用人单位的义务。本案中，《奖励办法》所设立的奖励系某公司为鼓励员工进行创造性劳动所承诺给员工的超额劳动报酬，其性质属于国家统计局《关于工资总额组成的规定》第7条规定中的“其他奖金”，此时《奖励办法》不仅应视为某公司基于用工自主权而对员工行使的单方激励行为，还应视为某公司与包括彭某在内的不特定员工就该项奖励的获取形成的约定。现彭某通过努力达到《奖励办法》所设奖励的获取条件，其向某公司提出申请要求兑现该超额劳动报酬，无论是基于诚实信用原则，还是基于按劳取酬原则，某公司皆有义务启动审核程序对该奖励申请进行核查，以确定彭某关于奖金的权利能否实现。如某公司拒绝审核，应说明合理理由。某公司不能对不予审核的行为作出合理解释，其拒绝履行审批义务的行为已损害彭某的合法权益，对此应承担相应的不利后果。综上，法院认定案涉六项目奖励的条件成就，某公司应当依据《奖励办法》向彭某所在的投资开发部发放奖励。

【延伸思考】

182号指导案例确立的裁判要旨是，用人单位规定劳动者在完成一定绩效后可以获得奖金，其无正当理由拒绝履行审批义务，符合奖励条件的劳动者主张获奖条件成就，用人单位应当按照规定发放奖金的，人民法院应予支持。

随着市场经济的发展，实践中产生了名目多样的奖金，如月度奖、季度奖、年终奖、绩效奖金等，由此引发的劳动争议也越来越多。笔者认为，有些工资项目虽然名为“奖金”，却与传统意义上的奖金并不相同。例如“十三薪”，虽然用人单位经常将其作为奖金对待，但是通常意义上的“十三薪”是双方约定在年底固定发放的一个月工资，其性质属于基本工资，而不是奖金。在处理涉奖金的劳动争议时，要分析“奖金”的给付条件，准确对其定性，然后才能作出公平、准确的裁决。

以年终奖为例，年终奖已经成为用人单位与劳动者约定的工资中十分普遍的组成部分，但是，同样叫“年终奖”，其性质往往大相径庭。在处理年终奖案件时，要分析相关约定或者规定。例如，双方约定，年终奖是用人单位根据自身效益给予劳动者一年累计工作的一种超额劳动报酬或增收节支的额外奖励，约定强调用人单位可以自主决定是否发放，那么，用人单位就可以结合当年经营情况，自主决定是否给予劳动者年终奖；如果根据约定，年终奖是将劳动者平时的绩效奖金或者提成集中在年底递延发放，实际上劳动者在平时就已经符合受领条件，只不过受领时间被延后了，因此，用人单位在约定的时间必须如数向劳动者支付给奖金；如果双方约定，劳动者的年收入系由平时固定工资 + 年终奖（绩效工资）组成的薪资包，并约定该年终奖部分具体发放标准由用人单位经营状况、劳动者所在部门业绩、劳动者个人全年的表现等多个因素决定，则该年终奖属于劳动者的风险收入，是劳动者一年劳动成果的集中发放，用人单位必须严格按照约定，综合多个指标因素的表现进行发放，而不能仅以“经营自主权”“劳动者提前离职”等理由拒绝发放，变相剥夺劳动者相应期间的劳动成果。

案例37　房某诉某保险公司劳动合同纠纷案〔1〕

——年终奖不因劳动合同解除而自动取消

【基本案情】

房某于2011年1月至某保险公司工作，双方之间订立的最后一份劳动合同履行日期为2015年7月1日至2017年6月30日，约定房某担任战略部高级经理。2017年10月，某保险公司决定撤销战略部，房某所任职的岗位因此被取消。双方就变更劳动合同等事宜协商未果。12月29日，某保险公司以客观情况发生重大变化、双方未能就变更劳动合同协商达成一致，向房某发出《解除劳动合同通知书》。房某对解除决定不服，经劳动仲裁程序后起诉要求恢复与某保险公司之间的劳动关系并诉求2017年8～12月未签劳动合同二倍工资差额、2017年度奖金

〔1〕 参见房某诉某保险公司劳动合同纠纷案，最高人民法院指导案例183号（2022年）。

等。某保险公司《员工手册》规定：年终奖金根据公司政策，按公司业绩、员工表现计发，前提是该员工在当年度10月1日前已入职，若员工在奖金发放月或之前离职，则不能享有。据查，某保险公司每年度年终奖会在次年3月左右发放。

一审法院判决：(1) 某保险公司向房某支付2017年8－12月未签劳动合同二倍工资差额人民币192500元；(2) 房某的其他诉讼请求均不予支持。房某不服一审判决，提起上诉。二审法院判决：(1) 维持一审判决第一项；(2) 撤销一审判决第二项；(3) 某保险公司于判决生效之日起7日内支付上诉人房某2017年度年终奖税前人民币138600元；(4) 房某的其他请求不予支持。

【裁判要点】

生效判决认为，现行法律法规并没有强制规定年终奖应如何发放，用人单位有权根据本单位的经营状况、员工的业绩表现等，自主确定奖金发放与否、发放条件及发放标准，但是用人单位制定的发放规则仍应遵循公平合理原则，对于在年终奖发放之前已经离职的劳动者可否获得年终奖，应当结合劳动者离职的原因、时间、工作表现和对单位的贡献程度等多方面因素综合考量。本案中，某保险公司对其组织架构进行调整，双方未能就劳动合同的变更达成一致，导致劳动合同被解除。房某在某保险公司工作至2017年12月29日，此后两日系双休日，表明房某在2017年度已在某保险公司工作满一年；在某保险公司未举证房某的2017年度工作业绩、表现等方面不符合规定的情况下，可以认定房某在该年度为某保险公司付出了一整年的劳动且正常履行了职责，为某保险公司作出了应有的贡献。基于上述理由，某保险公司关于房某在年终奖发放月之前已离职而不能享有该笔奖金的主张缺乏合理性。故对房某诉求某保险公司支付2017年度年终奖，应予支持。

【延伸思考】

183号指导案例确立的裁判要旨是，年终奖发放前离职的劳动者主张用人单位支付年终奖的，人民法院应当结合劳动者的离职原因、离职时间、工作表现以及对单位的贡献程度等因素进行综合考量。用人单位的规章制度规定年终奖发放前离职的劳动者不能享有年终奖，但劳动合同的解除非因劳动者单方过失或主动辞职所导致，且劳动者已经完成年度工作任务，用人单位不能证明劳动者的工作业绩及表现不符合年终奖发放标准，年终奖发放前离职的劳动者主张用人单位支付年终奖的，人民法院应予支持。

另外，用人单位在劳动合同中约定或者在规章制度中规定“年终奖发放前离职的劳动者不能享有年终奖”的，这样的约定和规定没有区分劳动者离职原因，也不区分年终奖的不同性质以及发放条件，“一刀切”地剥夺劳动者享有年终奖的权利，属于《劳动合同法》第26条第1款第2项规定的“用人单位免除自己的法定责任、排除劳动者权利”，当属无效。

四、津贴和补贴

津贴是指为了补偿职工特殊或额外的劳动消耗和因其他特殊原因支付给职工的工资补充形式，包括补偿职工特殊或额外劳动消耗的津贴、保健性津贴、技术性津贴、年功性津贴及其他津贴。[1] 津贴的具体作用主要表现在三个方面：一是补偿作用，即对劳动者因特殊劳动的额外劳动消耗给予补偿；二是调节作用，即协调劳动力资源合理的社会布局；三是激励作用，即鼓励职工钻研技术、努力工作。

依据津贴的设置目的和所起的作用，可以将我国现行的津贴分为以下几大类：（1）为补偿劳动者额外劳动消耗而设置的津贴，如高空作业津贴、高温津贴、夜班津贴；（2）为补偿职工特殊劳动和生活费额外支出的双重性而设置的津贴，如林区津贴、山区津贴、驻岛津贴、艰苦气象站津贴、船员津贴、外勤工作津贴、铁路乘务津贴，以及为鼓励职工到艰苦地方去工作而设置的津贴等；（3）为保障职工身体健康而设置的津贴，如对从事粉尘、高压、有毒有害气体、接触放射性物质和从事潜水作业等工作发放的保健津贴、医疗卫生津贴等；（4）为鼓励职工钻研技术、努力工作而设置的津贴，如科研津贴、优秀运动员津贴、体育津贴等；（5）为维护社会所需要的工作的正常进行而设置的津贴，如环卫工人、物资回收工人所享有的津贴等；（6）为补偿职工的特殊贡献而设置的奖励性津贴，如对作出突出贡献的专家、学者和科技人员的政府特殊津贴等。[2] 当然，作为工资辅助形式的津贴仅指工资性津贴，那些非工资性津贴如保健食品等，不包括在内，[3] 其可以归入劳动报酬。

补贴是指为了保证职工工资水平不受物价影响支付给职工的工资补充形式，[4] 如肉类等价格补贴、副食品价格补贴、食价补贴、煤价补贴、房贴、水电贴等。[5] 另外，按照财政部《关于企业加强职工福利费财务管理的通知》（财企〔2009〕242号）的规定，企业为职工提供的交通、住房、通信待遇，已经实行货币化改革的，按月按标准发放或支付的交通补贴或者车改补贴、通信补贴，也属

〔1〕参见《关于工资总额组成的规定》第8条。

〔2〕参见郭捷主编：《劳动法与社会保障法》（第3版），法律出版社2016年版，第215页。

〔3〕参见王全兴：《劳动法》（第4版），法律出版社2017年版，第341页。

〔4〕参见《关于工资总额组成的规定》第8条。

〔5〕参见国家统计局《〈关于工资总额组成的规定〉若干具体范围的解释》（统制字〔1990〕1号）第3条。

于工资性补贴。企业给职工发放的节日补助、未统一供餐而按月发放的午餐费补贴，亦属于工资性补贴。

五、特殊情况下支付的工资

特殊情况下支付的工资，是指在非正常情况下，按照国家规定应当按计时工资标准或其一定比例支付工资，主要有：

（1）职工在法定工作时间内依法参加社会活动，用人单位应视同其提供了正常劳动而支付工资。社会活动包括依法行使选举权或被选举权；当选代表出席乡（镇）、区以上政府、党派、工会、青年团、妇女联合会等组织召开的会议；出任人民法院证明人、陪审员；出席劳动模范、先进工作者的大会；《工会法》规定的不脱产工会基层委员会委员因工会活动占用生产或工作时间；其他依法参加的社会活动。（2）职工在法定休息日和年休假、探亲假、婚假、丧假期间，用人单位应按规定标准支付工资。（3）非职工原因造成的停工、停产在一个工资支付周期内的，用人单位应按劳动合同规定的标准支付工资；超过一个工资支付周期的，若职工提供了正常劳动，则支付的劳动报酬不得低于当地最低工资标准；若职工未提供正常劳动，应按国家有关规定办理。（4）职工在调动工作期间、脱产学习期间，用人单位应当按国家规定或劳动合同规定的标准支付工资。（5）职工被公派在国（境）外工作、学习期间，其国内工资按国家规定的标准支付。[1]（6）病假工资、工伤的停工留薪期工资。（7）职工在被羁押、调查等期间的工资。

职工患病或非因工负伤治疗期间，在规定的医疗期间内由企业按有关规定支付其病假工资或疾病救济费，病假工资或疾病救济费可以低于当地最低工资标准支付，但不能低于最低工资标准的80%。[2]

企业待岗人员，由企业依据当地政府的有关规定支付其生活费，生活费可以低于最低工资标准。[3]

被羁押、调查等期间的工资支付。《贯彻执行劳动法的意见》第28条规定，劳动者涉嫌违法犯罪被有关机关收容审查、拘留或逮捕的，用人单位在劳动者被限制人身自由期间，可与其暂时停止劳动合同的履行。暂时停止履行劳动合同期间，用人单位不承担劳动合同规定的相应义务。人力资源社会保障部办公厅《关于国有企业负责人涉嫌违纪违法被调查期间薪酬支付问题有关意见的函》（人社

---

〔1〕 参见王全兴：《劳动法》（第4版），法律出版社2017年版，第349~350页。

〔2〕 参见《贯彻执行劳动法的意见》第59条。

〔3〕 参见《贯彻执行劳动法的意见》第58条。

厅发〔2020〕54号）规定，国有企业负责人涉嫌违纪违法，被纪检监察机关或司法机关依法采取留置或刑事拘留、逮捕等强制措施的，企业应停止支付其在此期间薪酬。被错误采取上述措施的，依据有关规定申请国家赔偿，企业不再补发其薪酬。国有企业负责人涉嫌违纪违法，被纪检监察机关或司法机关调查但未被采取上述措施，对无法正常履职的，企业应暂缓支付其无法正常履职期间的薪酬，按照不超过本人当年基本年薪月发放标准计发生活费。经调查认定不存在违纪违法事实的，企业应补发其应发薪酬。存在违纪违法事实的，企业应根据处理结果按照相关规定扣减其薪酬。[1]

就上述非职工原因造成的停工、停产期间的工资支付，如何理解“一个工资支付周期”，实践中存在不同观点。人力资源社会保障部、最高人民法院《关于联合发布第一批劳动人事争议典型案例的通知》（人社部函〔2020〕62号）指出，该周期的性质应属缓冲期，主要目的是体现风险共担和对劳动者基本权益的保护，只有理解为一个时间长度，才符合相关规定的内涵。如果将“超过一个工资支付周期”理解为“跨越当前支付周期截止时间点”，则易引发用人单位停工时间相同，却仅因工资支付周期起算时间不同，而承担不同工资支付责任的问题。

案例38　丁某与某机械公司劳动争议案[2]

——“一个工资支付周期”从用人单位停工停产当日起算

【基本案情】

丁某就职于某机械公司，劳动合同约定其月工资为6000元；机械公司于每月15日发放上月10日至本月9日的工资。2020年春节前，丁某返回外省家乡过节。春节延长假期间，机械公司所属地区人民政府发布通知，延迟复工时间至2月9日。2月底，机械公司复工复产，而丁某未能返岗或远程办公。机械公司线上发布通知，告知未返岗职工保留职位，将参照国家有关停工停产规定发放工资。丁某回复：“收到，谢谢公司理解。”机械公司正常发放了丁某1月10日至2月9日工资。但3月15日，丁某仅收到2月工资1540元。人事经理解释，因公司停工，2月9日停工后的第一个工资支付周期已经结束，根据国家及所属省有关规定，

〔1〕参见福建省人力资源和社会保障厅转发人力资源社会保障部办公厅《关于国有企业负责人涉嫌违纪违法被调查期间薪酬支付问题有关意见的通知》。

〔2〕本案为人力资源社会保障部、最高人民法院《关于联合发布第一批劳动人事争议典型案例的通知》（人社部函〔2020〕62号）发布的案例4。

自2月10日起对未返岗职工发放生活费。丁某以公司未及时足额支付工资为由提出解除劳动关系，并申请劳动仲裁，请求裁决机械公司支付2月10日至3月9日的工资差额4460元和解除劳动合同的经济补偿6000元。经调解，机械公司当庭支付丁某2020年2月10日至3月9日的工资待遇差额3227.8元。丁某撤回仲裁申请。

【裁判要点】

本案的争议焦点是如何理解“一个工资支付周期”。《工资支付暂行规定》第12条及人力资源社会保障部《关于妥善处理新型冠状病毒感染的肺炎疫情防控期间劳动关系问题的通知》均涉及“一个工资支付周期”，该周期的性质应属缓冲期，主要目的是体现风险共担和疫情期间对劳动者基本权益的保护，只有理解为一个时间长度，才符合相关规定的内涵。如果将“超过一个工资支付周期”理解为“跨越当前支付周期截止时间点”，则易引发用人单位停工时间相同，却仅因工资支付周期起算时间不同，而承担不同工资支付责任的问题。

本案中，机械公司实行按月支付工资的制度，工资支付周期为一个月。机械公司因疫情未复工，停工停产期间从2020年春节延长假期结束的次日（2月3日）起计算，2月底机械公司复工后丁某未返岗，经双方协商，丁某未返岗期间工资待遇参照停工停产标准支付，未返岗期间与机械公司停工期间应连续计算。因此，2020年2月3日至3月2日为丁某未返岗的第一个工资支付周期，2020年3月3日至3月9日则超过一个工资支付周期。故对于丁某2月10日至3月9日的工资待遇，应采取分段核算的方法，扣减机械公司已支付金额后，机械公司应支付工资待遇差额3227.8元（6000元÷21.75天×16天+1540元÷21.75天×5天-1540元）。经释明“一个工资支付周期”的内涵，机械公司当庭支付丁某3227.8元工资待遇差额，双方协商同意丁某回公司继续工作，丁某也撤回了仲裁申请。

【延伸思考】

《工资支付暂行规定》第12条规定，非因劳动者原因造成单位停工、停产在一个工资支付周期内的，用人单位应按劳动合同规定的标准支付劳动者工资。超过一个工资支付周期的，若劳动者提供了正常劳动，则支付给劳动者的劳动报酬不得低于当地的最低工资标准；若劳动者没有提供正常劳动，应按国家有关规定办理。

从该案例来看，“一个工资支付周期”应当从用人单位停工停产当日起算。例如，用人单位因疫情于2020年2月3日停工停产，则“一个工资支付周期”就是从2020年2月3日起算。

第三节　加 班 工 资

一、支付加班工资的前提

加班是指劳动者的工作时间超出法定工作时间，在休息时间内进行工作。根据加班工资标准的不同，加班可以分为在工作日的休息时间里延长工作时间，在休息日进行工作以及在法定休假日进行工作三种。

是不是只要劳动者加班，用人单位就需要向其支付加班工资？实际上并非如此，根据《劳动法》第 44 条的规定，只有用人单位安排劳动者进行的加班，才需要支付加班工资。因此，对于劳动者因为工作效率较低导致的加班，或者是劳动者出于热爱工作等原因主动进行的加班，用人单位没有支付加班工资的法定义务。

二、加班工资的支付标准

用人单位安排劳动者在工作日延长工作时间的，应当支付不低于劳动者正常工作时间工资的 150% 的工资报酬；用人单位安排劳动者在休息日工作又不能安排补休的，应当支付不低于劳动者正常工作时间工资的 200% 的工资报酬；用人单位安排劳动者在法定休假日工作的，应当支付不低于劳动者正常工作时间工资的 300% 的工资报酬。[1]

由于法定休假日是计薪日，因此，实践中对于用人单位安排劳动者在法定休假日工作的，支付加班工资时是在原有工资基础上，额外支付 200% 加班工资还是额外支付 300% 加班工资存在不同观点。有种观点认为，同未休年休假工资报酬一样，因为用人单位已经在平时支付了劳动者法定休假日的工资，因此用人单位只需要按照 200% 的标准支付法定休假日的加班工资。[2] 这种观点是错误的，原劳动部《对〈工资支付暂行规定〉有关问题的补充规定》（劳部发〔1995〕226 号）第 2 条明确规定，“安排在法定休假节日工作的，应另外支付给劳动者不低于劳动合同规定的劳动者本人小时或日工资标准 300% 的工资”，也就是说，“300%”的加班工资是在平时工资之外“另外支付”的。

按照《劳动法》第 44 条的规定，加班工资的计算基数应当按照劳动者正常工作时间的工资来确定。《工资支付暂行规定》（劳部发〔1994〕489 号）第 13

---

〔1〕 参见《劳动法》第 44 条。

〔2〕 参见桂维康：《劳动关系全流程法律实务解析》，中国法制出版社 2023 年版，第 114 页。

条也明确规定，加班工资的计算基数应当不低于劳动合同规定的劳动者本人小时工资标准。但是由于工资可能由基本工资、绩效工资、提成工资等多个不同性质的部分组成，这就导致每个月的工资总额并不固定，为了方便计算和掌握加班工资，用人单位就可能会在劳动合同中约定加班工资的固定计算基数，即不论每个月实际工资是多少，都按照某个固定金额作为月工资基数来计算加班工资。当然，用人单位会利用优势缔约地位，约定一个低于劳动者实际月工资的加班工资计算基数。如果约定的计算基数与劳动者的实际月工资相比只是略低，还可以视为经过协商，劳动者放弃了部分权利；但是如果约定的计算基数显著低于劳动者的实际月工资（扣减加班工资之后），就应当认定为用人单位免除自己的法定责任、排除劳动者权利。因为为了保障劳动者劳动权益，《劳动法》第 44 条规定了加班工资的计算标准，虽然没有明确加班工资的计算基数，但是按照该规定，不论是哪种类型的加班工资，均应当高于劳动者正常工作时间的工资标准。因此，如果劳动合同约定的计算基数显著低于劳动者的实际月工资，就极有可能导致加班时间段的工资标准低于正常工作时间的工资标准，这显然免除了用人单位依法定标准支付加班工资的责任，也排除了劳动者获得法定标准加班工资的权利，这样的约定应当被评价为无效约定。

三、加班的补休

按照《劳动法》第 44 条的规定，对于法定休假日的加班，用人单位必须要支付加班工资，不能通过补休免除加付加班工资的义务；对于休息日的加班，可以首先安排补休，不能补休时，则应支付加班工资。该法对于工作日延长工作时间能否补休的问题没有进行规定，举重以明轻，既然对于休息日的加班都可以首先安排补休，那么工作日延长工作时间的更可以通过补休来补偿，而不是只能支付加班工资。劳动部《对〈工资支付暂行规定〉有关问题的补充规定》的通知（劳部发〔1995〕226 号）亦明确指出，“凡是安排劳动者在法定工作日延长工作时间或安排在休息日工作而又不能补休的，均应支付给劳动者不低于劳动合同规定的劳动者本人小时或日工资标准 150%、200% 的工资；安排在法定休假节日工作的，应另外支付给劳动者不低于劳动合同规定的劳动者本人小时或日工资标准 300% 的工资”。

四、加班计算方法

1. 工作时间的计算

年工作日：365 天 – 104 天（休息日）– 13 天（法定休假日）= 248 天

季工作日：248 天 ÷4 季 =62 天

月工作日：248 天 ÷12 月 =20.67 天

2. 工作小时数的计算

工作小时数的计算是以月、季、年的工作日乘以每日的 8 小时。

年工作小时 =248 天 ×8 小时/天 =1984 小时

季工作小时 =62 天 ×8 小时/天 =496 小时

月工作小时 =20.67 天 ×8 小时/天 =165.36 小时

3. 计薪日的计算

年计薪日：365 天/年 －104 天/年(休息日) =261 天

季计薪日：261 天/年 ÷4 季 =65.25 天

月计薪日：261 天/年 ÷12 月 =21.75 天

4. 日工资、小时工资的折算

日工资：月工资收入 ÷月计薪天数

小时工资：月工资收入 ÷(月计薪天数 ×8 小时)[1]

五、特殊工时的加班认定

综合计算工时工作制采用的是以周、月、季、年等为周期综合计算工作时间，但其平均日工作时间和平均周工作时间应与法定标准工作时间基本相同。也就是说，在综合计算周期内，某一具体日（或周）的实际工作时间可以超过 8 小时（或 40 小时），但综合计算周期内的总实际工作时间不应超过总法定标准工作时间，超过部分应视为延长工作时间并按《劳动法》第 44 条第 1 项的规定支付加班工资。其中法定休假日安排劳动者工作的，按《劳动法》第 44 条第 3 项的规定支付工资报酬。而且，延长工作时间的小时数平均每月不得超过 36 小时。[2] 例如，以季为周期的综合计算工时工作制，每季度内总工作时间超过法定工作小时数 496 小时的，超过部分应视为延长工作时间。

实行不定时工时制度的劳动者，不执行有关加班工资的规定。换言之，对于实行不定时工时制度的劳动者，用人单位无须支付加班工资。

六、加班事实的举证

《劳动争议司法解释一》第 42 条专门规定了加班事实的举证责任分配，该条

[1] 参见人力资源社会保障部《关于职工全年月平均工作时间和工资折算问题的通知》（人社部发〔2025〕2 号）。

[2] 参见劳动部《关于职工工作时间有关问题的复函》第 5 条。

规定，劳动者主张加班费的，应当就加班事实的存在承担举证责任。但劳动者有证据证明用人单位掌握加班事实存在的证据，用人单位不提供的，由用人单位承担不利后果。

按照民事诉讼中的基本法理，主张权利存在的当事人需要对作为该权利发生原因的事实承担举证证明责任，因此，本条第1款规定劳动者主张加班工资的，其应当对加班工资发生原因的事实即加班事实承担举证证明责任。本条第2款规定的核心在于通过证明妨碍规则的运用达到减轻劳动者证明负担的目的。从民事诉讼目的来看，双方当事人在民事诉讼中都负有诉讼上的协作义务，不负证明责任的一方当事人消极不提供其掌握的证据的行为违反了诚实信用原则、诉讼上的协作义务，有时也可能违反实体法的证据保存义务等。如果允许不承担证明责任一方当事人不提出相应的证据，一方面不符合民事诉讼的目的，对于承担证明责任的当事人至为不利；另一方面容易导致事实处于真伪不明的状态，从而法院通过适用证明责任判决会导致不符合具体正义的情形。基于此，有必要运用证明妨碍规则的法律技术。而劳动者主张加班工资往往会面临缺乏证明手段的困难，例如，加班的工作记录、审批单、反映加班事实存在的工资单等往往由用人单位保存，由此即形成所谓的"证据偏在"现象。〔1〕第2款规定中的"由用人单位承担不利后果"，是指人民法院可以认定劳动者主张的加班事实成立。〔2〕

七、加班工资的仲裁时效

为解决劳动者在劳动关系存续期间不敢向用人单位主张相关债权的问题，《劳动争议调解仲裁法》第27条第4款规定，"劳动关系存续期间因拖欠劳动报酬发生争议的，劳动者申请仲裁不受本条第一款规定的仲裁时效期间的限制；但是，劳动关系终止的，应当自劳动关系终止之日起一年内提出"。而加班工资论其性质是工资的组成部分，属于劳动报酬的一种，因此，加班工资的仲裁时效应当适用上述规定，即自劳动关系终止之日起一年内提出，而不是从劳动者知道或者应当知道其权利被侵害（用人单位拖欠其加班工资）之日起计算。

八、规章制度中关于加班认定的限制性规定的效力

实践中，一些用人单位会在规章制度中规定，员工加班必须履行相应的报批手续，只有经过单位审批的加班才算加班，对于未经单位审批的加班，均不予支

〔1〕参见最高人民法院民事审判第一庭编著：《最高人民法院劳动争议司法解释（三）的理解与适用》，人民法院出版社2015年版，第137～138页。

〔2〕参见最高人民法院《关于民事诉讼证据的若干规定》（2019修正）第95条。

付加班工资；还有用人单位规定，在休息时间内开展工作连续达2小时（含）以上者，才能视为加班。这样的规定是不合法的。首先，《劳动法》第44条是强制性规定，按照该规定，只要是用人单位安排的加班，除了法定情形下可以调休的，其他都应当支付加班工资。其对加班工资支付标准也作了明确的规定。其次，实践中很多用人单位虽然在规章制度中规定了加班的审批流程，但是并没有严格执行，随意、临时不经审批程序就安排员工加班的情形比比皆是。因此，为了保障劳动者合法权益，只要有证据证明加班是用人单位安排的，而不是劳动者主动要求的，用人单位都应当向劳动者支付加班工资。只要是休息时间由用人单位安排的加班，都应当算入加班时长，而不是连续工作达到某个标准才能算入加班时长。

案例39　吴某与某医药公司劳动争议案〔1〕

——用人单位未按规章制度履行加班审批手续，能否认定劳动者加班事实

【基本案情】

吴某于2019年12月入职某医药公司，月工资18000元。某医药公司加班管理制度规定："加班需提交加班申请单，按程序审批。未经审批的，不认定为加班，不支付加班费。"吴某入职后，按照某医药公司安排实际执行每天早9时至晚9时，每周工作6天的工作制度。其按照某医药公司加班管理制度提交了加班申请单，但某医药公司未实际履行审批手续。2020年11月，吴某与某医药公司协商解除劳动合同，申请劳动仲裁，请求裁决某医药公司支付2019年12月至2020年11月加班费50000元。仲裁裁决某医药公司支付吴某2019年12月至2020年11月加班费50000元。某医药公司不服仲裁裁决起诉，一审法院判决与仲裁裁决一致，某医药公司未上诉，一审判决已生效。

【裁判要点】

生效裁决认为，根据《劳动法》第44条、《工资支付暂行规定》第13条的规定，符合"用人单位安排""法定标准工作时间以外工作"情形的，用人单位应当依法支付劳动者加班费。本案中，吴某提交的考勤记录、与部门领导及同事的微信聊天记录、工作会议纪要等证据形成了相对完整的证据链，某医药公司亦

〔1〕本案为人力资源社会保障部、最高人民法院《关于联合发布第二批劳动人事争议典型案例的通知》（人社部函〔2021〕90号）发布的案例3。

认可上述证据的真实性。某医药公司未实际履行加班审批手续，并不影响对“用人单位安排”加班这一事实的认定。故依法裁决某医药公司支付吴某加班费。

【延伸思考】

劳动规章制度对用人单位和劳动者都具有约束力，但是规章制度的内容本身应当具有合法性与合理性。一方面，用人单位应当制定内容合理合法的规章制度，并严格按照规章制度的规定实施管理行为，不得滥用优势地位，侵害劳动者合法权益；另一方面，劳动者在合法权益受到侵害时，要注意保留相关证据，为维权提供依据。仲裁委员会、人民法院应准确把握加班事实认定标准，纠正用人单位规避法定责任、侵害劳动者合法权益的行为。

九、值班与加班的区分

值班通常是指用人单位因安全、消防、节假日等需要，安排劳动者从事与本职工作无关的值班任务，或者是用人单位安排劳动者从事与其本职工作有关的值班任务，但值班期间可以休息的。显然，相比于正常工作，值班具有临时性和非生产性，即使与本职工作相关，在值班期间也是可以休息的。正因为值班的临时性和非生产性，以及从事与本职工作相关劳动时可以休息的特点，所以一般认为值班的劳动强度远小于正常工作。

案例40　郝某诉L公司追索劳动报酬案〔1〕

——名为值班实为加班的，用人单位应当支付加班工资

【基本案情】

2014年11月，郝某入职L公司，担任安全管理部中控员，工作内容包括消防报警信息的管理、报警电话的接听和处理、查岗等。郝某入职时，该部门有4名工作人员，工作上实行四班倒。到了2017年9月，因有1名员工辞职，该部门改为实行三班倒。郝某每上班24小时休息48小时。郝某主张在工作日其需要连续工作24小时；L公司则主张其在夜间只能算是值班，不能算是正常上班，中控室有沙发可供休息。L公司提交的夜间值班签字记录显示，从22时30分开始到次日早晨7时30分，郝某每小时都要记录一次小区大门岗、北门岗和巡逻岗这三处是否正常。郝某认为，2017年9月至2019年3月，其总加班时长达1000多个小时，因单位拒绝向其支付加班工资，其申请劳动仲裁，后诉至法院。郝某主张

〔1〕参见北京市第一中级人民法院民事判决书，(2020)京01民终197号。

按照综合计算工时工作制来计算其加班工资。

一审法院判决：驳回郝某的全部请求。郝某不服一审判决，提起上诉。二审法院判决：（1）撤销一审判决；（2）L公司向郝某支付2017年11月1日至2019年3月31日的延时加班费31844.56元。

【裁判要点】

生效判决认为，首先，L公司安排郝某在长达17个月的时间里，持续执行上24小时休48小时的工时制，这显然不符合值班的临时性特点。其次，作为管理方，L公司并未就郝某白天的工作内容进行举证，也未能展示郝某夜间从事的工作与白天正常上班时有何区别。最后，从L公司自己提交的夜间值班签字记录来看，从22时30分开始到次日早晨7时30分，郝某每小时都要记录一次大门岗、北门岗和巡逻岗这三处是否正常，如此频繁地在夜间做记录，工作强度显然不小，也无法保证充足的夜间休息。综上，郝某所从事的夜间工作是长期持续的，不是临时性的，且工作强度较大，没有证据显示其夜间工作内容与白天有明显不同，其在夜间工作时无法保证正常的夜间休息。因此，郝某在2017年11月至2019年3月的持续夜间工作不同于值班。

综合郝某提交的排班表和L公司提交的《员工请假申请审批单》，二审法院认定，在2017年11月1日至2019年3月31日，郝某的实际工作时间超过法定标准的工作时间，故L公司应当支付延时加班费。

【延伸思考】

“值班”与“加班”两者虽然只有一字之差，但是对于劳动者来说，能不能获得相应的劳动报酬、能获得多少劳动报酬却大相径庭。由于我国法律法规对加班时间、加班工资的标准等作了详细的规定，因此，劳动者在加班之后依法向用人单位主张加班工资就具有充分的法律依据。但是对于值班，我国相关劳动法律法规却未作明确规定，这就导致劳动者能否就值班向用人单位主张劳动报酬以及按照什么标准主张劳动报酬，均无明确的法律依据。实践中有的用人单位会向劳动者支付一定金额的值班津贴，有的用人单位则会安排劳动者进行倒休，然而也有用人单位既不支付值班津贴，也不安排劳动者倒休。更有甚者，还有用人单位以值班的名义变相安排劳动者在法定工作时间之外继续提供持续的、高强度的劳动，然后以值班无须支付劳动报酬为由，不支付加班工资。本案即属于该种情形。从微观上看，此种情形剥夺了劳动者的休息权，侵犯了劳动者获取劳动报酬的权利，不利于劳动力的恢复和再生产；从宏观上看，劳动者群体身心的疲惫乃至伴生的负面情绪必然以某种形式反馈于社会，对整个社会显然也是弊大于利。因此，不论是从保护单个劳动者的合法权益出发，还是从防范对劳动者群体竭泽而渔出发，都应当遏制以值班为名变相安排劳动者加班的现象蔓延。从司法的角度来说，首先要准确界定值班与加班，对名为值班实为加班的，要依法支持劳动者关于加班工资的主张。

十、隐形加班的认定

随着互联网科技的发展，微信、钉钉等即时通讯工具应运而生，在极大地方便和丰富了人们的生活和工作的同时，也给职场人士带来了困扰——下班后仍要频频回复微信工作群消息，开会、培训、处理工作。据报道，四川一名店铺设计师称，从业两年多累积了600多个工作群，每天“24小时待命”“为群所困”，不敢关手机，离职后花3个半小时退群。[1] 大众形象地称呼这种下班后通过微信等即时通讯软件继续办公的现象为“隐形加班”。

如何界定隐形加班？隐形加班是否应支付加班工资？实际上，无论是传统意义的加班还是隐形加班，其认定标准并不存在本质区别，关键是看在非工作时间内，劳动者的劳动力是否仍然处于被用人单位支配或使用的状态。需要明确的是，考虑到即时通讯工具的特点，直接将微信聊天记录等体现的某个时间段全部认定为加班，亦不见得公平，不利于平衡劳资双方利益。例如，如果劳动者仅是在线上就工作与领导、同事作简单沟通，具有偶发性和临时性，并未影响到劳动者生活休息，则不宜认定为加班。

十一、包薪制的加班认定

实践中，在一些加班较多的行业中，包薪制较为普遍。所谓包薪制，就是指在劳动合同中约定工资中已经包含加班工资。包薪制原则上是有效的。但是，有些企业在约定包薪制的同时还约定劳动者休息日也要工作，例如，一些企业与劳动者通过劳动合同或者其他书面形式明确约定“劳动者每周工作6天、工资中已包含加班工资”，这样的约定是否有效？笔者认为，鉴于《劳动法》第41条似乎允许用人单位与劳动者协商后在每月36小时内延长工作时间，因此，上述约定原则上是有效的。

不过需要注意的是，《劳动法》第41条规定，“因特殊原因需要延长工作时间的，在保障劳动者身体健康的条件下延长工作时间每日不得超过三小时，但是每月不得超过三十六小时”。该规定是强制性规定，对于保障劳动者的休息权至关重要，因此，包薪制虽然原则上被承认，但是如果约定的月加班小时超过《劳动法》第41条规定的36小时，则超过部分因违反强制性规定而无效。无效的主

---

〔1〕 参见陈垠杉：《下班回微信算加班吗？有委员指出这一现象》，载微信公众号“中国青年报”2024年3月5日。

要影响是，裁判者需要重新核算劳动者的小时工资标准。例如，包薪制约定每周工作6天，每天工作10小时，逢法定休假日照常上班，月薪5000元。如果仅按照该约定，劳动者月工作日不再是法定的20.67天，而是（365－52）÷12＝26.08天，月工作小时为26.08×10＝260.8小时；其中法定休假日加班13÷12×10＝10.83小时，休息日加班52×10÷12＝43.33小时，工作日延时加班260.8－20.67×8－10.83－43.33＝41.28小时；设劳动者小时工资为K，则（21.75×8＋41.28×1.5＋43.33×2＋10.83×3）K＝5000元，故K＝14.08元。但是，这种计算方式是以违法约定的加班时长作为计算基数，等于变相承认违法的约定，既鼓励了用人单位违法约定加班时长，又压低了劳动者的小时工资，社会导向恶劣。因此，应当以《劳动法》第41条规定的36小时作为月加班时长的合法上限对劳动者的小时工资进行调整。具体而言，设劳动者的小时工资为K，并假设双方约定的法定上限内的36小时加班均为休息日加班，则（21.75×8＋36×2）K＝5000元，则K＝20.33元（如果计算出来的小时工资低于当地最低工资标准的，可以以最低工资标准作为劳动者的小时工资标准），然后再以该小时工资标准计算劳动者的加班工资。用人单位每月还需向劳动者支付延时加班工资20.33×41.28×1.5＝1258.83元，休息日加班工资20.33×（43.33－36）×2＝298.04元，法定休假日加班工资20.33×10.83×3＝660.52元。

如果双方约定"劳动者每周工作7天"，则该约定因违反强制性规定而无效。因为《劳动法》第38条规定，"用人单位应当保证劳动者每周至少休息一日"，《〈国务院关于职工工作时间的规定〉问题解答》（劳部发〔1995〕187号）第1条也指出，即使有些企业因工作性质和生产特点不能实行法定的标准工时制度的，也应当保证职工每周工作时间不超过40小时，每周至少休息1天。因此，如果企业未经实行不定时工作制、综合计算工时工作制审批，必须保证劳动者每周至少休息1天。

此外，现实中的包薪制约定往往仅笼统约定含加班工资的月工资总额，没有明确基本工资部分的金额。为防范用人单位利用优势缔约地位侵害劳动者权益，在包薪制约定中，应当分别明确基本工资和加班工资的金额，并且，基本工资部分不得低于当地最低工资标准。〔1〕如果双方没有明确约定基本工资标准，劳动者的基本工资如何确定？例如，双方就工资标准仅约定月工资10000元，同时约定

〔1〕依照《最低工资规定》第3条第1款的规定，最低工资标准是指劳动者在法定工作时间或依法签订的劳动合同约定的工作时间内提供了正常劳动的前提下，用人单位依法应支付的最低劳动报酬。因此，剔除加班工资后，在劳动者提供正常劳动的情况下，用人单位向劳动者支付的工资不应低于当地最低工资标准。

劳动者每周工作6天、工资中包含加班工资，此种情形下，劳动者的基本工资是多少？笔者认为，可以推定该劳动者休息日当天也是工作8小时，这样劳动者月工作小时为（365－52－13）÷12×8＝200小时，其中正常工作日工作165.36小时，休息日工作34.64小时；设劳动者月基本工资为X，则X÷［（365－52）÷12］÷8×（165.36＋34.64×2）＝10000，因此X＝8891.92，即该劳动者月基本工资为8891.92元。

如果劳动者主张约定的工资不足以补偿其实际加班时长，应当审查具体的加班事实。如果根据劳动者实际提供劳动的时间和时长计算出的加班工资高于约定的工资，或者扣除用人单位已支付的加班工资部分，剩余的工资低于当地最低工资标准的，用人单位应当补足加班工资。

案例41　周某与某汽车服务公司劳动争议案〔1〕

——用人单位与劳动者约定实行包薪制，是否需要依法支付加班工资

【基本案情】

周某于2020年7月入职某汽车服务公司，双方订立的劳动合同约定月工资为4000元（含加班费）。2021年2月，周某因个人原因提出解除劳动合同，并认为即使按照当地最低工资标准认定其法定标准工作时间工资，某汽车服务公司亦未足额支付加班费，要求支付差额。某汽车服务公司认可周某加班事实，但以劳动合同中约定的月工资中已含加班费为由拒绝支付。周某申请劳动仲裁，请求裁决某汽车服务公司支付加班费差额17000元。

仲裁裁决某汽车服务公司支付周某加班费差额17000元。

【裁判要点】

生效裁决认为，根据《劳动法》第47条、第48条和《最低工资规定》第3条的规定，用人单位可以依法自主确定本单位的工资分配方式和工资水平，并与劳动者进行相应约定，但不得违反法律关于最低工资保障、加班费支付标准的规定。本案中，根据周某实际工作时间折算，即使按照当地最低工资标准认定周某法定标准工作时间工资，并以此为基数核算加班费，也超出了4000元的约定工资，表明某汽车服务公司未依法足额支付周某加班费。故裁决某汽车服务公司支

〔1〕本案为人力资源社会保障部、最高人民法院《关于联合发布第二批劳动人事争议典型案例的通知》（人社部函〔2021〕90号）发布的案例4。

付周某加班费差额。

【延伸思考】

包薪制，是指在劳动合同中打包约定法定标准工作时间工资和加班工资的一种工资分配方式，在部分加班安排较多且时间相对固定的行业中比较普遍。虽然用人单位有依法制定内部薪酬分配制度的自主权，但内部薪酬分配制度的制定和执行须符合相关法律的规定。实践中，部分用人单位存在以实行包薪制规避或者减少承担支付加班工资法定责任的情况。实行包薪制的用人单位应严格按照不低于最低工资标准支付劳动者法定标准工作时间的工资，同时按照国家关于加班工资的有关法律规定足额支付加班工资。

十二、双休日出差的加班认定

出差，即劳动者因工作需要到外地开展工作。如果劳动者出差恰逢双休日，用人单位应否支付加班工资？一种观点认为，双休日出差占据了原本属于劳动者个人的休息时间，故应当支付加班工资。另一种观点则认为，双休日出差，如果仅仅是旅途时间，并未开展具体工作，则不应认定为加班，无须支付加班工资。

笔者认为，双休日加班的认定应同时满足两个条件：（1）时间要件，双休日；（2）事实要件，从事用人单位安排的工作或者为工作做准备。如果劳动者双休日出差，并进行了工作或者在为工作做准备，应当认定为用人单位安排的加班。如果劳动者双休日出差，未从事工作，而是在休息，这种情况下不应认定为加班。因为休息地点的不同不能成为要求支付加班工资的理由，否则，如果出差时间无论是否从事工作都认定为工作时间的话，用人单位就应对劳动者出差期间按每日 24 小时标准支付工资及加班工资，这显然违反客观事实。

第十一讲 劳动规章制度

第一节 劳动规章制度概述

一、劳动规章制度与其他规章制度

劳动规章制度，又称用人单位内部劳动规则，是指用人单位依法制定并在本单位实施的组织劳动和进行劳动管理的规则。[1]《劳动合同法》第 4 条第 1 款规定："用人单位应当依法建立和完善劳动规章制度，保障劳动者享有劳动权利、履行劳动义务。"可见，制定并完善劳动规章制度是用人单位的法定职责，法律如此规定的目的是保障劳动者享有劳动权利和履行劳动义务。

而用人单位还有经营者、机关、事业单位等其他身份，当它作为用人单位时，需要制定劳动规章制度；当它作为经营者、机关、事业单位的时候，还要制定公司章程、经营管理制度、财务管理制度等其他规章制度。

（一）《劳动合同法》第 4 条指的是劳动规章制度

分析《劳动合同法》第 4 条我们发现，该条所指的规章制度是指劳动规章制度。该条第 1 款的规定表明，劳动规章制度即"保障劳动者享有劳动权利、履行劳动义务"的规章制度，这是从功能和任务的角度作出界定；第 2 款的规定表明，劳动规章制度即"有关劳动报酬、工作时间、休息休假、劳动安全卫生、保险福利、职工培训、劳动纪律以及劳动定额管理等直接涉及劳动者切身利益的规章制度"，这是从内容的角度作出界定。这表明，"保障劳动者享有劳动权利、履行劳动义务"的劳动规章制度，亦即"直接涉及劳动者切身利益"的规章制度，两种表述的内涵和外延都具有一致性。[2]

如前所述，当民事主体作为用人单位时，需要制定劳动规章制度；当它作为经营者等其他身份的时候，还要制定经营管理制度、财务管理制度等规章制度，

---

〔1〕 参见王全兴：《劳动法》（第 4 版），法律出版社 2017 年版，第 272 页。

〔2〕 参见王全兴：《劳动法》（第 4 版），法律出版社 2017 年版，第 272～273 页。

这些规章制度一般不直接涉及与履行劳动合同相关的劳动者的切身利益，因此并不适用《劳动合同法》第 4 条规定的制定、修改和决定规则，换言之，用人单位可以自主决定或者依照其他法律决定这些规章制度的制定、修改程序。当然，这些规章制度也需要向劳动者公示或者告知，才能对劳动者产生约束力。

（二）《劳动合同法》第 39 条第 2 项指的不仅是劳动规章制度

《劳动合同法》第 39 条第 2 项规定，严重违反用人单位的规章制度的劳动者，用人单位可以与之解除劳动合同。该项所称的规章制度并没有特指劳动规章制度，笔者认为，其应当包括用人单位制定的经营管理制度、财务管理制度等其他规章制度。如果这些规章制度已经向劳动者公示或者告知，劳动者严重违反这些规章制度，导致劳动合同的难以继续履行，用人单位亦应有权依照《劳动合同法》第 39 条第 2 项单方解除劳动合同。

二、出台劳动规章制度的法定程序

由于劳动规章制度直接涉及劳动者切身利益，因此，为充分保障劳动者的合法权益，防范用人单位利用其相对于劳动者的支配地位，制定出台于己有利、对劳动者不利的规章制度，《劳动合同法》第 4 条规定了制定、修改劳动规章制度或者作出相关重大决定的强制性程序，包括以下三个环节：（1）由职工代表大会或者全体职工对制定、修改劳动规章制度或者作出重大事项决定的建议展开讨论，提出方案和意见；（2）就上述方案和意见，用人单位与工会或者职工代表平等协商确定；（3）用人单位应当将上述劳动规章制度和重大事项决定公示，或者告知劳动者。

此外，《劳动合同法》还规定，在上述规章制度和重大事项决定实施过程中，工会或者职工认为不适当的，有权向用人单位提出，通过协商予以修改完善。需要强调的是，未经前述法定程序制定，仅经工会事后同意的规章制度，不能作为用人单位用工管理的依据。[1]

就上述《劳动合同法》第 4 条规定的法定程序的效力，《劳动争议司法解释一》第 50 条规定，“用人单位根据劳动合同法第四条规定，通过民主程序制定的规章制度，不违反国家法律、行政法规及政策规定，并已向劳动者公示的，可以作为确定双方权利义务的依据”。也就是说，只有依照《劳动合同法》第 4 条规定的法定程序制定出台并公式告知的劳动规章制度和重大事项，才对劳动者具有法律约束力。

---

〔1〕 参见天津市第一中级人民法院民事判决书，（2023）津 01 民终 4642 号，该案系人民法院案例库入库案例，入库编号：2024－07－2－490－011。

三、劳动规章制度与劳动合同

劳动规章制度是由用人单位依据一定的程序，并经与劳动者代表共同协商制定的劳动规则，而劳动合同是由用人单位与劳动者个人通过协商一致订立的协议。两者在法律性质、内容、适用范围以及制定主体和程序等方面存在明显差异。

劳动规章制度与劳动合同在效力上的关系，表现在以下三个方面：（1）劳动规章制度可以作为劳动合同附件，具有补充劳动合同内容的效力。（2）劳动合同规定的劳动条件和劳动待遇不得低于劳动规章制度规定的标准，否则，以劳动规章制度所规定的标准代替。这是因为，劳动规章制度规定的标准是平等适用于全体职工的标准，劳动合同所约定的职工利益若低于该标准，就是对单个职工的歧视。（3）劳动合同中可以特别约定其当事人不受劳动规章制度中特定条款的约束，但这种约定应当以对劳动者更有利为前提。这是因为，劳动合同作为主件，对作为其附件的劳动规章制度的效力，可以在合法的范围内予以一定制约。[1]

当两者劳动规章制度与劳动合同在劳动条件和劳动待遇的规定上不一致，应当如何适用？有观点认为，根据劳动法对劳动者倾斜保护的立法精神，当劳动合同中的某一项内容与用人单位规章制度的规定不一致时，应该按照作为国际惯例的“有利原则”即“有利于劳动者的原则”来确定适用劳动合同或内部规章制度。[2] 笔者赞同这个观点。《劳动争议司法解释一》第50条第2款规定，“用人单位制定的内部规章制度与集体合同或者劳动合同约定的内容不一致，劳动者请求优先适用合同约定的，人民法院应予支持”。该规定即含有对“有利原则”的适用。

四、用人单位不能依据劳动规章制度单方面变更劳动合同

用人单位可以通过制定劳动规章制度对劳动者进行劳动管理，在某种程度上，依法制定的劳动规章制度可以视为劳动合同的附件。但是，根据《劳动合同法》第35条的规定，劳动合同内容的变更需经双方协商一致方可，因此，劳动规章制度不能变更或替代劳动合同中双方依法明确约定的内容，而只能对劳动合同没有约定或约定不具体的内容起补充作用。

《劳动争议司法解释一》第50条第2款规定，“用人单位制定的内部规章制度与集体合同或者劳动合同约定的内容不一致，劳动者请求优先适用合同约定的，人民法院应予支持”。该司法解释解决了劳动合同与劳动规章制度冲突时优

---

〔1〕 参见王全兴：《劳动法》（第4版），法律出版社2017年版，第284页。
〔2〕 参见关怀、林嘉主编：《劳动法》（第6版），中国人民大学出版社2022年版，第116页。

先适用的问题。换言之，用人单位以劳动规章制度单方面变更劳动合同内容的，如果劳动者选择适用劳动合同约定，劳动规章制度的相应规定对劳动者就不具有约束力。

因此，如果用人单位通过制定或者修改规章制度，在规章制度中直接对劳动者的工资结构、绩效工资比例等劳动合同的重要内容作出不利于劳动者的变更，除非劳动者明确同意该变更，否则不论是基于《劳动合同法》第 35 条还是《劳动争议司法解释一》第 50 条第 2 款，该规章制度所作变更对该劳动者均不具有约束力。

五、用人单位不能以约定代替劳动规章制度的制定程序

用人单位经常会在劳动合同中约定，当劳动者出现某些情形时，视为对规章制度的严重违反，而规章制度中并没有同样的规定，那么，这样的约定有没有效？笔者认为，用人单位不能通过在劳动合同中约定的方式，将劳动规章制度中没有规定的内容视为用人单位的劳动规章制度。因为，从实践来看，劳动合同基本是用人单位单方制作的格式合同，主要体现的是用人单位的单方意志。如果允许通过劳动合同约定扩充劳动规章制度的内容，将劳动规章制度中没有规定的、直接涉及劳动者切身利益的内容也视为用人单位的规章制度，实际上是用人单位变相规避了《劳动合同法》第 4 条规定的制定程序，使未经法定程序的规则也可以作为劳动规章制度使用，这显然有悖于《劳动合同法》第 4 条以及前述《劳动争议司法解释一》第 50 条的规定，将使《劳动合同法》第 4 条形同虚设。并且，这将使用人单位轻易就能够适用《劳动合同法》第 39 条第 2 项作出解除，从而令《劳动合同法》确立的严格限制用人单位随意突破该规定解除劳动关系的立法本意落空。

六、关联公司的劳动规章制度不能直接适用于本单位

总公司与分公司的关系是法人与分支机构的关系，因此，总公司依法制定的劳动规章制度可以当然适用于分公司。但是，用人单位与其母公司、集团公司等关联公司，都是具有法人资格的独立民事主体，自然应当各自独立制定劳动规章制度。然而，在现实中，母公司、集团公司等关联公司的规章制度直接适用于用人单位的情况比比皆是，这种做法符合《劳动合同法》第 4 条的规定吗？

一种观点认为，母公司的规章制度不能当然作为处理子公司员工的依据。因为母公司、子公司属于不同的法律主体，分别具有法人资格，依法独立承担民事责任，母公司并不对子公司劳动者拥有管理权。如果母公司的规章制度要作为子公司的处理依据，应当按照法律法规规定的程序，在子公司内部进行相应的民主程序。另一种观点则认为，如果母公司较于子公司拥有更加规范的规章制度体

系，且基于控制关系，为便于管理，子公司与母公司在企业文化、管理制度上保持一致，亦未严重损害劳动者利益，因此适用母公司的规章制度并无不可。[1] 笔者赞同第一种观点，对于作为独立法人的用人单位来说，不经过法定程序，直接将母公司或者集团公司等关联公司的劳动规章制度作为本单位劳动规章制度使用，一方面剥夺了本单位劳动者参与规章制度制定的权利，违反了《劳动合同法》第4条的强制性规定；另一方面是对法人独立的侵蚀与否认。

案例42　袁某与某金融服务公司劳动争议案[2]

——关联企业的规章制度不能直接适用于本企业

【基本案情】

袁某于2018年3月20日入职某金融服务公司。双方订立了为期3年的劳动合同，约定袁某月工资2.5万元，由基本工资1万元、岗位工资1万元及绩效工资5000元构成。2020年9月1日，某金融服务公司在微信工作群中通知，因经营出现困难，依据其上级集团公司制定的《绩效管理办法》的相关规定，决定自即日起停发绩效工资。袁某对停发绩效工资有异议，申请劳动仲裁，请求某金融服务公司支付2020年9月至10月绩效工资1万元。仲裁委员会裁决支持了袁某的仲裁请求。

【裁判要点】

生效裁决认为，根据《劳动合同法》第4条的规定，用人单位在制定、修改或者决定直接涉及劳动者切身利益的规章制度或者重大事项时，应当经法定程序并向劳动者公示或告知。劳动关系具有较强的人身依附性，因此用人单位的规章制度也当然存在较强的人身属性，即只有本单位的规章制度才能对本单位劳动者有效，其他单位的规章制度对本单位劳动者不当然具有约束力。本案中，某金融服务公司对上级集团公司制定的《绩效管理办法》，未经过法定程序转化即直接适用，故未能获得仲裁委员会认可。

【延伸思考】

实践中，为充分保障规章制度在企业内部的统一性和权威性，企业集团制定的规章制度往往适用于集团内部全部关联企业。由于集团内各关联企业均是独立

---

〔1〕 参见桂维康：《劳动关系全流程法律实务解析》，中国法制出版社2023年版，第124～125页。

〔2〕 本案为《2021年北京市劳动人事争议仲裁十大典型案例》之案例5。

的法人，因此在适用集团统一制定的规章制度时，应当履行法定民主协商和公示、告知等程序，避免规章制度因存在程序瑕疵而造成用工管理上的缺失。

七、劳动规章制度的内容应当合理合法

一方面，劳动规章制度的制定目的是保障劳动者享有劳动权利、履行劳动义务，其内容应当合理合法，不应当超出劳动管理的范畴。另一方面，用人单位很有可能利用强势支配地位，出台内容有利于自己、却侵犯劳动者合法权益的规章制度，因此，劳动争议仲裁机构和人民法院在审理相关劳动争议案件时，应当审查劳动规章制度相关内容的合法性及合理性。

内容不合法的，即使其制定程序符合法律规定，对劳动者也不具有法律约束力。例如，劳动规章制度规定，劳动者加班2小时以内的不属于加班，或者规定劳动者主动离职的需要提前2个月提出申请，否则不予批准。上述规定或是排除了劳动者主张加班工资的权利、免除了用人单位依法支付加班工资的义务，或是排除了劳动者依据《劳动合同法》第37条提前30日告知即可离职的权利，均违反了劳动法的强制性规定，内容具有违法性。实践中常见的还有，用人单位在《员工手册》中规定“迟到或早退30分钟以上者视为半天旷工，3小时以上者视为一天旷工”。[1] 这样的规定与事实不符，惩戒过度，不具合理性；更重要的是，它变相剥夺了劳动者提供劳动之后主张劳动报酬的权利，免除了用人单位支付劳动报酬的法定义务——假设劳动者迟到30分钟，当日工作了7小时30分钟，本来用人单位应当向其支付7小时30分钟的劳动报酬，而根据该规定，用人单位只需要向其支付4小时劳动报酬——显然，这样的规定违反法律规定，侵害劳动者权益，不能对劳动者产生约束力。

案例43　韩某诉J公司劳动争议案[2]

——法院应当依法审查规章制度的合法性

【基本案情】

韩某于2015年7月入职J公司。2020年10月10日，J公司向韩某发出告知

---

〔1〕参见新疆维吾尔自治区乌鲁木齐市中级人民法院民事判决书，（2019）新01民终3981号。《迟到30分钟以上视为旷工半天，3个小时以上视为旷工一天?》，载微信公众号“劳动法库”2024年9月8日。

〔2〕参见上海市第一中级人民法院民事判决书，（2021）沪01民终10769号。

函载明，韩某于2020年9月存在多次迟到、早退、擅自离开工作岗位（旷工）等考勤异常情况，已构成多次违纪。韩某当天回复公司，称告知函内容不实。2020年10月14日，J公司以韩某迟到、早退及旷工的行为符合员工手册、考勤制度中有关1个月内累计旷工达到6天即可解除劳动合同之规定为由，解除双方的劳动关系。之后，韩某申请劳动仲裁并诉至法院，请求J公司支付违法解除劳动合同赔偿金。

J公司的员工手册规定，员工的作息时间为9:00－12:00，13:00－18:00；事先不办理任何请假手续或遇紧急情况事后未补办完请假手续、擅自离开工作岗位等情形为旷工或视为旷工；员工每次迟到或早退1小时视作旷工半天，迟到或早退3小时视作旷工1天；连续旷工3日或全月累计旷工6日或1年内累计旷工达12日的，公司有权解除劳动合同。

J公司提供的考勤记录显示，韩某于2020年9月2日16:27打卡离岗出门，下午早退1小时以上，按旷工0.5天计；9月3日11:51打卡离岗出门，18:13返岗进门，擅自离岗，按旷工1天计；9月9日10:16打卡到岗，上午迟到1小时以上，按旷工0.5天计；9月10日10:00离岗出门、11:16返岗进门，11:20离岗出门、11:48返岗进门，11:57离岗出门、13:19返岗进门，14:25离岗出门、15:40返岗进门，擅自离岗，按旷工1天计；9月11日8:52离岗出门，11:44返岗进门，擅自离岗，按旷工1天计；9月17日12:18离岗出门，16:33返岗进门，擅自离岗，按旷工1天计；9月27日9:19到岗进门，17:13离岗出门，上午迟到及下午早退1小时以上，按旷工0.5天计；9月28日9:54到岗进门，13:58返岗进门，上午迟到及下午早退1小时以上，按旷工0.5天计。韩某提供网页截屏、电子邮件及微信聊天记录截图证明其并非擅自离岗。

【裁判要点】

生效判决认为，用人单位制定的规章制度要符合法律规定。本案中，J公司规章制度中关于员工迟到或早退1小时视作旷工半天、迟到或早退3小时视作旷工1天的规定，显然与客观事实相悖，排除了劳动者当日正常履行劳动义务期间所应享有的权利。根据J公司提交的考勤记录，韩某2020年9月的缺勤时间客观上尚未达到6天，而J公司直接依据上述规定将其部分迟到、早退的行为直接认定为旷工半天或1天，进而计算出其2020年9月1个月内旷工6天，显然加重了劳动者的责任。J公司据此以严重违反公司规章制度为由而解除劳动合同，不符合法律规定，构成违法解除，其应当支付韩某违法解除劳动合同赔偿金。

【延伸思考】

用人单位以劳动者严重违反单位的规章制度为由解除劳动合同，法院应当依法审查该规章制度的合法性。如果用人单位的规章制度违反法律规定，排除劳动者权利或者免除自己法定义务的，该制度对劳动者不具有约束力。用人单位据此解除劳动合同的，构成违法解除。

内容明显不合理的，亦是如此。例如，劳动者基于劳动合同对用人单位负有忠实义务，因此，如果劳动者在工作场所和工作时间以外存在违反忠实义务、有损用人单位利益的行为，自然可以成为劳动规章制度干涉的对象。如劳动者在工作时间以外参与或发起抵制本公司产品的活动、泄露本公司的商业秘密等。但是，劳动关系是以劳动力为中心，受空间、时间限制的结合关系，并非劳动者与用人单位的全人格结合关系，因此，对劳动者的私生活，用人单位不能任意干涉，只有劳动者的行为直接损害用人单位的社会评价，为维护用人单位秩序必要，才能成为劳动规章制度干涉的对象，否则属不当干涉劳动者私生活。〔1〕

案例44　张某某诉某科技公司支付赔偿金纠纷案〔2〕

——法院应当依法审查规章制度的合理性

【基本案情】

张某某于2007年11月5日进入某科技公司从事设备维护工程师工作。2009年4月13日上午10时左右，张某某乘坐牌照为×××的车辆前往某科技公司宿舍区。2009年4月20日，某科技公司向张某某发出离职通知单，以张某某乘坐非法营运车辆为由与张某某解除劳动合同。

某科技公司于2008年9月8日召开职工代表大会，通过“不允许乘坐黑车，违者以开除论处”的决议。经双方确认，2009年4月13日张某某休息。张某某离职前12个月月平均工资为2600元。张某某申请劳动仲裁。仲裁裁决驳回张某某的全部仲裁请求。张某某遂诉至法院，要求判决某科技公司支付其经济赔偿金7800元。

【裁判要点】

生效判决认为，规章制度作为用人单位加强内部劳动管理，稳定、协调劳动关系，保证正常劳动生产秩序的一种管理工具，在日常的劳动秩序中确实发挥着重要作用。但是，规章制度既要符合法律、法规的规定，也要合情合理，不能无限放大乃至超越劳动过程和劳动管理的范畴。本案中，张某某乘坐黑车行为发生

〔1〕参见台湾劳动法学会：《劳动基准法释义——施行20年之回顾与展望》，新学林出版股份有限公司2005年版，第345页。

〔2〕参见张某某诉某科技公司支付赔偿金纠纷案，载《最高人民法院公报》2014年第7期。

之日正值其休息之日，劳动者有权利支配自己的行为，公司不能以生产经营期间的规章制度来约束员工休息期间的行为。单位职工乘坐何种交通工具上班是职工的私人事务，用人单位无权作出强制性规定，如果劳动者确有违法之处，也应由国家行政机关等有权进行处罚。因此，某科技公司因张某某乘坐非法营运车辆而作出解除劳动合同系违法解除，应当依法向张某某支付赔偿金。

【延伸思考】

用人单位以劳动者严重违反单位的规章制度为由解除劳动合同，法院应当依法审查该规章制度的合理性。如果规章制度超越合理权限对劳动者设定义务，用人单位据此解除劳动合同的，构成违法解除。

八、劳动规章制度只能令劳动者赔偿经济损失，不能对其罚款

基于劳动管理的必要，用人单位可以在劳动规章制度中规定对劳动者不当行为的惩戒措施。但是，公共部门和非公共部门在惩戒依据上有所差异。国家机关和事业单位对违纪职工的惩戒，属于行政处分，且直接以行政处分立法为依据，具有公法属性。[1] 而就企业、民办非企业单位等用人单位来说，对与之建立劳动合同关系的劳动者的惩戒是基于其违反劳动合同义务的一种违约责任形式，不属于行政处分。对于前者，《公职人员政务处分法》规定，政务处分的种类包括警告、记过、记大过、降级、撤职、开除，[2] 不包括罚款；《事业单位人事管理条例》规定，处分分为警告、记过、降低岗位等级或者撤职、开除，[3] 亦不包括罚款。但是就企业、民办非企业单位等用人单位有没有对劳动者的罚款权，由于没有直接规定，实践中存在不同观点。笔者认为，用人单位只能令劳动者赔偿经济损失，没有对其罚款的权利。接下来，结合案例进行分析和阐释。

案例45　Y公司诉蒲某劳动争议案[4]

——企业规章制度没有对员工罚款的权利

【基本案情】

蒲某在Y公司从事销售工作。Y公司是X公司的服务商，由X公司提供高校

〔1〕参见王全兴：《劳动法》（第4版），法律出版社2017年版，第292页。

〔2〕参见《公职人员政务处分法》第7条。

〔3〕参见《事业单位人事管理条例》第29条。

〔4〕参见北京市第一中级人民法院民事判决书，(2021) 京01民终4359号。

食堂结算的设备与软件，Y公司提供可以合作的客户并委托第三方进行施工，再由X公司验收，Y公司与X公司根据客户量和实际使用情况结算佣金。

蒲某负责的四川省档案学校项目在上线后因未产生达标交易量，被X公司判定为无效项目。根据X公司与Y公司的合同，Y公司需自行承担项目上线所产生的强弱电施工费用5248.56元，Y公司遂从蒲某工资中扣减上述费用。蒲某及袁某负责的阿坝师范学院项目被X公司认定为重复立项、有弄虚作假行为，X公司对Y公司罚款3万元，且Y公司需自行承担强弱电施工费用。Y公司决定处罚蒲某及袁某各8000元，并从蒲某工资中扣款7680元。

Y公司对蒲某执行上述两项处罚的依据分别是其公司的“2019年团餐项目作废追损制度V2.0电子邮件”及《销售行为管理总则V2.2版》。其中“2019年团餐项目作废追损制度V2.0电子邮件”载明：“项目验收前作废，完成强弱电施工或发货的，赔付100%项目损失费+100%项目施工费，设备全数退回。”而《销售行为管理总则V2.2版》规定，“弄虚作假，包含但不限于伪造、篡改、冒用相关材料及信息，或推荐虚假/无效/重复商户、借用第三方证照或提供虚假证照给公司商户签约的行为”，并规定解除劳动合同、罚款等处罚。

蒲某以要求Y公司返还罚款等为由申请劳动仲裁，仲裁裁决Y公司退还蒲某强弱电责任赔偿性罚款5248.56元、退还蒲某项目品控罚款7680元。Y公司不服仲裁裁决，诉至法院，请求法院判令：(1)其无须退还蒲某四川省档案学校项目强弱电责任赔偿性罚款5248.56元；(2)其无须退还蒲某阿坝师范学院项目品控罚款7680元。

蒲某辩称，不认可扣款的合法性及合理性。关于四川省档案学校项目，项目签约后是否能有达标的交易量其无法控制，且Y公司与商户对交易量不达标约定有违约责任，故公司不应向其追责。关于阿坝师范学院项目，其并不知晓该项目已经在Y公司系统中，且客户也未告知，因阿坝师范学院分为一食堂和二食堂，客户要求两个食堂分别设置不同的收款账户，因此才申请两个项目立项。

【裁判要点】

生效判决认为，关于四川省档案学校项目扣款。其一，蒲某作为Y公司的销售员工，在该项目中已完成签约工作，其在签约时无法预判该项目后期的交易情况。Y公司通过规章制度的规定，将其自身在经营过程中可能产生的经营风险转嫁给劳动者承担，违背了公平原则和诚实信用原则，不当增加了劳动者的义务，因此该规定不具有合法性。其二，蒲某在该项目中以Y公司名义实施的是职务行为，其法律后果应由Y公司承担。如果Y公司认为是蒲某的原因导致该项目未达预期，给公司造成了损失，则Y公司应当证明蒲某在实施职务行为的过程中存在故意或重大过失，但在本案中，Y 公司并未就此进行有效举证。基于上述理由，Y 公司因该项目对蒲某的扣款，没有合法依据，应予退还。

关于阿坝师范学院项目品控罚款。Y 公司认定蒲某等人存在弄虚作假、拆分重复立项的违规行为，并依据《销售行为管理总则 V2.2 版》的规定对其罚款。但是，其一，罚款一般是指行政机关依法对违反行政管理秩序的公民、法人或者其他组织，以承担一定金钱给付义务的方式予以惩戒的行为。根据《行政处罚法》的相关规定，罚款作为行政处罚种类之一，只能由法律、法规、规章设定。虽然《企业职工奖惩条例》中曾规定，全民所有制企业和城镇集体所有制企业对其职工可以罚款，但是该条例已于 2008 年 1 月 15 日被废止。现行法律、法规未再赋予企业对其员工罚款的权利。其二，从平等民事主体之间履行民事合同的角度考查，如果用人单位与劳动者约定或是在规章制度中规定，当出现某些情形时可以对劳动者罚款，这实际上是用人单位与劳动者就违约责任约定惩戒、赔偿的金额或者计算方法，其实质与违约金无异，属变相约定违约金。但是根据《劳动合同法》第 25 条的规定，除了针对服务期和竞业限制，用人单位不得与劳动者约定由劳动者承担违约金。而本案中，Y 公司在规章制度中规定对员工弄虚作假、拆分重复立项的违规行为可以进行罚款，不属于前述法律条文规定的可约定违约金的情形，故该规定违反《劳动合同法》第 25 条的法律强制性规定，当属无效。其三，从损失赔偿的角度，如果 Y 公司主张蒲某给其造成损失，则其应当证明蒲某在实施职务行为的过程中存在故意或重大过失。但在本案中，Y 公司提供的证据尚不足以证明蒲某存在故意或重大过失。基于上述理由，Y 公司因阿坝师范学院项目对蒲某的品控罚款，没有合法依据，应予退还。

【延伸思考】

在本案中，Y 公司对蒲某进行了两笔处罚性扣款，其中阿坝师范学院项目品控扣款，是典型的罚款。事实上，用人单位对员工罚款的现象并不罕见。究其依据，有的是双方在劳动合同中约定，当出现某些情形时，用人单位可以罚款；有的则是用人单位在劳动规章制度中规定，当出现某些情形时，其可以对员工罚款。罚款金额少则几十元、上百元，多则几千元、上万元。值得思考的是，用人单位有没有对劳动者罚款的权利？毕竟罚款直接涉及劳动者的切身利益，且可能会给劳动者造成较大的经济负担。

检索类案发现，多数判决对罚款持否定态度。在具体论述时，一些判决会回避对这个问题的阐述，直接认定罚款无效；一些判决则通过认定用人单位制定的规章制度不符合《劳动合同法》第 4 条规定的协商制定程序，或是不符合该条规定的公示、告知程序，来否定规章制度的效力，从而达到否定用人单位罚款权的目的；还有一些判决则是根据罚款的金额进行合理性判断，当罚款金额较大时，认定罚款不具有合理性，并予以否定。少数判决则认为，罚款属于用人单位自主管理权的范畴，不应予以否定；或是认为，如果劳动合同中对罚款权作了约定，则应当遵守双方的约定。

笔者认为，劳动法是社会法，且用人单位基于对劳动力的有偿使用，事实上处于对劳动者的支配地位，因此，为了保障劳动者的合法权益不受处于支配地位的用人单位的侵蚀，劳动法不同于合同法等私法的一个重要特点是：当直接涉及劳动者的切身利益时，用人单位对劳动者进行用工管理的权限，需遵循“法无授权不可为”的基本原则，而不是私法上“法无禁止皆可为”的原则。换言之，只有在有合法依据、授权的情况下，用人单位方可对劳动者罚款。那么，用人单位对员工罚款究竟有没有合法依据?

1. 公法及行政管理维度的考察

一般而言，罚款是公法上的概念，常见于行政法或者诉讼法上。其一，在行政法上，《行政处罚法》第 9 条明确将罚款规定为行政处罚的种类之一。而行政处罚只能由法律、法规、规章进行规定，[1] 其他规范性文件没有规定包括罚款在内的行政处罚的权限。[2] 行政处罚的实施单位是行政机关以及法律、法规授权的具有管理公共事务职能的组织，[3] 或者由行政机关依照法律、法规、规章的规定，在其法定权限内书面委托符合《行政处罚法》第 21 条规定条件的组织实施，行政机关不得委托其他组织或者个人实施行政处罚。[4] 罚款针对的是违反行政管理秩序的公民、法人或者其他组织。其二，在民事、刑事以及行政诉讼法上，罚款均属于对诉讼参加人特定的妨害诉讼行为所进行的制裁手段，实施罚款的主体则是人民法院。既然罚款通常是公法上的处罚手段，实施主体是特定的具有管理公共事务职能的组织或者人民法院，那么处于劳动关系中的用人单位显然是没有对员工实施公法上罚款的权限的。

但是如前文所述，在我国，用人单位对劳动者罚款的现象并不罕见，这种现象的形成有其历史原因。众所周知，新中国成立后我国曾经历了长达几十年的计划经济时代，劳动力资源由政府以行政手段配置，城镇劳动力就业由国家统一包揽和统一分配，劳动者不能自由流动。用人单位的类型单一，基本都是全民所有制企业和城镇集体所有制企业。这种劳动力就业体制使得劳动关系管理行政化，

---

〔1〕 参见《行政处罚法》第 10～14 条。

〔2〕 参见《行政处罚法》第 16 条。

〔3〕 参见《行政处罚法》第 17、19 条。

〔4〕 参见《行政处罚法》第 20 条。

用人单位既是劳动力使用者又是劳动行政管理者，在用工之外，对劳动者进行劳动行政管理是用人单位的重要职能之一。因此，1982 年 3 月 12 日国务院发布的《企业职工奖惩条例》中授予企业可以对职工进行行政处分的权限，其中就包括罚款。该条例第 12 条规定，全民所有制企业和城镇集体所有制企业“对职工的行政处分分为：警告，记过，记大过，降级，撤职，留用察看，开除。在给予上述行政处分的同时，可以给予一次性罚款。”但是随着改革开放的深化，市场化经济体制改革启动，在公有制以外出现了由私营企业、个体户和外商投资企业构成的非公有制经济，劳动力市场城乡分割转向城乡劳动力市场一体化，劳动者身份差别转向劳动者平等，劳动关系管理行政化也转向了由劳动行政部门、工会和用人单位三方组成的协调机制，劳动力就业体制和劳动人事制度发生了深刻变化，用人单位逐渐褪去劳动行政管理的色彩，不再充当劳动行政管理者的角色。在这个大背景下，赋予用人单位对劳动者进行包括罚款在内的行政处分的权利已经失去了体制依据，《企业职工奖惩条例》也于2008 年1 月15 日被废止。现行的法律、法规未再授予用人单位对员工进行罚款处分的权利。综上，从公法以及行政管理的角度考察可见，用人单位对员工的罚款权是没有合法依据的。

2. 民事法律关系以及社会生活维度的考察

在这个维度上，如果用人单位对员工罚款，就会在两者之间形成一种金钱给付关系——用人单位对员工享有要求其支付一定金额罚款的权利——这实质上是一种债权，用人单位基于罚款而对员工享有的债权。但是，《民法典》第 118 条对债权的发生原因作了明确的限定“民事主体依法享有债权。债权是因合同、侵权行为、无因管理、不当得利以及法律的其他规定”而发生的。易言之，债的发生限于以上几种法定事由，而不能无端地、任意地在当事人之间发生。

（1）合同约定维度的考察。如果用人单位与劳动者在劳动合同中约定，当出现某些情形时可以对员工罚款，这样的约定有没有效？笔者认为，这种约定实际上是合同双方确定当劳动者违约时用人单位直接对其施以一定数额的金钱罚，或者是确定因违约产生的损失赔偿额的计算方法。其实质都与《民法典》第 585 条规定的违约金无异——尽管其名目是罚款。但是在劳动关系中，对于用人单位与劳动者约定由劳动者承担违约金的情形，法律是严格限定的。根据《劳动合同法》第 22 条、第 23 条以及第 25 条的规定，在劳动关系中，只有两种情形下，用人单位可以与劳动者约定由劳动者承担违约金。一种情形是，用人单位为劳动者提供专项培训费用、进行专业技术培训的，可以约定服务期，进而就违反服务期义务的行为约定违约金；另一种情形是，对用人单位的商业秘密和与知识产权相关的保密事项负有保密义务的劳动者，用人单位可与之约定竞业限制条款，进而就违反竞业限制义务的行为约定违约金。除上述两种情形，用人单位不得与劳动者约定由劳动者承担违约金。因此，前述关于罚款的约定，违反了《劳动合同法》第25条的强制性规定，应当依据《劳动合同法》第26条第1款第3项的规定，认定该约定无效。实务中，还存在双方于劳动合同之外，事先或事后单独就罚款进行约定，或者是由劳动者作出单方承诺的现象。如本书前面部分已经分析的，这些约定和单方承诺，都属于劳动合同的组成部分，因此，这些单独约定和单方承诺也因为违反《劳动合同法》的强制性规定而无效。

（2）劳动规章制度维度的考察。本案中，Y公司即是在规章制度中赋予自己罚款权。这种制度规定的效力如何？笔者认为，依据《劳动合同法》第4条的规定，对于直接涉及劳动者切身利益的规章制度或者重大事项的制定、修改和决定，都应当经职工代表大会或者全体职工讨论，提出方案和意见，再与工会或者职工代表平等协商确定。由该法律规定可见，对于罚款这样直接涉及劳动者的切身利益的事项，用人单位是不能单方决定的，必须通过法定的、与职工的民主协商程序方可决定。因此，这样的规章制度其本质还是用人单位与劳动者协商一致的结果，只不过参与协商的劳动者不是单个劳动合同中的劳动者个体，而是某个劳动者集体。是故，这样的规章制度，可以视为劳动合同的延伸，对其法律效力的认定，仍应适用前述《劳动合同法》关于违约金的强制性规定。也就是说，如果用人单位通过规章制度授予自己对劳动者的罚款权，则该规定因违反《劳动合同法》第25条关于禁止由劳动者承担法定违约金之外的违约金的强制性规定，对劳动者不具有法律约束力。

（3）合同违约、侵权赔偿以及其他维度的考察。如果在事后，用人单位以劳动者的行为给其造成损失为由，对劳动者处以扣款，这种扣款实际上并不是罚款，而是损失赔偿。但是，对于劳动者的损失赔偿责任，《劳动合同法》只规定了两种：一种是该法第86条规定的因劳动者的过错导致劳动合同被确认无效，给用人单位造成损害的，劳动者应当承担赔偿责任；[1] 另一种是该法第90条规定的劳动者因违法解除劳动合同，或者违反劳动合同中约定的保密义务或者竞业限制，给用人单位造成损失的，应当承担赔偿责任。[2] 当然，这不并意味着除此之外劳动者就无须为其违约或者侵权行为承担损失赔偿的责任，用人单位还可以依

〔1〕《劳动合同法》第86条规定，劳动合同依照该法第26条规定被确认无效，给对方造成损害的，有过错的一方应当承担赔偿责任。

〔2〕《劳动合同法》第90条规定，劳动者违反本法规定解除劳动合同，或者违反劳动合同中约定的保密义务或者竞业限制，给用人单位造成损失的，应当承担赔偿责任。

据《民法典》第186条的规定，[1] 请求劳动者承担违约责任或者侵权责任，只不过此种违约责任或者侵权责任的承担，均应以实际损失为前提，而不能事先主张。

一种情形是，用人单位主张劳动者因履行职务给其造成损失，对其扣款。笔者仍以本案为例，根据《民法典》第170条第1款的规定，[2] 蒲某以Y公司名义实施的行为是职务行为，其法律后果应由Y公司承担。如果Y公司认为是蒲某在履行职务行为的过程中存在过错，给Y公司造成了损失，可以基于违约责任或者是侵权事实，要求劳动者损失赔偿。但是，由于用人单位是劳动者职务行为的受益方，故不能完全由劳动者对其过错承担损失赔偿责任，否则有违公平。在《民法典》和《劳动合同法》均未对这种损失赔偿的承担方式作出明确规定的情况下，宜类推适用《民法典》第1191条第1款的规定，[3] 也就是说，只有当劳动者存在故意或者重大过失时，用人单位才得请求其对造成的损失进行赔偿。

另一种情形是，劳动者实施的不是职务行为，只是单纯违反用人单位的规章制度，或者实施了某种事实行为，用人单位以劳动者的行为给其造成损失为由，对劳动者扣款。笔者认为，首先，用人单位需要对劳动者的行为满足违约责任或侵权责任的构成要件进行举证；其次，用人单位需要举证证明劳动者的行为给其造成的实际损失金额。

此外，依据《民法典》第118条的规定，债还有可能因无因管理、不当得利以及法律的其他规定而发生。但是根据损失填补的原则，用人单位都应当依据其实际损失请求劳动者进行赔偿，而不能超出其实际损失的范围对劳动者罚款，否则，超出损失部分的罚款，构成不当得利，劳动者有权请求返还。

通过上述分析可见，用人单位的劳动规章制度可以规定，当劳动者给用人单位造成经济损失时，用人单位有权以损失为基础，要求劳动者赔偿损失或者从劳动者的工资中扣款（但是根据《工资支付暂行规定》第16条，每月扣款不得超过劳动者当月工资的20%，若扣款后的剩余工资部分不得低于当地月最低工资标准），而没有超出损失的范围对劳动者罚款的权利。例如，用人单位可以在劳动

---

〔1〕《民法典》第186条规定，因当事人一方的违约行为，损害对方人身权益、财产权益的，受损害方有权选择请求其承担违约责任或者侵权责任。

〔2〕《民法典》第170条规定，执行法人或者非法人组织工作任务的人员，就其职权范围内的事项，以法人或者非法人组织的名义实施的民事法律行为，对法人或者非法人组织发生效力。法人或者非法人组织对执行其工作任务的人员职权范围的限制，不得对抗善意相对人。

〔3〕《民法典》第1191条规定，用人单位的工作人员因执行工作任务造成他人损害的，由用人单位承担侵权责任。用人单位承担侵权责任后，可以向有故意或者重大过失的工作人员追偿。劳务派遣期间，被派遣的工作人员因执行工作任务造成他人损害的，由接受劳务派遣的用工单位承担侵权责任；劳务派遣单位有过错的，承担相应的责任。

规章制度中规定，劳动者旷工、迟到、早退的，以劳动者小时工资为标准，扣除相应时间段的工资。这是因为，在劳动者没有提供劳动的情况下，用人单位无须支付相应时间段的劳动报酬，如果支付了，则构成损失。但是，劳动规章制度不能规定，劳动者迟到1小时扣1天的工资，或者劳动者旷工1天扣3天工资，因为该规定既违反了《劳动合同法》第25条禁止任意约定违约金的强制性规定，也导致劳动者已经付出的劳动无法获得相应的劳动报酬——劳动者迟到1小时扣1天的工资，导致其当天其他7小时的劳动没有劳动报酬；劳动者旷工1天扣3天工资，导致其其他2天的劳动没有劳动报酬——这变相排除了劳动者主张劳动报酬的权利，根据《劳动合同法》第26条第1款第2项，该规定亦属无效。

九、规章制度需告知新入职劳动者才能对其适用

劳动者入职用人单位前已经依法制定的规章制度，不能当然适用于新入职的劳动者，必须满足向劳动者进行告知或者公示的要件。劳动者选择与用人单位订立劳动合同，建立劳动关系，就意味着其认可并遵守用人单位之前依法制定的规章制度。但是，根据《劳动合同法》第4条的规定，劳动者还必须知晓规章制度的内容，否则无从遵守执行。故，如果用人单位未将规章制度向劳动者公示或者告知的，该规章制度不能当然适用于新入职的劳动者。[1]

第二节　对《劳动合同法》第39条第2项的类推适用

《劳动合同法》第39条第2项规定，劳动者严重违反用人单位的规章制度的，用人单位可以解除劳动合同。实践中，该条规定成为用人单位单方解除与劳动者的劳动关系所最常用、最重要的法律依据，由此引发的劳动争议也是所有劳动争议中比重最大的之一。如何理解规章制度的内容，尤其是劳动规章制度的内容，以及如何准确适用《劳动合同法》第39条第2项规定，对于用人单位乃至裁判者准确审理案件都显得尤为重要。接下来，笔者专门就劳动规章制度内容的扩大解释以及类推适用《劳动合同法》第39条第2项解除劳动关系进行阐述。

一、《劳动合同法》采用劳动关系解除事由严格法定模式

《劳动合同法》是专门调整劳动合同订立、履行、变更、解除和终止等事项的法律，该法整合、吸收了包括《劳动法》在内的其他法律关于解除劳动关系的

---

〔1〕 参见吴彬：《劳动人事争议裁判规则和实操指引》，中国法制出版社2022年版，第290页。

相关规定，对用人单位以及劳动者可以解除劳动关系的情形作了系统全面的规定。尤其是，为了限制用人单位随意突破法律规定解除劳动关系，以实现该法第1条阐明的立法目的——维持劳动关系的稳定、保护劳动者的合法权益。该法第87条规定，“用人单位违反本法规定解除或者终止劳动合同的，应当依照本法第四十七条规定的经济补偿标准的二倍向劳动者支付赔偿金”。该法第90条规定，“劳动者违反本法规定解除劳动合同，或者违反劳动合同中约定的保密义务或者竞业限制，给用人单位造成损失的，应当承担赔偿责任”。易言之，用人单位或者劳动者都只能依据该法明确规定的情形施以解除行为。就用人单位而言，用人单位可以依据第36条与劳动者协商一致解除劳动合同，可以依据第40条规定的三种用人单位无过失情形单方解除劳动合同，可以在满足第41条第1款规定的情形时，依法定程序进行经济性裁员，还可以依据第39条单方解除劳动合同。显而易见，《劳动合同法》排除了用人单位与劳动者跳出法定解除情形之外另行约定解除条件的空间，前文业已阐述，用人单位也不能通过劳动合同特别约定的方式，将劳动规章制度中没有规定的内容约定视为用人单位的劳动规章制度。一言以蔽之，《劳动合同法》采用了解除劳动关系事由严格法定的立法模式。

《劳动合同法》解除事由严格法定的立法模式，一方面立足于劳动关系的现实：在劳动关系中，劳动者和用人单位之间力量失衡，劳动合同基本由用人单位单方拟定，如果允许约定解除事由，则劳动关系可能随时被解除，劳动者随时处于失去工作岗位的压力之下。另一方面也追求更合理的利益分配目标：限制用人单位单方解除权，避免用人单位动辄通过解除劳动关系，将经营风险转嫁给劳动者，打破劳动关系中劳动者被管理、不享有自主权、不承担经营风险，用人单位管理企业、享有用工自主权、承担经营风险的利益分配逻辑。当然，法律的列举必然无法穷尽所有正当的解除事由，也可能不能满足用人单位用工管理的实际需要。

为了弥合解除事由法定列举和用人单位正当解除需求之间的矛盾，在解除事由法定的基础模式基础上，立法者采取了两个方面的立法技术，软化过度刚性的规定带来的问题：其一，不确定概念技术。《劳动合同法》第39条规定的“严重失职”“重大损害”，第40条规定的“客观情况发生重大变化”等均是这种立法技术的体现。依据不确定概念，一方面实现了解除事由的相对开放，另一方面劳动仲裁和司法机关可以在个案中根据当事人的具体情况进行裁量，得出最符合当事人利益状况的裁判结果。其二，也是最重要的，将严重违反用人单位规章制度作为用人单位解除劳动关系的事由。依据《劳动合同法》第4条的规定，用人单位的劳动规章制度是由用人单位根据生产经营需要通过民主程序制定并公示或签收后生效的。用人单位自主制定劳动规章制度实现了企业经营自主权，而且比立法列举的解除事由更能反映企业经营需要。严重违反用人单位规章即可解除劳动合同的规则，基本上保障了用人单位维护生产秩序，实现用工管理的需要，也消解了解除事由法定带来的问题。[1]

二、用人单位解除事由严格法定与实践需要之间存在缺口

按照《劳动合同法》的上述安排，用人单位基本上能够通过制定完善的用人单位规章而避免陷入解除困境。但是现实中出现的问题是，一方面，一些用人单位法律意识、规章意识不强，忽视劳动规章制度的制定或者制定、修改程序不符合法律规定，导致当劳动者存在严重违反劳动纪律的行为时，没有合法的规章制度作为用人单位解除劳动关系的依据。另一方面，在劳动合同履行过程中，难免有劳动者会出现种种难以预料的、严重违反劳动纪律却又未被用人单位规章制度包罗的行为，导致用人单位无法直接依据规章制度解除劳动关系。

（一）劳动规章制度的制定程序不符合法律规定导致无法适用

如前所述，《劳动合同法》及司法解释对相关规章制度的制定程序作了限定。首先，《劳动合同法》第4条明确规定，“用人单位在制定、修改或者决定有关劳动报酬、工作时间、休息休假、劳动安全卫生、保险福利、职工培训、劳动纪律以及劳动定额管理等直接涉及劳动者切身利益的规章制度或者重大事项时，应当经职工代表大会或者全体职工讨论，提出方案和意见，与工会或者职工代表平等协商确定”。其次，《劳动争议司法解释一》第50条第1款进一步强调，“用人单位根据劳动合同法第四条规定，通过民主程序制定的规章制度，不违反国家法律、行政法规及政策规定，并已向劳动者公示的，可以作为确定双方权利义务的依据”。也就是说，直接涉及劳动者切身利益的劳动规章制度，只有经过《劳动合同法》第4条规定的民主程序制定、修订的，才能作为确定双方权利义务的依据。如果相关劳动规章制度的制定、修订程序不符合《劳动合同法》第4条规定的民主程序，该规章制度不能作为用人单位单方与劳动者解除劳动合同的合法依据。实践中，一些用人单位，尤其是规模较小的用人单位，法律意识、规章意识不强，忽视劳动规章制度的制定或者制定、修改程序不符合法律规定，导致当劳动者出现严重违反劳动规章制度的行为时，却没有合法的规章制度作为解除劳动关系的依据，即使依据规章制度解除了劳动关系，也容易因规章制度制定程序不

---

〔1〕 参见沈建峰：《解除劳动合同的事由法定及其软化》，载《人民法院报》2022年5月9日，第3版。

合法，被认定为违法解除。

（二）规章制度制定程序合法，却未包罗劳动者违纪行为

在劳动合同履行过程中，难免有劳动者会出现种种事前难以预料的、有违劳动纪律的行为，而用人单位的劳动规章制度囿于制定条件和制定能力，往往难以包罗万象，不免挂一漏万。在此种情形下，用人单位的劳动规章制度无法作为解除劳动关系的制度依据，但是用人单位在《劳动合同法》中又找不到相似的、直接的解除依据。用人单位要么只能选择容忍劳动者的违纪行为，要么选择冒着被判定为违法解除的风险与劳动者解除劳动关系。然而，在一些极端情况下，当劳动者的行为严重违反公认的劳动纪律时，如果仅因为用人单位劳动规章制度的制定程序不合法或者劳动规章制度的内容没有包罗万象，就不支持用人单位解除劳动关系，则在法律效果和社会效果上往往不佳，这就使在《劳动合同法》解除事由严格法定模式与实践中用人单位解除劳动关系的需求之间出现了缺口。

三、缺口之填补：类推适用《劳动合同法》第 39 条第 2 项

（一）对规章制度外严重违反劳动纪律行为进行规制的必要性

《劳动法》第 3 条第 2 款规定，“劳动者应当完成劳动任务，提高职业技能，执行劳动安全卫生规程，遵守劳动纪律和职业道德”。由此可见，遵守劳动纪律和职业道德是劳动法律对劳动者的基本要求，也是公平原则和诚实信用原则在劳动合同履行过程中的具体体现。如果仅因为用人单位劳动规章制度没有对所有可能发生的违反劳动纪律的行为全部覆盖，或者因为用人单位的劳动规章制度制定、修订程序不符合法律规定，就令用人单位不得与存在严重违反劳动纪律行为的劳动者解除劳动合同，则既有悖于法律上的公平原则和诚实信用原则，也是对劳动者行为的过度纵容，与社会主义核心价值观中的“和谐”“公正”“诚信”背道而驰，从社会总体看，不利于实现《劳动合同法》第 1 条阐明的立法目的——构建和发展和谐的劳动关系。

（二）司法实践中填补缺口的主要方式及其弊端

司法实践中，第一种方式是选择忽略对用人单位劳动规章制度制定、修订程序合法性的审查，直接依据其认定劳动者存在严重违反劳动规章制度的行为，从而认定用人单位的解除行为合法。例如，有裁判观点认为，冯某在仲裁期间自认双方发生争执，报警后在警察的调解下，其删除了拍照记录。在冯某并未告知公司解除劳动合同的情形下，双方的行为均应受劳动合同及员工手册的约束，公司

以冯某的行为扰乱公司正常办公秩序为由与其解除劳动合同并无不当，且公司按法律规定履行了解除劳动合同的相关程序，因此对冯某要求支付违法解除劳动合同赔偿金的诉讼请求不予支持。[1]

第二种方式则是直接依据前述的《劳动法》第3条第2款关于劳动者应当遵守劳动纪律的原则性规定，认定劳动者违反了基本的劳动纪律，从而肯定用人单位解除劳动合同行为的合法性。例如，有裁判观点认为，在项目上从事前端工程师工作，属于苏某的工作职责范围；公司所安排的出差地点为省会城市，并未阻却苏某有可能的就诊需求；苏某流产休假结束后返岗上班，此后并无遵医嘱休息的病休证明。综上，公司第三次安排苏某异地出差并无不当，苏某拒绝服从工作安排，违反了基本劳动纪律，在此情形下，公司将其辞退，符合法律规定。[2]

第三种方式是适用《劳动法》第25条第2项处理该问题。[3] 甚至，还有裁判者直接依据民法的基本原则进行裁判。例如，有裁判观点认为，诚实信用原则不但是劳动者应当恪守的社会公德，更是用人单位与劳动者依法建立和履行劳动关系的基石。用人单位的规章制度虽然未对劳动者休假地点作出限定，但是劳动者休假期间的行为应当与其请假事由相符。按照一般生活常识判断，公司有理由质疑丁某请病假的目的并非休养或治疗，丁某在公司向其了解情况时拒绝提供真实信息，违背诚实信用原则和企业规章制度，对用人单位的工作秩序和经营管理造成恶劣影响，故公司以丁某严重违反企业规章制度为由决定与其解除劳动合同合法有效。[4]

毫无疑问，忽略对用人单位劳动规章制度制定、修订程序合法性的审查，直接依据其认定劳动者存在严重违反规章制度的行为，从而认定用人单位的解除行为合法的方式，不符合《劳动合同法》第4条规定精神，也有违《劳动争议司法解释一》第50条的规定。而抛开《劳动合同法》既有的具体的解除规定，直接适用《劳动法》的原则性规定乃至直接适用民法基本原则，既有违“禁止向一般原则逃逸”的法律适用原则，也构成对现行《劳动合同法》用人单位解除劳动关系事由严格法定立法模式的违反。至于直接适用《劳动法》第25条第2项，由于《劳动合同法》第39条与《劳动法》第25条均系对用人单位行使即时辞退权的规定，但是相较于《劳动法》第25条，《劳动合同法》第39条在增加用人单

---

〔1〕参见北京市昌平区人民法院民事判决书，京0114民初15699号。

〔2〕参见北京市海淀区人民法院民事判决书，京0108民初9234号。

〔3〕《劳动法》第25条规定：“劳动者有下列情形之一的，用人单位可以解除劳动合同：（一）在试用期间被证明不符合录用条件的；（二）严重违反劳动纪律或者用人单位规章制度的；（三）严重失职，营私舞弊，对用人单位利益造成重大损害的；（四）被依法追究刑事责任的。”

〔4〕参见北京市高级人民法院民事判决书，（2017）京民再65号。

位可以行使即时辞退权的两种情形的同时，也删除了劳动者“严重违反劳动纪律”这种用人单位可以行使即时辞退权的情形；在劳动关系解除问题上，《劳动合同法》相对于《劳动法》是特别法，显然，在《劳动合同法》施行之后发生的劳动关系解除纠纷，应当适用《劳动合同法》第39条而不能再适用《劳动法》第25条。因此，检索恰当的现行法规定来解决缺口问题，依法对劳动者于劳动规章制度文本内容之外严重违反劳动纪律的行为加以规制，是在现行解除事由严格法定模式下解决实际问题的最佳方案。

（三）类推适用《劳动合同法》第39条第2项的正当性

1. 行为性质具有同质性是类推适用的内在依据

首先，从《劳动合同法》第4条第2款的规定可见，[1] 劳动纪律是劳动规章制度的重要内容之一，用人单位劳动规章制度的功能之一就是对劳动纪律方面的内容进行规定，因此，即使未被规定在合法的劳动规章制度中，但是那些被大众普遍认知的、显而易见的严重违反劳动纪律的行为，其性质与严重违反劳动规章制度中载明的劳动纪律的行为具有同质性，区别仅在于前者未被明确写在劳动规章制度之中，而后者被写在了劳动规章制度之中，而两者对和谐劳动关系以及对正常劳动秩序的破坏程度并无区别。如果仅因为前者未被写进规章制度，后者被写进了规章制度，就对两者做截然不同的处理，是违背大众对公平的朴素认知的，裁判的社会效果必然不佳。因此，基于两种行为的同质性，对其作出一致的处理，不仅是统一同类问题裁判尺度的内在依据，也是统一裁判的法律效果与社会效果的内在要求。

因此，基于行为的同质性，对前者的处理也就可以比照对后者的处理，这就给类推适用《劳动合同法》第39条第2项提供了依据。从而，当没有合法的劳动规章制度可用时，基于公平原则和诚实信用原则，在劳动者违反劳动纪律的行为达到一定的严重程度时，可以视为对用人单位劳动规章制度的严重违反，得类推适用《劳动合同法》第39条第2项的规定，认定用人单位解除劳动关系的行为具有法律依据，从而具有合法性。

2. 类推适用在技术上的正当性

所谓类推适用，是指在对特定的案件缺乏法律规定时，裁判者比照援引与该

---

〔1〕《劳动合同法》第4条第2款规定，用人单位在制定、修改或者决定有关劳动报酬、工作时间、休息休假、劳动安全卫生、保险福利、职工培训、劳动纪律以及劳动定额管理等直接涉及劳动者切身利益的规章制度或者重大事项时，应当经职工代表大会或者全体职工讨论，提出方案和意见，与工会或者职工代表平等协商确定。

案件类似的法律规定，将法律的明文规定适用于法律没有规定的情形，但与明文规定类似的情形。由于刑法严格贯彻罪刑法定，因而严格限制类推适用方法的运用，而民法则广泛运用了类推适用的技术，并使其成为一种重要的漏洞填补方法。王泽鉴先生曾谓，“法律的健全与进步，可以类推适用作为测试的指标，并因类推适用而渐趋成熟”。这也说明了类推适用在民法中的重要性。[1] 之所以不是参照适用，是因为所谓参照适用，是指法律明确规定特定法律规范可以参照适用于本不属于该条规范调整范围的其他情形，亦即学说使用的“准用”。所谓准用，不是适用法律关于系争案型的直接规定，因为于此场合援用的法律规范是法律针对另外的案型设计的；也不是类推适用，因为类推适用的前提之一是，法律未设明文允许“适用”某某规定，只不过系争案型与法定案型具有类似性，才将法定案型用作解决系争案型的法律根据。[2]

（四）类推适用《劳动合同法》第39条第2项的具体标准

鉴于《劳动合同法》采用了劳动关系解除事由严格法定的立法模式，因此，类推适用只能是在极端个案中为了实现更好的社会效果而根据法的价值原则进行的法律续造，其适用应当慎重，作为例外，需要进行系统深入论证。

具体来说，应当基于公平原则和诚信原则，在充分考虑劳动者客观情况、主观过错程度、违纪行为影响的严重程度、用人单位管理行为的必要性、妥当性以及是否存在激化矛盾等不当情形的基础上，作审慎的审查，以避免类推适用的过度扩张，在根本上冲击现行法的制度体系和立法模式。下面以正反两个案例进行说明。

案例46　M公司诉刘某无须继续履行劳动合同案[3]

【基本案情】

刘某系M公司员工，从事自来水收费、现场咨询解答、客服等工作。2020年6月15日至2021年3月11日，刘某4次收取用户缴纳的水费未入账；2021年8月17日，客户在柜台办理业务，其间刘某接打电话，客户遂与其发生争执，之

〔1〕参见王利明：《民法典中参照适用条款的适用》，载《政法论坛》2022年第1期。
〔2〕参见崔建远：《中国民法典释评·物权编》（上卷），中国人民大学出版社2020年版，第690页。
〔3〕参见北京市第一中级人民法院民事判决书，（2023）京01民终3567号。

后刘某曾走出柜台与客户争执。M公司认为刘某的上述行为违反了相关工作规范，令其开始为期2天的规章制度脱产学习，并安排其进行考试，其考试成绩为50分。之后，M公司又安排其脱产学习，其2次均拒绝考试。2021年9月24日，M公司告知刘某，将对其违规违纪问题进行处理，并继续安排其脱产学习与考核。此后刘某又2次拒绝公司安排的考试。2021年11月12日，M公司向刘某送达《解除劳动合同警告书》，并安排其待岗学习3个月，告知其学习期满经考核合格后，可以复岗工作，享受相关待遇，学习期满仍无悔改表现或考核不合格，则依法进行处理。刘某拒绝在《解除劳动合同警告书》签字。2022年1月4日，M公司与刘某谈话，决定给予其一次延长考察期的机会，并提出在《告知书》《解除劳动合同警告书》上签字确认、认真书写检查、提交书面申请等条件，同时告知其满足条件后的考察期、考试、考核安排以及复岗条件。之后刘某未提交上述材料，亦未在《告知书》和《解除劳动合同警告书》上签字确认。2022年3月22日及23日，刘某2次拒绝M公司安排的考试。2022年3月25日，M公司将拟解除刘某劳动合同一事上报总公司，总公司收到请示后，经人力资源部、工会、集团领导审批通过。2022年4月6日，M公司向刘某送达《关于解除于某某劳动合同的决定》，该决定书记载：刘某的行为给集团和公司服务形象造成了不良影响，其行为违反了公司相关规定。在公司安排其待岗考察、脱产培训与考核过程中，其拒绝公司安排的业务、安全及相关规章制度的考试、考核。经经理办公会研究决定并征得工会组织同意，根据《劳动合同法》第39条第2项等规定，与刘某解除劳动合同。刘某认为该决定书错误，申请劳动仲裁，要求撤销该决定书，继续履行劳动合同。仲裁裁决M公司继续履行与刘某之间的劳动合同。M公司不服仲裁裁决，提起诉讼。

【裁判要点】

生效判决认为，其一，遵守劳动纪律是法律对劳动者的基本要求，也是公平原则和诚实信用原则在劳动合同履行过程中的具体体现。如果仅因为用人单位规章制度没有对劳动者实际发生的严重违反劳动纪律的行为全部覆盖，就令用人单位不得解除劳动合同，则有违公平和诚实信用原则，也是对劳动者行为的过度纵容。其二，从《劳动合同法》第4条第2款的规定可见，用人单位规章制度的功能之一就是对劳动纪律方面的内容进行规定，未被规定在规章制度中但是严重违反劳动纪律的行为，其性质与严重违反规章制度中规定的劳动纪律的行为具有同质性，因此，对前者的处理可以比照对后者的处理，在劳动者违反劳动纪律的行为达到一定的严重程度时，可以视为对用人单位规章制度的严重违反，用人单位得类推适用《劳动合同法》第39条第2项解除劳动合同。其三，具体到本案，在刘某多次违反相关工作规范，对单位服务形象造成不良影响后，M公司对其进行的劳动管理并不存在不合理、不妥当、激化矛盾等不当情形，而刘某多次拒绝甲公司A分公司的劳动管理，严重干扰、侵害了M公司对其所拥有的、正当合法的劳动管理权以及单位的管理秩序；其行为的主观过错较重，客观上达到了严重违反劳动纪律的程度，可以视为对用人单位规章制度的严重违反，用人单位得类推适用《劳动合同法》第39条第2项的规定与之解除劳动合同，故M公司无须继续履行与刘某的劳动合同。

案例47　陈某诉D公司违法解除劳动合同赔偿金案〔1〕

【基本案情】

2016年陈某入职D公司，工作地点在北京。双方订立的劳动合同约定，拒不服从指挥、监督、正常工作安排和工作调动，经劝导无效的，视为严重违反公司规章制度，公司可解除合同并不予经济补偿。D公司制定的《内部人力资源调拨流程》也规定，拒不服从正常工作安排，停止工作的，可以立即解除劳动合同而不给补偿。

2020年5月11日陈某因流产休假，5月25日返岗上班。5月28日D公司安排陈某去西宁出差2个月，被其以身体不适为由婉拒。6月1日公司又安排陈某去江西出差，且结束时间未定，被其以医生令其定期复查为由再次婉拒。6月5日D公司安排陈某到北京北七家项目现场办公，陈某服从安排前往北七家项目工作2周。6月24日D公司再次安排陈某去南宁出差2个月，陈某以身体仍在积极治疗当中、健康状况不具备出差条件为由拒绝，D公司遂以陈某严重违反公司规章制度为由，与其解除劳动合同。陈某认为公司的行为构成违法解除，诉至法院，请求D公司向其支付违法解除劳动合同赔偿金120000元。

陈某主张，其入职时就明确告知D公司，因孩子太小需要其抚养，其只能在北京工作，入职后其工作地点也一直在北京。D公司的三次外派名义上是出差，真实目的是迫使其自动离职。

【裁判要点】

生效判决认为，D公司单方解除劳动合同的事实理由是陈某不服从工作安排，制度依据则有两个：一个是劳动合同约定，拒不服从指挥、监督、正常工作安排和工作调动，经劝导无效的，视为严重违反公司规章制度，公司可解除合同并不

〔1〕参见北京市第一中级人民法院民事判决书，(2021) 京01民终8826号。

予经济补偿。另一个则是公司规章制度《内部人力资源调拨流程》等的相关规定。基于上述事实理由和制度依据，D公司以陈某严重违反公司规章制度为由，进而依据《劳动合同法》第39条第2项解除劳动合同。

但是，其一，现行《劳动合同法》排除了在法定解除情形之外另行约定解除条件的空间。其二，通过劳动合同约定的方式，将规章制度中没有规定的内容视为用人单位的规章制度，是用人单位变相规避了《劳动合同法》第4条规定的民主程序，将使《劳动合同法》第4条形同虚设。其三，D公司提举的证据不能证明《内部人力资源调拨流程》等规章制度的制定或修订经过了法定民主程序，其不能作为确定双方权利义务的依据。综上，前述劳动合同约定以及规章制度的规定，不能有效支撑D公司实施解除行为。

考虑到在劳动合同履行过程中，用人单位的规章制度囿于制定条件，难以包罗万象，如果仅因为用人单位规章制度没有对所有可能发生的违反劳动纪律的行为全部覆盖，就令用人单位不得解除劳动合同，则有违公平和诚实信用原则，也是对劳动者行为的过度纵容。而严重违反劳动纪律，但是未被规定在合法的规章制度中的行为，其性质与严重违反合法的规章制度中规定的劳动纪律的行为具有同质性，两者对和谐劳动关系以及对正常劳动秩序的破坏程度并无区别。因此，对前者的处理也就可以比照对后者的处理，从而，当没有合法的规章制度可用时，基于公平原则和诚实信用原则，在劳动者违反劳动纪律的行为达到一定的严重程度时，可以视为对用人单位规章制度的严重违反。

具体到本案，其一，劳动合同中虽然约定陈某同意接受D公司安排的短期或长期出差，但是也明确陈某的基本工作地点在北京。因此，从2020年5月28日至6月24日短短不到1个月里（如剔除2020年6月9日开始的为期2周的驻场北七家项目则时间更短），频繁安排陈某去外地进行时间较长的出差，安排本身难说严格符合劳动合同的约定。其二，D公司安排的第一次出差，是在陈某刚过医院建议的2周全休期间之后，安排其去西宁出差2个月，考虑到陈某的身体状况以及出差时间较长，该安排有欠妥当。D公司安排的第二次出差，是安排陈某去江西出差，但是对于此次出差的结束时间却未明确，这也不尽合理；并且陈某及时向公司提交了病历证明医生有让其2020年6月10日复诊的医嘱，因此陈某拒绝此次出差亦有合理理由，且D公司在收到陈某提交的复诊医嘱之后，撤回了此次出差安排。其三，陈某第三次拒绝D公司安排其去南宁出差2个月的行为确实有违劳动合同的约定，属于不服从工作安排、违反劳动纪律的行为。但是考虑到陈某术后身体的恢复和治疗状况，其在整个事件里并无重大恶意，其行为也谈不上造成多严重的影响，尚难以达到在规章制度外，严重违反劳动纪律、足以解除劳动合同的程度；而D公司前两次出差安排本身欠缺一定的妥当性，并且其提交的证据尚不足以充分证明其在陈某流产手术后短期内频繁安排较为长期的异地出差具有必要性。综上，D公司解除劳动合同的行为依据不足，有违法律规定，属违法解除，其应当依法向陈某支付违法解除劳动合同赔偿金。

第十二讲 劳动合同的履行与变更

第一节 劳动合同的履行

一、劳动合同的履行规则

（一）全面履行原则

与普通民事合同一样，对于劳动合同的履行也要遵守全面履行原则。全面履行原则又称适当履行原则。《劳动合同法》第 29 条规定，用人单位与劳动者应当按照劳动合同的约定，全面履行各自的义务。

劳动合同的全面履行要求当事人双方必须按照合同约定的时间、期限、地点，用约定的方式，按质、按量全部履行自己承担的义务，既不能只履行部分义务而将其他义务置之不顾，也不得擅自变更合同，更不得任意不履行合同或者解除合同。对于用人单位而言，必须按照合同的约定向劳动者提供适当的工作场所和劳动安全卫生条件、相关工作岗位，并按照约定的金额和支付方式按时向劳动者支付劳动报酬；对于劳动者而言，必须遵守用人单位的规章制度和劳动纪律，认真履行自己的劳动职责。劳动合同的全面履行要求劳动合同主体必须亲自履行劳动合同。因为劳动关系是具有人身关系性质的社会关系，劳动合同是特定主体间的合同。劳动者选择用人单位，是基于自身经济、个人发展等各方面利益关系的需要；而用人单位之所以选择该劳动者也是由于该劳动者具备用人单位所需要的基本素质和要求。劳动关系确立后，劳动者不能将应由自己完成的工作交由第三方代办，用人单位也不能将应由自己对劳动者承担的义务转嫁给其他第三方承担，未经劳动者同意不能随意变更劳动者的工作性质、岗位，更不能擅自将劳动者调到其他用人单位工作。〔1〕

〔1〕 参见信春鹰、阚珂主编：《中华人民共和国劳动合同法释义》（第 2 版），法律出版社 2013 年版，第 96～97 页。

（二）诚实信用原则

劳动合同的履行还要遵循诚实信用原则。诚实信用原则是民事主体从事民事活动必须要遵循的基本原则，其贯穿合同的订立、履行、变更、解除等各个阶段，也是劳动合同履行的内在要求。秉持诚实信用原则，就要求当事人按照劳动合同的性质、目的和交易习惯等履行合同义务。在合同条款存在缺陷的情况下，应当依据诚实信用原则行使权利和履行义务，不得利用这些条款谋取不当利益。应当遵循诚实信用原则，根据合同的性质、目的和交易习惯履行通知、协助、保密等义务。尤其是在劳动合同履行过程中，当事人应当依据诚实信用原则履行合同义务，包括重要情事的告知义务、劳动者的忠实义务等。当事人依据诚实信用原则，一方实施某种行为之后，使另一方对该行为及其后果产生合理信赖，则其应当按照另一方合理信赖的方式行事。[1]

（三）同工同酬履行规则

用人单位未在用工的同时订立书面劳动合同，与劳动者约定的劳动报酬不明确的，新招用的劳动者的劳动报酬按照集体合同规定的标准执行；没有集体合同或者集体合同未规定的，实行同工同酬。另外，实践中，劳动合同中往往不明确约定劳动报酬标准、工作地点等重要条款，发生纠纷时，如果能够查明实际履行的劳动报酬标准、工作地点等，则将实际履行的标准认定为双方约定的劳动报酬标准。如果无法查明实际履行的劳动报酬标准，用人单位与劳动者可以重新协商；协商不成的，适用集体合同规定；没有集体合同或者集体合同未规定劳动报酬的，实行同工同酬；没有集体合同或者集体合同未规定劳动条件等标准的，适用国家有关规定。[2]

（四）劳动基准履行规则

劳动合同履行地与用人单位注册地不一致的，有关劳动者的最低工资标准、劳动保护、劳动条件、职业危害防护和本地区上年度职工月平均工资标准等事项，按照劳动合同履行地的有关规定执行。换言之，此时，如果双方约定的相关标准高于劳动合同履行地的标准，则依约定；如果双方约定的相关标准低于劳动合同履行地的标准，则不依约定，而是按照劳动合同履行地的有关规定执行。但是，用人单位注册地的有关标准高于劳动合同履行地的有关标准，且用人单位与

---

〔1〕 参见王利明：《合同法》，中国人民大学出版社2015年版，第142页。

〔2〕 参见《劳动合同法》第11、18条。

劳动者约定按照用人单位注册地的有关规定执行的，从其约定。[1]

（五）安全履行规则

用人单位必须建立、健全劳动安全卫生制度，严格执行国家劳动安全卫生规程和标准，对劳动者进行劳动安全卫生教育，防止劳动过程中的事故，减少职业危害。用人单位必须为劳动者提供符合国家规定的劳动安全卫生条件和必要的劳动防护用品，对从事有职业危害作业的劳动者应当定期进行健康检查。从事特种作业的劳动者必须经过专门培训并取得特种作业资格。劳动者在劳动过程中必须严格遵守安全操作规程。[2]

二、履行的中止

所谓履行的中止，也可以称为劳动合同的中止。履行的中止是指因法定或者约定的情形出现，劳动者与用人单位暂停履行劳动合同约定的部分甚至全部给付义务。

我国劳动法律没有就履行的中止作出规定，但是在现实中，履行的中止是客观上可能存在的，这就需要相应的处理规则来统一裁判尺度。梳理相关规范可以发现，行政主管部门规范性文件以及部分地方立法对履行的中止作出了规定，可供我们在处理相关纠纷时借鉴。目前，上述规范性文件规定的履行中止主要包括以下几种情形。

（一）约定的中止

上海、江苏、山东等地对约定的中止作出了规定。[3] 笔者亦认为，应当允许用人单位与劳动者在平等协商的基础上约定履行的中止。既包括约定中止部分义务的履行，比如约定在劳动者请短事假期间，用人单位可以暂停支付工资、但是需要继续缴纳社会保险；也包括约定中止全部义务的履行，比如约定在劳动者请长事假期间，仅保留劳动关系，用人单位可以暂停支付工资、暂停缴纳社会保险。由于法律和司法解释对劳动合同的订立与变更均要求书面形式，因此，就约定的中止，用人单位应当与劳动者订立书面的协议。此外，为防止用人单位利用优势缔约地位缔结不平等的约定，当劳动争议案件涉及中止约定时，裁判者应当

---

〔1〕 参见《劳动合同法实施条例》第14条。

〔2〕 参见《劳动法》第52、54~56条。

〔3〕 参见《上海市劳动合同条例》第26条、《江苏省劳动合同条例》（2013修订）第30条、《山东省劳动合同条例》（2013修订）第26条。

对约定是否存在免除用人单位法定责任、排除劳动者权利等情形进行审查。

（二）法定的中止

例如，《贯彻执行劳动法的意见》第28条规定，劳动者涉嫌违法犯罪被有关机关收容审查、拘留或逮捕的，用人单位在劳动者被限制人身自由期间，可与其暂时停止劳动合同的履行。暂时停止履行劳动合同期间，用人单位不承担劳动合同规定的相应义务。《上海市劳动合同条例》第26条规定，劳动者应征入伍或者履行国家规定的其他法定义务的、劳动者暂时无法履行劳动合同的义务但仍有继续履行条件和可能的以及法律、法规规定的其他情形出现的，劳动合同中止履行。劳动合同中止情形消失的，劳动合同继续履行，但法律、法规另有规定的除外。《江苏省劳动合同条例》（2013年修订）第30条与《山东省劳动合同条例》（2013年修订）第26条均规定，劳动者因涉嫌违法犯罪被限制人身自由的、劳动合同因不可抗力暂时不能履行的以及法律、法规规定的其他情形出现的，劳动合同中止。劳动合同中止期间，劳动关系保留，劳动合同暂停履行，用人单位可以不支付劳动报酬并停止缴纳社会保险费。劳动合同中止期间不计算为劳动者在用人单位的工作年限。劳动合同中止情形消失，除已经无法履行的外，应当恢复履行。

三、违约的法律责任

如前所述，用人单位与劳动者应当秉持诚实信用原则，全面履行劳动合同。一方在履行过程中存在违约行为的，应当承担相应的违约责任。

（一）用人单位的违约责任

用人单位应当按照劳动合同约定和国家规定，向劳动者及时足额支付劳动报酬。用人单位拖欠或者未足额支付劳动报酬的，劳动者可以依法向当地人民法院申请支付令，人民法院应当依法发出支付令。用人单位未按照劳动合同约定提供劳动保护或者劳动条件的，未及时足额支付劳动报酬的，未依法为劳动者缴纳社会保险费的，用人单位的规章制度违反法律、法规的规定，损害劳动者权益的，用人单位致使劳动合同无效的，用人单位以暴力、威胁或者非法限制人身自由的手段强迫劳动者劳动的，用人单位违章指挥、强令冒险作业危及劳动者人身安全的，劳动者可以立即解除劳动合同，并依法主张经济补偿。用人单位应当严格执行劳动定额标准，不得强迫或者变相强迫劳动者加班。用人单位安排加班的，应当按照国家有关规定向劳动者支付加班费。用人单位管理人员违章指挥、强令冒险作业的，劳动者有权拒绝，不视为违反劳动合同。劳动者对危害生命安全和身体健康的劳动条件，不仅可以拒绝履行，还有权对用人单位提出批评、检举和控告。用人单位违法解除或者终止劳动合同，劳动者要求继续履行劳动合同的，用人单位应当继续履行；劳动者不要求继续履行劳动合同或者劳动合同已经不能继续履行的，用人单位应当依法支付赔偿金。[1]

用人单位直接涉及劳动者切身利益的规章制度违反法律、法规规定的，由劳动行政部门责令改正，给予警告；给劳动者造成损害的，应当承担赔偿责任。用人单位提供的劳动合同文本未载明劳动合同必备条款或者用人单位未将劳动合同文本交付劳动者的，由劳动行政部门责令改正；给劳动者造成损害的，应当承担赔偿责任。用人单位自用工之日起超过 1 个月不满 1 年未与劳动者订立书面劳动合同的，应当向劳动者每月支付二倍的工资。用人单位违反《劳动合同法》规定不与劳动者订立无固定期限劳动合同的，自应当订立无固定期限劳动合同之日起向劳动者每月支付二倍的工资。用人单位违反《劳动合同法》规定与劳动者约定试用期的，由劳动行政部门责令改正；违法约定的试用期已经履行的，由用人单位以劳动者试用期满月工资为标准，按已经履行的超过法定试用期的期间向劳动者支付赔偿金。用人单位违法扣押劳动者居民身份证等证件的，由劳动行政部门责令限期退还劳动者本人，并依照有关法律规定给予处罚。用人单位违法以担保或者其他名义向劳动者收取财物的，由劳动行政部门责令限期退还劳动者本人，并以每人 500 元以上 2000 元以下的标准处以罚款；给劳动者造成损害的，应当承担赔偿责任。劳动者依法解除或者终止劳动合同，用人单位扣押劳动者档案或者其他物品的，依照前款规定处罚。用人单位未按照劳动合同的约定或者国家规定及时足额支付劳动者劳动报酬的、低于当地最低工资标准支付劳动者工资的、安排加班不支付加班费的、解除或者终止劳动合同未依法向劳动者支付经济补偿的，由劳动行政部门责令限期支付劳动报酬、加班费或者经济补偿；劳动报酬低于当地最低工资标准的，应当支付其差额部分；逾期不支付的，责令用人单位按应付金额 50% 以上 100% 以下的标准向劳动者加付赔偿金。因用人单位原因致使劳动合同无效，给劳动者造成损害的，用人单位应当承担赔偿责任。[2]

用人单位以暴力、威胁或者非法限制人身自由的手段强迫劳动的、违章指挥或者强令冒险作业危及劳动者人身安全的、侮辱、体罚、殴打、非法搜查或者拘禁劳动者的、劳动条件恶劣、环境污染严重，给劳动者身心健康造成严重损害的，依法给予行政处罚；构成犯罪的，依法追究刑事责任；给劳动者造成损害

[1] 参见《劳动合同法》第 30 ~ 32、38、48 条。
[2] 参见《劳动合同法》第 80 ~ 86 条。

约，应当承担赔偿责任。[1]

（二）劳动者的违约责任

劳动者在试用期间被证明不符合录用条件的，严重违反用人单位的规章制度的，严重失职、营私舞弊给用人单位造成重大损害的，同时与其他用人单位建立劳动关系、对完成本单位的工作任务造成严重影响，或者经用人单位提出拒不改正的，致使劳动合同无效的，被依法追究刑事责任的，用人单位可以解除劳动合同。[2]

因劳动者原因致使劳动合同无效，给用人单位造成损害的，劳动者应当承担赔偿责任。劳动者违法解除劳动合同，或者违反劳动合同中约定的保密义务或者竞业限制（在职期间），给用人单位造成损失的，应当承担赔偿责任。[3]

劳动者在履行劳动合同过程中给用人单位造成经济损失的，是否应当承担赔偿责任？在什么情况下承担赔偿责任？对此问题，曾经存在争论。近年来，尤其是随着《民法典》的施行，在第1191条第1款的影响下，司法实践对于该问题形成较为统一的裁判思路，即劳动者在履行劳动合同过程中给用人单位造成经济损失的，如果劳动者对于经济损失的发生存在故意或者重大过失，劳动者应当承担赔偿责任。

首先，按照《民法典》第1191条第1款的规定，劳动者因执行工作任务造成他人损害的，由用人单位承担侵权责任。用人单位承担侵权责任后，可以向有故意或者重大过失的工作人员追偿。按照该规定，如果劳动者因执行工作任务造成他人损害，但是劳动者仅具有轻微过失或者一般过失的，用人单位不能向其追偿。至于用人单位可以向劳动者追偿的比例，在劳动者对损害的发生存有故意的情况下，毋庸置疑，其应当承担的责任不受限制，用人单位可以对其进行全额追偿。而在劳动者对损害的发生存在重大过失的情况下，其应当承担的赔偿责任比例却有进一步探讨的余地。法律如果统一规定只要当劳动者具有重大过失，用人单位就可以向其全额追偿，显然过于绝对。实践中，劳动用工具有高度的复杂性，现实生活更是纷繁芜杂，因此，在确定可以追偿的原则下，由裁判者根据个案具体事实，对追偿比例作出裁判，可能更符合实际，亦更公平合理。因此，《民法典》没有统一规定用人单位可以追偿的具体比例，彰显了立法智慧。

---

〔1〕 参见《劳动合同法》第88条。

〔2〕 参见《劳动合同法》第39条。

〔3〕 参见《劳动合同法》第86、90条。

案例48　Z公司诉卢某劳动争议案〔1〕

——用人单位对劳动者追偿权比例的确定

【基本案情】

卢某于2020年5月入职Z公司，担任驾驶员，月工资为7500元，Z公司未为卢某缴纳社会保险。2020年11月12日9时许，卢某驾驶Z公司所有的小型普通客车由东向西行驶时，适有孙某某驾驶小型轿车（内有乘车人张某某）由西向东行驶，两车相撞，造成卢某、孙某某、张某某受伤，两车损坏。该事故经认定，卢某驾车逆行是事故发生的全部原因，确定卢某为全部责任，孙某某、张某某均无责任。卢某驾驶的案涉车辆投保了机动车交通事故责任强制保险，未投保机动车第三者责任险。Z公司认可事故发生时其与卢某是劳动关系，卢某系在执行工作任务。

事故发生后，Z公司支付张某某现金5万元。张某某、孙某某分别以卢某、某保险公司、Z公司为共同被告诉至法院，要求三被告赔偿其医疗费、残疾赔偿金、财产损失等。Z公司因承担案涉事故侵权责任所产生的经济损失包括其已支付张某某的5万元、因履行生效判决向张某某支付的447647.90元及向孙某某支付的139532.10元、向孙某某支付的车辆报废款4万元，以上经济损失共计677180元；Z公司另有自有车辆损失1万元。

Z公司曾以追偿权纠纷诉至法院，请求卢某赔偿其经济损失690180.2元。法院以该争议属于劳动争议、尚未经过劳动仲裁前置程序为由，裁定驳回Z公司的起诉。Z公司随后申请劳动仲裁，要求卢某赔偿其经济损失。劳动争议仲裁机构以Z公司的仲裁请求不属于劳动人事争议仲裁受案范围为由，决定不予受理。Z公司不服该决定，再次诉至法院，请求法院判令卢某向其赔偿经济损失690180.02元。

Z公司诉称，其遭受的经济损失均由卢某驾车执行工作任务时发生交通事故造成，卢某驾车时玩手机导致逆行，具有重大过失。卢某辩称，其不存在开车时玩手机的行为，Z公司让其连续加班，没有保证其休息，导致其严重超负荷工作，出事故前其处于休克昏迷状态。

一审法院判决卢某向Z公司支付350000元。卢某不服一审判决提出上诉，二审法院判决驳回上诉，维持原判。

【裁判要点】

生效判决认为，卢某主张其因过度劳累，发生交通事故前其已经处于休克昏

〔1〕参见北京市第一中级人民法院民事判决书，（2022）京01民初440号。

迷状态，但是其提交的证据既不能证明其存在高强度加班事实，也不能证明其事发时的身体状态，其也未提交证据证明事发当日6时30分到8时30分这段期间其持续在干活，因此法院对其所持发生交通事故前处于休克昏迷状态的主张不予采信，其不存在免责的事实。卢某作为一名专职驾驶员，既没有尽到作为专职驾驶员应当尽到的审慎注意义务，也没有尽到连一般人都应尽的注意义务，发生逆行，严重违反了法律的强制性规定。因此，其对于事故及损害的发生具有重大过失。

关于Z公司就其因侵权责任所产生的经济损失可以向卢某追偿金额的确定。具体到本案，综合考虑用工关系的法律性质、工作本身的危险系数、劳动者的劳动报酬水平、用人单位对损失的发生是否存在过错等因素，法院确定Z公司就其承担侵权责任所产生的经济损失677180元中，可以向卢某追偿的金额为343000元。就Z公司自有车辆损失10000元，鉴于卢某对案涉交通事故及损害的发生具有重大过失，可以认定其在履行劳动合同时因违约行为给Z公司造成损失，故其应当赔偿损失。考虑到用工关系的法律性质、工作本身的危险系数、卢某的劳动报酬水平等因素，法院酌定由卢某承担其中的7000元。

【延伸思考】

本案系跨民法与劳动法两大法律部门体系，用人单位依法行使追偿权的典型案例，涉及以下两方面问题，值得探讨。

1. 用人单位有权选择司法救济路径

当用人单位依据《民法典》第1191条行使追偿权，对与其存在劳动关系的工作人员提起诉讼时，该纠纷是劳动争议还是侵权纠纷？在司法实践中，对于该问题存在不同观点，进而存在不同的处理。一种观点认为，依照《劳动争议调解仲裁法》第2条第2项的规定，因履行劳动合同发生的争议属于劳动争议，而用人单位行使追偿权产生的纠纷属于因履行劳动合同发生的争议，因此属于劳动争议；用人单位行使追偿权，必须先申请劳动仲裁，经过劳动仲裁的审理，才能提起诉讼；如果用人单位直接向法院起诉，法院应当不予受理，已经受理的应当裁定驳回起诉。另一种观点则认为，《民法典》第1191条明确规定了用人单位的追偿权，为用人单位提供了直接起诉的法律依据；该条规定在侵权责任编，因此相关纠纷属于侵权纠纷，不属于劳动争议；在侵权纠纷案由项下，有专门的“用人单位责任纠纷”案由，该案由统辖的纠纷，既应当包括受害的第三人请求用人单位承担侵权责任的纠纷，也应当包括用人单位向其工作人员追偿的纠纷，因此，用人单位行使追偿权，可以直接向法院起诉，不必经过劳动仲裁程序。

笔者认为，这样的纠纷既属于劳动争议，也属于侵权纠纷。对于用人单位来说，该类纠纷实际上构成请求权竞合，或者说构成劳动争议和侵权纠纷的竞合。应当允许用人单位结合自身情况在两种救济路径之间自行选择，不应强制用人单位选择走劳动争议或者侵权纠纷。换言之，用人单位出于尽快拿到生效判决等因素考虑，选择以侵权纠纷直接起诉的，法院应当受理，不能要求其必须先申请劳动仲裁；用人单位出于节省诉讼费用等因素考虑，选择先行申请劳动仲裁再起诉到法院的，法院也不能强制其变更起诉案由。

2. 确定追偿比例时应当考量的因素

笔者认为，在确定追偿比例时，可以综合衡量用工关系的法律性质、工作本身的危险系数、劳动者的劳动报酬水平、用人单位对损失的发生是否存在过错以及用人单位在劳动者选任、监督、管理上是否存在疏漏等多种因素进行考量。

(1) 用工关系的法律性质。如果用人单位与劳动者之间是劳动关系，由于在劳动关系下用人单位对劳动者具有支配性的用工管理控制力，劳动者自身难以决定工作方式、工作方法、工作时间等，劳动者的劳动成果亦由用人单位享有，因此，基于谁决定谁担责、风险与利益对等的原则，用人单位理所当然应当承受较之劳务关系、承揽关系等普通民事用工关系中更高的用工风险。而考虑用工关系的法律性质，也是对《民法典》《劳动合同法》等法律中公平原则的具体适用。

(2) 工作本身的风险系数。以本案为例，卢某作为专职驾驶员，其工作性质要求在出车时必须注意力高度集中，且在工作时间内需随叫随到，甚至在工作时间外也要随时待命，此种情形下，注意力分散在所难免。从统计学来看，该工作较之一般工作具有更高危险性。对于这种更高的风险，基于对公平原则的考虑，发生的损害后果不能完全由劳动者一方来承担，用人单位在获取利益的同时也应当承担一部分责任。

(3) 劳动报酬水平。如果劳动者的劳动报酬水平较低，则其承担的风险和义务就应当较低。如果劳动者的劳动报酬水平较低，却要令其承担较高的风险和义务，实际上是变相加重了劳动者的负担、减轻了用人单位的责任，有违公平原则。并且，如果劳动者的劳动报酬水平较低，却让其承担过重的追偿责任，会给劳动者造成生存威胁，此外还会导致判决的金钱债务得不到及时履行，损害司法权威，降低司法公信力。因此，在确定追偿比例时，应当考虑劳动者获取的劳动报酬水平。

(4) 用人单位对损失的发生是否具有过错。综合对各方利益的衡量，除了要考虑劳动者是否存在过错，还应当考虑用人单位是否有过错。比如本案中用人单位享有追偿权的法理基础，实际上是劳动者在履行劳动合同过程中，因未尽到安全注意义务致人损害，致使用人单位承担赔偿责任，给用人单位造成经济损失，因此劳动者存在违约行为。而《民法典》第592条第2款规定，当事人一方违约造成对方损失，对方对损失的发生有过错的，可以减少相应的损失赔偿额。因此，应当考察用人单位对损失的发生是否存在过错。以本案为例，对于拥有机动车并频繁使用机动车的用人单位，除了应当依法投保机动车交通事故责任强制保险，其理所当然还应当为机动车投保机动车第三者责任险。否则，首先是发生交通事故后受害人的损害很有可能得不到足额赔偿；其次是极大加重了驾驶车辆的工作人员的负担，因为从概率上来说，其不可能完全避免交通事故的发生，这就可能使其背负沉重的债务，而相对于其从用人单位处获取的劳动报酬金额来说，这是不公平的；而且，如果可以不投保机动车第三者责任险，因为有追偿权，用人单位很可能为了节省开支而不投保，并在发生交通事故后想方设法让工作人员多承担赔偿责任，这显然不利于用人单位生产管理水平的提升。因此，应当将未投保机动车第三者责任险认定为用人单位对部分损失的发生存在过错，在确定追偿金额时，将因为未投保机动车第三者责任险而多支出的赔偿金额从其可以追偿的金额中适当扣减，唯有如此，才能引导用人单位足额投保，充分保护受害人的合法权益，减轻劳动者的不合理负担。

其次，对于劳动者在履行劳动合同过程中直接给用人单位造成经济损失如何承担责任的问题，亦应当类推《民法典》第1191条第1款处理，即如果劳动者对于经济损失的发生存在故意或者重大过失，劳动者应当承担赔偿责任。同样，如果劳动者对于损失的发生具有故意，应当令其承担赔偿所有损失的责任。如果劳动者存在重大过失，则赔偿责任不宜适用等额赔偿原则，而应当实行合理赔偿原则——具体来说，要考虑实际损失额大小、劳动者违约情节轻重及经济承受能力、用人单位自身的过错等因素，酌情要求劳动者给予适当数额或比例的赔偿，但也不排除在劳动者本人经济承受能力限度内的与实际损失额相等的赔偿。之所以实行合理赔偿原则，主要是因为：第一，职工违纪给用人单位所造成的经济损失往往数额较大，要求全额赔偿远远超出职工个人的经济关系承受能力，从而使全额赔偿成为不可能。第二，劳动过程中的风险应当由用人单位承担而不由职工承担。这是因为，在劳动关系中，用人单位作为生产资料的占有者和劳动力的使用者，既有权支配劳动者的劳动又有权取得劳动所创造的利润，当然应当承担劳动过程中的风险；而职工只是劳动力的提供者，由用人单位组织参与劳动过程，所取得的是作为生活消费品分配形式的劳动报酬，一般不以职工身份分享劳动所创造的利润，这样，使用劳动力的风险，同劳动过程中发生的其他风险一样，用人单位也有责任承担。所以，用人单位应当承担与其风险责任相对应的部分。[1] 第三，如果用人单位对于损失的发生亦有过错，根据《民法典》第592条第2款确立的过时相抵原则，可以减少劳动者相应的损失赔偿额。

四、履行的免责事由

免责，是指在合同履行过程中，因出现了法定的免责条件和合同约定的免责事由而导致合同不能履行，债务人将被免除履行义务。这些法定的免责条件和约定的免责事由统称为免责事由。[2] 存在法定或者约定的免责事由时，不能履行合同义务的一方不构成违约，自然也就无须承担违约责任。

但是，《劳动合同法》第26条第1款第3项规定，用人单位免除自己的法定责任、排除劳动者权利的条款无效。这意味着，在劳动法上，立法禁止约定用人单位的免责条款。而劳动法律也没有规定劳动合同履行的法定免责事由，但是，可以根据其性质适用《民法典》的相关规定。综观《民法典》合同履行免责事由的相关规定，能够适用于劳动合同的免责事由是不可抗力。

不可抗力，是指不能预见、不能避免且不能克服的客观情况。[3] “不能预见”强调的是注意标准方面超出了行为人的预期。[4] 另外，人们对某件事的预知能力因人而异，应该以一般理性人的预知能力为标准。对于律师、医生等负有特殊义务和责任的人，则应以具有专业知识和能力的人的认识标准来判断。[5] “不能避免且不能克服”关注的重点是行为人的行为标准而非注意标准，其强调的是人力面对不可抗力的无助性，即表明事件的发生和事件造成损害具有必然性。[6]

实践中，不可抗力可以分为以下三类：（1）自然现象。例如，地震、台风、洪水、海啸、海浪、蝗灾、风暴、山体滑坡、雪崩、泥石流等，但是并非一切自然灾害都构成不可抗力而成为免责事由，必须符合不能预见、不可避免和克服以及客观性等要件。（2）社会原因的不可抗力。其是指由于社会矛盾激化而构成的不能预见、不能避免并不能克服的客观情况，如战争、武装冲突等。[7] （3）国

---

〔1〕 参见王全兴：《劳动法》（第4版），法律出版社2017年版，第297页。

〔2〕 参见王利明：《违约责任论》（修订版），中国政法大学出版社2003年版，第362页。

〔3〕 参见《民法典》第180条第2款。

〔4〕 参见曹险峰、孔凡学：《论不可抗力在环境污染责任中的法规范适用——兼评〈侵权责任法〉第29条》，载《当代法学》2013年第5期。

〔5〕 参见陈甦主编：《民法总则评注》，法律出版社2017年版，第1286页。

〔6〕 参见曹险峰、孔凡学：《论不可抗力在环境污染责任中的法规范适用——兼评〈侵权责任法〉第29条》，载《当代法学》2013年第5期。

〔7〕 参见张新宝：《侵权责任法》，中国人民大学出版社2006年版，第66页。

家因素的不可抗力。国家权力的行使及其后果，有时也是人们不能预见、不能避免并不能克服的。[1]

不可抗力作为劳动合同违约责任的免责事由存在的合理性毋庸置疑。当事人一方因不可抗力不能履行劳动合同的，根据不可抗力的影响，部分或者全部免除责任，但是法律另有规定的除外。[2] 例如，在用人单位因不可抗力不能支付工资时，其支付工资的义务并不能因此被免除，但不负履行迟延的违约责任。部分地区对此已有规定。[3] 因此，此种情形下劳动者以用人单位未及时足额支付劳动报酬为由解除劳动合同后，主张解除劳动合同经济补偿的，不应予以支持。与之相对应的，在劳动者因不可抗力无法履行或迟延履行劳动义务时，劳动者不承担不履行或迟延履行的违约责任，但是用人单位并不因此免除相应的对待给付义务。在劳动违约责任场合考虑不可抗力是否免责及免责效果之时，要具体分析因不可抗力所导致的劳动者或用人单位履行不能的具体内容来最终决定免责的效果为何。[4]

因不可抗力不能履行劳动合同的，应当及时通知对方，以减轻可能给对方造成的损失，并应当在合理期限内提供证明。当事人迟延履行后发生不可抗力的，不免除其违约责任。[5]

至于劳动合同因不可抗力无法实现合同目的的，用人单位可以依照《劳动合同法》第40条第3项解除劳动合同。当然，用人单位应当依法支付经济补偿。此种情形下，虽然用人单位主观上对解除劳动合同无过错，但客观上确实因解除行为对劳动者造成了损害，基于通过倾斜保护劳动者来达致利益均衡的劳动合同制度的基本价值取向，经济补偿是有着适用的理论基础的。[6]

由于法定不可抗力具有适用的强制性，当事人是否在合同中作出约定并不影响其适用，当事人更不能在合同中约定排除法定不可抗力的适用。[7]

需要注意的是，商业风险与不可抗力一样虽然也都具有客观性、损失性和不确定性，但二者仍存在以下区别：（1）当事人可以因不可抗力所造成的风险而免责，而商业风险为订立合同双方当事人达成合意所自愿承担的风险，当事人不得

---

〔1〕 参见陈甦主编：《民法总则评注》，法律出版社2017年版，第1289页。

〔2〕 参见《民法典》第590条第1款。

〔3〕 例如，《江苏省工资支付条例》第39条第1款规定，由于不可抗力原因，导致延期支付劳动者工资的，应当在不可抗力原因消除后30日内支付劳动者工资。

〔4〕 参见太月：《劳动违约责任免责事由的适用分析》，载《当代法学》2013年第4期。

〔5〕 参见《民法典》第590条第2款。

〔6〕 参见太月：《劳动违约责任免责事由的适用分析》，载《当代法学》2013年第4期。

〔7〕 参见刘凯湘、张海峡：《论不可抗力》，载《法学研究》2000年第6期。

以商业风险给自己带来损失为由不履行合同，并要求免责。（2）不可抗力一般为有形的风险，而商业风险一般以市场需求和价格变化为主要特征，如银行汇率、外汇汇率等无形的风险。（3）不可抗力造成的风险所引起的损失一般由保险来加以避免，如国际海上货物运输中的水渍险、平安险，而商业风险一般不能投保，由双方当事人自愿承受。[1]

五、履行的承继

劳动合同履行的承继，是指劳动者与原用人单位之间的劳动合同由与原用人单位有承继关系的新用人单位代替原用人单位继续履行，它是劳动合同履行的一种特殊形式，前后两个用人单位履行的是同一个劳动合同。

发生劳动合同履行承继的原因是法定的。《劳动合同法》第 34 条规定，“用人单位发生合并或者分立等情况，原劳动合同继续有效，劳动合同由承继其权利和义务的用人单位继续履行”。

实践中，用人单位因合并或者分立等情况，应当适用《劳动合同法》第 34 条的情形主要有：（1）用人单位合并，即两个或两个以上的用人单位依法合并为一个用人单位。主要有两种形式：一是吸收合并，即一个或一个以上的用人单位并入另一个用人单位，并入方消灭，接纳方存续；二是新设合并，也称创设合并，即两个或两个以上的用人单位合并为一个新用人单位。（2）营业转让，即原用人单位的资产和人员整体转让给新用人单位，这两个用人单位在发生资产转让后都继续存续，既无用人单位消灭，也无用人单位新设。[2] 前述情况下，劳动合同由承继原用人单位权利和义务的用人单位继续履行。（3）用人单位分立，一个用人单位依法分解为两个或两个以上的用人单位。也有两种形式：一是存续分立，即原用人单位将其一部分财产依协议分离出去，成立一个或一个以上新用人单位，原用人单位仍然存在。此种情形下，原用人单位应当对劳动者进行明确的安置，如果未作出明确安置，原则上应当由承继劳动者所在部门业务的主体承继与劳动者的劳动合同；难以区分哪个主体承继了劳动者所在部门业务的，由各个主体共同承担劳动合同项下的债务，劳动关系则保留在用人单位。二是解散分立，即原用人单位将其全部资产依约分割后分别成立两个或两个以上新用人单位。此种情形下，由承继劳动者所在部门业务的主体承继与劳动者的劳动合同；原用人单位未对劳动者作出明确安置，并将其留在已经成为空壳的原用人单位而不注销原用人单位的，劳动合同项下的债务由各个主体共同承担，劳动关系保留

---

〔1〕 参见陈甦主编：《民法总则评注》，法律出版社 2017 年版，第 1293 页。
〔2〕 参见王全兴：《劳动法》（第 4 版），法律出版社 2017 年版，第 209 页。

在原用人单位。

《劳动合同法》第34条改变了对此类问题原先的处理方式。此前，按照《贯彻执行劳动法的意见》第37条的规定，“用人单位发生分立或合并后，分立或合并后的用人单位可依据其实际情况与原用人单位的劳动者遵循平等自愿、协商一致的原则变更、解除或重新签订劳动合同。在此种情况下的重新签订劳动合同视为原劳动合同的变更，用人单位变更劳动合同，劳动者不能依据劳动法第二十八条要求经济补偿”。按照原来的规定，用人单位发生分立或合并后，尚未履行完毕的劳动合同有三种结局：一是，劳动者与新用人单位协商变更合同内容，继续履行；二是，劳动者与新用人单位协商解除合同；三是，劳动者与新用人单位重新订立新的劳动合同，原劳动合同自动解除。但是，如果劳动者与新用人单位未能协商一致，又不想解除原合同，劳动合同将走向何方？原来的规定没有解决这个问题，而这个问题是很有可能发生的，届时劳动者的劳动权益如何保障将成为悬疑。《劳动合同法》第34条强制规定了用人单位发生合并或者分立等情况后劳动合同的状态——由承继被合并或者被分立用人单位权利和义务的新用人单位继续履行原劳动合同——有效保障了劳动者的劳动权益，使其不至于因为无法与新用人单位就变更或者解除劳动合同协商一致而处于悬置状态。当然，如果用人单位与劳动者不再履行原劳动合同，而是经过协商一致对原劳动合同进行变更或者重新订立劳动合同，并无不可。

用人单位发生上述分立、合并、转让后，承继单位应当承担原用人单位的工伤保险责任；原用人单位已经参加工伤保险的，承继单位应当到当地经办机构办理工伤保险变更登记。[1] 用人单位在发生分立、合并等情形时，应当对从事接触职业病危害的作业的劳动者进行健康检查，并按照国家有关规定妥善安置职业病病人。[2] 用人单位与其他单位合并的，合并前发生的劳动争议，由合并后的单位为当事人；用人单位分立为若干单位的，其分立前发生的劳动争议，由分立后的实际用人单位为当事人。用人单位分立为若干单位后，具体承受劳动权利义务的单位不明确的，分立后的单位均为当事人。[3]

第二节　劳动合同的变更

合同的变更有广义与狭义之分。广义的合同变更，既包括合同主体的变更也

〔1〕参见《工伤保险条例》（2010修订）第43条第1款。
〔2〕参见《职业病防治法》（2018修正）第60条第2款。
〔3〕参见《劳动争议司法解释一》第26条。

包括合同内容的变更，然而此种意义上的合同变更并没有被我国法律所采用。不论是《合同法》还是《民法典》上所谓的合同变更，仅指狭义的合同变更，即专指合同内容变更。合同主体的变更被称为合同的转让。[1] 劳动法以及本书所指的劳动合同变更，亦是狭义的合同变更，不包括主体变更，仅指劳动合同当事人依法单方变更或者通过协商变更劳动合同内容。

之所以设立劳动合同的变更制度，是因为在当事人订立合同时，不可能对涉及合同的所有问题都作出明确的规定。劳动合同订立后，在履行过程中，由于社会生活、市场条件以及劳动者或者用人单位自身发生的变化，导致订立劳动合同所依据的主客观情况发生变化，使得劳动合同难以全面履行，或者使合同的履行可能造成当事人之间权利义务的不平衡，这就需要用人单位和劳动者双方对劳动合同的部分内容进行适当的调整。否则，在劳动合同与实际情况相脱节的情况下，若继续履行，有可能会对当事人的正当利益造成损害。因此，《劳动合同法》允许当事人在一定的条件下可以变更劳动合同，使劳动合同适应变化发展了的新情况，从而保证劳动合同的继续履行。[2]

需要强调的是，并非所有与工作有关的变化都涉及劳动合同的变更。如前所述，劳动合同的变更指的是对劳动合同内容的变更，而劳动合同的内容主要包括用人单位名称与劳动者的姓名，劳动合同期限，工作内容和工作地点，工作时间和休息休假，劳动报酬，社会保险，劳动保护、劳动条件和职业危害防护，法律、法规规定应当纳入劳动合同的其他事项等必备条款，以及试用期、培训、保守秘密、补充保险和福利待遇等非必备条款。而像具体的考勤方式等，并非劳动合同的必备条款，往往也不需要在劳动合同中约定。例如，如果劳动合同并没有对考勤方式进行具体的约定，应当认为其属于用人单位在用工管理权限内可以自主决定的事项，不需要与劳动者协商一致才能决定。换言之，只要不对劳动者的工作和生活造成障碍，用人单位可以自主选择和改变合理的考勤方式，劳动者要服从用人单位合理的考勤管理，不能仅以考勤方式改变未经其同意为由不遵守用人单位的考勤管理。

劳动合同的变更可以分为协商变更、法定变更以及用人单位基于用工自主的单方调岗三种类型。

---

〔1〕 参见韩世远：《合同法总论》（第4版），法律出版社2018年版，第583页。

〔2〕 参见最高人民法院民事审判第一庭编著：《最高人民法院劳动争议司法解释（四）理解与适用》，人民法院出版社2013年版，第212页。

一、协商变更

协商变更是变更劳动合同的原则。《劳动合同法》第 35 条规定，“用人单位与劳动者协商一致，可以变更劳动合同约定的内容”。另外，该法第 40 条第 3 项规定的情势变更也属于协商变更。即当订立劳动合同时所依据的客观情况发生重大变化，致使劳动合同无法履行的，用人单位可以与劳动者协商一致变更劳动合同。这两种变更，都以双方协商一致为条件。从上述规定来看，法律对可以通过协商变更的内容未设限制，易言之，劳动合同中尚未履行完毕的条款原则上都可以变更。基于劳动法的社会法性质，上述规定属于授权性质的条款，授权用人单位在与劳动者协商一致的情况下可以变更劳动合同约定的内容。反言之，未与劳动者协商一致，用人单位原则上不得变更劳动合同约定的内容。

（一）协商变更应当采用书面形式

与订立劳动合同应当采用书面形式一样，协商变更劳动合同，亦应当采用书面形式。变更后的劳动合同文本由用人单位和劳动者各执一份。[1] 然而在实践中，大部分的变更都是口头变更，并没有落实到纸面上。由于《劳动合同法》第 16 条将用人单位与劳动者在劳动合同文本上签字或者盖章规定为劳动合同的生效要件，从体系解释来看，协商变更劳动合同的，似乎也应当以用人单位与劳动者在劳动合同文本上签字或者盖章才能生效。但是《劳动合同法》第 35 条并未像《劳动合同法》第 16 条那样，明确规定变更的合同需经用人单位与劳动者在劳动合同文本上签字或者盖章方始生效。笔者认为，《劳动合同法》之所以规定变更劳动合同应当采用书面形式，一是，因为《劳动合同法》规定建立劳动关系应当订立书面劳动合同，从而在履行过程中的变更合同，自然也需要以书面形式加以固定。二是，采用书面形式有利于明确双方的权利义务关系，遇有纠纷时方便举证。三是，书面形式的劳动合同有利于控制合同内容，方便劳动行政部门对劳动合同进行审查和监督，以规范用人单位的行为，避免其滥用权利。但是，很多变更对劳动者是有利的，如升职、涨薪等。因此，如果对于非书面形式的变更一味认定为无效，对劳动者往往不利，这与将劳动合同的变更规定为要式的目的背道而驰。

---

〔1〕 参见《劳动合同法》第 35 条。

（二）对口头变更的有条件认可[1]

基于上述理由，《劳动争议司法解释一》第43条放宽对变更劳动合同的形式要求，对现实中发生的口头变更予以有条件的肯定。该条规定："用人单位与劳动者协商一致变更劳动合同，虽未采用书面形式，但已经实际履行了口头变更的劳动合同超过一个月，变更后的劳动合同内容不违反法律、行政法规且不违背公序良俗，当事人以未采用书面形式为由主张劳动合同变更无效的，人民法院不予支持。"本条解释从字面上看，仅对口头变更予以肯定，未对以其他形式变更的劳动合同的效力予以规定。但是既然该解释认为书面形式并非变更劳动合同的生效要件，则以其他形式变更的劳动合同，只要满足本条解释设定的限制条件，自然也应与口头变更产生同等效果，即发生变更劳动合同的效果。

在理解《劳动争议司法解释一》第43条时，要注意其是对原《劳动争议司法解释四》第11条进行重大修改完善而形成，其中一个重大修改就是明确了协商一致的前提条件。原《劳动争议司法解释四》第11条规定："变更劳动合同未采用书面形式，但已经实际履行了口头变更的劳动合同超过1个月，且变更后的劳动合同内容不违反法律、行政法规、国家政策以及公序良俗，当事人以未采用书面形式为由主张劳动合同变更无效的，人民法院不予支持。"该条解释虽未明确变更需以协商一致为前提，但基于前述《劳动合同法》的相关规定，协商一致是该条解释的应有之义。为避免不必要的误读，消除歧义，使语义更加明确，还原条文的原意，新解释对旧条文进行了修改，明确用人单位与劳动者变更劳动合同需以协商一致为前提。

在理解《劳动争议司法解释一》第43条时，还需要注意，所谓就变更的劳动合同的实际履行，是指用人单位与劳动者基于变更劳动合同的合意，就变更后的劳动合同约定的债务作出给付行为。由于劳动合同是继续性合同，所以这种给付还表现为持续性的给付。显然，这种持续性的给付应当能够体现出用人单位与劳动者就劳动合同变更所达成的合意。在实践中，对于什么样的行为构成实际履行，也存在误读。笔者以用人单位单方降薪为例进行阐释。如果用人单位单方降薪，并按照降薪后的标准实际发放工资超过1个月，在此期间劳动者未提任何异议，能否就此认定劳动者通过实际履行认可了降薪一事？如果用人单位未举证证明就降薪与劳动者协商一致，我们不能直接推定劳动者已经同意降薪，所以就需要考察劳动者持续超过1个月未提异议的状态能否视为其通过实际履行的方式同

[1] 参见最高人民法院民事审判第一庭编著：《最高人民法院新劳动争议司法解释（一）理解与适用》，人民法院出版社2021年版，第531～534页，该部分由笔者编写。

意了降薪，即劳动者持续超过1个月未提异议的状态能否视为其作出了同意降薪的意思表示。

笔者认为是不可以的。《民法典》第140条明确规定："行为人可以明示或者默示作出意思表示，沉默只有在有法律规定、当事人约定或者符合当事人之间的交易习惯时，才可以视为意思表示。"也就是说，意思表示原则上应以明示或者默示作出，沉默原则上不能视为意思表示。

法律之所以作这样的规定，一是基于意思自治原则的内在要求。如果沉默可以视为意思表示，则相对人很容易在不经意甚至不知晓的情况下就被动与他人成立了法律行为并受其约束，这显然违背民法上意思自治的基本原则，也就是《民法典》第5条确立的自愿原则。二是出于保护相对人利益的考虑。如果沉默可以动辄视为意思表示，那么要约人就可以向相对人发出科以负担和义务的要约，相对人很可能会不知不觉就背负某种负担或义务，换言之，其利益会随时遭受难以预料的损害；即使相对人知晓了该不利要约，因为沉默被视为作出了意思表示，所以其也要付出时间、人力和经济成本去作出明确拒绝的意思表示，这显然对相对人是不经济和不公平的。

因此，《民法典》明确规定，意思表示原则上应以明示或者默示作出。所谓明示的意思表示，是通过语言或文字直接表现表意人的效果意思。[1] 通俗地说，就是通过书面或者口头通知的方式作出的意思表示。所谓默示的意思表示，是由行为推断的意思表示，例如对于要约点头进行承诺。[2] 按照通说，默示的意思表示属于需经受领的意思表示，作出"承诺的行为"只是默示的承诺的成立，如欲发生承诺的效力，还需关于该"承诺的行为"的通知到达要约人。[3] 当然，也有例外。比如，《民法典》先是在第480条规定，"承诺应当以通知的方式作出；但是，根据交易习惯或者要约表明可以通过行为作出承诺的除外"。又在第484条规定，"承诺不需要通知的，根据交易习惯或者要约的要求作出承诺的行为时生效"。也就是说，交易习惯或者要约明确表明可以通过行为作出承诺的，当受要约人作出承诺的行为时承诺即生效，无须通知要约人。又由于《民法典》第483条规定承诺生效时合同成立，合同由此即告成立。

通过分析我们发现，劳动者持续超过1个月未提异议的状态既不属于以书面或者口头通知的方式作出的明示，也不属于以自己的行为作出的默示，而是一种沉默。所谓沉默，即既不表示同意，也不表示反对，故又称"不作为的默示"。

---

〔1〕 参见陈甦主编：《民法总则评注》，法律出版社2017年版，第1003页。

〔2〕 参见陈甦主编：《民法总则评注》，法律出版社2017年版，第1003页。

〔3〕 参见韩世远：《合同法总论》（第4版），法律出版社2018年版，第154页。

普遍接受的准则是，单纯的沉默并不构成对于要约的承诺，即使要约人在其要约中表明沉默将被作为承诺，亦是如此。[1] 根据《民法典》第140条的规定，在没有法律规定、当事人约定或者当事人之间的交易习惯时，沉默不能视为意思表示。因此，如果用人单位与劳动者之间既没有事先约定也没有交易习惯，劳动者持续超过1个月未提异议的状态不能视为意思表示，自然也就不能视为其同意了降薪。实际上，劳动者未提异议的可能性有多种。比如，现在发放工资基本是通过银行转账，在劳动者未设置到账提醒的情形下，其迟迟未发现工资发放金额的减少是有可能的。又如，劳动者虽不同意降薪，但害怕提出质疑会丢掉工作。而劳动者继续提供劳动既可能是因为其遵守诚实信用原则，继续履行劳动合同项下的主给付义务，也可能是因为其害怕不继续提供劳动会被用人单位以旷工为由解除劳动合同。并且继续提供劳动的行为与降薪前无异，自然不能视为以行为对降薪作出的默示的承诺。

二、法定变更

除了前述协商变更，《劳动合同法》还规定了两种法定变更劳动合同的情形。第一种是劳动者患病或者非因工负伤，在规定的医疗期满后不能从事原工作的，依据《劳动合同法》第40条第1项，此时用人单位可以另行安排工作。第二种是劳动者不能胜任工作的，依据《劳动合同法》第40条第2项的规定，用人单位可以调整其工作岗位。

这两种调岗产生的原因是，一方面劳动者无法从事或者无法胜任原工作岗位，另一方面又要给劳动者以保护，因此，为平衡双方利益，法律授权用人单位可以单方面变更劳动合同（调整岗位）。当然，调岗必须具有合理性。由于劳动者无法从事或者无法胜任原工作岗位，因此对于这两种调岗应当允许用人单位在调岗的同时调整劳动者的工资标准。如果此种调岗的同时不能调薪，那么对调岗后同岗位的其他员工可能就会不公平。比如，劳动者原岗位是销售经理，因不胜任被调整为销售助理，如果其薪酬标准不能随之降低，仍维持销售经理的薪酬标准，则相对于其他销售助理来说，就存在不公平的可能。

一些特别规定中也规定了法定变更的情形。例如，根据《工伤保险条例》第36条的规定，对于因工致残被鉴定为五级、六级伤残的职工，除享受一次性伤残补助金待遇外，保留与用人单位的劳动关系，由用人单位安排适当工作，难以安排工作的，由用人单位按月发给伤残津贴，五级伤残为本人工资的70%，六级伤

---

〔1〕 参见韩世远：《合同法总论》（第4版），法律出版社2018年版，第147页。

残为本人工资的60%。五级、六级伤残的职工属于部分丧失劳动能力的工伤人员，这部分职工一般来说既不是完全丧失劳动能力，也肯定与受伤前的工作能力相比有显著的下降，一般很难再胜任原有岗位，在此前提下，用人单位安排员工力所能及的适当岗位，应是题中应有之义，这种安排当然也是用人单位的权利和义务。至于所安排岗位的报酬，应当遵循收入基本相当的原则，一是工伤导致的岗位调整不能以损害员工利益为代价，二是从条文内容来看，即使用人单位难以安排工作的情况下，尚且要支付员工60%－70%本人工资的待遇，在员工提供劳动的前提下，工资自然不应当较之更低。[1] 又如，《职业病防治法》第56条中规定，"用人单位对不适宜继续从事原工作的职业病病人，应当调离原岗位，并妥善安置"。此外，《女职工劳动保护特别规定》《女职工禁忌劳动范围的规定》（劳安字〔1990〕2号）等规定，有女职工在禁忌劳动岗位工作情形的，用人单位必须调整其工作岗位。[2] 显然，用人单位调岗必须遵循妥善、合理原则。

此外，需要特别注意的是，2024年9月1日施行的《国有企业管理人员处分条例》第14条规定，国有企业管理人员"被撤职的，降低职务或者岗位等级，同时降低薪酬待遇"。

三、基于用工自主的单方调岗

（一）如何判断单方调岗约定的效力

根据《劳动合同法》第17条的规定，工作内容和工作地点是劳动合同的必备条款。因此，如果用人单位或者劳动者想要变更劳动者的工作岗位或者工作地点，原则上就需要双方协商一致才能变更。但是在实践中，用人单位往往会在劳动合同中约定，用人单位享有对劳动者工作岗位、工作地点的单方调整权，该约定是否有效？一种观点认为，该约定有违平等自愿、协商一致的劳动合同法基本原则，也是典型的排除劳动者权利，故该约定无效。另一种观点认为，该约定是企业自主经营权的行使，应属有效。

笔者认为，对于这种约定的效力，不能一概而论。基于对经营策略的调整等因素，用人单位尤其是企业，对劳动者的工作岗位、工作地点等进行单方调整，是其经营的必然要求，是企业经营自主权和用工自主权的本质内容之一。虽然劳动法没有对此作授权性规定，但是，一方面如前文所述，这是企业经营的必然要求，毕竟企业之所以成为企业，其宗旨是为了经营、盈利，而不是为了养活劳动

---

〔1〕 参见刘继承：《HR赋能劳动人事争议预防与处理指南》，法律出版社2022年版，第138页。
〔2〕 参见王全兴：《劳动法》（第4版），法律出版社2017年版，第204页。

者。另一方面用人单位对员工进行调岗俨然是现实中极其普遍存在的客观现象，与其违背事实不允许其存在，不如对其进行规范，将裁判重心放在防治用人单位滥用用工自主权。

因此，对于约定的效力，应当结合用人单位具体的调岗行为，从合法性、合理性角度进行个案考量。考量的原则是，一方面，应当赋予用人单位以适度的单方调岗权利；另一方面，要以权利不得滥用原则对用人单位的单方调岗权进行适度控制。具体来说，可以从以下几个方面进行控制：其一，用人单位的调岗行为是否基于企业经营的需要；其二，原则上对劳动者的薪资及其他劳动条件不得做不利变更；其三，调岗不能勉为其难，要让劳动者有可能胜任调岗后的工作；其四，调整后的工作与劳动者的能力相匹配，不具有歧视或者侮辱性质；其五，在不增加劳动报酬的情况下，调整后的工作地点应当合理，不至于令劳动者增加过多负担，或者令其能够用于家庭和私人生活的时间明显减少。

用人单位在合法、合理的前提下对劳动者岗位进行适当调整，如果劳动者未到新的工作岗位报到出勤，情节严重的，用人单位可以以其严重违反规章制度为由与其解除劳动合同。

案例49　孙某与某模具公司劳动争议案[1]

——什么情况下用人单位可以单方面调整工作岗位

【基本案情】

孙某于2017年8月入职某模具公司，双方约定孙某的工作地点为某直辖市，岗位为“后勤辅助岗”，具体工作内容为“财务、预算管理和其他行政性工作”。双方还约定：“模具公司可以根据生产经营的需要，对孙某工作岗位、工作内容及工作地点进行调整。”入职后，孙某被安排在模具公司位于某城区的开发中心从事财务人事等辅助性工作。2019年7月1日，基于公司生产经营和管理需要，为减轻各中心的工作负担，模具公司将各中心的财务工作统一转回公司总部的财务处统一管理。为此，孙某办理了开发中心全部财务凭证的交接。模具公司与孙某沟通协商，提出安排其到开发中心其他岗位工作，但均被孙某拒绝。后模具公司安排孙某到位于相邻城区的公司总部从事人事相关工作。7月底，孙某要求模具公司将其调回原工作地点原岗位工作，双方由此发生争议。孙某申请劳动仲

〔1〕 本案为人力资源社会保障部、最高人民法院《关于联合发布第一批劳动人事争议典型案例的通知》（人社部函〔2020〕62号）发布的案例14。

裁，要求模具公司按原工作地点及原工作岗位继续履行劳动合同。仲裁委员会裁决驳回孙某的仲裁请求。

【裁判要点】

生效裁决认为，用人单位作为市场主体，根据自身生产经营需要而对劳动者的工作岗位、工作地点进行适当调整，是行使用工自主权的重要内容，对其正常生产经营不可或缺。但同时，用人单位用工自主权的行使也必须在相关法律和政策的框架内，符合一定条件和范围，如用人单位须对岗位或工作地点的调整作出合理说明，防止用人单位借此打击报复或变相逼迫劳动者主动离职，也即防止其权力的滥用。岗位或工作地点调整的合理性一般考虑以下因素：(1) 是否基于用人单位生产经营需要；(2) 是否属于对劳动合同约定的较大变更；(3) 是否对劳动者有歧视性、侮辱性；(4) 是否对劳动报酬及其他劳动条件产生较大影响；(5) 劳动者是否能够胜任调整的岗位；(6) 工作地点作出不便调整后，用人单位是否提供必要协助或补偿措施等。本案中，双方在劳动合同中约定孙某的工作岗位为“后勤辅助岗”，该岗位不属固定或专业岗位。模具公司根据生产经营需要，适当调整孙某的工作岗位、工作内容及工作地点是基于财务统一管理的需要，对孙某并无针对性。同时，该工作地点和工作内容的调整模具公司亦与孙某进行了沟通协商，给出了包括在原工作地点适当调整岗位等多种选择方案，体现了对孙某劳动权益的尊重。且调整后的人事岗位与孙某的原先岗位性质相近，孙某也完全能够胜任。最后，孙某调整后的工作地点也处于交通便利的城区，上下班时间虽有所增加，但该地点变更不足以认定对其产生较大不利影响，对其劳动权益也不构成侵害，故依法驳回孙某的仲裁请求。

【延伸思考】

在市场经济条件下，用人单位因生产经营需要而调整变化属于正常现象。法律允许用人单位根据自身生产经营需要，合理调整劳动者的工作岗位及工作地点，不仅有利于维护用人单位发展，也有利于劳动关系稳定。需要注意的是，如果用人单位对岗位或工作地点进行不合理调整，侵害劳动者的合法权益，劳动者可依法请求继续履行劳动合同或补偿工资差额等。

实践中，用人单位往往与劳动者在劳动合同中约定较为宽泛的工作地点，比如工作地点为全国、全世界，或者工作地点服从用人单位安排。这属于对工作地点约定不明。同样，对于用人单位基于该约定调整劳动者工作地点的行为，也要从合法性、合理性角度进行个案考量。考量的原则同样是，一方面赋予用人单位以适度的单方调整权利，另一方面以权利不得滥用原则对用人单位的行为进行控制。

（二）用人单位能否单方面安排劳动者待岗

待岗，是指劳动者暂时离开工作岗位，等待用人单位安排工作的状态。由于涉及工作内容、劳动报酬的重大变化，待岗无疑属于劳动合同变更的一种情形。用人单位在何种情况下可以安排待岗？是否必须与劳动者协商一致才能实施待岗？对此，需要具体分析。

首先，按照《劳动合同法》第 35 条的规定，变更劳动合同约定的内容，需要以用人单位与劳动者协商一致为前提；而待岗一般意味着劳动者停止工作，只能领取极低的基本生活费，显然是对劳动者不利的变更。因此，为保障劳动者权益，待岗需以用人单位与劳动者协商一致为实施前提是显而易见的道理，否则，用人单位动辄让劳动者待岗，劳动者将处于极其不利的处境，劳动关系也名存实亡。

但是，凡事总有例外。对于企业来说，经营不善、难以为继，或者因不可抗力等客观因素导致停工停产，往往是难以避免的事，当企业面临这样的境遇时，如果还要求其按照原劳动合同的约定为劳动者提供劳动机会、支付正常的劳动报酬，既不公平事实上也难以实现。鉴于此，《工资支付暂行规定》第 12 条规定，“非因劳动者原因造成单位停工、停产在一个工资支付周期内的，用人单位应按劳动合同规定的标准支付劳动者工资。超过一个工资支付周期的，若劳动者提供了正常劳动，则支付给劳动者的劳动报酬不得低于当地的最低工资标准；若劳动者没有提供正常劳动，应按国家有关规定办理”。可以认为，这是对协商一致待岗的例外规定。在用人单位非因劳动者原因停工、停产的情况下，用人单位可以不经协商一致，单方面决定让劳动者待岗，并按国家有关规定支付其基本的生活费。需要强调的是，用人单位有权单方面让劳动者待岗的“停工、停产”，原则上应当是用人单位整体停工、停产，至少是绝大部分停工、停产，不应仅是部分停工、停产。因为用人单位仅部分停工、停产时，完全可以先与劳动者协商调整岗位，劳动合同尚有继续履行的可能，此时用人单位直接单方面变更劳动合同，让劳动者待岗、发放基本生活费，不符合劳动合同履行的基本原则，也与《劳动合同法》第 35 条和第 40 条第 3 项的规定相抵触。甚至，会诱使用人单位通过裁撤、调整少数部门等手段形成部分停工、停产的现象，然后以待岗为名行违法变相裁员之实，逼迫劳动者自行离职。这样的做法，使用人单位逃避了支付解除劳动关系经济补偿的法定义务，同时，也使劳动关系随时处于动荡不安的境地，严重侵害劳动者合法权益。

案例50　B公司诉高某劳动争议案[1]

——什么情况下用人单位可以单方面安排劳动者待岗

【基本案情】

高某2017年6月13日入职B公司，担任技术研究部负责人。双方订立的最后一份劳动合同期限自2020年6月13日至2025年6月30日。高某月工资55000元。

2023年6月9日，B公司向高某送达《待岗通知》，内容为："由于技术研究部已无具体工作内容，故此即日起安排技术部的员工进入待岗状态，暂不安排工作内容，无需到岗，且不计考勤，工资待遇按照待岗相关规定执行，请等待后续工作安排的通知！"B公司按照每月55000元的标准支付高某工资至2023年6月25日，2023年6月26日至8月14日按照北京市最低工资标准的70%支付高某生活费。

2023年8月14日，高某向B公司送达《被迫解除劳动合同通知书》，载明：2023年6月9日，贵公司在无任何合理理由的前提下向本人发出待岗通知（无待岗期限），不再为本人提供劳动条件，且未足额支付2023年7月的工资，贵公司的行为已经严重损害本人的合法权益，因此，自2023年8月15日起，本人被迫与贵公司解除劳动合同。

高某以要求B公司支付解除劳动合同经济补偿金、法定休假日加班费、平日延时加班费、工资差额为由申请劳动仲裁。

劳动争议仲裁机构裁决：（1）B公司支付高某2023年7月1日至7月8日工资差额12270.34元；（2）B公司支付高某解除劳动合同经济补偿金290023.50元；（3）驳回高某的其他仲裁请求。B公司不服仲裁裁决结果，提起诉讼。

B公司主张，高某所在的技术研究部负责游戏AI，因公司业务调整不再做游戏AI方面的业务，故在2023年6月9日通知技术研究部整体待岗；B公司认为第一个工资支付周期截至2023年6月25日，其按照55000元的标准支付高某工资至2023年6月25日，此后支付生活费并无不当，故不同意支付高某工资差额。高某则主张公司安排技术研究部待岗时，部门只有其一个员工，公司其他部门均是正常经营，公司安排其待岗前，也没有为其安排过其他岗位，故公司安排待岗不合理，属于不提供劳动条件，公司应按照每月55000元的标准支付其2023年6月9日至7月8日的工资。B公司认可安排高某待岗时，公司整体上正常经营，

[1] 参见北京市第一中级人民法院民事判决书，（2024）京01民终8236号。

并表示其他部门是否待岗不清楚。

一审法院判决：（1）B 公司支付高某 2023 年 7 月 1 日至 7 月 8 日工资差额 12210.61 元；（2）B 公司支付高某解除劳动合同经济补偿金 290023.50 元；（3）驳回 B 公司的其他诉讼请求。B 公司不服一审判决，提起上诉。二审法院判决：驳回上诉，维持原判。

【裁判要点】

生效判决认为，用人单位行使其用工自主权对劳动者的整个劳动过程进行指挥和管理，劳动者则应遵循用人单位的指挥，双方在法律允许的范围内形成一种管理与被管理的关系；但用人单位作出的某些决定，尤其是涉及劳动者工作岗位、劳动报酬等切身重要利益的决定，需要与劳动者进行平等协商。待岗虽属于工作安排的一种，但用人单位安排劳动者待岗，是否需要与劳动者协商一致，需要区分情形具体分析。如果用人单位因整体经营困难而被迫安排劳动者待岗，有相应的规定依据，无须与劳动者协商，且可以按照规定支付工资报酬。如果用人单位因部分经营困难或者经营策略出现调整，主动安排部分劳动者待岗时，如果不涉及岗位调整、劳动报酬变化等，暂时安排部分劳动者待岗，尚属于用人单位自主管理范围，无须与劳动者协商；如果涉及岗位调整、劳动报酬变化、长期待岗等劳动者切身利益，构成对劳动合同重要内容的变更，则需要遵照《劳动合同法》第 35 条的规定，以与劳动者平等协商一致为前提，用人单位无权单方变更劳动合同。

B 公司在整体正常经营的情况下，未就工资待遇与高某协商一致，通过安排待岗大幅降低高某工资报酬，显然超出其自主管理范围，不符合法律规定，高某据此提出解除劳动合同，于法有据。

【延伸思考】

本案中，B 公司认可整体上正常经营，待岗决定事实上仅针对高某一人，这种情况并不符合《工资支付暂行规定》第 12 条规定的可以单方安排劳动者待岗的情形。B 公司如果要安排高某待岗，必须先与其协商一致。

（三）如何判断集体竞聘上岗决定的效力

实践中还存在一种极端化的调岗行为，即用人单位出于某种原因，让某个部门的员工，甚至让全体员工重新竞聘上岗，然后对落选者作待岗处理。这种整体调岗行为涉及用人单位经营自主权、用工自主权与《劳动合同法》第 35 条强制性规定的冲突与调和。

首先，全员竞聘上岗的决定属于直接涉及劳动者切身利益的重大事项，用人单位在做决定时，其决定出台的程序必须符合《劳动合同法》第 4 条规定的法定程序，即应当经职工代表大会或者全体职工讨论，提出方案和意见，与工会或者职工代表平等协商确定。工会或者职工认为不适当的，有权向用人单位提出，通过协商予以修改完善。用人单位应当将该决定公示，或者告知劳动者。不符合《劳动合同法》第 4 条规定的法定程序的全员竞聘上岗决定，对劳动者不具有约束力。

其次，在决定出台程序符合法律规定的前提下，决定的内容仍应当具有合法性。一方面，全员竞聘上岗决定是对劳动合同的变更，而劳动合同是个体劳动者与用人单位之间的约定，按照《劳动合同法》第 35 条的规定，变更劳动合同应该取得劳动者个体的同意。通过集体决策出台的决定，并不能起到直接变更个体劳动合同的法律效果。除非该劳动者已经参与了之前的决策程序，并表达了同意的意见。如果某个劳动者在之前的集体决策过程中明确反对全员竞聘上岗的决定，则该决定不能起到直接变更其劳动合同的法律效果。用人单位仍需与其协商一致，才能对其实施竞聘上岗方案。另一方面，除非劳动者明确同意竞聘失败就按照待岗处理的方案，否则，用人单位在其竞聘失败后仍需为其安排合理的工作岗位，这是劳动合同全面履行原则、诚实信用原则施加给用人单位的义务，而不能以竞聘失败为由强行安排其待岗。

第十三讲

劳动关系的解除与终止

第一节　需要强调的几个问题

一、解除或终止的是劳动合同还是劳动关系

在《劳动合同法》上，谈到解除和终止，使用的术语是劳动合同的解除或者终止。实际上，此处的“劳动合同”是指劳动关系，严谨地说，是“劳动合同关系”。就“劳动合同关系”的概念，本书第一讲已经阐述，在此不赘述。

之所以要做这样的理解的主要原因有三：（1）本书第六讲已经阐述，在《劳动合同法》施行之后，劳动关系建立的实质要件是“用工”，而不再是劳动合同，劳动关系和劳动合同是可以分离存在的，如果仅仅解除劳动合同，劳动关系仍然是继续存在的，这就会产生一个尴尬的局面：劳动合同解除了，而与劳动合同相分离的劳动关系却依然健在，那么劳动合同的解除就毫无意义了。（2）在没有书面劳动合同或者书面劳动合同被认定无效的情况下，自然也就不存在所谓解除或者终止一个不存在的或者无效的劳动合同的说法了，此时当事人所欲解除或者终止的当然是双方因用工而建立的劳动关系。正因如此，《劳动合同法实施条例》第5条中规定，自用工之日起1个月内，经用人单位书面通知后，劳动者不与用人单位订立书面劳动合同的，用人单位应当书面通知劳动者终止劳动关系，无须向劳动者支付经济补偿。第6条中规定，用工之日起超过1个月不满1年，劳动者不与用人单位订立书面劳动合同的，用人单位应当书面通知劳动者终止劳动关系，并依照《劳动合同法》第47条的规定支付经济补偿。（3）依据《劳动合同法》第10条第3款的规定，“用人单位与劳动者在用工前订立劳动合同的，劳动关系自用工之日起建立”。因此，用人单位虽然与劳动者订立了劳动合同，但是一直没有开始用工的，劳动关系尚未建立。也就是说，劳动合同处于已经订立但是没有实际履行的状态。对于这种情形，劳动者要求解除或者终止已经订立、尚未实际履行的劳动合同的，如果仅从字面意思理解《劳动合同法》有关解除和终止劳动合同的规定，用人单位就可能需要支付解除或者终止劳动合同的经济补

偿，这显然是不适当的。如果从解除和终止的是劳动关系的角度理解，既然劳动关系尚未建立，自然不存在解除或者终止，用人单位也就无需支付经济补偿，这显然更符合《劳动合同法》的立法本意。

二、《劳动合同法》与《劳动法》等有关解除、终止劳动关系规定的冲突处理

在《劳动合同法》施行之前，用人单位及劳动者解除、终止劳动关系的主要法律依据是《劳动法》第 23 条至第 32 条的规定。《劳动合同法》是专门调整劳动合同订立、履行、变更、解除和终止等事项的法律，该法整合、吸收了包括《劳动法》在内的其他法律关于用人单位及劳动者解除、终止劳动合同的相关规定，对用人单位及劳动者可以解除、终止劳动关系的情形作了系统全面的规定，且与《劳动法》第 23 条至第 32 条的规定存在诸多冲突和不一致。

比如，《劳动法》第 23 条规定，“劳动合同期满或者当事人约定的劳动合同终止条件出现，劳动合同即行终止”。也就是说，该条允许当事人就劳动关系的终止条件进行约定。《劳动合同法》第 87 条规定：“用人单位违反本法规定解除或者终止劳动合同的，应当依照本法第四十七条规定的经济补偿标准的二倍向劳动者支付赔偿金。”该法有关劳动关系终止的规定是通过列举的方式明确列明劳动关系终止的法定情形，并没有允许当事人另行约定劳动关系终止条件的条款。由此可见，《劳动合同法》一改《劳动法》的规定，不再允许当事人另行约定劳动关系终止条件。又如，《劳动合同法》第 39 条与《劳动法》第 25 条均系对用人单位行使即时辞退权的规定，但是相比于《劳动法》第 25 条，《劳动合同法》第 39 条在增加用人单位可以行使即时辞退权的两种情形的同时，也删除了劳动者“严重违反劳动纪律”这种用人单位可以行使即时辞退权的情形。

对于上述法律规定的冲突，司法实践中应当如何处理？笔者认为，在《劳动合同法》施行之后的劳动关系解除与终止，应当适用《劳动合同法》的规定，不能再适用《劳动法》等法律的冲突规定。因为，首先，相对于《劳动法》等法律，《劳动合同法》有关解除、终止劳动关系的规定是特别法规定。正如前文所述，《劳动合同法》是专门调整劳动合同订立、履行、变更、解除和终止等事项的法律，该法正是在整合、吸收包括《劳动法》在内的其他法律关于用人单位及劳动者解除、终止劳动合同相关规定的基础之上，对用人单位及劳动者可以解除、终止劳动关系的情形做了系统全面的全新规定。其次，虽然《劳动法》在《劳动合同法》施行之后也作过两次修正，但是两次修正的内容与劳动关系解除、终止均没有关联，仅是针对特定内容所作的局部修正。类似的适用还有，如 2005

年修正的《妇女权益保障法》第 27 条第 1 款规定，“任何单位不得因结婚、怀孕、产假、哺乳等情形，降低女职工的工资，辞退女职工，单方解除劳动（聘用）合同或者服务协议。但是，女职工要求终止劳动（聘用）合同或者服务协议的除外”。该法 2018 年再次修正，但对该条规定的具体内容未作任何变动。《劳动合同法》第 42 条第 4 项规定，女职工在孕期、产期、哺乳期的，用人单位不得依照该法第 40 条、第 41 条的规定解除劳动合同，再结合该法第 36 条和第 39 条的规定，可以看到，相比 2005 年及 2018 年修正的《妇女权益保障法》，《劳动合同法》对用人单位解除与孕期、产期、哺乳期女职工的劳动合同的情形作了限缩。应当认为，《劳动合同法》第 42 条第 4 项和第 39 条相比《妇女权益保障法》第 27 条第 1 款应当优先适用。换言之，当孕期、产期、哺乳期女职工存在《劳动合同法》第 39 条规定的 6 种情形时，用人单位仍然可以依法解除与之的劳动关系；当用人单位与其协商一致时，仍然可以依据《劳动合同法》第 36 条解除劳动关系。令人欣慰的是，2022 年修订的《妇女权益保障法》终于对原第 27 条进行了修订，保持了与《劳动合同法》相关规定的一致。2022 年修订的《妇女权益保障法》在第 48 条第 2 款规定，“用人单位依法解除、终止劳动（聘用）合同、服务协议，或者女职工依法要求解除、终止劳动（聘用）合同、服务协议的除外”。不过，需要注意的是，依据《劳动合同法》第 42 条第 4 项及第 45 条的规定，女职工在孕期、产期、哺乳期劳动合同期满的，劳动合同应当续延至相应的情形消失时终止，对此，通常情况下都是理解为续延到哺乳期满。而 2022 年修订的《妇女权益保障法》在第 48 条第 2 款新增规定“女职工在怀孕以及依法享受产假期间，劳动（聘用）合同或者服务协议期满的，劳动（聘用）合同或者服务协议期限自动延续至产假结束”，该规定显然与《劳动合同法》上述规定冲突，且明显减损妇女正当权益，令人匪夷所思。笔者揣测，无故减损妇女正当权益必不是《妇女权益保障法》的修法目的，出现此种情形有可能是部分起草人员对《劳动合同法》相关规定不熟悉导致。那么，女职工在孕期产假期间期满的劳动合同，到底是续延到产假结束还是哺乳期满？笔者认为，有鉴于《劳动合同法》有关解除、终止劳动关系的规定是特别法规定，仍应以《劳动合同法》相关规定为准。就此问题，人力资源和社会保障部也专门在其官网进行了回复：“根据《劳动合同法》第 42 条、第 45 条规定，女职工在孕期、产期、哺乳期的，劳动合同期满，劳动合同应当续延至相应的情形消失时终止。据此，女职工工在孕期劳动合同期满的，劳动合同应续延至孕期、产期、哺乳期结束。”[1]

同样的道理，虽然《职业病防治法》（2018 年修正）第 35 条第 2 款规定，“对未进行离岗前职业健康检查的劳动者不得解除或者终止与其订立的劳动合同”，然而，纵观该法历史沿革会发现，虽历经数次修正，但是，自该法于 2002 年 5 月 1 日起施行开始，完全相同的规定就已经存在于第 32 条第 2 款，历次修正对于该规定的具体内容并未做任何变动。《劳动合同法》第 42 条第 1 项对此作了新的规定，按照该规定，从事接触职业病危害作业的劳动者未进行离岗前职业健康检查，或者疑似职业病病人在诊断或者医学观察期间的，用人单位不得依照该法第 40 条、第 41 条的规定解除劳动合同。再结合该法第 36 条、第 39 条规定，可以认为，相对于《职业病防治法》的相关规定，《劳动合同法》第 36 条、第 39 条以及第 42 条的规定应当优先适用。易言之，当未进行离岗前职业健康检查的劳动者存在《劳动合同法》第 39 条规定的 6 种情形时，用人单位仍然可以依法解除与之的劳动关系；当由劳动者提出并与用人单位协商一致时，仍然可以依据《劳动合同法》第 36 条解除劳动关系。如果劳动者依据《劳动合同法》第 37 条、第 38 条主动解除劳动关系的，自然也应当承认解除的效力。不过，从征求意见稿来看，为充分保护劳动者权益，《劳动争议司法解释二》准备规定，用人单位未按照国务院安全生产监督管理部门、卫生行政部门的规定组织从事接触职业病危害作业的劳动者进行离岗前的职业健康检查，双方协商一致解除劳动合同后，劳动者请求继续履行劳动合同的，人民法院应予支持，但有下列情形之一的除外：（1）一审法庭辩论终结前用人单位已经组织劳动者进行职业健康检查且经检查劳动者未患职业病的；（2）用人单位组织劳动者进行职业健康检查，劳动者无正当理由拒绝检查的。

三、《劳动合同法》排除了约定解除、终止劳动关系的空间

《劳动合同法》排除了用人单位与劳动者在法定情形之外约定解除、终止条件的空间，用人单位与劳动者在法定情形之外约定劳动关系解除或者终止的条件，该约定无效。

其一，《劳动合同法》第 87 条规定，“用人单位违反本法规定解除或者终止劳动合同的，应当依照本法第四十七条规定的经济补偿标准的二倍向劳动者支付赔偿金”。《劳动合同法实施条例》第 13 条更是明确规定，“用人单位与劳动者不

[1]《劳动关系司答网民咨询关于女职工孕期劳动合同期满是否可顺延至哺乳期结束问题的来信》，载人力资源和社会保障部官网，https：//www. mohrss. gov. cn/SYrlzyhshbzb/zxhd/buzhangxinxiang/huiyingxuandeng/202411/t20241120_ 530299. html，2024 年 11 月 22 日访问。

得在劳动合同法第四十四条规定的劳动合同终止情形之外约定其他的劳动合同终止条件”。由此可见，《劳动合同法》关于用人单位可以解除、终止劳动合同的规定是强制性规定，用人单位不得突破该法，另行约定解除或者终止劳动合同的条件，否则就构成违法解除或者违法终止，需承担相应的法律责任。

其二，《劳动合同法》第90条规定，“劳动者违反本法规定解除劳动合同，或者违反劳动合同中约定的保密义务或者竞业限制，给用人单位造成损失的，应当承担赔偿责任”。也就是说，该法中关于劳动者可以解除劳动合同的规定也是强制性规定，劳动者不得突破该法规定的情形解除劳动合同，否则也构成违法解除，需承担赔偿损失等法律责任。

其三，为了避免争议，《劳动合同法实施条例》第18条对劳动者可以解除劳动关系的情形作了列举性规定，该规定明确排除了约定解除的空间：“有下列情形之一的，依照劳动合同法规定的条件、程序，劳动者可以与用人单位解除固定期限劳动合同、无固定期限劳动合同或者以完成一定工作任务为期限的劳动合同：（一）劳动者与用人单位协商一致的；（二）劳动者提前30日以书面形式通知用人单位的；（三）劳动者在试用期内提前3日通知用人单位的；（四）用人单位未按照劳动合同约定提供劳动保护或者劳动条件的；（五）用人单位未及时足额支付劳动报酬的；（六）用人单位未依法为劳动者缴纳社会保险费的；（七）用人单位的规章制度违反法律、法规的规定，损害劳动者权益的；（八）用人单位以欺诈、胁迫的手段或者乘人之危，使劳动者在违背真实意思的情况下订立或者变更劳动合同的；（九）用人单位在劳动合同中免除自己的法定责任、排除劳动者权利的；（十）用人单位违反法律、行政法规强制性规定的；（十一）用人单位以暴力、威胁或者非法限制人身自由的手段强迫劳动者劳动的；（十二）用人单位违章指挥、强令冒险作业危及劳动者人身安全的；（十三）法律、行政法规规定劳动者可以解除劳动合同的其他情形。”同样，第19条则对用人单位可以解除劳动关系的情形做了列举性规定，该规定亦明确排除了约定解除的空间：“有下列情形之一的，依照劳动合同法规定的条件、程序，用人单位可以与劳动者解除固定期限劳动合同、无固定期限劳动合同或者以完成一定工作任务为期限的劳动合同：（一）用人单位与劳动者协商一致的；（二）劳动者在试用期间被证明不符合录用条件的；（三）劳动者严重违反用人单位的规章制度的；（四）劳动者严重失职，营私舞弊，给用人单位造成重大损害的；（五）劳动者同时与其他用人单位建立劳动关系，对完成本单位的工作任务造成严重影响，或者经用人单位提出，拒不改正的；（六）劳动者以欺诈、胁迫的手段或者乘人之危，使用人单位在违背真实意思的情况下订立或者变更劳动合同的；（七）劳动者被依法追究刑事责任的；（八）劳动者患病或者非因工负伤，在规定的医疗期满后不能从事原工作，也不能从事由用人单位另行安排的工作的；（九）劳动者不能胜任工作，经过培训或者调整工作岗位，仍不能胜任工作的；（十）劳动合同订立时所依据的客观情况发生重大变化，致使劳动合同无法履行，经用人单位与劳动者协商，未能就变更劳动合同内容达成协议的；（十一）用人单位依照企业破产法规定进行重整的；（十二）用人单位生产经营发生严重困难的；（十三）企业转产、重大技术革新或者经营方式调整，经变更劳动合同后，仍需裁减人员的；（十四）其他因劳动合同订立时所依据的客观经济情况发生重大变化，致使劳动合同无法履行的。”

其四，《劳动合同法》第44条规定：“有下列情形之一的，劳动合同终止：（一）劳动合同期满的；（二）劳动者开始依法享受基本养老保险待遇的；（三）劳动者死亡，或者被人民法院宣告死亡或者宣告失踪的；（四）用人单位被依法宣告破产的；（五）用人单位被吊销营业执照、责令关闭、撤销或者用人单位决定提前解散的；（六）法律、行政法规规定的其他情形。”《劳动合同法实施条例》第13条专门规定：“用人单位与劳动者不得在劳动合同法第四十四条规定的劳动合同终止情形之外约定其他的劳动合同终止条件。”由此可以确定，《劳动合同法》一改《劳动法》允许当事人约定终止的做法，不再允许当事人在法定情形之外另行约定劳动关系终止的条件，如果当事人作此约定，该约定无效。

通过以上分析可知，现行《劳动合同法》排除了用人单位和劳动者跳出法定情形之外另行约定解除或者终止劳动关系条件的空间，其用意是严格限制用人单位随意突破法律规定解除、终止劳动关系，以实现该法第1条阐明的立法目的——维持劳动关系的稳定、保护劳动者的合法权益。因此，如果用人单位和劳动者超出《劳动合同法》规定的情形，另行约定解除、终止条件，这样的约定属于无效约定。

案例51　Z公司诉曹某劳动合同纠纷案[1]

——在《劳动合同法》规定之外另行约定劳动关系解除情形的约定无效

【基本案情】

曹某于2015年11月12日入职Z公司，于2019年1月19日签订销售人

〔1〕参见上海市第一中级人民法院民事判决书，（2020）沪01民终11389号。该案系人民法院案例库入库案例，入库编号：2023-07-2-186-009。

员军令状，承诺自愿选择2019年的业绩目标为2700万元，完成率低于30%则自动离职。曹某实际2019年度完成业绩264万元。2020年3月17日，Z公司向曹某出具通知书，载明“因您于2019年销售业绩未能完成销售人员军令状的销售承诺，且销售业绩完成率低于业绩目标的30%。该情形触发了‘您将在业绩未达到目标30%时则自动离职’的许诺，根据上述约定，自2020年3月17日起公司与您的劳动合同即告终止。”曹某于当日按照Z公司要求进行了离职交接。

曹某申请劳动仲裁，之后又诉至法院，请求Z公司支付其违法解除劳动合同赔偿金122641.83元。

【裁判要点】

生效判决认为，《劳动合同法》对于劳动合同的解除及终止的情形作出了明确规定。本案中，Z公司主张曹某未达到销售人员军令状的销售业绩，曹某自动离职，但曹某从未向Z公司作出过解除劳动合同的意思表示，故Z公司的该主张，法院不予采纳。Z公司又表示双方系协商一致解除劳动合同，但是提供的证据并不能证明其事实主张。

曹某虽在销售人员军令状上签字，但在曹某的销售业绩达不到预期目标时，Z公司应对曹某进行培训或者调整工作岗位，仍不能胜任工作的，方可依据相关法律规定解除劳动合同。现Z公司直接以曹某销售业绩未达到目标30%为由解除双方的劳动合同，属违法解除，应当依法向曹某支付违法解除劳动合同赔偿金。

【延伸思考】

《劳动合同法》排除了用人单位和劳动者跳出法定情形之外另行约定解除或者终止劳动关系条件的空间，其用意就是严格限制用人单位随意突破法律规定解除、终止劳动关系，维持劳动关系的稳定、保护劳动者的合法权益。因此，如果用人单位和劳动者超出《劳动合同法》规定的情形，另行约定解除、终止条件，这样的约定属于无效约定。至于本案中劳动者单方做出的承诺，在劳动关系项下，属于用人单位免除自己法律责任的一种手段，应当视为其系按照用人单位的指示（要约）进行的承诺，仍构成双方的约定，当属无效，用人单位只能依据《劳动合同法》规定的法定情形和程序解除劳动合同。

第二节　协商解除

劳动关系的解除，是指劳动关系的当事人提前消灭劳动关系的法律行为，换言之，是劳动关系当事人阻却劳动关系在约定期限届满前存续，亦即使劳动关系向后失去效力的意志行为。[1] 由于是提前消灭劳动关系，因此需要当事人作出提前消灭劳动关系的意思表示，否则劳动关系不会自动解除。

依据《民法典》第566条的规定，一般的民事合同解除后，尚未履行的，终止履行；已经履行的，根据履行情况和合同性质，当事人可以请求恢复原状或者采取其他补救措施，并有权请求赔偿损失。也就是说，对于一般民事合同来说，合同的解除会产生当事人财产和权利恢复到合同成立之前状态的法律效果，即合同解除具有溯及力。劳动关系的解除与一般民事合同解除的重大区别在于，由于劳动合同是继续性合同，且劳动者已经付出的劳动没有恢复原状的可能性，因此劳动关系的解除只向将来发生效力，不具有溯及力，过去的劳动合同关系不受影响[2]。

相比合同法，《劳动合同法》上劳动关系的解除虽然也分为协商解除和单方解除，但是由于《劳动合同法》排除了约定解除劳动关系的空间，因此，《劳动合同法》上的单方解除实际上只有法定解除一种，并不包括约定解除。

所谓协商解除，就是《劳动合同法》第36条规定的解除方式，是指劳动者或者用人单位主动向对方提出想解除劳动关系的意思表示，然后双方经协商，就解除的相关事项达成合意，从而解除劳动关系。

法律对于协商解除的具体方式和程序并未作详细的规定，因此，无论是书面还是口头的协商解除都可以，提出解除想法的一方也不需要提前多少天把自己想解除劳动关系的意思通知到对方。

一、注意区分协商解除与单方解除

实践中，有时候协商解除与单方解除表现出来的形式差不多，因此，要注意协商解除和单方解除的区别，以免混淆。比如，在实践中，一些用人单位规定，劳动者辞职需要在OA办公系统中先行提交辞职申请，经单位相关部门领导审批同意之后方可离职。这样的辞职原则上属于协商解除——即由劳动者提出，双方协商一致解除劳动关系——而不是单方解除。因为法律规定，劳动者单方解除劳动关系是不需要用人单位批准的。除非劳动者在办公系统提交的申请明确表达了单方解除劳动关系的意思表示，如劳动者明确表示因个人原因或者因用人单位未及时足额支付劳动报酬而提出辞职。

在协商解除中，一方向另一方发出的只是自己想解除劳动关系的意思表示，

---

〔1〕 参见王全兴：《劳动法》（第4版），法律出版社2017年版，第211页。

〔2〕 参见崔建远：《合同法总论》（上卷），中国人民大学出版社2024年版，第202页。

这个意思表示只是一个要约，需要对方作出承诺才能产生解除的效果。在单方解除中，一方向对方发出的是自己决定单方解除劳动关系的意思表示。解除权是形成权，并不需要对方作出相应的承诺，一经到达对方就产生发出方想要达到的解除的法律效果。

下面以劳动者提出协商解除为例进行说明。当劳动者向用人单位发出想解除劳动关系的要约之后，有以下四种可能：（1）用人单位同意劳动者解除的条件，这就相当于单位作出了承诺，于是劳动关系经协商一致解除。这种情况下，法律关系简单，不容易产生误读。（2）用人单位对劳动者的要约不做回应，此时，不能简单地认为劳动者提出了单方解除，实际上劳动者只是提出了想解除合同的要约而已。也就是说，劳动者提出的到底是想解除劳动关系的意思表示，还是解除劳动关系的意思表示，两者是不一样的，要注意甄别。（3）劳动者向用人单位发出想解除劳动关系的要约之后，用人单位原则上同意解除，但是在具体的解除细节上提出了不同意见，比如，不同意劳动者提出的解除时间，或者不同意劳动者提出的解除条件，并且提出了新的方案。这实际上是用人单位对劳动者的要约提出了反要约。我们知道，在合同法上，意思表示经过要约反要约这样的多轮讨价还价过程最终才达成一致的合意是司空见惯的。因此，对于用人单位提出的新的方案，以及之后劳动者还有可能在用人单位方案的基础上进一步提出新方案，对于这样反复要约反要约的过程，要作为一个整体来看待，把它们看成是协商过程中的一个环节。但是，在司法实践中，经常有裁判者将这种讨价还价的过程割裂开来看。一个整体的协商解除，被割裂成劳动者提出解除，用人单位没有同意，提出了新的解除，这样就把经劳动者提出的协商解除混淆成由用人单位提出的协商解除，甚至是用人单位提出了单方解除。（4）在双方协商解除的过程中，不排除一方因为各种原因不想协商了，直接跳出协商范畴，单方提出解除的意思表示。这个时候，我们要做的就是根据具体案情，区分清楚到底是协商解除的意思表示，还是单方解除的意思表示。

二、视为协商解除的特殊情形

实践中存在一种特殊情形，即劳动者主张用人单位将其辞退，请求用人单位支付解除劳动关系的经济补偿或者赔偿金，用人单位则主张劳动者系自动离职，但是双方均没有充分证据证明自己的主张，根据其他证据也无法查清劳动关系解除的原因，此时应如何认定劳动关系解除原因？对于劳动者请求用人单位支付解除劳动关系的经济补偿或者赔偿金的主张应否支持？

对于上述情形应如何处理，司法实践中存在不同观点。第一种观点认为，应当按照“谁主张，谁举证”的原则处理。例如，浙江省高级人民法院民一庭《关于审理劳动争议案件若干问题的意见》（浙法民一〔2009〕3 号）第 29 条规定，在劳动争议案件审理过程中，劳动者与用人单位对是哪一方提出解除劳动合同或终止劳动关系的事实发生争议的，应当根据“谁主张，谁举证”原则确定举证责任。第二种观点认为，双方均无法证明是劳动者自动离职还是用人单位辞退的，视为用人单位提出、双方协商一致解除劳动关系，由用人单位向劳动者支付经济补偿。例如，广东省高级人民法院、广东省劳动人事争议仲裁委员会《关于审理劳动人事争议案件若干问题的座谈会纪要》（粤高法〔2012〕284 号）第 29 条规定，劳动者与用人单位均无法证明劳动者的离职原因，可视为用人单位提出且经双方协商一致解除劳动合同，用人单位应向劳动者支付经济补偿。第三种观点认为，应由用人单位对劳动者的离职原因承担举证责任。例如，江苏省高级人民法院、江苏省劳动人事争议仲裁委员会《关于审理劳动人事争议案件的指导意见（二）》（苏高法审委〔2011〕14 号）第 14 条规定，劳动者主张被用人单位口头辞退，而用人单位主张是劳动者自动离职，由用人单位就劳动者自动离职的事实负举证责任，用人单位不能举证证明的，由其承担不利后果。

笔者认为，在双方当事人均主张劳动关系已经解除的情况下，第二种观点较为合理。第一种观点的缺陷有二：（1）认定了劳动关系解除，却未对双方劳动关系解除的原因作出认定，使这一关键事实经过诉讼仍处于悬而未决状态，从而影响经济补偿、赔偿金、解除引发的违约责任等关联事项的认定。（2）依照《劳动合同法》第 50 条的规定，用人单位应当在解除或者终止劳动合同时出具离职证明，并在 15 日内为劳动者办理档案和社会保险关系转移手续。也就是说，即便劳动者真如用人单位所说自动离职，用人单位也负有上述法定义务。因此，如果用人单位管理规范，至少应当通知自动离岗的员工返岗或者办理离职手续，这样就自然能够向法院提供相关证明材料。因此，第一种观点实际上纵容了用人单位管理的不规范。第三种观点实际上是在没有法律依据的情况下将本来应由提出诉讼请求的劳动者一方负担的举证证明责任进行了倒置，转由用人单位负担，并且是令用人单位自证其无，有违举证责任分配规则，对用人单位一方也显得过于严厉。第二种观点既确定了劳动关系解除原因，也使管理不规范的用人单位付出了一定代价又不至于过分严厉，较之第一种观点和第三种观点，显然更为妥当。

第三节　劳动者单方解除

依据提出者的不同，单方解除分为劳动者单方解除和用人单位单方解除。其中劳动者单方解除，按照《劳动合同法》的规定，又可以分成预告辞职和即时辞职两大类。

一、劳动者预告辞职

所谓预告辞职，即《劳动合同法》第37条所规定的解除方式：劳动者提前30日以书面形式通知用人单位，可以解除劳动合同。劳动者在试用期内提前3日通知用人单位，可以解除劳动合同。从上述法律规定来看，（1）预告辞职是劳动者的法定权利；（2）它无须征得用人单位同意即可依劳动者的意志决定是否行使；（3）除了以提前30日书面通知用人单位或者试用期内提前3日通知用人单位为程序性条件外，不附加实体性条件，给予劳动者较大的辞职自由。

（一）未依法提前通知的解除行为能否发生解除劳动关系的法律效果

如果劳动者未将解除的意思表示提前30日通知用人单位或者试用期内未提前3日通知用人单位，其解除行为能否发生解除劳动关系的法律效果？笔者认为，由于劳动关系对于劳动者来说具有强烈的人身属性，基于人身自由的考虑，显然不能也无法强制其继续向用人单位提供劳动。因此，即使劳动者未依法提前将解除的意思表示送达用人单位，构成违法解除，亦应当肯定其解除行为发生解除劳动关系的法律效果。实际上，《劳动合同法》正是这么规定的。《劳动合同法》第48条规定，当用人单位违反本法规定解除劳动合同，劳动者要求继续履行劳动合同的，用人单位应当继续履行；劳动者不要求继续履行劳动合同或者劳动合同已经不能继续履行的，用人单位应当按照合法解除劳动合同经济补偿的两倍标准支付违法解除的赔偿金。也就是说，当违法解除的主体是用人单位的时候，《劳动合同法》采用了合同法上的原则，将继续履行安排为优先级，只要劳动者要求继续履行劳动关系，原则上用人单位就要继续履行，其所作出的违法解除行为不产生解除劳动关系的法律效果。但是《劳动合同法》却没有相应地规定劳动者违法解除劳动合同时，用人单位可以要求继续履行劳动合同，而是在第90条规定，劳动者违反本法规定解除劳动合同，给用人单位造成损失的，应当承担赔偿责任。做不同立法处理的原因正是在于劳动关系对于劳动者来说具有人身属性，基于人身自由的考虑，无法强制其提供劳动。实际上在传统民事合同领域也存在这个问题，比如，涉及以自然人提供劳务为主要内容的合同。假设某商演机构与某明星签订了一份商演合同，结果因为种种原因，该明星拒绝出演，这时候，商演机构是没法要求该明星必须进行商演的，而只能请求该明星赔偿违约损失。对于用人单位来说，其是一个组织体，并非自然人，继续履行劳动关系对其来说不存在限制其人身自由、强迫劳动等问题。

案例52　W公司诉高某劳动争议案[1]

——劳动者未依法提前通知的解除行为依然发生解除劳动关系的法律效果

【基本案情】

高某于2019年4月6日入职W公司，月工资为6300元。2022年11月21日，高某因不想再在W公司工作，提出离职。高某与W公司法定代表人马某的微信聊天记录显示，2022年11月20日下午，高某对马某说："三姐我现在身体也不太好，要辞职了，过几天准备做手术了，您看我周一去了能把离职办了吗。"高某向W公司提交《离职声明》，载明："本人因个人原因于11月21日提出离职，望领导批准。"双方于2022年11月21日办理离职交接。W公司之后又不同意高某离职，于2022年11月23日向高某作出解除劳动合同的意思表示，并向高某送达《辞退通知书》，其中载明："高某，由于您违反了《员工手册》中第7章第3条以及《公司规章制度》中第8条的规定，情节严重，影响恶劣，现根据公司规定，将对您处以辞退的处分。"

之后，高某申请劳动仲裁，劳动争议仲裁机构裁决W公司向高某支付违法解除劳动合同赔偿金31500元。W公司不服仲裁裁决，起诉请求判令其无需支付违法解除劳动合同赔偿金31500元。

关于辞退高某的原因，W公司主张高某提供了虚假的居家隔离证明，属于旷工。高某对此予以否认，并提交医学健康监测证明、居家隔离医学观察告知书及微信聊天记录为证。W公司认为高某向公司申请离职在前，故其辞退行为不发生法律效力。

【裁判要点】

生效判决认为，劳动者有权根据《劳动合同法》第37条单方解除劳动合同。就通知用人单位解除劳动合同的时间，上述法律规定为提前30日通知单位。但是，鉴于劳动者履行劳动合同具有强烈的人身属性，因此即使劳动者没有依法提前30日将解除劳动合同的意思表示通知单位，其解除行为依然发生解除劳动合同的法律效力，只不过因其违法解除行为给用人单位造成损失的，应当承担赔偿责

[1] 参见北京市第一中级人民法院民事判决书，(2023)京01民终8521号。

任。因此，高某在2022年11月21日向W公司提交《离职声明》时，即向W公司作出了解除劳动合同的意思表示，该意思表示在到达W公司时即发生相应的法律效力。虽然《离职声明》没有明确解除劳动合同的时间，但是从微信聊天记录来看，高某是希望在周一（即2022年11月21日）办理离职手续；而从离职交接材料来看，高某确实在2022年11月21日与W公司办理完毕离职交接。因此，可以认定高某是要在提交《离职声明》的当日即解除劳动合同，而不是在30日后才解除劳动合同。是故，随着高某在2022年11月21日向W公司作出解除劳动合同的意思表示并办理完毕离职交接手续后，双方的劳动合同即告解除。W公司在其后作出的解除行为自然不发生相应的法律效力。《离职声明》中载明高某解除劳动合同的理由系由于个人原因，该理由不属于用人单位应向劳动者解除劳动合同补偿金、赔偿金的情形，故W公司主张无需向高某支付违法解除劳动合同赔偿金。

【延伸思考】

本案有两处值得思考。一是预告辞职解除时点的确定。当劳动者虽然没有在辞职通知上写明具体的解除日期，但是根据其行为、言语等能够确定其所欲解除劳动关系的日期的，应当根据其真实的意思表示确定劳动关系的解除日期。二是用人单位不得设定条件限制劳动者的预告辞职权，如本案中，用人单位认为劳动者的辞职需要其同意才发生法律效力的认识是不正确的。

（二）预告辞职的解除时点如何确定

实践中存有争议的问题是，当转正之后的劳动者依据《劳动合同法》第37条预告辞职时，解除劳动关系的具体时点如何确定？笔者认为：（1）如果劳动者明确通知单位30日后解除劳动关系，则劳动关系自用人单位收到通知的30日后解除。（2）如果劳动者虽然没有在辞职通知上写明具体的解除日期，但是根据辞职通知的措辞及劳动者的行为、言语等能够确定其所欲解除劳动关系的日期的，应当根据其真实的意思表示确定劳动关系的解除日期。例如，劳动者提出辞职后，不再来上班，则应当认为其不上班之日为劳动关系解除之日；又如，前述案例中，高某提出在2022年11月21日办理离职手续，并于该日办理完毕离职交接，则应当认定该日为劳动关系解除之日。（3）如果劳动者的辞职通知上没有明确解除日期，也无法根据辞职通知的措辞及劳动者的行为、言语等确定其所欲解除劳动关系的日期，则可以推定解除日期为用人单位收到辞职通知之日起的30日后。但是此时，由于劳动者意思表示不明确，使解除日期处于一种不确定的状态，这种情况下，用人单位能否根据自己的意思确定一个明确的解除日期？这就涉及《劳动合同法》第37条规定的预告期到底是保护哪一方的利益。第37条规定的劳动者预告辞职权无须实体条件，其设立目的旨在保障劳动者的自由流动。但是劳动者想走就走，就可能会给用人单位正常的运营造成较大的影响。因此，为了平衡用人单位的利益，给用人单位一定的准备时间，以便提前安排替代辞职者的人选，该条设定了30日的预告期（试用期内为3日）。由此可见，本条设置的预告期是为保障用人单位的利益而设置的。当然，由于法律明确规定了30日的预告期，可以认为这个30日属于劳动者的信赖利益。但是，既然劳动者没有明确辞职日期，可以认为其放弃了该信赖利益。因此，在解除日期不明确的情况下，用人单位当然可以主动放弃自己的利益。换言之，如果因劳动者原因无法确定解除劳动关系的日期，则用人单位也可以不用等30日，其可以根据自己的利益提前“批准”或者通知劳动者终结劳动关系。

（三）对用人单位限制辞职权的评析〔1〕

实践中，有些用人单位往往会对劳动者的辞职权予以限制。比如，用人单位通过劳动合同约定或者规章制度规定，不满足某些条件的，不允许劳动者离职。常见的做法包括：领导尚未批准劳动者离职申请的、劳动者未办理完毕交接手续的、金融业劳动者办理的贷款等业务出现风险尚未解除或处理完毕的、未完成离职审计的、劳动者尚未清偿用人单位欠款的等。就一般劳动者而言，用人单位通过上述行为限制其辞职的权利是违法的。首先，《劳动法》《劳动合同法》等劳动法律法规均未限制劳动者的离职自由，只是在程序上规定了劳动者负有提前告知的义务，如果劳动者没有履行该义务且因此给用人单位造成损失，劳动者向用人单位承担赔偿责任。其次，《劳动合同法》第26条还规定了用人单位不得排除劳动者权利。故用人单位即使通过合同约定或者规章制度的规定限制劳动者辞职权利的，这些约定和规定原则上均属无效。

需要强调的是，用人单位以劳动者的离职审计尚未完成为由，拒绝为劳动者办理开具解除劳动合同证明、拒绝办理档案和社保转移手续的，应属于违法行为。我国法律、行政法规目前没有规定用人单位为劳动者办理上述手续的前提是完成离职审计，在关于离职（离任）审计的规范性文件中也没有规定被审计对象必须在审计完成后才可以离职或者调职。相反，《劳动合同法》第50条规定了用人单位应当在解除或者终止劳动合同的15日内办理档案和社保关系转移手续，而并未附加其他条件。用人单位以劳动者尚存在风险业务未处理完毕为由，拒绝劳动者离职，拒绝为劳动者办理开具解除劳动合同证明、档案和社保关系转移手续

---

〔1〕部分内容参见吴彬：《劳动人事争议裁判规则和实操指引》，中国法制出版社2022年版，第209～210页。

的，亦属于违法行为。风险业务是指可能造成用人单位经济损失的业务，如贷款、货款未能如期收回等。用人单位预防损失的心情可以理解，但是采取这种限制劳动者离职自由的方法却属于违法行为。

（四）脱密期约定的效力

部分用人单位还通过与劳动者约定脱密期的方式限制其预告辞职权。诚然，当约定的脱密期不长于30日时，因该约定与《劳动合同法》第37条的规定并不冲突，当然有效。但是，当约定的脱密期长于30日时，该约定是否有效？对此，存在不同观点。

一种观点认为，虽然用人单位通过脱密期制度与劳动者约定长于30日的辞职提前通知期并没有以法律法规的形式得以明确肯定，但是如用人单位与劳动者通过协商一致的方式作出约定，该约定并不当然无效。在用人单位确有通过脱密期保护商业秘密合法性及合理性的基础上，双方关于脱密期的约定并不存在违反法律法规的情形，不宜武断仅因为与《劳动合同法》有关主动辞职的规定不同而认定为无效。[1]

另一种观点则认为，根据《劳动合同法》第37条之规定，“劳动者提前三十日以书面形式通知用人单位，可以解除劳动合同。劳动者在试用期内提前三日通知用人单位，可以解除劳动合同”。某公司所持脱密期仍为双方劳动关系存续期间的主张，缺乏依据，故对于某公司主张周某某继续履行《劳动合同书》至2020年10月27日的诉讼请求，不予支持。[2]

笔者认为，用人单位不宜与劳动者约定长于法定30日预告辞职期的脱密期，理由有三：

（1）前文已经分析，由于劳动关系对于劳动者来说具有强烈的人身属性，基于人身自由的考虑，显然不能也无法强制其继续向用人单位提供劳动。因此，即使劳动者未依约提前将解除的意思表示送达用人单位，亦只能肯定其解除行为发生解除劳动关系的法律效果。正因如此，《劳动合同法》规定当用人单位违法解除劳动合同时，劳动者可以要求继续履行劳动合同，却没有相应地规定劳动者违法解除劳动合同时，用人单位可以要求继续履行劳动合同，而是在第90条规定，劳动者违反该法规定解除劳动合同，给用人单位造成损失的，应当承担赔偿责任。因而，有关脱密期的约定违背劳动关系对劳动者一方的人身属性，有强迫劳

---

〔1〕参见北京市兰台律师事务所编著：《劳动争议攻防策略：请求权基础思维分析与合规操作》，中国法制出版社2023年版，第197页。

〔2〕参见北京市第二中级人民法院民事判决书，（2021）京02民终3847号。

动之嫌。

（2）《劳动合同法》关于解除劳动关系的规定均是强制性规定，不能通过预先约定来排除适用是显而易见的。该法第 37 条赋予劳动者提前 30 日通知的预告辞职权，该权利不能通过预先约定的方式被排除。否则，据此类推，用人单位也能通过预先约定的方式令劳动者放弃主张加班工资了。

（3）虽然部分地区仍保留有关脱密期的地方规定，如《上海市劳动合同条例》第 15 条规定，“劳动合同当事人可以在劳动合同中约定保密条款或者单独签订保密协议。商业秘密进入公知状态后，保密条款、保密协议约定的内容自行失效。对负有保守用人单位商业秘密义务的劳动者，劳动合同当事人可以就劳动者要求解除劳动合同的提前通知期在劳动合同或者保密协议中作出约定，但提前通知期不得超过六个月。在此期间，用人单位可以采取相应的脱密措施”。《北京市劳动合同规定》第 18 条规定，“用人单位在与按照岗位要求需要保守用人单位商业秘密的劳动者订立劳动合同时，可以协商约定解除劳动合同的提前通知期。提前通知期最长不得超过 6 个月，在此期间，用人单位可以采取相应的脱密措施”。但是一来《劳动合同法》作为上位法，其理应优先于存在冲突的地方规定被适用。二来这些地方规定均出台于《劳动合同法》施行之前，当时的劳动法律并没有规定竞业限制制度，在这种情况下，尽管长时间的脱密期有强迫劳动之嫌，但是毕竟对保护用人单位的商业秘密具有积极意义，因此尚有保留的价值；然而，《劳动合同法》施行之后，竞业限制制度较好地保护了用人单位的商业秘密，足以取代脱密期规定，此时，脱密期规定已经不再具有必要性。

二、劳动者即时辞职

所谓即时辞职，即《劳动合同法》第 38 条规定的解除方式，是指劳动者无需向用人单位预告就可以随时解除劳动关系，并可以要求用人单位支付经济补偿。需要注意的是，劳动者在提出解除劳动关系时并没有明确解除理由是《劳动合同法》第 38 条的法定情形，事后又主张用人单位存在《劳动合同法》第 38 条的法定情形，请求用人单位支付解除劳动关系经济补偿的，该请求并不符合法律规定，且有违诚实信用原则，不应予以支持。

由于没有给用人单位准备时间来安排其他劳动者去顶替辞职者，可能会对用人单位的正常运营造成不利的影响，因此，这种解除只限于用人单位有过错的情形。根据《劳动合同法》第 38 条的规定，即时辞职又可以细分为两小类：第一类是随时通知的辞职；第二类是无需通知的辞职。

（一）随时通知的辞职

随时通知的辞职，是指劳动者在辞职前虽然不需要提前一段时间预告用人单位，但是仍然需要履行通知用人单位的义务，不得不辞而别。

就随时通知辞职的实体条件，《劳动合同法》第38条第1款规定了6种情形：用人单位未按照劳动合同约定提供劳动保护或者劳动条件的；用人单位未及时足额支付劳动报酬的；用人单位未依法为劳动者缴纳社会保险费的；用人单位的规章制度违反法律、法规的规定，损害劳动者权益的；用人单位存在该法第26条第1款规定的情形致使劳动合同无效的；用人单位存在法律、行政法规规定劳动者可以解除劳动合同的其他情形。

1. 用人单位未按照劳动合同约定提供劳动保护或者劳动条件的

典型情况比如，用人单位对劳动者违法调岗就可以认定为未按照约定提供劳动条件，劳动者可以依法行使解除权。此外，对于该项法律规定的理解，不能局限于字面，要作适当的扩张解释。换言之，即使劳动合同中没有明确约定，但是，在劳动合同履行过程中，为劳动者提交必要的劳动保护和劳动条件，乃是用人单位作为用工主体应当负有的附随义务，因此，只要用人单位没有提供必要的劳动保护或者劳动条件的，都可以适用本项规定。

案例53　A公司诉王某劳动争议案[1]

——用人单位未提供劳动条件的，劳动者可以解除劳动关系并要求经济补偿

【基本案情】

王某在A公司担任客户经理。2018年2月12日至2018年3月26日、2018年4月8日至2018年4月28日，A公司先后以王某与同事争抢客户以及将老客户改签为新客户为由，两次关闭王某使用的客户管理系统。2018年4月28日，王某以A公司关闭其个人工作库、将其移出工作群影响其正常工作等为由，通知A公司于2018年5月1日解除劳动关系。王某离职前12个月的平均工资为7078.35元。

之后，王某申请劳动仲裁，仲裁机构裁决A公司支付王某解除劳动合同经济

〔1〕参见上海市第二中级人民法院民事判决书，（2019）沪02民终1872号。

补偿金60166元。A公司不服仲裁裁决，提起诉讼，请求判令其无需支付解除劳动合同经济补偿金。

【裁判要点】

生效判决认为，首先，从A公司的客户管理系统内容来看，该系统不仅用于记录、管理客户的相关信息，还存有产品信息用于向客户介绍、发送产品的功能，王某作为销售人员虽不排除通过电话、微信等其他手段联系客户，但其主要工作仍需依赖于该系统，A公司关闭客户管理系统势必会对王某的销售工作造成影响。其次，A公司可以对王某的客户系统进行调查，但应当适度进行。A公司在2018年2月12日至4月28日，两次关闭王某的客户管理系统，时间达60余天，但并无具体的实质调查结果，故其频繁且长时间关闭客户管理系统导致王某无法正常工作缺乏合理性。最后，王某的收入由基本工资及提成组成，而提成占了其收入来源的大部分。王某2018年1月至4月的收入除了基本工资及4份合同（关闭客户管理系统之前）的提成外并无其他提成收入，由此可见，A公司关闭客户管理系统确对王某的收入造成了影响。综上，A公司关闭客户管理系统，导致王某无法正常工作，并且也影响了王某的正常收入，应视为没有提供正常的工作条件，王某据此解除劳动合同，并要求A公司支付经济补偿金，符合法律规定，A公司应向王某支付解除劳动合同经济补偿金。

【延伸思考】

实践中，劳动合同文本基本由用人单位提供，文本中往往并未对劳动保护和劳动条件进行具体明确的约定，或者约定的范围过窄。但是，依据《劳动合同法》第17条的规定，提供劳动保护、劳动条件和职业危害防护是劳动合同应当具备的条款；并且在劳动合同履行过程中，为劳动者提交必要的劳动保护和劳动条件，乃是用人单位作为用工主体应当承担的附随义务。因此，及时未做约定，必要的劳动保护和劳动条件亦应当被解释为劳动合同的条款。在本案中，王某工作依赖于客户管理系统，A公司关闭王某客户管理系统的行为对王某的收入造成了影响，因此，应当认定A公司没有为王某提供必要的劳动条件，王某据此解除劳动合同，符合《劳动合同法》第38条第1款第1项的规定，A公司应当依法支付经济补偿。

2. 用人单位未及时足额支付劳动报酬的

在民法上，违约的认定并不考虑违约方的主观过错，劳动法上同样应当如此。及时足额向劳动者支付劳动报酬是用人单位在劳动关系中的主给付义务，只要用人单位存在未及时足额支付劳动报酬的情形，即构成违约，不应当考虑用人单位是否存在故意不支付、故意拖欠支付的过错，除非用人单位能够证明存在不可抗力等法定的阻却违约责任的情形。但是，实践中还有一种情况，就是用人单位并无不及时足额支付劳动报酬的意思，只是因为计算错误或者对计算方法和计算基数理解歧义导致客观上发生未及时足额支付劳动报酬的现象。对于这种情况，不宜轻易裁决用人单位支付经济补偿，因为经济补偿的金额往往较大，仅因为计算错误或者对计算方法和计算基数理解歧义就令用人单位承担金额可能不菲的经济补偿，有失公平，也不符合《劳动合同法》的立法目的。

此外，在认定何为“未及时”支付劳动报酬时，需要根据具体案情具体分析。

对“未及时”的认定，既不宜过于宽松（如相比约定的支付时间，迟延支付超过一个工资支付周期），也不宜过于严苛（如相比约定的支付时间，仅迟延支付3日至5日）。过于宽松，容易诱发用人单位随意拖欠劳动者劳动报酬的不诚信现象；过于严苛，容易诱发劳动者无端仲裁和诉讼。另外，对于用人单位曾经未及时足额支付劳动报酬，但是已经在劳动者提出解除劳动关系之前已补足的，一般亦不宜裁决用人单位支付经济补偿。这是因为，《劳动合同法》之所以规定用人单位未及时足额支付劳动报酬的劳动者可以解除劳动关系并要求用人单位支付经济补偿，一是为了让劳动者可以立即解除劳动关系并再就业，从而不影响其生活、事业；二是通过用人单位支付经济补偿来弥补劳动者可能遭受的损失。用人单位已经在劳动者提出解除劳动关系之前补足的，既没有影响劳动者的再就业，一般情况下也没有给劳动者带来实际的损失——除非劳动者举证证明其因为用人单位未及时足额支付劳动报酬而举债等产生了实际损失——此种情形下判令用人单位支付经济补偿并不符合立法目的。

需要注意的是，在实践中，用人单位拒发高温津贴的，劳动者能否依据《劳动合同法》第38条第1款第2项解除劳动关系并要求经济补偿？笔者认为，国家安全生产监督管理总局、卫生部、人力资源和社会保障部、中华全国总工会联合颁发的《防暑降温措施管理办法》（安监总安健〔2012〕89号）第2条规定，“本办法适用于存在高温作业及在高温天气期间安排劳动者作业的企业、事业单位和个体经济组织等用人单位”。第17条则规定，“劳动者从事高温作业的，依法享受岗位津贴。用人单位安排劳动者在35℃以上高温天气从事室外露天作业以及不能采取有效措施将工作场所温度降低到33℃以下的，应当向劳动者发放高温津贴，并纳入工资总额。高温津贴标准由省级人力资源社会保障行政部门会同有关部门制定，并根据社会经济发展状况适时调整”。从上述规定来看，高温津贴属于工资的组成部分，是特别规定的、对高温作业者所应发放的劳动报酬。因此，用人单位拒发高温津贴的，劳动者可以依据《劳动合同法》第38条第1款第 2 项解除劳动关系并要求经济补偿。并且，从该规定还可以看出，高温津贴与从事高温作业的岗位津贴是不同的津贴。

需要特别强调的是，所谓劳动报酬，不仅包括劳动者提供劳动获取的劳动报酬，还包括在特殊情况下劳动者虽然没有提供劳动，但是国家为了给无过错劳动者提供生活保障，按照计时工资标准或者一定比例支付的拟制的劳动报酬。如职工在法定工作时间内依法参加社会活动，用人单位应视同其提供了正常劳动而支付的工资；职工在法定休息日和年休假、探亲假、婚假、丧假期间提供劳动，用人单位按规定标准支付的工资；非职工原因造成的停工、停产在一个工资支付周期内，用人单位按劳动合同规定的标准支付的工资，以及超过一个工资支付周期且职工未提供正常劳动，用人单位按国家有关规定支付的生活费；病假工资、工伤的停工留薪期工资；职工在被羁押、调查等期间的工资。

3. 用人单位未依法为劳动者缴纳社会保险费的

未依法缴纳社会保险费，既包括未按照法定时间及时缴纳社会保险费，也包括未按照法定标准足额缴纳社会保险费。但是，在司法实践中，出于种种考虑，部分地区往往会针对上述法定情形作出限缩规定。比如，《北京市劳动争议解答一》第 71 条规定："劳动者提出解除劳动合同前一年内，存在因用人单位过错未为劳动者建立社保账户或虽建立了社保账户但缴纳险种不全情形的，劳动者依据《劳动合同法》第三十八条的规定以用人单位未依法为其缴纳社会保险为由提出解除劳动合同并主张经济补偿的，一般应予支持。用人单位与劳动者在 2008 年 1 月 1 日之前建立劳动关系的，经济补偿支付年限应从 2008 年 1 月 1 日起开始计算。用人单位已为劳动者建立社保账户且险种齐全，但存在缴纳年限不足、缴费基数低等问题的，劳动者的社保权益可通过用人单位补缴或社保管理部门强制征缴的方式实现，在此情形下，劳动者以此为由主张解除劳动合同经济补偿的，一般不予支持。"需要注意的是，从征求意见稿来看，《劳动争议司法解释二》准备规定，劳动者与用人单位约定不缴纳社会保险费，劳动者以用人单位未依法缴纳社会保险费为由请求支付经济补偿的，人民法院应予支持。如此，只要劳动者与用人单位约定不缴纳社会保险费并实际履行的，无论该约定内容是由用人单位提出，还是由劳动者主动提出，劳动者以用人单位未依法缴纳社会保险费为由解除劳动合同并请求支付经济补偿的，人民法院都应予以支持。

4. 用人单位的规章制度违反法律、法规的规定，损害劳动者权益的

典型情况比如，用人单位的规章制度规定，加班不满 2 小时的不视为加班，劳动者无权要求用人单位支付加班工资。该规章制度显然违反了《劳动法》第 44 条的强制性规定，损害了加班劳动者的权益，该劳动者即可以依据《劳动合同法》第38条第1款第4项解除劳动关系。

5. 用人单位存在《劳动合同法》第26条第1款规定的情形致使劳动合同无效的

因用人单位的过错致使劳动合同无效的，出于保护无过错方的利益的考虑，法律赋予劳动者对是否解除劳动关系的选择权。也就是说，当因用人单位的过错致使劳动合同整体无效或者部分无效的时候，劳动者可以根据实际情况选择解除劳动关系拿经济补偿，也可以选择继续在用人单位工作。这样规定，一是遵循了劳动合同与劳动关系分离的制度体系；二是赋予无过错方选择权，令其可以根据自身利益，在继续履行劳动关系和解除劳动关系之间做出对自己有利的选择；三是避免有过错的用人单位一方主动主张合同无效，因为这样可以逃避基于劳动关系产生的社会保险、公积金等一系列法律义务，从而因为自己的过错反而获利，并且反致无过错的劳动者一方的合法权益受损的荒唐局面。

需要关注的是，本项与《劳动合同法》第39条第5项的差异。我们会发现，同样是因劳动合同无效产生的劳动关系单方解除权，劳动者对于《劳动合同法》第26条第1款规定的三种情形都拥有解除权，而用人单位只对第一种情形拥有解除权。也就是说，《劳动合同法》规定，对于第一种情形，劳动者和用人单位都有可能以欺诈、胁迫的手段或者乘人之危，使对方在违背真实意思的情况下订立或者变更劳动合同，因此，相对方都享有劳动关系解除权。对于第二种情形，也就是用人单位免除自己的法定责任、排除劳动者权利的情形，过错一定在用人单位方，所以只有劳动者享有解除权。对于第三种情形，也就是因劳动合同的内容违反法律、行政法规强制性规定而致使劳动合同无效的，法律责任只在用人单位方。这种情况下，劳动者可以因为劳动合同整体无效或者部分无效而解除劳动关系，但是用人单位却不能。比如，实践中经常出现用人单位与劳动者在劳动合同中约定或者单独约定由用人单位按月向劳动者直接支付社会保险费用，劳动者同意用人单位不依法为其缴纳社会保险。由于该约定内容属于劳动合同的重要条款，[1] 即使独立于劳动合同另行约定，亦属劳动合同的组成部分。该约定因违反《社会保险法》的强制性规定、侵害国家和社会公共利益而当然无效。无论该约定内容是由用人单位提出，还是由劳动者提出，抑或劳动者被迫同意该约定，因该约定致使劳动合同整体无效或者部分无效的，法律责任均在用人单位一方。劳动者以劳动合同无效、用人单位未依法为其缴纳社会保险费为由解除劳动关系并请求用人单位向其支付解除劳动关系经济补偿的，人民法院应予支持；反过

---

〔1〕 依据《劳动合同法》第17条第1款的规定，社会保险是劳动合同应当具备的条款。

来，用人单位以劳动合同无效为由解除劳动关系的，则没有法律依据，构成违法解除。

（二）无须通知的辞职

基于诚实信用原则，单方解除原则上都需要事先通知对方。只有《劳动合同法》第 38 条第 2 款规定的无须通知的辞职，是单方解除的例外，符合这种法定情形的解除，劳动者在辞职的当时可以不通知用人单位，也就是可以不辞而别。当然，如果有未尽事项，辞职后劳动者仍有必要告知用人单位，如办理工作交接、转移档案等事项。《劳动合同法》第 38 条第 2 款规定了无须通知的辞职的两种情形，劳动者可以立即解除劳动合同，无须事先告知用人单位：一种是用人单位以暴力、威胁或者非法限制人身自由的手段强迫劳动者劳动的；另一种是用人单位违章指挥、强令冒险作业危及劳动者人身安全的。

三、劳动者依据《劳动合同法》第 38 条解除劳动关系的事实依据不成立，是否发生解除效果

实践中存在这样的情形——劳动者以用人单位存在《劳动合同法》第 38 条的情形即时解除劳动关系，但人民法院经审查却发现用人单位并不存在该条规定情形。此时，如何认定劳动者解除行为的法律效果？

一种观点认为，劳动者的解除行为无效，应认定双方劳动关系并未解除。另一种观点则认为，劳动者的解除行为属于事实行为，故即便用人单位不存在《劳动合同法》第 38 条规定的情形，劳动关系也因劳动者提出解除而解除。

笔者认为，此种情形实际上属于劳动者的解除行为不符合法律规定，构成违法解除。就双方的劳动关系而言，正如前文强调的，由于劳动关系对于劳动者来说具有强烈的人身属性，基于人身自由的考虑，显然不能也无法强制其继续向用人单位提供劳动。因此，即使劳动者的解除行为构成违法解除，亦应当肯定其解除行为发生解除劳动关系的法律效果。

四、劳动者单方解除劳动关系的形式

前文已经阐述，即使劳动者没有依法提前 30 日通知用人单位，其解除行为也发生解除劳动关系的法律效果。同样，司法实践中还肯认劳动者口头解除行为的法律效力。《民法典》第 565 条第 2 款规定，“当事人一方未通知对方，直接以提起诉讼或者申请仲裁的方式依法主张解除合同，人民法院或者仲裁机构确认该主张的，合同自起诉状副本或者仲裁申请书副本送达对方时解除”。易言之，《民法

典》明确肯定了以申请仲裁或者提起诉讼的方式解除合同的合法性。劳动关系的解除并不存在不适用上述规定的正当理由，因此，如果劳动者申请仲裁或者提起诉讼，并在申请书或者起诉状中明确主张解除劳动关系，也能起到解除劳动关系的法律效果。此外，从《劳动合同法》第 38 条第 2 款的规定来看，该法还认可劳动者以行为解除劳动关系的法律效力。司法实践中也是这么处理的。例如，如果能够查明劳动者自某日开始无正当理由不再上班，用人单位依法通知其返岗但是其仍不上班的，就可以认定劳动者以行为解除了劳动关系。基于同样的道理，人力资源社会保障部、最高人民法院《关于联合发布第一批劳动人事争议典型案例的通知》（人社部函〔2020〕62 号）发布的案例 12 指出，因用人单位原因未支付竞业限制经济补偿达 3 个月的，劳动者此后实施竞业限制行为，应视为劳动者以行为解除竞业限制约定。

第四节　用人单位单方解除

当出现《劳动合同法》第 39 条和第 40 条、第 41 条的情形时，用人单位也可以依法行使单方解除劳动关系的权利。按照法律依据的不同，用人单位的单方解除权可以分为三类，可以分别称为即时辞退、预告辞退和经济性裁员。

一、用人单位即时辞退

用人单位的即时辞退，指的是用人单位无须预告也无须支付经济补偿就可以随时通知辞退劳动者。一方面，由于用人单位可以随时行使解除权，并且无须支付经济补偿，即时辞退制度对用人单位非常有利；另一方面，这种辞退可能会对劳动者的职业生涯甚至生活水平产生较大的负面影响，对劳动者是非常不利的。因此，为了维护劳动关系的稳定，有效保护劳动者的合法权益不受侵犯，《劳动合同法》第 39 条通过逐一列举的立法技术，限定了用人单位即时辞退权行使的 6 种情形，并且与劳动者依据该法第 38 条行使的即时辞职权相比，《劳动合同法》第 39 条没有兜底条款。也就是说，除了这 6 种法定情形，用人单位没有其他的即时辞退权。

《劳动合同法》第 39 条规定的 6 种情形分别是：劳动者在试用期间被证明不符合录用条件的；严重违反用人单位的规章制度的；严重失职，营私舞弊，给用人单位造成重大损害的；劳动者同时与其他用人单位建立劳动关系，对完成本单位的工作任务造成严重影响，或者经用人单位提出，拒不改正的；因该法第 26 条第 1 款第 1 项规定的情形致使劳动合同无效的；被依法追究刑事责任的。

（一）劳动者在试用期间被证明不符合录用条件的

所谓录用条件，一般是指用人单位在录用之前就公布的客观的录用条件，如招聘广告上载明的录用条件，或者面试时明确向劳动者告知的录用条件。在司法实践中，部分地区明确用人单位与劳动者可以约定劳动者试用期不符合录用条件的情形。[1]

所谓不符合录用条件，既包括完全不符合录用条件，也包括部分不符合录用条件。当用人单位以劳动者在试用期间被证明不符合录用条件为由解除劳动关系的，用人单位一是需要举证证明已向劳动者明确告知录用条件，二是需要举证证明劳动者在试用期间不符合录用条件。

用人单位依据该项解除劳动关系，只限于在试用期内行使解除权，因为试用期的作用之一就是考察劳动者，用人单位应当认真行使考察权。如果用人单位在试用期内未主张劳动者不符合录用条件，等到试用期届满后，就应当推定劳动者符合相应岗位的职责需求，用人单位不能再以该理由解除劳动关系。

此外，还要注意本项与《劳动合同法》第 40 条第 1、2 项规定情形的区别。按照《劳动合同法》第 40 条第 1、2 项的规定，（1）劳动者患病或者非因工负伤，在规定的医疗期满后不能从事原工作，也不能从事由用人单位另行安排的工作的；（2）劳动者不能胜任工作，经过培训或者调整工作岗位，仍不能胜任工作的，用人单位提前 30 日以书面形式通知劳动者本人或者额外支付劳动者 1 个月工资后，可以解除劳动关系。之所以要注意区分，是因为有观点认为，当劳动者在试用期内被发现患病的，可以理解为“身体健康状况不符合录用条件”，而劳动者在试用期内不胜任工作的，也可以理解成“工作能力不符合录用条件”。该观点认为，此时用人单位可以不必履行《劳动合同法》第 40 条规定的程序，而选择直接适用该法第 39 条第 1 项解除劳动关系。

笔者认为，这种观点是有欠妥当的。因为这意味着劳动者不能生病，一旦生病，其就业的权利都被剥夺了，这带有一定的就业歧视的意味，还涉嫌违背公序良俗。类似的还有用人单位也不能把未怀孕列为录用条件，这也是就业歧视并且涉嫌违背公序良俗。如果试用期内发现劳动者在录用的时候就已怀孕，用人单位同样不能依据《劳动合同法》第 39 条第 1 项解除合同，而是要遵守该法第 42 条

---

〔1〕参见《北京市劳动争议解答一》第 78 条。

第 4 项的强制性规定。[1] 因此，从用人单位的角度考虑，只能通过入职前的体检来过滤不想要的人，一旦正式录用，进入试用期，就不能再以不符合录用条件为由单方解除生病或者怀孕的劳动者。当然，如果劳动者在试用期内被发现患有精神病，可以参照原劳动部在 1996 年颁布的《关于实行劳动合同制度若干问题的通知》第 11 条进行处理，该条规定，用人单位对新招用的职工，在试用期内发现并经有关机构确认患有精神病的，可以解除劳动合同。如果用人单位把不胜任工作列为录用条件，也有违相关的立法。因为《劳动法》第 3 条明确规定，劳动者有接受职业技能培训的权利，《劳动合同法》第 40 条第 2 项明确规定，劳动者不能胜任工作的，用人单位要对其进行培训或者调整工作岗位。因此，所谓不符合录用条件并不包括不胜任工作这种情形，否则，《劳动合同法》第 40 条第 2 项应该加上一个适用前提，即只适用于转正以后的劳动者，然而，实际上该条并没有将试用期劳动者排除在其适用范围。

（二）劳动者严重违反用人单位的规章制度的[2]

如何认定劳动者违反规章制度达到严重的程度？对于何为严重违反规章制度，《劳动合同法》等都没有规定，如果完全依据用人单位制定的规章制度中所作的列举，就无法防范用人单位随意将很轻微的行为规定为严重违反规章制度的行为，以便随意开除劳动者。因此，对于相关的规章制度，一是要做合法性审查。比如，有的用人单位规定，不准用某某国产品牌的手机，否则就是严重违反单位的规章制度，可予以开除。实际上，用人单位有权规定的规章制度仅限于劳动规章制度和经营管理规章制度，与这两个无关的事项，用人单位无权进行规定。要防范用人单位任意扩大规章制度的涉及范围，把跟劳动和本单位生产经营无关的事项也规定成违反规章制度的行为，从而变相干涉劳动者工作之外的自由。二是对劳动者违反规章制度的行为到底有没有达到严重的程度要做适当的合理性审查，而不能完全依据规章制度的规定。比如，同样的违纪行为，其严重程度可能会因用人单位生产内容、经营范围的不同而不尽相同。在化工企业一般禁止吸烟，因为这关系到安全生产，职工乱丢烟头或者在工作场所抽烟，就可以认

---

〔1〕《劳动合同法》第 42 条规定："劳动者有下列情形之一的，用人单位不得依照本法第四十条、第四十一条的规定解除劳动合同：（一）从事接触职业病危害作业的劳动者未进行离岗前职业健康检查，或者疑似职业病病人在诊断或者医学观察期间的；（二）在本单位患职业病或者因工负伤并被确认丧失或者部分丧失劳动能力的；（三）患病或者非因工负伤，在规定的医疗期内的；（四）女职工在孕期、产期、哺乳期的；（五）在本单位连续工作满十五年，且距法定退休年龄不足五年的；（六）法律、行政法规规定的其他情形。"

〔2〕 本节内容详见本书第十一讲，为免重复，本节不再赘述。

定为严重违反规章制度的行为；在一般的用人单位，这可能就算不上是严重违纪。

一方面，劳动规章制度的制定目的是保障劳动者享有劳动权利、履行劳动义务，其内容不应当超出劳动管理的范畴。另一方面，用人单位很有可能利用强势支配地位，出台内容有利于自己、却侵犯劳动者合法权益的规章制度。因此，劳动争议仲裁机构和人民法院在审理相关劳动争议案件时，应当审查劳动规章制度内容的合法性及合理性。内容不合法的，即使其制定程序符合法律规定，对劳动者也不应具有法律约束力；内容明显不合理的，亦是如此。

例如，在张某诉G公司劳动争议案中，再审法院指出，以解雇作为惩戒手段终止劳动关系，将使劳动者丧失既有的工作，所导致的后果也最为严重，只有劳动关系难以继续，且采取其他手段无法维持经营秩序时，才能使用解雇作为惩戒手段。《劳动合同法》虽将规章制度的具体情形交由用人单位规定，但用人单位的规章制度除了应具有合法性以外，规章制度及惩戒规则还应具有合理性。对于惩戒解雇“严重违反规章制度的情形”，应从用人单位的业务性质、劳动者违纪以及给单位可能造成的损害或影响、同行业其他用人单位的规则、适用其他惩戒措施的行为、员工和社会的一般评价标准和可接受的程度等方面对规章制度以及惩戒规则的合理性进行审查，而不简单以规章制度属于用人单位的用工自主权而放任不管。案涉《解除劳动关系通知书》明确G公司解除与张某的劳动关系的理由是“张某单次不在岗时间大于4小时”，而同行业规定“无正当理由月累计旷工达3天（含）以上者，或一个年度内累计旷职5日者”，解除劳动合同就可能发生。G公司所提交的证据不足以证明前述解除理由适用在张某具有合理性。故该条款不能成为解除张某劳动关系的依据。[1] 言下之意，该劳动规章制度规定脱岗大于4小时即可解除劳动关系是过于严厉的，不具有合理性，不应对劳动者产生约束力。

（三）劳动者严重失职，营私舞弊，给用人单位造成重大损害的

这一项规定了两种情形：一种是劳动者违反其忠于职守的义务，有未尽职责的严重过失行为；另一种是劳动者有利用职务之便谋取私利的故意行为。两种行为的共同结果都是使用人单位的有形财产、无形财产或者人员遭受重大损害。至于如何认定重大损害，可以参照《关于劳动法若干条文的说明》中对《劳动法》第25条的解释。该条规定，“重大损害”由企业内部规章来规定。因为企业类型各有不同，对重大损害的界定也千差万别，故不便于对重大损害作统一的解释。

〔1〕 参见福建省高级人民法院民事判决书，(2022) 闽民再303号。

若由此发生劳动争议，可以通过劳动争议仲裁委员会对其规章规定的重大损害进行认定。

（四）劳动者同时与其他用人单位建立劳动关系，对完成本单位的工作任务造成严重影响，或者经用人单位提出，拒不改正的

从本项来看，《劳动合同法》对全日制的双重劳动关系并没有禁止，但显然也是不鼓励的态度。有观点认为，本条中所指的与其他用人单位建立劳动关系仅是指全日制劳动关系，不包括非全日制。但是，从文字上看，本条并没有区分与其他单位建立的劳动关系是全日制还是非全日制，并且《劳动合同法》第69条第2款规定，从事非全日制用工的劳动者可以与一个或者一个以上用人单位订立劳动合同；但是，后订立的劳动合同不得影响先订立的劳动合同的履行。从该条最后一句话可以看出，即使是非全日制，后一个合同也不得给在先的劳动合同的履行造成影响。因此，笔者认为，该项所指的与其他用人单位建立劳动关系，是涵盖了非全日制劳动关系在内的。

劳动合同中约定劳动者不得与其他用人单位建立劳动关系，否则用人单位有权单方解除劳动合同，这样的约定是否有效？笔者认为，这样的约定与《劳动合同法》第39条第4项的规定并不冲突，可以认定为有效。因为这样的约定一是表明用人单位不允许劳动者与其他用人单位建立劳动关系，二是可以视为用人单位已经预先向劳动者提出不允许其与其他用人单位建立劳动关系，因此，如果劳动者在订立该劳动合同之后，仍与其他用人单位建立或者存续劳动关系，则用人单位实际上已经满足依据《劳动合同法》第39条第4项解除劳动关系的法定条件。当然，如果劳动合同约定劳动者不得成为其他用人单位的股东、监事等，否则用人单位有权单方解除劳动合同，则这样的约定对劳动者不一定具有约束力。只要劳动者能够举证证明其与其他用人单位并没有劳动关系，则用人单位不能依据该约定单方解除劳动关系。

（五）劳动者因《劳动合同法》第26条第1款第1项规定的情形致使劳动合同无效的

按照本项规定，当劳动合同因劳动者的过错而无效的时候，出于保护无过错方利益的考虑，法律赋予用人单位对是否解除劳动关系的选择权。也就是说，此时用人单位可以根据实际情况选择解除劳动关系，也可以选择与劳动者继续履行劳动关系。这样规定一是遵循了劳动合同与劳动关系分离的制度体系；二是赋予用人单位选择权，令其可以根据自身利益，在继续履行劳动关系和解除劳动关系

之间作出对自己有利的选择。如果用人单位因劳动者违反诚信原则，提供虚假学历证书、个人履历等与订立劳动合同直接相关的基本情况构成欺诈解除劳动关系，劳动者主张解除劳动合同经济补偿或者赔偿金的，劳动争议仲裁机构、人民法院不应予以支持。[1] 但是，用人单位也可以不解除劳动关系，比如，劳动者入职的时候虽然有简历造假的欺诈情节，但是入职以后业绩非常好，成了用人单位的业务骨干，那么用人单位基于自身的利益，完全可以选择继续与劳动者履行劳动关系，而没必要非得强行终止劳动关系，因为这样反而有损于用人单位的利益。

（六）被依法追究刑事责任的

1. “被依法追究刑事责任”的认定标准

所谓“被依法追究刑事责任”的认定标准，可以参照《贯彻执行劳动法的意见》第29条的规定，“被依法追究刑事责任”是指被人民检察院免予起诉的、被人民法院判处刑罚的、被人民法院依据《刑法》免予刑事处分的。[2]

但需要注意的是，劳动和社会保障部办公厅在《关于职工被人民检察院作出不予起诉决定用人单位能否据此解除劳动合同问题的复函》（劳社厅函〔2003〕367号）中答复：“人民检察院根据《中华人民共和国刑事诉讼法》第一百四十二条第二款规定作出不起诉决定的，不属于《劳动法》第二十五条第（四）项规定的被依法追究刑事责任的情形。因此，对人民检察院根据《中华人民共和国刑事诉讼法》第一百四十二条第二款规定作出不起诉决定的职工，用人单位不能依据《劳动法》第二十五条第（四）项规定解除其劳动合同。但其行为符合《劳动法》第二十五条其他情形的，用人单位可以解除劳动合同。”

所谓免于起诉是被告人的行为已经构成犯罪，在应负刑事责任的前提下，有刑法规定不需要判处刑罚或者可以免除刑罚的情形才可以使用。不起诉是被告人没有构成犯罪或者虽然构成犯罪，但依照法律规定不应追究刑事责任的情形下才可以使用。产生这种变化的原因在于我国《刑事诉讼法》上“免于起诉”一词已不再使用，“免于起诉”制度被“不起诉”制度所替代。

2. 劳动者被限制人身自由期间劳动合同的暂停履行

《贯彻执行劳动法的意见》第28条还对劳动者涉嫌违法犯罪被有关机关限制人身自由期间的劳动关系的处理作了规定。按照该规定，在此期间，用人单位可

---

〔1〕参见《劳动争议裁审衔接意见一》第19条。

〔2〕对应现行《刑法》第37条，具体内容如下：对于犯罪情节轻微不需要判处刑罚的，可以免予刑事处罚，但是可以根据案件的不同情况，予以训诫或者责令具结悔过、赔礼道歉、赔偿损失，或者由主管部门予以行政处罚或者行政处分。

与劳动者暂时停止劳动合同的履行。暂时停止履行劳动合同期间，用人单位不承担劳动合同规定的相应义务。劳动者经证明被错误限制人身自由的，暂时停止履行劳动合同期间劳动者的损失，其可依据《国家赔偿法》要求有关部门赔偿。

根据上述规定，劳动者被羁押期间，用人单位可以暂停劳动合同的履行，这并无争议。需要明确的是，劳动者被取保候审期间，用人单位能否暂停劳动合同的履行？笔者认为，劳动者因涉嫌刑事犯罪被实施取保候审的强制措施，若其人身自由被部分限制的程度达到影响其以劳动者的身份全面履行劳动合同能力的程度，用人单位亦可以暂停履行劳动合同。

案例54　赵某诉D公司劳动争议案〔1〕

——劳动者被取保候审期间，用人单位可以暂停履行劳动合同

【基本案情】

赵某于2002年9月26日入职D公司担任董事，同时担任子公司H公司董事长、总经理；赵某执行标准工时制，月工资标准不低于4000元。2012年7月13日，赵某因涉嫌职务侵占罪被刑事拘留，同日因身患疾病被取保候审。2012年8月，D公司停发赵某工资，并停缴其社会保险。赵某自2012年7月13日至同年12月27日一直在住院治疗，共花费医疗费52632元。2012年12月28日，赵某被执行逮捕。2013年9月6日，赵某再次被取保候审。

赵某提交劳动仲裁申请，要求D公司支付2012年8月至12月工资共计100000元并报销医疗费用60000元。劳动争议仲裁机构裁决：驳回赵某的所有申请请求。赵某不服该裁决，向法院提起诉讼。

【裁判要点】

生效判决认为，在赵某被实施取保候审的刑事强制措施后，其已经被限制部分人身自由。其在被取保候审期间应当履行的义务有：未经公安机关批准不得离开所居住的市、县，在传讯的时候及时到案等；以及有可能被责令不得从事特定的活动等。这就极大地限制了赵某以劳动者身份全面履行劳动合同的权利能力。因此，D公司在2012年7月13日赵某被取保候审后，于同年8月暂时停止履行其发放工资及缴纳保险的义务，并无不妥，故赵某要求D公司支付2012年8月至12月工资及支付医疗费用的诉讼请求，法院不予支持。

---

〔1〕参见北京市东城区人民法院民事判决书，（2013）东民初字第07190号。

3. 劳动者被错误追究刑事责任的处理

实践中还有一种情形，即劳动者被追究刑事责任，用人单位依法与其解除劳动关系，但是后来劳动者又被司法机关认定为无罪的，劳动者还能否要求用人单位恢复劳动关系？对此，原劳动部办公厅《关于企业职工被错判宣告无罪释放后，是否应恢复与企业的劳动关系等有关问题的复函》（劳办发〔1997〕40号）指出："关于企业职工被错判，宣告无罪释放后，企业是否应与其恢复劳动关系，补发工资问题。我们认为，职工于《国家赔偿法》实施以前被判犯罪，后经司法机关改判无罪的，如企业仅因其被判刑而解除劳动关系的，企业应恢复与该职工的劳动关系，并按照原劳动人事部《关于受处分人员的工资待遇问题给天津市劳动局的复文》（劳人薪局〔1985〕第12号）的规定，恢复其原工资待遇，并补发在押期间的工资。"换言之，在《国家赔偿法》施行前，劳动者被错判，宣告无罪释放后，如果用人单位仅因劳动者被判刑而解除劳动关系，不但应与其恢复劳动关系，而且要恢复其原工资待遇，并补发在押期间的工资。但是自1995年《国家赔偿法》施行之后，被错判的劳动者可获得国家赔偿，劳动者与企业之间的劳动关系不存在恢复问题。

（七）国有企业管理人员被开除的

根据2024年9月1日施行的《国有企业管理人员处分条例》第14条的规定，国有企业管理人员受到处分被开除的，用人单位依法解除劳动合同。该条规定在《劳动合同法》第39条之外构成特别规定。易言之，与用人单位存在劳动合同关系且属于《国有企业管理人员处分条例》规定的国有企业管理人员依法受到开除处分的，用人单位应当与其解除劳动关系，且无需支付经济补偿。

由于处分决定自作出之日起生效，[1] 因此，用人单位应当依法及时解除与被开除的国有企业管理人员的劳动关系。被处分的国有企业管理人员对处分决定不服的，可以自收到处分决定书之日起1个月内，向作出处分决定的任免机关、单位（以下称原处分决定单位）申请复核。原处分决定单位应当自接到复核申请后1个月以内作出复核决定。被处分人因不可抗拒的事由或者其他正当理由耽误复核申请期限的，在障碍消除后的10个工作日内，可以申请顺延期限；是否准许，由原处分决定单位决定。被处分人对复核决定仍不服的，可以自收到复核决定之日起1个月内按照管理权限向上一级机关、单位申诉。受理申诉的机关、单位（以下称申诉机关）应当自受理之日起2个月以内作出处理决定；案情复杂的，

---

〔1〕 参见《国有企业管理人员处分条例》第8条。

可以适当延长，但是延长期限最多不超过1个月。被处分人因不可抗拒的事由或者其他正当理由耽误申诉申请期限的，在障碍消除后的10个工作日内，可以申请顺延期限；是否准许，由申诉机关决定。原处分决定单位接到复核申请、申诉机关受理申诉后，相关承办部门应当成立工作组，调阅原案材料，必要时可以进行调查，收集、查证有关证据材料，向有关单位和人员了解情况。工作组应当集体研究，提出办理意见，按程序报原处分决定单位、申诉机关领导成员集体讨论作出复核、申诉决定，并向有管理权限的监察机关通报。复核、申诉决定应当自作出之日起1个月以内以书面形式通知被处分人及其所在单位，并在一定范围内宣布；涉及国家秘密、商业秘密或者个人隐私的，按照国家有关规定办理。复核、申诉期间，不停止原处分决定的执行。任免机关、单位发现本机关、本单位或者下级机关、单位作出的处分决定确有错误的，应当及时予以纠正或者责令下级机关、单位及时予以纠正。有下列情形之一的，原处分决定单位、申诉机关应当撤销原处分决定，重新作出决定或者由申诉机关责令原处分决定单位重新作出决定：（1）处分所依据的违法事实不清或者证据不足；（2）违反本条例规定的程序，影响案件公正处理；（3）超越职权或者滥用职权作出处分决定。有下列情形之一的，原处分决定单位、申诉机关应当变更原处分决定，或者由申诉机关责令原处分决定单位予以变更：（1）适用法律、法规确有错误；（2）对违法行为的情节认定确有错误；（3）处分不当。原处分决定单位、申诉机关认为处分决定认定事实清楚，适用法律正确的，应当予以维持。国有企业管理人员的处分决定被变更，需要调整该国有企业管理人员的职务、岗位等级、薪酬待遇等级等的，应当按照规定予以调整。国有企业管理人员的处分决定被撤销，需要恢复该国有企业管理人员的职务、岗位等级、薪酬待遇等级等的，应当按照原职务和岗位等级安排相应的职务和岗位，并在原处分决定公布范围内为其恢复名誉。国有企业管理人员被撤销处分或者减轻处分的，应当结合其实际履职、业绩贡献等情况对其薪酬待遇受到的损失予以适当补偿。[1]

二、用人单位预告辞退

预告辞退，是指《劳动合同法》第40条规定的三种情形下用人单位所享有的单方解除权。用人单位提前30日以书面形式通知劳动者本人或者额外支付劳动者一个月工资后，就可以解除劳动合同。相较于用人单位依据《劳动合同法》第39条行使的即时辞退权，预告辞退需要向劳动者支付经济补偿。相较于劳动者依

---

〔1〕 参见《国有企业管理人员处分条例》第38～45条。

据《劳动合同法》第37条享有的不附实体条件的预告辞职权，用人单位所享有的预告辞退权被设置了实体条件。

用人单位未提前30日通知劳动者，其解除行为的效力如何确定？法律设置辞退预告期的目的，是给被辞退的劳动者接下来的求职以一定的准备时间，因此，用人单位可以采用预付预告期工资的方式以免除其相应的提前通知的义务，也就是俗称的代通知金。实践中可能会遇到比如用人单位没有提前30日通知，而是只提前了15日通知解除的情况，那么这个时候，解除的效力如何确定？笔者认为，如果解除本身符合法律规定，只是未提前30日通知，由于用人单位“提前30日以书面形式通知劳动者本人”与“额外支付劳动者一个月工资”两者是选择、替代关系，因此应当认可解除行为能够发生终结劳动关系的法律效果，只不过用人单位需要向劳动者支付1个月的工资作为补偿。

用人单位以口头等形式通知解除劳动关系，能否发生解除的法律效果？虽然法律规定用人单位应当以书面形式通知劳动者解除的意思表示，但是做这种规定有方便确定事实、固定证据等考虑，并不是说以其他形式通知解除就不能发生解除劳动关系的法律效果。根据《民法典》第140条第1款的规定，行为人可以明示或者默示作出意思表示。如果有证据能够证明用人单位口头通知劳动者解除劳动关系，甚至只是以停发工资、社保减员等默示的行为作出解除的意思表示，只要用人单位的解除行为实体上符合法律规定的解除情形，同样应当认定其法律效力。

《劳动合同法》第40条规定了三种用人单位可以预告辞退的情形，分别是劳动者患病或者非因工负伤，在规定的医疗期满后不能从事原工作，也不能从事由用人单位另行安排的工作的；劳动者不能胜任工作，经过培训或者调整工作岗位，仍不能胜任工作的；劳动合同订立时所依据的客观情况发生重大变化，致使劳动合同无法履行，经用人单位与劳动者协商，未能就变更劳动合同内容达成协议的。对于该条，有以下几个问题需要注意。

（一）医疗期

医疗期是企业职工因患病或非因工负伤停止工作治病休息不得解除劳动合同的时限。[1] 换言之，其属于解雇保护期，因此，其并不等同于病假期间。虽然劳动者进入医疗期表现为请休病假，但是病假并非可以全部计入医疗期。在一个累计计算周期内，医疗期届满后的病假期间不属于医疗期。

---

〔1〕 参见《企业职工患病或非因工负伤医疗期规定》第2条。

是不是只要劳动者生病了或者非因工负伤了就一定有医疗期？笔者认为，医疗期实际上是有一个前提条件的，即劳动者因患病或非因工负伤需要停止工作进行治疗的，才有医疗期。反过来说，如果病患或者负伤很轻微，以致不需要停止工作去治疗，也就不需要专门的医疗期。因此，一般情况下，劳动者应当向用人单位提供由医院等专门机构出具的诊断证明、休息证明等材料，以证明其确有停止工作进行治疗的需要。并且，医疗期的长短要根据具体病情来确定，并非只要生病就必须至少休满3个月。

1. 医疗期的确定

企业职工因患病或非因工负伤，需要停止工作医疗时，（由企业）根据本人实际参加工作年限和在本单位工作年限，给予3个月至24个月的医疗期：（1）实际工作年限10年以下，在本单位工作年限5年以下的为3个月；5年以上的为6个月。（2）实际工作年限10年以上，在本单位工作年限5年以下的为6个月；5年以上10年以下的为9个月；10年以上15年以下的为12个月；15年以上20年以下的为18个月；20年以上的为24个月。〔1〕

但是，部分地区确定医疗期的方法有所不同，例如，上海市的医疗期按照劳动者在本用人单位的工作年限设置。劳动者在本单位工作第1年，医疗期为3个月；以后工作每满1年，医疗期增加1个月，但不超过24个月。〔2〕对某些患特殊疾病（如癌症、精神病、瘫痪等）的职工，在24个月内尚不能痊愈的，经企业和劳动主管部门批准，可以适当延长医疗期。〔3〕

2. 医疗期的计算与清零

医疗期3个月的按6个月内累计病休时间计算；6个月的按12个月内累计病休时间计算；9个月的按15个月内累计病休时间计算；12个月的按18个月内累计病休时间计算；18个月的按24个月内累计病休时间计算；24个月的按30个月内累计病休时间计算。〔4〕医疗期计算应从病休第一天开始，累计计算。例如，应享受3个月医疗期的职工，如果从1995年3月5日起第一次病休，那么，该职工的医疗期应在3月5日至9月5日之间确定，在此期间累计病休3个月即视为医

---

〔1〕参见《企业职工患病或非因工负伤医疗期规定》第3条。

〔2〕参见上海市人民政府《关于本市劳动者在履行劳动合同期间患病或者非因工负伤的医疗期标准的规定》（沪府发〔2015〕40号）第2条。

〔3〕参见劳动部《关于贯彻〈企业职工患病或非因工负伤医疗期规定〉的通知》（劳部发〔1995〕236号）。

〔4〕参见《企业职工患病或非因工负伤医疗期规定》第4条。

疗期满。病休期间，公休假日和法定节日包括在内。[1]

如果劳动者在一个计算周期内累计休病假时间已满医疗期，由于《劳动合同法》第40条第1项规定了此种情形下用人单位的单方解除权，这就意味着医疗期不能重新累计计算。但是，司法实践中的主流观点认为，如果劳动者在一个计算周期内累计休病假时间未满医疗期，该计算周期经过之后，医疗期清零并重新累计计算。[2] 继续以上述举例进行解释：如果该职工从1995年3月5日起第一次病休，并且该职工在3月5日至9月5日累计病休仅2个月，则在1995年9月6日至1996年3月6日这一新的计算周期内，其重新享有累计3个月的医疗期。当然，部分地区的做法有所不同。例如，上海市规定，“劳动者在本单位工作期间累计病休时间超过按照规定享受的医疗期，用人单位可以依法与其解除劳动合同”。[3] 该规定事实上明确，劳动者在一个用人单位只能享受一次医疗期，不可重复享受。

3. 医疗期的待遇

劳动部《贯彻执行劳动法的意见》第59条规定，“职工患病或非因工负伤治疗期间，在规定的医疗期间内由企业按有关规定支付其病假工资或疾病救济费，病假工资或疾病救济费可以低于当地最低工资标准支付，但不能低于最低工资标准的80%”。因此，用人单位可以与劳动者约定医疗期待遇，也可以在劳动规章制度中规定医疗期待遇，该待遇不得低于当地规定的最低标准，也不得低于当地最低月工资标准的80%。如果劳动合同、劳动规章制度没有约定或规定，可以按照当地的规范性文件规定的标准执行。

4. 医疗期内用人单位能否解除劳动关系

如前所述，医疗期属于解雇保护期，是用人单位不得解除劳动合同的期限。但实际上，在医疗期内，用人单位并非绝对不能与劳动者解除劳动关系。根据《劳动合同法》第42条第3项和第45条的规定，医疗期内不得解除劳动关系是指用人单位不得依照该法第40条、第41条的规定解除劳动关系。换言之，在医疗期内，用人单位不得单方面对劳动者实施预告辞退和经济性裁员。但是这并不妨碍用人单位与劳动者协商一致解除劳动关系，也不妨碍劳动者主动解除劳动关系，劳动者有该法第39条规定的6种情形之一的，用人单位还可以对劳动者行使

---

〔1〕 参见劳动部《关于贯彻〈企业职工患病或非因工负伤医疗期规定〉的通知》（劳部发〔1995〕236号）。

〔2〕 参见北京市第三中级人民法院民事判决书，（2018）京03民终69号。

〔3〕 上海市人民政府《关于本市劳动者在履行劳动合同期间患病或者非因工负伤的医疗期标准的规定》（沪府发〔2015〕40号）第5条。

即时辞退权，单方面解除劳动关系。如果劳动者在医疗期内不存在《劳动合同法》第39条规定的情形，也没有主动解除劳动关系或者与用人单位协商一致解除劳动关系，则即使劳动合同期满，双方劳动合同亦应当自动续延至医疗期满。

（二）劳动能力鉴定不是用人单位解除、终止劳动关系的前置程序

当劳动者患病或者非因工负伤，在规定的医疗期满后不能从事原工作，也不能从事由用人单位另行安排的工作的，一些现行有效的规范性文件将劳动能力鉴定规定为解除、终止劳动关系的前提条件，但是《劳动合同法》却并未沿袭这一规定，这就产生一个问题：在《劳动合同法》施行之后，劳动能力鉴定是否还是解除劳动关系的前置程序？就这一问题，实践中存在争议观点，有观点认为，劳动能力鉴定是解除劳动关系的前置程序，不经过劳动能力鉴定，用人单位不得解除劳动关系，否则构成违法解除。为讨论该问题，我们先对相关规定进行简单梳理。

《企业职工患病或非因工负伤医疗期规定》（劳部发〔1994〕479号）第6条规定，“企业职工非因工致残和经医生或医疗机构认定患有难以治疗的疾病，在医疗期内医疗终结，不能从事原工作，也不能从事用人单位另行安排的工作的，应当由劳动鉴定委员会参照工伤与职业病致残程度鉴定标准进行劳动能力的鉴定。被鉴定为一至四级的，应当退出劳动岗位，终止劳动关系，办理退休、退职手续，享受退休、退职待遇；被鉴定为五至十级的，医疗期内不得解除劳动合同”。第7条规定，“企业职工非因工致残和经医生或医疗机构认定患有难以治疗的疾病，医疗期满，应当由劳动鉴定委员会参照工伤与职业病致残程度鉴定标准进行劳动能力的鉴定。被鉴定为一至四级的，应当退出劳动岗位，解除劳动关系，并办理退休、退职手续，享受退休、退职待遇”。能够因病或非因公负伤办理退休、退职手续，享受退休、退职待遇的人员，一是党政机关、群众团体和全民所有制企业、事业单位的干部，以及因工作需要由组织委派到集体所有制企业、事业单位工作的国家干部；[1] 二是全民所有制企业、事业单位和党政机关、群众团体的工人，以及集体所有制企业、事业单位工人。[2] 再结合当年的历史背景，以行政方式确立的固定工制劳动关系，即非合同劳动关系为一般形态，劳动合同关系为特殊形态，往往是临时工。《国营企业实行劳动合同制暂行规定》（国发〔1986〕77号，已失效）第12条明确规定，劳动合同制工人患病或非因工负伤，医疗期满后不能从事原工作的，企业可以解除劳动合同。第21条规定，“劳动合同制工人患病或非因工负伤，按其在本单位工作时间的长短，给予三个月至

---

〔1〕 参见1978年5月24日起施行的《国务院关于安置老弱病残干部的暂行办法》。

〔2〕 参见1978年5月24日起施行的《国务院关于工人退休、退职的暂行办法》。

一年的医疗期。在本单位工作二十年以上的，医疗期可以适当延长。在医疗期内，其医疗待遇和病假工资与所在企业原固定工人同等对待。医疗期满后因不能从事原工作被解除劳动合同的，由企业发给相当于本人标准工资三个月至六个月的医疗补助费”。由此可见，在当时的历史背景下，需要进行劳动能力的鉴定的，针对的是党政机关、群众团体和全民所有制企业、事业单位的干部，因工作需要由组织委派到集体所有制企业、事业单位工作的国家干部，以及全民所有制企业、事业单位和党政机关、群众团体、集体所有制企业、事业单位工人固定工制的工人。对于劳动合同制工人患病或非因工负伤，并没有规定要进行劳动能力鉴定，而是规定医疗期满后不能从事原工作的，企业可以解除劳动合同。

因此，虽然劳动部《贯彻执行劳动法的意见》第 35 条规定，“请长病假的职工在医疗期满后，能从事原工作的，可以继续履行劳动合同；医疗期满后仍不能从事原工作也不能从事由单位另行安排的工作的，由劳动鉴定委员会参照工伤与职业病致残程度鉴定标准进行劳动能力鉴定。被鉴定为一至四级的，应当退出劳动岗位，解除劳动关系，办理因病或非因工负伤退休退职手续，享受相应的退休退职待遇；被鉴定为五至十级的，用人单位可以解除劳动合同，并按规定支付经济补偿金和医疗补助费”。该条规定扩大了需进行劳动能力鉴定人员的范围，但是从其可以办理退休、退职的规定来看，仍然不是针对劳动合同制人员。适用于劳动合同制人员的《劳动法》《劳动合同法》则延续《国营企业实行劳动合同制暂行规定》的规定，并没有将劳动能力鉴定作为解除劳动关系的前置程序。

何况，《劳动合同法》第 40 条没有有关劳动能力鉴定的规定，《劳动合同法》既是新法，其效力层级也远高于部门规章，因此应当以《劳动合同法》的规定为准，不应再适用相关的部门规章。此外，申请劳动能力鉴定需要劳动者配合提供诊断证明、病历材料、身份证件或者社保卡，并且亲自接受鉴定，因此如果劳动者不愿意接受鉴定，那么劳动能力鉴定就很难完成，这种情况下，如果以劳动能力鉴定程序作为用人单位解除合同的前置程序，可能会诱发诚信危机。

（三）用人单位能否指定就诊医院

用人单位能否要求劳动者申请病假时，必须出具指定医院或者指定级别的医院（如三甲医院）的诊断证明，否则即不予批准？笔者认为，对该问题要区分情形进行分析。

一般情况下，具备合法资质的医疗机构均有权利作出相应诊断证明和建休证明。根据《医疗机构管理条例》（2022 年修订）第 2 条的规定，医疗机构是指从事疾病诊断、治疗活动的医院、卫生院、疗养院、门诊部、诊所、卫生所（室）

以及急救站等医疗机构。根据该条例第 15 条和第 23 条的规定，医疗机构执业必须进行登记，领取《医疗机构执业许可证》，任何单位或者个人未取得《医疗机构执业许可证》，不得开展诊疗活动。综上，对于一般性疾病，用人单位如果强制要求劳动者必须到指定医院或者指定级别的医院开具证明，除此之外对其他合法医疗机构出具的证明均不予认可的，缺乏法律依据，[1] 也不符合医疗改革的目的。并且，劳动者有选择就诊医疗机构的权利，用人单位无权排除该权利。例如，在许某与 P 公司劳动争议案中，二审法院认为，对于劳动者而言，其去医院就诊并持有正规医院的病情证明单，在向用人单位履行相应的请假手续后，即可依法享受病假待遇。虽然 P 公司规定员工需提供区级以上医院出具的病假证明和病历卡等方可申请病假休息，但 P 公司现并无证据推翻许某提交的一系列病假单、就诊记录的真实性。在 P 公司发函告知许某要按照公司病假请假程序至指定医院就诊时，许某也多次回函解释了就近就诊的原因，并于 2020 年 11 月 10 日至 B 医院就诊，该医院诊断的结果与 A 医院诊断结果并无相悖。故 P 公司所称许某多次提供不符合公司规章制度要求的病假单，属于擅自缺勤之主张不能成立，不能成为解除劳动合同的理由。[2]

但是，当用人单位有合理理由对员工病假证明产生合理怀疑时，在未给劳动者造成就诊困难的情况下，指定适当的医院诊疗具有一定的管理正当性。例如，在 S 公司与杨某劳动争议案中，二审法院认为，杨某所患的疾病系腰椎间盘突，属于长期慢性病，自 2016 年 10 月至 2019 年 3 月 22 日，除产假时间外，杨某以患病为由长期请病假，远超出正常的请假时间。此期间，杨某根据 S 公司《指定医院就诊告知函》，曾到中国人民解放军空军总医院就诊，后杨某称该医院治疗效果不佳，申请去其他医院就诊。2019 年 3 月 5 日 S 公司的《指定医院就诊告知函》告知杨某自即日起到北京协和医院就诊。杨某未遵从 S 公司的要求，其向 S 公司邮寄其他医院的《病假证明书》《请假申请书》，申请 2019 年 3 月 13 日至 2019 年 3 月 20 日休病假。应当指出，S 公司对杨某 2 年有余的休假真实性产生合理怀疑，指定管理规范的北京协和医院开具诊断证明，具有管理正当性。从杨某居住地到中国人民解放军空军航空医学研究所附属医院，比去北京协和医院要远很多，杨某称去北京协和医院就诊不方便，未提供其他合理的解释。因此，S 公司根据依法制定的《员工手册》，以连续旷工为由解除与杨某的劳动关系属于合法解除，无需支付赔偿金。[3]

---

〔1〕 参见吴彬：《劳动人事争议裁判规则和实操指引》，中国法制出版社 2022 年版，第 303 页。

〔2〕 参见朱佳玥：《静思劳舍 431——用人单位可否要求员工至指定医院诊疗?》，载微信公众号“中联劳动法讲坛”2023 年 3 月 31 日。

〔3〕 参见北京市第三中级人民法院民事判决书，（2020）京 03 民终 8461 号。

此外，不具备相应科室或者专业人员的医疗机构不能对相应疾病作出诊断并开具证明，劳动者持此类医疗机构出具的证明申请病假，用人单位可以不予批准。例如，某医院没有妇产科科室和相应技术人员，劳动者请休病假的疾病为妇科疾病，则该医疗机构出具的证明不被用人单位接受是合法的。[1]

（四）对劳动者不能胜任工作的处理

1. 如何认定不能胜任工作

对此，可以参照原劳动部《关于劳动法若干条文的说明》对《劳动法》第26条的说明进行认定，即“不能胜任工作”，是指不能按要求完成劳动合同中约定的任务或者同工种，同岗位人员的工作量。用人单位不得故意提高定额标准，使劳动者无法完成。

在上述说明中，描述了两种不胜任的情形。一种情形是劳动者不能按要求完成劳动合同中约定的任务；另一种情形是劳动者不能按要求完成同工种、同岗位人员的工作量。由于劳动合同的约定存在不合理的可能性，因此，对于前一种情形，在审查劳动者是否胜任时，应当对用人单位约定的任务量等定额标准进行合理性审查；如果约定标准过高、难以完成，可能会被认定为不具有合理性，从而对员工不具有约束力。

2. 劳动者不胜任，用人单位对其调岗时能否同步调薪

依据《劳动合同法》第35条第1款的规定，用人单位与劳动者协商一致，才能变更劳动合同约定的内容。依据《劳动合同法》第17条第1款的规定，劳动报酬标准与工作内容均是劳动合同的重要条款，且分属不同的条款。这就意味着，在一般情况下，用人单位无论是对劳动者调岗还是降薪，都需要与劳动者协商一致后方可为之；并且由于工作内容与劳动报酬分属不同的劳动合同条款，因此调岗与降薪原则上应当分别进行协商，仅调岗协商一致不代表可以同时降薪。但是，依据《劳动合同法》第40条第2项的规定，劳动者被认定为不胜任工作的，用人单位可以对其进行调岗。也就是说，当劳动者不胜任工作时，用人单位可以在不经协商的情况下径行调整劳动者的工作岗位。这是《劳动合同法》对变更劳动合同必须以协商一致为前提所作的一个例外规定。那么由此引出的问题是，当劳动者不胜任时，用人单位在对其调岗的同时，能否不经协商直接调整其薪酬标准？对此笔者认为是可以的。因为此时的调岗并不是以协商一致为前提的调岗，而是因劳动者的工作表现不胜任所致，如果调岗同时不能调薪，那么对调

---

[1] 参见吴彬：《劳动人事争议裁判规则和实操指引》，中国法制出版社2022年版，第304页。

岗后同岗位的其他员工可能就会不公平。比如，劳动者原岗位是销售经理，因不胜任被调整为销售助理，如果其薪酬标准不能随之降低，仍维持销售经理的薪酬标准，则相对于其他销售助理来说，就存在不公平的可能。

3. 劳动者不胜任，用人单位对其所作调岗应具有合理性

需要注意的是，即使用人单位因劳动者不胜任享有单方调岗的权利，也不意味着该调岗权的行使不受任何限制，这种限制就是合理性限制。不胜任工作情况下调岗的合理性至少体现在以下三个方面：（1）级别的合理性。用人单位有权因劳动者不胜任工作而调岗降级，但是这种调岗降级在级别上必须具有合理性。（2）技能的合理性。例如，劳动者原来是财务经理，如果他不能胜任工作，一般适宜调整到与财务相关的岗位，而不能毫无理由地调整为工程副经理、法务副经理等需要专业技能的岗位，因其很有可能根本不具备工程或法务岗的专业技能，调整到这样的岗位其结果必然是仍然不胜任工作。当然，如果劳动者本人同意这样的安排，或者其本来就具有多元化专业背景则另当别论。（3）考核周期的合理性。对于任何员工来说，调岗到新岗位后都有适应期，员工只有适应新岗位才可能完成业绩达到考核要求，如果不对考核周期进行限制，如员工到岗后1个月马上进行考核，员工不达标的概率将大大提高，这也成为变相“炒人”的一种手段。因此，调岗后的考核周期也应当合理。

4. 劳动者工作业绩靠后不等于不胜任

实践中，有些用人单位对员工实行所谓的“末位淘汰”制度，将业绩排名排在末位的员工定性为不胜任，然后对其调岗或者培训，再适用《劳动合同法》第40条第2项解除劳动关系。但是，所谓的“末位”与不胜任并不能画等号，因为在竞争性工作中，即使所有人都表现优秀，但是进行业绩排名的时候，也必然会有人排在末位，此时，排在末位并不代表不优秀，更不意味着不胜任。

案例55　某通讯（杭州）有限责任公司诉王某劳动合同纠纷案[1]

——劳动者在考核中居于末位等次，不等同于不胜任工作

【基本案情】

2005年7月，王某进入某通讯公司从事销售工作，基本工资每月3840元。该公司的《员工绩效管理办法》规定：员工半年、年度绩效考核分别为S、A、C1、

〔1〕参见某通讯（杭州）有限责任公司诉王某劳动合同纠纷案，最高人民法院指导案例18号。

C2 四个等级，分别代表优秀、良好、价值观不符、业绩待改进；S、A、C（C1、C2）等级的比例分别为 20%、70%、10%；不胜任工作原则上考核为 C2。2008 年下半年、2009 年上半年及 2010 年下半年，王某的考核结果均为 C2。某通讯公司认为，王某不能胜任工作，经转岗后，仍不能胜任工作，故在支付了部分经济补偿金的情况下解除了劳动合同。

王某提起劳动仲裁，仲裁委裁决某通讯公司支付王某违法解除劳动合同的赔偿金余额 36596.28 元。某通讯公司认为其不存在违法解除劳动合同的行为，诉至法院，请求判令不予支付解除劳动合同赔偿金余额。

【裁判要点】

生效判决认为，为了保护劳动者的合法权益，构建和发展和谐稳定的劳动关系，《劳动法》《劳动合同法》对用人单位单方解除劳动合同的条件进行了明确限定。某通讯公司以王某不胜任工作，经转岗后仍不胜任工作为由，解除劳动合同，对此应负举证责任。根据《员工绩效管理办法》的规定，“C（C1、C2）考核等级的比例为 10%”，虽然王某曾经考核结果为 C2，但是 C2 等级并不完全等同于“不能胜任工作”，某通讯公司仅凭该限定考核等级比例的考核结果，不能证明劳动者不能胜任工作，不符合据此单方解除劳动合同的法定条件。虽然 2009 年 1 月王某从分销科转岗，但是转岗前后均从事销售工作，并存在分销科解散导致王某转岗这一根本原因，故不能证明王某系因不能胜任工作而转岗。因此，某通讯公司主张王某不胜任工作，经转岗后仍然不胜任工作的依据不足，存在违法解除劳动合同的情形，应当依法向王某支付经济补偿标准二倍的赔偿金。

【延伸思考】

1. 末位淘汰制可否作为用人单位单方解除劳动合同的依据

末位淘汰制作为用人单位的规章制度，并不意味着用人单位对业绩居于末位等次的劳动者可以单方面解除劳动合同。《劳动合同法》第 39 条、第 40 条和《劳动合同法实施条例》第 19 条规定了用人单位可以单方面解除劳动合同的法定情形。实践中劳动者与用人单位因为考核而解除劳动合同容易发生争议的情形主要有两种：一是劳动者严重违反用人单位的规章制度；二是劳动者不能胜任工作，经过培训或者调整工作岗位，仍不能胜任工作。下面对这两种情形逐一分析。

第一，劳动者考核等次居于末位，是否构成严重违反用人单位的规章制度？严重违反用人单位的规章制度，是指劳动者明知或应知规章制度的要求，却基于故意或重大过失的心态，实施了严重违反规章制度的行为。考核居于末位是一种客观状态，不是员工的主观行为。有考核就有先进与落后之分，从客观上讲任何规章制度都不可能禁止劳动者的工作业绩在单位考核中居于末位。因此，劳动者考核中居于末位，并不意味着严重违反用人单位的规章制度，用人单位不能以此为由单方面解除劳动合同。

第二，劳动者考核等次居于末位，是否属于劳动者不能胜任工作？劳动者考核居于末位等次，可能是其不胜任现职工作，也可能是其能够胜任现职工作，但因各种因素在某次考核中居于末位等次。因为末位等次总是客观存在的，每次考核中总会有人居于末位等次，考核的末位等次不能直接等同于不胜任现职工作；以同一标准在相同行业考核，本单位考核的末位可能是其他单位考核的中位甚至首位，即“末位不末”，以此来认定劳动者不胜任工作也并不科学合理。即使考核居于末位等次的劳动者确实不能胜任现职工作，用人单位也不能直接与之解除劳动合同，而应当对劳动者先进行培训或调整工作岗位。只有在劳动者经培训或者调整工作岗位后仍不能胜任工作的情况下，才能提前30日以书面形式通知劳动者本人或者额外支付劳动者1个月工资后解除劳动合同。因此，用人单位不能仅因劳动者居于末位等次，就以其不能胜任工作为由而解除合同。

2. 末位淘汰制可否作为调整岗位或工资待遇的依据

所谓淘汰，本意是指去掉不合适的，留下合适的。淘汰制度，并非仅指解除劳动合同，而是可以泛指降级、降职、免职、调整工作岗位、待岗培训、解除劳动合同等多种形式。

劳动者在用人单位的工作岗位、工资待遇等，应由双方协商确定。根据《劳动合同法》第35条的规定，用人单位与劳动者协商一致，采用书面形式，可以变更劳动合同约定的内容。调整工作岗位或者工资待遇等涉及劳动者切身利益，只要符合劳动法、劳动合同法等法律规定，经过了前述的民主协商程序，可以视为双方事前协商约定了单方变更劳动合同的内容，就合法有效，对双方具有约束力。因此，如果将淘汰限定为降级、降职、免职、调整工作岗位、待岗培训等其他形式，用人单位就可以在不解除劳动合同的前提下，对考核居于末位的劳动者作出调整工作岗位等处理。但是，用人单位单方解除劳动合同的条件是法定的，即使用人单位以法定程序制定了以末位淘汰制为内容的规章制度，且经过公示，也不能将其作为单方解除劳动合同的条件。需要注意的是，用人单位将考核与劳动报酬、奖金等工资待遇相挂钩，不得违反法律法规的相关规定。[1]

（五）劳动合同订立时所依据的客观情况发生重大变化包括哪些情形

《劳动合同法》第40条第3项实际上就是劳动法上的情势变更条款，把握这

〔1〕 参见吴光侠：《〈中兴通讯（杭州）有限公司诉王鹏劳动合同纠纷案〉的理解与参照》，载《人民司法》2014年第6期。

一项的关键是准确理解“客观情况发生重大变化”包含哪些情形，以及“劳动合同不能履行”的含义。

可以通过与《劳动法》第 26 条第 3 项的比较来确定其含义。我们知道，《劳动合同法》第 40 条基本承继了《劳动法》第 26 条的规定。《关于劳动法若干条文的说明》对《劳动法》第 26 条的解释中规定，“‘客观情况’指：发生不可抗力或出现致使劳动合同全部或部分条款无法履行的其他情况，如企业迁移、被兼并、企业资产转移等，并且排除本法第二十七条所列的客观情况”。《劳动法》第 27 条规定的是经济性裁员，其第 1 款是这样规定的：“用人单位濒临破产进行法定整顿期间或者生产经营状况发生严重困难，确需裁减人员的，应当提前三十日向工会或者全体职工说明情况，听取工会或者职工的意见，经向劳动行政部门报告后，可以裁减人员。”在这一款中，列明了两种情形，分别是“用人单位濒临破产进行法定整顿”和“生产经营状况发生严重困难”，不难发现，这两种情形就是《劳动合同法》第 41 条第 1 款规定的前两种情形，因此，根据《关于劳动法若干条文的说明》对《劳动法》第 26 条的解释，用人单位出现“依照企业破产法规定进行重整的”和“生产经营发生严重困难的”情形时，不能依据《劳动合同法》第 40 条进行预告解除，而只能依据第 41 条进行经济性裁员。依据这个逻辑，《劳动合同法》第 40 条中所称的“客观情况发生重大变化”也不应包括《劳动合同法》第 41 条第 1 款中提到的“企业转产、重大技术革新或者经营方式调整”。因此，参照《关于劳动法若干条文的说明》对《劳动法》第 26 条的说明，《劳动合同法》第 40 条第 3 项中的“客观情况发生重大变化”是指“发生不可抗力或出现致使劳动合同全部或部分条款无法履行的其他情况，如企业迁移、被兼并、企业资产转移等”，但是不包括《劳动合同法》第 41 条第 1 款提到的依照企业破产法规定进行重整的、生产经营发生严重困难的以及企业转产、重大技术革新或者经营方式调整的情形。这种对“客观情况发生重大变化”的理解，与《民法典》第 533 条规定的“合同成立后，合同的基础条件发生了当事人在订立合同时无法预见的、不属于商业风险的重大变化”实质上是一致的。

在司法实践中，部分地区还强调了“客观情况发生重大变化”的“客观性”。例如，《北京市劳动争议解答一》第 79 条指出，下列情形一般属于“劳动合同订立时所依据的客观情况发生重大变化”：（1）地震、火灾、水灾等自然灾害形成的不可抗力；（2）受法律、法规、政策变化导致用人单位迁移、资产转移或者停产、转产、转（改）制等重大变化的；（3）特许经营性质的用人单位经营范围等发生变化的。该解答对《关于劳动法若干条文的说明》中所提到的“企业迁移、被兼并、企业资产转移等”的范围作了限缩，将其严格限定在因受法律、法规、政策变化等外力因素导致的重大变化。

（六）劳动合同不能履行的含义

按照《关于劳动法若干条文的说明》对《劳动法》第26条的解释，所谓"劳动合同不能履行"，既包括劳动合同全部无法履行，也包括劳动合同的部分条款无法履行。但是，该规定并没有对何为"无法履行"作进一步说明。笔者认为，在《民法典》第533条对情势变更原则作出明确规定之后，对"劳动合同不能履行"可以结合《民法典》第533条的规定进行理解。《民法典》第533条规定，"合同成立后，合同的基础条件发生了当事人在订立合同时无法预见的、不属于商业风险的重大变化，继续履行合同对于当事人一方明显不公平的，受不利影响的当事人可以与对方重新协商；在合理期限内协商不成的，当事人可以请求人民法院或者仲裁机构变更或者解除合同。人民法院或者仲裁机构应当结合案件的实际情况，根据公平原则变更或者解除合同"。因此，"劳动合同不能履行"既包括劳动合同客观上不能继续履行的，也包括继续履行对于当事人一方明显不公平的情形。

三、经济性裁员

所谓经济性裁员，是指用人单位依据《劳动合同法》第41条的规定，一次性单方解除与部分劳动者的劳动关系。其不同于其他的单个辞退行为，表现为批量辞退。

经济性裁员的触发条件包括以下几种：（1）依照企业破产法规定进行重整。即企业法人不能清偿到期债务，并且资产不足以清偿全部债务或者明显缺乏清偿能力而濒临破产的，依照企业破产法经申请法院准许进入重整。在重整期间，为挽救企业，减员增效，管理人或债务人都可以决定进行规模裁员。（2）生产经营发生严重困难。主要是指用人单位生产经营状况恶化，发生诸如严重亏损、开工严重不足、产品严重积压之类的困难，需要通过裁员来摆脱困境。（3）企业转产、重大技术革新或者经营方式调整，经变更劳动合同后，仍需裁减人员。企业转产、重大技术革新或者经营方式调整，会给企业职工的劳动关系增加不稳定因素，其中，岗位转化和裁减冗员尤为可能。为此，首先应当协议变更劳动合同以转换岗位，对于无法转换岗位、不能适应新岗位，或者在新岗位中已无优势的劳动者，可以裁减。（4）其他因劳动合同订立时所依据的客观经济情况发生重大变化，致使劳动合同无法履行。[1]

《劳动合同法》对经济性裁员的裁员数量作了限制规定，即需要裁减人员20人以上或者裁减不足20人但占企业职工总数10%以上。换言之，如果裁减人员不足20人且占企业职工总数不足10%，不能依据《劳动合同法》第41条进行经济性裁员，否则构成违法解除。

用人单位进行经济性裁员需符合法定程序，即提前30日向工会或者全体职工说明情况，听取工会或者职工的意见后，裁减人员方案经向劳动行政部门报告，方可以裁减人员，否则构成违法解除。

此外，用人单位进行经济性裁员，负有裁员时优先留用和裁员后优先录用相关人员的义务。裁员时优先留用义务，是指用人单位在裁员时应当优先留用与本单位订立较长期限的固定期限劳动合同的人员、与本单位订立无固定期限劳动合同的人员以及家庭无其他就业人员且有需要扶养的老人或者未成年人的人员。裁员后优先录用义务，是指用人单位裁员后，在6个月内重新招用人员的，应当通知被裁减的人员，并在同等条件下优先招用被裁减的人员。

四、预告辞退和经济性裁员不适用的劳动者群体

与劳动者存有过错、用人单位依据《劳动合同法》第39条即时辞退劳动者不同，当用人单位依据《劳动合同法》第40条、第41条行使预告辞退权和经济性裁员时，劳动者自身并无过错，因此，为了保障部分特殊劳动者的权益，《劳动合同法》第42条规定了预告辞退和经济性裁员不适用的劳动者群体。该条规定，"劳动者有下列情形之一的，用人单位不得依照本法第四十条、第四十一条的规定解除劳动合同：（一）从事接触职业病危害作业的劳动者未进行离岗前职业健康检查，或者疑似职业病病人在诊断或者医学观察期间的；（二）在本单位患职业病或者因工负伤并被确认丧失或者部分丧失劳动能力的；（三）患病或者非因工负伤，在规定的医疗期内的；（四）女职工在孕期、产期、哺乳期的；（五）在本单位连续工作满十五年，且距法定退休年龄不足五年的；（六）法律、行政法规规定的其他情形"。

需要明确的是，根据对《劳动合同法》第42条的文义解释，对该条列举的特殊劳动者群体，用人单位虽然不能依据该法第40条、第41条进行预告辞退和经济性裁员，却依然可以依据该法第36条协商一致解除劳动关系，也可以依据该法第39条行使即时辞退权。但是，对于第二种情形，即在本单位患职业病或者因

---

〔1〕参见王全兴：《劳动法》（第4版），法律出版社2017年版，第220页。

工负伤并被确认丧失或者部分丧失劳动能力的，依据《工伤保险条例》第 35 条至第 37 条的特别规定，职工因工致残被鉴定为一级至四级伤残的，应当保留劳动关系，故用人单位不得与之协商解除劳动关系；职工因工致残被鉴定为五级、六级伤残的，保留与用人单位的劳动关系，经工伤职工本人提出，该职工可以与用人单位解除或者终止劳动关系——换言之，用人单位不得主动提出与之解除或者终止劳动关系；职工因工致残被鉴定为七级至十级伤残的，劳动、聘用合同期满终止，或者职工本人提出解除劳动、聘用合同的可以终结劳动关系——易言之，用人单位不得主动提出与之解除劳动关系，但是可以依法选择劳动合同到期终止不续签。

需要注意的还有，所谓“疑似职业病病人在诊断或者医学观察期间的”，是指有职业病危害接触史或者健康检查发现异常的劳动者经职业病诊断机构受理正处在诊断期间，或者经诊断而不能确诊的疑似职业病病人正处在必要的医学检查或者住院观察等待再次诊断期间。孕期、产期和哺乳期，或者孕期与产期为一个连续的过程，其中，产期长度应当以生育正产、难产或小产的法定产假期为准，哺乳期长度一般限于婴儿周岁。[1]

（一）用人单位能否与精神病人解除劳动关系

对于用人单位能否与精神病人解除劳动关系，实践中存在不同认识。一种观点认为，精神病人如果处在医疗期内的，用人单位不得解除劳动合同；如果医疗期满，可按《劳动合同法》第 40 条的规定解除劳动合同。另一种观点则认为，用人单位能否解除与精神病人的劳动关系，要区分具体情况而定。

笔者同意第二种观点。首先，如果劳动者在试用期内被发现患有精神病的，可以参照原劳动部在 1996 年颁布的《关于实行劳动合同制度若干问题的通知》第 11 条处理，该条规定：“用人单位对新招用的职工，在试用期内发现并经有关机构确认患有精神病的，可以解除劳动合同。”从而认为其不符合录用条件，进而依照《劳动合同法》第 39 条第 1 项解除劳动关系。其次，如果对精神病劳动者的情况具体分析，可以发现，患精神病的劳动者进入用人单位工作存在两种情形：第一种情形是明知自己是精神病患者却隐瞒了实情；第二种情形是劳动者尚不知晓自己罹患精神病，或者到用人单位之后才患上精神病。其中，隐瞒患精神病的实情入职的劳动者，实际上已经构成了欺诈入职，依据《劳动合同法》第 39 条第 5 项的规定，用人单位可以与其解除劳动关系。对于第二种情形，在试用期

〔1〕 参见王全兴：《劳动法》（第 4 版），法律出版社 2017 年版，第 221 页。

经过之后，如果该劳动者是在医疗期内，依据《劳动合同法》第 42 条第 3 项的规定，用人单位不能依照该法第 40 条、第 41 条解除劳动关系；医疗期满后，依照《劳动合同法》第 40 条第 1 项的规定，该劳动者如果不能从事原工作，也不能从事由用人单位另行安排的工作的，用人单位提前 30 日以书面形式通知劳动者本人或者额外支付其 1 个月工资后，可以解除劳动关系。最后，如果该劳动者符合《劳动合同法》第 39 条规定的其他情形，则用人单位可以依法解除劳动关系。

（二）女职工违反计划生育政策生育的，是否受《劳动合同法》第 42 条第 4 项保护

对于这个问题，实践中也存在不同观点。第一种观点认为，劳动者违反计划生育政策生育的，属于违法行为，不应适用《劳动合同法》第 42 条第 4 项的规定。第二种观点认为，《劳动合同法》第 42 条第 4 项规定对生育女职工实行特殊保护是基于孕期、产期、哺乳期这一特殊的事实状态，与生育行为是否违法无关，无论是否符合计划生育政策均应适用。

笔者认为，应当区分不同情况进行处理。其一，需要强调的是，女职工违反计划生育法规，应承担行政责任，这是另一个法律关系，跟员工与用人单位之间的劳动关系不同，两个法律关系不能混同。其二，用人单位依法制定并公示或告知的规章制度中明确规定禁止非法生育，劳动者仍然非法生育的，用人单位可以依照《劳动合同法》第 39 条第 2 项的规定，以严重违反用人单位的规章制度为由解除劳动关系。其三，如果当地政府部门因为劳动者违反计划生育规定而对用人单位进行处罚，则用人单位可以依照《劳动合同法》第 39 条第 3 项的规定，以劳动者严重失职、给用人单位造成重大损害的为由解除劳动关系。其四，如果该女职工还存在《劳动合同法》第 39 条其他情形，用人单位也可以依法解除劳动关系，除此之外，用人单位不得依据《劳动合同法》第 40 条、第 41 条单方解除劳动关系。

（三）女职工事后发现在劳动关系终结前已经怀孕，能否要求用人单位恢复劳动关系

根据《劳动合同法》第 42 条第 4 项的规定，女职工在孕期、产期、哺乳期的，用人单位不得依照该法第 40 条、第 41 条的规定解除劳动关系。《劳动合同法》第 45 条进一步规定，劳动合同期满时女职工在孕期、产期、哺乳期的，劳动合同应当续延至该情形消失时终止。但是，在实践中，女职工往往在劳动关系解除或者终止之后才发现在劳动关系解除或者终止之前其已经怀孕，对于这种情

况，女职工能否要求用人单位恢复劳动关系？对于这个问题，笔者认为，需要区分不同情形处理。

（1）劳动合同到期终止后发现怀孕的。依照前述《劳动合同法》第45条的规定，女职工在孕期、产期、哺乳期是劳动合同延续的法定事由，这种延续是法定延续，是自动延续。因此，劳动合同期满时，如发生女职工处于在孕期、产期、哺乳期的事实，用人单位不可终止劳动合同，而不在于何时发现。也就是说，只要女职工能够证明其怀孕的事实是发生在劳动合同终止前并要求恢复劳动关系的，用人单位就应当与其恢复劳动关系，将其劳动合同期限顺延至孕期、产期、哺乳期期满。但是，当第一份劳动合同到期时，用人单位因为不知道女职工已经怀孕而终止劳动合同的，不应当认定为违法终止。

（2）用人单位单方解除劳动关系后发现怀孕的。如前所述，依照《劳动合同法》第42条第4项的规定，女职工在孕期、产期、哺乳期的，用人单位不得依照该法第40条、第41条的规定解除劳动关系。因此，用人单位依据该法第40条、第41条的规定解除劳动关系的，即便女职工离职手续已经办理完毕，只要女职工能够证明其在解除前已经怀孕，就可以适用《劳动合同法》第42条的规定，要求用人单位与其恢复劳动关系。同样，用人单位因为不知道女职工已经怀孕而解除劳动合同的，不应当认定为违法解除。当然，如果女职工出现《劳动合同法》第39条规定之情形，用人单位仍享有单方解除权，而不问女职工是否在孕期、产期、哺乳期。

（3）协商一致解除劳动合同后发现怀孕的。法律禁止用人单位单方面解除"三期"女职工的劳动关系，其立法目的是保护女职工的特殊权益，但是法律并未限制用人单位与"三期"女职工协商一致解除劳动合同。也就是说，如果用人单位依据《劳动合同法》第36条，与女职工经过协商达成一致，劳动关系可以协商解除，即使女职工事后发现自己怀孕，再要求恢复劳动关系，也不应得到支持。

（4）女职工主动提出辞职后发现怀孕的。女职工依据《劳动合同法》第37条、第38条主动解除劳动合同的，即使事后发现在劳动关系存续期间依据怀孕的，其解除行为也不可撤销，除非用人单位同意。

（四）用人单位违法与"三期"女职工解除劳动关系，应否支付"三期"的工资

对于该问题，实践中存在一定的争议。一种观点认为，用人单位支付违法解除劳动关系赔偿金之外，还应当支付"三期"的工资。另一种观点认为，如果女

职工不要求继续履行劳动合同或者劳动合同无法继续履行的，用人单位在支付违法解除劳动关系赔偿金之外，无需再支付“三期”的工资。

笔者认为，首先，如果女职工要求继续履行劳动合同且劳动合同能够继续履行，用人单位自然应当支付继续履行期间的工资。其次，如果劳动合同不能继续履行，或者女职工不要求继续履行而是要求用人单位支付违法解除赔偿金的，女职工仍然可以请求用人单位支付“三期”的工资。这是因为，其一，如果用人单位违法解除与“三期”女职工的劳动合同，女职工仅仅只能在要求继续履行合同或要求支付赔偿金之间选择，那么与普通劳动者没有任何区别，这显然有违法律对“三期”女职工特殊保护的立法本意。其二，《劳动法》第98条规定，“用人单位违反本法规定的条件解除劳动合同或者故意拖延不订立劳动合同的，由劳动行政部门责令改正；对劳动者造成损害的，应当承担赔偿责任”。虽然该条所规定的关于用人单位不订立劳动合同以及大部分违法解除劳动合同场景下的损害赔偿责任已经被《劳动合同法》关于未订立书面劳动合同二倍工资以及违法解除劳动合同赔偿金条款所替代，但是在一些特殊场景下，当违法解除赔偿金不足以弥补劳动者的损失时，《劳动法》第98条就仍有其适用空间。相应地，作为该条配套规定的原劳动部《违反〈劳动法〉有关劳动合同规定的赔偿办法》（劳部发〔1995〕223号）第2条规定中的第3项，即“用人单位有下列情形之一，对劳动者造成损害的，应赔偿劳动者损失：……（三）用人单位违反规定或劳动合同的约定侵害女职工或未成年工合法权益的；”自然亦有其适用空间。具体的损失赔偿标准，则依照该办法第3条确定，即（1）造成劳动者工资收入损失的，按劳动者本人应得工资收入支付给劳动者，并加付应得工资收入25%的赔偿费用；（2）造成劳动者劳动保护待遇损失的，应按国家规定补足劳动者的劳动保护津贴和用品；（3）造成劳动者工伤、医疗待遇损失的，除按国家规定为劳动者提供工伤、医疗待遇外，还应支付劳动者相当于医疗费用25%的赔偿费用；（4）造成女职工和未成年工身体健康损害的，除按国家规定提供治疗期间的医疗待遇外，还应支付相当于其医疗费用25%的赔偿费用；（5）劳动合同约定的其他赔偿费用。不过，该条中的“劳动者本人应得工资收入”是指劳动者已经付出劳动但尚未取得的工资收入，还是既包括已经付出劳动但尚未取得的工资收入，也包括尚未付出劳动但如果继续履行至劳动合同期满可得的工资收入？对此，原劳动和社会保障部办公厅发布的《关于用人单位违反劳动合同规定有关赔偿问题的复函》（劳社厅函〔2001〕238号）作了解释，该复函指出：“《违反〈劳动法〉有关劳动合同规定的赔偿办法》（劳部发〔1995〕233号）第三条第一项中的‘劳动者本人应得工资收入’，是指因用人单位违反国家法律法规或劳动合同的约定，解除劳动合同造成劳动者不能提供正常劳动而损失的工资收入。”有鉴于此，劳动合同被违法解除后，对“三期”女职工而言，其由于生理处在特殊时期，短期内丧失了劳动再就业能力，可以理解为“不能提供正常劳动”，故判令用人单位支付女职工“三期”工资符合该复函的规定。

五、用人单位行使单方解除权的限制

（一）依法通知工会

为了维护劳动关系稳定、保护劳动者的合法权益，对于用人单位单方解除劳动关系，《劳动合同法》不仅严格限定了可以解除的情形，还在程序上通过工会力量进一步对用人单位的单方解除行为进行干预。该法第43条规定，“用人单位单方解除劳动合同，应当事先将理由通知工会。用人单位违反法律、行政法规规定或者劳动合同约定的，工会有权要求用人单位纠正。用人单位应当研究工会的意见，并将处理结果书面通知工会”。另外，《工会法》第22条规定：“企业、事业单位、社会组织处分职工，工会认为不适当的，有权提出意见。用人单位单方面解除职工劳动合同时，应当事先将理由通知工会，工会认为用人单位违反法律、法规和有关合同，要求重新研究处理时，用人单位应当研究工会的意见，并将处理结果书面通知工会。职工认为用人单位侵犯其劳动权益而申请劳动争议仲裁或者向人民法院提起诉讼的，工会应当给予支持和帮助。”从上述规定来看，工会对用人单位辞退劳动者的干预，有以下几个要点：（1）工会对辞退有知情权，即用人单位单方解除劳动合同，应当事先将理由通知工会。（2）工会对不当辞退有要求纠正权，即工会认为用人单位解除劳动合同违反法律、行政法规规定或者劳动合同约定的，有权要求其纠正；用人单位应当研究工会的意见，并将处理结果书面通知工会。（3）工会有义务支持和帮助劳动者提起仲裁和诉讼。即劳动者认为用人单位侵犯其劳动权益而申请劳动争议仲裁或者向人民法院提起诉讼的，工会应当给予支持和帮助。[1]

司法实践中，经常出现用人单位单方解除劳动关系时，没有事先将理由通知工会或者征求工会的意见的情况，此时，用人单位的单方解除行为是否具有法律效力？该问题在实践中曾经是一个争议话题，为了解决这个争议，原《劳动争议司法解释四》第12条专门作出规定，《劳动争议司法解释一》第47条保留了该规定：“建立了工会组织的用人单位解除劳动合同符合劳动合同法第三十九条、第四十条规定，但未按照劳动合同法第四十三条规定事先通知工会，劳动者以用

---

〔1〕参见王全兴：《劳动法》（第4版），法律出版社2017年版，第222页。

人单位违法解除劳动合同为由请求用人单位支付赔偿金的，人民法院应予支持，但起诉前用人单位已经补正有关程序的除外。”该条解释明确规定了“建立工会组织”的用人单位依据《劳动合同法》第39条、第40条解除劳动关系应当事先通知工会，否则构成违法解除。

但是司法解释未规定没有建立工会组织的用人单位解除劳动关系是否也需要事先通知工会？实践中对此存有争议，第一种观点认为，不需要通知。理由是，从条文本身来看，司法解释该条款明确规定适用的主体是“建立了工会组织的用人单位”，自然不包括尚未建立工会组织的用人单位；从制度目的来看，法律之所以规定需要通知工会，目的在于增加决策民主性，本单位工会对于本单位劳动者的表现比较容易了解，用人单位在作出解除决定时通知工会并听取其意见是有实际意义的，如果单位尚未建立工会，用人单位所在地区县工会、行业工会很难了解劳动者的表现，也几乎不可能对用人单位作出的解除决定所依据的事实和理由作出建设性意义的建议，在此情况下，如果还要求必须通知区县工会或者行业工会，除徒增用人单位成本外，没有实质意义。[1] 第二种观点认为，《劳动合同法》的立法意旨是避免用人单位随意解除劳动合同，用人单位没有组建工会，可能有很多特殊的原因，但用人单位单方解除劳动关系，应该依法告知并听取工会或职工代表的意见，这不仅是单位解除劳动关系时应当履行的法定程序，亦是对职工劳动权利、生存权利的保障。即使单位尚未建立基层工会，也应当通过告知并听取职工代表的意见的方式或者向当地总工会征求意见的变通方式来履行告知义务这一法定程序。否则，如果对于用人单位未成立工会就免除其通知义务，则会助长用人单位抵制成立工会之风，对于已经成立工会的用人单位也不公平。[2] 笔者赞同第一种观点。

（二）解除依据应当以解除通知载明的为准

用人单位单方解除劳动关系应当及时将解除通知送达给劳动者。在判断用人单位单方解除劳动关系行为合法性时，应当以用人单位向劳动者发出的解除通知的内容为认定依据。在案件审理过程中，用人单位超出解除劳动合同通知中载明的依据及事由，另行提出劳动者在履行劳动合同期间存在其他法定情形，并据此主张符合解除劳动关系条件的，不予支持。

---

〔1〕 参见吴彬：《劳动人事争议裁判规则和实操指引》，中国法制出版社2022年版，第240~241页。

〔2〕 参见最高人民法院民事审判第一庭编著：《最高人民法院劳动争议司法解释（四）理解与适用》，人民法院出版社2013年版，第235页。

案例56　孙某诉西区某公司劳动合同纠纷案[1]

——解除依据应当以解除通知载明的为准

【基本案情】

2016年7月1日，孙某入职西区某公司，工作地点为连云港，从事邮件收派与司机岗位工作。之后，孙某根据西区某公司安排，负责江苏省灌南县堆沟港镇区域的快递收派邮件工作。西区某公司自2016年8月25日起每月向孙某银行账户结算工资，截至2017年9月25日，孙某前12个月的平均工资为6329.82元。

2017年10月17日，孙某被所在单位用人部门以未及时上交履职期间的营业款项为由安排停工。次日，孙某至所在单位刷卡考勤，显示刷卡信息无法录入。10月25日，西区某公司出具离职证明，载明孙某自2017年10月21日从西区某公司正式离职，手续已办理完毕，即日起与公司无任何劳动关系。10月30日，西区某公司又出具解除劳动合同通知书，载明孙某在未履行请假手续也未经任何领导批准情况下，自2017年10月20日起无故旷工3天以上，依据国家的相关法律法规及单位规章制度，决定自2017年10月20日起与孙某解除劳动关系。之后，孙某申请劳动仲裁并诉至法院，要求西区某公司支付违法解除劳动合同赔偿金共计68500元。

西区某公司在案件审理过程中提出，孙某在职期间存在未按规定着工作服、代人打卡、谩骂主管以及未按照公司规章制度及时上交营业款项等违纪行为，严重违反用人单位规章制度；自2017年10月20日起，孙某在未履行请假手续且未经批准的情况下无故旷工多日，依法自2017年10月20日起与孙某解除劳动关系，符合法律规定。

【裁判要点】

生效判决认为，用人单位单方解除劳动合同是根据劳动者存在违法违纪、违反劳动合同的行为，对其合法性的评价也应以作出解除劳动合同决定时的事实、证据和相关法律规定为依据。用人单位向劳动者送达的解除劳动合同通知书，是用人单位向劳动者作出解除劳动合同的意思表示，对用人单位具有法律约束力。解除劳动合同通知书明确载明解除劳动合同的依据及事由，人民法院审理解除劳动合同纠纷案件时应以该决定作出时的事实、证据和法律为标准进行审查，不宜超出解除劳动合同通知书所载明的内容和范围。否则，将偏离劳资双方所争议的解除劳动合同行为的合法性审查内容，导致法院裁判与当事人诉讼请求以及争议

---

〔1〕参见孙某诉西区某公司劳动合同纠纷案，最高人民法院指导案例180号。

焦点不一致；同时，也违背民事主体从事民事活动所应当秉持的诚实信用这一基本原则，造成劳资双方权益保障的失衡。

本案中，根据《奖励与处罚管理规定》，员工连续旷工3天（含）以上的，公司有权对其处以第五类处罚责任，即解除合同、永不录用。西区某公司向孙某送达的解除劳动合同通知书明确载明解除劳动合同的事由为孙某无故旷工达3天以上，孙某诉请法院审查的内容也是西区某公司以其无故旷工达3天以上而解除劳动合同行为的合法性，故法院对西区某公司解除劳动合同的合法性审查也应以解除劳动合同通知书载明的内容为限，而不能超越该诉争范围。虽然西区某公司在庭审中另提出孙某在工作期间存在不及时上交营业款、未穿工服、代他人刷考勤卡、在单位公共平台留言辱骂公司主管等其他违纪行为，也是严重违反用人单位规章制度，公司仍有权解除劳动合同，但是根据在案证据及西区某公司的陈述，西区某公司在已知孙某存在上述行为的情况下，没有提出解除劳动合同，而是主动提出重新安排孙某从事其他工作，在向孙某出具解除劳动合同通知书时也没有将上述行为作为解除劳动合同的理由。对于西区某公司在诉讼期间提出的上述主张，法院不予支持。

西区某公司以孙某无故旷工达3天以上为由解除劳动合同，应对孙某无故旷工达3天以上的事实承担举证证明责任。但西区某公司仅提供了本单位出具的员工考勤表为证，该考勤表未经孙某签字确认，孙某对此亦不予认可，认为是单位领导安排停工并提供刷卡失败视频为证。因孙某在工作期间被安排停工，西区某公司之后是否通知孙某到公司报到、如何通知、通知时间等事实，西区某公司均没有提供证据加以证明，故孙某无故旷工3天以上的事实不清，西区某公司应对此承担举证不能的不利后果，其以孙某旷工违反公司规章制度为由解除劳动合同，缺少事实依据，属于违法解除劳动合同。

【延伸思考】

上述指导案例确立了人民法院在判断用人单位单方解除劳动关系行为的合法性时，应当以用人单位向劳动者发出的解除通知的内容为认定依据的裁判规则。需要特别强调的是，基于公平原则和对等处理原则，人民法院在认定劳动者解除劳动关系的理由和依据时，也应当以其向用人单位送达的书面或者口头的解除通知所明确的解除事由为依据。在案件审理过程中，劳动者超出或者变更解除通知中明确的解除事由，主张以其他法定事由解除劳动关系，进而请求用人单位依法向其支付解除劳动关系经济补偿的，劳动争议仲裁机构和人民法院不应予以支持。一方面，劳动者向用人单位送达的解除劳动关系通知书，是劳动者向用人单位作出解除劳动关系的意思表示，对劳动者具有法律约束力。另一方面，允许劳动者另行主张解除事由，同样违背民事主体从事民事活动所应当秉持的诚实信用这一基本原则。

比如，劳动者先以“个人发展原因”通知用人单位单方解除劳动关系，之后又以该用人单位未及时足额支付劳动报酬为由申请劳动仲裁，要求用人单位依照《劳动合同法》第38条第1款第2项等法律规定向其支付解除劳动关系的经济补偿的，裁判机关对劳动者另行主张的解除事由以及经济补偿请求不应予以支持。

（三）作出解除决定前，应当给予劳动者必要的辩解机会

劳动者存在法定情形时，用人单位可以依法单方解除劳动合同，但是，在作出解除劳动合同决定前，应当给予劳动者辩解的机会，以保证解除的程序性公正并避免误会。

例如，在胡某诉A公司解除劳动合同纠纷案中，法院认为，胡某当时处于孕期，且据医生医事证明书，胡某该段期间的确需要休息。胡某在向A公司打电话请假未通的情况下，由其丈夫向其主管发送短信息请假，在未得到主管回应的情况下，直接未去公司上班的行为，确实不符合A公司员工守则的规定。但是，A公司在明知胡某怀孕的情形下，即使其主管确未收到胡某丈夫发来的请假短信，也应当向胡某了解其缺勤的缘由，而不应直接作出解除劳动合同的决定并发送解除劳动合同通知书。因此，A公司解除与胡某劳动合同的程序存在瑕疵，其解除劳动合同行为违法，应当予以撤销。[1]

（四）过罚相当

用人单位单方解除劳动关系还应当遵循过罚相当原则。所谓过罚相当是指用人单位对劳动者的过错行为进行处罚时，所施加的处罚幅度要与劳动者的过错程度相适应，既不轻过重罚，也不重过轻罚，避免畸轻畸重的不合理、不公正的情况。

---

〔1〕 参见江苏省苏州市中级人民法院民事判决书，（2010）苏中民终字第0170号。

案例57　王某仙诉某幼儿园、陈某劳动争议案[1]

——用人单位解除劳动合同应当遵循过罚相当原则

【基本案情】

王某仙自2009年5月18日起到某幼儿园上班。2023年9月8日上午8时许，王某仙及其他教师在某幼儿园门口晨检时，一名小朋友手提塑料食品袋（巧克力，价值6.16元）送给王某仙并主动与王某仙拥抱。当天，王某仙将该巧克力分享给其他小朋友和教师。2023年9月15日，某幼儿园作出《关于王某仙同志处分公告》，载明：王某仙作为某幼儿园管理人员在教师节前夕收受家长和幼儿的礼品，违反相关规定，导致某幼儿园在2023年度幼儿园督导评估中关键指标被否决。某幼儿园举办者陈某向王某仙表达了理事会将其调岗到分园担任园长职务或者继续留在某幼儿园担任小班教师职务的处理意见，但遭到王某仙拒绝。理事会开会决定：（1）根据《劳动合同》第8.7条对王某仙予以开除处理；（2）某幼儿园对王某仙在全国教师系统2023年度考核中，评定为不合格，理由为收受家长幼儿礼品。

王某仙以某幼儿园、陈某为被申请人，就解除劳动关系、工资提成、二倍工资差额及赔偿金争议申请劳动仲裁并诉至法院。另查明，某幼儿园是经核准登记依法取得法人资格的民办非企业单位，性质为从事非营利性社会服务活动的社会组织，举办者为陈某，设立了5人理事会。事发时，王某仙为某幼儿园园长。王某仙（乙方）与某幼儿园（甲方）签订的《劳动合同》第8.7条约定："乙方严重失职，营私舞弊，给甲方造成重大损害的，甲方可以解除劳动合同。乙方有下列情形之一的，视为给甲方造成了重大损害：（1）乙方行为导致甲方被客户投诉或被媒体曝光；（2）乙方行为过错、过失导致甲方被行政机关处罚或被上级单位处罚的；（3）乙方个人原因造成甲方的客户信息外露或丢失；（4）使甲方失去商业机会或使甲方的声誉、行业地位、社会评价等无形财产受到损失等；（5）造成价值达人民币5000元及以上金额的设备、产品报废或维修损失；（6）直接经济损失满5000元及以上的。"

一审法院判决：（1）王某仙与某幼儿园之间的劳动合同于2023年9月15日解除；（2）某幼儿园支付王某仙工资差额5626元、招生提成5000元及违法解除劳动合同的赔偿金71500元；（3）驳回王某仙的其他诉讼请求。一审宣判后，王某仙与某幼儿园均提起上诉。

---

〔1〕参见重庆市第五中级人民法院民事判决书，（2024）渝05民终5515号。该案系人民法院案例库入库案例，入库编号：2024－18－2－490－003。

二审法院判决：驳回上诉，维持原判。

【裁判要点】

生效判决认为，某幼儿园向王某仙出具的处分公告载明，其解除劳动合同是因王某仙存在收受学生礼品行为，违反《劳动合同》第8.7条约定，即严重失职，营私舞弊，给用人单位造成重大损害，且经过某幼儿园理事会讨论决定。但是首先，王某仙不存在严重失职、营私舞弊的行为。王某仙作为某幼儿园园长，负有管理职责。教育部印发的《严禁教师违规收受学生及家长礼品礼金等行为的规定》明确要求："严禁以任何方式索要或接受学生及家长赠送的礼品礼金、有价证券和支付凭证等财物……情节严重的，依法依规给予开除处分，并撤销其教师资格。"该规定旨在对教师利用职务便利违规收受学生及家长礼品礼金等不正之风进行治理。但是，尊师重教也是我们国家和民族的优良传统。本案中，小朋友是在某幼儿园门口这一公共场所将巧克力送给王某仙，随后双方互相拥抱表达感激。由此可见，该幼儿园小朋友是通过分享零食表达对老师的喜爱和尊敬，也展示了老师与小朋友之间爱的传递。对幼儿园小朋友而言，送一块巧克力的心理是简单而纯真的，并无利益交换的主观意愿，有别于赠送礼品礼金、有价证券或支付凭证等财物，不宜将该行为定性为收受学生及家长礼品礼金，也无法认定王某仙系利用其职务通过不正当手段谋取私利。即使某幼儿园认为王某仙收取小朋友零食存在不当之处，结合零食的价值、王某仙将零食分享给其他小朋友的情况看，其行为并未达到严重失职、营私舞弊的程度，亦未超过公众正常容忍范围。并且，某幼儿园并未举证证明王某仙给该幼儿园造成重大损害。某幼儿园向王某仙解除劳动合同，主要依据王某仙违反《劳动合同》第8.7条约定，造成重大损害。根据《劳动合同》第8.7条，"重大损害"的情形包括：幼儿园被客户投诉或被媒体曝光、被行政机关处罚或被上级单位处罚、客户信息外露或丢失、失去商业机会或使声誉行业地位社会评价等无形财产受到损失、造成5000元以上的损失等情形。审理过程中，某幼儿园主张教育部的督导评估中有对近一年保教人员无索取或收受财物等行为进行考核，教育部门对某幼儿园进行了口头警告整改，但某幼儿园并未就前述主张提供相应证据。综上，某幼儿园仅以王某仙公开接受幼儿表达喜爱和敬意的小额节日赠礼即认定其属于严重失职、营私舞弊的行为，在双方就调岗协商未达一致的情况下，直接公告开除并解除与王某仙的案涉劳动合同，应当认定属于违法解除并向王某仙支付相应赔偿。

【延伸思考】

该案例确立的裁判要旨是，教师应当自觉抵制收受学生及家长礼品礼金等不正之风，提高廉洁从教的意识，同时，教育机构对教师行为管理应当秉持善意理念，遵循比例原则，体现过罚相当。教师公开接受幼儿表达喜爱和敬意的小额零食，不宜认定为违规收受学生及家长礼品；幼儿园仅以此为由开除教师的，构成违法解除劳动合同，依法应当支付赔偿金。

（五）一事不二罚

所谓一事二罚，就是针对同一个行为进行两次以上的惩罚。比如，在很多国家都规定，雇员因为某项错误受到警告、降职等处分以后，那么这项错误就不能成为雇主辞退雇员的理由。

（六）过期不罚

因为解除权是形成权，其行使可能直接导致劳动关系消灭，对对方的影响很大，因此，其行使理应受到行使期间的规制，以促使权利人尽早行使，避免解除权长期处于悬而不决的状态，使劳动关系长期处于不稳定的状态。虽然《劳动合同法》没有规定解除权的行使期限，但是《民法典》第 564 条第 2 款规定："法律没有规定或者当事人没有约定解除权行使期限，自解除权人知道或者应当知道解除事由之日起一年内不行使，或者经对方催告后在合理期限内不行使的，该权利消灭。"《劳动争议司法解释一》明确《民法典》是其制定依据，因此，可以考虑将该款关于解除权行使期限的规定引入劳动关系解除之中。

（七）解除通知的撤销限制

单方解除权的行使是单方法律行为，权利类别上属于形成权，解除的意思表示一旦到达相对方就生效，整个法律行为即告完成。因此，单方解除权只能撤回，不能撤销。

意思表示的撤回，是指意思表示在发出以后，在尚未到达意思表示的受领人之前，表意人将其意思表示撤回。《民法典》第 141 条规定："行为人可以撤回意思表示。撤回意思表示的通知应当在意思表示到达相对人前或者与意思表示同时到达相对人。"只要撤回的通知先于意思表示到达或者与意思表示同时到达，该撤回就是有效的。如果行为人撤回意思表示的通知晚于意思表示到达相对人，则不产生撤回意思表示的效力。意思表示的撤销，是指意思表示在发出并生效以后，表意人又撤销其意思表示。根据《民法典》第 476 条的规定，这种撤销受到严格的限制。[1] 因此，只有撤回解除的通知先于或者与先前的解除通知同时到达

〔1〕 参见王利明：《民法总则》，中国人民大学出版社 2017 年版，第 306 页。

相对方，才能产生撤回的效果。另外，相对方有可能基于对解除行为的信赖，招用新的劳动者，或者开始新的工作。如果赋予撤销权，显然会有损于相对方的信赖利益，给相对方造成困扰。当然，如果相对方同意撤销解除通知，就意味着其愿意继续先前的劳动关系，并愿意承担由此带来的不利后果，对于这种双方你情我愿的事情，自然没有必要阻拦。需要强调的是，本条规则不仅对用人单位适用，对劳动者同样适用。

六、高级管理人员的解聘与劳动关系解除

实践中有观点认为，《公司法》明确规定有限责任公司和股份有限公司的董事会决定经理的聘任或者解聘及其报酬事项由，并根据经理的提名决定聘任或者解聘公司副经理、财务负责人及其报酬事项，上述规定与《劳动合同法》有关解除劳动关系的规定存在冲突，而相对于《劳动合同法》的规定，《公司法》的相关规定属于特别规定，因此，有限责任公司和股份有限公司高级管理人员劳动关系的解除，应当优先适用《公司法》的规定，即董事会有权单方解除与高级管理人员的劳动关系，该解除权的行使不受《劳动合同法》上违法解除规定的约束。

笔者认为，上述观点是对《公司法》相关规定的误读，《公司法》关于解聘高级管理人员的规定与《劳动合同法》关于解除劳动关系的规定并不存在冲突。一方面，高级管理人员受公司的委任，行使一定范围内的管理职能，以公司管理者的形象出现，其本身的职责就带有管理色彩，与用人单位内其他员工形成管理与被管理的关系。双方的法律关系受到《公司法》的调整，高管的聘任与解聘应当遵守《公司法》的规定。另一方面，绝大部分高级管理人员本身又具备劳动法意义上的劳动者身份，参与公司的日常经营和管理，付出劳动并由此获得公司支付的劳动报酬，其具有的对普通员工的管理职能并不改变其本身也要受用人单位劳动用工管理的本质。因此，用人单位与高级管理人员之间建立的劳动关系应受《劳动合同法》调整。

公司依据董事会决议对高级管理人员职务的解聘具有无因性。根据《公司法》相关规定，公司董事会有权决定聘任或解聘高管，在董事会决议程序符合《公司法》规定的情况下，其聘任或解聘高级管理人员的理由不属于司法审查范围。也就是说，公司依据董事会决议解聘高级管理人员的职务具有无因性。司法实践中，法院也无需对解聘决议的事实进行审查和认定。如在 2012 年最高人民法院发布的指导案例 10 号的裁判要点中指出，人民法院在审理公司决议撤销纠纷案件中应当审查：会议召集程序、表决方式是否违反法律、行政法规或者公司章程，以及决议内容是否违反公司章程。在未违反上述规定的前提下，解聘总经理职务的

决议所依据的事实是否属实，理由是否成立，不属于司法审查范围。该案例涉及法院对解聘总经理职务的董事会决议如何进行审查的问题，旨在为明确公司决议撤销之诉的司法审查范围提供指导。

但是，董事会根据《公司法》和公司章程的规定解除高级管理人员的职务，解除的是双方在《公司法》下基于聘任而产生的委托或代理的法律关系，并不意味着双方劳动关系必然同时解除。双方建立劳动关系的，能否解除劳动关系则是“有因”的，应当依据《劳动合同法》判断。用人单位要对解除劳动关系的合法性承担举证责任，司法审查中也会审查解除劳动合同的事实与依据。如果用人单位解除劳动关系不符合《劳动合同法》的规定，则构成违法解除，劳动者有权选择主张支付赔偿金或者要求继续履行劳动合同。[1]

第五节　违法解除的法律后果

所谓违法解除，是指用人单位或者劳动者违反《劳动合同法》的规定解除劳动关系，具体包括用人单位违法解除以及劳动者违法解除。

一、用人单位违法解除与劳动者违法解除的法律后果不同

用人单位违法解除以及劳动者违法解除的法律后果是不一样的，原因正如本书前文所述，由于劳动关系对于劳动者来说具有强烈的人身属性，基于人身自由的考虑，显然不能也无法强制其继续向用人单位提供劳动，因此，即使劳动者的解除行为构成违法解除，亦只能肯定其解除行为发生解除劳动关系的法律效果。是故，《劳动合同法》第48条规定，“用人单位违反本法规定解除或者终止劳动合同，劳动者要求继续履行劳动合同的，用人单位应当继续履行；劳动者不要求继续履行劳动合同或者劳动合同已经不能继续履行的，用人单位应当依照本法第八十七条规定支付赔偿金”。也就是说，当用人单位违法解除的时候，《劳动合同法》采用了合同法上的原则，将继续履行安排为优先级，只要劳动者要求继续履行劳动关系，原则上用人单位就要继续履行，其所作出的违法解除行为不产生解除劳动关系的法律效果。但是《劳动合同法》却没有相应地规定劳动者违法解除劳动时，用人单位可以要求继续履行劳动关系，而是在第90条规定，“劳动者违反本法规定解除劳动合同，或者违反劳动合同中约定的保密义务或者竞业限制，给用人单位造成损失的，应当承担赔偿责任”。

---

〔1〕 参见北京市兰台律师事务所编著：《劳动争议攻防策略：请求权基础思维分析与合规操作》，中国法制出版社2023年版，第214~216页。

二、用人单位违法解除的法律后果

按照《劳动合同法》第48条的规定，用人单位违法解除后，劳动者拥有选择权，违法解除的法律后果会因为劳动者的选择不同而不同，主要分为以下几种：

（1）解除行为无效，劳动关系继续履行，支付继续履行期间的劳动报酬。作为违约责任形式的继续履行合同，是指违反合同的当事人无论是否已经承担赔偿金或违约金责任，都必须根据对方的要求，并在自己能够履行的条件下，对原合同未履行的部分继续履行。无论是《民法通则》《合同法》还是《民法典》，都将强制继续履行规定为违约责任的一种重要形式。并且，在劳动法的违约责任体系中，强制用人单位继续履行劳动关系处于优先地位，因为这是保障劳动者就业稳定的需要，尤其在就业形势严峻的现阶段更有意义。当然，这种优先应当以劳动者的意愿为准，即给予劳动者优先选择强制用人单位继续履行的权利。[1] 此外，强制继续履行还应当以继续履行具有可能性为前提。裁决继续履行的，用人单位应当向劳动者支付继续履行期间的劳动报酬。对此，从征求意见稿来看，《劳动争议司法解释二》准备规定，用人单位作出解除、终止劳动合同决定被确认违法且劳动合同可以继续履行，劳动者请求用人单位支付上述决定作出后至仲裁或者诉讼期间工资的，用人单位应当按劳动者提供正常劳动时的工资标准向劳动者支付上述期间的工资。双方都有过错的，应当各自承担相应的责任。人民法院可以根据劳动者怠于申请仲裁及提起诉讼、劳动者在争议期间向其他用人单位提供劳动等因素综合确定用人单位、劳动者的过错程度。

（2）劳动者不要求继续履行或者不能继续履行的，支付赔偿金。用人单位违法解除劳动关系，劳动者不要求继续履行劳动合同或者劳动合同已经不能继续履行的，可以依法要求用人单位支付赔偿金，用人单位应当依照《劳动合同法》第47条规定的劳动合同解除和终止经济补偿标准的2倍向劳动者支付赔偿金。

三、劳动合同不能继续履行的情形

就像民事合同有履行不能一样，由于种种原因，并不是所有未到期的劳动合同客观上都能够继续履行。因此，《劳动合同法》第48条虽然明确了继续履行优先原则，但是亦规定“劳动合同已经不能继续履行的，用人单位应当依照本法第八十七条规定支付赔偿金”。那么，客观上导致劳动合同不能继续履行的情形有哪些呢？笔者总结实践中出现的情况以及部分地区的司法实践，认为当出现下列

---

〔1〕 参见王全兴：《劳动法》（第4版），法律出版社2017年版，第229~230页。

情形之一时，可以认定为《劳动合同法》第48条规定的“劳动合同已经不能继续履行”：（1）劳动合同在仲裁或者诉讼过程中期满且不存在应当依法续签、续延劳动合同或者订立无固定期限劳动合同情形的；（2）劳动者达到法定退休年龄，劳动合同应当依法终止的；（3）劳动者开始依法享受基本养老保险待遇的；（4）劳动者死亡，或者被人民法院宣告死亡或者宣告失踪的；（5）用人单位被依法宣告破产的；（6）用人单位决定提前解散的，但因合并或者分立需要解散的除外；（7）用人单位被吊销营业执照、责令关闭、撤销或者注销的；（8）劳动者原岗位具有唯一性且已被他人替代，劳动者与用人单位不能就新岗位协商一致的；（9）劳动合同订立时所依据的客观情况发生重大变化，致使劳动合同无法履行，劳动者与用人单位不能就变更劳动合同协商一致的；（10）劳动者已经与其他用人单位建立劳动关系，可能对完成用人单位的工作任务造成严重影响，或者经用人单位提出，拒不与其他用人单位解除劳动合同的；（11）有证据显示劳动者拒不服从用人单位正常合理的劳动管理的。

从征求意见稿来看，就无法继续履行劳动合同的情形，《劳动争议司法解释二》也准备对此进行规定，但是其规定的内容还不够全面。

笔者通过检索不支持劳动者请求继续履行的案例发现，绝大多数判决没有确定不能继续履行的具体时点，也就是劳动关系对于用人单位来说，到底是从什么时候开始不能继续履行的，没有回答。例如，用人单位于2018年1月1日违法解除，然后双方仲裁、诉讼，时间在流逝，到了2020年1月1日，生效判决认定劳动关系不能继续履行。那么，这个劳动关系到底是从什么时点开始不能继续履行的呢？绝大多数判决没考虑到这个问题，而是默认从违法解除那个时点开始就不能继续履行了，但是这显然是没有道理的，因为在违法解除的时点，判决最终所认定的不能继续履行的要件（如因仲裁、诉讼导致矛盾激化，丧失信任基础）一般都还没有出现，这个要件是在违法解除之后，伴随时间的流逝，或早或迟才出现的。比如，从某个时点开始，相关岗位已经另有人选，并且这个岗位因为具有唯一性或者不可替代性；或者从某个时点开始，双方矛盾大到不能共处等。

如果要判决不能继续履行，就应当明确确定不能继续履行的具体时点，从这个时点开始，因为种种原因，导致劳动关系没法继续履行。之所以考虑上述问题，是因为用人单位违法解除之后，劳动者基于对继续履行判决的期待，没找工作（入职新单位就意味着继续履行的请求得不到支持），结果经过仲裁、诉讼，过了一二年，生效判决认定不能继续履行，又没有确定不能继续履行的具体时点，这就意味着这两年劳动者都是没有收入的，而这是由于用人单位违法解除造成的。从违法解除到仲裁机构、法院确认不能继续履行这段时间，劳动者因用人单位的违法解除行为产生工资损失，用人单位是应当向劳动者补偿的。这就意味着，如果劳动者选择要求继续履行劳动合同，处理方式有三种：（1）裁决支持劳动者的请求；（2）认定劳动合同自用人单位违法解除时不能继续履行，裁决驳回劳动者的请求；（3）认定劳动合同自用人单位违法解除之后继续履行至某个时间，从该时间开始不能继续履行，部分支持劳动者的请求。对于第三种处理方式，劳动者可以请求用人单位支付从违法解除到不能继续履行这段期间的工资损失。

案例58　B公司诉许某无需继续履行劳动合同案[1]

——被原单位违法解除后入职了新单位，再要求回原单位行不行？

【基本案情】

2021年4月，许某被B公司违法解除劳动合同之后，申请了劳动仲裁，要求与B公司继续履行劳动合同直至2023年5月合同期满。劳动仲裁机构于2021年8月支持了许某的请求，裁决双方继续履行劳动合同至2023年5月合同期满。

B公司不服仲裁裁决诉至法院，要求判令无需继续履行与许某的劳动合同。在诉讼期间，B公司得知许某在2021年8月就已经入职了同城H公司。为了查明许某是否实际入职H公司，B公司向法院申请调查取证，法院出具协助调查令。H公司依调查令向法院提供了由H公司出具的离职证明，其上载明："许某……于2021年8月6日与其订立《劳动合同书》，离职前有效劳动合同有效日期为2021年8月6日至2024年8月31日，离职前工作岗位为资深产品经理。该员工于2022年6月6日与H公司解除了劳动关系，其在H公司的工作年限为10个月。"落款日期为2022年6月9日，并加盖H公司人力资源部印章，离职确认及领取离职证明确认处载有"许某"字样签名。许某称其曾在H公司打过一段时间零工，在H公司从事的工作内容与在B公司从事的工作内容相近，H公司曾支付过一段时间工资，但不确定是否与该公司订立过劳动合同。法院依职权调取了许某的社会保险缴纳记录，该记录显示H公司为许某缴纳了2021年8月至2022年5月的社会保险。

一审法院经审理后判决双方继续履行劳动合同至2021年8月5日。许某不服一审判决提起上诉。

---

〔1〕 参见北京市第一中级人民法院民事判决书，（2022）京01民终11343号。

【裁判要点】

生效判决认为，结合H公司提交的离职证明以及法院依职权调取的社会保险缴纳记录，可以确信许某入职H公司具有高度可能性，在许某未提举充分反证的情况下，依据民事诉讼中的举证分配规则，应当认定许某确实如B公司所述，入职了H公司并在H公司工作了10个月。在此种情形下，不可能要求B公司一直将许某的相关工作停滞，以等待其回归；而基于完成工作任务的需要，B公司可能会聘用他人替代许某，如果允许许某在持续为H公司乃至其他用人单位工作之后再返回B公司，则会造成B公司与其他员工之间新的矛盾。另外，许某在B公司从事全日制工作，亦没有证据显示其在H公司从事的是非全日制的兼职，因此许某向H公司持续提供劳动的行为显然会严重影响其完成B公司的工作任务，使其与B公司之间的劳动合同事实上处于《劳动合同法》第48条所指的不能继续履行的状态。

因此，无论是基于对B公司信赖利益的保护和对民事活动中诚实信用原则的遵守，还是基于许某与B公司之间的劳动合同因许某与第三人建立劳动关系而处于不能继续履行的状态，均应当认定许某与H公司之间的劳动关系因许某与第三人建立劳动关系而终结。

【延伸思考】

《劳动合同法》第48条从充分保护劳动者合法权益出发，赋予劳动者对用人单位违法解除之后如何进行救济的选择权——其可以根据自身情况和意愿在继续履行劳动合同与要求用人单位向其支付赔偿金之间做出选择——以便以最适合自身的方式对自己因违法解除受到的侵害进行弥补。但是，如果劳动者选择另谋高就之后因为种种原因后悔了，他还能要求回原单位工作吗？对此，法律没有明确规定，实践中也往往会产生纠纷。

笔者认为，当劳动者做出有效选择并付诸实施后，则不应再反复，否则就完全置原用人单位的信赖利益于不顾，也有违民事活动中基本的诚实信用原则。正如本案生效判决所言，不可能要求原用人单位一直将相关工作停滞保留，以等待劳动者回归；而基于完成工作任务的需要，原用人单位可能会聘用他人替代劳动者，如果允许劳动者在持续为其他用人单位工作之后再返回原用人单位，还会造成原用人单位与其他员工之间新的矛盾。同时，劳动者入职新单位持续提供劳动的行为显然也会严重影响其完成原用人单位的工作任务，使其与原单位之间的劳动合同事实上处于不能继续履行的状态。

四、劳动者违法解除的法律后果

对于劳动者违法解除，用人单位无法强迫其劳动，而只能就违法解除的损失请求劳动者赔偿。如前文所述，这也就意味着，劳动者的解除行为即使违法，仍然产生解除劳动合同的效力。比如，劳动者依据《劳动合同法》第 37 条行使预告解除权时，没有提前 30 日通知用人单位的，仍然产生解除的效力；劳动者依据《劳动合同法》第 38 条即时辞职，但实际上不符合该条规定的法定情形的，亦产生解除劳动关系的法律效果。当然，用人单位可以依据《劳动合同法》第 90 条的规定，要求劳动者赔偿因违法解除给其造成的损失，如因劳动者突然离职给用人单位造成的业务上的经济损失，因招聘新员工替代该劳动者所产生的招聘成本，等等。

五、劳动关系解除时点的认定

劳动关系解除时点的确定，不仅涉及工作年限、工资、经济补偿、赔偿金等的计算，还涉及劳动关系存续期间的认定、社会保险的缴纳等重要事项，在司法实践中往往是争议的焦点。因此，笔者尝试对因各种原因导致的劳动关系解除的具体时点进行梳理。

正如前文所述，解除通知不应局限于书面通知，只要有证据能够证明劳动者或者用人单位口头通知解除劳动关系，或者通过申请仲裁、起诉的方式解除劳动关系，甚至是以停发工资、社保减员、不再提供劳动等默示的行为作出解除的意思表示，只要解除行为实体上符合法律规定的解除情形（劳动者的解除行为即使实体上不符合法律规定，也产生解除的法律效果），同样应当认定其法律效力。

双方依据《劳动合同法》第 36 条作出的协商解除，解除时间由双方协商确定，一般很少有争议。

除了协商解除，《劳动合同法》规定的其他解除都是单方解除。

劳动者依据《劳动合同法》第 37 条预告辞职的解除时点，本讲第三节已经做了阐述，此处不再赘述。

劳动者依据《劳动合同法》第 38 条、用人单位依据该法第 39 ~ 41 条的规定，以通知的方式解除关系时，如果通知上没有明确解除时间，则劳动关系自对方收到通知之时解除。解除通知上载明解除时间，并且这个时间是在对方收到通知往后的，劳动关系到该载明的时间解除。解除通知上虽然载明解除时间，并且这个时间经过以后对方才收到通知的，劳动关系还是自对方收到通知之时解除。至于用人单位依据《劳动合同法》第 40 条解除劳动关系，但是未提前 30 日通知劳动者的，本书前面部分已经阐述过，如果解除的依据符合法律规定，只是未提前 30 日通知，由于法律还设置了代通知金制度，因此应当认可解除行为能够发生终结劳动关系的法律效果。

劳动者依据《劳动合同法》第 38 条第 2 款作出无需通知的即时辞职，如果劳动者事先没有告知用人单位，而是用人单位事后才得知劳动者已经解除关系的，或者是劳动者没有法律依据就不辞而别的，劳动关系解除的时间，可以参照《民法典》第 138 条关于无相对人的意思表示生效规则来确定，[1] 也就是劳动者的解除行为完成之时，劳动关系解除。比如，用人单位强令劳动者冒险作业，劳动者当即离开单位，并且之后就不来上班的，那么可以推定劳动者以行为作出了解除。同样，劳动者无理由不辞而别的，也可以推定劳动者以行为作出了解除，劳动者离开之日劳动关系即宣告解除。

实践中还有一种情况，即用人单位与劳动者协商解除劳动关系，但是未达成协商一致，此时，用人单位单方面断缴社会保险并停发工资，鉴于此种情形下用人单位意图解除劳动关系的意思已经事先明确告知劳动者，因此，这种单方面断缴社保、停发工资的行为，可以认定为用人单位以行为解除劳动关系。解除的时间应当在断缴社保、停发工资当月内确定，具体的解除时点可以根据案情酌情确定。

当事人一方未通知对方，直接以提起诉讼或者申请劳动仲裁的方式主张解除合同的意思表示的，《民法典》第 565 条第 2 款对此新增了专门规定，合同自起诉状副本或者仲裁申请书副本送达对方时解除。这个规定在劳动争议中应当适用。在司法实践中，有的判决将劳动关系解除的时间认定在当事人提起仲裁、诉讼的时间，或者是认定在仲裁机构以及法院收到起诉状和申请书的时间，这都是不严谨的。因为单方解除原则上是需要相对方受领的意思表示，当在相对方受领到这个意思表示的时候，解除的意思表示才对相对方产生法律效力。

此外，前文已经提到，劳动争议仲裁机构或者人民法院裁决劳动关系不能继续履行的，亦应当确定不能继续履行的具体时点。仲裁机构或者人民法院应当根据其认定的劳动关系不能继续履行的具体原因，确定双方劳动关系终结的时间。

第六节　劳动关系的终止

劳动关系的终止，是指劳动关系因出现解除之外的法定情形而终结。与劳动关系解除一样，劳动关系终止同样会导致劳动关系的消灭，当然，两者的区别也很明显。

---

[1] 《民法典》第 138 条规定，无相对人的意思表示，表示完成时生效。法律另有规定的，依照其规定。

二者的区别主要在于：（1）解除是劳动合同的提前消灭。对于定期劳动合同而言，是在合同目的完全实现之前，并且合同当事人双方仍具备法律资格时消灭。终止则是劳动合同因期满、目的实现或当事人资格丧失而消灭。（2）解除须当事人依法作出提前消灭劳动合同关系的意思表示，即须经当事人双方协商一致或一方当事人依法行使解除权。即使具备劳动合同解除的条件而无合同当事人解除劳动合同的意思表示的，劳动合同仍未解除。终止则一般是在一定法律事实出现后无需当事人双方合意和任何一方专门作出终止劳动合同的意思表示，只需当事人在具备终止的法定事由时无延续劳动关系的意思表示即可。[1]（3）劳动关系可以通过协商解除，但是不能通过协商终止，只能在法定情形出现时终止。

一、《劳动合同法》不再允许约定法定情形之外的劳动关系终止条件

《劳动法》第 23 条规定，“劳动合同期满或者当事人约定的劳动合同终止条件出现，劳动合同即行终止”。也就是说，劳动法时代导致劳动关系终止的原因有两种：一是劳动合同期满，二是约定的终止条件出现。可见，劳动法时代是允许当事人就劳动关系的终止条件进行约定的。

《劳动合同法》第 44 条规定，“有下列情形之一的，劳动合同终止：（一）劳动合同期满的；（二）劳动者开始依法享受基本养老保险待遇的；（三）劳动者死亡，或者被人民法院宣告死亡或者宣告失踪的；（四）用人单位被依法宣告破产的；（五）用人单位被吊销营业执照、责令关闭、撤销或者用人单位决定提前解散的；（六）法律、行政法规规定的其他情形”。第 87 条却规定，“用人单位违反本法规定解除或者终止劳动合同的，应当依照本法第四十七条规定的经济补偿标准的二倍向劳动者支付赔偿金”。可见，用人单位不符合《劳动合同法》第 44 条规定的法定情形终止劳动关系的，一律属于违法终止。为了解决有观点认为《劳动法》第 23 条规定的约定终止属于《劳动合同法》第 44 条第 6 项规定的“法律、行政法规规定的其他情形”，从而《劳动合同法》亦允许约定终止的争论，《劳动合同法实施条例》第 13 条专门规定，“用人单位与劳动者不得在劳动合同法第四十四条规定的劳动合同终止情形之外约定其他的劳动合同终止条件”。至此可以确定，《劳动合同法》一改《劳动法》允许当事人约定终止的做法，不再允许当事人在法定情形之外另行约定劳动关系终止的条件，如果当事人作此约定，该约定无效。

---

〔1〕 参见王全兴：《劳动法》（第 4 版），法律出版社 2017 年版，第 211 页。

二、劳动关系终止的情形

劳动关系终止可以进一步区分为自动终止、主动终止以及延期终止。

（一）自动终止

所谓自动终止，是指当出现《劳动合同法》第 44 条和《劳动合同法实施条例》第 21 条、第 22 条以及《劳动争议司法解释一》第 48 条规定的法定情形时，无须当事人作出终止劳动关系的意思表示，劳动关系自动终结。自动终止的情形包括：劳动合同期满的；劳动者开始依法享受基本养老保险待遇的；劳动者死亡，或者被人民法院宣告死亡或者宣告失踪的；用人单位被依法宣告破产的；用人单位被吊销营业执照、责令关闭、撤销或者用人单位决定提前解散的；劳动者达到法定退休年龄的；以完成一定工作任务为期限的劳动合同因任务完成而终止的；用人单位经营期限届满不再继续经营的；法律、行政法规规定的其他情形。

当然，上述自动终止的情形出现后，如果劳动者继续提供劳动、用人单位不持异议，即双方有延续劳动关系的意思表示的，引发的法律效果并不完全相同。对于劳动合同期满的，因劳动者和用人单位仍然具备建立劳动关系的主体资格，如果劳动者仍在原用人单位工作，原用人单位未表示异议，视为双方同意以原条件继续履行劳动合同，[1] 即劳动关系并未终止。对于劳动者死亡或者被人民法院宣告死亡或者宣告失踪的，由于劳动者作为劳动关系的一方主体依然消灭或者视为消灭，劳动关系自不存在延续的可能。对于用人单位被依法宣告破产、被吊销营业执照、责令关闭、撤销或者用人单位决定提前解散、经营期限届满不再继续经营的，以及劳动者达到法定退休年龄的，由于用人单位或者劳动者一方失去了建立完全劳动关系的主体资格，导致完全劳动关系已然无法延续。至于以完成一定工作任务为期限的劳动合同因任务完成而终止的，由于劳动关系建立的目的已经完成，亦无延续的基础。

在上述情形中，有以下几个问题值得关注。

1. 达到法定退休年龄时的周岁如何确定

例如，老张出生于 1963 年 10 月 1 日，其于何时满 60 周岁，从而达到法定退休年龄？这也关系到其与用人单位订立的劳动合同至何时自动终止。民事法律上

---

[1] 《劳动争议司法解释一》第 34 条第 1 款规定，劳动合同期满后，劳动者仍在原用人单位工作，原用人单位未表示异议的，视为双方同意以原条件继续履行劳动合同。一方提出终止劳动关系的，人民法院应予支持。

没有明确规定自然人周岁的确定规则，有鉴于此，笔者认为，可以参考刑法上的相关规定。最高人民法院《关于审理未成年人刑事案件具体应用法律若干问题的解释》（法释〔2006〕1号）第2条规定，《刑法》第17条规定的“周岁”，按照公历的年、月、日计算，从周岁生日的第二天起算。也就是说，老张于2023年10月1日24时（也即2023年10月2日0时）满60周岁，其与用人单位订立的劳动合同至2023年10月1日24时自动终止。上述规则也符合《民法典》第202条的规定精神。

2. 弹性退休对劳动关系终止的影响

依据《劳动合同法实施条例》第21条的规定，劳动者达到法定退休年龄的，劳动关系自动终止。不过在全国人民代表大会常务委员会《关于实施渐进式延迟法定退休年龄的决定》、国务院《关于渐进式延迟法定退休年龄的办法》以及《实施弹性退休制度暂行办法》（人社部发〔2024〕94号）于2025年1月1日施行后，情况存在一定的变化。

（1）退休年龄延迟。从2025年1月1日起，男职工和原法定退休年龄为55周岁的女职工，法定退休年龄每4个月延迟1个月，分别逐步延迟至63周岁和58周岁；原法定退休年龄为50周岁的女职工，法定退休年龄每2个月延迟1个月，逐步延迟至55周岁。国家另有规定的，从其规定。（2）基本养老金最低缴费年限提高。从2030年1月1日起，将职工按月领取基本养老金最低缴费年限由15年逐步提高至20年，每年提高6个月。职工达到法定退休年龄但不满最低缴费年限的，可以按照规定通过延长缴费或者一次性缴费的办法达到最低缴费年限，按月领取基本养老金。（3）职工可以选择提前退休、主动终止劳动关系。职工达到国家规定的按月领取基本养老金最低缴费年限，可以自愿选择弹性提前退休，提前时间距法定退休年龄最长不超过3年，且退休年龄不得低于女职工50周岁、55周岁及男职工60周岁的原法定退休年龄。职工自愿选择弹性提前退休的，至少在本人选择的退休时间前3个月，以书面形式告知所在单位。机关和国有企事业单位工作人员弹性退休的，应当按照干部人事管理权限和规定程序报批同意。如果职工按照上述规定选择提前退休的，意味着劳动关系不再是因达到法定退休年龄自动终止，而是由劳动者主动终止。（4）协商延迟退休。职工达到法定退休年龄，所在单位与职工协商一致的，可以弹性延迟退休，延迟时间距法定退休年龄最长不超过3年。比如，某男职工，1972年9月出生，决定实施后法定退休年龄为62周岁，如果所在单位与其协商一致，还可以在62周岁至65周岁之间弹性延迟退休。所在单位与职工应提前1个月，以书面形式明确延迟退休时间等事项。弹性延迟退休时间确定后，不再延长。也就是说，弹性延迟退休只能延迟一次。

但是，公务员、国有企事业单位领导人员及其他管理人员不在上述可以协商弹性延迟退休之列，其达到法定退休年龄时应当及时办理退休手续。职工达到弹性延迟退休时间，劳动关系或人事关系终止，所在单位应按规定为其办理退休手续。弹性延迟退休期间，所在单位与职工协商一致，可以终止弹性延迟退休，按规定办理退休手续。在协商延迟退休的情况下，劳动关系属延期终止。

3. 劳动合同到期终止的限制

虽然依据《劳动合同法》第44条第1项的规定，劳动合同期满的劳动关系终止，但是《劳动合同法》第14条关于订立无固定期限劳动合同的规定相对于《劳动合同法》第44条第1项属于特别规定，因此，用人单位适用《劳动合同法》第44条第1项到期终止劳动关系就受到了一定程度的限制，这种限制主要体现在用人单位与劳动者订立第二次劳动合同之后以及劳动者在同一用人单位连续工作满10年时。

依据《劳动合同法》第14条第2款第3项的规定，连续订立二次固定期限劳动合同，且劳动者没有该法第39条和第40条第1项、第2项规定的情形，劳动者提出或者同意续订、订立劳动合同的，除劳动者提出订立固定期限劳动合同外，应当订立无固定期限劳动合同。这就意味着，只要连续订立二次固定期限劳动合同，用人单位就没有主动终止劳动关系的权利了，劳动者则享有不续订以及续订何种期限劳动合同的选择权。

依据《劳动合同法》第14条第2款第1项的规定，劳动者在用人单位连续工作满10年的，劳动者提出或者同意续订、订立劳动合同的，除劳动者提出订立固定期限劳动合同外，应当订立无固定期限劳动合同。也就是说，即使双方只订立过1次劳动合同，但是如果在该劳动合同期限届满之前，劳动者已经在该用人单位连续工作满10年，此时，劳动者如果提出订立无固定期限劳动合同，用人单位不能以劳动合同即将到期为由主张劳动关系终止。

4. 死亡宣告、失踪宣告被撤销的，原有的劳动关系如何处理

劳动者被人民法院宣告死亡或者宣告失踪后重新出现，死亡宣告、失踪宣告被撤销的，原有的劳动关系如何处理？对于这个问题，劳动法没有规定，笔者认为，可以参照《民法典》的相关规定并结合劳动关系自身性质和特点进行处理。

依据《民法典》的规定和民法基本原理，死亡宣告、失踪宣告被撤销之后，除收养关系外，因宣告死亡、宣告失踪而终止的法律关系应当自行恢复。即使是身份关系的典型——婚姻关系，也是自撤销死亡宣告之日起自行恢复，只不过配偶再婚或者向婚姻登记机关书面声明不愿意恢复的除外。因此，举重以明轻，身份属性远弱于婚姻关系的劳动关系，原则上应当自死亡宣告、失踪宣告被撤销之日起自行恢复。

但是，如果存在客观上导致劳动合同不能或者不宜继续履行的情形，应当认定劳动关系不能自行恢复。比如，劳动合同期满且不存在应当依法续签、续延劳动合同或者订立无固定期限劳动合同情形的；劳动者达到法定退休年龄，劳动合同应当依法终止的；用人单位被宣告破产的；用人单位解散的，但因合并或者分立需要解散的除外；劳动者原岗位具有唯一性且已被他人替代的；劳动者在被宣告死亡、失踪期间已经与其他用人单位建立全日制劳动关系的。

至于劳动者被宣告死亡或者被宣告失踪之后至劳动关系自行恢复这段期间的劳动关系，按照劳动关系中止处理为宜，中止期间，用人单位不承担劳动法上的相应义务。

5. 如何认定用人单位决定提前解散的真实性

《劳动合同法》第 44 条第 5 项规定，用人单位被吊销营业执照、责令关闭、撤销或者用人单位决定提前解散的，劳动合同终止。对于用人单位被行政部门依法吊销营业执照、责令关闭、撤销等情形来说，由于有行政部门作出的决定，其客观性容易确认，其劳动关系终结的时间也容易确定，即以行政部门作出具体行政行为的时间为准。对于用人单位决定提前解散来说，由于实践中有一些用人单位想在付出有限成本的前提下便捷地大规模合法裁员，但又不符合经济性裁员或者订立劳动合同时的客观情况发生重大变化的情形，于是便采取虚假决定提前解散的方法，以便在付出有限的经济补偿金的前提下，彻底回避违法解除劳动合同的风险。当裁员完成后，用人单位或者重新召开股东会决定不再解散，或者在一切均不变的情况下只是到市场监管部门做名称变更，继续生产经营，因此，在案件审理过程中，就需要界定“用人单位决定提前解散”的真实性。有观点认为，界定“用人单位决定提前解散”应当审查以下几个方面：（1）用人单位决定提前解散的意思表示真实；（2）用人单位已经实际开始了企业的清算程序或者清算工作；（3）用人单位已经或者准备向市场监管部门进行申请企业注销的相关工作；（4）前述工作在终止劳动合同后的合理期间内展开。笔者赞同上述观点。如果被认定为虚假提前解散，用人单位借此终结劳动关系的，可以认定为违法解除劳动关系，用人单位应当承担违法解除劳动关系的法律责任。如果认定提前解散属实，劳动关系终结的时间应以用人单位作出提前解散决定之时为准，而非用人单位全部办理完毕清算注销手续之时。[1]

---

〔1〕 参见吴彬：《劳动人事争议裁判规则和实操指引》，中国法制出版社 2022 年版，第 257～258 页。

6. 因用人单位经营期限届满不再继续经营导致劳动合同不能继续履行

“用人单位经营期限届满不再继续经营”导致劳动关系自动终止的规定，来自《劳动争议司法解释一》第48条（即原《劳动争议司法解释四》第13条）。该条规定，“劳动合同法施行后，因用人单位经营期限届满不再继续经营导致劳动合同不能继续履行，劳动者请求用人单位支付经济补偿的，人民法院应予支持”。依照《民法典》第69条、第106条的规定，此时用人单位处于解散状态。笔者认为，将该条解释所规定的劳动关系终结情形归入劳动关系自动终止情形较为适当。

当然，因用人单位经营期限届满不再继续经营导致劳动合同不能继续履行，进而导致劳动关系终结的类型可能有多种。第一种情形是，用人单位与劳动者订立的劳动合同约定的到期期限就是用人单位经营期限，且是第一份劳动合同，则可以认定双方的劳动关系因劳动合同到期而终止；第二种情形是，因为不再经营，用人单位与劳动者协商一致解除尚未到期的劳动合同；第三种情形是，因为不再经营，用人单位经与劳动者协商未能就变更劳动合同内容达成协议，用人单位依据《劳动合同法》第40条第3项单方解除劳动关系；第四种情形是，用人单位经营期限届满不再继续经营，劳动者认为用人单位未提供劳动条件，进而解除劳动关系。因此，可以将《劳动争议司法解释一》第48条的规定理解为一个兜底条款，即虽然用人单位经营期限届满不再继续经营，但是双方均未提前就终结劳动关系作出处理，此时则可以认定劳动合同因用人单位经营期限届满不再继续经营，符合《民法典》第69条或者第106条规定的解散情形而自动终止。从体系解释来看，这也与《劳动合同法》第44条第5项将“用人单位决定提前解散”规定为劳动合同自动终止情形具有一致性。

需要强调的是，因用人单位经营期限届满不再继续经营导致劳动合同不能继续履行进而导致劳动关系终结的，无论其终结类型属于上述哪一种情形，依照原《劳动争议司法解释四》第13条的规定，用人单位均需要向劳动者支付经济补偿。

7. 法律、行政法规规定的其他情形

《劳动合同法》第44条第6项所指的导致劳动关系终止的“法律、行政法规规定的其他情形”主要包括《民法典》第69条第1项规定的“法人章程规定的其他解散事由出现”，以及用人单位被注销。

（二）主动终止

主动终止是指以下几种情形：（1）依据《劳动合同法实施条例》第5条的规

定，自用工之日起1个月内，经用人单位书面通知后，劳动者不与用人单位订立书面劳动合同的，用人单位应当书面通知劳动者终止劳动关系。（2）依据《劳动合同法实施条例》第6条的规定，自用工之日起超过1个月不满1年的期间内，劳动者不与用人单位订立书面劳动合同的，用人单位应当书面通知劳动者终止劳动关系，并依照《劳动合同法》第47条的规定支付经济补偿。

需要注意的是，不同于《劳动合同法实施条例》第5条、第6条规定的情形，依据《劳动合同法实施条例》第7条的规定，当用人单位自用工之日起满1年未与劳动者订立书面劳动合同的，即视为自用工之日起满1年的当日已经与劳动者订立无固定期限劳动合同。因此，此后用人单位如果想要终结劳动关系，应当依法提出解除劳动关系，而不再是终止劳动关系。

（三）延期终止

延期终止，是指劳动关系期满时因存在《劳动合同法》第42条等规定的情形而续延，至相应的情形消失时，劳动关系自动终止。

依照《劳动合同法》第45条、第42条的规定，应当延期终止的情形包括：（1）从事接触职业病危害作业的劳动者未进行离岗前职业健康检查，或者疑似职业病病人在诊断或者医学观察期间的；（2）在本单位患职业病或者因工负伤并被确认丧失或者部分丧失劳动能力的；（3）患病或者非因工负伤，在规定的医疗期内的；（4）女职工在孕期、产期、哺乳期的；（5）在本单位连续工作满15年，且距法定退休年龄不足5年的；（6）法律、行政法规规定的其他情形。

当然，依据《工伤保险条例》第35条至第37条的特别规定，职工因工致残被鉴定为1级至4级伤残的，应当保留劳动关系，故劳动关系不得解除或终止；职工因工致残被鉴定为5级、6级伤残的，保留与用人单位的劳动关系，经工伤职工本人提出，该职工可以与用人单位解除或者终止劳动关系——换言之，如果工伤职工本人不提出解除或终止劳动关系，劳动关系不得终结；职工因工致残被鉴定为7级至10级伤残的，劳动、聘用合同期满终止，或者职工本人提出解除劳动、聘用合同的可以终结劳动关系——易言之，用人单位可以依法选择劳动合同到期终止。

对于第5种情形，即“在本单位连续工作满15年，且距法定退休年龄不足5年的”，由于出现此种情形之后，该状态会一直延续到劳动者达到法定退休年龄，因此，在劳动者达到法定退休年龄之前，用人单位事实上是无法主动终止劳动合同的。

对于第6种情形，即“法律、行政法规规定的其他情形”，主要包括其他法律以及行政法规的特别规定。比如，《劳动合同法实施条例》第17条规定，“劳动合同期满，但是用人单位与劳动者依照劳动合同法第二十二条的规定约定的服务期尚未到期的，劳动合同应当续延至服务期满；双方另有约定的，从其约定”。《工会法》第 19 条规定，“基层工会专职主席、副主席或者委员自任职之日起，其劳动合同期限自动延长，延长期限相当于其任职期间；非专职主席、副主席或者委员自任职之日起，其尚未履行的劳动合同期限短于任期的，劳动合同期限自动延长至任期期满。但是，任职期间个人严重过失或者达到法定退休年龄的除外”。

此外，还有一种延期终止的情形，即依据《劳动争议司法解释一》第 34 条第 1 款的规定，“劳动合同期满后，劳动者仍在原用人单位工作，原用人单位未表示异议的，视为双方同意以原条件继续履行劳动合同。一方提出终止劳动关系的，人民法院应予支持”。当然，《劳动争议司法解释一》第 34 条第 1 款规定有其不妥当之处。该规定源自 2001 年 4 月 16 日公布的原《劳动争议司法解释一》第 16 条第 1 款，当时还没有《劳动合同法》，该规定着力解决因劳动合同到期后双方未续订劳动合同却继续履行原劳动合同而产生的纠纷，并无不妥。然而，《劳动合同法》施行之后，依据《劳动合同法》第 14 条第 2 款第 3 项的规定，连续订立二次固定期限劳动合同之后，劳动者即享有要求订立无固定期限劳动合同的权利。这就意味着，第一份劳动合同到期后，用人单位未与劳动者订立劳动合同但是劳动者继续提供劳动的期间，涉及将来劳动者是否享有以及何时享有要求订立无固定期限劳动合同的权利，显然不宜再认定为原劳动合同的延续期间，而应当认定为用人单位与劳动者续订第二份劳动合同的期间。如果用人单位在此期间内单方解除劳动关系，可能会损害劳动者享有的在将来要求订立无固定期限劳动合同的权利。第二份劳动合同到期后，用人单位未与劳动者订立劳动合同但是劳动者继续提供劳动的期间，由于劳动者已经享有要求订立无固定期限劳动合同的权利，因此更不能认定为原劳动合同的延续。因此，笔者建议在适当的时机，《劳动争议司法解释一》第 34 条第 1 款应予以废止。

对于上述规定，《劳动争议司法解释二》似乎准备对此进行纠正。从征求意见稿来看，该解释拟规定，劳动合同期满后，劳动者仍在用人单位工作，用人单位未表示异议超过 1 个月的，人民法院可以视为双方以原条件续订劳动合同，用人单位应当与劳动者补订书面劳动合同。符合订立无固定期限劳动合同的，人民法院可以视为双方之间存在无固定期限劳动合同关系，并以原劳动合同确定双方的权利义务关系。用人单位解除劳动合同，劳动者请求用人单位依法承受解除劳动合同法律后果的，人民法院应予支持。首先，对于第一份劳动合同到期后，劳动者仍在原用人单位工作、原用人单位未表示异议超过 1 个月的，不再视为双方同意以原条件继续履行劳动合同，而是视为双方以原条件续订了新的劳动合同。

用人单位不补订书面劳动合同的，劳动者可以请求其支付相应期间的未订立书面劳动合同的二倍工资。其次，对于已经符合订立无固定期限劳动合同的，可以直接视为双方之间存在无固定期限劳动合同关系，并以原劳动合同确定双方的权利义务关系。最后，由于视为双方续订了新的劳动合同，因此，如果用人单位解除劳动合同，则是对新劳动合同的解除，而不再是对原劳动合同的终止，因此，劳动者自然可以依法请求用人单位承担违法或者合法解除劳动合同的法律后果。

三、违法终止的法律后果

违法终止，是指用人单位违反《劳动合同法》的规定终止劳动关系。劳动者不存在违法终止劳动关系的情形。

对于用人单位来说，违法终止与违法解除的法律后果有一定的相似性。《劳动合同法》第 48 条规定，“用人单位违反本法规定解除或者终止劳动合同，劳动者要求继续履行劳动合同的，用人单位应当继续履行；劳动者不要求继续履行劳动合同或者劳动合同已经不能继续履行的，用人单位应当依照本法第八十七条规定支付赔偿金”。按照上述规定，用人单位违法终止劳动关系后，劳动者拥有选择权，违法终止的法律后果会因为劳动者的选择不同而不同。

在劳动法的违约责任体系中，强制用人单位继续履行劳动关系处于优先地位，因为这是保障劳动者就业稳定的需要，尤其在就业形势严峻的现阶段更有意义。当然，这种优先应当以劳动者的意愿为准，即给予劳动者优先选择强制用人单位继续履行的权利。[1] 强制继续履行还应当以继续履行具有可能性为前提。裁决继续履行的，用人单位应当向劳动者支付继续履行期间的劳动报酬。

用人单位违法终止劳动关系，劳动者不要求继续履行或者劳动关系已经不能继续履行的，可以依法要求用人单位支付赔偿金，用人单位应当依照《劳动合同法》第 47 条规定的劳动合同终止经济补偿标准的 2 倍向劳动者支付赔偿金。

并不是所有违法终止的劳动关系客观上都能够继续履行，《劳动合同法》第 48 条虽然明确了继续履行优先原则，但是亦规定“劳动合同已经不能继续履行的，用人单位应当依照本法第八十七条规定支付赔偿金”。客观上导致不能继续履行的情形在本讲第五节已经阐述，此处不再赘述。

四、用人单位应当及时通知劳动者劳动关系于何时终止

与解除通知不同的是，法律没有规定用人单位需要就劳动关系于何时终止一

---

〔1〕 参见王全兴：《劳动法》（第 4 版），法律出版社 2017 年版，第 229～230 页。

事通知劳动者，但是这显然不意味着用人单位不需要及时通知劳动者劳动关系终止一事。

因为一方面，劳动关系的终止意味着劳动者需要再就业，而再就业一般情况下需要一定的时间才能成功，并非一朝一夕之事。如果劳动合同到期之前用人单位不及时通知劳动者是否续订一节，劳动者有可能会为是否重新找工作、应聘新单位等犹豫不决：如果其找了新工作，原用人单位有可能仍与其续订劳动合同；如果其不重新找工作，一旦原用人单位不与其续订劳动合同，其将面临着失业。另一方面，一些自动终止的情形，如用人单位被依法宣告破产的，用人单位被吊销营业执照、责令关闭、撤销或者用人单位决定提前解散的，劳动者难以准确知晓甚至难以知晓劳动关系终止的事实和时间，如果用人单位不及时通知劳动者，对劳动者合法权益的维护显然有害。并且，《民法典》第 509 条第 2 款亦规定，“当事人应当遵循诚信原则，根据合同的性质、目的和交易习惯履行通知、协助、保密等义务”。因此，应当认为，用人单位及时通知劳动者劳动关系于何时终止，是基于诚实信用原则在履行劳动合同时所产生的附随义务。因此，部分地区明确规定了用人单位的提前通知义务。[1]

当然，由于是附随义务，劳动者仅以用人单位未履行通知义务为由主张用人单位违法终止劳动关系的，不应得到人民法院的支持。此外，终止通知不局限于书面通知，口头通知甚至以默示的行为作出通知皆可。

五、非全日制用工的终止

需要强调的是，本书以上阐述的劳动关系解除与终止，都是针对全日制劳动关系而言的，依据《劳动合同法》第 71 条的规定，非全日制用工双方当事人任何一方都可以随时通知对方终止用工。终止用工，用人单位不向劳动者支付经济补偿。

第七节　劳动关系终结时当事人的义务

劳动关系终结时，基于法律规定或者基于诚实信用原则，用人单位与劳动

---

〔1〕 如《北京市劳动合同规定》(2021 年修改，北京市人民政府令第 302 号）第 40 条规定，劳动合同期限届满前，用人单位应当提前 30 日将终止或者续订劳动合同意向以书面形式通知劳动者，经协商办理终止或者续订劳动合同手续。第 47 条规定，用人单位未提前 30 日通知劳动者的，以劳动者的日平均工资为标准，每延迟 1 日支付相当于劳动者 1 日工资的代通知金。《吉林省劳动合同条例》(2017 年修改，吉林省第十二届人民代表大会常务委员会公告第 77 号）第 28 条第 1 款规定，劳动合同期限届满前，用人单位应当提前 30 日将终止或者续订劳动合同的意向以书面形式通知劳动者。

者负有相应的作为或者不作为义务。这是因为，劳动关系虽然终结，但是因为过去劳动关系的存在，会对当事人双方产生一定的影响，如果一方当事人不顾另一方当事人的利益，滥用权利，就很可能给另一方当事人造成损害。因此，劳动关系终结之后当事人还需履行通知、协助、保密等多项义务。[1]

一、用人单位的义务

（一）依法出具离职证明

《劳动合同法》第 50 条第 1 款规定，用人单位应当在解除或者终止劳动合同时出具解除或者终止劳动合同的证明，这个证明也就是我们俗称的离职证明。

1. 离职证明的功能

《劳动合同法》设计离职证明制度，主要是想达到两个目的，换句话说，离职证明主要有两个功能。第一个功能是用来证明劳动者已经与原用人单位终结劳动关系，从而为劳动者的再就业提供帮助。1995 年 1 月 1 日起施行的《劳动法》第 99 条规定，“用人单位招用尚未解除劳动合同的劳动者，对原用人单位造成经济损失的，该用人单位应当依法承担连带赔偿责任”。2008 年 1 月 1 日起施行的《劳动合同法》第 91 条进一步规定，“用人单位招用与其他用人单位尚未解除或者终止劳动合同的劳动者，给其他用人单位造成损失的，应当承担连带赔偿责任”。因此，用人单位在招录劳动者的时候，为了避免招录到与原用人单位没有终结劳动关系的劳动者，给自己带来潜在的法律风险，客观上就需要劳动者提供由原用人单位出具的离职证明，以证明其与原单位的劳动关系已经终结。事实上也是这样，实践中，绝大多数用人单位在招录劳动者的时候，都需要劳动者向其提供由原用人单位出具的离职证明才敢录用该劳动者。因此，基于实践中劳动者再就业的需要，《劳动合同法》第 50 条第 1 款明确规定，用人单位应当在解除或者终止劳动合同时为劳动者出具离职证明。第二个功能是劳动者在申请失业保险待遇的时候，用来证明自己处于失业状态用的。《社会保险法》第 50 条第 2 款规定，“失业人员应当持本单位为其出具的终止或者解除劳动关系的证明，及时到指定的公共就业服务机构办理失业登记”。可见，劳动者办理失业登记时，应当出具离职证明。因此，为了使劳动者能够享受到失业保险待遇，该条第 1 款明确规定，“用人单位应当及时为失业人员出具终止或者解除劳动关系的证明，并将失业人员的名单自终止或者解除劳动关系之日起十五日内告知社会保险经办机构”。

---

〔1〕 参见王全兴：《劳动法》（第 4 版），法律出版社 2017 年版，第 230 页。

2. 离职证明的法律性质

从前述离职证明的功能我们可以看出，离职证明是专门为劳动者利益设计的。因此，《劳动合同法》第50条第1款规定，用人单位应当在解除或者终止劳动合同时出具解除或者终止劳动合同的证明，而《劳动合同法》第89条规定，用人单位未向劳动者出具离职证明的，由劳动行政部门责令改正，给劳动者造成损害的，还应当赔偿损失。从上述两个法律规定来看，首先，离职证明是一个书面证明，用以证明劳动者前一段劳动关系已经终结，他不是劳资双方达成的处分权利义务的协议。其次，及时为劳动者出具离职证明，是在劳动关系结束时，用人单位即应当履行的法定的后合同义务，违反该义务，用人单位需要承担相应的行政责任和民事责任。用人单位不得就履行该法定义务向劳动者附加条件，如以劳动者在内容有争议的离职工作交接单上签字为前提条件，或者以劳动者办理离职交接为前提条件。最后，对于劳动者来说，要求用人单位及时出具离职证明，是法律赋予他的权利。

案例59 倪某诉Z公司劳动争议案〔1〕

——用人单位出具离职证明不得向劳动者附加条件

【基本案情】

倪某与Z公司于2021年7月31日解除劳动合同。之后倪某申请仲裁并诉至法院，要求Z公司赔偿因未及时出具离职证明给其造成的损失111111元。

倪某主张Z公司直至2021年9月23日才出具离职证明，因离职证明出具时间严重滞后于新单位入职报到要求的时间，导致其未能入职新单位，给其造成较大损失。倪某为证明其主张提交了如下证据：（1）电子邮件及附件聘用意向书。邮件发送时间2021年8月31日，显示“尊敬的倪先生，×公司现向您发出聘用意向书，报到时间初定是2021年9月6日……”聘用意向书显示“尊敬的倪先生……请您于2021年9月6日到我司报到，办理入职相关事宜……入职当天请携带以下材料：……原单位离职证明原件……以上证件、材料不全者，公司将不安排入职，您的职位只保留一周，如因此给您造成损失，我司不承担责任……×公司人力资源部2021年8月30日”。（2）倪某向Z公司发送的两封电子邮件。2021年8月31日的邮件显示“尊敬的Z公司王先生：鉴于贵司已书面解除与本人的劳动合同，您代表公司于2021年8月4日电子邮件发来的离职手续工作交接单内容

〔1〕 参见北京市第一中级人民法院民事判决书，（2024）京01民终2029号。

中含有本人不能接受的表述内容，导致本人无法办理工作交接。本人现收到新的用人单位聘用通知书，要求本人于2021年9月6日携带离职证明原件等材料报到，否则将不予安排入职，职位仅保留一周。请贵公司与本人尽快办理工作交接，为本人出具离职证明，本人同意贵我双方先保留对费用结算的争议。否则因贵公司不为本人出具离职证明导致的本人损失，概由贵公司承担责任”。2021年9月17日的电子邮件显示“尊敬的Z公司王先生：鉴于贵司已书面解除与本人的劳动合同……本人于2021年8月31日向贵司发电子邮件催促贵司尽快为本人出具离职证明，但时至今日，贵司依然未为本人出具《离职证明》，导致本人不能到新用人单位报到。近日，本人的新用人单位再次催促本人尽快报到，经本人努力协调，职位将再延长一周，否则将取消录用。本人再次催促贵司为本人于2021年9月22日前出具《离职证明》，否则因贵司不为本人出具《离职证明》导致的本人一切损失，概由贵公司承担责任”。(3) 劳动关系解除证明。显示“兹证明倪某……于2021年7月31日与我公司已解除劳动关系……Z公司2021年9月23日”。

Z公司辩称，其一，无法入职新单位的原因有很多，倪某未能证明是因为没有离职证明导致其无法入职新单位。其二，公司之所以未及时出具离职证明，是因为倪某离职后，公司多次通知其办理工作交接，但是倪某拒不办理。

【裁判要点】

生效判决认为，依照《劳动合同法》第89条的规定，在解除劳动关系时为倪某出具离职证明是Z公司必须履行的法定义务，违反该义务给倪某造成损害的，Z公司需要承担相应的民事赔偿责任。Z公司不得就履行该法定义务向倪某附加条件，比如，以倪某在内容有争议的离职工作交接单上签字为前提条件。然而，Z公司在2021年7月31日单方解除与倪某的劳动合同时，并没有按照前述法律规定及时为倪某出具离职证明，已然违反法定义务。之后倪某两次催促Z公司为其出具离职证明，并且明确告知Z公司相应后果，但是Z公司依然没有及时为倪某出具离职证明。再结合倪某提交的新用人单位为其出具聘用意向书，法院认为倪某提供的证据已经能够证明Z公司迟延出具离职证明的行为阻碍了其再就业，给其造成损失。结合倪某在Z公司的工资标准、新用人单位向其允诺的工资水平以及离职证明迟延出具的时间，法院酌定Z公司向倪某赔偿因迟延出具离职证明造成的损失20000元。

【延伸思考】

从《劳动合同法》的规定来看，离职证明是劳动者前一段劳动关系已经终结的书面证明；及时为劳动者出具离职证明，是在劳动关系终结时用人单位即应当履行的法定义务；违反该义务，用人单位需要承担相应的行政责任和民事责任；

用人单位不得就出具离职证明向劳动者附加条件，如要求劳动者在内容有争议的交接单上签字，或者以劳动者办理离职交接为前提条件。如果劳动者拒不进行正常的工作交接给用人单位造成损失，用人单位可以要求劳动者赔偿损失，而不能将办理工作交接作为出具离职证明的前置条件。

3. 不出具离职证明的法律责任

《劳动合同法》第89条规定，“用人单位违反本法规定未向劳动者出具解除或者终止劳动合同的书面证明，由劳动行政部门责令改正；给劳动者造成损害的，应当承担赔偿责任”。上述规定中的“用人单位未向劳动者出具解除或者终止劳动合同的书面证明”既包括用人单位未向劳动者出具离职证明，也包括用人单位未及时向劳动者出具离职证明，还理应包括用人单位违法出具离职证明。

依据上述规定，因用人单位不出具离职证明造成劳动者无法就业并发生实际经济损失的，用人单位应当赔偿劳动者损失。劳动者对用人单位的过错与其无法就业有直接的因果关系以及因此所造成经济损失的具体数额负有举证证明责任。如果确实造成经济损失，但无法确定经济损失具体数额的，可以参照劳动者在解除或终止劳动合同前的工资标准确定。

此外，用人单位不出具离职证明致使劳动者不能依法享受失业保险待遇的，用人单位应当赔偿劳动者失业保险待遇损失。

案例60　L公司诉朱某劳动争议案〔1〕

——劳动者能否因用人单位未及时开具离职证明而请求损失赔偿

【基本案情】

朱某于2017年5月22日入职L公司，于2017年11月14日离职。朱某主张，其离职时L公司拒绝为其出具离职证明，导致后续接连无法入职两家公司，并提交《录取通知书》《录取通知书作废说明》《入职offer》《入职offer作废通知》《微信聊天记录》《证人证言》《离职证明快递单》为证。上述证据显示，N公司在《录取通知书》中承诺为朱某提供的薪酬福利为年薪50万元+提成。之后，N公司于2017年12月1日向朱某发出《录取通知书作废说明》。在法院向N公司发出《协助调查通知书》后，N公司向法院出具《情况说明》称，《录取通知书》及《录取通知书作废说明》均为该公司出具，其与朱某为招聘单位和应聘者

〔1〕参见广东省深圳市中级人民法院民事判决书，（2019）粤03民终6975号。

的关系，该公司于2017年11月14日向朱某出具《录取通知书》，但朱某一直无法提供离职证明。为了规避因录用与其他单位仍有劳动关系的劳动者可能产生的法律风险，该公司于2017年12月1日向朱某发出《录取通知书作废说明》。另外，朱某的《个人参保信息》《个人缴费记录明细》显示，Y公司自2018年1月起为其缴纳社会保险。

【裁判要点】

生效判决认为，根据《劳动合同法》第50条的规定，用人单位应当在解除或者终止劳动合同时出具解除或终止劳动合同的证明，这是用人单位在与劳动者解除或者终止劳动合同时应当履行的法定义务，而非依据劳动者的申请作出。本案中，L公司依法应当在与朱某解除劳动合同时出具相应离职证明，但L公司并未履行该法定义务。在朱某与L公司员工赖某的微信聊天中已明确要求L公司出具离职证明后，L公司仍怠于履行，L公司的不作为已违反法律规定。根据查明的事实可以认定，N公司于2017年11月14日向朱某出具《录取通知书》，向其提供年薪50万元的运营总监一职，但朱某无法提供离职证明，该公司于2017年12月1日向其发出《录取通知书作废说明》。因此，对于朱某因L公司未出具离职证明而失去N公司提供的年薪50万元的工作岗位这一事实，法院予以确认。朱某的《个人参保信息》《个人缴费记录明细》显示，Y公司自2018年1月起为其缴纳社会保险，法院据此认定朱某因L公司未开具离职证明所遭受的损失为一个月的工资。因此，判决L公司向朱某支付因未出具离职证明而造成的损失42000元。

4. 离职证明的内容

《劳动合同法实施条例》第24条以列举的方式规定了离职证明的内容。该条规定，"用人单位出具的解除、终止劳动合同的证明，应当写明劳动合同期限、解除或者终止劳动合同的日期、工作岗位、在本单位的工作年限"。从该规定来看，离职证明应当载明的只是有关双方劳动合同履行、解除或者终止的最基本的客观信息，这些信息具有客观性，不带有主观性，而且易于证明、不容易起争议。

为什么要这样规定？这是因为，虽然及时为劳动者出具离职证明是用人单位的一项法定义务，但是现实中，一方面，劳动者在再就业时，潜在的新用人单位一般都会要求劳动者提供在上家单位的离职证明，以便对劳动者过往的工作情况有一个基本的了解；没有离职证明，劳动者往往无法再就业。另一方面，离职证明是由用人单位单方制作的，因此，当双方有未结清的事项或者有劳动纠纷的时候，用人单位很容易以在离职证明上记载不利于劳动者再就业的内容来要求劳动者在纠纷上作出让步，如放弃追索拖欠的劳动报酬，个别用人单位甚至在离职证明上记载不利于劳动者再就业的内容以泄私愤。这样的话，本来为劳动者出具离职证明是单位的法定义务，现在却实质上变成用人单位用来控制劳动者的一个手段了。因此，为避免这种情况的出现，《劳动合同法实施条例》以列举的方式作出了前述规定，对离职证明的内容加以限定，只允许用来记载有关双方劳动合同履行、解除或者终止的最基本的客观信息。

5. 离职证明不能写哪些内容

第一，带有价值评判性质的内容，如“双方存在劳动争议”“某某品质恶劣”这样的内容是不能往离职证明上写的。因为，离职证明的一个重要功能是帮助和促进劳动者再就业。对于潜在的新用人单位来说，其是很难弄清楚也没有兴趣去弄清楚到底谁是产生劳动争议的过错一方的，以及“某某品质恶劣”到底是不是真的，但是多一事不如少一事，新单位为不惹麻烦，不会去花功夫调查事情的真相，而很有可能直接对劳动者作出“有罪推定”，从而放弃招用他而选择招用别人。当然，有些用人单位会说，这个人这么恶劣，我有必要通过离职证明来提醒招用他的下家。但是，一方面，用人单位和劳动者发生纠纷之后，他们本来就是怀有敌意的双方，这时候，用人单位的感受往往是站在自身的角度、出于自身的利益而得出的，不见得客观。另一方面，法律规定劳动者有如实向新用人单位说明相关基本情况的义务，但那是劳动者的义务，而不是原用人单位需要做的事情，法律不会规定原用人单位这种越俎代庖的义务。

并且，用人单位将有争议的评价内容记载于离职证明，还有可能侵害劳动者名誉权。〔1〕

案例61　章某申请某网络科技公司重新出具离职证明案〔2〕

——离职证明中载明的内容应当符合法律法规规定

【基本案情】

章某于2021年8月18日入职某网络科技公司，岗位为软件开发工程师，双方签订期限为2021年8月18日至2025年8月17日的劳动合同，章某于2022年4月28日因个人原因向某网络科技公司提出离职。章某离职后，某网络科技公司向

〔1〕 参见程啸：《人格权研究》，中国人民大学出版社2022年版，第351页。

〔2〕 参见北京市人力资源和社会保障局：《2023年北京市劳动人事争议仲裁典型案例》，载北京市人力资源和社会保障局网2023年12月29日，https://rsj.beijing.gov.cn/bm/ztzl/dxal/202312/t20231229_3518105.html。

其出具了《解除劳动合同证明书》，载明“章某与公司签订的服务期协议尚未履行完毕，违反诚实信用原则”。因多次要求某网络科技公司重新出具离职证明未果，章某向劳动争议仲裁机构提出仲裁申请，要求某网络科技公司重新出具离职证明。

经劳动争议仲裁机构调解，某网络科技公司依法重新向章某出具解除劳动合同证明。

【裁判要点】

劳动争议仲裁机构提示：离职证明即为解除或终止劳动合同的证明，是劳动者与用人单位劳动关系结束时，用人单位向劳动者出具的、用以证明劳动者工作经历的书面证明材料，方便劳动者再就业或享受社会保障权利。实践中，部分用人单位向劳动者出具离职证明所载明的内容超出法律法规规定的记载事项，如解除劳动关系的原因、双方存在劳动争议等，有时还会含有不利于劳动者的主观性评价，如对劳动者的能力、品行等做评价性描述。出具解除或终止劳动合同证明是用人单位的后合同义务，并非行使用工管理权及用工评价的手段，用人单位应依法依规出具离职证明。

【延伸思考】

用人单位与劳动者解除或终止劳动关系时，有义务按照规定，向劳动者出具解除或终止劳动合同证明。本案中，某网络科技公司出具的离职证明中除写明法定事项外，另外还含有对章某品行的评价性表述，既不符合法律规定，还可能会对章某再就业产生不利影响，故某网络科技公司应当重新向章某出具符合法律规定的解除劳动合同证明。

第二，有关债权债务结算的内容，也不属于离职证明应当记载的事项。现实中，有些用人单位出于私利，往往会在离职证明中写上“工资已结清，双方再无其他经济纠纷”这样的内容，并要求劳动者在离职证明上面签字，从而形成协议的表象，用来达到逃避债务的目的。这样的内容与离职证明的功能是毫无干系的，前面已经分析过，离职证明是一个书面证明，用以证明劳动者前一个劳动关系的基本履行情况，本身不具备协议的性质，法律也没有规定劳动者还需要在离职证明上签字确认，之所以实务中常见离职证明上有劳动者签字，往往是应用人单位的要求所签，劳动者如果不签字，可能就无法及时从用人单位处拿到离职证明。因此，当用人单位拿着这样的离职证明来证明其与劳动者工资等事项已结清的时候，首先，对于劳动者签名的法律效果，原则上应当解释为其对收到离职证明的一种确认，也就是签收的效果，而不能解释为劳动者就证明上载明的有关权利处分的内容与用人单位达成了一致。否则，就改变了离职证明的性质，变劳动关系终结证明为结算协议。对劳动者而言，让用人单位出具离职证明本来是他的权利，现在却变成了负担。其次，对于离职证明上记载的诸如“工资已结清，双方再无其他经济纠纷”这样的内容，应当允许劳动者通过举证来反驳和推翻，而不是构成劳动者处分或者放弃权利的协议。

总的来说，离职证明的内容应当限定在《劳动合同法实施条例》第24条列举的范围内。除非是经得劳动者同意，用人单位不得将第24条之外的内容写在离职证明上，属于违法出具离职证明。用人单位未经劳动者同意，将第24条之外的内容写在离职证明上，给劳动者造成损害的，应当适用《劳动合同法》第89条，由用人单位承担赔偿损失的民事责任。

（二）结清工资

《工资支付暂行规定》第9条规定，“劳动关系双方依法解除或终止劳动合同时，用人单位应在解除或终止劳动合同时一次付清劳动者工资”。因此，在劳动者离职时，用人单位必须进行薪资结算，既不能以工资结算为条件，给劳动者增加一些义务，也不能以未到当月工资支付时点为由拒绝结算。当然，如果确有原因不能一次性付清，比如，用人单位存在短期的资金周转困难，应当允许双方另行协商支付时间。又如，提成工资的结算，从公平角度考虑，亦应当允许双方另行约定以回款等为结算条件。

此外，劳动者离职时，如有未处理的违法违规行为，用人单位能否不予结算？笔者认为，依据前述《工资支付暂行规定》第9条规定以及工资的法律性质，在劳动者离职时与其结清工资是用人单位基于履行劳动合同所产生的主给付义务，用人单位不得以劳动者存在违法违规行为为抗辩理由，拒绝履行或者迟延履行结清工资的义务。

（三）为劳动者办理档案和社会保险关系转移手续

《劳动合同法》第50条第1款规定，用人单位应当在解除或者终止劳动合同时起的15日内为劳动者办理档案和社会保险关系转移手续。

若因用人单位过错导致劳动者档案迟延移转，给劳动者造成损失的，劳动者有权要求用人单位进行赔偿。损失赔偿的范围以及金额，需要结合具体案件中因迟延转移档案给劳动者造成损失类型（如不能入职新单位、不能领取失业保险待遇、不能领取养老金、不能享受医疗待遇等）具体分析。[1]

---

〔1〕 参见李孝保：《企业劳动用工风险防控与HR实操指引》，法律出版社2022年版，第211页。

（四）其他义务

《劳动合同法》第50条第2款规定，用人单位依照本法有关规定应当向劳动者支付经济补偿的，在办结工作交接时支付。第50条第3款规定，用人单位对已经解除或者终止的劳动合同的文本，至少保存2年备查。第84条第3款规定，劳动者依法解除或者终止劳动合同，用人单位扣押劳动者档案或者其他物品的，依照前款规定处罚。前款规定是用人单位违反《劳动合同法》规定，以担保或者其他名义向劳动者收取财物的，由劳动行政部门责令限期退还劳动者本人，并以每人500元以上2000元以下的标准处以罚款；给劳动者造成损害的，应当承担赔偿责任。

二、劳动者的义务

（一）办理工作交接

《劳动合同法》第50条第2款规定，“劳动者应当按照双方约定，办理工作交接”。如果双方没有就工作交接进行约定，劳动者应当秉持诚实信用原则进行交接。交接内容不仅包括返还劳动关系存续期间占有、使用的用人单位的财产、印章、文件、证件等，还包括与工作有关的信息，如客户信息、工作日志、工作进度、工作报表、会议纪要等。如果劳动者未适当履行交接义务，则构成对劳动合同的违约，给用人单位造成损失的，用人单位可以要求劳动者赔偿损失。需要注意的是，工作交接的时间，可以在劳动关系解除或终止之前，也可以在解除或终止以后。

案例62　某公司与李某劳动争议案[1]

——劳动者辞职后拒不交接工作给用人单位造成损失的，应承担赔偿责任

【基本案情】

2020年12月1日，某公司与李某订立劳动合同，约定李某担任研发岗位工作，合同期限3年；离职应当办理工作交接手续，交还工具、技术资料等，造成损失据实赔偿等内容。2022年2月15日，李某向某公司提出辞职，随即离开且

〔1〕参见最高人民法院新闻局：《最高人民法院发布劳动争议典型案例》，载最高人民法院网2024年4月30日，https://www.court.gov.cn/zixun/xiangqing/431252.html。

拒不办理工作交接手续。某公司通过启动备用方案、招聘人员、委托设计等措施补救研发项目，因研发设计进度延误、迟延交付样机承担了违约责任。某公司向某劳动人事争议仲裁委员会申请仲裁，提出李某赔偿损失等请求。某劳动人事争议仲裁委员会不予受理。某公司诉至人民法院。

【裁判要点】

生效判决认为，劳动合同解除或者终止后，劳动者应当按照双方约定，办理工作交接手续。劳动者未履行前述义务给用人单位造成损失的，应当承担赔偿责任。李某作为某公司的研发人员，未提前30日通知某公司即自行离职，且拒绝办理交接手续，其行为违反了《劳动合同法》第37条规定的劳动者提前30日以书面形式通知用人单位，可以解除劳动合同的规定，应当按照第90条有关劳动者赔偿责任的规定对某公司的损失承担赔偿责任。审理法院综合考量李某参与研发的时间、离职的时间、本人工资水平等因素，酌定李某赔偿某公司损失50000元。

【延伸思考】

创新型企业竞争力的重要来源之一为研发人员。研发人员掌握着项目重要资料，主动解除劳动合同时，应秉持诚信原则，遵守劳动合同约定和法律规定，提前通知用人单位，办理交接手续，便于用人单位继续开展研究工作。本案中，法院在劳动者拒不履行工作交接义务给用人单位造成损失的情况下，依法判令其承担赔偿责任，为科技创新提供优质的法治保障。

（二）保密及竞业限制义务

《劳动合同法》第90条规定，劳动者违反劳动合同中约定的保密义务或者竞业限制，给用人单位造成损失的，应当承担赔偿责任。因此，劳动者如果与用人单位订立有保密协议，应当在保密期内继续保守用人单位的商业秘密和与知识产权相关的保密事项。如果订有有效的竞业限制约定，还应当遵守竞业限制约定。

第十四讲

终结劳动关系经济补偿和赔偿金

本讲所述的终结劳动关系的经济补偿，是指当劳动关系解除或者终止时，依照劳动法律的规定，用人单位应当向劳动者支付的经济补偿；本讲所述的终结劳动关系的赔偿金，是指当用人单位违法解除或者终止劳动关系时，依照劳动法律的规定，其应当向劳动者支付的赔偿金。

由于各类规范性文件中有关经济补偿和赔偿金的规定较为混乱，各种规定之间并未做到泾渭分明，导致实践中对各种经济补偿及赔偿金的认识存在一定程度的不同理解，因此，在介绍终结劳动关系的经济补偿和赔偿金之前，有必要通过梳理相关规定，还原各种经济补偿及赔偿金的原意。

第一节　对经济补偿和赔偿金相关规定的梳理

一、《劳动法》及其配套文件的经济补偿和赔偿金

（一）《劳动法》关于终结劳动关系经济补偿和赔偿金的规定

《劳动法》未规定违法解除或者终止劳动关系的赔偿金，也没有规定合法终止劳动关系的经济补偿，在劳动法时代，用人单位合法终止劳动关系是无需向劳动者支付经济补偿的。

关于解除劳动关系经济补偿的规定在《劳动法》第 28 条，该条规定："用人单位依据本法第二十四条、第二十六条、第二十七条的规定解除劳动合同的，应当依照国家有关规定给予经济补偿。"第 24 条规定，"经劳动合同当事人协商一致，劳动合同可以解除"。第 26 条规定，"有下列情形之一的，用人单位可以解除劳动合同，但是应当提前三十日以书面形式通知劳动者本人：（一）劳动者患病或者非因工负伤，医疗期满后，不能从事原工作也不能从事由用人单位另行安排的工作的；（二）劳动者不能胜任工作，经过培训或者调整工作岗位，仍不能胜任工作的；（三）劳动合同订立时所依据的客观情况发生重大变化，致使原劳动合同无法履行，经当事人协商不能就变更劳动合同达成协议的"。第 27 条规

定，“用人单位濒临破产进行法定整顿期间或者生产经营状况发生严重困难，确需裁减人员的，应当提前三十日向工会或者全体职工说明情况，听取工会或者职工的意见，经向劳动行政部门报告后，可以裁减人员。用人单位依据本条规定裁减人员，在六个月内录用人员的，应当优先录用被裁减的人员”。

从上述规定来看，依照《劳动法》的规定，用人单位提出并与劳动者协商解除劳动关系的，进行预告辞退的，以及进行经济性裁员的，也需要支付经济补偿；但是，无论劳动者以何种理由解除劳动关系，用人单位都不需要向其支付经济补偿。

（二）《劳动法》第91条规定的赔偿金不是终结劳动关系的赔偿金

除了《劳动法》第28条之外，该法第91条还规定了赔偿金。该法第91条规定：“用人单位有下列侵害劳动者合法权益情形之一的，由劳动行政部门责令支付劳动者的工资报酬、经济补偿，并可以责令支付赔偿金：（一）克扣或者无故拖欠劳动者工资的；（二）拒不支付劳动者延长工作时间工资报酬的；（三）低于当地最低工资标准支付劳动者工资的；（四）解除劳动合同后，未依照本法规定给予劳动者经济补偿的。”显然，第91条规定的赔偿金并非终结劳动关系的赔偿金，其是一种行政责任，而不是民事责任：当用人单位克扣或者无故拖欠工资、拒不支付延时加班工资、低于最低工资标准支付工资以及未依法支付解除劳动关系经济补偿时，劳动行政部门既可以责令用人单位向劳动者支付其所拖欠的工资、加班工资以及经济补偿，也可以一并责令用人单位加付赔偿金。

（三）《劳动法》没有就解除劳动关系经济补偿的标准作出规定

《劳动法》并没有就解除劳动关系经济补偿的标准作出规定，第28条只是规定“依照国家有关规定给予经济补偿”。劳动部《关于劳动法若干条文的说明》进一步解释道：“本条中的‘依据国家有关规定’是指国家法律、法规和劳动部制定的规章及其他规范性文件。目前除《国营企业实行劳动合同制暂行规定》对新招工人解除劳动合同给予经济补偿，《中华人民共和国中外合资经营企业劳动管理规定》第四条规定，企业应对被解雇的职工予以经济补偿外，其他劳动法律、法规、规章尚无此规定。需制定新的经济补偿办法。《履行和解除劳动合同的经济补偿办法》正在制定中，将于明年一月一日前颁布。”由此可见，当时劳动部准备制定《履行和解除劳动合同的经济补偿办法》，以配套规定《劳动法》上的解除劳动关系经济补偿。但是后来实际公布的部门规章名称有所改动，即

《违反和解除劳动合同的经济补偿办法》（劳部发〔1994〕481 号，已失效）。[1]

（四）正确理解《违反和解除劳动合同的经济补偿办法》规定的经济补偿

《违反和解除劳动合同的经济补偿办法》是为《劳动法》上的解除劳动关系经济补偿所作的配套规定。但是实际上，除了配套规定《劳动法》上的解除劳动关系经济补偿之外，《违反和解除劳动合同的经济补偿办法》还顺带为《劳动法》第 91 条做了配套规定，这也导致在劳动仲裁和司法实践中容易混淆相关规定的适用场景，进而在计算解除或者终止劳动关系经济补偿和赔偿金时，错误适用法律规定。故笔者接下来对该办法的主要内容进行简单梳理。

《违反和解除劳动合同的经济补偿办法》第 3 条、第 4 条、第 10 条规定是专门配套《劳动法》第 91 条行政责任所作的规定，即“违反”劳动合同的经济补偿。第 3 条是《劳动法》第 91 条第 1 项、第 2 项的配套规定，第 4 条是《劳动法》第 91 条第 3 项的配套规定，第 10 条则是《劳动法》第 91 条第 4 项的配套规定。此外，针对《劳动法》第 91 条规定的劳动行政部门“并可以责令支付赔偿金”，劳动部《违反〈中华人民共和国劳动法〉行政处罚办法》[2]（劳部发〔1994〕532 号）第 6 条还专门作了规定：“用人单位有下列侵害劳动者合法权益行为之一的，应责令支付劳动者的工资报酬、经济补偿，并可责令按相当于支付劳动者工资报酬、经济补偿总和的一至五倍支付劳动者赔偿金：（一）克扣或者无故拖欠劳动者工资的；（二）拒不支付劳动者延长工作时间工资报酬的；（三）低于当地最低工资标准支付劳动者工资的；（四）解除劳动合同后，未依照法律、法规规定给予劳动者经济补偿的。责令用人单位支付劳动者经济补偿按有关规定执行。”也就是说，当用人单位出现《劳动法》第 91 条规定的情形时，其要承担的经济责任是异常沉重的：一方面，按照《违反和解除劳动合同的经济补偿办法》第 3 条、第 4 条、第 10 条的规定，其在补足劳动者工资、延时加班工资、解除劳动关系经济补偿金的同时，还要加发 25% 或者 50% 的经济补偿；另一方面，按照《违反〈中华人民共和国劳动法〉行政处罚办法》第 6 条的规定，其还要按照相当于支付劳动者工资报酬、经济补偿总和的 1 至 5 倍支付劳动者赔偿金。显然，《违反和解除劳动合同的经济补偿办法》第 3 条、第 4 条、第 10 条与《违反

〔1〕《贯彻执行劳动法的意见》第 36 条明确规定，用人单位依据《劳动法》第 24 条、第 26 条、第 27 条的规定解除劳动合同，应当按照《劳动法》和劳动部《违反和解除劳动合同的经济补偿办法》（劳部发〔1994〕481 号）支付劳动者经济补偿金。

〔2〕该文件已于 2010 年 11 月 12 日被废止，废止理由是已被《劳动合同法》《劳动保障监察条例》等法律法规代替。

〈中华人民共和国劳动法〉行政处罚办法》第 6 条存在民事责任与行政责任不清、叠加处罚、处罚畸重等问题。

《违反和解除劳动合同的经济补偿办法》第 5 ~ 9 条才是专门配套《劳动法》第 28 条所作的关于解除劳动关系经济补偿的规定。其中第 5 条对应的是《劳动法》第 24 条，即由用人单位提出的协商解除；第 6 条对应的是《劳动法》第 26 条第 1 项规定，即劳动者患病或者非因工负伤，医疗期满后，不能从事原工作也不能从事由用人单位另行安排的工作的；第 7 条对应《劳动法》第 26 条第 2 项规定，即劳动者不能胜任工作，经过培训或者调整工作岗位，仍不能胜任工作的；第 8 条对应《劳动法》第 26 条第 3 项规定，即劳动合同订立时所依据的客观情况发生重大变化，致使原劳动合同无法履行，经当事人协商不能就变更劳动合同达成协议的；第 9 条对应《劳动法》第 27 条规定，即经济性裁员。从第 5 ~ 9 条规定来看，在劳动法时代，不同情形的解除劳动关系经济补偿的计算方式是不一样的，而《劳动合同法》对解除劳动关系经济补偿的计算方式作了统一规定，这显然有利于当事人及裁判者掌握。

（五）《违反〈劳动法〉有关劳动合同规定的赔偿办法》的适用场景

除了前述《违反和解除劳动合同的经济补偿办法》，劳动部在 1995 年还颁布了《违反〈劳动法〉有关劳动合同规定的赔偿办法》（劳部发〔1995〕223 号），其中也有关于 25% 赔偿费用的规定，经常引起适用上的混乱，故笔者一并加以梳理。

《违反〈劳动法〉有关劳动合同规定的赔偿办法》有关用人单位赔偿责任的规定，配套的既不是《劳动法》上解除劳动关系经济补偿的规定，也不是《劳动法》第 91 条的规定，而是《劳动法》第 12 章中用人单位因违反《劳动法》有关劳动合同规定给劳动者造成损害的民事赔偿责任的相关规定。具体包括四种情形：（1）用人单位故意拖延不订立劳动合同，即招用后故意不按规定订立劳动合同以及劳动合同到期后故意不及时续订劳动合同，对劳动者造成损害的；（2）由于用人单位的原因订立无效劳动合同，或订立部分无效劳动合同，对劳动者造成损害的；（3）用人单位违反规定或劳动合同的约定侵害女职工或未成年工合法权益，对劳动者造成损害的；（4）用人单位违反规定或劳动合同的约定解除劳动合同，对劳动者造成损害的。

具体的损失赔偿标准，则是依照该办法第 3 条确定，即（1）造成劳动者工资收入损失的，按劳动者本人应得工资收入支付给劳动者，并加付应得工资收入 25% 的赔偿费用；（2）造成劳动者劳动保护待遇损失的，应按国家规定补足劳动者的劳动保护津贴和用品；（3）造成劳动者工伤、医疗待遇损失的，除按国家规定为劳动者提供工伤、医疗待遇外，还应支付劳动者相当于医疗费用25%的赔偿费用；（4）造成女职工和未成年工身体健康损害的，除按国家规定提供治疗期间的医疗待遇外，还应支付相当于其医疗费用25%的赔偿费用；（5）劳动合同约定的其他赔偿费用。

二、原《劳动争议司法解释一》中的经济补偿和赔偿金

（一）原《劳动争议司法解释一》第15条

在《劳动合同法》施行之前的司法解释中，有一条关于经济补偿和赔偿金的规定，即2001年4月16日公布的原《劳动争议司法解释一》第15条。该条规定："用人单位有下列情形之一，迫使劳动者提出解除劳动合同的，用人单位应当支付劳动者的劳动报酬和经济补偿，并可支付赔偿金：（一）以暴力、威胁或者非法限制人身自由的手段强迫劳动的；（二）未按照劳动合同约定支付劳动报酬或者提供劳动条件的；（三）克扣或者无故拖欠劳动者工资的；（四）拒不支付劳动者延长工作时间工资报酬的；（五）低于当地最低工资标准支付劳动者工资的。"该条现被《劳动争议司法解释一》第45条所承继。

《劳动法》第28条规定，"用人单位依据本法第二十四条、第二十六条、第二十七条的规定解除劳动合同的，应当依照国家有关规定给予经济补偿"。但是对劳动者依据《劳动法》第32条所规定的劳动者无条件解除劳动合同两种情形，即用人单位以暴力、威胁或者非法限制人身自由的手段强迫劳动的和用人单位未按照劳动合同约定支付劳动报酬或者提供劳动条件的，却没有规定用人单位向劳动者支付经济补偿金。在20世纪末21世纪初，我国劳动力市场是劳动力供给大于需求与劳动力在局部短缺现象并存。部分地区用人单位存在对劳动者"挑精捡肥"的空间，且享有随意辞退劳动者的权力，劳动者宁愿忍受被随意延长工作时间和扣减工资等也要尽力保住"饭碗"，一些用人单位也往往借解除劳动合同为由迫使劳动者就范。这种情况下，劳动者明显处于弱势的一方。同时，又有部分用人单位为逃避因解除劳动合同而应支付的经济补偿，往往采取一些非法手段侵犯劳动者的合法权益，迫使劳动者自行提出解除劳动合同，不能忍受的劳动者提出解除劳动合同后，既失去了工作也得不到相应的经济补偿。基于此种情况，为了有效保障劳动者的合法权益，最高人民法院依据《劳动法》第32条、第91条的有关规定，在原《劳动争议司法解释一》第15条中规定，劳动者被迫提出解

除劳动合同的，用人单位应当支付劳动者劳动报酬和经济补偿，并可支付赔偿金。[1] 因此，从立法目的来看，该规定中的经济补偿，不同于《违反和解除劳动合同的经济补偿办法》第3条、第4条、第10条所规定的作为行政责任的经济补偿，而是与《违反和解除劳动合同的经济补偿办法》第5～9条性质相同的解除劳动关系经济补偿，该司法解释填补了《劳动法》仅规定了用人单位合法解除需支付经济补偿，却未规定在用人单位存在严重违约行为的前提下劳动者解除劳动关系时，用人单位亦需支付经济补偿的立法漏洞。

从文字上和逻辑上看，原《劳动争议司法解释一》第15条规定的经济补偿是劳动者被迫提出解除劳动合同的经济补偿，显然不是《违反和解除劳动合同的经济补偿办法》第3条、第4条、第10条规定的25%的经济补偿金。首先，结合《劳动法》第91条可以看出，《违反和解除劳动合同的经济补偿办法》第3条、第4条、第10条规定的25%经济补偿金并不以劳动者解除劳动合同为前提条件，与是否解除劳动合同无关，而是只要用人单位出现《劳动法》第91条规定的4种拖欠劳动报酬或者经济补偿的情形时，就需要向劳动者加付的款项。其次，原《劳动争议司法解释一》第15条规定的第一种情形，即用人单位存在以暴力、威胁或者非法限制人身自由的手段强迫劳动致使劳动者解除劳动合同的，在《违反和解除劳动合同的经济补偿办法》中根本找不到对应条文。

一方面，用人单位依据《劳动法》第24条、第26条、第27条的规定解除劳动关系的，应当向劳动者支付解除劳动关系的经济补偿；另一方面，当用人单位存在以暴力、威胁或者非法限制人身自由的手段强迫劳动，未按照劳动合同约定支付劳动报酬或者提供劳动条件，克扣或者无故拖欠劳动者工资，拒不支付劳动者延长工作时间工资报酬以及低于当地最低工资标准支付劳动者工资的情形时，劳动者提出解除劳动关系的，用人单位亦应当支付劳动者解除劳动关系的经济补偿。至于经济补偿的计算办法，自然也应当比照性质相似的《违反和解除劳动合同的经济补偿办法》第5条、第8条、第9条的计算办法，而不是按照拖欠工资的25%进行计算。何况，如果按照25%进行计算，对于原《劳动争议司法解释一》第15条规定的第一种情形，即用人单位存在以暴力、威胁或者非法限制人身自由的手段强迫劳动致使劳动者解除劳动合同的，就无法确定计算基数。

除了补足劳动报酬和支付解除劳动关系的经济补偿，该条司法解释还规定用人单位需要支付赔偿金。这里的赔偿金到底指向什么，司法解释没有明确。但是，根据前面的梳理，当时的劳动法律和规范性文件中“赔偿金”主要指向《劳

---

〔1〕 参见最高人民法院民事审判第一庭编著：《最高人民法院劳动争议司法解释的理解与适用》，人民法院出版社2015年版，第107页。

动法》第91条规定的“并可以责令支付赔偿金”。然而，其是一种行政责任，是否责令用人单位承担，由劳动行政部门根据具体案情决定。如前所述，对于该赔偿金的标准，劳动部《违反〈中华人民共和国劳动法〉行政处罚办法》第6条作了专门规定：“用人单位有下列侵害劳动者合法权益行为之一的，应责令支付劳动者的工资报酬、经济补偿，并可责令按相当于支付劳动者工资报酬、经济补偿总和的一至五倍支付劳动者赔偿金：（一）克扣或者无故拖欠劳动者工资的；（二）拒不支付劳动者延长工作时间工资报酬的；（三）低于当地最低工资标准支付劳动者工资的；（四）解除劳动合同后，未依照法律、法规规定给予劳动者经济补偿的。责令用人单位支付劳动者经济补偿按有关规定执行。”

不得不说，将本应由劳动行政部门根据具体案情决定是否责令用人单位承担的、性质为行政责任的赔偿金，直接规定在作为劳动争议的司法解释里面，很容易让劳动者产生误解，以为这是一种民事责任，进而在劳动争议仲裁和诉讼中直接请求人民法院判令用人单位支付该赔偿金。关于此问题，后文将结合《劳动合同法》第85条做进一步阐述，在此先行略过。

（二）原《劳动争议司法解释一》第14条第2款

此外，原《劳动争议司法解释一》第14条第2款规定：“根据《劳动法》第九十七条之规定，由于用人单位的原因订立的无效合同，给劳动者造成损害的，应当比照违反和解除劳动合同经济补偿金的支付标准，赔偿劳动者因合同无效所造成的经济损失。”需要明确的是，该款所规定的“比照违反和解除劳动合同经济补偿金的支付标准”，应当是指比照《违反和解除劳动合同的经济补偿办法》第3条和第4条的规定，对劳动者的损害予以赔偿，而不是指解除劳动关系的经济补偿。

三、《劳动合同法》施行之后的经济补偿和赔偿金

除了竞业限制经济补偿外，《劳动合同法》规定的经济补偿就只有终结劳动关系的经济补偿；除了试用期赔偿金之外，《劳动合同法》规定的赔偿金有两种：一种是违法终结劳动关系的赔偿金；另一种则是与《劳动法》第91条对应的作为行政责任的赔偿金。

（一）终结劳动关系的经济补偿

依据《劳动合同法》第46条的规定，因下列原因终结劳动关系的，用人单位应当向劳动者支付经济补偿：（1）劳动者依照该法第38条规定解除劳动合同

的；（2）用人单位依照该法第36条规定向劳动者提出解除劳动合同并与劳动者协商一致解除劳动合同的；（3）用人单位依照该第40条规定解除劳动合同的；（4）用人单位依照该法第41条第1款规定解除劳动合同的；（5）除用人单位维持或者提高劳动合同约定条件续订劳动合同，劳动者不同意续订的情形外，依照该法第44条第1项规定终止固定期限劳动合同的；（6）依照该法第44条第4项、第5项规定终止劳动合同的；（7）法律、行政法规规定的其他情形。依照《劳动合同法实施条例》第22条的规定，以完成一定工作任务为期限的劳动合同因任务完成而终止的，用人单位应当依照《劳动合同法》第47条的规定向劳动者支付经济补偿。

此外，原《劳动争议司法解释四》第13条规定，“劳动合同法施行后，因用人单位经营期限届满不再继续经营导致劳动合同不能继续履行，劳动者请求用人单位支付经济补偿的，人民法院应予支持”。该条解释被《劳动争议司法解释一》第48条所承继。依照该条的规定，因用人单位经营期限届满不再继续经营导致劳动合同不能继续履行进而导致劳动关系终结的，无论其终结类型属于哪一种情形，用人单位均需要向劳动者支付终结劳动关系的经济补偿。

相比于《劳动法》及其配套规定，《劳动合同法》所规定的终结劳动关系经济补偿，不仅在计算方式上有所变化，在支付补偿的范围上也有所扩大。

在计算方式上，《劳动合同法》一改《违反和解除劳动合同的经济补偿办法》第5～9条对不同情形规定不同计算标准的做法，统一了经济补偿的计算方式，这显然简化了司法实践中裁判者对经济补偿的计算，减少了单纯因为计算错误导致的错误裁判。

在支付范围上，《劳动合同法》一是增加了终结劳动关系经济补偿的类型，即终止劳动关系经济补偿，而劳动法时代只有解除劳动关系才需要支付经济补偿，劳动合同到期终止的，用人单位无需支付经济补偿。二是增加了解除劳动关系经济补偿的支付情形。比如，在劳动法时代，因用人单位违章指挥、强令冒险作业危及劳动者人身安全迫使劳动者解除劳动关系的；用人单位未依法为劳动者缴纳社会保险费迫使劳动者解除劳动关系的；用人单位的规章制度违反法律、法规的规定，损害劳动者权益，迫使劳动者解除劳动关系的；因用人单位原因致使劳动合同无效迫使劳动者解除劳动关系的，用人单位均无需支付经济补偿，而《劳动合同法》施行之后，用人单位则需要支付经济补偿。三是规定了引致性条款，明确了在《劳动合同法》之外，依据《工伤保险条例》等法律、行政法规，用人单位亦有需要支付经济补偿的情形。

应当认为，《劳动合同法》施行之后，基于新法优于旧法适用、上位法优于下位法适用的原则，以及对同一行为不重复惩罚的原则，之前关于用人单位因为劳动关系解除需要支付经济补偿的规定不再叠加适用。

（二）违法终结劳动关系的赔偿金

依据《劳动合同法》第 48 条的规定，“用人单位违反本法规定解除或者终止劳动合同，劳动者要求继续履行劳动合同的，用人单位应当继续履行；劳动者不要求继续履行劳动合同或者劳动合同已经不能继续履行的，用人单位应当依照本法第八十七条规定支付赔偿金”。该法第 87 条规定，“用人单位违反本法规定解除或者终止劳动合同的，应当依照本法第四十七条规定的经济补偿标准的二倍向劳动者支付赔偿金”。

需要注意的是，《劳动合同法》第 48 条规定的赔偿金不同于《违反〈劳动法〉有关劳动合同规定的赔偿办法》第 2 条第 4 项规定的损害赔偿。《劳动合同法》第 48 条规定的赔偿金是对用人单位违法终结劳动关系科以的惩罚性赔偿金，其既包含对用人单位违法行为的惩罚，也包含对劳动者因被违法解除劳动关系所遭受的损失补偿。《违反〈劳动法〉有关劳动合同规定的赔偿办法》第 2 条第 4 项规定的损害赔偿，如前文所述，是指用人单位违反规定或劳动合同的约定解除劳动合同给劳动者造成损害的民事赔偿责任的相关规定，具体的损失赔偿标准，则是依照该办法第 3 条执行，即（1）造成劳动者工资收入损失的，按劳动者本人应得工资收入支付给劳动者，并加付应得工资收入 25% 的赔偿费用；（2）造成劳动者劳动保护待遇损失的，应按国家规定补足劳动者的劳动保护津贴和用品；（3）造成劳动者工伤、医疗待遇损失的，除按国家规定为劳动者提供工伤、医疗待遇外，还应支付劳动者相当于医疗费用 25% 的赔偿费用；（4）造成女职工和未成年工身体健康损害的，除按国家规定提供治疗期间的医疗待遇外，还应支付相当于其医疗费用 25% 的赔偿费用；（5）劳动合同约定的其他赔偿费用。

也就是说，违法终结劳动关系的赔偿金是《劳动合同法》的新规定，在《劳动合同法》颁布之前并不存在同类的概念。

（三）作为行政责任的赔偿金

《劳动合同法》第 85 条规定：“用人单位有下列情形之一的，由劳动行政部门责令限期支付劳动报酬、加班费或者经济补偿；劳动报酬低于当地最低工资标准的，应当支付其差额部分；逾期不支付的，责令用人单位按应付金额百分之五十以上百分之一百以下的标准向劳动者加付赔偿金：（一）未按照劳动合同的约定或者国家规定及时足额支付劳动者劳动报酬的；（二）低于当地最低工资标准支付劳动者工资的；（三）安排加班不支付加班费的；（四）解除或者终止劳动合同，未依照本法规定向劳动者支付经济补偿的。”

显然，该规定中的“加付赔偿金”指向《劳动法》第91条规定的“并可以责令支付赔偿金”，同样是一种行政责任。但是，相较于《劳动法》第91条，《劳动合同法》第85条进一步明确了“加付赔偿金”的条件，即先“由劳动行政部门责令限期支付劳动报酬、加班费或者经济补偿”，用人单位“逾期不支付的”，劳动行政部门应当“责令用人单位按应付金额百分之五十以上百分之一百以下的标准向劳动者加付赔偿金”。相较于劳动部《违反〈中华人民共和国劳动法〉行政处罚办法》第6条规定的“相当于支付劳动者工资报酬、经济补偿总和的一至五倍支付劳动者赔偿金”，《劳动合同法》第85条将赔偿金的金额标准降低至“应付金额百分之五十以上百分之一百以下”。

前文已经提到，原《劳动争议司法解释一》第15条（也即《劳动争议司法解释一》第45条）将本应由劳动行政部门根据具体案情决定是否责令用人单位承担的、性质为行政责任的赔偿金，直接规定在作为劳动争议的司法解释里面，很容易让劳动者产生误解，以为这是一种民事责任，进而在劳动争议仲裁和诉讼中直接请求人民法院判令用人单位支付该赔偿金。

实践中，也确实有劳动者依据上述司法解释起诉要求用人单位向其支付《劳动合同法》第85条规定的赔偿金。对于此种诉请，应当如何处理？有观点认为，用人单位违反《劳动合同法》第85条的规定，法律授权的执法主体是劳动行政部门，相对人是用人单位，劳动者无权主张加付赔偿金，因此，劳动者向仲裁机构和人民法院主张加付赔偿金，仲裁机构、人民法院不应予以受理。还有观点认为，劳动者往往在劳动关系中处于弱势，仅通过劳动者向劳动行政部门检举等，由劳动行政部门责令用人单位承担相应支付责任，保障力度不够，应当赋予劳动者请求司法保护并获得强制执行的权利。笔者认为，通过前文的梳理可以显见，《劳动合同法》第85条规定的“加付赔偿金”是一种本应由劳动行政部门在法定情形下才能责令用人单位承担的行政责任，其并非民事责任。但是毕竟《劳动争议司法解释一》第45条规定，“用人单位应当支付劳动者的劳动报酬和经济补偿，并可支付赔偿金”，因此如果用人单位确实存在《劳动合同法》第85条规定的未及时足额支付工资、加班费、经济补偿金和低于最低工资标准支付工资的不法情形，劳动者首先应当向劳动行政部门申请责令用人单位限期支付；劳动行政部门责令用人单位支付，但是用人单位逾期不支付的，劳动行政部门应依法责令用人单位按应付金额的50%以上100%以下的标准向劳动者加付赔偿金。只有在劳动行政部门责令用人单位加付赔偿金但是用人单位仍拒不支付的情形下，劳动者才可以通过劳动仲裁或者民事诉讼来主张该笔加付赔偿金。如果劳动行政部门并未责令用人单位向劳动者加付赔偿金，劳动争议仲裁机构和人民法院不应越俎代庖。

第二节 终结劳动关系经济补偿和赔偿金的计算

由于终结劳动关系经济补偿和赔偿金的计算涉及劳动法时代诸多规范性文件规定与《劳动合同法》规定之间的衔接，较为复杂，笔者特在本节就该问题做专题总结和阐述。

一、经济补偿和赔偿金以货币性收入为计算基数，且需以货币形式支付

从《劳动合同法》第47条、第87条以及《劳动合同法实施条例》第27条的规定来看，首先，经济补偿和赔偿金的计算基数是劳动者在劳动合同解除或者终止前12个月的平均工资，而这个月工资是按照劳动者应得工资计算，包括计时工资或者计件工资以及奖金、津贴和补贴等货币性收入。换言之，经济补偿和赔偿金的计算基数是劳动者离职前12个月的月平均货币性收入。这就意味着非货币性劳动报酬不能计入计算经济补偿和赔偿金的基数。比如，以权益结算的股权激励标的，如股票期权、限制性股票等，即使被认定为劳动报酬，也不应计入计算经济补偿和赔偿金的基数。

其次，从《劳动合同法》第47条、第87条的规定来看，不仅经济补偿和赔偿金的计算基数是表现为货币性收入的离职前12个月的平均工资，并且经济补偿和赔偿金本身也应当以货币进行支付，而不能变相地以非货币形式给付。这就使以实物、购物卡、积分卡等形式代替货币进行经济补偿和赔偿金给付的行为是违法的，该给付行为不产生支付经济补偿和赔偿金的法律效果。

二、劳动者离职前12个月的平均工资指应得工资，且包括病假、待岗工资等

从《劳动合同法实施条例》第27条的规定来看，离职前12个月的平均工资应当以扣除个税、社会保险缴费、住房公积金之前的应得工资即应发工资为准，而不是以实发工资为准。

至于离职前12个月的平均工资是仅指劳动者离职前正常工作状态下12个月的平均工资，还是囊括离职前12个月内的医疗期病假工资、待岗状态下的基本生

活费等非正常工作状态下的平均工资，司法实践中素有争论。对该问题，最高人民法院（2023）最高法民申2918号民事裁定书明确了态度。

案例63　吴某与K公司职工破产债权确认纠纷案〔1〕

——劳动者离职前12个月的平均工资包括病假、待岗工资

【基本案情】

吴某申请再审称，(1)《劳动合同法》第47条第3款规定："本条所称月工资是指劳动者在劳动合同解除或者终止前十二个月的平均工资。"该款所称月工资应理解为劳动合同解除或者终止前劳动者正常工作状态下12个月的平均工资，不包括公司强行放假、医疗期等非正常工作期间。(2)公司以放假为由向劳动者发放12个月的最低标准工资，从而达到降低劳动者经济补偿金基数的目的，不符合《劳动合同法》第47条的本意，以合法的形式掩盖非法目的。(3)K公司在与吴某协商解除劳动合同无法达成一致的情况下，单方面向吴某作出放假的决定，单方面通知放假的不利法律后果应当由K公司承担。综上，应当按照吴某正常工作状态下月工资20000元的标准作为经济补偿金计算基数。

【裁判要点】

再审裁定认为，本案再审审查涉及的主要问题为：K公司向吴某支付经济补偿的基数如何确定。《劳动合同法》第47条第3款规定："本条所称月工资是指劳动者在劳动合同解除或者终止前十二个月的平均工资。"该款将劳动者月平均工资作为经济补偿的计算基数，其意义在于使经济补偿与劳动者贡献挂钩。本案中，吴某入职时间为2014年2月17日，并于2020年7月1日与公司解除劳动合同。其间，在2019年4月26日K公司向吴某发出《放假通知》后，吴某未再上班，K公司依照《江苏省工资支付条例》支付放假工资每月1616元。由于该标准低于最低工资标准，原审已判决K公司按照最低工资标准每月2020元支付经济补偿，并无不当。吴某关于"十二个月的平均工资"应为劳动合同解除或者终止前劳动者正常工作状态下12个月的平均工资，不包括公司放假、医疗期等非正常工作期间的工资，缺乏法律依据，故其主张享有经济补偿122728元职工债权的再审请求，法院不予支持。

综上所述，吴某的再审申请不符合《民事诉讼法》第207条第6项规定的情形，裁定驳回吴某的再审申请。

---

〔1〕参见最高人民法院民事裁定书，(2023)最高法民申2918号。

【延伸思考】

虽然劳动者离职前12个月的平均工资包括待岗工资等，但这是指用人单位依法支付的待岗工资。如果用人单位违法安排劳动者待岗，然后按照待岗工资标准向劳动者支付工资，则在计算离职前12个月的平均工资时，对于违法安排待岗期间的工资，仍应按照劳动者的正常工资标准计算。

三、劳动者离职前12个月的平均工资指当期收入

就奖金和提成来说，由于在实践中往往存在递延支付的现象，这就使对于离职前12个月内因为递延支付而受领的奖金、提成是否应当计入经济补偿和赔偿金的计算基数存在争议。笔者认为，离职前12个月内因为递延支付而受领的奖金、提成，如果其对应的是离职前12个月之前的收入，则不应当计入经济补偿和赔偿金的计算基数。比如，李某于2018年1月入职A公司，于2022年1月离职，则在计算经济补偿和赔偿金时，应当以其2021年1月至2021年12月这12个月的平均工资作为计算基数；如果李某在2021年4月受领了2020年的年终奖5万元，则在计算离职前12个月的平均工资时，应当将其于2021年4月受领的2020年年终奖5万元予以剔除。

四、高薪者的双上限和低薪者的保护性下限

对于高薪劳动者，为了减轻用人单位的负担，法律对经济补偿的计算设置了双上限。依照《劳动合同法》第47条第2款的规定，劳动者月工资高于用人单位所在直辖市、设区的市级人民政府公布的本地区上年度职工月平均工资3倍的，向其支付经济补偿的标准按职工月平均工资3倍的数额支付，向其支付经济补偿的年限最高不超过12年。

换言之，如果劳动者月工资不高于用人单位所在直辖市、设区的市级人民政府公布的本地区上年度职工月平均工资3倍，则向其支付经济补偿或者赔偿金的标准不受职工月平均工资3倍的限制，向其支付经济补偿的年限也不受12年的限制。

对于低薪劳动者，法律则设置了保护性下限。依照《劳动合同法实施条例》第27条的规定，劳动者在劳动合同解除或者终止前12个月的平均工资低于当地最低工资标准的，按照当地最低工资标准计算。

五、政府资助的公益性岗位不适用支付经济补偿的规定

依照《劳动合同法实施条例》第12条的规定，地方各级人民政府及县级以

上地方人民政府有关部门为安置就业困难人员提供的给予岗位补贴和社会保险补贴的公益性岗位，其劳动合同不适用《劳动合同法》有关无固定期限劳动合同的规定以及支付经济补偿的规定。

换言之，一方面，用人单位与前述岗位的劳动者解除或者终止劳动关系时，无需向其支付经济补偿；另一方面，由于违法解除或者违法终止劳动合同的赔偿金是以经济补偿为基础所作的规定，因此，这也意味着用人单位违法解除或者终止与前述岗位劳动者的劳动关系时，亦无需向其支付赔偿金。

所谓公益性岗位，主要是指由政府出资扶持或社会筹集资金开发的符合公共利益的管理和服务类岗位，主要有三大类：（1）社区管理岗位，包括社区劳动保障协管员、交通执勤、城市管理、环境管理、物业管理等。（2）社区服务岗位，包括社区保安、卫生保洁、环境绿化、停车场管理、公用设施维护、报刊亭、电话亭、社区文化、教育体育、保健、托老托幼服务。（3）社区内单位的后勤岗位，包括机关事业单位的门卫、收发、后勤服务等临时用工岗位。

六、工作年限的合并计算

依照《劳动合同法》第 34 条的规定，用人单位发生合并或者分立等情况，原劳动合同继续有效，劳动合同由承继其权利和义务的用人单位继续履行。因此，在上述情形下，在计算经济补偿和赔偿金时，劳动者在合并或者分立前后的工作年限应当合并计算。

《劳动合同法实施条例》第 10 条规定，“劳动者非因本人原因从原用人单位被安排到新用人单位工作的，劳动者在原用人单位的工作年限合并计算为新用人单位的工作年限。原用人单位已经向劳动者支付经济补偿的，新用人单位在依法解除、终止劳动合同计算支付经济补偿的工作年限时，不再计算劳动者在原用人单位的工作年限”。也就是说，劳动者非因本人原因从原用人单位被安排到新用人单位工作的，其既可以选择向原用人单位主张经济补偿，也可以选择不向原用人单位主张经济补偿，而是向新用人单位主张经济补偿。如果原用人单位已经支付了经济补偿的，新用人单位在依法解除、终止劳动合同计算支付经济补偿的工作年限时，不再计算劳动者在原用人单位的工作年限。只有在劳动者未向原用人单位主张经济补偿，仅向新用人单位主张经济补偿时，其在原用人单位的工作年限才合并计算为新用人单位的工作年限。

那么，哪些情形属于“非因本人原因从原用人单位被安排到新用人单位工作”？就此，《劳动争议司法解释一》第 46 条专门作了解释，用人单位符合下列情形之一的，应当认定属于“劳动者非因本人原因从原用人单位被安排到新用人单位工作”：（1）劳动者仍在原工作场所、工作岗位工作，劳动合同主体由原用人单位变更为新用人单位；（2）用人单位以组织委派或任命形式对劳动者进行工作调动；（3）因用人单位合并、分立等原因导致劳动者工作调动；（4）用人单位及其关联企业与劳动者轮流订立劳动合同；（5）其他合理情形。

此外，复转军人工作年限的计算可能涉及合并计算工作年限。原劳动和社会保障部办公厅《关于复转军人军龄及有关人员工龄是否作为计算职工经济补偿金年限的答复意见》（劳社厅函〔2002〕20 号）中明确规定，企业与职工解除劳动关系计发法定的经济补偿金时，退伍、转业军人的军龄应当计算为“本单位工作年限”。

需要注意的是，上述工作年限合并计算的情形中，劳动关系的变化并不完全相同。第一种情形是依照《劳动合同法》第 34 条的规定，用人单位发生合并或者分立等情况，原劳动合同继续有效，劳动合同由承继其权利和义务的用人单位继续履行。换言之，用人单位发生合并或者分立等情况下，前后两段属于同一段劳动关系，而不是两段不同的劳动关系。第二种情形是《劳动合同法实施条例》第 10 条规定的“劳动者非因本人原因从原用人单位被安排到新用人单位工作的”情形，劳动者与原用人单位和新用人单位存在前后两段不同的劳动关系，可以进一步分解成“原用人单位与劳动者终结劳动关系 + 新用人单位与劳动者建立劳动关系”。复转军人亦属此种情形。

七、劳动者非因本人原因被安排到新用人单位工作，可以向原用人单位主张经济补偿

实践中有一种观点认为，按照《劳动合同法实施条例》第 10 条的规定，劳动者非因本人原因从原用人单位被安排到新用人单位工作的，其只能向新用人单位主张解除、终止劳动关系的经济补偿，而不能向原用人单位主张，除非原用人单位主动支付。笔者反对这种观点，理由有三：

其一，《劳动合同法实施条例》第 10 条是从规范工作年限合并计算的角度所作的规定，而不是从支付经济补偿的角度所作的规定，其目的是保护劳动者的合法权益，防止新用人单位在订立劳动合同、计算经济补偿的时候不将劳动者在原用人单位的工作年限合并计算。易言之，有了该规定，劳动者在与新用人单位订立劳动合同的时候，就可以主张将其在原用人单位的工作年限合并计算，从而在订立劳动合同的时候依法要求与新用人单位订立无固定期限劳动合同；在解除或者终止劳动关系的时候，依法要求新用人单位按照合并计算的工作年限支付经济补偿。因此，不能由该条规定的文字反向推导出劳动者不能向原用人单位主张经

济补偿的意思，并且这样显然有损劳动者的利益——例如，这会诱使原用人单位通过使用、设立新的主体，利用其支配性地位令劳动者与新主体订立劳动合同，而新主体是一个空壳，这会导致劳动者实际上无法从新主体处获得经济补偿——这明显是有悖于立法原意的。

其二，《劳动合同法实施条例》第10条关于工作年限合并计算的规定，不只是针对经济补偿的支付，它还适用于在判断劳动者是否符合订立无固定期限劳动合同的条件时，对劳动者在不同用人单位工作年限的合并计算。正是基于这一规定精神，从征求意见稿来看，《劳动争议司法解释二》拟规定，符合下列情形之一，劳动者主张已经与用人单位连续订立二次固定期限劳动合同的，人民法院应予支持：劳动者仍在原工作场所、工作岗位工作，双方通过交替变换用人单位名称再次订立劳动合同，期限届满的；以其他违反诚信原则的规避行为再次订立劳动合同，期限届满的。

其三，持该观点者往往可能是认为此种情形属于合同变更或者合同转让，进而认为劳动合同的权利义务由受让一方概括承受，原用人单位因而不再承担支付经济补偿的责任。但是，合同变更指不改变合同的主体而仅改变合同内容的情形，它是在合同成立以后，尚未履行或者尚未完全履行以前，基于法律规定、法院或仲裁机构的裁判行为或者当事人的法律行为等，使合同内容发生变化的现象。[1] 合同变更不包括主体的变更，涉及主体变更的属于合同转让，具体包括基于当事人意思自治的债权让与和债务承担，基于法律规定和裁判命令的债权转移，以及基于法律行为或者法律规定的合同权利义务的概括转移等。换言之，劳动者非因本人原因从原用人单位被安排到新用人单位工作的情形，既不属于合同变更也不同于普通的合同转让。不属于合同变更是因为，合同变更前后合同的主体是同一的，而劳动者非因本人原因从原用人单位被安排到新用人单位工作的情形实际上包括两个阶段：（1）经原用人单位提出，与劳动者协商一致解除或者终止劳动关系；（2）新用人单位与劳动者建立劳动关系。显然，此种情形涉及两段劳动关系，两段劳动关系涉及的单位一方主体是不同的。不同于普通的合同转让是因为，虽然劳动争议可以根据其性质适用《民法典》的相关规定，但是相对于《民法典》，《劳动合同法》首先是特别法，在《劳动合同法》有特别规定的情况下，没有适用《民法典》相关规定的余地。《劳动合同法》有关解除、终止劳动关系经济补偿的规定即属于特别规定，既然前一个劳动关系经由用人单位提出而协商一致解除或者终止，则劳动者自然可以依照《劳动合同法》相关规定主张解

---

〔1〕 参见韩世远：《合同法总论》（第4版），法律出版社2018年版，第586页。

除或者终止的经济补偿，此种权利不会因为其被安排到新用人单位工作就凭空消灭。

八、《劳动合同法》施行前后经济补偿的分段计算

由于《劳动合同法》施行前后，用人单位需支付终结劳动关系经济补偿的情形及其计算方法并不完全一致，因此，如果劳动者与用人单位的劳动关系在《劳动合同法》施行之日存续，在《劳动合同法》施行后解除或者终止的，根据《劳动合同法》第 97 条第 3 款的规定，就可能涉及经济补偿分段计算的问题。

为方便读者了解《劳动合同法》施行前后用人单位需支付经济补偿的情形有什么不同，笔者制作如下对比表。

表 14－1　《劳动合同法》施行前后用人单位需支付经济补偿情形对比

《劳动合同法》施行之前	《劳动合同法》施行之后
经劳动合同当事人协商一致，由用人单位解除劳动合同的（劳部发〔1994〕481 号）	用人单位向劳动者提出解除劳动合同并与劳动者协商一致解除劳动合同的
劳动者患病或者非因工负伤，经劳动鉴定委员会确认不能从事原工作、也不能从事用人单位另行安排的工作而解除劳动合同的（劳部发〔1994〕481 号）	劳动者患病或者非因工负伤，在规定的医疗期满后不能从事原工作，也不能从事由用人单位另行安排的工作，用人单位解除劳动合同的
劳动者不胜任工作，经过培训或者调整工作岗位仍不能胜任工作，由用人单位解除劳动合同的（劳部发〔1994〕481 号）	劳动者不能胜任工作，经过培训或者调整工作岗位，仍不能胜任工作，用人单位解除劳动合同的
劳动合同订立时所依据的客观情况发生重大变化，致使原劳动合同无法履行，经当事人协商不能就变更劳动合同达成协议，由用人单位解除劳动合同的（劳部发〔1994〕481 号）	劳动合同订立时所依据的客观情况发生重大变化，致使劳动合同无法履行，经用人单位与劳动者协商，未能就变更劳动合同内容达成协议，用人单位解除劳动合同的
用人单位濒临破产进行法定整顿期间或者生产经营状况发生严重困难，必须裁减人员的（劳部发〔1994〕481 号）	用人单位因依照企业破产法规定进行重整，生产经营发生严重困难，企业转产、重大技术革新或者经营方式调整经变更劳动合同后仍需裁员，其他因劳动合同订立时所依据的客观经济情况发生重大变化致使劳动合同无法履行的原因依法裁员的
用人单位以暴力、威胁或者非法限制人身自由的手段强迫劳动，劳动者解除劳动合同的（法释〔2001〕14 号）	用人单位以暴力、威胁或者非法限制人身自由的手段强迫劳动者劳动，劳动者解除劳动合同的

续表

《劳动合同法》施行之前	《劳动合同法》施行之后
	用人单位违章指挥、强令冒险作业危及劳动者人身安全，劳动者解除劳动合同的
用人单位未按照劳动合同约定支付劳动报酬，克扣或者无故拖欠劳动者工资，拒不支付劳动者延长工作时间工资报酬，低于当地最低工资标准支付劳动者工资，劳动者解除劳动合同的（法释〔2001〕14 号）	用人单位未及时足额支付劳动报酬，劳动者解除劳动合同的
	用人单位未按照劳动合同约定提供劳动保护，劳动者解除劳动合同的
用人单位未按照劳动合同约定提供劳动条件，劳动者解除劳动合同的（法释〔2001〕14 号）	用人单位未按照劳动合同约定提供劳动条件，劳动者解除劳动合同的
	用人单位未依法为劳动者缴纳社会保险费，劳动者解除劳动合同的
	用人单位的规章制度违反法律、法规的规定，损害劳动者权益，劳动者解除劳动合同的
	因用人单位原因致使劳动合同因符合《劳动合同法》第 26 条第 1 款规定的情形而无效，劳动者解除劳动合同的
	除用人单位维持或者提高劳动合同约定条件续订劳动合同，劳动者不同意续订的情形外，依照《劳动合同法》第 44 条第 1 项规定终止固定期限劳动合同的
	劳动合同因用人单位被依法宣告破产而终止的
	劳动合同因用人单位被吊销营业执照、责令关闭、撤销或者用人单位决定提前解散而终止的
	用人单位依法终止工伤职工的劳动合同的，应当依照《劳动合同法》第 47 条的规定支付经济补偿（《劳动合同法实施条例》）

续表

《劳动合同法》施行之前	《劳动合同法》施行之后
	以完成一定工作任务为期限的劳动合同因任务完成而终止的，用人单位应当依照《劳动合同法》第47条的规定支付经济补偿（《劳动合同法实施条例》）
	用人单位自用工之日起超过1个月不满1年，劳动者不与用人单位订立书面劳动合同的，用人单位应当书面通知劳动者终止劳动关系，并依照《劳动合同法》第47条的规定支付经济补偿（《劳动合同法实施条例》）
	《劳动合同法》施行后，因用人单位经营期限届满不再继续经营导致劳动合同不能继续履行，劳动者请求用人单位支付经济补偿的，人民法院应予支持（法释〔2013〕4号）
法律、行政法规规定的其他情形	法律、行政法规规定的其他情形

分段计算所涉及的计算方法，原则上应当依照《劳动合同法》第97条第3款所确定的规则，该款规定："本法施行之日存续的劳动合同在本法施行后解除或者终止，依照本法第四十六条规定应当支付经济补偿的，经济补偿年限自本法施行之日起计算；本法施行前按照当时有关规定，用人单位应当向劳动者支付经济补偿的，按照当时有关规定执行。"由此，对于劳动关系跨越2008年1月1日的劳动者，经济补偿金的分段计算可能涉及两部分内容：一是补偿基数是否分段计算；二是补偿年限是否分段计算，下面主要围绕该两部分展开。[1]

（一）补偿基数原则上不分段计算

从《劳动合同法》第97条第3款的规定来看，需要分段计算的是"经济补偿年限"，从《劳动合同法》第47条、第87条以及《劳动合同法实施条例》第27条的规定来看，经济补偿计算基数是劳动者在劳动合同解除或者终止前12个月的平均工资，因此，与补偿年限可能需要分段计算不同的是，补偿基数原则上不分段计算。

---

〔1〕 本部分的部分内容参见最高人民法院民事审判第一庭编著：《最高人民法院劳动争议司法解释（四）理解与适用》，人民法院出版社2013年版，第116~118页。

（二）补偿基数不分段计算的例外情形

《劳动合同法》第47条第2款规定，如果劳动者在离职前12个月的平均工资高于用人单位所在直辖市、设区的市级人民政府公布的本地区上年度职工月平均工资3倍的，向其支付经济补偿的基数按上年度职工月平均工资3倍的数额确定，向其支付经济补偿的年限最高不超过12年，也就是通常说的“3倍+12月”双重封顶。由此可见，如果劳动者解除劳动合同前12个月的月平均工资高于上年度本市职工月平均工资3倍，经济补偿的计算基数就要分段计算，即《劳动合同法》施行之前的年限按照该劳动者解除劳动合同前12个月的月平均工资数额确定经济补偿的计算基数，《劳动合同法》施行之后的年限按照前述3倍封顶数额确定经济补偿的计算基数。

（三）补偿年限的分情况计算

一方面，如表14-1所示，《劳动合同法》规定应当支付经济补偿的情形，有一部分在《劳动合同法》施行之前也属于应当支付经济补偿的情形，而有一部分在《劳动合同法》施行之前不属于应当支付经济补偿的情形。另一方面，《劳动合同法》与之前的规范性文件都有关于经济补偿封顶年限的规定，但条件不同。以前的规定是对特定解除劳动类型实施12个月工资的年限封顶，即在“经劳动合同当事人协商一致，由用人单位解除劳动合同的”“劳动者不胜任工作，经过培训或者调整工作岗位仍不能胜任工作，由用人单位解除劳动合同的”这两种情形下，最高补偿不超过12个月的工资。《劳动合同法》则只有在补偿基数超过封顶线的情况下才对年限进行12个月工资的封顶。基于上述两方面的原因，补偿年限如何计算就有以下几种情况：

（1）终结劳动关系的情形在《劳动合同法》施行之后属于应当支付经济补偿的情形，但是在《劳动合同法》施行之前则不属于应当支付经济补偿的情形。对于这种情况，经济补偿的计算年限自2008年1月1日起算。比如，所有的终止劳动关系经济补偿均属于此种情况；又如，用人单位未依法为劳动者缴纳社会保险费，劳动者解除劳动合同的，解除劳动关系的经济补偿亦是自2008年1月1日起算。如果同时属于“劳动者在离职前12个月的平均工资高于用人单位所在直辖市、设区的市级人民政府公布的本地区上年度职工月平均工资3倍的”，则经济补偿不超过12个月。

（2）终结劳动关系的情形在《劳动合同法》施行前后均属于应当支付经济补偿的情形，但是既不属于“经劳动合同当事人协商一致，由用人单位解除劳动合同的”“劳动者不胜任工作，经过培训或者调整工作岗位仍不能胜任工作，由用人单位解除劳动合同的”这两种情形，也不属于“劳动者在离职前 12 个月的平均工资高于用人单位所在直辖市、设区的市级人民政府公布的本地区上年度职工月平均工资 3 倍的”，则补偿年限自用工之日起计算，不受 12 个月的限制。比如，用人单位未足额支付劳动报酬，劳动者以此为由解除劳动关系的，由于原《劳动争议司法解释一》第 15 条和《劳动合同法》第 38 条第 1 款第 2 项均作出规定，因此，如果劳动者在离职前 12 个月的平均工资不高于用人单位所在直辖市、设区的市级人民政府公布的本地区上年度职工月平均工资 3 倍的，则计算经济补偿的年限自用工之日起计算，而不是从 2008 年 1 月 1 日起算。对于该问题，可以参见人民法院案例库“唐某诉重庆某工业有限公司劳动合同纠纷案”［重庆市高级人民法院（2020）渝民再 92 号民事判决，入库编号：2023－16－2－186－004］，虽然其论证所依据的法条事实上张冠李戴，但是结论正确。

（3）终结劳动关系的情形在《劳动合同法》施行前后均属于应当支付经济补偿的情形，并且属于“经劳动合同当事人协商一致，由用人单位解除劳动合同的”“劳动者不胜任工作，经过培训或者调整工作岗位仍不能胜任工作，由用人单位解除劳动合同的”这两种情形，但是不属于“劳动者在离职前 12 个月的平均工资高于用人单位所在直辖市、设区的市级人民政府公布的本地区上年度职工月平均工资 3 倍的”，劳动者在《劳动合同法》施行前的补偿年限自用工之日起计算，但是不超过 12 个月；劳动者在《劳动合同法》施行后的工作年限在计算经济补偿年限时并入计算，不受 12 个月的限制。

（4）终结劳动关系的情形在《劳动合同法》施行前后均属于应当支付经济补偿的情形，并且不属于“经劳动合同当事人协商一致，由用人单位解除劳动合同的”“劳动者不胜任工作，经过培训或者调整工作岗位仍不能胜任工作，由用人单位解除劳动合同的”这两种情形，但是属于“劳动者在离职前 12 个月的平均工资高于用人单位所在直辖市、设区的市级人民政府公布的本地区上年度职工月平均工资 3 倍的”，《劳动合同法》施行之前的工作年限自用工之日起计算，不受 12 个月的限制；实施封顶计算经济补偿的年限自《劳动合同法》施行之日起计算，不超过 12 个月。

（5）终结劳动关系的情形在《劳动合同法》施行前后均属于应当支付经济补偿的情形，并且既属于“经劳动合同当事人协商一致，由用人单位解除劳动合同的”“劳动者不胜任工作，经过培训或者调整工作岗位仍不能胜任工作，由用人单位解除劳动合同的”这两种情形，也属于“劳动者在离职前 12 个月的平均工资高于用人单位所在直辖市、设区的市级人民政府公布的本地区上年度职工月平均工资3倍的”，劳动者在《劳动合同法》施行前的补偿年限自用工之日起计算，但是不超过12个月；实施封顶计算经济补偿的年限自《劳动合同法》施行之日起计算，也不超过12个月。

九、赔偿金的补偿年限自用工之日起计算

由于《劳动合同法》施行之前，《劳动法》及其配套规定并未规定违法解除或者终止劳动关系的赔偿金，赔偿金的计算基数统一按照劳动合同解除或者终止前12个月的平均工资计算，不存在分段计算问题。

虽然违法解除、终止劳动合同赔偿金是《劳动合同法》新增的规定，按理说在计算赔偿金时，比照《劳动合同法》第97条第3款的规定，计算赔偿金的年限应当自《劳动合同法》施行之日起计算。但是，《劳动合同法实施条例》第25条就该问题作了特别规定，即“用人单位违反劳动合同法的规定解除或者终止劳动合同，依照《劳动合同法》第八十七条的规定支付了赔偿金的，不再支付经济补偿。赔偿金的计算年限自用工之日起计算”。依照该特别规定，赔偿金的计算年限自用工之日起计算，而不是自《劳动合同法》施行之日计算。比如，劳动者甲与用人单位A自1999年2月2日至2019年6月1日存在劳动关系，如果A违法解除与甲的劳动关系，则在计算违法解除劳动关系赔偿金时，赔偿金的计算年限要从1999年2月2日起算，而不是从《劳动合同法》开始施行的2008年1月1日起算。

但是，劳动合同存续期间跨2008年1月1日的劳动者，离职前12个月的平均工资高于用人单位所在直辖市、设区的市级人民政府公布的本地区上年度职工月平均工资3倍时，赔偿金的计算基数是否受职工月平均工资3倍的限制？赔偿金的计算年限是否受12年的限制？对此，存在不同观点，笔者举例说明：劳动者甲于1995年1月1日入职位于某直辖市的A公司，连续工作至2022年12月31日被A公司违法解除劳动关系，其离职前12个月的平均工资为4万元，该直辖市2021年度当地职工月平均工资的3倍为3万元，那么A公司应当支付的解除劳动关系赔偿金如何计算？

观点一认为，根据《劳动合同法实施条例》第25条的规定，赔偿金应当从用工之日即1995年1月1日计算；由于甲离职前12个月的平均工资高于当地上年度职工月平均工资的3倍，因此2008年1月1日之后的赔偿金计算基数受当地上年度职工月平均工资的3倍限制，计算年限受12年的限制；但是2008年1月1日之前的赔偿金计算基数仍为其离职前12个月的平均工资，计算年限也不受12年的限制。因此，A公司应当支付的违法解除赔偿金为（4万元×13+3万元×

12）×2 =176 万元。观点二认为，对于月工资超过本地区上年度职工月平均工资3 倍的劳动者的经济补偿，立法上采取了“双封顶”的特殊计算方式，而违法解除劳动合同赔偿金的计算方式为经济补偿的数额乘以 2；虽然《劳动合同法实施条例》第 25 条规定赔偿金的计算年限自用工之日起计算，但是该条属计算违法解除劳动合同赔偿金工作年限的一般规定，而前述“双封顶”的规定是特殊规定，因此，违法解除劳动合同赔偿金的支付年限依然最高不得超过 12 年。[1] 所以 A 公司应当支付的违法解除赔偿金为 3 万元 ×12 ×2 =72 万元。观点三则认为，根据《劳动合同法》第 47 条、第 87 条、《劳动合同法实施条例》第 25 条的规定，自用工之日起依照《劳动合同法》第 47 条的规定计算出经济补偿金，再乘以 2，即为赔偿金，不再分段计算；结合《劳动合同法》第 97 条第 3 款、第 98 条之规定，支付违法解除劳动合同赔偿金的最高年限 12 年应当自 2008 年 1 月 1 日起算，对于 2008 年 1 月 1 日之前的年限，亦应计算在内，即从用工之日起计算，而不应当依据《劳动合同法》第 47 条第 2 款的规定仅计算 12 年。[2] 因此，A 公司应当支付的违法解除赔偿金为（3 万元 ×13 +3 万元 ×12） ×2 =150 万元。

笔者赞同第三种观点的计算方式，前两种观点都有适用法律不当之处。（1）关于赔偿金的计算基数。由于《劳动合同法》第 47 条第 2 款明确规定，“劳动者月工资高于用人单位所在直辖市、设区的市级人民政府公布的本地区上年度职工月平均工资 3 倍的，向其支付经济补偿的标准按职工月平均工资 3 倍的数额支付”，因此，赔偿金的计算基数受当地上年度职工月平均工资的 3 倍限制。又鉴于《劳动合同法》施行之前，《劳动法》及其配套规定并未规定违法解除或者终止劳动关系的赔偿金，因此，比照《劳动合同法》第 97 条第 3 款，以劳动者离职前 12 个月的平均工资作为计算 2008 年 1 月 1 日之前的赔偿金的计算基数是没有法律依据的。（2）关于赔偿金的计算年限。一方面，虽然《劳动合同法》第 47 条第 2 款规定劳动者月工资高于用人单位所在直辖市、设区的市级人民政府公布的本地区上年度职工月平均工资 3 倍的，向其支付经济补偿的年限最高不超过 12 年，但是，该法第 98 条规定“本法自 2008 年 1 月 1 日起施行”，因此，该法第 47 条第 2 款“支付经济补偿的年限最高不超过 12 年”的规定只能从 2008 年 1 月 1 日起适用，不能溯及至 2008 年 1 月 1 日之前。另一方面，《劳动合同法实施条例》第 25 条规定“赔偿金的计算年限自用工之日起计算”，而该条例施行于 2008 年 9 月 18 日，在《劳动合同法》施行之后施行，其颁布施行的目的亦是解释和细化《劳动合同法》的条文，并对《劳动合同法》起到“查缺补漏”的作用，

---

〔1〕 参见广东省高级人民法院民事裁定书，（2021）粤民申 4525 号。
〔2〕 参见北京市第三中级人民法院民事判决书，（2020）京 03 民终 13230 号。

显然，条例的规定相对于《劳动合同法》的规定，具有特别法的意义。因此，在计算赔偿金的年限时，应以该条例第 25 条为准。(3) 从裁判的社会效果来看，依据第三种观点计算出的赔偿金金额，兼顾到劳动者与用人单位的利益，也更为均衡、可取。

第三节　终结劳动关系补偿协议的相关问题

实践中，用人单位与劳动者在解除或者终止劳动关系时，为了一次性解决纠纷以及潜在争议，往往会就劳动关系后续事项、双方之间未了结的权利义务订立协议，协议往往涉及经济补偿、劳动报酬等的支付，而协议约定的经济补偿、劳动报酬金额相比法定的金额，可能会有所降低甚至全部免除，那么，这样的协议其效力如何？双方就补偿协议所了结的事项范围发生争议，劳动者就其认为的超出协议约定范围的事项进行仲裁和诉讼的，如何处理？用人单位与劳动者在劳动关系尚未终结时就预先订立的相关协议其效力如何？对于这些问题，实务中存有一定的争议，笔者在本节就这些问题展开讨论。

一、为终结劳动关系、了结相关权利义务订立的协议效力

对于这个问题，司法解释作了专门规定。《劳动争议司法解释一》第 35 条规定，“劳动者与用人单位就解除或者终止劳动合同办理相关手续、支付工资报酬、加班费、经济补偿或者赔偿金等达成的协议，不违反法律、行政法规的强制性规定，且不存在欺诈、胁迫或者乘人之危情形的，应当认定有效。前款协议存在重大误解或者显失公平情形，当事人请求撤销的，人民法院应予支持”。

就该类协议的法律性质及其效力认定，有种观点认为该类协议一律是劳动合同的组成部分：“本条司法解释所规定的协议，在协商解除的情形下，是指双方当事人协商解除合同以及解除后的法律后果的合意，在其他情形下，主要是对合同解除后的双方当事人权利义务做出何种安排的协议。在性质上，应当解释为是对劳动合同解除或终止后的权利义务的依据当事人意思自治的安排。但是，由于该协议根源于之前的劳动合同，并以之前的劳动合同为基础，实际上是劳动合同的后合同权利义务的表现，因此，性质上仍然应当认定为劳动合同的一种，在效力规则上仍应当首先适用《劳动法》和《劳动合同法》的相关规定。”[1] 笔者认为，该观点将用人单位与劳动者就解除或者终止劳动关系所达成的协议一律看成

---

〔1〕 最高人民法院民事审判第一庭编著：《最高人民法院劳动争议司法解释（三）的理解与适用》，人民法院出版社 2015 年版，第 154 页。

劳动合同的组成部分，值得商榷。

笔者认为，就该类协议性质及其效力，需要区分不同情况进行认定。

其一，如果该协议是在用人单位与劳动者已经就解除或者终止劳动关系达成初步意向的情况下，或者是在劳动关系已经解除或者终止之后，通过平等协商所达成的权利处分协议，则其与劳动合同显然有所区别，不应当认为该类协议属于劳动合同的组成部分，而应当认定为平等民事主体之间就权利义务进行处分所达成的协议。基于这种定性，结合司法解释的规定，如果协议内容违反法律、行政法规的强制性规定，应当认定为无效。如果协议存在欺诈、胁迫或者乘人之危情形的，基于保护劳动者合法权益的考虑，亦应当认定为无效。如果协议只是存在重大误解或者显失公平等效力瑕疵，劳动者可以根据自己的意愿和实际情况，决定是否通过民法上的可撤销制度去否定协议效力。

在这种情况订立的协议，如果不存在欺诈、胁迫、乘人之危、重大误解或者显失公平情形，即使协议约定的经济补偿、劳动报酬、加班工资等金额相较于《劳动法》《劳动合同法》有关经济补偿、劳动报酬、加班工资等的强制性规定所规定的金额有所降低，亦应当解释为劳动者基于实际情况，对相关款项金额所作出的处分或者让步，从而肯定协议的效力，而不宜解释为协议违反法律、行政法规的强制性规定。

当然，对于少数对劳动者生存权益影响极大的款项，部分地区在实践中否决了协商降低其金额的空间，这种做法也确实具有一定的必要性。比如，对于工伤待遇的协议，《北京市劳动争议解答一》第 68 条第 2 款就特别规定："用人单位与劳动者就工伤保险待遇达成的协议在履行终了后，劳动者以双方商定的给付标准低于法定标准为由，在仲裁时效内请求用人单位按法定标准补足差额部分的，应予支持。"

其二，如果该协议是在劳动合同履行过程中，甚至是在劳动合同订立之际，即预先就终结劳动关系、了结相关权利义务订立的协议，则其符合《劳动法》第 16 条规定的劳动合同的本质特征，即"明确双方权利和义务的协议"，自然属于劳动合同的组成部分。并且，在劳动合同订立之际与履行过程中，相对于用人单位来说，一般的劳动者实际上处于弱势受支配的缔约地位，其不具备就协议内容与用人单位进行讨价还价、平等协商的能力，因此，这种协议一般不能认为是平等协商的产物。此外，在劳动合同订立之际与履行过程中，劳动者就基于劳动关系产生的权利义务进行处分，很大可能涉及对权利的预先处分和预先放弃。对于权利的预先处分和预先放弃，出于保护弱势缔约一方的利益考虑，即使在普通民法上亦是进行严格限制的。正因如此，《民法典》第 506 条中明确规定，"合同中的下列免责条款无效：（一）造成对方人身损害的；（二）因故意或者重大过失造成对方财产损失的”。基于上述理由，如果该类协议是在劳动合同履行过程中，甚至是在劳动合同订立之际，即预先就终结劳动关系、了结相关权利义务订立的协议，则应当将其认定为劳动合同的组成部分，对其效力进行严格审查。如果该协议约定的经济补偿、劳动报酬、加班工资等金额相较于《劳动法》《劳动合同法》有关经济补偿、劳动报酬、加班工资等的强制性规定所规定的金额有所降低，甚至是直接免除用人单位将来可能的给付义务，则应当解释为该约定违反法律、行政法规的强制性规定，或者解释为该约定免除了用人单位的法定责任、排除了劳动者权利，从而可以根据劳动者的主张，将相关约定认定为无效。

二、补偿收入的纳税问题

财政部、国家税务总局《关于个人所得税法修改后有关优惠政策衔接问题的通知》（财税〔2018〕164号）第5条第1项规定，个人与用人单位解除劳动关系取得一次性补偿收入（包括用人单位发放的经济补偿金、生活补助费和其他补助费），在当地上年职工平均工资3倍数额以内的部分，免征个人所得税；超过3倍数额的部分，不并入当年综合所得，单独适用综合所得税率表，计算纳税。

财政部、国家税务总局《关于个人与用人单位解除劳动关系取得的一次性补偿收入征免个人所得税问题的通知》（财税〔2001〕157号）第2条规定，个人领取一次性补偿收入时按照国家和地方政府规定的比例实际缴纳的住房公积金、医疗保险费、基本养老保险费、失业保险费，可以在计征其一次性补偿收入的个人所得税时予以扣除。该规定第3条规定，企业依照国家有关法律规定宣告破产，企业职工从该破产企业取得的一次性安置费收入，免征个人所得税。

第十五讲

竞业限制纠纷

第一节　劳动法上的竞业限制制度

一、竞业限制的概念

在我国，竞业限制有竞业禁止、禁止竞业、竞业回避、竞业避让等各种不同称谓。其中，谓之竞业限制与竞业禁止者居多。[1]

史尚宽先生在论述劳动关系双方当事人之义务时认为，受雇人负有"不为营业竞争之义务"，即受雇人于劳动关系存续中，有忠实义务，不得经营同种之企业。然而，在劳动关系终止以后，受雇人则不再负担该义务。雇用人如欲继续保全其利益，除非令受雇人继续担负该不为竞争之义务。令受雇人继续担负"不为营业竞争之义务"的特别约定，则称为"竞争营业禁止特约"。[2] 郑玉波先生认为，竞业禁止，有广义与狭义两种含义。广义的竞业禁止，是指对于与特定营业具有竞争性的特定行为，加以禁止而言。其禁止之客体为特定行为；其被禁止之主体，则不以特定人为限，即不特定人也包括在内。易言之，竞业禁止对于一般任何人均加以禁止。如商标法上的商标专用权，禁止他人使用其商标；专利法上的专利权，禁止他人侵害其专利；又如，在公司法中，禁止使用相同或类似的公司名称。所谓狭义的竞业禁止，是指对于与特定营业具有特定关系的特定人的特定行为，加以禁止。其禁止的客体虽也为特定行为，但其被禁止的主体，则限于特定人。不仅如此，该特定人尚须与该特定营业具有特定的法律关系方可。所谓特定的法律关系，如委任关系、雇佣关系等。狭义的竞业禁止，如民法上经理人及代办商的竞业禁止、公司法上的经理人、执行业务的股东、董事的竞业禁止等，均属于此类。[3]

---

〔1〕 参见王博：《竞业限制制度研究——以权利冲突及其化解为视角》，武汉大学出版社 2016 年版，第 2 页。

〔2〕 参见史尚宽：《劳动法原论》，台北，正大印书馆 1978 年版，第 53 页。

〔3〕 参见郑玉波：《民商法问题研究》（二），台北，三民书局 1980 年版，第 171 页。

虽然国内使用较多的称谓不仅有竞业限制也有竞业禁止，但是从竞业限制这一制度本身的功能和特征来看，“竞业限制”一词更能体现该法律制度本身的应有含义，侧重“限制”而非“禁止”。因为无论称“竞业禁止”还是称“竞业限制”，其共同内容，都是对特定竞业行为的合理“限制”，并非“禁止”。〔1〕正如郑玉波先生所言，竞业禁止是指对与特定营业具有特定关系的特定人的特定竞业行为予以合理限制的法律制度。〔2〕

我国在立法中使用“竞业限制”这一概念时间较晚。在部门规章中，如1997年国家科学技术委员会颁布的《关于加强科技人员流动中技术秘密管理的若干意见》（国科发政字〔1997〕317号，已废止），是我国较早使用竞业限制这一概念的法律文件。该文件第7条规定，单位可以在劳动聘用合同、知识产权权利归属协议或者技术保密协议中，与对本单位技术权益和经济利益有重要影响的有关行政管理人员、科技人员和其他相关人员协商，约定“竞业限制”条款，约定有关人员在离开单位后的一定期限内不得在生产同类产品或经营同类业务且有竞争关系或者其他利害关系的其他单位内任职，或者自己生产、经营与原单位有竞争关系的同类产品或业务。该条款同时规定，“竞业限制”的期限最长不得超过3年。“竞业限制”条款一般应当包括“竞业限制”的具体范围、“竞业限制”的期限、补偿费的数额及支付方法、违约责任等内容。在地方法规中，《广东省技术秘密保护条例》《上海市劳动合同条例》《浙江省技术秘密保护办法》《深圳经济特区企业技术秘密保护条例》《珠海市经济特区企业技术秘密保护条例》《宁波市经济特区企业技术秘密保护条例》等也使用了“竞业限制”这一称谓。〔3〕

2008年1月1日起施行的《劳动合同法》首次以国家基本法律的形式统一使用了“竞业限制”这一概念，该法通过第23条、第24条、第90条设置了用人单位与劳动者之间的竞业限制制度，其目的在于保护用人单位的商业秘密。〔4〕竞业限制制度对维持企业竞争力、促进企业加大研发投入至关重要，与企业生存发展休戚相关。可以说，《劳动合同法》确立的竞业限制制度，有力推动了对企业的商业秘密保护。

---

〔1〕参见王博：《竞业限制制度研究——以权利冲突及其化解为视角》，武汉大学出版社2016年版，第5页。

〔2〕参见郑玉波：《民商法问题研究》（二），台北，三民书局1980年版，第171~172页。

〔3〕参见王博：《竞业限制制度研究——以权利冲突及其化解为视角》，武汉大学出版社2016年版，第4页。

〔4〕参见信春鹰、阚珂主编：《中华人民共和国劳动合同法释义》（第2版），法律出版社2013年版，第81页。

二、竞业限制规定是授权性规定及其授权范围

劳动法是社会法，而且是公法性质较强的社会法，且一般情形下，从缔约开始劳动者在劳动关系中即处于弱势的受支配地位，因此，为了保护劳动者的合法权益，限制用人单位的行为，对于用人单位来说，劳动法以强制性规范为主。即便是像《劳动合同法》这样带有一定私法性质的劳动法，也并不像合同法那样，大部分条文是任意性规定、遵循法无禁止即可为的原则——换言之，对于用人单位来说，《劳动合同法》在很大程度上贯彻的是法无授权不可为的理念，其很多条文对于用人单位来说都是授权性质的强制性规定。该法关于竞业限制的规定显然就属于这样的规定。这些规定中虽然可能使用了“可以”等的文字表述，但是其性质是授权性的强制性规定，用人单位得在法条授权的范围内与劳动者就竞业限制进行约定。

结合《劳动合同法》第 23 条、第 24 条的规定，该法对用人单位进行了以下授权：（1）用人单位可以与劳动者约定保守用人单位的商业秘密和与知识产权相关的保密事项，对负有保密义务的劳动者，用人单位可以在劳动合同或者保密协议中与劳动者约定竞业限制条款，但是，可以约定竞业限制的人员限于用人单位的高级管理人员、高级技术人员和其他负有保密义务的人员。（2）对于依法约定竞业限制的劳动者，用人单位应当在解除或者终止劳动合同后，在竞业限制期限内按月给予劳动者经济补偿。（3）用人单位可以与劳动者约定，劳动者违反竞业限制约定的应当按照约定支付违约金。（4）用人单位可以与劳动者约定竞业限制的范围、地域、期限，但是上述约定不得违反法律、法规的规定。（5）劳动者需要遵守的竞业限制，实质内容包括两种：一是劳动者入职与本单位生产或者经营同类产品、从事同类业务的有竞争关系的其他用人单位；二是劳动者自己开业生产或者经营同类产品、从事同类业务。（6）竞业限制的期限不得超过解除或者终止劳动合同后的 2 年。

当然，法条授权的范围不仅包括《劳动合同法》明面上规定的授权范围，如《劳动合同法》第 23 条明确授权用人单位可以与劳动者约定保守用人单位的商业秘密和与知识产权相关的保密事项，对负有保密义务的劳动者，用人单位可以与其约定竞业限制条款；法条授权的范围还应当包括忠实义务、诚实信用原则及全面履行原则所辐射的范围，如用人单位可以与劳动者约定由劳动者负担必要的、合理的附随义务——报告新用人单位基本情况即属于此种附随义务。

这是因为，一方面，劳动者在履行劳动合同的约定时，应当基于忠实义务和诚实信用原则，全面履行自己的义务。《劳动合同法》第 29 条也正是这样规定

的："用人单位与劳动者应当按照劳动合同的约定，全面履行各自的义务。"因此，这就意味着，即使法律没有明确规定，只要该义务是忠实义务和诚实信用原则必要的辐射范围，用人单位就有权对劳动者作出要求。另一方面，《民法典》第509条第2款亦规定："当事人应当遵循诚信原则，根据合同的性质、目的和交易习惯履行通知、协助、保密等义务。"此乃民事主体法定的附随义务，因此，用人单位就劳动者的通知、协助等义务作出必要的约定是《劳动合同法》竞业限制规定的应有之义。

三、《劳动合同法》上的竞业限制与其他竞业限制的区别

（一）《劳动合同法》上的竞业限制与其他法上竞业限制的区别

所谓竞业限制，在不同的部门法里，有着不同的内涵。比如，在《公司法》里体现为"董事、监事、高级管理人员，不得利用职务便利为自己或者他人谋取属于公司的商业机会。但是，有下列情形之一的除外：（一）向董事会或者股东会报告，并按照公司章程的规定经董事会或者股东会决议通过；（二）根据法律、行政法规或者公司章程的规定，公司不能利用该商业机会"。[1] "董事、监事、高级管理人员未向董事会或者股东会报告，并按照公司章程的规定经董事会或者股东会决议通过，不得自营或者为他人经营与其任职公司同类的业务。"[2] 在《合伙企业法》里体现为"合伙人不得自营或者同他人合作经营与本合伙企业相竞争的业务"。[3] 在《个人独资企业法》里则体现为该法第20条第6项规定的，投资人委托或者聘用的管理个人独资企业事务的人员未经投资人同意，"不得从事与本企业相竞争的业务"。本书探讨的竞业限制，限于劳动法上的竞业限制。

根据《劳动合同法》的规定，该法的竞业限制是指用人单位可以与知悉本单位商业秘密和与知识产权相关保密事项的高级管理人员、高级技术人员以及其他负有保密义务的劳动者约定，劳动者在离职后的一定期限内，不得到与本单位生产或者经营同类产品、从事同类业务的有竞争关系的其他用人单位，或者自己开业生产或者经营同类产品、从事同类业务。

通过对比可见，《劳动合同法》上的竞业限制与《公司法》《合伙企业法》《个人独资企业法》上的竞业限制存在显著的区别，主要体现在以下五个方面：（1）约束的主体不同。前者约束的是与用人单位存在劳动关系的高级管理人员、高级技术人员以及其他负有保密义务的劳动者；《公司法》等法律上的竞业限制

---

〔1〕《公司法》（2023年修订）第183条。
〔2〕《公司法》（2023年修订）第184条。
〔3〕《合伙企业法》（2006年修订）第32条第1款。

约束的是董事、监事、高级管理人员、合伙人、投资人委托或者聘用的管理个人独资企业事务的人员。（2）约束的时段不同。前者约束时段为劳动者离职之后最长2年；后者约束时段为在任期间。（3）义务来源不同。劳动法上的竞业限制义务并非法定义务，其需要用人单位与劳动者经过平等协商加以约定才能产生；后者是基于忠实义务和诚实信用原则所生的法定义务。（4）是否需要支付对价不同。由于前者是约定义务，而且限制了劳动者就业权，因此是有履行对价的义务，用人单位必须为此向劳动者支付经济补偿，对应的竞业限制协议是双务、有偿合同；后者因为是法定义务，因此单位是可以不支付对价的。（5）劳动者违约责任不同。劳动者违反前者，可能要承担违约金，或者依据《劳动合同法》第90条赔偿损失；后者以《公司法》为例，董事、监事、高级管理人员违反《公司法》规定的竞业限制义务的，其所得的收入应当归公司所有。〔1〕

（二）《劳动合同法》上的竞业限制与劳动者在职期间竞业限制的区别

从《劳动合同法》第23条和第24条的规定来看，该法规定的竞业限制是劳动者离职后的竞业限制，那么，这是否意味着《劳动合同法》没有授予用人单位约定在职期间竞业限制的权利？结论是否定的。因为《劳动合同法》虽然只明确授权用人单位可以与劳动者约定离职后的竞业限制，但是法条授权的范围不仅包括《劳动合同法》明面上规定的授权范围，还应当包括忠实义务、诚实信用原则及全面履行原则所辐射的范围。在劳动关系中，劳动者全面、忠实地履行劳动合同是其义务，而对于劳动者来说，用人单位与之约定在职期间的竞业限制，即属于忠实义务和诚实信用原则的辐射范围。换言之，在职期间的竞业限制原本就是劳动者履行劳动合同所产生的法定的附随义务，无需法律专门进行规定；只不过如果双方就该义务作出了约定，则该义务亦成为约定义务。易言之，只要当事人未通过约定明确排除该附随义务，则该义务即附着于劳动合同而存在。〔2〕由于在职期间的竞业限制义务是忠实义务和诚实信用原则的辐射范围，是附随义务，因此用人单位无需另行支付竞业限制的经济补偿。

《劳动合同法》上的竞业限制与劳动者在职期间的竞业限制也存在显著区别：（1）义务来源不同。正如前面分析的，前者并非法定义务，其需要用人单位与劳动者经过平等协商加以约定才能产生，是约定义务；后者本质上是法定的附随义

〔1〕《公司法》（2023年修订）第186条规定，董事、监事、高级管理人员违反该法第181条至第184条规定所得的收入应当归公司所有。

〔2〕参见最高人民法院民事审判第一庭编著：《最高人民法院新劳动争议司法解释（一）理解与适用》，人民法院出版社2021年版，第420页。

务。(2) 是否需要支付对价不同。由于前者是约定义务，而且限制了劳动者就业权，因此是有履行对价的义务，用人单位必须为此向劳动者支付经济补偿，对应的竞业限制协议是双务、有偿合同；后者因为是法定义务，因此单位是可以不支付对价的。(3) 约束的主体不同。前者约束的劳动者是用人单位的高级管理人员、高级技术人员以及其他知悉、掌握商业秘密和与知识产权相关的保密事项的人员；后者约束的对象不以知悉用人单位商业秘密和与知识产权相关的保密事项为限，只要其为竞争单位提供劳动的行为可能致使本单位在竞争中处于不利地位，其就可以成为竞业限制的对象。(4) 约束的时段不同。前者约束的时段为劳动者离职之后最长 2 年；后者约束的时段为劳动者在职期间。(5) 能否约定违约金不同。需要特别强调的是，由于《劳动合同法》第 25 条明确规定，除该法第 22 条和第 23 条规定的情形外，用人单位不得与劳动者约定由劳动者承担违约金。该法第 22 条规定的是服务期违约金，第 23 条规定的是用人单位可以就保守用人单位的商业秘密和与知识产权相关的保密事项，约定劳动者违反离职后竞业限制的违约金，即该违约金是指向《劳动合同法》上的竞业限制的。基于前面的分析可见，劳动者在职期间的竞业限制并不属于《劳动合同法》规定的竞业限制，因此，由劳动者承担违反在职期间竞业限制义务的违约金的约定，违反了《劳动合同法》第 25 条的强制性规定，当属无效。并且，用人单位一般不会就劳动者履行在职期间竞业限制义务支付经济补偿，如果再任由其约定违约金，则对于劳动者来说，权利义务显著失衡，有违公平原则。当然，虽然不能约定违约金，但是如果劳动者违反在职期间的竞业限制义务给用人单位造成损失的，用人单位可以主张损失赔偿。

有鉴于此，本讲如无特别说明，所称的竞业限制均是指劳动者离职之后的约定的竞业限制，不包括在职期间的竞业限制。

四、竞业限制约定与劳动合同的关系

实践中，竞业限制约定存在的形式有多种，有可能是以劳动合同条款或者附件的形式存在，有可能是以独立于劳动合同的保密协议条款形式存在，有可能是以独立于劳动合同的竞业限制协议形式存在，甚至有可能是以口头约定的形式存在，那么，竞业限制约定与劳动合同是什么样的关系？其是否能够独立于劳动合同而存在？

首先，从《劳动合同法》的规定来看，竞业限制协议是双务、有偿合同，而不是单务、无偿合同。其次，《劳动争议司法解释一》第 37 条明确规定，劳动合同解除后除另有约定外，竞业限制协议依然有效，因此，不宜将竞业限制协议看成劳动合同的从合同，因为原则上从合同自身不能独立于主合同存在，主合同终止，从合同亦随之终止。最后，最高人民法院指导案例184号马某某诉北京某信息技术有限公司竞业限制纠纷案认为，竞业限制协议属于劳动合同的组成部分。笔者赞同这种观点，只要竞业限制约定是在劳动合同履行过程中或者是在劳动合同订立之际订立，则不论其存在形式，均应当将其看成劳动合同的组成部分。《劳动法》第16条第1款规定："劳动合同是劳动者与用人单位确立劳动关系、明确双方权利和义务的协议。"该定义是对劳动合同内涵的表述，因此，除了书面劳动合同文本是劳动合同，用人单位与劳动者就劳动关系下的某个专门事项订立的专项协议，属于"明确双方权利和义务的协议"，也是劳动合同的组成部分。例如，《劳动合同法》第22条第1款规定，"用人单位为劳动者提供专项培训费用，对其进行专业技术培训的，可以与该劳动者订立协议，约定服务期"。服务期协议就是前述的专项协议，属于劳动合同的一部分。《劳动合同法》第23条第1款规定，"用人单位与劳动者可以在劳动合同中约定保守用人单位的商业秘密和与知识产权相关的保密事项"。因此，保密协议也是前述的专项协议，属于劳动合同的一部分。《劳动合同法》第23条第2款规定，"对负有保密义务的劳动者，用人单位可以在劳动合同或者保密协议中与劳动者约定竞业限制条款"，同样，竞业限制条款或者竞业限制协议也是前述的专项协议，属于劳动合同的一部分。

进一步而言，《劳动合同法》第23条和第24条所规定的竞业限制约定，是劳动合同的组成部分，但是是以劳动关系解除或者终止为生效条件的约定，因此在劳动合同解除或者终止后依然可以独立存在。仅从这一点来看，竞业限制条款类似于普通民事合同中结算和清理条款。[1]

五、竞业限制制度亟待完善

笔者通过研究和审理大量涉竞业限制劳动争议案件发现，涉竞业限制劳动争议案件类案不同判的现象较为突出，其裁判规则亟待统一。出现这种现象的主要原因主要在于《劳动合同法》对竞业限制的规定较为原则和模糊，相关劳动争议司法解释对竞业限制争议的规定亦显简略，而实践中有关竞业限制的约定花样百出，这就使相对简略的法律规范不能满足劳动仲裁和司法审判实践"日益丰富的"需求，亟待补充和完善。

接下来，笔者结合研究和审理涉竞业限制劳动争议案件的一些心得，尝试就竞业限制纠纷中的具体裁判规则进行梳理和探讨，为进一步规范和统一裁判尺度略尽绵薄之力。

---

〔1〕《民法典》第567条规定，合同的权利义务关系终止，不影响合同中结算和清理条款的效力。

第二节　竞业限制约定的形式

一、竞业限制约定的存在形式不限于劳动合同或者保密协议

《劳动合同法》第23条第2款规定，“对负有保密义务的劳动者，用人单位可以在劳动合同或者保密协议中与劳动者约定竞业限制条款”，这是否意味着竞业限制协议只能以“劳动合同或者保密协议中的条款”形式存在？笔者认为，大可不必。该规定应当理解为，从方便举证等角度考虑，法律倡议用人单位可以用何种形式约定劳动者的竞业限制义务，没有理由将其理解成是对竞业限制协议的形式限制。换言之，竞业限制约定并非只能存在于劳动合同或者保密协议中，其可以独立于劳动合同或者保密协议而存在。多数观点认为，竞业限制协议是体现在劳动合同中还是另行订立协议，对其效力并不产生影响。[1]

由于竞业限制对劳动者择业自由权和劳动权进行一定程度的限制，涉及劳动者的基本权利，因此，不少大陆法系国家都明确规定竞业限制协议应当采用书面形式，[2] 从而降低因权利义务约定不明引起劳资纠纷的可能性。但是，不能据此认为，书面形式是竞业限制协议的有效要件，[3] 在当事人未采用书面形式，但有其他证据足以证明竞业限制协议的达成并实际履行时，也应予以认可。当然，从举证证明角度考量，笔者亦建议以书面形式约定竞业限制义务。比如，在某劳动争议案件中，杨某主张曾与吕某口头约定竞业限制义务，但因未能就此提交相应证据，致使其主张未被法院采信。[4]

二、不应在规章制度中规定劳动者的竞业限制义务

实践中，有些用人单位在规章制度中直接规定员工在离职后负有竞业限制义

〔1〕 参见郑尚元：《员工竞业禁止研究》，载《现代法学》2007年第4期。

〔2〕《德国商法典》第74条规定，雇主与受雇人间雇佣关系终止后，于其产业活动中对受雇人的限制（竞业禁止）合意，必须以书面为之，且雇主应将其所签署合意条款的文件交付予受雇人。《意大利民法典》第2125条针对约定竞业禁止的有效要件作了明确规定，即在约定未采用书面形式，无为提供劳务者的利益确定相应的对价，亦未确定禁止提供劳务者从事的业务范围、期限和地点的情况下，限制提供劳务者在劳动契约终止后从事与企业进行竞争的业务的约定无效。《瑞士债法典》第340条也规定，有合法资格的雇员可以与雇主订立书面契约，约定在雇佣关系终止以后不得从事与雇主竞争的行为，尤其不得从事为本人谋利益与雇主竞争的营业，或者参与该种营业，或者从该种营业中取得利益。竞业禁止仅适用于雇佣关系中雇员能够知悉的客户网络、雇主的制造或者商业上的秘密，该种知识的运用将会给雇主造成重大损害的情形。

〔3〕 参见崔建远：《合同法总论》（上卷）（第2版），中国人民大学出版社2011年版，第300页。

〔4〕 参见北京市海淀区人民法院民事裁定书，(2018) 京0108民初48968号。

务，这种规定对劳动者有没有约束力？

一种观点认为，根据《劳动合同法》第23条、第24条之规定，对负有保密义务的劳动者，用人单位可以在劳动合同或者保密协议中与劳动者约定竞业限制条款。由于竞业限制是对劳动者离职后就业权的部分限制，因此，不同于用人单位的规章制度只需要单方送达或公示即对劳动者产生效力，竞业限制需要由用人单位和劳动者通过协商并达成合意的方式单独约定。[1]

另一种观点认为，如果用人单位在规章制度中规定了劳动者离职后的竞业限制义务，而该规章制度又被约定为劳动合同的附件，则劳动者应当负有竞业限制的义务。

笔者认为，用人单位在规章制度中直接规定员工离职后负有竞业限制义务，这种规定对劳动者没有约束力，理由有二。

其一，对于用人单位可以制定什么样的规章制度，《劳动法》和《劳动合同法》均作出了明确规定。《劳动法》第4条规定，“用人单位应当依法建立和完善规章制度，保障劳动者享有劳动权利和履行劳动义务”。《劳动合同法》第4条进一步明确规定，“用人单位应当依法建立和完善劳动规章制度，保障劳动者享有劳动权利、履行劳动义务”。《劳动法》和《劳动合同法》是具有公法性质的社会法，对于用人单位一方来说，其并不适用“法无禁止即可为”的民法法理，而是受“法无授权不可为”的原则所约束。从上述规定可以看出，法律要求用人单位制定与劳动相关的规章制度的目的，是保障劳动者享有劳动权利和履行劳动义务，换言之，用人单位制定的劳动规章制度其规制的范围是被限定的，即其只能制定保障劳动者享有劳动权利、履行劳动义务的规章制度。正如在最高人民法院公报案例张某某诉某科技（苏州）公司支付赔偿金纠纷案中生效判决指出的，用人单位规章制度是指用人单位依法制定的、仅在本企业内部实施的、关于如何组织劳动过程和进行劳动管理的规则和制度，是用人单位和劳动者在劳动过程中的行为准则……规章制度既要符合法律、法规的规定，也要合情合理，不能无限放大乃至超越劳动过程和劳动管理的范畴。[2] 比如，用人单位在规章制度里规定员工不得使用某品牌国产手机，该规定超越了劳动法授权用人单位制定的劳动规章制度的范围，不具有合法性，对劳动者自然不具有约束力。同理，劳动者离职后的行为已不属于为原用人单位提供劳动的范畴，也就是不属于原用人单位劳动规章制度可以规制的范围，因此，在规章制度里规定竞业限制义务，并不具有合

〔1〕 参见北京市海淀区人民法院民事判决书，（2015）海民初字第36445号。

〔2〕 参见张某某诉某科技（苏州）公司支付赔偿金纠纷案，载《最高人民法院公报》2014年第7期。

法性。

其二，从缔约人员的范围来看，由于竞业限制的目的是保护用人单位的商业秘密，因此《劳动合同法》第 24 条将竞业限制的人员范围限定在三类，即高级管理人员、高级技术人员和其他负有保密义务的人员，也就是说，竞业限制协议的订立主体并非全体员工，而只是知晓商业秘密的那部分劳动者。从竞业限制的内容来看，竞业限制条款约定的竞业限制范围、地域、期限等内容应当与劳动者知悉、接触的商业秘密和与知识产权相关的保密事项、具有的商业价值和形成的竞争优势相适应。因此，竞业限制的地域、期限和其他内容也因人而异，不应当对全体员工作作统一的规定。从缔约自由的原则来看，竞业限制义务限制了劳动者的就业权，因此，其应由用人单位与劳动者个体平等协商而定，而不能由用人单位以单方制定制度的形式来强加给劳动者。[1] 综合上述三个角度来看，用人单位以规章制度的形式规定劳动者的竞业限制义务，违反《劳动合同法》第 24 条的强制性规定，亦有违缔约自由原则，其相关规定对劳动者不能产生约束力。

三、劳动者就竞业限制做出的单方承诺的法律性质

在实践中，一些用人单位并未与劳动者订立竞业限制协议，或者在劳动合同、保密协议中约定竞业限制条款，但是劳动者却以单方承诺的方式做出竞业限制的书面承诺。当劳动者履行了竞业限制义务请求用人单位支付经济补偿时，用人单位则抗辩称，其并未与劳动者约定竞业限制，劳动者所做的单方承诺对其不具有约束力，因此其无需支付经济补偿。

对于前述劳动者以单方承诺的方式做出的竞业限制承诺，应当如何认定其法律性质？

笔者根据所审理和检索的相关案件发现，此类承诺书虽然系由劳动者单方出具，往往也仅有劳动者一方的签字，但是从承诺书的内容来看，一般其条文数量较多，违约责任也仅涉及劳动者一方的违约责任，双方的权利义务失衡，显然，这样的承诺书不太可能系由劳动者提出并签署，因此，在没有反证的情况下，应当推定承诺书是由用人单位事先拟定好并提供给劳动者签署的。用人单位提供承诺书供劳动者签署的行为构成要约，而劳动者在承诺书上签字的行为则构成对要约的承诺，因此，该承诺书是双方之间的竞业限制约定，而不是劳动者的单方允诺，其对双方均依法产生约束力。如果劳动者履行了竞业限制义务并要求用人单位支付竞业限制经济补偿，用人单位应当依法向劳动者支付经济补偿。

---

〔1〕 参见信春鹰、阚珂主编：《中华人民共和国劳动合同法释义》（第 2 版），法律出版社 2013 年版，第 83 页。

第三节　可以约定竞业限制的人员范围

现实中，越来越多的用人单位选择与大多数员工甚至是全体员工均约定竞业限制，这种现象是否应受限制？对于这个问题，存在不同的意见。

一种意见认为，只要双方实际订立了竞业限制条款，则根据合同法意思自由的基本原则，应当推定劳动者属于《劳动合同法》第 23 条规定的负有保密义务的人员，裁判者不应当对缔约双方的意思自由过多干涉。[1] 这种意见在实务中还表现为不对劳动者是否实际知晓用人单位的商业秘密和知识产权相关保密事项进行审查，或者仅根据劳动者的职务（劳动者并非高级管理人员或者高级技术人员）即推定其知晓相关秘密，而免除用人单位对劳动者实际知晓相关秘密的举证证明义务。[2]

另一种意见认为，竞业限制令劳动者在较长时间内不得从事其擅长或者熟悉的工作，是对劳动者生存权和就业权科以较大的限制，故其适用范围应当严格限定于《劳动合同法》第 24 条规定的三类人。相应地，对劳动者是否属于知晓用人单位的商业秘密和知识产权相关保密事项的人员，应当实质审查，由用人单位承担相应的举证证明责任，而不能推定劳动者知晓相关秘密或者由劳动者反证其不知晓相关秘密。[3] 实际上，立法机关也认为，竞业限制限于知悉用人单位商业秘密和核心技术的人员，不可能面对每个劳动者。[4]

笔者赞同第二种意见。据北京市第一中级人民法院所做的《涉竞业限制劳动争议案件疑难问题的调研报告》显示，在涉竞业限制劳动争议案件中，竞业限制主体为高级管理人员的案件占比 4.27%，为高级技术人员的案件占比 14.22%，其余 8 成案件涉及的竞业限制义务主体均为“其他负有保密义务的”普通员工，岗位多集中在产品销售岗、普通技术工人岗、培训教学岗，分别占比 17.06%、15.17% 和 12.32%，法务、咨询、人事、财务、编导、行政等岗位亦常有此类案件发生。[5] 并且，近年来，越来越多的用人单位开始与大多数员工乃至全体员工

---

〔1〕 参见北京市丰台区人民法院民事判决书，(2019) 京 0106 民初 29806 号。

〔2〕 参见北京市西城区人民法院民事判决书，(2014) 西民初字第 03235 号；北京市顺义区人民法院民事判决书，(2012) 顺民初字第 12125 号。

〔3〕 参见北京市第一中级人民法院课题组：《涉竞业限制劳动争议案件疑难问题的调研报告》，载微信公众号“京法网事”2020 年 6 月 4 日。

〔4〕 参见信春鹰、阚珂主编：《中华人民共和国劳动合同法释义》(第 2 版)，法律出版社 2013 年版，第 83～84 页。

〔5〕 参见北京市第一中级人民法院课题组：《涉竞业限制劳动争议案件疑难问题的调研报告》，载微信公众号“京法网事”2020 年 6 月 4 日。

约定竞业限制，以至于出现与保安、厨师、清洁工也约定竞业限制的现象。[1] 出现这种现象的原因有很多。

（1）部分从业人员没有意识到劳动关系与普通民事关系的区别、劳动法与合同法的区别，没有意识到劳动法是社会法，而且是公法性质较强的社会法，且一般情形下，从缔约开始劳动者在劳动关系中即处于弱势的受支配地位，因此，为了保护劳动者的合法权益，限制用人单位的行为，对于用人单位来说，劳动法以强制性规范为主。换言之，部分从业人员没有意识到对于用人单位来说，《劳动合同法》在很大程度上贯彻的是法无授权不可为的理念，而不是合同法上法无禁止即可为的原则。该法关于竞业限制的规定显然就属于这样的规定，用人单位能够与之约定竞业限制的人员必须限于《劳动合同法》规定的人员范围。

（2）法律和司法解释只是规定竞业限制经济补偿不得低于劳动合同履行地的最低工资标准即可，没有进一步将经济补偿的金额与劳动者的收入水平、违约金的金额等因素挂钩，对于用人单位来说，相对其用工成本，约定竞业限制的成本非常低，而竞业限制违约金却可以约定得畸高，因此，对于用人单位来说，以签约员工整体来衡量，约定竞业限制可能获得的收益远高于其付出的成本。

（3）按照现行司法解释的规定，用人单位对于是否需要支付经济补偿，握有主动权，其只要在解除劳动合同时告知劳动者无需履行竞业限制义务，即无需支付经济补偿；但是劳动者在职期间却因身负竞业限制约定，即使对工作或者待遇有所不满，也不敢轻易离职。这就使竞业限制约定变成了一种可以变相控制劳动者、抑制其离职意愿、成本却很低廉的工具。

（4）《劳动合同法》对可以约定竞业限制义务的人员范围规定得较为原则，对用人单位不当扩大竞业限制适用范围所做的约定的效力未作明确规定，相关司法解释对该问题也未作细化，这就使在司法实践中自然而然出现不同的观点和裁判理念。加之，部分审理劳动争议的仲裁员、审判员不了解商业秘密，因此回避对劳动者是否属于负有保密义务的人员进行审查，转而选择忽略劳动者的弱势缔约地位，推定约定了竞业限制的劳动者即属于负有保密义务的人员，并轻易认定竞业限制约定有效。这种环境下，久而久之，用人单位发现不管其到底有没有商业秘密，不管劳动者是否实际知晓商业秘密，只要其与劳动者约定了竞业限制，且不管其如何约定，竞业限制的约定总是很容易被认定为有效，那么，其自然会利用其优势缔约地位，尽可能与劳动者约定竞业限制，并尽可能约定对自己有利的条款，以进一步控制劳动者，并从中获利。

---

〔1〕 参见杨召奎：《一些企业滥用竞业限制让普通员工很苦恼》，载《工人日报》2022年1月10日，第4版。

一、竞业限制不能无差别适用于全体劳动者

虽然竞业限制对于保护企业的商业秘密作用很大，但是一方面，竞业限制令劳动者在较长时间内不能从事其擅长或熟悉的工作，降低其再就业收入，对劳动者生存权和就业权构成极大的限制，也阻碍与遏制了人才在劳动力市场的合理流动以及企业之间正常的商业竞争；另一方面，基于前文分析的原因造成的现状，竞业限制泛滥化愈演愈烈，被约定竞业限制的劳动者范围严重扩张，由此引发的问题包括但不限于束缚劳动者合理的择业自由、遏制人才在市场主体之间的正常流动、使劳动者背负沉重的竞业限制违约金、少数企业靠向劳动者收取高额竞业限制违约金牟利等。可以说，竞业限制制度在实践中越来越像一把锋利的“双刃剑”，这显然有悖立法初衷。

《劳动合同法》设立竞业限制制度的目的是保护用人单位的商业秘密和与知识产权相关的保密事项，规制不正当竞争，而不是限制劳动者的就业权，也不是限制劳动力要素的合理流动以及企业间正常的竞争。约定竞业限制的前提是劳动者知晓用人单位的“商业秘密和与知识产权相关的保密事项”，负有保密义务。这从《劳动合同法》第 23 条、第 24 条可以清晰地看出。该法第 23 条首先赋予用人单位可以与劳动者就保守用人单位的商业秘密和与知识产权相关的保密事项进行约定；接着规定，在前述限定的范围内，用人单位可以与负有保密义务的劳动者进一步约定竞业限制。为了免生争议，该法第 24 条又从正面规定，竞业限制的人员限于“高级管理人员、高级技术人员和其他负有保密义务的人员”这三类。上述规定当属强制性规定，立法者作出上述规定，就是为了在保护用人单位相关秘密、保障劳动者就业权、促进劳动力合理流动以及正常的商业竞争之间寻求平衡。立法者显然也意识到，如果不对劳动者到底能否约定竞业限制进行审查，必将对劳动者就业权、生存权和劳动力要素在市场中的正常流动造成巨大限制，也是对企业营商环境的直接破坏。

因此，笔者认为，应当遵循立法原意，将竞业限制的适用范围限定在《劳动合同法》第 24 条第 1 款规定的三类人。相应地，当劳动者主张其不属于可以约定竞业限制的人员时，裁判者应当对劳动者是否属于知晓用人单位的商业秘密和知识产权相关保密事项的人员进行审查，由用人单位承担相应的举证证明责任，而不能直接依据已有的约定推定劳动者知晓相关秘密。原因在于：一方面，所谓商业秘密是有严格界定的，是通过人为活动才产生的，并不是像空气、水一样天然存在的事物，因此，用人单位并非必然就拥有商业秘密。用人单位约定竞业限制往往是在订立劳动合同或者为劳动者开具离职证明之际，此时，劳动者处于受用

人单位支配的状态，为了能顺利就业或者再就业，绝大多数劳动者即使不愿意，也是无法拒绝竞业限制的，否则就意味着刚入职就要面临再就业，或者不能顺利拿到离职证明无法再就业。另一方面，从实践来看，竞业限制条款或者协议基本由用人单位拟定和提供，实质上属于格式条款或者格式合同。因此，不能仅凭双方有关竞业限制的约定直接默认用人单位拥有商业秘密，也不能默认竞业限制约定是经过与劳动者协商、体现了劳动者意思自治的结果，从而推定其知悉用人单位的商业秘密和与知识产权相关的保密事项。

二、劳动者主张其不属于可以约定竞业限制的人员时，应当对该主张进行实质审查

首先，当劳动者与用人单位双方对劳动者属于可以约定竞业限制的人员这一事实不持异议时，裁判机构无需再对这一事实进行实质审查，在没有证据显示竞业限制约定存在其他无效情形或者效力瑕疵的情况下，可以直接确认双方约定的竞业限制整体上有效。这是因为，其一，《劳动合同法》上的竞业限制规定虽然属于强制性规定，但是正如前文所阐述的，这样的强制性规定其目的是对处于弱势缔约地位的劳动者进行保护，并限制用人单位的行为界限，因此，其强制性主要针对的是用人单位，而不是劳动者。因此，如果劳动者在发生纠纷之后也认为其属于可以约定竞业限制的人员，愿意受约定的约束，则裁判机构也就没有必要越俎代庖，强行对其进行“保护”。其二，劳动者与用人单位之间的竞业限制约定一般不涉及损害国家利益、社会公共利益以及损害他人合法权益的问题，因此，既然作为理性人的劳动者自己选择受约定的约束，裁判机构自是没有必要多加干涉。

其次，劳动者主张其不属于可以约定竞业限制的人员，但是用人单位主张其属于的，人民法院应当审查劳动者是否属于《劳动合同法》第 24 条第 1 款限定的可以订立竞业限制协议的人员。此时，用人单位应当对劳动者确系高级管理人员、高级技术人员或者其他负有保密义务的人员承担举证证明责任。理由有二：一方面，令劳动者证明其不知晓相关秘密系属令其自证其无，有违举证的基本规则，因为举证规则的基本原则之一是不能令当事人证明一个不存在的事实。让当事人自证其不知晓相关秘密，即属于令其证明一个不存在的事实，当事人必然无法自证清白。另一方面，用人单位在劳动关系中是负有管理责任的一方，且系主动要求与劳动者约定竞业限制并提供竞业限制协议文本的一方，因此，令用人单位承担上述举证证明责任具有合理性。根据《劳动合同法》第 23 条、第 24 条的规定，法律默认高级管理人员、高级技术人员知晓用人单位的商业秘密和与知识

产权相关的保密事项，属于可以约定竞业限制义务的人员。因此，用人单位主张劳动者是高级管理人员或者高级技术人员的，其仅需举证证明劳动者确系高级管理人员或者高级技术人员即可，无需进一步举证证明劳动者具体知晓什么商业秘密和与知识产权相关的保密事项。这两类劳动者如果否认其知晓相关秘密，则需要提举反证。用人单位主张劳动者属于其他负有保密义务的人员的，则应当举证证明劳动者知悉用人单位的商业秘密或者与知识产权相关的保密事项。至于具体的证明标准，考虑到商业秘密的特性，用人单位的举证只要能令裁判者认定劳动者具有知悉用人单位的商业秘密或者与知识产权相关的保密事项的高度可能性即可。如果经审查，劳动者确实不属于上述三类人，则依据《劳动合同法》第26条第1款第2项、第3项，竞业限制约定因排除劳动者劳动权和就业权、违反法律的强制性规定而整体无效。

最后，劳动者主张其属于可以约定竞业限制的人员，并已经履行竞业限制义务，但是用人单位主张其不属于的，则可以不再对劳动者到底是否属于可以约定竞业限制的人员做实质审查。这是因为，一方面，竞业限制约定基本是由用人单位单方面起草和提供的格式条款，而竞业限制约定的订立也基本是由用人单位提出和主导的，劳动者几乎不可能就竞业限制约定的内容提出异议并与用人单位进行磋商、变更约定内容。劳动者基于对协议的信赖，往往已经履行了竞业限制义务，此时，为了不支付经济补偿，用人单位又主张劳动者不属于可以约定竞业限制的人员，显然违背了缔约过程中应遵守的诚实信用原则，亦有损劳动者的信赖利益。另一方面，如前所述，《劳动合同法》上的竞业限制规定，其强制性针对的是用人单位，而不是劳动者。基于上述两个理由，应当肯认竞业限制约定对双方当事人的约束力。

案例64　H公司诉杨某竞业限制纠纷案〔1〕

——对竞业限制义务能否适用于特定劳动者的审查路径

【基本案情】

杨某于2018年1月1日入职H公司，担任公务员考试培训专职讲师，授课科目是公共基础知识和常识判断。H公司与杨某订立《保密及竞业限制协议》，就杨某的职务成果归属、保密义务、离职后2年内的竞业限制义务、竞业限制补偿金、竞业限制违约金等内容进行了约定。双方劳动关系于2020年8月31日解除，

〔1〕参见北京市第一中级人民法院民事判决书，(2022)京01民终10186号。

杨某随即到G公司工作，担任主讲教师，讲授公共基础知识。杨某离职后，H公司依照约定向杨某支付了2020年9月至2022年6月的竞业限制补偿金273625.56元。H公司认为杨某入职G公司的行为违反了竞业限制协议，遂以要求杨某继续履行《保密及竞业限制协议》、支付违约金、返还竞业限制补偿金为由申请劳动仲裁。仲裁裁决作出后，H公司提起诉讼。

H公司诉称，杨某在职期间知悉H公司的商业秘密，包括培训讲义、上课讲义、教材书籍、课程内容、客户信息、课程安排等信息以及模拟试题，其与H公司签订了《保密及竞业限制协议》，但是其从H公司离职后入职了与H公司具有业务竞争关系的G公司，并从事内容相近的教学工作，违反了约定的竞业限制义务。请求法院判令：（1）杨某继续履行《保密及竞业限制协议》；（2）杨某按照《保密及竞业限制协议》约定向H公司支付违约金3148951元；（3）杨某返还竞业限制补偿金273625.6元。

杨某则辩称，（1）其不是高级管理人员、高级技术人员或其他负有保密义务的人员，没有接触过H公司的保密信息，不属于可以约定竞业限制义务的人员，双方订立的《保密及竞业限制协议》应属无效，其无需承担竞业限制义务。（2）其是否接触商业秘密信息应由H公司举证。（3）其入职H公司前工作的两家单位均是公务员考试培训机构，其授课技巧是在这两家单位工作中形成的；入职H公司后，该公司没有对其进行过任何业务培训；上课讲义、教材书籍等是需要对学员公开的，并没有保密；对于客户信息，其仅知晓客户姓名，其他均不知晓，H公司也没有向其告知过；至于课程安排等信息，在学员报名课程的时候就是公开可见的，因为报考时，对于考试如何安排、谁讲课，是在网页页面公开的，并不是保密信息；模拟试题均是历年真题，上网均可以查询到，不属于保密信息。（4）其在H公司从事公务员考试培训，在G公司则从事事业单位考试培训，两者不存在竞争关系。

【裁判要点】

二审法院认为，（1）依据《劳动合同法》的规定，可以约定离职后竞业限制义务的人员范围限于高级管理人员、高级技术人员和其他负有保密义务的人员，即其他知悉用人单位商业秘密和与知识产权相关的保密事项的劳动者，可以约定竞业限制的人员不能无差别地扩大到其他劳动者。

（2）鉴于对劳动者劳动权和就业权的限制，以及在用人单位与劳动者约定竞业限制时，劳动者处于受用人单位支配的状态，并且用人单位也并非必然就拥有商业秘密，因此，不能仅凭双方有关竞业限制的约定直接默认用人单位拥有商业秘密，也不能默认竞业限制约定是经过与劳动者协商、体现了劳动者意思自治的结果，从而推定其知悉用人单位的商业秘密和与知识产权相关的保密事项。所以，当劳动者主张自己不属于可以约定竞业限制义务的人员时，应当对用人单位是否拥有商业秘密、劳动者是否属于约定竞业限制义务的人员进行实质审查。

(3) 在本案中，当杨某主张其不属于可以约定竞业限制的人员时，应当由H公司举证证明杨某属于可以约定竞业限制的人员，即举证证明杨某系公司高级管理人员、高级技术人员，或者就杨某知悉或者应当知悉用人单位的商业秘密或者与知识产权相关的保密事项、属于其他负有保密义务的人员进行举证证明。在H公司认可杨某的职位是普通的专职讲师、授课内容是公共基础知识和常识判断的情况下，H公司应当对杨某知悉或者应当知悉用人单位的商业秘密或者与知识产权相关的保密事项、属于其他负有保密义务的人员进行举证证明。但是其一，杨某主张其授课技巧是在之前两家公司工作过程中形成，入职H公司后，H公司没有对其进行过任何培训，而H公司并未进一步举证其对杨某进行了相关业务培训；其二，在杨某主张其仅知道客户姓名的情况下，H公司亦未进一步举证证明杨某知悉足以构成商业秘密的客户名单等；其三，在杨某主张所谓上课讲义、教材书籍、课程内容、服务体系、模拟试题等均对学员公开或者可以在互联网上检索到的情况下，H公司也没有进一步提供充分证据证明其所称的上课讲义、教材书籍、课程内容、服务体系、模拟试题等不为公众所知悉、具有秘密性，且具有商业价值，足以构成商业秘密。因此，仅凭现有证据不足以认定杨某属于《劳动合同法》规定的可以约定竞业限制义务的三类人。此种情形下，H公司需要承担举证不能的不利后果。

(4) 由于H公司未能充分举证证明杨某属于可以约定竞业限制义务的人员，且杨某明确主张其不属于可以约定竞业限制义务的人员，故本院确认《保密及竞业限制协议》中与竞业限制相关的约定无效。是故，H公司依据《保密及竞业限制协议》中相关竞业限制约定请求杨某支付违约金，没有法律依据，法院不予支持；杨某主张其无需向H公司支付违约金的请求具有法律依据，法院予以支持。

(5) 鉴于相关竞业限制约定无效，并且从杨某离开H公司后立即入职同业的行为及其诉讼中的诉辩主张来看，可以认定杨某知道其不属于可以约定竞业限制义务的人员，因此不存在对其信赖利益的保护问题，故杨某应当将受领的竞业限制经济补偿返还给H公司。

【延伸思考】

保密义务与竞业限制义务辨析

基于忠实义务、诚实信用原则及全面履行原则所辐射的范围，劳动者应当就其所接触、知悉、掌握的保密信息承担保密义务，这是劳动者因履行劳动合同所产生的法定的附随义务以及后合同义务。自然，用人单位亦可以与劳动者就需要保密的信息约定由劳动者负担保密义务，从而将前述法定义务转化为约定义务。

保密义务与竞业限制义务存在以下显著区别：

（1）保护的对象不同。基于竞业限制制度的设置目的，受竞业限制保护的保密信息限于用人单位的商业秘密和与知识产权相关的保密事项。保密义务要保护的并不限于商业秘密和与知识产权相关的保密事项，只要某个信息具有保密的必要，用人单位就可以与劳动者约定保密义务，而不必考虑该信息是否具有商业价值。（2）承担义务的对价不同。由于保密义务本质上是法定义务，因此，劳动者承担保密义务，用人单位无需为此向其支付对价。竞业限制义务并非法定义务，竞业限制协议是双务有偿合同，因此，劳动者承担竞业限制义务的，用人单位需要向其支付经济补偿作为对价。（3）对就业权的限制不同。劳动者承担保密义务的，用人单位不能以此为由限制其就业自由。劳动者承担竞业限制义务的，用人单位可以依法与其约定对其就业自由进行适当的限制。（4）义务期限不同。法律并未限制保密义务的期限，用人单位可以与劳动者根据保密信息的性质约定保密义务的期限。《劳动合同法》对竞业限制义务的期限作出限定，即竞业限制义务期限最长为2年。（5）能否约定违约金不同。依照《劳动合同法》第23条的规定，在竞业限制中，用人单位可以与劳动者约定，当劳动者违约时，需承担违约金。但是《劳动合同法》第25条明确规定“除本法第二十二条和第二十三条规定的情形外，用人单位不得与劳动者约定由劳动者承担违约金”，因此，对于商业秘密和与知识产权相关的保密事项之外的保密信息，用人单位显然是不得与劳动者约定由劳动者承担违约金的。易言之，如果双方在保密协议等文件中约定的保密信息不属于商业秘密和与知识产权相关的保密事项，则其不能适用关于竞业限制的规定进行保护。

三、劳动者是否属于其他负有保密义务人员的审查要素

如前文所述，如果劳动者主张其不属于可以约定竞业限制的人员，但用人单位主张其属于，人民法院应当审查劳动者是否属于可以订立竞业限制协议的人员。此时，用人单位应当对劳动者确系高级管理人员、高级技术人员或者其他负有保密义务的人员承担举证证明责任。由于法律默认高级管理人员、高级技术人员知晓用人单位的商业秘密和与知识产权相关的保密事项，属于可以约定竞业限制义务的人员。因此，用人单位主张劳动者是高级管理人员或者高级技术人员的，其仅需举证证明劳动者确系高级管理人员或者高级技术人员即可，无需进一步举证证明劳动者具体知晓什么商业秘密和与知识产权相关的保密事项。

但是，用人单位主张劳动者属于其他负有保密义务的人员的，则应当举证证明劳动者知悉用人单位的商业秘密或者与知识产权相关的保密事项。裁判者在审查时可以重点考虑两类要素：

（一）直接要素

即劳动者知悉的事项是否构成商业秘密。根据《反不正当竞争法》的相关规定，商业秘密是指不为公众所知悉、具有商业价值并经权利人采取相应保密措施的技术信息和经营信息。其具有以下特征：

1. 非公开性

如果用人单位收集的信息已经向社会、竞争对手公开或者是通过公共渠道可以获取，则不属于商业秘密。如生效判决认为，原用人单位自行将劳动者负责维护的客户名单发送给了新用人单位，现又称客户名单是商业秘密，实难采信。[1]另外，能通过网络等公开渠道查询的信息，亦不属于商业秘密。[2]

在实践中还有用人单位将对劳动者培训的内容作为商业秘密，要求劳动者离职后履行竞业限制义务。[3]例如，约定劳动者参加专项技术培训后，保证在企业工作5年，私自离职，承担培训期间的一切费用，并保证不得从事与企业有竞争性的行为，否则赔偿损失20万元。[4]若培训的内容是行业所公知的，不管采取何种授课方案，都不构成商业秘密。劳动者通过培训增加的知识、经验和技能，构成其人格的组成部分，职工离职后有自主利用的自由。所以用人单位为劳动者提供培训，与之订立竞业限制协议的，司法实践面临该类竞业限制案件时，应审慎审查。

2. 商业价值性

判断相关事项是否具有商业价值性，可审查用人单位是否对其投入时间、精力与金钱，并综合考虑该事项是否具有特别的价值。此外，还可以根据相关事项的具体内容判断其是否具有商业价值。比如，客户名单不仅记载了客户的姓名、联系方式，还记载了客户的交易习惯、交易需求、价格承受能力甚至客户购买意愿等事项，这些事项往往能够更快更好地促进交易的达成，具有商业价值性。

---

〔1〕参见上海市第一中级人民法院民事判决书，（2017）沪01民终3084号。

〔2〕参见江苏省无锡市中级人民法院民事判决书，（2017）苏02民终761号；江苏省南京市鼓楼区人民法院民事判决书，（2015）鼓民初字第676号。

〔3〕参见浙江省宁波市中级人民法院民事判决书，（2016）浙02民终1259号；江苏省苏州市中级人民法院民事判决书，（2018）苏05民众6584、6585号。

〔4〕参见河南省周口市川汇区人民法院民事判决书，（2018）豫1602民初2078号。

3. 采取保密措施

虽然根据最高人民法院《关于审理不正当竞争民事案件应用法律若干问题的解释》的相关规定，签订保密协议在正常情况下，就属于采取了保密措施。但是前文已经分析了竞业限制案件中不能仅以双方签订了竞业限制协议或保密协议就认定用人单位采取了保密措施。在X公司与讲师刘某案中，公司所使用的讲义均是其系统自行研发，且讲义内容均是加密文档，由教研部统一管理，故法院认为教学策划、业务操作系统、教学规划、讲义档案、教学资料等教育信息属于企业的商业秘密，不能外流。[1] 若用人单位所谓的商业秘密，实际上任何人员均有可能获取，用人单位又未加密，甚至都没有注明内部资料、禁止外泄等字样，则其主张的信息不属于商业秘密。

（二）间接要素

（1）岗位。比如，当劳动者的岗位为部门负责人、店长时，更有可能知悉商业秘密和与知识产权相关的保密事项；当劳动者岗位是业务员、一般销售人员、讲师等岗位时，因其非重要决策人员，通常难以接触或知悉相关事项。（2）工作内容。即工作上是否存在接触或知悉相关事项的可能。（3）收入。德国审判中有观点认为，如果劳动者属于低薪资的职工，考虑其所处职位不高，不易接触用人单位的商业秘密，故不属于竞业限制的义务主体。低薪资类似我国的最低工资标准。[2]《比利时雇佣合同法》第65条规定，年收入不超过25万法郎的雇佣合同中的竞业限制条款无效，年收入在25万至50万法郎之间的雇佣合同，其竞业限制条款也仅适用于集体劳动合同所规定的某些职务及某类职务中。[3] 此种规定值得借鉴，即劳动者的收入水平可以作为参照对象。（4）工作年限。劳动者工作年限越长，越有可能接触或知悉商业秘密和与知识产权相关的保密事项，并且其与用人单位之间的信赖关系伴随着工龄的增长亦会更加牢靠，更有可能获知相关事项。实践中也存在竞业限制条款明确规定竞业限制的对象是在公司连续工作3年以上的人员。[4]

当然，考虑到商业秘密的特性，用人单位的举证只要能令裁判者认定劳动者具有知悉用人单位的商业秘密或者与知识产权相关的保密事项的高度可能性

---

〔1〕 参见上海市徐汇区人民法院民事判决书，（2019）沪0104民初3541号。

〔2〕 参见邓恒：《德国的竞业限制制度与商业秘密保护及其启示》，载《法学杂志》2017年第3期。

〔3〕 参见王博：《竞业限制制度研究——以权利冲突及其化解为视角》，武汉大学出版社2016年版，第187～188页。

〔4〕 参见浙江省嘉兴市中级人民法院民事判决书，（2017）浙04民终2108号。

即可。

四、关联主体与劳动者约定竞业限制的处理

近年来，实践中出现了由用人单位之外的第三人与劳动者约定竞业限制的现象。这种现象最常出现在用人单位的关联公司在境外上市或者拟在境外上市的情况下，为了激励劳动者更好地为用人单位工作以使己方间接受益，关联公司往往会授予劳动者期权或者股票，并同时在股权激励授予协议中约定劳动者在离职后需履行竞业限制义务。

如果关联公司与劳动者约定，劳动者在从用人单位离职后需对关联公司遵守竞业限制，该约定对劳动者有没有约束力？笔者认为，首先，虽然关联公司与劳动者之间不存在劳动关系，两者之间的竞业限制约定似乎不应由劳动法调整，但是，考虑到劳动者受用人单位的支配性劳动管理，对用人单位处于从属地位，以及用人单位与关联公司之间或明或暗的利益牵连，不应当认为劳动者与关联公司约定的竞业限制属于平等主体之间的民事协议。换言之，该约定只有受劳动法调整才能保护劳动者的合法权益不受侵害。其次，正如本节前面部分所述，《劳动合同法》设立竞业限制制度的目的是保护用人单位的商业秘密和与知识产权相关的保密事项，规制不正当竞争，而不是限制劳动者的就业权，也不是限制劳动力要素的合理流动以及企业间正常的竞争。易言之，约定竞业限制的前提是劳动者知晓单位的“商业秘密和与知识产权相关的保密事项”。因此，如果关联公司与劳动者约定劳动者在离职后需对关联公司遵守竞业限制的，由于劳动者并未在关联公司工作，不应当知悉关联公司的“商业秘密和与知识产权相关的保密事项”，不属于可以约定竞业限制的主体，故该约定与保护用工主体商业秘密的立法目的不符，对劳动者不具有约束力。

如果关联公司与劳动者约定，劳动者在离职后需对用人单位遵守竞业限制，该约定对劳动者有没有约束力？下面，笔者结合案例进行阐述。

案例65　张某诉D公司竞业限制纠纷案[1]

——关联公司与劳动者约定竞业限制的处理

【基本案情】

D公司于2017年10月向张某发送录用通知书，告知张某的薪资待遇除基本

〔1〕参见北京市第一中级人民法院民事判决书，（2023）京01民终11256号。

薪资、岗位绩效外，还有期权4000股，分4年发放，每年分别发放15%、25%、25%、35%。2017年11月13日张某入职D公司，双方订立期限至2020年11月12日的劳动合同，约定张某担任后台核心研发工程师岗位。劳动合同还约定，“除非事先得到公司的批准，否则在劳动合同期限内和劳动合同终止或期满后2年内，员工应当履行竞业限制义务；如果公司希望员工在劳动合同终止后依然遵守本竞业限制条款，公司会向员工发放《竞业限制开始通知书》，竞业限制义务根据该通知书履行；公司将按照现行法律规定的最低标准，在竞业限制期间内向员工按月支付经济补偿；如公司确认该员工无竞业限制的必要，则无须另行书面通知员工。”其中，“如果公司希望员工在劳动合同终止后依然遵守本竞业限制条款，公司会向员工发放《竞业限制开始通知书》……如公司确认该员工无竞业限制的必要，则无须另行书面通知员工”的内容以加粗字体显示。张某于2018年11月13日获得前述期权项下的600股，于2019年11月13日获得1000股。

B公司注册于开曼群岛，D公司是由B公司间接控股的子公司。2018年10月，张某与B公司签订股票期权授予协议，约定B公司授予张某500股期权，张某于2019年9月获得15%的期权75股。2020年1月，双方又签订股票期权授予协议，约定B公司授予张某994股期权，张某于2019年获得994股期权。2020年5月，双方再次签订股票期权授予协议，约定B公司授予张某616股期权，张某于2020年4月获得616股期权。股票期权授予协议约定，张某在协议签订之日开始到终止之日后2年内，未经书面同意，不得为与B公司或其任何子公司的产品、服务存在竞争关系的企业提供协助。

张某因个人原因于2020年8月7日从D公司离职。同日，张某与B公司签署确认函，约定，“鉴于张某已发出从D公司辞职的通知，且D公司同意自2020年8月7日起终止与张某的雇佣关系……在终止日期后，张某应保守D公司的任何商业机密，并在终止日期后的24个月内履行竞业限制义务，否则B公司有权在行权后以成本价回购张某持有的所有股份，任何未行使期权应立即终止”。

后来，张某申请劳动仲裁并起诉，请求D公司支付其2020年8月8日至2022年8月7日期间竞业限制补偿金1394348.34元及延迟支付的赔偿金1394348.34元。

张某主张根据确认函内容，其在从D公司离职后2年内负有竞业限制义务，D公司应支付其竞业限制补偿金。D公司则主张，在张某离职时，其公司并未向张某发送《竞业限制开始通知书》，未要求其履行竞业限制义务，根据约定，张某无需对公司履行竞业限制义务。

【裁判要点】

生效判决认为，其一，劳动合同虽然约定张某在职期间及离职后2年内需履行竞业限制义务，但是紧接着又约定，张某履行离职后竞业限制的前提条件是D公司向其发放《竞业限制开始通知书》，如果无通知则张某无需履行竞业限制。上述约定不存在约定不明的情形，且该条款在履行条件上采用加粗形式进行重点强调，D公司作为提供格式条款的一方已依法履行了提示义务。其二，根据合同相对性，张某不能仅基于其与B公司签订的股票期权授予协议向D公司主张权利。张某离职时，D公司未向其发送《竞业限制开始通知书》，其离职之后不负有竞业限制义务，其诉请D公司支付竞业限制补偿金及赔偿金，缺乏事实依据和法律依据，法院不予支持。

【延伸思考】

本案中，根据合同相对性原理，法院认定张某离职后不负有对D公司的竞业限制义务，D公司无需向张某支付竞业限制经济补偿，该认定并无不当。但是，由本案延伸的问题是，张某到底是否需要履行竞业限制义务？张某能否向B公司主张竞业限制经济补偿？如果张某入职了与D公司存在竞争关系的企业，B公司能否要求张某承担违约责任？

笔者认为，一方面，根据D公司与张某之间的约定以及D公司未通知张某履行竞业限制义务的事实来看，可以认定D公司并不要求张某在离职之后履行竞业限制义务；另一方面，B公司却与张某约定离职后需对D公司履行竞业限制义务，显然，就张某是否需要履行竞业限制义务，D公司与B公司的意思表示是矛盾的。在这种情况下，由于D公司才是商业秘密的拥有主体以及与张某建立用工关系的主体，应当以D公司的意思表示为准，张某无需履行竞业限制义务。进而，张某入职与D公司存在竞争关系的企业，B公司要求张某承担违约责任的，不应得到支持。这样处理对B公司来说也不存在显失公平，因为B公司授予张某期权的目的并非竞业限制，而是激励劳动者更好地为D公司工作以使己方间接受益，至于竞业限制只是其添附利益。但是，如果张某基于对约定的信赖履行了竞业限制义务的，其信赖利益应当受到保护，因此，其可以向B公司主张信赖利益的损失。

另外，假设D公司与B公司均明确要求张某离职后履行竞业限制义务，对于三者之间的权利义务应当如何处理？笔者认为，其一，就D公司与张某之间的权利义务，根据合同相对性以及《劳动合同法》第23条第2款的规定，D公司应当在竞业限制期限内依法向张某支付经济补偿；张某违反竞业限制义务的，应当按照约定向用人单位支付违约金，没有约定违约金的，D公司可以依据《劳动合同法》第90条向张某主张损失赔偿。其二，就B公司与张某之间的权利义务，（1）如前文所述，考虑到劳动者受用人单位的支配性劳动管理，对用人单位处于从属地位，以及用人单位与关联公司之间或明或暗的利益牵连，B公司与张某之间关于竞业限制的约定仍应受劳动法调整。(2) 虽然B公司与张某之间未约定专门的竞业限制经济补偿，但是考虑到D公司应当依法支付经济补偿，劳动者履行竞业限制义务可以获得对待给付，因此B公司无需另行向张某支付经济补偿。(3) 张某违反竞业限制义务的，鉴于竞业限制违约金是赔偿性违约金而不是惩罚性违约金，其应当以B公司的实际损失为基础进行考量。B公司既不存在商业秘密被损害的可能，也没有向张某专门支付过经济补偿，因此B公司不存在损失。有鉴于此，B公司要求张某支付违约金或者赔偿损失的，不应得到支持。并且，由于《劳动合同法》第25条明确规定，除本法第22条和第23条规定的情形外，用人单位不得与劳动者约定由劳动者承担违约金。该法规定的竞业限制违约金是用人单位与劳动者约定的违反离职后竞业限制的违约金，因此，由劳动者向关联公司承担违约金的约定，也不符合《劳动合同法》第25条的精神。

第四节　竞业限制的期限

一、约定竞业限制期限超过2年部分的效力

《劳动合同法》第24条第2款对竞业限制的期限作出限定，即不得超过2年。但是，在实践中，用人单位提供的竞业限制协议中约定的竞业限制期限往往超过2年，在此种情形下，如果劳动者依约履行超出2年部分的竞业限制义务，其能否向用人单位主张超过2年部分的经济补偿？对于该问题，存在两种观点。一种观点认为，约定的竞业限制期限超过2年的，超过部分因违反《劳动合同法》第24条第2款的强制性规定而无效，相应地，劳动者不能向用人单位主张超过2年部分的经济补偿。[1] 另一种观点则认为，如果劳动者已经履行了超过2年期限的竞业限制义务，请求用人单位按约定支付经济补偿的，自然应予支持，此时已无必要以该约定违反强制性规定为由认定其无效。[2]

笔者赞同第二种观点。其一，正如前文所述，《劳动合同法》竞业限制规定的强制性主要是针对用人单位一方来说的，是用来约束和限制用人单位的。其二，竞业限制协议基本系由用人单位拟定和提供的格式合同，作为格式合同的拟定和提供者，用人单位应当对合同内容进行合法性审查，并对合同中存在的违法内容承担相应的责任。其三，《劳动争议司法解释一》第39条第1款赋予了用人

〔1〕 参见北京市第二中级人民法院民事判决书，(2018) 京02民终4996号。

〔2〕 参见最高人民法院民事审判第一庭编著：《最高人民法院新劳动争议司法解释（一）理解与适用》，人民法院出版社2021年版，第430页。

单位通知劳动者即可解除竞业限制协议的权利，对用人单位的保护不可谓不周到，如果用人单位在竞业限制协议履行超过2年后不通知劳动者无需继续履行竞业限制义务，当法定的2年期间届满后劳动者依照约定继续履行竞业限制义务时，基于对劳动者信赖利益的保护，应当认定用人单位需要继续向劳动者支付竞业限制经济补偿。基于上述分析，劳动者对是否受超过2年部分约定的约束具有选择权，如果劳动者已经履行了超过2年部分的竞业限制义务，请求用人单位按约定支付经济补偿的，应予支持；相反，如果劳动者主张超过2年部分的约定无效，则应当认定该约定因违法强制性规定而无效。

二、不得将申请仲裁和提起诉讼的期间排除在竞业限制期限外

用人单位与劳动者在竞业限制条款中约定，因履行竞业限制条款发生争议申请仲裁和提起诉讼的期间不计入竞业限制期限的，属于《劳动合同法》第26条第1款第2项规定的"用人单位免除自己的法定责任、排除劳动者权利"的情形，应当认定为无效。[1]

第五节　竞业限制的范围

一、竞业限制的两种类型以及竞争关系的判断

如前所述，《劳动合同法》设置竞业限制制度，其目的在于保护用人单位的商业秘密。[2] 因此，用人单位与劳动者约定离职后的竞业限制应当以保护商业秘密等为目的，正因如此，《劳动合同法》第24条第2款将离职后的竞业限制内容限定在两种类型，超过法定范围的竞业限制约定，涉嫌排除劳动者的就业权，可能会被认定为无效约定。第一种类型，是在解除或者终止劳动合同后，劳动者到与本单位生产或者经营同类产品、从事同类业务的有竞争关系的其他用人单位。由于"用人单位"一词在劳动法上是专用名词，意味着该单位与劳动者之间建立的是劳动关系，因此，笔者将这种类型的竞业限制称为"入职竞争单位型"。[3] 第二种类型，是在解除或者终止劳动合同后，劳动者自己开业生产或者经营同类产品、从事同类业务。对于该种类型，笔者称之为"自己开业型"。[4]

---

〔1〕 参见马某某诉北京某信息技术有限公司竞业限制案，最高人民法院指导案例184号。

〔2〕 参见信春鹰、阚珂主编：《中华人民共和国劳动合同法释义》（第2版），法律出版社2013年版，第81页。

〔3〕 参见北京市第一中级人民法院民事判决书，（2018）京01民终559号。

〔4〕 参见北京市朝阳区人民法院民事判决书，（2015）朝民初字第03318号。

做上述区分的必要性在于，这两种类型竞业限制的内容不一样，因此，审查劳动者是否违反竞业限制义务的标准也不一样。

依照《劳动合同法》第24条第2款的规定，“自己开业型”竞业限制的内容只有一个——劳动者自己开业与原单位生产或者经营同类产品、从事同类业务——无论两者之间是否存在现实的竞争关系。

对于“入职竞争单位型”来说，劳动者违反竞业限制的要件有两个：其一，劳动者入职的新用人单位与原用人单位生产或者经营同类产品、从事同类业务；其二，两个用人单位存在竞争关系。需要特别强调的是，此处所谓的“竞争关系”，是指与原用人单位形成的实际竞争关系，[1] 而不包括潜在的、将来可能存在的竞争关系。在司法实践中，曾经有不少裁判者仅因为依法登记的经营范围存在重合，就认定新用人单位与原用人单位之间存在竞争关系，这显然是错误的，好在最高人民法院指导案例190号对此予以纠正。根据该指导案例确立的裁判要旨，人民法院在审理竞业限制纠纷案件时，审查劳动者新入职单位与原用人单位是否形成竞争关系，不应仅从依法登记的经营范围是否重合进行认定，还应当结合实际经营内容、服务对象或者产品受众、对应市场等方面是否重合进行综合判断。劳动者提供证据证明新入职单位与原用人单位的实际经营内容、服务对象或者产品受众、对应市场等不相同，主张不存在竞争关系的，人民法院应予支持。

案例66　王某诉W公司竞业限制纠纷案[2]

——审查是否形成竞争关系，不应仅从登记的经营范围是否重合进行认定

【基本案情】

王某于2018年7月2日进入W公司工作，双方签订了期限为2018年7月2日至2021年8月31日的劳动合同，约定王某就职智能数据分析工作岗位，月基本工资4500元、岗位津贴15500元，合计20000元。

2019年7月23日，双方又签订《竞业限制协议》，对竞业行为、竞业限制期限、竞业限制补偿金等内容进行了约定。2020年7月27日，王某以个人原因为由解除劳动合同。

〔1〕参见信春鹰、阚珂主编：《中华人民共和国劳动合同法释义》（第2版），法律出版社2013年版，第84页。

〔2〕参见王某诉某信息技术股份有限公司竞业限制纠纷案，最高人民法院指导案例190号。

2020年8月5日，W公司向王某发出《关于竞业限制的提醒函》，载明“……您（即王某）从离职之日2020年7月27日起须承担竞业限制义务，不得到竞业企业范围内工作或任职。若您违反竞业限制义务或其他义务，请于10日内予以改正，继续违反竞业协议约定的，则公司有权再次要求您按《竞业限制协议》约定承担违约金，并应将公司在离职后支付的竞业限制补偿金全部返还……”

王某于2020年8月6日加入B公司，按照营业执照记载，该公司经营范围包括：信息科技、计算机软硬件、网络科技领域内的技术开发、技术转让、技术咨询、技术服务等。W公司的经营范围包括：计算机软硬件的开发、销售，计算机专业技术领域及产品的技术开发、技术转让、技术咨询、技术服务。

王某、W公司确认：王某竞业限制期限为2020年7月28日至2022年7月27日；W公司已支付王某2020年7月28日至2020年9月27日竞业限制补偿金6796.92元。

2020年11月13日，W公司申请劳动仲裁，要求王某：（1）按双方签订的《竞业限制协议》履行竞业限制义务；（2）返还2020年8月、9月支付的竞业限制补偿金6796.92元；（3）支付竞业限制违约金200万元。2021年2月25日，仲裁裁决如下：王某按双方签订的《竞业限制协议》继续履行竞业限制义务，王某返还W公司2020年8月、9月支付的竞业限制补偿金6796.92元，王某支付W公司竞业限制违约金200万元。王某不服仲裁裁决，诉至法院。

一审法院判决：（1）王某与W公司继续履行竞业限制义务；（2）王某于本判决生效之日起10日内返还W公司2020年7月28日至2020年9月27日竞业限制补偿金6796.92元；（3）王某于本判决生效之日起10日内支付某公司违反竞业限制违约金240000元。王某不服一审判决，提起上诉。上海市第一中级人民法院作出二审判决：（1）维持一审判决第1项；（2）撤销一审判决第2项、第3项；（3）王某无需向W公司返还2020年7月28日至2020年9月27日竞业限制补偿金6796.92元；（4）王某无需向W公司支付违反竞业限制违约金200万元。

【裁判要点】

生效判决认为，竞业限制制度的设置系为了防止劳动者利用其所掌握的原用人单位的商业秘密为自己或为他人谋利，从而抢占了原用人单位的市场份额，给原用人单位造成损失。所以考量劳动者是否违反竞业限制协议，最为核心的是应评判原用人单位与劳动者自营或者入职的单位之间是否形成竞争关系。

正是因为竞业限制制度在保护用人单位权益的同时对劳动者的就业权利有一定的限制，所以在审查劳动者是否违反了竞业限制义务时，应当全面客观地审查劳动者自营或入职公司与原用人单位之间是否形成竞争关系。一方面考虑到实践中往往存在企业登记经营事项和实际经营事项不相一致的情形，另一方面考虑到经营范围登记类别是工商部门划分的大类，所以这种竞争关系的审查，不应拘泥于营业执照登记的营业范围，否则对劳动者抑或对用人单位都可能造成不公平。故在具体案件中，还可以从两家企业实际经营的内容是否重合、服务对象或者所生产产品的受众是否重合、所对应的市场是否重合等多角度进行审查，以还原事实之真相，从而能兼顾用人单位和劳动者的利益，以达到最终的平衡。

本案中，W公司的经营范围为计算机软硬件的开发、销售、计算机专业技术领域及产品的技术开发、技术转让、技术咨询、技术服务。B公司的经营范围包括从事信息科技、计算机软硬件、网络科技领域内的技术开发、技术转让、技术咨询、技术服务等。对比两家公司的经营范围，确实存在一定的重合。但互联网企业往往在注册登记时，经营范围都包含了软硬件开发、技术咨询、技术转让、技术服务。若仅以此为据，显然会对互联网就业人员尤其是软件工程师再就业造成极大障碍，对社会人力资源造成极大的浪费，也有悖于竞业限制制度的立法本意。故在判断是否构成竞争关系时，还应当结合公司实际经营内容及受众等因素加以综合评判。

本案中，王某举证证明W公司目前的经营模式主要是提供金融信息服务，其主要的受众为相关的金融机构或者金融学术研究机构。反观B公司，其主营业务是文化社区和视频平台，即提供网络空间供用户上传视频、进行交流。其受众更广，尤其年轻人对其青睐有加。两者对比，无论是经营模式、对应市场还是受众，都存在显著差别。即使普通百姓，也能轻易判断两者之差异。虽然B公司还涉猎游戏、音乐、影视等领域，但尚无证据显示其与W公司经营的金融信息服务存在重合之处。在此前提下，W公司仅以双方所登记的经营范围存在重合即主张两家企业形成竞争关系，尚未完成其举证义务。且W公司在竞业限制协议中所附录的重点限制企业均为金融信息行业，足以表明W公司自己也认为其主要的竞争对手应为金融信息服务企业。故一审法院仅以W公司与B公司的经营范围存在重合，即认定王某入职新公司违反了竞业限制协议的约定有欠妥当。

王某与W公司签订的竞业限制协议不存在违反法律法规强制性规定的内容，故该协议合法有效，对双方均有约束力。因协议中约定双方竞业限制期限为2020年7月28日至2022年7月27日，目前尚在竞业限制期限内。故一审法院判决双方继续履行竞业限制协议，并无不当。

【延伸思考】

190号指导案例通过切实平衡劳资利益，实现竞业限制制度的社会公共利益——市场的公平竞争秩序，正确地从“实际”经营内容出发，积极探索发展实质审查竞争关系的具体要素，在营造公平竞争的法治环境当下，对类似案件具有很好的指导示范作用。[1]

不过，值得商榷的一点是，该指导案例的裁判要点载明，“人民法院在审理竞业限制纠纷案件时，审查劳动者自营或者新入职单位与原用人单位是否形成竞争关系，不应仅从依法登记的经营范围是否重合进行认定，还应当结合实际经营内容、服务对象或者产品受众、对应市场等方面是否重合进行综合判断。劳动者提供证据证明自营或者新入职单位与原用人单位的实际经营内容、服务对象或者产品受众、对应市场等不相同，主张不存在竞争关系的，人民法院应予支持”。也就是说，对于“自己开业型”的竞业限制，也要以劳动者自营的企业与原用人单位之间是否形成现实的竞争关系为标准来判断劳动者是否违反了竞业限制义务。这至少与《劳动合同法》第24条第2款字面上的规定是不一致的。

笔者认为，如前文所述，对于“自己开业型”与“入职竞争单位型”这两种类型的竞业限制，至少从字面上来看，《劳动合同法》第24条第2款规定了不同的构成要件。笔者无法确定这种构成要件的不同是不是因为文字上的疏忽造成的，但是，笔者更愿意相信这体现了立法者平衡保护的思想：(1) 竞业限制需要在保护原用人单位商业秘密、劳动者就业权以及劳动力要素的正常流动三者之间权衡利弊，进行均衡保护。因此，对于“入职竞争单位型”，只有在企业之间存在现实的竞争关系时，原用人单位的商业秘密才处于优先受保护的地位。换言之，当企业间不存在竞争关系或者只是存在潜在的竞争可能性的时候，立法侧重保护劳动者的就业权和劳动力要素的流动性。(2) 对于“自己开业型”来说，因为不存在保护劳动者就业权和劳动力要素流动性的问题，所以保护的重心只在原用人单位的相关秘密。此时，基于利益驱动性，劳动者很有可能会将从原用人单位获取的相关信息用于自己开办的企业，因此，即便劳动者自己开办的企业与原用人单位尚未形成现实的竞争关系，亦构成对竞业限制义务的违反。

与上述指导案例殊途同归的结论是，如果用人单位超出经营范围实际经营某业务，亦可与劳动者就该业务的竞业限制进行约定。换言之，竞业限制约定不会仅仅因为用人单位超范围经营而无效。

上述分类在审查竞业限制约定的地域、范围等条款的合理性时亦具有意义。以地域的约定为例，对于“入职竞争单位型”来说，竞业限制约定的地域应以存在实际的竞争为限——比如在该地域，原用人单位与新用人单位都开展业务——

〔1〕 参见朱军：《指导性案例190号丨王某诉信息技术股份有限公司竞业限制纠纷案点评》，载微信公众号“人民法院报”2022年12月24日。

此时，对用人单位商业秘密的保护才具有优先价值。如果在原单位并未开展业务的地域也约定竞业限制义务，则一方面其商业秘密并没有被保护的紧迫性；另一方面实务中一些单位将竞业限制的地域扩大到“全中国”甚至“全世界”范围，[1] 则劳动者就业权所受限制未免过大，劳动力市场的流动性也趋于枯竭。对于“自己开业型”来说，既不存在保护劳动者就业权和劳动力要素流动性的问题，且劳动者利用已知的相关信息为自己创业的企业谋利的可能性不可谓不大，因此，劳动者转变为创业者之后，在地域上对其苛以更加严格的竞业限制约束亦属合理。

二、竞业限制能否约定劳动者不得担任竞争单位股东、顾问、代理人等角色

虽然作为强制性规定的《劳动合同法》第 24 条第 2 款只规定了“入职竞争单位型”和“自己开业型”这两种类型的竞业限制，但是在实践中，很多用人单位仍突破该规定的授权，将劳动者竞业限制的类型进行扩充。比如，竞业限制协议约定，员工同意在劳动关系解除或终止之后的 12 个月竞业限制期内，不得直接或间接地进行下述行为：在中国和其他任何聘用方正在经营业务的地点，以雇员、所有人、合伙人、股东、高级职员、董事、成员、顾问、代理人或其他身份，从事或参与、允许其姓名被用于或提供任何形式的服务于任何竞争性业务。[2] 那么，用人单位到底能否突破《劳动合同法》第 24 条第 2 款的规定，约定由劳动者承担更多类型的竞业限制？

笔者认为，正如本讲前面部分提到的，用人单位只能在法条授权的范围内就竞业限制进行约定。但是，法条授权的范围不仅包括《劳动合同法》字面上规定的授权范围，还应当包括忠实义务、诚实信用原则及全面履行原则所辐射的范围，比如，用人单位可以与劳动者约定由劳动者负担必要的、合理的报告义务；又如，用人单位可以在“入职竞争单位型”和“自己开业型”这两种类型的竞业限制之外，约定其他类型的竞业限制，只要这种竞业限制与前述法定的竞业限制类型具有同质性，即劳动者在这种约定的类型下，确实极有可能将其知悉的商业秘密用于竞争单位开展经营业务。

三、竞业限制保护范围不能随意扩大到原用人单位之外的单位

《劳动合同法》第 24 条第 2 款规定，“在解除或者终止劳动合同后，前款规定的人员到与本单位生产或者经营同类产品、从事同类业务的有竞争关系的其他

---

[1] 参见北京市海淀区人民法院民事判决书，(2018) 京 0108 民初 15533 号。
[2] 参见北京市第一中级人民法院民事判决书，(2017) 京 01 民终 5962 号。

用人单位，或者自己开业生产或者经营同类产品、从事同类业务的竞业限制期限，不得超过二年”。但是，在实践中，由于竞业限制协议一般都是由用人单位拟定和提供的格式合同，出于用人单位及其关联单位利益的考虑，竞业限制保护的范围往往超出了该条规定中的“本单位”。比如约定，到与本单位的母公司、子公司、参股公司、关联公司生产或者经营同类产品、从事同类业务的有竞争关系的其他用人单位工作的，均属违反竞业限制。[1]

笔者认为，竞业限制保护范围不能随意扩大到原用人单位之外的单位。究其原因，（1）正如前文所述，将竞业限制的保护范围限定在原用人单位，因此不能随意通过约定将保护范围扩大到原用人单位的关联单位。（2）从缔约自由角度来看，在约定竞业限制时，劳动者已处于受用人单位支配的状态，为了顺利地工作，绝大多数劳动者是没有能力拒签竞业限制协议的，因此，不能照搬合同法的相关原理，默认劳动者是自愿约定竞业限制，从而推定列举的单位自然存在竞争关系。（3）随意将保护范围扩大到原用人单位的关联单位并不符合《劳动合同法》保护商业秘密的立法目的。因为法人是独立自主经营的商业体，劳动者通过工作接触，一般情况下只能知悉与其建立了劳动关系的原用人单位的商业秘密，而不太可能轻易就能接触并知悉其母公司、子公司、参股公司、关联公司的商业秘密，否则，完全有理由质疑相关单位对所谓的商业秘密到底有没有采取必要的保密措施、所谓的商业秘密到底能否构成商业秘密了。（4）随意将保护范围扩大到原用人单位的关联单位会不合理地限制劳动者的就业范围，进一步抑制劳动力要素在市场的正常流动。伴随着互联网技术的迅速发展以及企业多元化经营的趋势，越来越多的企业集团通过设立子公司、关联公司，扩展其经营范围，有的企业在发展壮大之后，其经营范围甚至涉及国计民生的方方面面；越来越多的企业还通过财务投资的方式控股、参股其经营范围之外的企业。在这种背景下，如果允许用人单位随意将其母公司、子公司、参股公司、关联公司纳入竞业限制保护的范围，无疑会使劳动者的就业范围被极大地压缩，并进一步抑制劳动力要素在市场的正常流动，并且这种压缩和抑制显然是不必要、不合理的。

因此，就“入职竞争单位型”来说，不应以母公司、子公司、参股公司、关联公司等与新单位之间是否存在竞争关系作为审查标准，仍应以新单位与原用人单位之间是否存在实际的竞争关系为标准进行审查。根据“谁主张，谁举证”的举证规则，对于存在竞争关系的举证证明责任在原用人单位。如果原用人单位举证证明新单位与其确实存在现实的竞争关系，或者新用人单位因与其母公司、子

[1] 参见北京市第一中级人民法院民事判决书，（2018）京01民终4842号。

公司、参股公司、关联公司存在直接的竞争关系（这种直接的竞争关系，一般多发生于新用人单位与原用人单位的子公司之间），导致与其产生现实的竞争关系，则应属于《劳动合同法》第24条第2款调整的范围。相反，如果原用人单位不能举证证明新单位与其存在现实的竞争关系，则不能仅因为条款中列举了该单位就认定竞争关系的存在。就“自己开业型”来说，原用人单位仍需举证证明劳动者开业与其生产或经营同类产品、同类业务。

四、竞业限制范围不能随意扩大到与原用人单位有竞争关系的单位之外

实践中，除了存在上述的竞业限制保护范围随意扩大到原用人单位之外的现象，同样还存在另一种现象，即竞业限制范围随意扩大到与原用人单位有竞争关系的单位之外。最常见的是，用人单位在竞业限制协议中，以原则规定加有限列举的方式，将市场上具有一定名气的同类型企业及其母公司、子公司、参股公司、关联公司等统统规定为劳动者不得入职的单位。[1] 当然，就“自己开业型”来说，一般不涉及此种情形。

笔者认为，与竞业限制保护范围不能随意扩大到原用人单位之外的单位一样，基于同样的理由，竞业限制范围也不能随意扩大到与原用人单位有竞争关系的单位之外。因此，仍应以劳动者新到的单位与原用人单位之间是否存在实际的竞争关系为标准来审查劳动者是否违反了竞业限制。

案例67　某齿轮制造公司诉刘某竞业限制纠纷案[2]

——应当实质审查劳动者所从事的工作是否与原用人单位有竞争关系

【基本案情】

刘某于2016年5月10日入职某齿轮制造公司，岗位是材料热处理中心工程师。当日双方签订《竞业限制协议》，约定刘某无论因何种原因从该公司离职后两年内都不能到与该公司生产或者经营同类产品、从事同类业务有竞争关系的其他用人单位工作。2018年3月，某齿轮制造公司与刘某解除劳动关系，并按月支付竞业限制补偿。2018年3月15日，刘某与上海某人力资源公司签订劳动合同，岗位为主任工程师，上海某人力资源公司为刘某发放工资并缴纳社保。上海某人

[1] 参见北京市海淀区人民法院民事判决书，(2015) 海民初字第01235号。

[2] 参见南小中：《2020年度南京法院劳动人事争议十大典型案例发布》，载微信公众号“南京市中级人民法院”2021年4月28日。

力资源公司与某能源公司签订服务外包合同，约定其为某能源公司提供技术服务的人员。后上海某人力资源公司派刘某至某能源公司工作。现某齿轮制造公司经仲裁后诉至法院，要求刘某支付其违反竞业限制违约金。

【裁判要点】

生效判决认为，刘某作为某齿轮制造公司的高级技术人员，在该公司向刘某支付了经济补偿金后应履行竞业限制义务。刘某虽然与上海某人力资源公司签订劳动合同，并由上海某人力资源公司向刘某发放工资，为其缴纳社保，但刘某实质上为某能源公司工作，而某能源公司与某齿轮制造公司存在竞争关系，因此刘某违反了竞业限制义务，应当支付某齿轮制造公司相应违约金。

【延伸思考】

用人单位在劳动合同中约定竞业限制条款目的是通过对劳动者离职后择业范围适当、合理的限制，淡化劳动者在职期间所掌握的用人单位的技术秘密和经营信息，是企业保护自身商业秘密的手段。为规避新录用员工的竞业限制义务，新用人单位经常采用外包或者劳务派遣方式隐蔽用工。本案中，法院没有拘泥于用工形式，而是实质审查劳动者所从事的工作，是否属于与原用人单位的同类业务，最终认定劳动者违反了竞业限制约定。

当然，该案例所公布的信息过于简略，没有明确法院是通过哪些事实认定刘某属于高级技术人员的，也没有明确新用工单位与原用人单位之间是否存在实际竞争关系，这是该案例值得商榷之处。

五、竞业限制人员范围能否扩大到劳动者的亲属

实践中有一些用人单位在与劳动者约定竞业限制时，除了将劳动者自身的行为列为竞业限制的对象，还直接将劳动者配偶、父母、子女、兄弟姐妹等亲属的行为也列为竞业限制对象，比如，约定如果劳动者的配偶、父母、子女、兄弟姐妹等亲属到与本单位生产或者经营同类产品、从事同类业务的有竞争关系的其他用人单位，或者自己开业生产或者经营同类产品、从事同类业务，劳动者也要承担违反竞业限制义务的违约责任。

笔者认为，这样的约定显然违反了《劳动合同法》第 24 条第 1 款和第 2 款的强制性规定。根据该条第 1 款的规定，“竞业限制的人员限于用人单位的高级管理人员、高级技术人员和其他负有保密义务的人员”，而上述约定实际上变相将劳动者的亲属也列为了承担竞业限制义务的人员，只不过囿于合同的相对性，用人单位无法直接要求劳动者的亲属承担违约责任，转而要求劳动者替其亲属承担违约责任而已。根据该条第 2 款的规定，竞业限制要限制的行为仅仅是前款规定

的用人单位的高级管理人员、高级技术人员和其他负有保密义务的人员到与本单位生产或者经营同类产品、从事同类业务的有竞争关系的其他用人单位，或者自己开业生产或者经营同类产品、从事同类业务的行为，而上述约定将竞业限制要限制的行为扩展到了劳动者亲属的行为。因此，如果劳动者主张上述约定因违反强制性规定而无效，应当得到支持。

六、亲属“自己开业”或者入职竞争单位的，能否认定劳动者违反竞业限制义务

如前所述，尽管竞业限制人员范围不能扩大到劳动者的亲属，但是在实践中，也确实存在一种现象，即用人单位与劳动者约定竞业限制之后，在调查劳动者违反竞业限制义务的线索时，有时会发现劳动者虽然自己没有入职竞争单位，也没有开业生产或经营同类产品、从事同类业务，但是其配偶或者其他亲属存在此种行为。[1] 用人单位认为劳动者是有意利用其亲属来规避竞业限制的约定，并通过仲裁或者诉讼请求劳动者承担违约责任。对于劳动者亲属的开业行为，应当做何种认定？笔者认为，虽然竞业限制的对象仅仅是劳动者本人，但是考虑到身份上的特殊性，确实也不能排除劳动者以其亲属之名举办企业的可能性，而这种行为是有违诚实信用原则的。因此，笔者认为，如果用人单位确实能够举证证明劳动者存在借亲属之名行“入职竞争单位”或者“自己开业”之实的高度可能性的——比如新单位在自己制作的文件或资料上公开宣传劳动者为其核心成员——则可以认定劳动者违反了竞业限制义务。但是，如果用人单位未举证证明劳动者存在借近亲属之名行“入职竞争单位”或者“自己开业”之实的高度可能性的，则不能将劳动者假想成一个不诚信的人，直接推定其有借亲属之名行“入职竞争单位”或者“自己开业”之实的行为。

案例68　张某与某体育公司劳动争议案[2]

——劳动者借亲属之名行竞争之实的，违反竞业限制义务

【基本案情】

2018年7月31日，张某入职某体育公司，任教学研发中心总经理，负责教

〔1〕参见北京市昌平区人民法院民事判决书，(2016) 京0114民初5123号。

〔2〕参见最高人民法院新闻局：《最高人民法院发布劳动争议典型案例》，载最高人民法院网2024年4月30日，https：//www. court. gov. cn/zixun/xiangqing/431252. html。

学教研管理。双方签订竞业限制协议，约定张某在劳动关系存续期间及2年的竞业限制期间，不得实施违反竞业限制的相关行为，同时约定竞业限制期间某体育公司向张某支付经济补偿，张某违约应支付违约金，违约金金额为双方劳动关系终止或解除前12个月张某自某体育公司及关联公司取得收入的10倍。张某于2021年7月31日离职，离职前12个月的平均工资为34097.44元。某体育公司向张某支付了5个月的竞业限制经济补偿。张某之妻于2021年12月变更为某公司的投资人（持有95%的股份），经营业务与某体育公司存在竞争关系。张某之妻设立的某公司的关联公司为张某缴纳社会保险。某体育公司认为张某违反竞业限制约定，应返还竞业经济补偿并承担违约责任，向某劳动人事争议仲裁委员会申请仲裁。某劳动人事争议仲裁委员会裁决，张某返还某体育公司竞业经济补偿、支付违约金。张某不服，诉至人民法院，请求无需返还竞业经济补偿及支付违约金。

【裁判要点】

生效判决认为，张某任教学研发中心总经理，负责管理工作，对某体育公司的经营管理有决策权，应按照竞业限制协议等约定履行竞业限制义务。张某之妻作为投资人的某公司，在经营业务上与某体育公司存在竞争关系，属于竞业限制单位。考虑到张某与配偶之间具有紧密的人身和财产关系，经济利益上具有一致性，且其配偶的投资行为基本发生在张某从某体育公司离职后，故认定张某违反了竞业限制约定。综合考量劳动者给用人单位造成的损害、劳动者的主观过错程度、工资收入水平、职务、在职时间、违约期间、用人单位应支付的经济补偿数额以及当地的经济水平等因素，审理法院酌定张某支付某体育公司违反竞业限制违约金的数额，并判令返还竞业限制经济补偿。

【延伸思考】

在市场经济条件下，市场主体的生存发展与劳动人才竞争密切相关，构成了既相互促进又相互制约的关系。用人单位预先通过竞业限制约定等形式约束劳动者再就业的工作单位及就业方向，保护企业经济利益和竞争优势。本案中，作为高级管理人员的劳动者采取通过配偶实际经营竞争企业的方式实施竞业限制行为，违反竞业限制约定的方式更为隐蔽。人民法院在查明事实的基础上，准确认定劳动者违反竞业限制约定，判令其承担违约责任，秉持适当惩戒与维持劳动者生存的标准合理确定违约金数额，最大限度地发挥制度优势，衡平劳动者自主择业与市场公平竞争之间的关系，为构建公平、合理、有序的良性市场竞争环境提供了有力支撑。

七、入职竞争单位非竞争岗位的，是否违反竞业限制义务

现实中还存在一种纠纷，即用人单位主张劳动者入职了竞争单位，违反了约

定的竞业限制义务，劳动者却抗辩称，其入职的虽然是竞争单位，但是从事的岗位却与在原单位从事的岗位没有任何关联，也用不上在原单位接触到的商业秘密，因此不构成对竞业限制义务的违反。那么，此种情形下，劳动者到底有没有违反竞业限制义务？司法实践中，对于该问题存在不同观点。一种观点认为，只要劳动者从事的具体岗位与其在原单位接触到的商业秘密无关，即使其入职的单位与原单位具有竞争关系，也不违反竞业限制义务。另一种观点则认为，只要劳动者入职的新单位与原单位之间存在竞争关系，即构成对竞业限制义务的违反，而无论其从事的具体岗位与之前知悉的商业秘密有没有关系。

笔者赞同第二种观点，因为，其一，从《劳动合同法》第 24 条规定的竞业限制类型来看，对于“入职竞争单位型”，只要劳动者入职的是竞争单位，即构成对竞业限制义务的违反，法律并没有规定需要再区分劳动者具体从事的岗位与之前知悉的商业秘密有没有关系。其二，即使劳动者从事的新岗位用不上之前知悉的商业秘密，但是在劳动者受新单位支配性劳动管理的情况下，如果新单位对其知悉的商业秘密感兴趣，很难保证其在受到新单位压力的情况下能够坚持不向新单位泄露或者协助新单位获取其知悉的商业秘密。其三，从举证角度来看，如果新单位与劳动者想掩饰其真实工作情况，原用人单位也实难就劳动者的真实工作情况收集、提供证据。

第六节　竞业限制经济补偿

一、未约定经济补偿的竞业限制依旧有效

我国的实践和理论对此问题有不同观点，第一种观点认为，此类竞业限制条款属于无效条款。认定该条款无效的理由主要有：一是未约定经济补偿的竞业限制条款显失公平，应当认定无效；[1] 二是根据《劳动合同法》第 26 条的规定，即用人单位免除自己的法定责任、排除劳动者权利的，劳动合同无效。对于未约定竞业限制补偿的协议，应当参照上述法律规定认定其无效，以保护劳动者的就业权和生存权。[2] 第二种观点认为，未约定经济补偿金的竞业限制条款对劳动者

---

〔1〕 参见周宏峰：《未给予经济补偿的竞业限制约定是否有效》，载《中国社会保障》2007 年第 11 期。

〔2〕 参见臧云霄：《浅谈竞业禁止条款的效力及纠纷的管辖》，载《中国劳动》2003 年第 12 期；王某某诉某电气（中国）投资有限公司上海分公司劳动争议纠纷案，载《最高人民法院公报》2009 年第 11 期。

不发生效力。[1] 第三种观点认为，未约定经济补偿金的竞业限制条款应当认定为有效。[2] 主要理由在于，认定此类竞业限制条款无效，不利于建立正常有序的市场秩序、保护用人单位的合法权益；认定此类合同有效并同时保证劳动者的竞业补偿请求权，可以有效平衡劳资双方的权益；认定此类竞业限制条款无效不符合《劳动合同法》第23条及《民法典》关于合同无效的规定。[3]

虽然相关立法解释持第一种观点，认为“用人单位未按照约定在劳动合同终止或者解除时向劳动者支付竞业限制补偿金的，竞业限制条款无效，这是竞业限制生效的条件和劳动者遵守竞业限制义务的前提”，[4] 但是劳动争议司法解释对于此问题却采用了第三种观点。原《劳动争议司法解释四》第6条第1款规定，“当事人在劳动合同或者保密协议中约定了竞业限制，但未约定解除或者终止劳动合同后给予劳动者经济补偿，劳动者履行了竞业限制义务，要求用人单位按照劳动者在劳动合同解除或者终止前十二个月平均工资的30%按月支付经济补偿的，人民法院应予支持”。从司法解释释义书所做的阐述来看，该条解释的起草者所持理由主要包括：我国的合同效力制度总的发展趋势是意思自治原则越来越发挥出实际效能，公序良俗原则越来越定位合理，鼓励交易原则越来越落到实处，无效的范围逐渐缩小，效力形式越来越多样化、富有弹性，有效、无效、可撤销、效力待定、未生效并存的模式渐趋完善。[5] 由此可见，对合同效力包括劳

---

〔1〕 例如，江苏省高级人民法院、江苏省劳动争议仲裁委员会《关于审理劳动争议案件的指导意见（2009）》（苏高法审委〔2009〕47号）第13条规定：用人单位与劳动者约定了竞业限制条款但未约定经济补偿，或者约定了经济补偿但未按约定支付的，该竞业限制条款对劳动者不具有法律约束力。劳动者依约遵守了竞业限制条款，但用人单位未按约支付经济补偿，劳动者请求用人单位支付经济补偿的，应予支持。双方没有约定补偿标准或约定的补偿标准低于《江苏省劳动合同条例》第17条规定的标准，劳动者请求按照《江苏省劳动合同条例》第17条规定的标准补足的，应予支持。用人单位在竞业限制期限届满前已通知劳动者解除竞业限制条款，劳动者请求用人单位继续履行竞业限制条款并支付经济补偿的，不予支持。

〔2〕 参见桂菊平：《竞业禁止若干法律问题研究》，载《法商研究》2001年第1期。司法实践中也有支持此种观点的，例如，上海市高级人民法院《关于适用劳动合同法若干问题的意见》（沪高法〔2009〕73号）第13条规定：当事人对竞业限制条款约定不清的处理。劳动合同当事人仅约定劳动者应当履行竞业限制义务，但未约定是否向劳动者支付补偿金，或者虽约定向劳动者支付补偿金但未明确约定具体支付标准的，基于当事人就竞业限制有一致的意思表示，可以认为竞业限制条款对双方仍有约束力。补偿金数额不明的，双方可以继续就补偿金的标准进行协商；协商不能达成一致的，用人单位应当按照劳动者此前正常工资的20%～50%支付。协商不能达成一致的，限制期限最长不得超过两年。

〔3〕 参见朱军：《未约定经济补偿对离职竞业禁止协议效力的影响——基于离职竞业禁止案例的整理与研究》，载《华东政法大学学报》2012年第1期。

〔4〕 全国人大常委会法制工作委员会行政法室编著：《中华人民共和国劳动合同法解读与适用》，人民出版社2007年版，第70页。

〔5〕 参见崔建远：《合同法总论》（上卷）（第2版），中国人民大学出版社2011年版，第271页。

动合同效力的认定应当与此趋势保持一致。在此趋势之下，要看到，合同无效是对当事人意思自治的否定，影响交易效率，应当慎重，等等。[1] 笔者认为，该条解释起草者关于合同效力、意思自治的思维是典型的普通合同法上的思维，其并没有意识到《劳动合同法》属于社会法以及劳动关系中劳资双方缔约地位的不平等性。《劳动合同法》第 26 条关于“用人单位免除自己的法定责任、排除劳动者权利的”约定无效的规定，显然是考虑到《劳动合同法》的社会法属性以及劳动关系中劳资双方缔约地位的不平等性之后，作出的正确规定。

虽然该司法解释明确规定未约定经济补偿情况下劳动者可以要求原用人单位按照劳动合同解除或者终止前 12 个月平均工资的 30% 按月支付经济补偿，从而保护劳动者的合法权益，但是，如果司法解释采用第一种观点或者第二种观点，劳动者则可以根据自己的实际情况选择不受竞业限制的约束，显然这对劳动者更为有利。对于用人单位来说，在其拟定、提供竞业限制协议的情况下，却不在协议中约定经济补偿，显然是存故意心态，有违诚实信用原则，其做法也明显违反《劳动合同法》第 26 条之规定，试图免除自己的法定责任、排除劳动者权利的。在这种情况下，不应当通过司法解释继续偏向于保护其利益。

二、竞业限制经济补偿的标准

竞业限制的重要内容有两个：一是劳动者应当履行竞业限制义务；二是用人单位应当支付经济补偿。[2] 但是，对于竞业限制经济补偿的标准，劳动法律并没有进行规定，也没有规定约定经济补偿标准应当考虑的因素，将该约定权完全下放给用人单位与劳动者。这使在用人单位占据缔约主导地位的劳资关系下，约定的经济补偿标准普遍偏低，尤其是与约定由劳动者承担的违约金相比，比例悬殊。比如，某用人单位与劳动者签订的竞业限制协议中约定，该用人单位同意就劳动者离职后承担的保密义务及竞业禁止义务，在竞业禁止期限内按月份给予劳动者经济补偿，补偿金额为 50 元/月。如果劳动者不履行本协议所规定的保密义务与竞业禁止义务，应当承担违约责任，一次性向该用人单位支付违约金 20000 元。[3]

原《劳动争议司法解释四》第 6 条虽然规定，“当事人在劳动合同或者保密协议中约定了竞业限制，但未约定解除或者终止劳动合同后给予劳动者经济补

---

〔1〕 参见最高人民法院民事审判第一庭编著：《最高人民法院劳动争议司法解释（四）理解与适用》，人民法院出版社 2013 年版，第 133～134 页。

〔2〕 参见最高人民法院民事审判第一庭编著：《最高人民法院劳动争议司法解释（四）理解与适用》，人民法院出版社 2013 年版，第 13 页。

〔3〕 参见北京市昌平区人民法院民事判决书，(2015) 昌民初字第 3875 号。

偿，劳动者履行了竞业限制义务，要求用人单位按照劳动者在劳动合同解除或者终止前十二个月平均工资的30%按月支付经济补偿的，人民法院应予支持。前款规定的月平均工资的30%低于劳动合同履行地最低工资标准的，按照劳动合同履行地最低工资标准支付”。但是即使依照该解释，约定的竞业限制经济补偿只要不低于劳动合同履行地最低工资标准即可。相比对劳动者后续就业所造成的限制以及对劳动者后续生活所造成的经济压力，该标准不可谓不低。因此，司法实践中，有观点认为，如果竞业限制协议约定用人单位以最低工资标准支付竞业限制经济补偿，和劳动者违约需要支付的违约金相比相差巨大的，明显不公平，应当根据《民法典》关于格式条款的规定，认定该约定无效。[1] 笔者赞同该观点，并进一步认为，可以以司法解释规定的劳动者离职前12个月平均工资的30%作为标准，判断竞业限制经济补偿是否过低。如果约定的经济补偿标准低于劳动者离职前12个月平均工资的30%，可以认定约定的经济补偿过低，并根据约定的违约金金额、竞业限制期限等因素，将经济补偿标准调整至劳动者离职前12个月平均工资的30%以上。

案例69　某科技公司与苏某某竞业限制纠纷案[2]

——约定的经济补偿标准低于离职前12个月平均工资的30%，可以认定经济补偿过低

【基本案情】

位于上海的某科技公司和员工苏某某约定了24个月竞业限制期，违约须赔偿100万元。苏某某认为其在职期间工资每月4.5万元，约定的每月竞业限制补偿金却仅有上海最低工资标准每月2590元，该补偿标准过低，遂申请劳动仲裁。

【裁判要点】

生效判决认为，某科技公司以最低的工资标准支付竞业限制的经济补偿，和他违约需要支付100万元的赔偿，这两个数字相差巨大，该约定明显不公平。根据《民法典》关于格式条款的规定，认定双方之间关于此条款的约定无效。法院最终认定，某科技公司按照员工苏某某离职前正常工资标准的30%，即每月1.35

〔1〕参见管昕、洪臻妍：《竞业限制引发纠纷：上海法院判定不公平条款无效，专家呼吁加强法规细则完善》，载央广网，https://china.cnr.cn/yaowen/20240525_526717566.shtml。

〔2〕参见管昕、洪臻妍：《竞业限制引发纠纷：上海法院判定不公平条款无效，专家呼吁加强法规细则完善》，载央广网，https://china.cnr.cn/yaowen/20240525_526717566.shtml。

万元的标准支付竞业限制补偿金。

结合上述分析可见，目前，竞业限制月经济补偿的标准依照约定，没有约定的劳动者可以要求用人单位按照劳动者在劳动合同解除或者终止前12个月平均工资30%的标准主张；上述约定的月标准或者依据劳动合同解除、终止前12个月平均工资30%计算的经济补偿低于劳动合同履行地最低工资标准的，按照劳动合同履行地最低工资标准支付。关于劳动者在劳动合同解除或终止前12个月平均工资的计算标准，司法解释起草者认为，应指劳动者前12个月所有收入的平均值，包括基本工资、生活补贴、津贴、奖金、加班费等各项收入。之所以如此认定，原因在于：（1）上述各项收入都是劳动者付出劳动所获得的对价，用于劳动力的维持及其再生产，虽然有具体项目的划分，但性质上并无二致。（2）虽然短期来看，奖金、加班费等项收入与该劳动期内劳动者的工作表现和工作时间有较为紧密的关系，但是，由于是根据劳动者12个月的平均工资收入为标准，因此，短期工作表现和工作时间这一因素的影响并不需要作出特别考虑。或者说，由于是以12个月为判断依据，所以，将奖金、加班费在内的收入作为劳动者工资收入的一部分更能反映劳动者的平均工资水平。（3）将劳动者所有的收入都作为平均工资的计算依据，也有利于避免用人单位利用其优势地位，将劳动者的收入作出不合理区分，从而规避或减轻其应承担的经济补偿义务。（4）将劳动者所有的收入都作为平均工资的计算依据，也有利于实现竞业限制制度中经济补偿合理性原则的要求。〔1〕

三、竞业限制经济补偿不能包含在工资中

《劳动合同法》对离职后竞业限制经济补偿的支付方式和支付时间都作了明确的限定。依照该法第23条第2款的规定，对负有竞业限制保密义务的劳动者，用人单位可以在劳动合同或者保密协议中与劳动者约定竞业限制条款，并约定在解除或者终止劳动合同后，在竞业限制期限内按月给予劳动者经济补偿。对于该条关于经济补偿支付方式和支付时间的规定是不是强制性规定存有不同观点。笔者认为，正如本书已经详细分析的，该规定对于用人单位来说是强制性规定。认为该规定不是强制性规定的观点，实际上是混淆了劳动法与合同法的一个重大区别：不同于合同法的任意法性质，劳动法是具有公法性质的社会法，对于用人单位一方来说，其并不适用“法无禁止即可为”的合同法法理，而是受“法无授权

〔1〕参见最高人民法院民事审判第一庭编著：《最高人民法院劳动争议司法解释（四）理解与适用》，人民法院出版社2013年版，第138～139页。

不可为”的原则所约束。因此，在劳动法项下，法律没有授权时，用人单位原则上不能与劳动者就经济补偿的给付方式和给付时间作另行约定。

实践中，有不少用人单位在劳动合同或者竞业限制协议中约定劳动者在职期间的工资中包含离职后的竞业限制经济补偿。因为用人单位先行向劳动者给付了竞业限制的对价，劳动者赚取了现金价值，使这一约定似乎对劳动者有利。但是实际上，这会纵容用人单位恶意拆分工资，损害员工权益。用人单位完全可以利用自身优势地位恶意将员工工资拆分一项出来列为“竞业限制补偿”，达到逃避支付竞业限制补偿的目的，损害员工合法权益。[1] 如此一来，竞业限制经济补偿制度将形同虚设，企业只享受权利而无需履行义务，与竞业限制制度的立法精神背道而驰。比如，劳动者应聘时，用人单位承诺其月工资为 1 万元，但是当劳动者入职订立劳动合同或者竞业限制协议时，用人单位基于其在劳动关系存续期间缔约上的支配地位，在其提供的劳动合同或者竞业限制协议格式文本中，约定工资中包含竞业限制经济补偿，此时，一般劳动者实际上是没有办法不订立该份劳动合同的，除非另谋他就。所以，《劳动合同法》规定竞业限制经济补偿应当在离职后按月支付是煞费苦心的。在立法机关编著的释义书中明确提到，竞业限制经济补偿不能包含在工资中，只能在劳动关系结束后，在竞业限制期限内按月给付。[2] 时任最高人民法院民一庭负责人就原《劳动争议解释四》答记者问时明确强调，“竞业限制经济补偿金不能包含在工资中，只能在劳动关系结束后，在竞业限制期限内按月给予劳动者”。[3]

因此，如果用人单位在竞业限制条款中约定劳动者在职期间的工资中包含离职后的竞业限制经济补偿，而劳动者主张实际上其工资中并不包括竞业限制经济补偿，并要求用人单位向其支付经济补偿的，应当支持劳动者的主张，认定其工资中不包含竞业限制经济补偿，用人单位仍需依法向其支付该经济补偿。山东、

---

〔1〕 参见谢炳城：《竞业限制的几个疑难问题解析》，载微信公众号“子非鱼说劳动法”2024 年 12 月 30 日。

〔2〕 参见信春鹰、阚珂主编：《中华人民共和国劳动合同法释义》（第 2 版），法律出版社 2013 年版，第 82 页。

〔3〕 最高人民法院民事审判第一庭编著：《最高人民法院劳动争议司法解释（四）理解与适用》，人民法院出版社 2013 年版，第 13 页。

天津等地区对此作了明确规定，值得借鉴[1]。

案例70　管某与F公司劳动争议案[2]

——工资中已包含竞业限制经济补偿的约定无效

【基本案情】

2022年6月5日，管某入职F公司，担任生鲜采购员。双方订立《保密及竞业禁止协议》，就保密和竞业限制约定：管某在职期间，F公司每月支付给管某的工资中已经包括提前支付的竞业限制补偿金，管某在劳动期间及劳动关系解除或终止之日起2年内承担竞业限制义务；管某违反协议中的保密义务，应承担违约责任，如有违约行为须向F公司支付赔偿金为月保密费累计的5倍，并需要同时赔偿给F公司造成的损失；管某离职后，F公司支付补偿金的，管某违约应当按照补偿金的10倍违约责任偿还。

双方劳动关系于2023年6月15日经协商解除。公司工作人员向管某出具的2022年8月、11月、12月以及2023年1月至6月工资条显示，管某的月工资中包含“竞业保密工资”400元，合计支付4800元。管某不认可该款项是离职后的竞业限制经济补偿。

2023年12月，F公司申请劳动仲裁，要求管某继续履行竞业限制义务、返还已经支付的竞业限制补偿金、支付违反保密及竞业限制义务违约金、赔偿经济损失等。仲裁裁决作出后，管某起诉至法院。

【裁判要点】

生效判决认为，首先，根据查明的事实可以认定，在管某离职之后F公司没有向其支付过竞业限制经济补偿。其次，就在职期间F公司是否支付过竞业限制经济补偿，虽然《保密及竞业禁止协议》约定，管某在职期间，F公司每月支付给管某的工资中已经包括提前支付的竞业限制补偿金，工资条亦显示，管某的月工资中包含“竞业保密工资”400元，似乎F公司已经通过随工资发放的方式提

---

〔1〕 例如，山东省高级人民法院、山东省人力资源和社会保障厅《关于审理劳动人事争议案件若干问题会议纪要》第9条指出，“劳动合同解除或者终止后，用人单位未支付竞业限制经济补偿，劳动者因此请求解除竞业限制协议，用人单位以其在劳动关系存续期间向劳动者支付的劳动报酬已包含竞业限制经济补偿进行抗辩的，对用人单位的抗辩不予支持”。天津市人力资源和社会保障局《关于印发天津市贯彻落实〈劳动合同法〉若干问题实施细则的通知》第9条规定，“用人单位在劳动合同或者保密协议中与劳动者约定竞业限制条款的，在约定违约金和经济补偿时应遵循公平、公正、适量、对等的原则。用人单位向劳动者支付竞业限制经济补偿的，应当在劳动合同解除或者终止后支付”。

〔2〕 参见北京市第一中级人民法院民事判决书，（2024）京01民终8960号。

前向管某支付了离职后的竞业限制经济补偿。但是，第一，《劳动合同法》对离职后竞业限制经济补偿的支付方式和支付时间都作了明确的限定，即用人单位在解除或者终止劳动合同后，在竞业限制期限内按月给予劳动者经济补偿。第二，双方订立的《保密及竞业禁止协议》虽然约定某电子商务公司每月支付给管某的工资中已经包括提前支付的竞业限制补偿金，但是显然该约定不明确，没有约定经济补偿的金额；工资条显示管某的月工资中包含"竞业保密工资"400元，显然，该400元不仅与管某的工资水平相比显著低下，也明显低于北京市最低工资标准，且既是竞业限制经济补偿又是保密费用。前述约定金额的不明确和实际履行中金额的显著低下以及一笔费用履行两种义务，事实上形成用人单位免除自己的法定责任、排除劳动者权利之局面。基于上述分析，法院认定该400元仅是管某承担保密义务的保密费用，不是竞业限制经济补偿，进而认定，F公司没有向管某支付过竞业限制经济补偿。

【延伸思考】

诚实信用是民事活动的基本原则，也是订立、履行劳动合同和竞业限制协议的基本原则。用人单位应当秉持该原则，在要求劳动者履行竞业限制义务时，依法向劳动者支付竞业限制经济补偿，不能利用自己的优势缔约地位，通过"工资中已包含竞业限制经济补偿"等约定，免除己方支付竞业限制经济补偿的义务，侵害劳动者合法权益。

四、能否以非货币作为竞业限制经济补偿

在实践中，有的用人单位在与劳动者约定竞业限制条款时，出于减少现金支出等目的，将股权激励标的物等非货币标的物约定为向劳动者给付的竞业限制经济补偿。对于这种约定，应如何评价其效力?

一种观点认为，将权益结算类的股权激励标的物约定为向劳动者给付的竞业限制经济补偿，该约定违反法律的强制性规定，应属无效。竞业限制经济补偿的支付时间原则上应当是在劳动合同解除或终止后，而限制性股票的授予时间是在劳动合同解除或终止之前；竞业限制经济补偿应当具有确定性，而限制性股票的获得及收益都是不确定的。故限制性股票不符合竞业限制经济补偿的特征。[1] 另一种观点认为，相关约定是当事人的真实意思表示，应当认定为有效。例如，有法院认为，限制性股票收益兼具具有股权激励作用的附条件福利、竞业限制补偿及违反竞业限制违约金多重属性。[2] 还有一种观点认为，如果双方的约定相对于

---

〔1〕参见高鹏飞、胡笑笑：《竞业限制纠纷与股权合同纠纷的冲突协调》，载《法治论坛》第62辑。

〔2〕参见广东省深圳市中级人民法院民事判决书，(2017)粤03民终7513号。

《劳动合同法》支付竞业限制经济补偿的强制性规定，对劳动者更为不利，则应当将相关约定评价为无效。例如，有法院认为，双方约定以发放股票期权的形式作为竞业限制经济补偿，但是劳动者是否行权很大程度上取决于在合约规定的行权期间，股票价格与购买期权价格之间是否存在差价从而能够获得盈利。某公司的母公司目前并未公开上市，因此，其股权并不存在一个各方接受的、确定的交易价格，高某能否因行权而盈利、盈利能否达到法定的竞业限制补偿的最低标准都是难以确定的。并且，因未公开上市，该股票期权无法像货币一样随时兑现，也就是欠缺流动性，这些特征使如果按照双方的约定，则相对于《劳动合同法》的强制性规定，对劳动者较为不利，因此，法院认定相关约定无效。[1]

笔者认为，不同于《劳动合同法》第 47 条将解除或终止劳动合同的经济补偿形式限定在货币形式，《劳动合同法》对竞业限制经济补偿的给付并没有严格限定在货币支付，既然法律对竞业限制经济补偿的形式未作禁止性规定，那么以股票、股票期权等非货币形式作为竞业限制经济补偿并非绝对不可。但是，需要强调的是，《劳动合同法》是兼具公法性质的社会法，且一般情形下，从缔约开始劳动者在劳动关系中即处于弱势的受支配地位，故为了保护劳动者的合法权益，限制用人单位的行为界限，《劳动合同法》的很多条文对于用人单位来说都是强制性规定，但是对于劳动者来说却不是。《劳动合同法》第 23 条第 2 款即是这样的条款，其明确规定竞业限制补偿需按月给付，目的在于解决劳动者因就业受限而可能的生活困难，为其生存提供持续稳定的经济保障。因此，对于用人单位来说，该规定属于强制性规定，它意味着能否约定以股票、股票期权等作为竞业限制经济补偿，要受该规定的规制。具体判断标准为：当相关补偿给付方式的约定较之上述强制性规定对劳动者更为有利时，没有必要否定其效力；如果该约定较之上述强制性规定显得对劳动者不利，且劳动者亦提出相关诉讼主张时，则从保护劳动者生存角度出发，将相关竞业限制经济补偿的约定认定为无效。

遵循上述标准的同时，需要区分不同标的物进行分析：（1）约定以股票期权作为经济补偿的。对于股票期权，激励对象是否行权，很大程度上取决于在约定的行权期间，股票价格与购买期权价格之间是否存在盈利，而是否存在盈利是约定竞业限制条款时难以确定的。尤其对于并未公开上市的企业，其股权并不存在一个各方接受的、确定的交易价格，激励对象能否因行权而盈利、盈利能否达到法定的补偿最低标准都是难以确定的。并且，因未公开上市，该股票期权无法像货币一样随时兑现，欠缺流动性，这些特征使如果按照双方的约定，则相对于法

〔1〕 参见北京市第一中级人民法院民事判决书，（2021）京 01 民终 1751 号。

律的强制性规定，对激励对象较为不利。因此，如果激励对象主张该约定无效的，可以予以支持。（2）约定以上市公司的股票作为经济补偿的。对此，要区分不同情形进行分析。其一，对于当劳动合同解除时已经经过限售期、可以随时上市流通的普通股票，其具备以货币形式给付补偿的大多数优点，如金额相对确定，可以随时套现，因此可以作为竞业限制经济补偿。其二，对于当劳动合同解除时仍处于限售期的股票，其在限售期内无法及时变现，也不能按月兑现，而且按照《劳动争议司法解释一》第 38 条的规定，劳动合同解除或者终止后，因用人单位的原因导致 3 个月未支付经济补偿，劳动者有权请求解除竞业限制约定。是故，以其作为竞业限制经济补偿，容易引发进一步的纠纷。其三，对于股票在变更登记至激励对象名下之前被摘牌退市的，如果激励对象主张相关约定无效，应予支持。（3）约定以非上市公司的股权作为经济补偿的。因为非上市公司的股权估价的不确定性、兑现的困难性，不宜作为竞业限制经济补偿。如果激励对象主张该约定无效，应予支持。在认定相关竞业限制经济补偿的约定无效之后，应当视为双方未约定经济补偿。此时，法院可以根据劳动者的诉讼请求以及《劳动争议司法解释一》第 36 条的相关规定，判令用人单位另行支付竞业限制经济补偿。

五、用人单位能否在终结劳动关系时一次性支付竞业限制经济补偿

如前所述，《劳动合同法》第 23 条第 2 款对竞业限制经济补偿的支付方式和支付时间都作了明确的限定，即用人单位应当在解除或者终止劳动合同后，在竞业限制期限内按月给予劳动者经济补偿。但是，在实践中，有用人单位嫌按月支付太麻烦，便与劳动者约定，在终结劳动关系时，也就是在竞业限制开始时，一次性向劳动者支付整个竞业限制期间的经济补偿，或者在每年、每季度开始时一次性支付当年、当季度的经济补偿，那么，这样的约定有效吗？

笔者认为，正如上一个问题所分析的，《劳动合同法》第 23 条第 2 款对于用人单位来说是强制性规定，但是对于劳动者来说却不是，其明确规定竞业限制补偿需按月给付，目的在于解决劳动者因就业受限而可能的生活困难，为其生存提供持续稳定的经济保障。因此，判断经济补偿给付方式的约定是否有效的标准可以是：当经济补偿给付方式的约定较之上述强制性规定对劳动者更为有利时，则没有必要否定其效力；如果该约定较之上述强制性规定显得对劳动者不利，且劳动者亦在仲裁或者诉讼中提出相关主张时，则从保护劳动者生存角度出发，可以将相关约定认定为无效。

表面上看，前述一次性支付整个竞业限制期间的经济补偿，或者按年、按季

度支付经济补偿的方式对劳动者似乎有利，因为劳动者获取了更多的现金价值，但是，这样的支付方式可能会增加个人所得税金额，从而减少劳动者实际获取的经济补偿金额，因此，笔者倾向对于前述约定，要根据个案情况、经济补偿的金额以及劳动者的主张等因素，具体分析约定是否有效。

六、不得不合理约定不利于劳动者受领竞业限制经济补偿的条件

根据《劳动合同法》第23条第2款的规定，用人单位应当“在竞业限制期限内按月给予劳动者经济补偿”，可见，按月支付竞业限制经济补偿是用人单位在竞业限制中的主给付义务。易言之，按月受领竞业限制经济补偿是劳动者在竞业限制中的主要权利。结合该法第26条第1款第2项的规定，用人单位不得在竞业限制协议中“排除劳动者权利”，因此，用人单位不得在竞业限制协议中不合理地约定不利于劳动者受领经济补偿的受领条件。例如，有竞业限制协议约定，给予劳动者的补偿，劳动者“应当按照用人单位指定的时间到单位财务部门领取补偿”。[1] 在网上银行转账如此便捷的当今社会，这样的约定变相限制了劳动者的就业范围，增加了劳动者受领成本。假设用人单位A在合肥，依照前述约定，劳动者甲每月都要去A公司领取，则其再就业范围就受到限制，如果有位于深圳的B公司愿意录用甲，甲为了按月受领经济补偿，其有可能不得不放弃B公司的录用机会；如果甲入职了B公司，则其为了领取经济补偿，每月都需在深圳与合肥之间往返两千多公里，增加了大量的交通和时间成本；即使甲仍旧在合肥当地就业，其每月也需要为领取经济补偿付出额外的时间成本和交通支出，并且其本职工作计划也可能因为与A公司指定的领取时间冲突而不得不改变。因此，类似约定因为符合《劳动合同法》第26条第1款第2项规定情形，当属无效，由此产生的未及时支付竞业限制经济补偿的不利后果，应由用人单位承担。

七、竞业限制经济补偿的仲裁时效

实践中，对于劳动者向用人单位主张竞业限制经济补偿的仲裁时效，存在不同裁判观点。

一种观点认为，由于法律规定竞业限制经济补偿应当按月支付，因此，每个月的经济补偿具有独立性，在用人单位未向劳动者支付当月的经济补偿时，劳动者就已经知道或应当知道其权利受到侵害，依照《劳动争议调解仲裁法》第27

---

[1] 北京市第一中级人民法院民事判决书，(2024) 京01民终8910号。

条第 1 款的规定，[1] 应当各自计算 1 年的仲裁时效，即按照竞业限制经济补偿的支付周期独立计算仲裁申请时效。持该种观点的一般支持劳动者向仲裁机构申请仲裁之日往前 1 年内的竞业限制经济补偿，而对于超过该期间的部分，即劳动者向仲裁机构申请仲裁之日往前超过 1 年的竞业限制经济补偿，认为已经超过 1 年的仲裁时效，故不予支持。[2]

另一种观点则认为，用人单位在竞业限制期限内未支付竞业限制经济补偿是一个持续违法的状态，违法行为终止之日即为仲裁时效起算之日，故依照《民法典》第 189 条对于债务分期履行的时效规定，应当将竞业限制经济补偿视为同一债务分期履行，仲裁时效自竞业限制期限届满之日起算。[3]

笔者认为，两种观点各有其理。但是我们从债的类型角度分析竞业限制会发现，其一，竞业限制之债并不像劳务、租赁等继续性债务一样可以随时解除、不再履行或者延长，而是一个整体性的债务，是同一笔债务，其性质更接近于非继续性债务。法律规定用人单位按月支付竞业限制经济补偿，目的在于解决劳动者因就业受限而可能的生活困难，为其生存提供持续稳定的经济保障，并不意味着竞业限制之债可以按月分割为多笔独立的债务。其二，继续性债务的一个重要特点是债务总额在债的关系成立时并不确定，而是随着时间的延续不断增加；[4] 在竞业限制之债中，债的总额（竞业限制经济补偿总额、违约金金额）在一开始就是确定的，这是非继续性债务的特点。竞业限制之债就像订阅报纸合同、订购牛奶合同等分期供给合同，自始有一个确定的总给付，只不过分期履行：合同在订立时就已经确定了所订阅的报纸总数、所订购的牛奶总量，总价款也随之确定，之后每次的报纸投递或者每天送交牛奶仅仅是总给付的部分。[5] 竞业限制之债也像分期付款的买卖合同，在买卖合同订立时买方需支付的总价款就是确定的，只不过买家可以通过分期付款的方式分期履行。《劳动争议司法解释一》第 38 条规定，因用人单位的原因导致 3 个月未支付经济补偿，劳动者请求解除竞业限制约定的，人民法院应予支持；《民法典》第 634 条第 1 款同样规定，分期付款的买受人未支付到期价款的数额达到全部价款的 1/5，经催告后在合理期限内仍未支付到期价款的，出卖人可以请求买受人支付全部价款或者解除合同。从这两个规定来看，竞业限制经济补偿的按月支付与买卖合同中买受人的分期付款确实具有相

---

〔1〕《劳动争议调解仲裁法》第 27 条第 1 款规定，劳动争议申请仲裁的时效期间为 1 年。仲裁时效期间从当事人知道或者应当知道其权利被侵害之日起计算。

〔2〕参见广东省深圳市中级人民法院民事判决书，(2022) 粤 01 民终 3745、3746 号。

〔3〕参见北京市第三中级人民法院民事判决书，(2022) 京 03 民终 14703 号。

〔4〕参见王利明：《债法总则》，中国人民大学出版社 2016 年版，第 62 页。

〔5〕参见崔建远：《债法总论》，法律出版社 2013 年版，第 38 页。

似的性质。因此，笔者认为，将竞业限制之债定性为非继续性债务，将用人单位按月支付经济补偿定性为同一债务的分期履行更符合竞业限制之债的本质。依照《民法典》第189条的规定，“当事人约定同一债务分期履行的，诉讼时效期间自最后一期履行期限届满之日起计算”。因此，劳动者向用人单位主张竞业限制经济补偿的仲裁时效，应当统一从整个竞业限制期限届满之日起算。

第七节 竞业限制的解除

一、劳动合同解除或者终止，原则上不影响竞业限制协议效力

《劳动争议司法解释一》第37条规定，“当事人在劳动合同或者保密协议中约定了竞业限制和经济补偿，当事人解除劳动合同时，除另有约定外，用人单位要求劳动者履行竞业限制义务，或者劳动者履行了竞业限制义务后要求用人单位支付经济补偿的，人民法院应予支持”。换言之，劳动合同解除后，除另有约定外，竞业限制协议依然有效。上述劳动合同解除，既包括协商一致解除，也包括劳动者或者用人单位单方解除。

虽然有观点认为，当劳动者依据《劳动合同法》第38条解除劳动合同时，是因为用人单位的原因导致劳动者被迫辞职，劳动合同关系的终止可归于用人单位，因此，在劳动者解除劳动合同后，竞业禁止协议对劳动者也失去效力。[1] 在劳动者解除合同是可归责于用人单位的情形下，再确认竞业禁止协议的效力，很可能危及劳动者的择业权和生存权，有违公序良俗。[2] 但是，司法解释并未采纳上述观点，原因在于，竞业限制协议与劳动合同的功能和目的不同，前者具有一定的独立性。法律赋予劳动者即时解除权的目的在于在法定情形下，劳动者的人身财产权利受到侵害，赋予劳动者的特别解除权是保护劳动者人身财产权益的一种即时手段。劳动者在解除劳动合同后，对用人单位享有的工资报酬请求权等权利并不受影响，同时，还有权要求用人单位给付经济补偿金，用人单位还要承担行政责任甚至刑事责任等。如此一来，一方面，用人单位的违法行为能够得到制裁；另一方面，劳动者的合法权益能够得到保障。因此，不能将劳动者所负担的由竞业限制协议所产生的竞业限制义务与用人单位在用工过程中的其他过错视为具有对应关系。两者应适用不同的制度分别调整。所以，此种情形下劳动者解除

〔1〕 参见李永明：《竞业禁止的若干问题》，载《法学研究》2002年第5期。
〔2〕 参见徐敬云：《离职后竞业禁止协议效力的分析》，载《中国劳动》2002年第12期。

劳动合同也并不当然产生解除竞业限制协议的效力，除非当事人另行达成协议。[1]

那么，用人单位违法解除劳动合同时，竞业限制约定是否仍然有效？对此问题，存在不同观点。从国外的司法实践来看，也存在不同的做法。英国判例长期以来就明确，雇主滥用职权解除劳动合同，不能再要求雇员履行已订立的非竞争条款。法国判例最初的态度与英国的一致，但到了 20 世纪 70 年代发生了转变。法国最高法院在 1974 年 1 月 24 日的一个判决中认为，在劳动合同或集体合同没有明文规定的情况下，即使是不正当解雇，雇员也要履行非竞争条款。法国的上述做法与英国判例的观点正好相反。对这一判决，法国学术界存在争论。赞同者认为，雇主滥用解雇权与非竞争条款的效力是两回事，前者是违反法律的行为，而后者则是信守诺言的行为，前者的出现并不能导致后者的消失。反对者则认为，合同的履行必须坚持诚实信用原则，雇主任意撕毁合同就是不讲诚实信用的表现，因而他也应失去在该条款上的债权，要求因雇主过错而丢掉工作的劳动者继续履行非竞争条款有失公正。[2]

对此问题，我国学者同样也有不同意见，在《劳动合同法》立法过程中，多数学者同意规定，企业违反法律或劳动合同规定而解除劳动合同时，竞业限制条款无效。有些地方立法对此已有体现，如《深圳经济特区企业技术秘密保护条例》第 19 条规定，企业违反劳动合同以及提前解雇员工的，竞业限制协议自动终止。[3] 但是，司法解释同样未采纳上述观点，根据司法解释起草者的阐述，主要理由除前述竞业限制协议的独立性之外，还有：（1）认为用人单位违法解除劳动合同将导致竞业限制协议无效或失效的观点，未能区分劳动法关于用人单位违法解除劳动的制度与劳动合同无效制度功能，未能看到各个制度发挥作用的不同空间。（2）此种观点未能平衡劳动者因用人单位违法解除合同所获得的救济与用人单位商业秘密权益保护之间的关系。（3）竞业限制协议不受用人单位违法解除影响，有利于建立公平的市场竞争秩序。如果采纳无效或失效说，则用人单位违法解除合同后，劳动者可以任意向第三方披露商业秘密，使竞争对手轻易获得有利信息，将导致市场公平竞争秩序的紊乱。（4）从立法历史来看，立法上倾向于竞业限制条款有效，《劳动合同法（征求意见稿）》曾规定，用人单位"依法"解除劳动合同的，竞业限制条款有效，而在《劳动合同法》审议表决时，却将此条款

---

〔1〕 参见最高人民法院民事审判第一庭编著：《最高人民法院劳动争议司法解释（四）理解与适用》，人民法院出版社 2013 年版，第 149～150 页。

〔2〕 参见郑爱青：《从英法劳动法判例看劳动法上的忠实义务与竞业限制条款》，载《法学家》2006 年第 2 期。

〔3〕 参见《竞业限制司法实务问题研究》，载《人民司法》2011 年第 17 期。

删掉，未对“解除或终止劳动合同”的合法性加以限制，这说明立法上倾向于将竞业限制条款的有效性与解除或终止劳动合同的合法性分离，以正确区分二者关系。[1]

值得注意的是，《劳动争议司法解释一》第37条仅规定了劳动合同解除后，除另有约定外，竞业限制协议依然有效，并未规定劳动合同终止后竞业限制协议是否继续有效。对此，笔者认为，虽然劳动合同解除与劳动合同终止是两个不同的概念，但是对于竞业限制协议的效力来说，应当做同等处理，概因对在这两种情形下，对用人单位商业秘密的保护并无不同。当然，如果劳动合同因劳动者死亡而终止，竞业限制协议因一方主体消灭也自然终止；相应地，在用人单位因注销而终止后，竞业限制协议所欲保护的主体不复存在，此时，与劳动者死亡的效果相同，竞业限制协议自然消灭。

二、用人单位解除竞业限制

（一）用人单位可以随时解除竞业限制

《劳动争议司法解释一》第39条规定，“在竞业限制期限内，用人单位请求解除竞业限制协议的，人民法院应予支持。在解除竞业限制协议时，劳动者请求用人单位额外支付劳动者三个月的竞业限制经济补偿的，人民法院应予支持”。也就是说，司法解释赋予了用人单位在竞业限制期限内随时单方解除竞业限制协议的权利。

司法解释起草者认为，应该将竞业限制协议理解为法律赋予用人单位的一种保护自身商业秘密等重要信息的权利，从竞业限制协议的签订来看，只有用人单位有权决定是否和劳动者签订该协议，而劳动者并没有对等的权利，能够主动发起与用人单位签订该协议，劳动者仅享有对其遵守竞业限制义务而遭受经济损失请求补偿的权利。因此，从竞业限制协议的解除来看，除协议约定和法律规定的解除条件外，也应当允许用人单位主动放弃对劳动者竞业限制的要求，即享有相应的发起解除竞业限制协议的权利。[2]

按照司法解释的规定，用人单位可以在竞业限制期限内单方解除竞业限制协议，那么，在竞业限制期限到来之前，用人单位是否也可以行使该解除权呢？笔者认为，同样是可以的。实践中，竞业限制协议一般都属于附生效期限或生效条

〔1〕 参见最高人民法院民事审判第一庭编著：《最高人民法院劳动争议司法解释（四）理解与适用》，人民法院出版社2013年版，第152～153页。

〔2〕 参见最高人民法院民事审判第一庭编著：《最高人民法院劳动争议司法解释（四）理解与适用》，人民法院出版社2013年版，第181～182页。

件的合同，或者约定以劳动合同的终止或解除作为竞业限制协议生效的条件，或者约定以劳动者的离职时间作为竞业限制协议的生效时间。在竞业限制协议生效前，也就是竞业限制期限尚未到来时，用人单位已经决定不再要求该劳动者履行竞业限制协议的，当然可以解除该协议。

（二）用人单位解除竞业限制的方式

《劳动争议司法解释一》对用人单位单方解除竞业限制协议的权利，是从司法裁判的角度进行规定的，但是这并不意味着用人单位单方解除竞业限制协议的权利，必须通过人民法院确认方可行使。用人单位可以以书面或者口头通知的方式，告知劳动者解除竞业限制协议，该通知送达劳动者时即发生法律效力。但是，在实践中，经常有劳动者在向用人单位请求支付竞业限制经济补偿时，用人单位提出并未要求或者已经解除对劳动者的竞业限制的抗辩，或者是通过在竞业限制协议中约定某些模糊的解除条件，以此拒绝向劳动者支付竞业限制经济补偿。在此情况下，应当注意查明竞业限制协议是否已经实际解除，而判断是否已经解除的关键，就在于用人单位是否已经明确通知了劳动者，或者说劳动者是否已经明知不必再受竞业限制协议的约束。[1]

（三）用人单位解除竞业限制的法律后果

依照《劳动争议司法解释一》第 39 条的规定，竞业限制协议因劳动合同解除或者终止而生效后，在竞业限制期限内，用人单位单方解除竞业限制协议的，劳动者自协议解除之日起，不再负担协议约定竞业限制；用人单位也免除向劳动者支付相应竞业限制经济补偿的义务。但是基于对劳动者信赖利益的保护，用人单位应当向劳动者额外支付提前解除竞业限制协议的经济补偿，标准为 3 个月的竞业限制经济补偿。

司法解释之所以规定额外 3 个月的经济补偿，是因为起草者认为，竞业限制协议签订后，劳动者基于对协议的遵从与信赖，限制自身的就业自由，在用人单位单方宣告解除竞业限制协议时，劳动者基于之前的信赖，将蒙受一定的损失。因为竞业限制协议虽然解除了，但并不意味着劳动者可以立即摆脱协议的束缚，找到新的更好的岗位，从而实现经济收入上的提升和改善。在竞业限制协议的约束下，劳动者可能选择了待业在家，因此需要在协议解除后重新寻找工作岗位；劳动者也可能已经选择在其他领域就业，与新的用人单位签订了劳动合同，不能

〔1〕 参见最高人民法院民事审判第一庭编著：《最高人民法院劳动争议司法解释（四）理解与适用》，人民法院出版社 2013 年版，第 184 页。

立即解除转而寻找更好的工作岗位。在竞业限制协议解除前，劳动者可以凭借协议获得一定经济补偿，从而平衡其就业自由受限的经济损失。协议一旦解除，就意味着用人单位不再负有向劳动者支付竞业限制经济补偿的义务，而劳动者又不能立即摆脱竞业限制协议带来的就业不利，这必将使劳动者因竞业限制协议的解除遭受一个额外的经济损失。从某种意义上来看，这种损失类似于合同法意义上的信赖利益损失，因此，具有被补偿的合理性和法理性依据。关于劳动者应获补偿的竞业限制经济补偿的数额和标准，在司法解释制定过程中，曾经经历了从 1 个月的经济补偿到 3 个月的经济补偿的变化，最终将补偿标准确定为后者，主要是考虑到，竞业限制一经解除，劳动者一般不会立即找到新的工作岗位，劳动者如果已经在其他地区或其他行业就业，按照《劳动合同法》第 37 条的规定，需要提前 30 日以书面形式通知用人单位，方可解除劳动合同，再加上重新寻找工作机会、订立劳动合同的时间成本，1 个月的竞业限制补偿金可能难以弥补劳动者因竞业限制协议提前解除而遭受的损失，而劳动收入有着维持基本生活的特性，因此，确定 3 个月的补偿标准，在充分考虑劳动者损失弥补、生活保障的同时，也不会给用人单位带来过重的经济负担，符合公平原则，是比较适合的，也与司法解释规定的因用人单位的原因导致 3 个月未支付经济补偿，劳动者有权请求解除竞业限制协议的规定构成前后呼应。[1]

竞业限制协议一般都属于附生效条件的合同，在劳动合同解除或者终止之前，即在竞业限制协议生效前，也就是竞业限制期限尚未到来时，用人单位已经决定不再要求该劳动者履行竞业限制协议的，当然也可以解除该协议。并且，由于劳动者并未实际受到竞业限制协议的约束和择业选择权的限制，用人单位无需向劳动者支付竞业限制经济补偿，自然也就谈不上因单方解除竞业限制协议而支付额外经济补偿的问题了。[2]

三、劳动者解除竞业限制

鉴于竞业限制的立法目的就是保护用人单位的商业秘密，所以司法解释赋予用人单位可以根据自身利益及意愿随时单方解除竞业限制协议的权利。但是对于劳动者来说，只有在符合一定前提的情形下才能单方解除竞业限制协议。《劳动争议司法解释一》第 38 条专门对此作出规定，“当事人在劳动合同或者保密协议

〔1〕 参见最高人民法院民事审判第一庭编著：《最高人民法院劳动争议司法解释（四）理解与适用》，人民法院出版社 2013 年版，第 186～187 页。

〔2〕 参见最高人民法院民事审判第一庭编著：《最高人民法院劳动争议司法解释（四）理解与适用》，人民法院出版社 2013 年版，第 185 页。

中约定了竞业限制和经济补偿，劳动合同解除或者终止后，因用人单位的原因导致三个月未支付经济补偿，劳动者请求解除竞业限制约定的，人民法院应予支持”。[1] 也就是说，在用人单位与劳动者已同时约定竞业限制和经济补偿，并且劳动关系已经终结的情况下，如果因用人单位的原因导致3个月未支付经济补偿，劳动者才可以单方解除竞业限制协议。准确理解该条解释，需要把握以下几个问题：

（一）劳动者请求支付在职期间经济补偿的不适用《劳动争议司法解释一》第38条

本条司法解释针对的是劳动合同解除或终止后，劳动者请求给付经济补偿的情形，故对在职期间劳动者请求用人单位给付经济补偿的情形不能直接适用本条司法解释进行调整。劳动者可以根据竞业限制约定，要求用人单位支付经济补偿。

（二）用人单位不能以劳动者违法解除劳动关系为由拒绝支付经济补偿

本书前文已经阐述，劳动者的解除行为不符合法律规定，亦构成违法解除。只不过基于劳动者人身自由以及不能强迫劳动的考虑，《劳动合同法》无法规定在劳动者违法解除劳动关系的情况下，用人单位可以强制其继续履行劳动合同，而是在该法第90条规定，劳动者违反《劳动合同法》规定解除劳动合同，给用人单位造成损失的，应当承担赔偿责任。

但是，如果双方约定了离职后的竞业限制，且劳动关系因劳动者违法解除而终结的，用人单位能否以此为由拒绝支付竞业限制经济补偿？有观点认为，在用人单位是否支付相应经济补偿的问题上要区分劳动关系解除方或者终止方是否存在违法行为，如果劳动者解除劳动关系的行为不符合《劳动合同法》第36～38条之规定，即构成违法解除劳动关系，对劳动者违法解除的情形，用人单位无须支付相应的竞业限制经济补偿。但是，司法解释起草者反对该观点，并认为，不管劳动者解除劳动合同的行为是否合法，只要双方确认了劳动合同已经解除，用人单位均有义务根据约定按月给予劳动者经济补偿。其理由在于：（1）劳动合同解除是否合法不影响竞业限制约定的合法有效。根据《劳动合同法》第23条第2款的规定，用人单位可以在劳动合同或者保密协议中与劳动者约定竞业限制条款，并约定在解除或者终止劳动合同后，在竞业限制期限内按月给予劳动者经济补偿。劳动者违反竞业限制约定的，应当按照约定向用人单位支付违约金。由上

---

[1] 《劳动争议裁审衔接意见一》第21条也作了同样的规定。

述表述可知，竞业限制条款的生效以劳动合同解除或终止为前提，是附迟延生效条件的合同条款。在法律或合同没有限定竞业限制条款其他生效条件的情况下，附有竞业限制条款的劳动合同只要解除或终止都直接导致竞业限制条款生效，而无论合同解除或终止是因为什么原因以及双方当事人是否存在过错。（2）竞业限制约定源自劳动合同，但又有相对独立性。劳动者违法解除劳动合同，违反的是劳动合同，应接受《劳动合同法》调整。《劳动合同法》第90条明确规定劳动者违法解除劳动合同给用人单位造成的损害应向用人单位赔偿。至于竞业限制经济补偿针对的是劳动合同解除或终止后劳动者收入的减少。这里的减少是一种客观事实，不因劳动者合法或违法解除劳动合同而受影响。因此，在劳动者违法解除劳动合同时，用人单位可以依据《劳动合同法》第90条向劳动者主张赔偿，而不能以拒绝向劳动者支付经济补偿作为救济或者抵销。[1]

（三）对“因用人单位原因”未支付经济补偿的理解

司法解释起草者认为，“因用人单位原因”未支付经济补偿，既包括用人单位主观不愿，也包括用人单位客观不能。所谓用人单位主观不愿，强调的是用人单位直接拒绝或者以各种借口拖延支付经济补偿。所谓用人单位客观不能，则主要指用人单位因经营不善、资不抵债等原因，客观上已无能力支付劳动者的经济补偿。劳动者获得经济补偿是为弥补其因竞业限制而遭受的收入损失，而用人单位支付经济补偿也是因为其通过对劳动者进行竞业限制避免了可能的损失。两者之间就经济补偿形成债的关系。不管作为债务人的用人单位自身是否有清偿能力，作为债权人的劳动者都有权要求其足额清偿。换言之，用人单位即便以自身没有支付能力作为抗辩事由，拒绝支付经济补偿，也不影响构成“因用人单位原因”。实践中，还存在一些非因用人单位原因导致未支付经济补偿的情形，主要包括劳动者的原因和出现不可抗力等。所谓劳动者的原因，如劳动者注销自己的银行账号，导致用人单位无法往其银行账户存钱。至于不可抗力等，是指因为出现不可抗力或者意外事件导致用人单位未按约定支付经济补偿。[2]

（四）对用人单位未支付经济补偿达3个月的理解

在竞业限制中，劳动者的竞业限制义务与用人单位支付经济补偿义务形成对

〔1〕参见最高人民法院民事审判第一庭编著：《最高人民法院劳动争议司法解释（四）理解与适用》，人民法院出版社2013年版，第162～163页。

〔2〕参见最高人民法院民事审判第一庭编著：《最高人民法院劳动争议司法解释（四）理解与适用》，人民法院出版社2013年版，第164～165页。

待给付关系。如果用人单位未按约定支付经济补偿，即已构成违反其在竞业限制中的主要义务，属于违约行为，应承担违约责任。但是司法实务中，用人单位未按约定支付经济补偿的具体情形比较复杂。比如，用人单位虽按月支付经济补偿，但支付经济补偿的数额少于约定；用人单位连续几个月都不支付经济补偿；用人单位不严格按月支付经济补偿，而是时断时续地支付经济补偿；用人单位以在职期间工资构成中已包括经济补偿为由，不再向劳动者支付离职后经济补偿，等等。以上情形究竟哪些可以作为支持劳动者解除竞业限制约定的理由在实务中素有争议。最高人民法院在起草司法解释时，以3个月作为区分用人单位违约行为是否足以严重到让劳动者有权解除竞业限制约定的临界点，并明确对“三个月未支付经济补偿”的理解应从以下几个方面把握：〔1〕

1. 3个月应从劳动合同解除或终止之日起开始起算

实践中，部分竞业限制条款并未约定用人单位支付经济补偿的时间从劳动合同解除或终止之日起，而是约定了其他时间。例如，约定用人单位支付经济补偿的开始时间为劳动合同期满不再续约之日起；又如，在职期间在每月工资之外额外支付经济补偿等。起草者认为，如果支持经济补偿从劳动合同到期之日开始起算，则势必造成劳动合同提前解除或终止之日至劳动合同约定到期日期这一时间段内，劳动者因遵守竞业限制约定却得不到相应补偿的不公后果。因此，应正视劳动关系的实质不平等性，从平衡双方当事人权利义务出发，适用《劳动合同法》第26条之规定，以用人单位免除自己的法定责任、排除劳动者权利为由，认定竞业限制条款中关于经济补偿其他起算时间的约定无效。进而，将《劳动争议司法解释一》第38条所规定的3个月确定为从劳动合同解除或终止之日起开始起算。

2. 3个月指的是累计3个月

关于3个月的理解，可能形成三种观点：第一种观点是只要在竞业限制期限内累计有3个月的经济补偿未按期支付，劳动者即可依据《劳动争议司法解释一》第38条解除竞业限制约定。第二种观点则是只有在竞业限制期限内任何1个月的经济补偿迟延支付时间长达3个月以上，劳动者才能解除竞业限制约定。第三种观点是在竞业限制期限内累计有3个月以上的经济补偿处于未支付状态。起草者更倾向于第三种观点。其理由在于：（1）应尊重用人单位的商业利益，不宜轻易认定合同的解除。虽然用人单位多次拖延支付经济补偿，但如果每次迟延支

〔1〕 参见最高人民法院民事审判第一庭编著：《最高人民法院劳动争议司法解释（四）理解与适用》，人民法院出版社2013年版，第166～171页。

付的时间都较短，那么应认定为用人单位仅有轻微违约行为。即便用人单位拖欠劳动者1个月的经济补偿长达3个月以上，但是单就这1个月的经济补偿而言数额较小，用人单位长期不支付一般也不会影响到劳动者在竞业限制期限内的正常生活水平，故也应认定为轻微违约行为。上述两种轻微违约行为，都不能作为支持劳动者有关解除竞业限制的依据，以免因合同解除，劳动者竞业行为对用人单位可能造成的损害；（2）如果出现严重违约行为，用人单位的商业利益应次位于劳动者的生存权。用人单位基于商业秘密或其他保密事项可能得到的商业利益固然需要保护，但经济补偿涉及劳动者的生存权，这是更基础性的权利。在劳动者无法按期取得经济补偿时，应两者相权取其重，优先保护劳动者请求解除竞业限制约定的权利。综上，劳动者请求解除竞业限制约定的前提必须是在竞业限制期限内，用人单位因其自身原因导致累计至少有3个月以上的经济补偿处于未支付状态。

3. 用人单位未足额给付任何1个月经济补偿就应认定为《劳动争议司法解释一》第38条的未支付经济补偿

起草者认为，用人单位只要有少付经济补偿的行为就构成违约，就属于《劳动争议司法解释一》第38条所指的“未支付经济补偿”范畴。其理由有二：（1）劳动者因竞业限制可能在一定时间内无法就业获得收入，相应地，用人单位的经济补偿可能成为劳动者维持生活的唯一收入来源。如果用人单位少付经济补偿将可能危及劳动者的生存权益；（2）《劳动争议司法解释一》第38条已经给了用人单位长达3个月时间补足少付的经济补偿，用人单位如非恶意拖欠，完全可以在此期间补足该差额以避免劳动者解除竞业限制。如果用人单位在此期间届满之日仍未支付该差额，可推断其为严重违约，此时支持劳动者有关解除竞业限制的约定，不会造成双方利益的失衡。

（五）劳动者既可以请求仲裁机构、法院解除竞业限制，也可以直接解除

司法解释起草者明确，用人单位迟延给付经济补偿达到3个月时，即便劳动者没有经过催告、通知的环节也可单方解除竞业限制约定。因为竞业限制约定并非完全意义上的民商事合同，没有必要完全照搬合同法上的相关程序规定。从保护处于弱势和法律知识不足的劳动者合法权益出发，只要用人单位拖欠经济补偿客观上达到3个月，劳动者就可以直接起诉请求解除竞业限制约定，而不必拘泥于催告和通知程序。此外，司法解释规定的虽然是劳动者向法院起诉要求解除竞业限制约定，但这并不意味着劳动者不可以在具备《劳动争议司法解释一》第38

条解除条件的情形下，直接通知用人单位解除劳动合同。[1]

需要特别注意的是，从人力资源和社会保障部、最高人民法院联合公布的第一批劳动人事争议典型案例来看，两部门均明确指出，劳动者不仅可以以通知的方式解除竞业限制协议，还可以以行为来解除竞业限制协议。即根据公平原则，劳动合同解除或终止后，因用人单位原因未支付经济补偿达3个月，劳动者此后实施了竞业限制行为，应视为劳动者以其行为提出解除竞业限制约定，用人单位要求劳动者承担违反竞业限制违约责任的不予支持，以避免用人单位免除自己的法定责任、排除劳动者的权利。

案例71　某银行与乐某竞业限制纠纷案[2]

——用人单位未支付经济补偿达3个月，劳动者入职竞争单位属于以行为解除竞业限制

【基本案情】

2013年7月，乐某入职某银行担任客户经理，年薪为100万元。劳动合同约定了保密与竞业限制条款，约定乐某离职后不能在诸如银行、保险、证券等金融行业从事相关工作，竞业限制期限为2年。同时，双方还约定了乐某如违反竞业限制义务应赔偿银行违约金200万元。2018年3月1日，银行因乐某严重违反规章制度而与乐某解除了劳动合同，但一直未支付乐某竞业限制经济补偿。2019年2月，乐某入职当地另一家银行依旧从事客户经理工作。2019年9月，某银行申请劳动仲裁，请求乐某支付违反竞业限制义务违约金200万元并继续履行竞业限制协议。仲裁委员会裁决驳回某银行的仲裁请求。

【裁判要点】

生效裁判认为，本案中，双方当事人在劳动合同中约定了竞业限制条款，劳动合同解除后，竞业限制约定对于双方当事人发挥约束力。《劳动合同法》第29条规定："用人单位与劳动者应当按照劳动合同的约定，全面履行各自的义务。"原《劳动争议司法解释四》第8条[3]规定："当事人在劳动合同或者保密协议中约定了竞业限制和经济补偿，劳动合同解除或者终止后，因用人单位的原因导致

〔1〕参见最高人民法院民事审判第一庭编著：《最高人民法院劳动争议司法解释（四）理解与适用》，人民法院出版社2013年版，第172～174页。

〔2〕本案为人力资源社会保障部、最高人民法院《关于联合发布第一批劳动人事争议典型案例的通知》（人社部函〔2020〕62号）发布的案例12。

〔3〕现对应《劳动争议司法解释一》第38条。

三个月未支付经济补偿，劳动者请求解除竞业限制约定的，人民法院应予支持。”用人单位未履行竞业限制期间经济补偿支付义务并不意味着劳动者可以“有约不守”，但劳动者的竞业限制义务与用人单位的经济补偿义务是对等给付关系，用人单位未按约定支付经济补偿已构成违反其在竞业限制约定中承诺的主要义务。具体到本案中，银行在竞业限制协议履行期间长达11个月未向乐某支付经济补偿，造成乐某遵守竞业限制约定却得不到相应补偿的后果。根据公平原则，劳动合同解除或终止后，因用人单位原因未支付经济补偿达3个月，劳动者此后实施了竞业限制行为，应视为劳动者以其行为提出解除竞业限制约定，用人单位要求劳动者承担违反竞业限制违约责任的不予支持，故依法驳回银行的仲裁请求。

【延伸思考】

随着新兴行业迅猛发展，越来越多的用人单位增强了知识产权和核心技术的保密意识，强化了其高级管理人员、高级技术人员及负有保密义务的其他人员的竞业限制约束力。用人单位应当严格按照劳动合同的约定向劳动者履行竞业限制期间的经济补偿支付义务，劳动者亦应秉持诚实守信原则履行竞业限制义务。同时，仲裁与司法实务中应始终关注劳动关系的实质不平等性，避免用人单位免除自己的法定责任，而排除劳动者的合法权益的情形，依法公正地维护双方的合法权益。

（六）劳动者解除竞业限制，可请求用人单位额外支付3个月经济补偿

前文已经详细阐述《劳动争议司法解释一》第39条规定用人单位在竞业限制期内解除竞业限制需额外支付劳动者3个月经济补偿的原因。该司法解释第38条规定，因用人单位原因造成3个月未支付经济补偿的劳动者可以解除竞业限制。“因用人单位原因造成三个月未支付经济补偿”本质上属于用人单位以不作为的方式根本违约。与第39条规定的用人单位依法解除竞业限制相比较，第38条规定的用人单位根本违约的性质明显更为恶劣。根据“举轻以明重”的原则，既然第39条规定用人单位依法解除竞业限制尚需额外支付3个月经济补偿，那么因用人单位根本违约导致劳动者解除竞业限制的，劳动者更应当获得额外3个月的经济补偿。否则将导致用人单位因违约行为而获益，进而变相诱使用人单位违反诚实信用原则，以不支付经济补偿的违约方式迫使劳动者解除竞业限制，并且，劳动者的信赖利益也会遭受侵害。

（七）未约定经济补偿且用人单位明确拒绝支付的，竞业限制何时解除

司法解释起草者还明确，对于竞业限制协议未约定经济补偿，用人单位也未

实际支付且达到3个月时，劳动者解除竞业限制协议的，应当类推适用《劳动争议司法解释一》第38条的规定，确认劳动者解除竞业限制协议的效力。[1] 此外，不论竞业限制协议是否约定经济补偿，劳动者履行了竞业限制义务并请求用人单位支付经济补偿时，用人单位明确表示拒绝的，从有利于劳动者就业和提高工资水平的角度考虑，应当认定用人单位以不履行法定义务的不作为方式解除了竞业限制协议，而不应要求劳动者必须等用人单位未支付经济补偿达3个月再行使解除权。此时，劳动者可以依据《劳动争议司法解释一》第39条的规定，请求用人单位额外支付3个月的竞业限制经济补偿。

第八节　劳动者的违约责任

实践中，由于用人单位处于绝对优势的缔约地位，竞业限制协议中的违约责任，基本是针对劳动者来约定的，因此，本节专门就常见的由劳动者承担的违约责任进行讨论。

一、竞业限制违约金之辩

如前所述，由于用人单位处于绝对优势的缔约地位，实践中几乎见不到在竞业限制协议中约定由用人单位承担违约金的。因此，本节所称的竞业限制违约金，如无特别说明，均是指约定由劳动者承担的违约金。

（一）竞业限制违约金是赔偿性违约金还是惩罚性违约金

竞业限制违约金金额约定得越来越高是不争事实，出现这一现象的主要原因，笔者认为有两个。一是法律、司法解释没有对竞业限制违约金金额作出任何限制规定，而竞业限制违约金金额越高对用人单位越有利，这必然导致处于优势缔约地位的用人单位将违约金金额约定得尽量高；二是实践中对竞业限制违约金到底属于赔偿性违约金还是惩罚性违约金存有争议，对于惩罚性违约金来说，自然可以将违约金金额约定得很高。可见，厘清竞业限制违约金的属性尤为重要。接下来，笔者就对竞业限制违约金到底是赔偿性违约金还是惩罚性违约金进行分析探讨。

民事生活中，由于违约金条款具有免于证明己方损失和原则上免于证明违约方过错的优势，令其在民事合同中大行其道。违约金又分为赔偿性违约金和惩罚

---

〔1〕 参见最高人民法院民事审判第一庭编著：《最高人民法院劳动争议司法解释（四）理解与适用》，人民法院出版社2013年版，第137页。

性违约金两种。

所谓惩罚性违约金，是依当事人的约定或法律法规的规定，对于违约所确定的一种制裁，又称违约罚。[1] 赔偿性违约金，是当事人双方预先估计的损害赔偿额，又叫作损害赔偿额的预订。[2] 一般认为，我国法律并没有规定惩罚性违约金。[3]《民法典》第585条（《合同法》第114条）规定的违约金属于赔偿性违约金。[4] 此为我国学说界与司法实践中的通说。[5] 不过，我国法律肯认赔偿性违约金也可以辅以一定的惩罚性，当事人可以在一定比例限度内约定高于实际损失的违约金，[6] 以示对违约一方的惩戒。

笔者认为，多角度观察可知，竞业限制违约金属于赔偿性违约金，但是可以辅以一定的惩罚性。

其一，从体系解释的角度来看，《劳动合同法》只规定了两种违约金，两种违约金的性质应当具有一致性。一种是该法第22条规定的服务期违约金，另一种就是该法第23条规定的竞业限制违约金。对于服务期违约金，该法明确规定，“违约金的数额不得超过用人单位提供的培训费用。用人单位要求劳动者支付的违约金不得超过服务期尚未履行部分所应分摊的培训费用”。显然，该违约金系属赔偿性违约金。《劳动合同法》作如此规定，具有必要性。因为订立违约金条款的双方并非平等的民事主体，劳动者处于受用人单位支配的状态，为了顺利地工作，绝大多数劳动者是没有能力拒签违约金条款的。当当事人缔约能力不平等时，不受控制的约定惩罚的权利显然会被用人单位滥用，合同公平与合同正义都会遭受损害。《劳动合同法》作为一部以保护劳动者权益为重要目的的社会法，断不会允许这种现象出现，因此，服务期违约金被明确规定为赔偿性违约金。那么从体系统一的角度出发，竞业限制违约金亦应属于赔偿性违约金。立法之所以没有像规定服务期违约金那样明确规定竞业限制违约金的金额上限，可能只不过是因为没有找到一个类似于培训费用那样客观明了的标准而已。

其二，在比较法上，多数国家认为，违约金是补偿性的。[7] 英美法不承认惩

---

〔1〕 参见韩世远：《合同法总论》（第4版），法律出版社2018年版，第824页。

〔2〕 参见韩世远：《合同法总论》（第4版），法律出版社2018年版，第825页。

〔3〕 参见王利明：《合同法研究》（第2卷）（第3版），中国人民大学出版社2015年版，第703页。

〔4〕 参见韩世远：《合同法总论》（第4版），法律出版社2018年版，第825页。

〔5〕 参见姚明斌：《违约金论》，中国法制出版社2018年版，第48页。

〔6〕《民法典》第585条第2款规定，约定的违约金过分高于造成的损失的，人民法院或者仲裁机构可以根据当事人的请求予以适当减少。

〔7〕 参见李永军、易军：《合同法》，中国法制出版社2009年版，第406页。

罚性违约金，认为其违反公共政策。[1] 英美合同法严格禁止具有私罚效果的违约金。[2] 即使在大陆法系，普遍的立场虽认可自愿服从的私罚，但不允许其太过分。[3] 合同法亦是如此，何况以保护劳动者权益为己任的我国《劳动合同法》？因此，劳动合同法规定的违约金应当是赔偿性违约金。

其三，《八民会议纪要》对竞业限制违约金的性质作出明确界定。该纪要第28条规定，“用人单位和劳动者在竞业限制协议中约定的违约金过分高于或者低于实际损失，当事人请求调整违约金数额的，人民法院可以参照最高人民法院《关于适用〈中华人民共和国合同法〉若干问题的解释（二）》第二十九条的规定予以处理”。显而易见，该规定明确将竞业限制违约金界定为与合同法上的违约金具有同一性，即赔偿性违约金，但是又辅以其适当程度的惩戒功能。

（二）竞业限制违约金与继续履行竞业限制义务可以并行

《劳动争议司法解释一》第40条规定，“劳动者违反竞业限制约定，向用人单位支付违约金后，用人单位要求劳动者按照约定继续履行竞业限制义务的，人民法院应予支持”。也就是说，作为违约责任，竞业限制违约金与继续履行竞业限制义务可以并行，劳动者违反竞业限制约定，即使支付了违约金，用人单位仍然有权利要求劳动者按照约定继续履行竞业限制义务。

根据《民法典》第577条的规定，违约责任的承担方式主要有继续履行、采取补救措施和赔偿损失等三种。其中的采取补救措施，根据《民法典》第582条的规定，主要用于标的质量不符合约定时，受损害方可以选择要求对方承担修理、重作、更换、退货、减少价款或者报酬等违约责任。因此，基于竞业限制的性质，其违约责任的承担方式主要有继续履行和赔偿损失这两种。依前文所述，《民法典》规定的违约金，是当事人双方预先估计的损害赔偿额，即损害赔偿额的预订，本质上是损失赔偿的变形。那么，继续履行与赔偿损失（或者是违约金）能否并行不悖呢？结论是肯定的。在我国，损失赔偿主要包括代替履行的损失赔偿、迟延履行的损失赔偿和单纯赔偿。所谓代替履行的赔偿，以履行不能场合产生的损害赔偿为典型（《民法典》第581条），是代替履行给付的损害赔偿，其不能与继续履行并行主张；所谓迟延履行的赔偿，产生于履行迟延场合（《民法典》第583条），是可以与继续履行一并请求的损害赔偿；至于单纯赔偿，则产生于加害给付场合，是因违约造成债权人固有利益（如用人单位的商业秘密和

---

〔1〕 参见王利明：《合同法研究》（第2卷）（第3版），中国人民大学出版社2015年版，第701页。
〔2〕 参见朱广新：《合同法总则研究》（下册），中国人民大学出版社2018年版，第731页。
〔3〕 参见朱广新：《合同法总则研究》（下册），中国人民大学出版社2018年版，第732页。

知识产权）遭受损害时的赔偿。[1] 继续履行与损失赔偿能否并用的关键，是不要因其并用而使非违约方获得重复填补。综观上述三种损失赔偿，其中的迟延赔偿和单纯赔偿与继续履行指向不同，不存在重复填补的问题，是可以与继续履行并存的，因此，作为损失赔偿之变形的违约金，与继续履行自可同时请求。

（三）竞业限制违约金与《劳动合同法》第90条的适用关系

《劳动合同法》第90条规定，“劳动者违反本法规定解除劳动合同，或者违反劳动合同中约定的保密义务或者竞业限制，给用人单位造成损失的，应当承担赔偿责任”。该规定与竞业限制违约金是何种关系，常常引起讨论。有观点甚至认为，该条规定说明损失赔偿与竞业限制违约金可以同时主张，进而说明竞业限制违约金是惩罚性违约金。

笔者认为，《劳动合同法》第90条一方面是阐明了劳动者需承担赔偿责任的前提是给用人单位造成了损失；另一方面是对损失赔偿违约责任的兜底规定，当竞业限制协议中没有约定由劳动者承担的竞业限制违约金时，用人单位就可以以第90条为请求权基础，要求劳动者承担违反竞业限制义务的违约责任。用人单位可以依据不同的情形，选择适用违约金条款、约定的损失赔偿条款或者第90条规定：（1）当竞业限制没有约定违约金条款，也没有约定损失赔偿条款时，如果劳动者违反竞业限制给用人单位造成损失，用人单位可以将第90条作为请求权基础，要求劳动者承担违约责任，此时第90条起到了兜底作用。（2）当竞业限制没有约定违约金，但约定了损失赔偿条款时，面对劳动者的违约，用人单位可以在损失赔偿条款和第90条中择一作为请求权基础。（3）当约定了违约金条款时，用人单位会选择违约金条款作为请求权基础，因为违约金条款免去了对损失的举证过程。（4）当违约金约定过低，不足以涵盖用人单位的全部损失时，用人单位既可以参照《八民会议纪要》第28条的规定，直接请求法院增加违约金的数额，也可以援引损失赔偿条款或者第90条，请求劳动者赔偿其超出违约金的那部分损失。（5）当违约金被明确约定仅指向履行不能的赔偿或者迟延履行的赔偿等某一部分的损失赔偿，而不是对全部损失的预估时，用人单位虽然不能依据《八民会议纪要》第28条请求增加违约金数额，但第90条仍可以作为未被违约金条款涵盖的那部分损失的请求权基础。

二、劳动者报告义务的边界

实践中，用人单位会就劳动者履行竞业限制义务的细节进行约定，其中，令

---

〔1〕 参见韩世远：《合同法总论》（第4版），法律出版社2018年版，第776~777页。

劳动者及时向用人单位报告竞业限制履行情况是较为常见的约定，笔者称之为劳动者的报告义务。例如，用人单位要求劳动者在收到竞业限制补偿金的10日内，提供新单位签订的劳动合同及社保记录，若为无业状态的由所在街道办事处等国家机关出具从业情况证明。[1] 用人单位常常进一步与劳动者约定，劳动者需按期向其提供社保缴纳证明、个税完税证明、受雇信息、失业证明等材料，否则用人单位有权暂停支付或者不支付经济补偿，类似这样的约定有效吗？这就需要先对报告义务在竞业限制中的性质和地位进行分析。

（一）报告义务的性质

劳动者承担合理的报告义务，及时向用人单位报告其就业情况，便于用人单位了解劳动者履行竞业限制义务的状况，是诚实信用原则及全面履行原则在竞业限制中的辐射范围，因此，虽然《劳动合同法》没有明确授权，但是用人单位可以与劳动者约定合理的报告义务。

竞业限制协议是双务合同。所谓双务合同，是指当事人双方互负对待给付义务的合同，即一方当事人愿意负担履行义务，旨在使他方当事人因此负有对待给付的义务。[2] 为了保护劳动者的合法权益、限制用人单位的行为界限，《劳动合同法》第24条第2款对劳动者在竞业限制中的对待给付义务和主给付义务进行了明确，即劳动者在竞业限制期限内不得“到与本单位生产或者经营同类产品、从事同类业务的有竞争关系的其他用人单位，或者自己开业生产或者经营同类产品、从事同类业务”。用人单位的对待给付义务和主给付义务则是该法第23条第2款中规定的“在竞业限制期限内按月给予劳动者经济补偿”。相对于上述劳动者不得“到与本单位生产或者经营同类产品、从事同类业务的有竞争关系的其他用人单位，或者自己开业生产或者经营同类产品、从事同类业务”的对待给付义务和主给付义务，报告义务仅仅是基于诚实信用原则及全面履行原则产生的附随义务。

（二）报告义务约定的效力分析

首先，用人单位虽然可以要求劳动者及时向其报告就业情况，但是，用人单位亦应当秉持诚实信用原则，注意令劳动者承担报告义务的合法边界，如果约定的报告义务不应给劳动者增加明显的履行成本或负担，亦不得不当收集劳动者的个人信息。例如，有的用人单位要求劳动者要同时提交纸质的社保缴纳证明、个税完税证明等，这就增加了劳动者的邮寄、打印等成本支出，事实上电子版的社

---

〔1〕 参见北京市第一中级人民法院民事判决书，（2018）京01民终5826号。

〔2〕 参见王利明：《合同法研究》（第1卷）（第3版），中国人民大学出版社2015年版，第22页。

保缴纳证明、个税完税证明等能够起到同样的作用。有的用人单位要求劳动者若为无业状态的需由所在街道办事处等国家机关出具从业情况证明，这显然增加了劳动者的证明难度，事实上社保缴纳信息、个税完税证明等同样可以起到证明作用。有的用人单位要求劳动者每月都要提交若干证明材料，这显然过于频繁，增加了劳动者的履行成本，而按季度、按半年提交材料，或者在劳动者就业情况发生变化时提交相应材料更具合理性。

其次，实践中，用人单位常常以劳动者提供相关证明等材料作为向其支付竞业限制经济补偿的前提条件，这样的约定是否有效？笔者认为，对此问题需要具体问题具体分析。这种约定实际上是赋予用人单位在劳动者未提供相关证明材料时的同时履行抗辩权。所谓同时履行抗辩权，是指双务合同的当事人一方在他方未为对待履行以前，有权拒绝自己的履行〔1〕。《民法典》第525条对此作了具体规定。但问题是，同时履行抗辩权是有适用条件限制的，即适用于没有先后履行顺序的对待给付义务之间，一般不适用于主给付义务与附随义务之间。一方单纯违反附随义务，但已履行了主给付义务；另一方不得援用同时履行抗辩权〔2〕。因此，需要根据劳动者履行竞业限制义务的情况来判断相应的约定是否产生约束力。如果劳动者履行了竞业限制的对待给付义务（主给付义务），仅仅是未按约定进行报告，则相关约定不构成用人单位不支付或者暂停支付竞业限制经济补偿的抗辩理由，用人单位应当为其不支付或者暂停支付竞业限制经济补偿的行为承担相应的法律责任。只有劳动者未履行竞业限制的对待给付义务（主给付义务），相关约定才能构成用人单位不支付或者暂停支付竞业限制经济补偿的抗辩理由。

（三）劳动者不按约定履行报告义务需要支付违约金的约定无效

实践中，用人单位还经常与劳动者约定，劳动者未按期向用人单位提供社保缴纳证明、个税完税证明、失业证明等证明履行竞业限制情况的材料的，属于违反竞业限制义务，应当支付违约金。笔者认为，这样的约定无效。理由有二：

1. 可以约定竞业限制违约金的范围不包括报告义务等附随义务

如前所述，为了保护处于缔约劣势的劳动者的合法权益不受侵蚀，劳动者在竞业限制中的对待给付义务和主给付义务内容是法定的，即劳动者不得“在解除或者终止劳动合同后，到与本单位生产或者经营同类产品、从事同类业务的有竞争关系的其他用人单位，或者自己开业生产或者经营同类产品、从事同类业务”。

---

〔1〕 参见王利明：《合同法研究》（第2卷）（第3版），中国人民大学出版社2015年版，第38页。
〔2〕 参见王利明：《合同法研究》（第2卷）（第3版），中国人民大学出版社2015年版，第50页。

虽然用人单位与劳动者可以约定竞业限制的范围、地域、期限，但是所谓“范围、地域、期限”均是为了明确劳动者履行竞业限制义务的界限，即劳动者“在解除或者终止劳动合同后，到与本单位生产或者经营同类产品、从事同类业务的有竞争关系的其他用人单位，或者自己开业生产或者经营同类产品、从事同类业务”的“范围、地域、期限”。换言之，由于劳动者在竞业限制中的对待给付义务和主给付义务内容是法定的，因此，只要劳动者没有违反前述竞业限制义务，即使其没有按照约定履行报告义务，亦不构成对竞业限制义务的根本违反。《劳动合同法》第23条所谓的“劳动者违反竞业限制约定的，应当按照约定向用人单位支付违约金”的规定，是针对劳动者违反前述“在解除或者终止劳动合同后，到与本单位生产或者经营同类产品、从事同类业务的有竞争关系的其他用人单位，或者自己开业生产或者经营同类产品、从事同类业务”的约定而言的，不应当扩大到报告义务等附随义务。

正如《劳动合同法》第22条虽然规定劳动者违反服务期约定的，应当按照约定向用人单位支付违约金，但是所谓“违反服务期约定”，显然仅指劳动者没有法律依据地违反服务期约定，提前与用人单位解除劳动关系，而不能扩大到劳动者对相关附随义务的违反。

2. 报告义务不属于对待给付义务，不宜就此约定违约金

如前所述，竞业限制的对待给付主要有两个：一是劳动者应当履行竞业限制义务；二是用人单位应当支付经济补偿。[1] 显然，在竞业限制中，报告义务并不属于对待给付义务，而是属于在竞业限制协议履行过程中为实现主给付义务，遵循诚实信用原则，根据合同性质、目的、交易习惯等产生的通知、协助、保密等附随义务，在劳动者并未违反竞业限制主给付义务的情况下，不能仅因为其未按照约定履行报告义务，就科以违约金的严厉责任，这有违公平。况且，竞业限制违约金以实际损失为基础，而劳动者仅仅未按照约定履行报告义务，难以给用人单位造成实际损失，也就没有违约金的适用余地。

三、劳动者违反竞业限制义务，用人单位要求其返还经济补偿的处理

实务中争议较大的是，竞业限制协议没有约定劳动者违反竞业限制义务需返还违约期间的经济补偿，但是用人单位诉请劳动者返还违约期间经济补偿的，应否支持？有观点认为，竞业限制经济补偿是劳动者履行竞业限制义务的对价，劳

〔1〕 参见最高人民法院民事审判第一庭编著：《最高人民法院劳动争议司法解释（四）理解与适用》，人民法院出版社2013年版，第13页。

动者未履行竞业限制义务自然不能获取相应的经济补偿，针对该部分的经济补偿，用人单位诉请返还的，应予支持。[1] 笔者认为，该观点理论依据不充分，值得商榷。

因为，如果没有明确的合同约定作为返还依据，当事人要求合同相对方返还作为对待给付义务的经济补偿，则需要有明确的法律规定作为依据。检索劳动法律和民事法律，明确规定能够发生返还效果的主要包括以下情形：（1）被撤销死亡宣告的人有权请求相关民事主体返还财产；（2）民事法律行为无效、被撤销或者确定不发生效力的，行为人因该行为取得的财产，应当予以返还；不能返还或者没有必要返还的，应当折价补偿；（3）附解除条件的民事法律行为，自条件成就时失效，由此可能发生返还的法律效果；（4）动产的指示交付；（5）无权占有的返还；（6）被征用物的返还；（7）遗失物的返还；（8）质押财产的返还；（9）占有的返还；（10）连带债权人之间对受领债权的返还；（11）合同被解除后，尚未履行的终止履行；已经履行的，根据履行情况和合同性质，当事人可以请求恢复原状或者采取其他补救措施，并有权请求赔偿损失；（12）定金的返还；（13）赠与的返还；（14）借款的返还；（15）租赁物的返还；（16）许可人未按照约定许可技术的，应当返还部分或者全部使用费，并应当承担违约责任；（17）保管物的返还；（18）不当得利的返还。因此，如果竞业限制协议不存在无效、被撤销或者确定不发生效力的情形，用人单位也没有解除竞业限制约定，而是要求劳动者继续履行，则劳动者获得竞业限制经济补偿是依据合同约定，并非不当得利，用人单位直接要求返还已支付的经济补偿并没有法律依据。

因此，笔者认为，在竞业限制协议没有约定劳动者违反竞业限制义务需返还违约期间的经济补偿的情况下，用人单位直接诉请劳动者返还违约期间经济补偿的，法律依据不足。但是，这并不意味着用人单位没有救济途径。因为，如果约定了竞业限制违约金，用人单位支付的违约期间的经济补偿，构成损失的一部分，完全可以通过主张违约金来解决——因为按照通说，违约金是当事人双方预先估计的损害赔偿额，[2] 理应包含已经支付的经济补偿在内。而对于没有约定竞业限制违约金的，用人单位也可以基于《劳动合同法》第 90 条主张损失赔偿，要求劳动者赔偿因支付经济补偿造成的损失。

对于竞业限制协议明确约定劳动者违反竞业限制义务需返还违约期间经济补偿的，只要该约定有效，用人单位请求劳动者按照约定返还已支付的经济补偿

---

〔1〕 参见北京市第一中级人民法院课题组：《涉竞业限制劳动争议案件疑难问题的调研报告》，载微信公众号“京法网事”，2020 年 6 月 4 日。

〔2〕 参见韩世远：《合同法总论》（第 4 版），法律出版社 2018 年版，第 825 页。

的，应当予以支持。

四、劳动者离职时用人单位未明确要求履行竞业限制义务的，劳动者不承担违约责任

竞业限制构成对劳动者就业权的严重限制，如果劳动者在离职时仍然不清楚自己是否需要遵守竞业限制，其将无所适从，因为其不工作会无经济来源，入职新单位则有可能会被原用人单位以违反竞业限制义务追究违约责任。因此，用人单位最迟在劳动者离职时即应通过约定或者通知等方式明确告知其是否需要履行竞业限制义务，使劳动者明确知悉自己是否需要遵守竞业限制，这是基于诚实信用原则产生的用人单位的附随义务。如果用人单位在劳动者离职时仍没有告知劳动者是否需要遵守竞业限制，等到劳动者入职新单位之后才告知其需要遵守竞业限制，则由于用人单位的这种行为违背了诚实信用原则，因此对劳动者不产生约束力，之后用人单位向劳动者主张违约责任的，不应得到支持。

案例72　某信息科技公司与周某竞业限制纠纷案[1]

——离职时用人单位未明确要求履行竞业限制义务的，劳动者不承担违约责任

【基本案情】

周某于2015年11月1日入职某信息科技公司，从事研发类工作，双方订立了为期3年的劳动合同。在该劳动合同中，双方约定，周某的月工资为3万元；离职后1年内周某负有竞业限制义务，每月竞业限制经济补偿的数额为1万元；如果周某违反竞业限制义务，则应当按照全部竞业限制经济补偿的3倍支付违约金；是否需要履行竞业限制义务以离职时某信息科技公司发出的通知为准。2017年6月1日，周某本人提出离职，在签署公司印制的《离职交接清单》时，其中有“如本人收到公司发出的《竞业限制补偿金通知》，则本人将严格履行竞业限制义务。如本人未收到公司发出的《竞业限制补偿金通知》，则公司无需向本人支付竞业限制补偿金且本人无需履行竞业限制义务”的规定。2017年8月15日，周某入职某快递公司。2017年9月1日，某信息科技公司向周某发出履行竞业限

〔1〕 参见北京市人力资源和社会保障局：《本市发布2018年十大劳动人事争议仲裁典型案例》，载北京市人力资源和社会保障局网2018年10月29日，https：//rsj. beijing. gov. cn/xwsl/mtgz/201912/t20191206_ 924039. html。

制义务通知，其中列明某快递公司为竞争对手。同日，某信息科技公司向周某的银行账户转账支付了竞业限制经济补偿12万元。2017年9月15日，某信息科技公司申请劳动仲裁，要求周某返还竞业限制经济补偿12万元、支付违约金36万元并继续履行竞业限制义务。

【裁判要点】

生效裁判认为，某信息科技公司在周某离职后3个月才告知其需要履行竞业限制义务，这种做法明显限制了劳动者的就业权利，应属无效，故周某无需履行竞业限制义务，无需向信息科技公司支付违约金；某信息科技公司也无支付竞业限制经济补偿的义务，故周某需返还该竞业限制经济补偿。

【延伸思考】

用人单位在劳动者离职时即应明确告知是否须履行竞业限制义务。本案中，某信息科技公司虽然与周某订立了竞业限制条款，但同时约定是否履行竞业限制义务应以公司发出的书面通知为准。依据《劳动合同法》第23条第2款的规定，用人单位在负有竞业限制义务的员工解除或终止劳动合同后即应按月向劳动者支付经济补偿。某信息科技公司在周某离职3个月后才发出书面通知，这种将竞业限制义务附期限生效的行为显然让劳动者无所适从，其既担心入职新公司会被原用人单位以违反竞业限制义务被追究违约责任，又担心不工作无经济来源，故这种限制劳动者权利、免除用人单位责任的条款或行为，应属无效。用人单位在要求劳动者履行竞业限制义务时，最迟应在解除或终止劳动合同时明确告知劳动者。

第十六讲

涉股权激励纠纷

第一节　哪些股权激励纠纷属于劳动争议

好的股权激励既能提高激励对象的劳动收入，帮助企业吸引人才、留住人才、激励人才，还有助于改善企业治理结构，增强团队凝聚力和战斗力，促使激励对象为企业经营目标勤勉尽责。可以说，好的股权激励能够实现社会、企业和激励对象的三赢。正因为股权激励有着上述积极效应，其受到越来越多企业的青睐，实施股权激励的企业数量大幅增长。股权激励的迅速发展当然也导致相关民事纠纷增多，但是由于股权激励纠纷背后的法律关系往往既涉及劳动关系，又涉及一般民事法律关系，处于劳动法与一般民法的学科交叉地带，导致学术界对该类问题研究不充分，立法层面亦缺乏完善的规定，反映在司法实践中，就是对类案纠纷的裁判尺度不统一，突出表现就是对相关案件应当归为劳动争议还是合同纠纷、公司类纠纷抑或证券纠纷进行审理的标准不统一，并且按照不同的案由进行审理，适用法律可能截然不同，裁判结果也大相径庭。[1]

一、股权激励模式梳理

为了深入了解实践中常见的股权激励模式，准确把握不同模式之间的区别和联系，对实践中存在的主要模式进行了梳理，并作以下归纳和分类（为简化文字表达，仅以股份公司发行的股票为例进行说明）。

（一）股票期权

股票期权，是指企业或者其关联方与激励对象约定，在满足事先约定的条件后，激励对象享有在约定的期间内以约定的价格向企业或者其关联方购买一定数量特定股票的权利，但是并不负有必须购买的义务。企业授予激励对象股票期

〔1〕 该部分内容参见北京市第一中级人民法院课题组：《统一涉股权激励民事案件审理路径初探——以劳动争议为视角》，载《人民司法》2023 年第 4 期，笔者系该文主执笔人。

权，会与激励对象约定授予日、等待期、可行权日、失效日、行权价等关键信息。

授予日，是指根据股东大会通过的激励计划，在达到计划要求的授予条件后，实际授予激励对象股票期权的日期。

激励对象在获得股票期权的授予之后并不能立即行权，股票期权自授予日至可行权日这段期间是等待期，又称禁止行权期；《上市公司股权激励管理办法》第 30 条规定，股票期权授权日与获授股票期权首次可行权日之间的间隔不得少于 12 个月。

等待期结束之后，可行权日至股权激励计划失效日之间都属于可行权期。

所谓失效日，是指过了该日，股权激励计划即告作废，不能再行权。从授予日至失效日之间的整个时间跨度，称为有效期；《上市公司股权激励管理办法》第 13 条规定，股权激励计划的有效期从首次授予权益日起不得超过 10 年。

股票期权激励作为最典型、最基本的股权激励工具，自诞生至今仍然是全世界范围内的企业使用最为广泛的股权激励模式，如图 16－1 所示。[1]

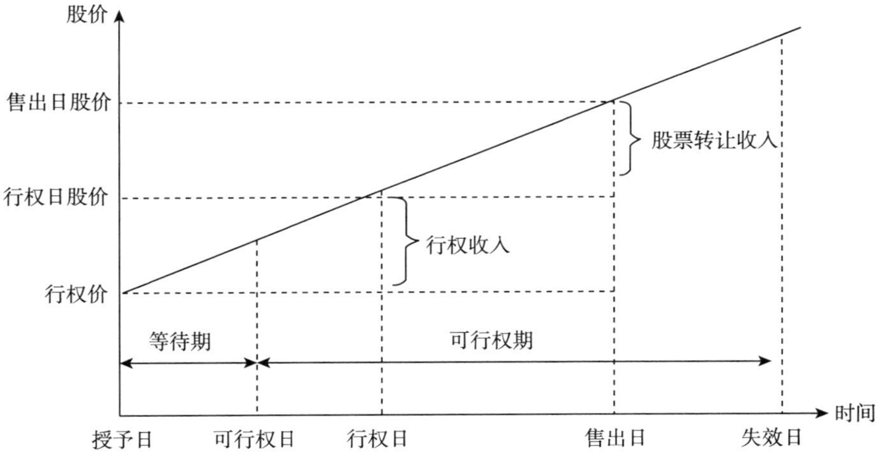

图 16－1　股票期权激励示意图

（二）限制性股票

限制性股票，是指企业或者其关联方按照事先确定的条件，免费或者以较低的折扣价格授予激励对象一定数量的股票，激励对象在工作年限或者业绩目标符合事先确定的条件后，可以售出股票、从中获利。企业决定授予激励对象限制性股票，会就计划有效期、授予日、锁定期、解锁期、解锁条件等关键信息作出规

〔1〕 参见朱崇坤、谢心乐：《股权激励法律事务》，中国法制出版社 2019 年版，第 44 页。

定，具体如图 16－2 所示。[1]

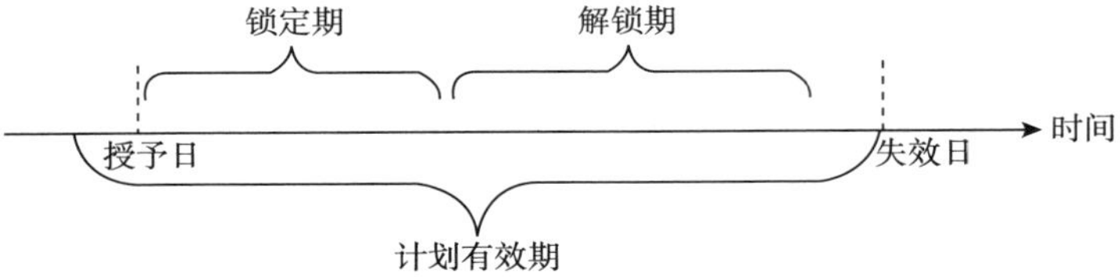

图 16－2　限制性股票激励示意图

在我国，由于资本市场有效性较差，而限制性股票的激励效果对资本市场的有效性要求远不如股票期权高，因此，限制性股票逐渐成为我国上市公司选择最多的股权激励工具。[2]

作为与股票期权一样被广泛采用的激励模式，限制性股票与股票期权在设计原理和功能效用等方面存在显著差异，具体如表 16－1 所示。

表 16－1　限制性股票与股票期权的区别（以内地上市公司为例）

区别	限制性股票	股票期权
授予标的	授予标的是实股	授予标的是买入实股的权利
行权价格	限制性股票授予价格不得低于股票票面金额，且原则上不得低于下列价格较高者：（1）股权激励计划草案公布前 1 个交易日的公司股票交易均价的 50%；（2）股权激励计划草案公布前 20 个交易日、60 个交易日或者 120 个交易日的公司股票交易均价之一的 50%	股票期权行权价格不得低于股票票面金额，且原则上不得低于下列价格较高者：（1）股权激励计划草案公布前 1 个交易日的公司股票交易均价；（2）股权激励计划草案公布前 20 个交易日、60 个交易日或者 120 个交易日的公司股票交易均价之一
是否具有惩罚性	具有惩罚性：激励对象用自有资金购买股票后，股价下跌会给其带来直接资金损失	不具有惩罚性：当股价下跌或者未能实现预设指标时，激励对象只要放弃行权就不会产生资金损失
股票售出限制	存在限售期，[3] 然后进入解锁期，满足解锁条件后，每年可将限定数量的股票售出	在授予后存在等待期，然后进入可行权期，此后股票售出不再受限

〔1〕参见李可书、张星：《股权激励实务操作与案例分析》，法律出版社 2019 年版，第 70 页。

〔2〕参见朱崇坤、谢心乐：《股权激励法律事务》，中国法制出版社 2019 年版，第 64～65 页。

〔3〕《上市公司股权激励管理办法》第 24 条规定，限制性股票授予日与首次解除限售日之间的间隔不得少于 12 个月。

续表

区别	限制性股票	股票期权
税收规定	在实际认购股票时按照“工资、薪金所得”缴纳个人所得税；售出股票时，对转让所得暂不征收个人所得税	授予阶段不需要征税；行权购买股票时，当日收盘价与行权价的差额，按照“工资、薪金所得”缴纳个人所得税；售出股票时，对转让所得暂不征收个人所得税

近年来，在香港联合交易所、美国纽约证券交易所等地上市的美团、小米、阿里巴巴等公司授予员工的限制性股份单位 RSU（Restricted Stock Units）也属于限制性股票的一种发展形式。RSU 与传统的限制性股票有一定的区别，具体如表 16－2 所示。

表 16－2　RSU 与传统限制性股票的差异

差异	RSU	传统限制性股票
股票过户时间	在授予日激励对象并未获得股票，在满足约定条件后才可能将股票过户给激励对象	在授予时就将股票过户给激励对象
限售期内权利	因激励对象未实质获得股票，不享有投票表决、分红等权利	可以行使除出售、转让外的权利，包括投票表决、分红权
股票结算方式	可以权益结算或者现金结算	只能以权益结算

（三）员工持股计划

员工持股计划，是指通过全员持股或者部分员工持股的方式，给员工配发本企业股票而使其成为企业股东，从而进行长期激励。员工需要出资认购本企业股票，但是其不直接持股，而是通过代持机构间接持股，代持机构代表员工进入董事会参与表决和分红；所持股票不能转让、不能交易，一旦员工退休、辞职，其所持股票由企业回购。员工持股计划丰富了员工的收入来源，有利于调动员工积极性，提高生产效率；有助于企业资本积累，相当于一种筹资手段。但是，员工认购股票需要支付现金，加之转让、交易受限，因此激励效果一般；因市场波动引发股价下跌时，员工还要承担收益受损的风险。[1]

〔1〕 参见杨晓刚：《股权激励一本通：方案＋范本＋案例》，人民邮电出版社2017年版，第50～51页。

（四）业绩股票

业绩股票，是指企业预先设定业绩目标，当激励对象实现该目标时，企业授予其一定数量的股票，或者提取一定比例的激励基金，为激励对象从二级市场回购股票。

与限制性股票直接授予股票、股票解锁以业绩或者服务时间等为条件不同，业绩股票则可能至少存在一次业绩限制甚至两次业绩限制，即授予业绩股票、业绩股票自由流转均以达到一定业绩指标为条件。[1] 该模式权责清晰、结构简单、可操作性强、受政策限制少，因此在我国很早就得到推广，应用较为广泛；但是由于其业绩考核周期短导致长期激励效果弱，同时加大了企业的现金压力和激励成本，此外还容易诱使激励对象为了获得业绩股票而弄虚作假。[2]

（五）虚拟股票

虚拟股票，是指企业授予激励对象一定数量的虚拟股票，激励对象凭借持有的虚拟股票享有分红权以及股价升值收益，但是不实际享有所有权，也没有表决权，不能转让和售出。

这种激励模式有效解决了激励股票的来源问题，省去了实股激励的变更登记程序，也不会导致股权分散，但是其对企业的现金流要求较高。

（六）股票增值权

股票增值权，是指企业授予激励对象在满足一定条件后，获得约定数量的股票价格上升部分的收益的权利。

与虚拟股票一样，股票增值权也是虚拟化的，激励对象凭借其享有股价升值收益，不实际享有所有权，没有表决权，不能转让和售出；不同于虚拟股票的是，股票增值权不享有分红权。

（七）分红权

分红权激励，是指企业将部分分配利润奖励给满足一定条件的激励对象，主要包括岗位分红权和项目分红权两种模式。

与虚拟股票相似，分红权不实际享有所有权，没有表决权，不能转让和售出；不同于虚拟股票的是，激励对象不能凭借其享有股价升值收益。

---

〔1〕 参见李可书、张星：《股权激励实务操作与案例分析》，法律出版社2019年版，第21～22页。

〔2〕 参见朱崇坤、谢心乐：《股权激励法律事务》，中国法制出版社2019年版，第56页。

（八）延期支付计划

延期支付计划，是指企业与激励对象约定，将激励对象的部分薪酬（如年终奖、风险收入等）按照当日公司股票价格折算成股票数量，存入延期支付账户，在约定期限届满后，再以股票或者现金形式向激励对象给付。

对于企业来说，延期支付模式无需监管部门审批，还可以激励员工长期勤勉尽责；但是对于激励对象来说，其需要将部分薪酬交付给企业，并承担股价下跌的风险，且不能随时变现。

如果对上述实践中常见的股权激励模式作一个分类，又可以将其划分为权益结算类和现金结算类两种模式，具体分类如图 16－3 所示。

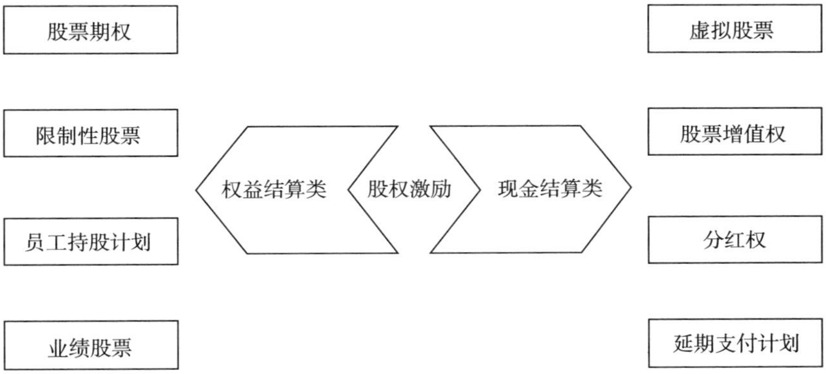

图 16－3　股权激励模式

二、观点分歧

对于涉股权激励民事案件究竟如何审理，公开的裁判文书呈现出两种截然不同的观点。一种观点认为，股票期权激励法律关系具有一定的独立性，其虽与劳动关系联系紧密，但并不完全附属于劳动关系。[1] 股权激励合同是基于股东与公司的关系订立的，是平等民事主体之间的民事合同关系，股权激励标的物也不属于劳动法意义上的工资，因此，此类纠纷属于普通民事纠纷，不属于劳动争议，自然也不适用劳动法律。例如，有法院认为，虽然《承诺函》中关于“不以书面形式向公司提出辞职、不连续旷工 7 日”的表述涉及劳动者应遵守的劳动纪律，但这并非劳动者为了获取工作机会而作出的承诺，承诺内容并非双方对劳动合同的补充，而是在被告获得了以优惠价格购买原告股票的资格后作出的承诺，是股

〔1〕 参见范围：《公司股票期权激励争议处理研究》，载《当代法学》2016 年第 2 期。

东基于认购股票对公司的承诺。被告以其承诺换取股票收益，故该纠纷是公司与股东之间的普通合同纠纷，并非劳动合同纠纷，判断《承诺函》的内容是否符合法律规定，应适用《合同法》[1]及《公司法》，而不适用《劳动合同法》。[2] 还有法院认为劳动者所主张的此部分利益不符合《北京市工资支付规定》的相关规定，不属于法定劳动报酬，也就不属于劳动争议的解决范围，故对其的此项上诉请求不予支持。[3]

另一种观点则认为，股权激励纠纷应属劳动争议。其主要理由包括：股票期权法律关系并非公司与员工双方之间的一种孤立关系，而是劳动关系的重要组成部分。[4] 员工股票期权的取得及行权均与其劳动关系紧密相连，其中体现了劳动者从属于用人单位管理、通过劳动获得报酬的劳动关系典型特征，员工取得的股票期权收益与劳动报酬更为接近，或者属于一种福利待遇。[5]

例如，有法院认为，对员工进行股权激励是公司以股权激励方式来激励公司人员实现预定经营目标的制度，股权激励使员工认识到自己的工作表现直接影响股票的价值，从而与自己的利益直接挂钩，公司对员工进行股权激励的目的也正是出于激发劳动者的工作积极性、提升用人单位的人才竞争力、为企业创造更多的剩余价值之需。公司对员工进行股权激励，员工可通过自己努力工作付出，推动企业发展，获取其可期待的利益，其核心实质，仍属劳动者提供劳动获取的对价，股权激励具体的实施、履行与双方劳动关系的建立、履行、解除紧密相连，因此本案属于劳动争议而非合同纠纷。[6]

也有法院认为，经陈某变更案由后本案系股权激励纠纷，而股权激励纠纷依附于劳动关系产生，与激励对象和企业之间的劳动关系存在紧密的联系。昆某公司与陈某存在劳动关系，陈某为公司的高级管理人员。昆某公司为激励员工，通过关联企业天津某合伙企业与陈某签订了《限制性股份授予协议书》和《激励计划》，从前述协议的内容来看，该股权激励方案与公司的管理制度、员工的服务年限、绩效业绩等密切相关，授予的股权实质为劳动者享有的福利，属劳动报酬范畴；从股权解锁、行权的方式来看，取决于公司的决定而非劳动者的意愿，故该协议并非平等主体之间签订的协议，该纠纷本质上属于劳动争议，应适用劳动争议案件的管辖规则，即案件需要先经由劳动人事争议仲裁委员会仲裁，再由法

〔1〕 现对应《民法典》合同编。

〔2〕 参见广东省深圳市南山区人民法院民事判决书，(2013) 深南法民二初字第50号。

〔3〕 参见北京市第三中级人民法院民事判决书，(2014) 三中民终字第05189号。

〔4〕 参见常传领：《股票期权法律关系之分析》，载《社会科学辑刊》2009年第1期。

〔5〕 参见北京市高级人民法院民事裁定书，(2022) 京民申3321号。

〔6〕 参见北京市第一中级人民法院民事判决书，(2020) 京01民终4439号。

院进行审理。[1]

还有法院认为，薪酬是一个组合概念，一般由基本工资、奖金、福利计划和股权激励组成。股权激励，是指公司通过一定的程序使公司管理层或核心技术人员获得公司的股权或者股票期权，使他们能够以股东身份参与企业决策或者分享利润、承担风险，从而勤勉尽责地为公司的长期发展服务。根据《员工股权计划》及《员工持股协议书》，持有股权的员工在离开用人单位后将自动丧失获得收益的权利，故该股权赋予员工的分红权应属于公司薪酬体系的组成部分，亦是劳动合同的重要组成部分，应属劳动争议调整范围。[2]

三、纠纷是否属于劳动争议的认定要素

根据查明的事实，准确认定法律关系的性质，进而适用相应的法律法规，是正确审理民事案件的关键。在股权激励纠纷中，纠纷背后真实的法律关系往往不止一种，有可能呈现劳动关系、股权合同关系、股东与公司关系等多种法律关系交错且不可分割的复杂局面，而不仅仅是案由所代表的单一法律关系。如果仅仅因为案件被归为某一类案由，就在审理案件时仅仅适用调整某一种法律关系的法律规定，回避适用自己不熟悉的、调整其他法律关系的法律规定，或者排斥调整其他法律关系的法律规定的适用空间，一方面会造成类案不同判的现象，对司法公信力产生负面影响；另一方面会导致适用法律错误以及当事人之间利益保护的失衡。因此，解决前述裁判尺度不统一的问题，首先要解决按什么标准对涉股权激励纠纷进行案由分类的问题。

由于股权激励类纠纷可能涉及的案由众多，本书仅以劳动争议为视角和切入点，总结哪些股权激励纠纷可以归为劳动争议。并且，股权激励出现的初衷即为了解决职业经理人与股东的利益分歧，规避职业经理人侵犯股权利益的风险，实现利益共享与捆绑。[3] 其本质是企业以股权、期权等作为对价，对董事、监事、高级管理人员或者其他重要员工实施长期或者短期的激励，最终目的在于留住人才、吸纳人才、激励人才和引导员工为企业目标的实现献力献策。[4] 可以说，股权激励是依附于劳动关系、为了进一步稳定劳动关系而出现和存在的，因此，以劳动争议为视角和切入点，可谓从股权激励的初心出发，或许能够得出更恰当的研究结论。

---

〔1〕 参见北京市海淀区人民法院民事裁定书，(2020) 京0108民初48836号。

〔2〕 参见内蒙古自治区鄂尔多斯市中级人民法院民事判决书，(2020) 内06民终558号。

〔3〕 参见朱崇坤、谢心乐：《股权激励法律事务》，中国法制出版社2019年版，第22页。

〔4〕 参见陈诗：《企业股权激励业务指引》，中国法制出版社2022年版，第3页。

笔者认为，可以通过考察以下两个关键要素来判断股权激励纠纷是属于劳动争议还是属于其他民事纠纷。

（一）激励对象与激励主体之间的法律关系

股权激励涉及的参与者可能包括激励主体及其关联方、激励对象、持股平台以及律师事务所等中介服务机构，其中，激励主体与激励对象是最基本的参与者，也是股权激励纠纷的主要纠纷双方。很显然，激励主体与激励对象之间的法律关系，很大程度上决定了股权激励纠纷是属于劳动争议还是其他民事纠纷。

如前所述，激励对象主要包括董事、监事、高级管理人员或者其他重要员工，他们与激励主体之间既可能是劳动关系，也可能不是劳动关系。一般情况下，激励对象——如核心技术人员、核心业务人员——是激励主体的员工，接受激励主体的用工管理，从事激励主体安排的工作，从激励主体处获取劳动报酬，两者之间是劳动关系。当然，在劳动关系之外，不排除激励对象与激励主体之间还可能建立别的法律关系。例如，当股权激励模式为限制性股票，且标的物是激励主体自己公司的股票时，激励对象同时还是激励主体的股东。但是股东只是激励对象在股权激励中的添附身份，其在股权激励中的基础身份还是劳动者。

不过当激励对象是董事、监事时，其与激励主体之间往往并非劳动关系。例如，因股东会选任为激励主体的董事，其作为激励对象与激励主体之间很可能只存在委托合同关系，而不存在劳动关系。鉴于现行法律将劳动争议限定为有劳动关系的用人单位与劳动者之间发生的争议，[1] 因此，当不具有劳动关系的激励对象与激励主体因股权激励发生纠纷时，该纠纷不属于劳动争议，也不适用《劳动法》《劳动合同法》等劳动法律法规。总之，只有当激励对象与激励主体之间存在劳动关系时，两者因股权激励发生的纠纷才有可能属于劳动争议。

（二）股权激励标的物

检索裁判文书发现，当激励对象与激励主体之间存在劳动关系时，不同裁判者对股权激励纠纷是否属于劳动争议仍存在一定的分歧，分歧集中在对股权激励所涉标的物的法律性质认识不同。因此，有必要先对股权激励标的物的法律性质进行界定。

1. 与履行劳动合同具有牵连性的股权激励标的物属于劳动报酬

当激励对象与激励主体之间存在劳动关系时，股权激励标的物到底具有什么

---

〔1〕 参见《劳动争议调解仲裁法》第2条。

样的法律性质？如前所述，股权激励标的物基本可以划分为权益结算类和现金结算类，因此其法律性质也存在相应的区别。

对于股票期权、限制性股票、员工持股计划和业绩股票来说，其均不属于工资。因为《劳动法》第50条规定，工资应当以货币形式按月支付给劳动者本人。《贯彻执行劳动法的意见》第53条也进一步指出，劳动法中的工资是指用人单位依据国家有关规定或劳动合同的约定，以货币形式直接支付给本单位劳动者的劳动报酬。股票期权、限制性股票、员工持股计划和业绩股票显然不是直接以货币形式支付，因此其不是工资。

但是，如果股权激励依附于劳动关系而产生，与履行劳动合同具有牵连性，则上述股权激励标的物均属于激励对象为用人单位付出体力或脑力劳动，从用人单位或者其关联方处获得的劳动对价，属于劳动报酬。[1] 如果股权激励并不依附于劳动关系，与履行劳动合同不具有牵连性，则其标的物不属于劳动报酬。例如，甲公司主营业务是生产、销售电视机，由于种种原因，其生产的电视机滞销，此时，甲公司的母公司A集团在集团内宣布，不论是谁，只要介绍甲公司售出电视机达一定数量，除现金提成外，另奖励其A集团股票期权若干；售不出没有任何处罚。与A集团直接建立劳动关系的小张，通过正常工作外的时间联系销售渠道，售出电视机达到奖励数量，从而获得股票期权奖励。在该案例中，小张虽然与A集团存在劳动关系，但是其获得股票期权并不是基于履行与A集团的劳动合同，而是基于A集团的单方允诺，因此该股票期权不属于向用人单位提供体力或脑力劳动后，从用人单位处获得的劳动对价，也就不属于劳动报酬，而应当归为劳动收入。[2]

同理，如果虚拟股票、股票增值权、分红权和延期支付计划亦是依附于劳动关系而产生，与履行劳动合同具有牵连性，则其同样属于激励对象为用人单位付出体力或脑力劳动，从用人单位或者其关联方处获得的劳动对价，因此也都属于劳动报酬。不同的是，对于虚拟股票、股票增值权、分红权和延期支付计划，除少数最终以股票形式结算的之外，基本都是以货币进行结算，本质上均属于用人单位的奖金。只不过与传统意义上的奖金不同的是，双方通过特别约定，将这笔奖金的支付期限推迟了。易言之，劳动者为了博取更大的收益，自愿放弃了当期领取奖金的权利。

通过上述分析，笔者认为，当激励对象与激励主体之间存在劳动关系时，尽管股权激励标的物形式多样，但是如果其依附于劳动关系而产生，与履行劳动合

〔1〕 关于劳动报酬的界定参见本书第十讲相关内容。
〔2〕 关于劳动收入的界定参见本书第十讲相关内容。

同具有牵连性，则均属于激励对象为用人单位付出体力或脑力劳动，从用人单位或者其关联方处获得的劳动报酬。例如，有法院认为，丽某公司在《身股赠与协议书》及《身股赠与确认书》中虽然注明身股分红不是劳动报酬，不适用《劳动合同法》，但是根据身股分红协议书及内部股券的内容和分红的性质来分析，身股分红和内部股券以员工岗位、工作时限、公司经营情况等为基础，其性质和内容应当属于劳动报酬。虽然在《身股赠与协议书》及《身股赠与确认书》中丽某公司声明身股分红为股东特别赠与，不属于劳动报酬，但是该声明与身股分红自身的法律性质及其体现的法律关系相悖，仍应当据实认定。[1]

至于激励对象凭借股权激励标的物所取得二次收益，如因股票取得的股息、售出股票取得的差价等，属于孳息的范畴，不影响股权激励标的物的定性，自然也不影响纠纷的分类，故在所不论。

2. 因性质为劳动报酬的股权激励标的物给付发生的争议属于劳动争议

基于上述分析，笔者认为，当激励对象与激励主体之间存在劳动关系时，两者之间因性质为劳动报酬的股权激励标的物给付发生的争议，属于因为劳动报酬发生的争议，依据《劳动争议调解仲裁法》第 2 条第 5 项的规定，该争议属于劳动争议。这种争议既可能是双方在履行、解除、终止劳动合同过程中直接就股权激励标的物的给付方式、给付数量、给付时间、损失赔偿等发生的争议，也可能是就股权激励协议效力发生争议、从而间接影响股权激励标的物给付的争议。

至于股权激励标的物部分或全部给付后，激励对象与激励主体就标的物次生的权利义务产生的争议，不属于劳动争议。例如，双方就股东资格、股东名册记载、股东权利等发生的纠纷，属于股东资格确认纠纷、股东名册记载纠纷、股东知情权纠纷、公司盈余分配纠纷、损害股东利益责任纠纷等。

四、劳动争议与股权激励纠纷交错的审理对策

前文已经对涉股权激励民事案件是否属于劳动争议的认定标准作了原则性分析，但是这种分析是建立在纠纷事项单纯化或者单一化基础之上的，实践中，当事人向法院提起的纠纷往往要复杂得多。最常见的是，当事人在同一个案件中提起的诉请，既有直接基于劳动关系发生的争议，如就解除劳动合同、拖欠加班工资发生的争议；又有基于股权激励发生的纠纷，如就股权激励标的物给付发生的纠纷，此时应作何种处理？

对此，有观点认为，这两类诉讼请求是分别基于劳动合同与股权激励协议所

---

〔1〕 参见北京市石景山区人民法院民事判决书，(2016) 京 0107 民初 6442 号。

产生的，体现的基础法律关系、适用的法律规定均不同，应当分别予以处理，而不宜合并审理。笔者认为，鉴于劳动争议的审理必须先经过劳动仲裁前置，首先要确定基于股权激励发生的纠纷是否属于劳动争议，如果不属于，则无法合并处理，只能择其一类审之，并告知当事人就其他的诉讼请求可以另行仲裁或者诉讼；如果股权激励纠纷也属于劳动争议，则从司法现状以及有利于查清事实、解决纠纷、减少当事人诉累的角度考量，应当合并审理。

（一）现状一：基于同一劳动关系的合并审理

在司法实践中，对于同一个劳动关系项下的劳动争议，即使不是基于同一个具体的法律关系或者法律事实而产生，人民法院也可能在同一个案件中进行合并处理。比如，在同一个劳动争议案件中，可能既有因未订立书面劳动合同产生的纠纷，又有因违反竞业限制协议产生的纠纷，还有因劳动合同解除产生的纠纷、因拖欠加班工资产生的纠纷、因履行股权激励协议产生的纠纷，虽然这些具体的纠纷并不是基于同一法律事实或者同一个具体的法律关系而产生，但都是基于同一个大的劳动关系而发生的纠纷，基于查清事实、解决纠纷、减少当事人诉累的考量，人民法院会在同一个案件中一并进行处理。

又如，《劳动争议调解仲裁法》第 22 条第 2 款规定：“劳务派遣单位或者用工单位与劳动者发生劳动争议的，劳务派遣单位和用工单位为共同当事人。”诚然，在部分劳务派遣争议中，劳务派遣单位与用工单位可能存在共同侵犯劳动者权益、需要承担连带责任的情形，但是在此之外，还存在大量的、仅劳务派遣单位或者用工单位一方与劳动者发生争议的情形。但是依照上述法律规定，在与劳务派遣有关的劳动争议中，不论劳动者是与劳务派遣单位发生劳动争议，还是与用工单位发生劳动争议，乃至与两者分别发生劳动争议，即使两种争议之间并不牵连，都应当在同一个案件中进行审理和裁判。这样处理，既便于查清案件事实，也便于劳动者仲裁和诉讼，且节省仲裁和诉讼资源、缩短了纠纷解决的周期。

（二）现状二：基于不同民事法律关系下关联合同的合并审理

我国法院对于多个法律关系交错并不陌生。在 2003 年最高人民法院公布的《关于审理商品房买卖合同纠纷案件适用法律若干问题的解释》中，商品房买卖合同与该商品房的担保贷款合同存在关联，因而担保贷款合同可因买卖合同无效、被撤销和解除而解除。在《最高人民法院公报》案例“朱某某与山西某房地产开发有限公司商品房买卖合同纠纷案”中，最高人民法院更是开创性地将房屋所有人和出借人之间的《借款协议》和《商品房买卖合同》定性为“并立而又联系的两个合同”。以此出发，我们得将关联合同的边界拓展为：因应着经济上一体的交易目的，相互渗透、彼此依存、同生同死的数个法律关系，从而将劳动关系与投资关系、委托关系、受托关系之关联情形一并涵盖。[1]

（三）传统劳动争议与股权激励纠纷的合并审理

由上述司法现状可见，不论是在同一个普通民事纠纷案件中处理因不同的民事法律关系引致的数个纠纷，还是在同一个劳动争议案件中处理因不同的具体法律关系或法律事实引致的数个纠纷，这样的案件十分常见，也能被诉讼各方所接受。因此，将劳动合同与股权激励等协议作为关联合同，在同一个案件中一并审理和裁判，符合司法实践的现状，缩短了纠纷解决的周期，既便于查清案件事实，也便于当事人诉讼；既节省了诉讼资源，也节省了当事人的诉讼成本。

并且，两者直接的关联性非常明显。其一，根据财政部、国家税务总局《关于个人股票期权所得征收个人所得税问题的通知》（财税〔2005〕35号）的规定，员工行权收益是因员工在企业的表现和业绩情况而取得的与任职、受雇有关的所得，应按“工资、薪金所得”适用的规定计算缴纳个人所得税；其二，股权激励以劳动关系为基础，并以维系、巩固和发展劳动关系为目的，具有功能上的关联性；其三，员工在劳动关系和投资关系下，所负担的主给付义务或者同一（零对价行权），或者大体一致（特定价格行权），均由劳动关系所衍生。[2]

据此，就程序而言，人民法院应当对因劳动关系和股权激励引发的劳动争议进行合并审理。就实体而言，首先，在审理股权激励案件时，既不能刻意回避对劳动法律的适用，以防激励对象作为劳动者的合法权益得不到应有的保护；也不能一味排斥一般民事法律的适用空间，仅根据劳动法律就断然认定股权激励协议中如服务期、违约责任的约定一律无效，导致企业一方的利益失衡。其次，鉴于股权激励以劳动关系为起点和皈依，仲裁机构、人民法院可援引劳动合同以及劳动法律对股权激励协议项下的权利义务进行补充与具体化，并在合同漏洞的场合下作出保护劳动者的解释；对于股权激励协议中违反劳动法律强制性规定以及免除企业法律责任、排除劳动者权利的条款，应当依法评价其效力和约束力。

第二节　涉股权激励常见争议裁判规则

涉股权激励案件裁判尺度不统一的情况，除本书前文中论述的审理路径不统

---

〔1〕参见许可：《论劳动法与公司法的扞格与调和》，载《中国应用法学》2018年第3期。

〔2〕参见许可：《论劳动法与公司法的扞格与调和》，载《中国应用法学》2018年第3期。

一之外，同样常见的是具体法律适用的不统一。笔者仍以劳动争议为视角和切入点，对该类案件中较为常见的裁判规则进行梳理分析。[1]

一、约定管辖条款的效力

根据现行法律规定，一审劳动争议案件由用人单位所在地或者劳动合同履行地的基层人民法院管辖。但是一方面，由于对股权激励案件是否属于劳动争议尚无明确规定和统一认识；另一方面，部分股权激励案件涉及的发行股票的关联第三方是境外公司，因此，股权激励协议中经常会约定争议由境外法院或仲裁机构管辖。对此类约定管辖的效力，司法实践中存在不同观点。

一种观点认为，关于域外管辖的约定有效。例如，有法院认为，被授予购买普通股的期权还应受到计划、期权协议的条款和条件约束，而《期权协议》约定“公司、被授权人及被授权人根据本期权协议第 9 条的受让人同意任何因通知、计划或本期权协议引起的或与之有关的诉讼、起诉或法律程序应当在香港处理，且应提交至香港有管辖权的法院”，故受案法院对于张某基于该协议主张股权期权的请求无司法管辖权。[2]

另一种观点认为，关于域外法院管辖的约定无效。例如，有法院认为，本案当事人一方 M 公司为外国企业，本案属涉外民事案件。根据《涉外民事关系法律适用法》第 4 条和最高人民法院《关于适用〈中华人民共和国涉外民事关系法律适用法〉若干问题的解释（一）》第 8 条的规定，本案期权争议涉及劳动者权益保护，故 M 公司据期权协议中的约定管辖条款主张应由香港法院管辖并适用美国加利福尼亚州法律的理由不能成立。[3]

笔者倾向对约定管辖条款的效力作否定性评价，即股权激励类劳动争议案件中与现行劳动法律相悖的约定管辖条款无效。理由是，一方面，正如前述法院所作论述，《涉外民事关系法律适用法》第 4 条规定，中华人民共和国法律对涉外民事关系有强制性规定的，直接适用该强制性规定。最高人民法院《关于适用〈中华人民共和国涉外民事关系法律适用法〉若干问题的解释（一）》第 8 条将涉及劳动者权益保护的规定，明确为“涉及中华人民共和国社会公共利益、当事人不能通过约定排除适用、无需通过冲突规范指引而直接适用于涉外民事关系的法律、行政法规的规定”，并规定人民法院应当将其认定为《涉外民事关系法律适

〔1〕 该节部分内容参见北京市第一中级人民法院课题组：《涉股权激励民事案件常见争议裁判规则研究——以劳动争议为视角》，载《人民司法》2023 年第 13 期，笔者系该文主执笔人。

〔2〕 参见北京市石景山区人民法院民事判决书，（2019）京 0107 民初 2578 号。

〔3〕 参见北京市海淀区人民法院民事判决书，（2018）京 0108 民初 33962 号。

用法》第 4 条规定的强制性规定。另一方面，法律和司法解释对劳动争议案件的管辖机构作了明确规定。《劳动争议调解仲裁法》第 21 条规定：“劳动争议由劳动合同履行地或者用人单位所在地的劳动争议仲裁委员会管辖。”《劳动争议司法解释一》第 3 条第 1 款规定：“劳动争议案件由用人单位所在地或者劳动合同履行地的基层人民法院管辖。”需要强调的是，劳动法律是兼具公法性质的社会法，且由于在劳动关系中劳动者处于弱势的受支配地位，故为了保护劳动者的合法权益，限制用人单位的行为界限，劳动法律的很多条文都属于强制性规定，这一点是劳动法律与合同法等一般民事法律的重大区别。上述劳动法律中关于管辖的规定显然就属于这样的强制性规定，具有强制力和排他力，排除了民事主体另行选择管辖机构的权利。

因此，即使存在涉外因素——比如，近年来，有不少企业选择赴国外融资上市，其境内关联企业多会以境外上市公司（以及境外拟上市公司）的股权作为向员工实施股权激励的标的——根据《劳动合同法》第 2 条和《劳动争议调解仲裁法》第 2 条的规定，我国境内的用人单位与劳动者因股权激励发生的劳动争议，要适用我国的劳动法律。也就是说，如果将相关股权激励纠纷认定为劳动争议，那么就应当适用前述有关管辖的强制性规定。

二、涉第三方案件当事人的确定

在股权激励纠纷中，除作为激励主体的境内用人单位与作为激励对象的劳动者之外，往往还会涉及第三方。例如，在 VIE 结构下，境内用人单位对劳动者实施股权激励，但是具体的激励标的物有可能是境外关联上市公司或者拟上市公司的股权，并且由境外上市公司或者拟上市公司直接与境内用人单位的劳动者订立股权激励协议。再如，在股权激励方案是员工持股计划的情况下，激励对象可能会与员工持股平台订立代持协议，那么员工持股平台（一般是合伙企业或者有限责任公司）也可能成为案件当事人。此外，如果股权激励协议约定激励对象离职时股权需强制转让给企业其他股东，则发生纠纷时也可能涉及第三方当事人。当股权激励纠纷涉及第三方时，如果当事人在提起诉讼时将该第三方列为被告，该第三方是否适格？

第一种观点认为，在股权或股票期权授予主体并非用人单位而是第三方的情况下，实际包含着两个独立的法律关系，即劳动者与用人单位之间的劳动关系以及劳动者与第三方之间的股权或期权合同关系。股权或股票期权被授予的原因，既不能导致劳动者与第三方之间的股权或期权合同关系转化为劳动关系，也不能导致股权或期权合同纠纷被劳动争议吸收。劳动争议与股权或期权合同纠纷不属于相同或者同一种类的诉讼标的，故第三方并非适格被告。第二种观点认为，如股票期权来自关联第三方，应追加第三方为共同被告，且将员工与关联方之间的纠纷予以合并审理，将关联方追加为共同诉讼的当事人。[1] 例如，有法院认为，虽然一方当事人主张授予劳动者股票期权的主体并非劳动合同的主体，故其公司并非适格被告。但是，包某的股票期权由 M 公司授予，M 公司与包某的用人单位某某科技公司之间存在层层控制的关系，M 公司授予包某股票期权系基于其控制的公司的利益，实质上也是基于自身利益。M 公司因属于期权协议一方主体而应当成为本案被告。[2]

笔者同意第二种观点。以 VIE 结构下的股权激励为例，一方面，虽然与劳动者签订股权激励协议的公司往往并非用人单位，但是用人单位通常与股权授予单位存在控制或被控制的紧密关系，也就是说，用人单位借以关联单位对劳动者实施激励方式，从而达到对劳动者进行管理、约束与激励的目的。另一方面，股权授予单位与劳动者签订股权激励协议，虽然二者没有劳动关系，但基于劳动者与用人单位的劳动关系，劳动者的劳动成果可以通过用人单位与授予单位的关联关系使授予单位获益，也就是说，股权授予单位与劳动者签订股权激励协议也是出于其自身利益，故其可以作为适格当事人。同理，员工持股平台以及受让股权的其他股东作为股权激励纠纷所涉及的第三方，亦应属于适格当事人。

三、股权赠与协议的性质

一些企业在实施股权激励计划时，会与激励对象订立股权赠与协议。等激励对象请求将股权变更登记至自己名下时，有的企业主张其系将股权无偿赠与劳动者，因此根据赠与合同的法律规定，其在将股权变更登记至激励对象名下之前，可以撤销赠与。那么，对于在股权激励中未支付金钱对价即获得企业股权的，股权激励是否属于赠与？司法实践对此问题的认识存在从赠与合同向非赠与合同的转变。

例如，有法院认为，《关于股份出让的有关规定》中约定柴某生将股份无偿转让给李某辉，但李某辉应在雪某特公司服务 5 年，即双方通过签订合同建立了附条件的赠与关系，柴某生上诉请求依据合同法可以行使撤销权的观点成立，但是由于李某辉已经履行了赠与所附条件约定的大部分服务时间之义务，故对于柴某生请求撤销全部赠与的主张不予支持，对李某辉服务时间未满足部分对应的股

---

〔1〕 参见范围：《公司股票期权激励争议处理研究》，载《当代法学》2016 年第 2 期。

〔2〕 参见北京市海淀区人民法院民事判决书，(2018) 京 0108 民初 33962 号。

权，准许其撤销赠与。[1] 该判决虽然在形式上认为股权激励属于赠与合同，但通过援用附条件赠与的解释路径，限制了赠与合同撤销规则的适用。[2]

有法院则认为，任某嘎授予郑某锁股权具有股权激励性质，授予的原因系基于郑某锁为融某科技公司提供的劳动及其劳动为融某科技公司带来的成果，故涉案授予股权行为与无对价的赠与行为并不同质。[3] 还有法院认为，关于合同性质，不能仅凭合同的名称予以确定，而应根据合同所涉法律关系结合合同实际履行情况进行判定。陈某自天某湖俱乐部成立以来一直担任总经理职务，负责俱乐部的日常经营管理，而签订《股权赠与协议》时李某哲持有俱乐部40%的股份，其股权收益与俱乐部职业经理人的经营管理成果密切相关。李某哲给予陈某一定的俱乐部股份能够将陈某的收益与其经营管理俱乐部的成果相挂钩，激励陈某在俱乐部长期勤勉服务。因此，虽然涉案《股权赠与协议》名为赠与协议，但该协议并非一般意义上的赠与合同，而更多体现的是等价有偿的股权激励合同的性质。基于上述关于合同性质的判断，李某哲根据赠与合同的法律规定主张《股权赠与协议》已被其撤销而无效的上诉理由，法院不予采信。[4] 亦有法院认为，《股份赠与协议》并非单务的合同，不属于赠与合同。[5]

笔者认为，如果股权激励协议基于劳动者提供劳动、服务满一定年限或者实现一定工作业绩等约定赠与股权的，应认定该合同属于双务合同、有偿合同，而不属于赠与合同。根据《民法典》第657条的规定，赠与合同是指赠与人将自己的财产无偿给予受赠人，受赠人表示接受赠与的合同。因此，赠与合同是最典型的单务合同、无偿合同。[6] 在实践中，单务性、无偿性是赠与合同性质认定的主要依据。在股权激励中，虽然表面上激励对象可能无需支付金钱或者其他财产作为获得股权的对价，但是实际上其却需要为激励主体提供劳动、服务满一定年限，或者实现一定的工作业绩，因此对于激励对象来说，股权激励标的物的取得并非基于激励主体或其关联方的无偿赠与。虽然有观点认为股权激励协议属于附义务的赠与合同，[7] 但是由于激励对象"提供劳动、服务满一定年限、或者实现一定的工作业绩"与激励主体或其关联方授予股权激励标的物之间是牵连和依存

〔1〕 参见最高人民法院民事判决书，(2009) 民二终字第43号。

〔2〕 参见陈诗：《企业股权激励业务指引》，中国法制出版社2022年版，第164页。

〔3〕 参见北京市第三中级人民法院民事判决书，(2016) 京03民终1287号。

〔4〕 参见江苏省高级人民法院民事判决书，(2018) 苏民终768号。

〔5〕 参见广东省深圳市中级人民法院民事判决书，(2018) 粤03民终21747号。

〔6〕 参见谢鸿飞、朱广新主编：《民法典评注：合同编典型合同与准合同1》，中国法制出版社2020年版，第320页。

〔7〕 参见刘爽：《我国推行股票期权制度的法律构想》，载《法律适用》2001年第11期。

关系，具有对价的意义，构成了对待给付，这决定了股权激励是双务合同、有偿合同，从而区别于仍为单务、无偿合同的附义务赠与。[1]

四、行权相关争议

（一）行权价格争议

行权价格是股权激励协议的关键条款，因此行权价格一般在股权激励协议中都会有专门条款进行确定，并且对于如此关键的必要条款，作为理性人的激励对象理应审慎对待，如果其认为行权价格不合理，应当就该价格提出异议并与激励主体再行磋商直至退出股权激励。

因此，笔者认为，关于行权价格的约定原则上能够体现意思自治精神，应当得到遵守。法院不能因为激励对象事后觉得行权价格不合理就对该价格进行调整。如果股权激励协议确实没有确定行权价格，对于上市公司来说，一般可以以协议订立时本公司的股票市场价格作为基数进行确定。对于非上市公司，关于其股票期权价值的评估是一个难题。法院可参照国家税务总局《关于阿里巴巴（中国）网络技术有限公司雇员非上市公司股票期权所得个人所得税问题的批复》（国税函〔2007〕1030号）处理，[2] 该批复规定："由于非上市公司股票没有可参考的市场价格，为便于操作，除存在实际或约定的交易价格，或存在与该非上市股票具有可比性的相同或类似股票的实际交易价格情形外，购买日股票价值可暂按其境外非上市母公司上一年度经中介机构审计的会计报告中每股净资产数额来确定。"此外，还可委托专业评估机构对非上市公司股票的价格进行评估，也可以以每股净资产作为参考依据。

（二）行权条件因受阻而难以成就

在股权激励方案实施过程中，往往因约定的行权条件难以成就导致激励对象行权受阻，其原因之一可能是企业怠于行使权利甚至不当阻碍。司法实践中普遍认为应当审查行权条件未成就的原因，企业怠于行使权利甚至不当阻碍致使行权条件未成就的，企业应承担相应法律责任。例如，有法院认为，根据约定，石某雷能够行权的条件之一是通过书某公司的年度考核。但是书某公司通过出具《考核结论》，不正当地阻止石某雷通过考核，在一定程度上导致石某雷的合同目的不能实现，故书某公司应当就其违约行为承担相应的赔偿责任。[3] 有法院认为，

---

〔1〕 参见韩世远：《合同法总论》（第4版），法律出版社2018年版，第75页。

〔2〕 参见范围：《公司股票期权激励争议处理研究》，载《当代法学》2016年第2期。

〔3〕 参见上海市徐汇区人民法院民事判决书，（2017）沪0104民初10378号。

除了董事会未作出决议外，激励对象已经符合行权的其他条件，但是搜某公司仍以董事会长期未能作出相关决议为由进行抗辩。对此，搜某公司不能以董事会一直未作出最终决议而对抗劳动者权利行使，故应承担相应的过错责任。[1]

笔者认为，虽然相关激励协议一般在依法订立之时即生效，故并非附生效条件的合同，但是依然可以类推适用《民法典》第159条的规定处理行权条件因企业不当阻碍而难以成就的问题。也就是说，如果根据查明的事实能够认定企业为自己的利益不正当地阻止条件成就的，视为条件已经成就，企业需承担相应的违约责任。

（三）代缴税款争议

个人以低于公平市场价格取得股票的，可能需要在获得股票时对实际出资额低于公平市场价格的差额按照“工资、薪金所得”项目缴纳个人所得税，而企业是该笔税金的扣缴义务人。但是对于尚未公开上市的股票来说，并没有一个能被各方接受的市场交易价格。因此，股权激励双方往往就该价格发生争议，进而对个人所得税的金额不能达成一致意见，从而影响按照约定的期限及时行权。

笔者认为，作为个人所得税的扣缴义务人，企业应合理核算税金，并在行权程序中对激励对象进行合理说明。但是应当明确，税收法律关系是国家、税务征管机关和纳税人之间在税收征收和管理过程中根据税法规范发生的具体的征收和管理权利义务关系，企业并不是该税收法律关系的主体，仅可能作为扣缴义务人参与税收征管程序。故征税标准和税金核定，应由税务征管机关确定，激励对象认为企业初步核算的个人所得税金额不当的，可申请税务征管部门进行核定。即便初步计算和代为申报的税金不尽准确，亦可在实际缴税时多退少补，税收行政部门实际收取税款后当事人对于税款金额仍存在异议的，也可以通过行政程序向税务机关申请退还。故对税款金额的异议，不构成未在行权期限内行权的合理理由。在企业对个人所得税的计算金额作出了合理解释，激励对象并未通过税收行政机关的核定程序认定企业计算的个人所得税超出法定标准，便以此为由逾期未行权的，构成违约，应认定依约丧失股权激励权益。

（四）逾期未行权争议

股权激励协议中一般会对行权的最终期限进行明确约定，并约定未及时依约行权的，激励对象即丧失行权的权利。在司法实践中，激励对象往往因种种原因

〔1〕 参见陈诗：《企业股权激励业务指引》，中国法制出版社2022年版，第176～177页。

未在约定的行权期内行权，从而引发争议。

首先需要说明的是，所谓行权期限并不限于激励协议中明确约定的“期限”。例如，有协议约定股权激励标的物为公司原始股出让股权，并约定“股权的授予程序和行权条件程序：公司在标的股权授予前与激励对象签订《股权期权转让协议书》，激励对象未签署《股权期权转让协议书》或已签署《股权期权转让协议书》但未按照付款期限支付受让标的股权款的，视为该激励对象放弃参与本次授予”。[1] 在以上约定中，行权期限并未直接明确约定，而是间接约定为“签署《股权期权转让协议书》且按照付款期限支付受让标的股权款”。

一种观点认为，根据合同严守原则，激励对象逾期未行权的，应当认定对股权激励权益依约失权。另一种观点认为，应当审查激励对象逾期未行权的原因，激励对象对此有过错的，应当认定股权激励权益依约失权；激励对象没有过错的，应当认定股权激励权益并不因此失权。笔者倾向于第二种观点，并建议应当注意对以下两个事实的审查。

其一，对约定行权最后期限的合理性审查。由于处于劳动关系中的受支配地位，劳动者对于股权激励协议如同对于劳动合同一样，基本没有对合同条款进行磋商乃至讨价还价的余地，实践中的股权激励协议基本都是企业单方提供的格式合同。因此，双方就具体条款发生争议时，法院在尊重意思自治的同时，也应当对直接影响劳动者基本权利的相关条款作合法性与合理性审查。对于行权期限，如果经审查可以认定约定的行权期限过于短促，应当允许劳动者在合理的期限内行权。

其二，对企业一方履行行权通知义务的审查。之所以提出这个建议，一方面是因为笔者通过总结审判经验发现，在实践中一些企业向激励对象提供的股权激励相关协议文书是英文版本，没有对应的中文版本，激励对象往往对英文版本的协议内容并未深入了解，以至于对包括行权期限在内的关键权益并未明确知悉；在很多股权激励案件中激励对象都主张在其签署相关股权激励协议之后，协议文本即被企业一方收回统一保管，以至于其对包括行权期限在内的关键权益一知半解。另一方面，股权激励方案一般都较为复杂，涉及生效日、授予日、可行权日、最终行权期限、有效期、失效日等诸多时间节点，且时间跨度可能长达几年甚至更长，而激励对象对激励方案又远不如企业一方了解和熟悉，因此基于对激励对象重要权益的保障，也是基于股权激励协议劳资双赢的合同目的，依据《民法典》第509条第2款“当事人应当遵循诚信原则，根据合同的性质、目的和交易

〔1〕 北京市海淀区人民法院民事判决书，（2016）京0108民初4118号。

习惯履行通知、协助、保密等义务”的规定，有必要让企业承担在合理期限内通知激励对象及时行权的义务，这是一种基于诚实信用原则以及股权激励的合同目的产生的企业应当承担的法定附随义务。

（五）无法行权的救济

实践中存在股权激励约定履行不能的情形，笔者认为，应根据劳动者的诉讼请求分情况予以处理。

（1）用人单位因履行不能，无法给付约定的股权激励标的物，而劳动者坚持诉请给付约定标的物的，可以不予支持。例如，有法院认为，陈某萍与中某博联公司签订的《劳动合同补充协议》系双方真实意思表示，且不违反法律、行政法规的强制性，应属合法有效。该协议约定，中某博联公司 2014 年至 2017 年每年向陈某萍提供不低于 50 万元股份或现金奖励，股份奖励或现金奖励由陈某萍选择。现陈某萍依据该条要求中某博联公司给付其 14.64% 的股权。但首先，中某博联公司与陈某萍并未约定支付给陈某萍股权的来源。其次，中某博联公司不持有本公司股权，章程中亦无股权激励的相关规定。最后，陈某萍主张中某博联公司可以通过增资、由其他股东代为履行或者公司向陈某斌、续某红回购股权再给付的形式履行协议，但无论是决定增加公司注册资本或是处分自身股权，均属于股东的权利，现并无证据证明中某博联公司股东对此作出过同意的意思表示，参加本案诉讼的两名股东陈某斌、续某红均明确表示反对。综上，在现有条件下，该条款中提供股份的内容不具备履行条件，实际无法履行，陈某萍在本案中坚持要求中某博联公司给付股权，法院不予支持。[1]

（2）股权激励标的物给付不能时，劳动者的权利如何救济？笔者认为，用人单位不能依约履行给付义务，构成违约，此时劳动者既可以依据《民法典》第 577 条请求用人单位承担赔偿损失的违约责任，也可以依据《民法典》第 563 条解除股权激励合同，并依据《民法典》第 566 条请求用人单位承担违约责任。

（3）如果股权激励标的物并非用人单位股票或期权，而是其关联方的股票或期权，签订股权激励协议的主体也是关联方，则不能径行判决用人单位给付标的物或者承担赔偿损失等违约责任，而是应当首先查明劳动者能否从关联方处受领标的物，只有在确定标的物给付不能之后，才能作出进一步判断。

例如，张某与大某公司劳动争议案[2]：

---

〔1〕 参见北京市海淀区人民法院民事判决书，（2018）京 0108 民初 47608 号。

〔2〕 参见北京市第一中级人民法院民事判决书，（2019）京 01 民终 9240 号。

张某与大某公司存在劳动关系，2015 年 10 月，大某公司向张某发出《转正及薪酬调整通知》。通知载明：“公司将授予您股票期权 200000 股，自 2015 年 9 月 30 日生效。如您能在接下来的 2015 年第四季度中仍然保持业绩达标的情况，公司还将在 2015 年 12 月 31 日授予您股票期权 200000 股。”2015 年 10 月 14 日，张某与依据开曼群岛法律注册成立的某教育集团签署股份期权授予通知，该教育集团以每股行权价格 0.10 美元授予张某期权项下的普通股 200000 股。之后张某业绩达标，2016 年 1 月 13 日，其再次与该教育集团签署股份期权授予通知，该教育集团以每股行权价格 0.15 美元授予张某期权项下的普通股 200000 股。后因为张某与大某公司发生纠纷，其诉请大某公司以每股 0.1 美元的价格向其交付某教育集团 20 万股股票、以每股 0.15 美元的价格向其交付某教育集团 20 万股股票，或者赔偿其股票期权损失 2019557 元。法院认为，从张某与某教育集团签署的《股份期权授予通知》可以看出，大某公司并非期权的真正授予主体，因此，张某请求大某公司向其交付某教育集团股票的主张没有合同或法律依据。就张某请求大某公司向其赔偿因无法行权导致的期权损失一节，虽然本案中所涉期权系劳动报酬的组成部分，但因大某公司解除劳动合同的行为违法，故张某能否基于《股份期权授予通知》及其项下相关文件兑现相应的期权，尚需期权授予主体明确意见后方可确定。因此，在本案中对张某主张大某公司向其赔偿股票期权损失的请求不予支持。

在上述案件中，用人单位大某公司并不是激励协议的签订主体，而只是单方允诺授予劳动者期权若干。事实上，其兑现了自己的允诺——张某与某教育集团两次签署《股份期权授予通知》。也就是说，张某与大某公司之间没有建立直接的股票期权合同关系，因此，张某向大某公司主张标的物给付或者损失赔偿并没有直接的合同依据；其只能基于大某公司违法解除劳动关系导致其无法享受《股份期权授予通知》赋予的权利、从而给其造成损失，向大某公司主张损失赔偿。因此，需要首先查明张某能否从某教育集团处受领期权。如果张某能从某教育集团处受领期权，则对张某来说并没有形成损失；如果张某不能从某教育集团处受领期权，则张某既可以依据《股份期权授予通知》请求某教育集团承担违约责任，也可以直接向大某公司主张损失赔偿。

五、劳动者违约责任条款的效力

股权激励协议一般会对双方的违约责任作出约定，对于约定由企业一方承担违约责任的条款，原则上应当遵循意思自治的原则确认其法律约束力。但是基于劳动法律保护劳动者合法权益的立法目的，以及限制用人单位权利边界的考量，

《劳动合同法》的很多条款对用人单位来说是强制性规定，这就导致股权激励协议中约定由劳动者承担违约责任的条款有可能违反《劳动合同法》的强制性规定，从而需要对条款的法律约束力进行分析评价。

企业在起草股权激励协议时，一般都会针对劳动者离职、违纪、违反保密义务等行为设定违约责任条款，违约责任主要包括强制回购股权、强制由第三方受让股权、返还因持股所获分红、返还出售股票所得收益、丧失行权资格、承担经济赔偿及违约金等。例如，东某公司、李某、泰某公司签订《股权激励协议》，约定：李某持有的泰某公司股份，自完成工商变更登记之日起至东某公司首次公开发行股票在证券交易所上市之日起36个月内，未经泰某公司股东会或董事会决议，不进行转让。在上述期间，如果发生李某离职、辞职、劳动合同期满未续签、被辞退、触犯法律法规、违反劳动纪律等情况，则其持有的泰某公司股份必须进行转让。李某转让直接持有的泰某公司股份，只能转让给法定代表人或其指定的其他人员，价格为转让股份时上一年度末经东某公司聘请的审计机构所认定的东某公司净资产价格。如果届时东某公司的净资产价格低于入股价格，则法定代表人或其指定的其他人员同意按照李某受让股权的价格加8%年利率所计算的利息作为股份转让价格。[1]

由于约定的任意性，笔者仅针对实践中较为常见的几种争议类型进行分析。[2]

（一）违约金条款的效力

1. 违约金的概念和特点

民事生活中，由于违约金条款具有免于证明己方损失和原则上免于证明违约方过错的优势，令其在民事合同中大行其道。所谓违约金，是指当事人通过约定而预先确定的、在违约后生效的独立于履行行为之外的给付。[3] 一般认为，违约金协议属于附条件生效（亦称附停止条件）的合同，只有当事人一方违约时，违约金协议才能生效，如不存在违约，也就不能适用违约金。[4] 也有观点认为，合同无法定的效力瑕疵者，于停止条件成就前，虽未发生以债权债务为内容的合同效力，尚不乏合同拘束力，当事人不得任意撤回其意思表示，解除合同或者违背

---

〔1〕 参见北京市海淀区人民法院民事判决书，(2019) 京0108民初57501号。

〔2〕 关于服务期条款的效力问题，详见本书第八讲相关内容，本讲不再赘述。

〔3〕 参见王利明：《合同法研究》（第2卷）（第3版），中国人民大学出版社2015年版，第694页。

〔4〕 参见王利明：《合同法研究》（第2卷）（第3版），中国人民大学出版社2015年版，第696页；朱广新：《合同法总则研究》（下册），中国人民大学出版社2018年版，第729页；姚明斌：《违约金论》，中国法制出版社2018年版，第199页。

诚实信用地左右条件之成就与不成就，此所谓合同的“前效力”。[1] 当然，实际上上述观点并不矛盾。有观点即从我国合同法规范文义出发，主张原则上对合同拘束力与合同效力持同一理解，并作广义和狭义之分：广义的合同拘束力（合同效力）意指合同所应有之全部法律效力，狭义的合同拘束力（合同效力）指涉合同符合法定有效要件但停止条件尚未成就时的效力状态，停止条件成就后合同发生履行效力。[2]

作为一种违约救济制度，违约金具有以下特点：（1）违约金是由当事人通过约定事先确定的。不同于依据法律规定事后确定的损失赔偿金，违约金具有事先约定性。当事人既可以在合同中设立违约金条款，又可以在主合同之外单独订立违约金协议。[3]（2）违约金于违约后支付。不同于定金的是，由于违约金是一种违约后才发生履行效力的救济方式，因此，违约金不能于订立违约金条款时预先支付。（3）违约金是独立于履行行为之外的给付。在大陆法系和英美法系国家，只要当事人没有特别约定，支付违约金的行为不能替代履行合同，当事人不得在支付违约金后而免除履行主债务的义务，即违约金并没有给予债务人一种违约的权利。尽管合同规定了违约金条款，但不妨碍主债务的履行。我国法律和司法实践也不允许以支付违约金替代实际履行。[4]

2. 违约金的功能

（1）免除非违约方对违约造成的损失予以举证的证明责任。一般来说，非违约方要求违约方赔偿损失时，必须证明其所受损失。在有些情况下，非违约方能够容易地提供这样的证据，但是，在很多情形下，其常常面临着有的损失，如无法用金钱衡量的损失、难以估量的经济损失等难以举证证明的困境。在损失难以证明的情况下，如果事先约定了违约金，那么只要发生了违约，非违约方即可请求违约方支付违约金，而根本无须证明违约使自己遭受了哪些损失及损失的数额是多少。违约方如果认为，违约金过分高于违约造成的实际损失，则需对违约造成的实际损失提供证据进行证明。如此一来，关于违约金的特别约定实际上把违约的损失证明责任转移到违约方那里。因此，相对于依法确定并计算出的损失赔偿金，违约金非常有利于保护非违约方。（2）向债务人施加一种履约压力。由于法律规定，只有约定的违约金过分高于违约造成的损失时，违约方才有权请求减

〔1〕 参见史尚宽：《民法总论》，中国政法大学出版社2000年版，第484～486页。

〔2〕 参见崔建远、吴光荣：《中国法语境下的合同效力：理论与实践》，载《法律适用》2012年第7期。

〔3〕 参见朱广新：《合同法总则研究》（下册），中国人民大学出版社2018年版，第728页。

〔4〕 参见王利明：《合同法研究》（第2卷）（第3版），中国人民大学出版社2015年版，第697页。

少违约金的数额，并未明确要求违约金的支付须以违约造成实际损失为条件，所以，违约金的约定可以向债务人施加一种尽可能履行合同的压力。[1] (3) 担保债权的实现。古罗马法将违约金契约或协议看作债的担保形式之一，[2] 如乌尔比安云："当我们为让他人做某事而订立一项罚金条款时，这样规定：'在没有这样做的情况下，承担罚金责任。'而当我们为不让某人做某事订立罚金条款时，则如此规定：'当做了不允许做的事情时，承担罚金责任。'"[3] 违约金的此种功能主要是体现在关于违约金的约定（条款）是依附于主合同而存在的。[4]

3. 违约金的性质

实践中的违约金，可分为赔偿性违约金和惩罚性违约金。惩罚性违约金是依当事人的约定或法律法规的规定，对于违约所确定的一种制裁，又称违约罚；赔偿性违约金是当事人双方预先估计的损害赔偿额，又称损害赔偿额的预订。[5]

由于违约金只是当事人对未来可能发生的违约损失的估算，为了保证债权的实现，违约金数额明显高于因违约造成的损失是极易发生的。如果任由当事人自由约定，必然会助长合同自由掩盖之下的私罚之风，债务人必然会承受与违约损失严重不相称的赔偿责任，交易的公平、正义必然无法保证。因此，从比较法角度看，两大法系均对违约金进行管制。[6] 在英美法系，严格禁止具有私罚效果的的违约金；大陆法系国家虽然普遍认可自愿服从的私罚，但是也不允许其太过分。[7] 我国关于违约金的法律规定，采纳了大陆法系的立法主张。一般认为，民法典规定的违约金属于赔偿性违约金，[8] 此为我国学说界与司法实践中的通说。[9] 当然，这并不是说惩罚性违约金都是无效的，事实上如果当事人自愿接受也可以是有效的，如果一方不接受也只能请求法院和仲裁机构对违约金数额进行调整，不能要求宣告整个违约金条款无效。可以说，我国司法实践承认的违约金

---

〔1〕 参见［德］迪特尔·梅迪库斯：《德国债法总论》，杜景林、卢谌译，法律出版社 2004 年版，第 342 页。

〔2〕 参见［意］彼得罗·彭梵得：《罗马法教科书》，黄风译，中国政法大学出版社 1992 年版，第 336 页；周枏：《罗马法原论》（下册），商务印书馆 1994 年版，第 810 页。

〔3〕《民法大全选译·契约之债与准契约之债》，丁玫译，中国政法大学出版社 1998 年版，第 483 页。

〔4〕 参见朱广新：《合同法总则研究》（下册），中国人民大学出版社 2018 年版，第 730 页。

〔5〕 参见韩世远：《合同法总论》（第 4 版），法律出版社 2018 年版，第 824 页。

〔6〕 参见朱广新：《合同法总则研究》（下册），中国人民大学出版社 2018 年版，第 731 页。

〔7〕 参见朱广新：《合同法总则研究》（下册），中国人民大学出版社 2018 年版，第 731 ~ 732 页。

〔8〕 参见韩世远：《合同法总论》（第 4 版），法律出版社 2018 年版，第 825 页。

〔9〕 参见姚明斌：《违约金论》，中国法制出版社 2018 年版，第 48 页。

是以补偿性为主、惩罚性为辅的违约金。[1] 或者说，在我国，赔偿性违约金也可以辅以一定的惩罚性，这种惩罚性体现在当事人可以在一定比例限度内约定高于实际损失的违约金。[2]

4. 劳动关系中的违约金

在合同法框架下，为了促进履约、增加违约的成本，缔约主体遵循意思自治原则，可以自由约定赔偿性违约金甚至惩罚性违约金。在劳动关系中，考虑到劳资双方在劳动关系中的地位并不平等，如果任由双方订立违约金条款，则用人单位很可能利用其优势地位，约定由劳动者单方承担高额的违约金，因此，立法者将违约金限制在两类。一类是，用人单位为劳动者提供专项培训费用、进行专业技术培训的，可以约定服务期，进而约定违约金；另一类是，对高级管理人员、高级技术人员和其他负有保密义务的人员，用人单位可与之约定竞业限制条款，进而约定违约金。对于服务期违约金，《劳动合同法》第 22 条明确规定，“违约金的数额不得超过用人单位提供的培训费用。用人单位要求劳动者支付的违约金不得超过服务期尚未履行部分所应分摊的培训费用”。显然，该违约金系属赔偿性违约金。《劳动合同法》作如此规定，具有必要性。因为订立违约金条款的双方并非平等的民事主体，劳动者处于受用人单位支配的状态，为了顺利地工作，绝大多数劳动者是没有能力拒签违约金条款的。当当事人缔约能力不平等时，不受控制的约定惩罚的权利显然会被用人单位滥用，合同公平与合同正义都会遭受损害。因此，服务期违约金被明确规定为赔偿性违约金。

对于竞业限制违约金究竟属于赔偿性违约金还是惩罚性违约金，本书第十五讲已经阐述，竞业限制违约金亦属于赔偿性违约金，但是可以辅以一定的惩罚性。

5. 股权激励协议中违约金条款的效力

为了破除实务中的规避空间，立法者在《劳动合同法》第 25 条明确规定，除该法第 22 条和第 23 条规定的情形外，用人单位不得与劳动者约定由劳动者承担违约金。这意味着，除了法律规定的服务期违约金和竞业限制违约金，立法者禁止在劳动关系项下约定其他名目的违约金。同理，以预先估计并约定损害赔偿金额等方式变相约定的违约金，也没有存在空间，否则缔约者只需变换一下文字，抹去违约金的相关字眼，就可以规避违约金的严格规定。

基于上述对违约金的规定，笔者认为，在劳动关系项下，用人单位或者其关

---

〔1〕 参见王利明：《合同法研究》（第 2 卷）（第 3 版），中国人民大学出版社 2015 年版，第 704 ~ 705 页。

〔2〕《民法典》第 585 条第 2 款规定，约定的违约金过分高于造成的损失的，人民法院或者仲裁机构可以根据当事人的请求予以适当减少。

联方在股权激励协议中另行约定由劳动者承担非前述法定违约金的，因违反《劳动合同法》第25条的强制性规定，应当被评价为无效约定。需要强调的是，正如本书前文所述，虚拟股票、股票增值权、分红权和延期支付计划等以现金结算的股权激励，本质上均属于迟延支付的奖金，如果股权激励协议约定劳动者违约需返还因上述激励股权所获得的现金收益，则属于变相约定违约金，该约定亦应被认定为无效。

虽然违约金条款无效，但是如果因劳动者在履行股权激励协议过程中的违约行为给用人单位造成损失的，用人单位可以请求劳动者损失赔偿。

（二）其他违约责任条款的效力

实践中，用人单位或者其关联方往往还会在股权激励协议中约定，当劳动者给用人单位造成损失或者存在其他违约行为时，将触发强制回购或转让条款，或者承担丧失行权资格等违约责任。对于上述约定的法律效力如何评价？

首先，从法律规定来看，《公司法》对有限责任公司回购股权没有禁止性规定，但是对股份有限公司回购股权有着严格限制。依据《公司法》第162条第1款的规定，除下列情形之外，股份有限公司不得收购本公司股份：（1）减少公司注册资本；（2）与持有本公司股份的其他公司合并；（3）将股份用于员工持股计划或者股权激励；（4）股东因对股东会作出的公司合并、分立决议持异议，要求公司收购其股份；（5）将股份用于转换公司发行的可转换为股票的公司债券；（6）上市公司为维护公司价值及股东权益所必需。因此，强制回购或转让条款不能违反上述公司法律强制性规定，否则约定可能无效。

其次，如果相关约定不违反法律、行政法规的强制性规定，考虑该约定属于意思自治范畴，原则上应当允许当事人进行约定。但是就约定的效力及其约束力，还是要根据具体约定进行评价。

1. 劳动者严重违反规章制度及劳动纪律时承担违约责任条款的效力

依据前文的分析，当用人单位因劳动者严重违反用人单位规章制度解除劳动合同时，由于劳动者对于劳动合同的解除存在严重的过错，故其应受服务期条款的约束，否则会诱使劳动者基于自身利益作出有违诚实信用原则的违约行为，以迫使用人单位解除劳动合同，从而变相规避服务期条款。也就是说，当劳动者严重违反用人单位规章制度时，用人单位可以单方解除劳动合同并依据服务期条款要求劳动者承担如丧失行权资格等的违约责任。举重以明轻，当劳动者严重违反用人单位规章制度时，如果用人单位并未解除劳动合同，仅是依据约定触发强制回购或转让条款，或者取消劳动者行权资格，则原则上应当肯定相关约定的效力和约束力。

2. 劳动者存在《劳动合同法》第39条第3～6项情形时承担违约责任条款的效力

依据前文的分析，当用人单位因为劳动者存在《劳动合同法》第39条第3～6项规定情形解除劳动合同时，由于劳动者存在严重的过错，故其应受服务期条款的约束，否则会诱使劳动者基于自身利益作出有违诚实信用原则的违约行为，以迫使用人单位解除劳动合同，从而变相规避服务期条款。也就是说，当劳动者《劳动合同法》第39条第3～6项规定的情形时，用人单位可以单方解除劳动合同并依据服务期条款要求劳动者承担如丧失行权资格等的违约责任。举重以明轻，此时如果用人单位并未解除劳动合同，仅是依据约定触发强制回购或转让条款，或者取消劳动者行权资格，则原则上应当肯定相关约定的效力和约束力。

3. 针对"泡病假"、缺勤等情形作出暂停归属、按比例归属的约定的效力

实践中，针对员工存在的"泡病假"、请事假、缺勤等与勤勉工作相悖情形，用人单位或者其关联方往往会在股权激励协议中约定，当员工存在休假、缺勤、被用人单位安排暂停工作等情形达到一定标准时，暂停其股权激励标的归属或者其能够归属的股权激励标的数量按比例减少，这样的约定其效力如何？

笔者认为，用人单位实施股权激励的重要目的之一就是促进激励对象为企业经营目标勤勉尽责，因此，用人单位及其关联方为了保障这一合同目的的实现，可以约定当员工存在与勤勉尽责这一合同目的相悖的行为时，暂停其股权激励标的归属或者其能够归属的股权激励标的数量按比例减少。但是，当相关纠纷发生时，对于哪些行为属于与勤勉尽责相悖的行为，仲裁员及法官则可能需要区别不同情形进行界定，从而评估前述约定在具体案件中的约束力。例如，约定员工未履行合理的请假手续导致缺勤、旷工天数达到一定标准的，暂停其股权激励标的归属或者其能够归属的股权激励标的数量按比例减少，这样的约定合法合理，应当肯定其法律效力。就请假天数达到一定标准即暂停员工股权激励标的归属或者其能够归属的股权激励标的数量按比例减少的约定来说，则要进一步进行具体分析其法律效力。因为，我们可以推定，某员工在一段期间内请事假天数达到一定标准则意味其不够勤勉尽责，除非其能够提供证据证明请事假具有充分的理由，而该理由足以否定对其不勤勉尽责的推动。但是，我们不见得能推定，该员工在同一段期间内请病假天数达到同一标准亦意味其不够勤勉尽责，除非用人单位能够进一步证明该员工请病假有"泡病假"的嫌疑，或者该员工请病假的天数超过其依法享有的医疗期。此外，如果员工是依法请休带薪年休假或者依法调休，则显然不能因其依法请休带薪年休假或者依法调休而推定其不勤勉尽责，此种情形下，该约定就与《职工带薪年休假条例》和《劳动法》的相关强制性规定相悖，可能会被评价为不具有约束力。

4．“劳动关系无论因何原因终结，未实际授予的股票不再授予”条款的效力

实践中，股权激励协议中往往会约定，双方的雇佣关系无论因何原因终结，未实际授予的股票不再授予。诸如此类的约定对劳动者是否具有约束力？

一般来说，进行如此约定的股权激励标的物，其取得是基于劳动者在履行劳动合同过程中的优秀表现或者对劳动合同的履行达到一定期限，其丧失是因为劳动关系的终结或者劳动者在履行劳动合同过程中出现违约行为，因此，其实质上是劳动者履行劳动合同所得到的对价之一，性质上属于劳动报酬。既然是劳动报酬，如果劳动者已经付出相应劳动或者已经履行了相应期间的劳动合同，就有权获得作为对价的股权激励标的物。例如，用人单位与劳动者约定，劳动者入职用人单位后，每工作满 1 个年度的届满日授予其股票的比例为 25%，工作满 4 个年度的，第 4 个年度届满日授予其剩余 25% 股票。（1）如果劳动者工作满 3 个年度，在第 4 个年度尚未届满时离职的，则不论是其依据《劳动合同法》第 37 条、第 38 条解除劳动合同，还是用人单位依据该法第 40 条、第 41 条解除劳动合同，劳动者均有权要求用人单位按照约定授予其前 3 个年度共计 75% 的股票，如果囿于客观情况或者资本市场的规定不能授予的，劳动者有权要求用人单位支付相应价值的货币。（2）对于劳动者是否有权要求第 4 个年度中已经经过的期间对应比例的股票，如果劳动者依据《劳动合同法》第 38 条解除劳动合同，由于用人单位存在法定的违约行为导致劳动者被迫解除劳动合同，因此，不应由劳动者承担失去第 4 个年度中已经经过的期间对应比例的股票的不利后果，否则，实际上等于变相限制或者排除了《劳动合同法》第 38 条赋予劳动者的单方解除权。如果用人单位依据该法第 40 条、第 41 条解除劳动合同，由于用人单位主动解除劳动合同，且劳动者对于解除并无过错，自然不应由劳动者承担不利后果，否则用人单位可能会出于不支付股权激励标的物的目的，主动解除劳动合同。因此，劳动者有权要求用人单位授予第 4 个年度中已经经过的期间对应比例的股票或者支付相应价值的货币。如果劳动者因为个人原因依据《劳动合同法》第 37 条单方解除劳动合同，或者违法解除劳动合同，考虑到股权激励的目的之一就是激励劳动者更好、更长久地为用人单位工作，且用人单位对于劳动合同的解除并无过错，因此，此种情形下用人单位可以依据约定不再授予劳动者第 4 个年度中已经经过的期间对应比例的股票。（3）如果是用人单位依据《劳动合同法》第 39 条合法解除劳动合同，考虑到劳动者对于劳动合同的解除存在严重的过错，以及前述股权激励的目的，可以肯定关于违约责任约定的效力，即未实际授予的股票不再授予。

第十七讲

社会保险纠纷

第一节　工伤保险纠纷

一、工伤

在社会保险纠纷中，因工伤及工伤保险引发的纠纷远多于其他保险种类引发的纠纷。工伤又称职业伤害，是指职工在工作过程中因突发事故遭受的事故伤害以及因工作环境、岗位等造成的慢性伤害（职业病）。从《工伤保险条例》第1条、第2条、第18条的规定来看，劳动者与用人单位之间存在劳动关系是劳动者可能被认定为工伤的前提条件。

（一）应当认定为工伤的情形

职工有下列情形之一的，应当认定为工伤：（1）在工作时间和工作场所内，因工作原因受到事故伤害的；（2）工作时间前后在工作场所内，从事与工作有关的预备性或者收尾性工作受到事故伤害的；（3）在工作时间和工作场所内，因履行工作职责受到暴力等意外伤害的；（4）患职业病的；（5）因工外出期间，由于工作原因受到伤害或者发生事故下落不明的；（6）在上下班途中，受到非本人主要责任的交通事故或者城市轨道交通、客运轮渡、火车事故伤害的；（7）法律、行政法规规定应当认定为工伤的其他情形。[1]

社会保险行政部门认定下列情形为工伤的，人民法院应予支持：（1）职工在工作时间和工作场所内受到伤害，用人单位或者社会保险行政部门没有证据证明是非工作原因导致的；（2）职工参加用人单位组织或者受用人单位指派参加其他单位组织的活动受到伤害的；（3）在工作时间内，职工来往于多个与其工作职责相关的工作场所之间的合理区域因工受到伤害的；（4）其他与履行工作职责相关，在工作时间及合理区域内受到伤害的。[2]

---

〔1〕参见《工伤保险条例》第14条。

〔2〕参见《审理工伤保险行政案件的规定》第4条。

职工因工作原因驻外，有固定的住所、有明确的作息时间，工伤认定时按照在驻在地当地正常工作的情形处理。[1]“因履行工作职责受到暴力等意外伤害”中的因履行工作职责受到暴力伤害是指受到的暴力伤害与履行工作职责有因果关系。[2]“因工外出期间”的认定，应当考虑职工外出是否属于用人单位指派的因工作外出，遭受的事故伤害是否因工作原因所致。[3]社会保险行政部门认定下列情形为“因工外出期间”的，人民法院应予支持：（1）职工受用人单位指派或者因工作需要在工作场所以外从事与工作职责有关的活动期间；（2）职工受用人单位指派外出学习或者开会期间；（3）职工因工作需要的其他外出活动期间。职工因工外出期间从事与工作或者受用人单位指派外出学习、开会无关的个人活动受到伤害，社会保险行政部门不认定为工伤的，人民法院应予支持。[4]

“上下班途中”既包括职工正常工作的上下班途中，也包括职工加班加点的上下班途中。[5]职工以上下班为目的、在合理时间内往返于工作单位和居住地之间的合理路线，视为上下班途中。[6]对社会保险行政部门认定下列情形为“上下班途中”的，人民法院应予支持：（1）在合理时间内往返于工作地与住所地、经常居住地、单位宿舍的合理路线的上下班途中；（2）在合理时间内往返于工作地与配偶、父母、子女居住地的合理路线的上下班途中；（3）从事属于日常工作生活所需要的活动，且在合理时间和合理路线的上下班途中；（4）在合理时间内其他合理路线的上下班途中。[7]

实践中，有争议的是，职工在参加用人单位组织的团建活动中受伤能否认定为工伤？对于该问题，在最高人民法院公布的《法答网精选答问（第一批）》中有明确，摘录如下：

根据《工伤保险条例》第14条第5项的规定，“因工外出期间，由于工作原因受到伤害或者发生事故下落不明的”，应当认定为工伤。人力资源社会保障部《关于执行〈工伤保险条例〉若干问题的意见（二）》第4条规定：“职工在参加用人单位组织或者受用人单位指派参加其他单位组织的活动中受到事故伤害的，应当视为工作原因，但参加与工作无关的活动除外。”《最高人民法院关于审理工

---

〔1〕 参见《执行工伤保险条例的意见二》第4、5条。

〔2〕 参见劳动和社会保障部办公厅《关于对〈工伤保险条例〉有关条款释义的函》（劳社厅函〔2006〕497号）。

〔3〕 参见《执行工伤保险条例的意见》第1条。

〔4〕 参见《审理工伤保险行政案件的规定》第5条。

〔5〕 参见《实施工伤保险条例的意见》第2条。

〔6〕 参见《执行工伤保险条例的意见二》第6条。

〔7〕 参见《审理工伤保险行政案件的规定》第6条。

伤保险行政案件若干问题的规定》第4条第2项规定了“职工参加用人单位组织或者受用人单位指派参加其他单位组织的活动受到伤害的”，被社会保险行政部门认定为工伤的，人民法院应予支持。因此，职工在参加单位组织的团建活动中受伤是否认定为工伤，应当从活动的目的性、费用的承担、活动安排的内容以及参与人员的组成等多方面进行审慎考量，判断是否与工作相关。

对于用人单位组织或指定参与的文体活动以及单位组织的要求“经单位指派、选拔等程序才能参与”的活动可作为工作原因，职工在这些团建活动中受伤可以认定为工伤；而用人单位以工作名义安排或者组织职工参加餐饮、旅游观光、休闲娱乐等活动，或者从事涉及领导、个人私利的活动，一般不认定为“因工作原因”。综上所述，职工在参加单位组织的团建活动中受伤能否认定为工伤，应当判断该团建活动是否与工作相关，并从活动的目的性、费用的承担、活动安排的内容以及参与人员的组成等方面进行综合认定。

（二）视同工伤的情形

除了有前述情形应当认定为工伤，职工有下列情形之一的，视同工伤：（1）在工作时间和工作岗位，突发疾病死亡或者在48小时之内经抢救无效死亡的；（2）在抢险救灾等维护国家利益、公共利益活动中受到伤害的；（3）职工原在军队服役，因战、因公负伤致残，已取得革命伤残军人证，到用人单位后旧伤复发的。[1]

上述“突发疾病”包括各类疾病。“48小时”的起算时间，以医疗机构的初次诊断时间作为突发疾病的起算时间，而不是从实际发病时间起算。[2] 此外，由于工伤以存在劳动关系为前提条件，因此，临时帮工时突发疾病死亡的，不属于视同工伤情形。

案例73　某物业公司诉涪陵区人社局劳动和社会保障行政确认案[3]

——职工见义勇为受到伤害的，应当视同工伤

【基本案情】

罗某系某物业公司保安。2011年12月24日，罗某在该物业公司服务的小区

〔1〕参见《工伤保险条例》第15条。

〔2〕参见《实施工伤保险条例的意见》第3条。

〔3〕参见某物业公司诉涪陵区人社局劳动和社会保障行政确认案，最高人民法院指导案例94号。

上班。8时30分左右，附近有人对一过往行人实施抢劫，罗某听到呼喊声后立即拦住抢劫者的去路，要求其交出抢劫的物品，在与抢劫者搏斗的过程中，不慎从台阶上摔倒在巷道拐角的平台上受伤。罗某于2012年6月12日向涪陵区人社局提出工伤认定申请。该人社局当日受理后，于2012年6月13日向罗某发出《认定工伤中止通知书》，要求罗某补充提交见义勇为的认定材料。2012年7月20日，罗某补充了见义勇为相关材料。涪陵区人社局核实后，于2012年8月9日作出《认定工伤决定书》，认定罗某所受之伤属于因工受伤。某物业公司不服，向法院提起行政诉讼。在诉讼过程中，涪陵区人社局作出《撤销工伤认定决定书》，并于2013年6月25日根据《工伤保险条例》第15条第1款第2项之规定作出《认定工伤决定书》，认定罗某受伤属于视同因工受伤。某物业公司仍然不服，于2013年7月15日向重庆市人社局申请行政复议，重庆市人社局于2013年8月21日作出《行政复议决定书》，予以维持。某物业公司遂诉至法院，请求判决撤销《认定工伤决定书》，并责令被告重新作出认定。

重庆市涪陵区社会管理综合治理委员会对罗某的行为进行了表彰，并作出了《关于表彰罗某同志见义勇为行为的通报》。

重庆市涪陵区人民法院作出一审行政判决，驳回某物业公司要求撤销被告作出的涪人社伤险认决字〔2013〕524号《认定工伤决定书》的诉讼请求。一审宣判后，双方当事人均未上诉，裁判发生法律效力。

【裁判要点】

生效裁判认为，被告涪陵区人社局是县级劳动行政主管部门，根据国务院《工伤保险条例》第5条第2款的规定，具有受理本行政区域内的工伤认定申请，并根据事实和法律作出是否工伤认定的行政管理职权。被告根据第三人罗某提供的重庆市涪陵区社会管理综合治理委员会《关于表彰罗某同志见义勇为行为的通报》，认定罗某在见义勇为中受伤，事实清楚，证据充分。

罗某不顾个人安危与违法犯罪行为作斗争，既保护了他人的个人财产和生命安全，也维护了社会治安秩序，弘扬了社会正气。法律对于见义勇为，应当予以大力提倡和鼓励。《工伤保险条例》第15条第1款第2项规定："职工在抢险救灾等维护国家利益、公共利益活动中受到伤害的，视同工伤。"据此，虽然职工不是在工作地点、因工作原因受到伤害，但其是在维护国家利益、公共利益活动中受到伤害的，也应当按照工伤处理。公民见义勇为，与违法犯罪行为作斗争，与抢险救灾一样，同样属于维护社会公共利益的行为，应当予以大力提倡和鼓励。因见义勇为、制止违法犯罪行为而受到伤害的，应当适用《工伤保险条例》第15条第1款第2项的规定，即视同工伤。

另外，《重庆市鼓励公民见义勇为条例》为重庆市地方性法规，其第19条、第21条进一步明确规定，见义勇为受伤视同工伤，享受工伤待遇。该条例上述规定符合《工伤保险条例》的立法精神，有助于最大限度地保障劳动者的合法权益、最大限度地弘扬社会正气，在本案中应当予以适用。综上，被告涪陵区人社局认定罗某受伤视同因工受伤，适用法律正确。

【延伸思考】

依照《工伤保险条例》第15条第1款第2项的规定，在抢险救灾等维护国家利益、公共利益活动中受到伤害的，视同工伤。该规定虽然没有明确指出见义勇为属于规定情形，但是，罗某不顾个人安危与违法犯罪行为作斗争，既保护了他人的个人财产和生命安全，也维护了社会治安秩序，弘扬了社会正气，其行为与抢险救灾一样，都属于维护社会公共利益的行为，应当视同工伤。

（三）不能认定为工伤的情形

职工因下列情形之一引发的伤亡，不得认定为工伤或者视同工伤：（1）故意犯罪的；（2）醉酒或者吸毒的；（3）自残或者自杀的。[1]

前述“故意犯罪”的认定，应当以司法机关的生效法律文书或者结论性意见为依据。“醉酒或者吸毒”的认定，应当以有关机关出具的法律文书或者人民法院的生效裁决为依据。无法获得上述证据的，可以结合相关证据认定。[2] 人民法院审理工伤认定行政案件，在认定是否存在《工伤保险条例》第14条第6项“本人主要责任”、第16条第2项“醉酒或者吸毒”和第16条第3项“自残或者自杀”等情形时，应当以有权机构出具的事故责任认定书、结论性意见和人民法院生效裁判等法律文书为依据，但有相反证据足以推翻事故责任认定书和结论性意见的除外。前述法律文书不存在或者内容不明确，社会保险行政部门就前款事实作出认定的，人民法院应当结合其提供的相关证据依法进行审查。《工伤保险条例》第16条第1项“故意犯罪”的认定，应当以刑事侦查机关、检察机关和审判机关的生效法律文书或者结论性意见为依据。[3]

---

〔1〕 参见《工伤保险条例》第16条。

〔2〕 参见《执行工伤保险条例的意见》第3、4条。

〔3〕 参见《审理工伤保险行政案件的规定》第1条。

案例74　孙某某诉某园区劳动局工伤认定案[1]

——职工工作中存在过失，不属于排除工伤认定的情形

【基本案情】

孙某某诉称：其在工作时间、工作地点、因工作原因摔倒致伤，符合《工伤保险条例》规定的情形。某园区劳动局不认定工伤的决定，认定事实错误，适用法律不当。请求撤销某园区劳动局所作的《工伤认定决定书》，并判令某园区劳动局重新作出工伤认定行为。

某园区劳动局辩称中力公司业务员孙某某因公外出期间受伤，但受伤不是由于工作原因，而是由于本人注意力不集中，脚底踩空，才在下台阶时摔伤。其受伤结果与其所接受的工作任务没有明显的因果关系，故不符合《工伤保险条例》规定的应当认定为工伤的情形。

中力公司述称，因本公司实行末位淘汰制，孙某某事发前已被淘汰。但因其原从事本公司的销售工作，还有收回剩余货款的义务，所以才偶尔回公司打电话。事发时，孙某某已不属于本公司职工，也不是在本公司工作场所范围内摔伤，不符合认定工伤的条件。

法院经审理查明：孙某某系中力公司员工，2003年6月10日上午受中力公司负责人指派去北京机场接人。其从中力公司所在地某商业中心八楼下楼，欲到某商业中心院内停放的红旗轿车处去开车，当行至一楼门口台阶处时脚下一滑，从四层台阶处摔倒在地面上，造成四肢不能活动。经医院诊断为颈髓过伸位损伤合并颈部神经根牵拉伤、上唇挫裂伤、左手臂擦伤、左腿皮擦伤。孙某某向某园区劳动局提出工伤认定申请，某园区劳动局于2004年3月5日作出（2004）0001号《工伤认定决定书》，决定不认定孙某某摔伤事故为工伤事故。孙某某不服某园区劳动局《工伤认定决定书》，向天津市第一中级人民法院提起行政诉讼。

天津市第一中级人民法院作出一审行政判决：（1）撤销某园区劳动局所作（2004）0001号《工伤认定决定书》；（2）限某园区劳动局在判决生效后60日内重新作出具体行政行为。某园区劳动局提起上诉，天津市高级人民法院作出二审判决：驳回上诉，维持原判。

【裁判要点】

生效裁判认为，本案的争议焦点如下：

---

〔1〕参见孙某某诉某园区劳动局工伤认定案，最高人民法院指导案例40号。

1. 关于孙某某摔伤地点是否属于其“工作场所”问题

“工作场所”，是指与职工工作职责相关的场所，在有多个工作场所的情形下，还应包括职工来往于多个工作场所之间的合理区域。本案中，位于某商业中心八楼的中力公司办公室，是孙某某的工作场所，而其完成去机场接人的工作任务需驾驶的汽车停车处，是孙某某的另一处工作场所。汽车停在某商业中心一楼的门外，孙某某要完成开车任务，必须从商业中心八楼下到一楼门外停车处，故从某商业中心八楼到停车处是孙某某来往于两个工作场所之间的合理区域，也应当认定为孙某某的工作场所。

2. 关于孙某某是否“因工作原因”摔伤的问题

“因工作原因”，是指职工受伤与其从事本职工作之间存在关联关系，即职工受伤与其从事本职工作存在一定关联。孙某某为完成开车接人的工作任务，必须从某商业中心八楼的中力公司办公室下到一楼进入汽车驾驶室，该行为与其工作任务密切相关，是孙某某为完成工作任务客观上必须进行的行为，不属于超出其工作职责范围的其他不相关的个人行为。因此，孙某某在一楼门口台阶处摔伤，系为完成工作任务所致。另外，孙某某接受本单位领导指派的开车接人任务后，从中力公司所在某商业中心八楼下到一楼，在前往院内汽车停放处的途中摔倒，孙某某当时尚未离开公司所在院内，不属于“因公外出”的情形，而是属于在工作时间和工作场所内。

3. 关于孙某某工作中不够谨慎的过失是否影响工伤认定的问题

《工伤保险条例》第16条规定了排除工伤认定的三种法定情形，即因故意犯罪、醉酒或者吸毒、自残或者自杀的，不得认定为工伤或者视同工伤。职工从事工作中存在过失，不属于上述排除工伤认定的法定情形，不能阻却职工受伤与其从事本职工作之间的关联关系。工伤事故中，受伤职工有时具有疏忽大意、精力不集中等过失行为，工伤保险正是分担事故风险、提供劳动保障的重要制度。如果将职工个人主观上的过失作为认定工伤的排除条件，违反工伤保险“无过失补偿”的基本原则，不符合《工伤保险条例》保障劳动者合法权益的立法目的。据此，即使孙某某工作中在行走时确实有失谨慎，也不影响其摔伤系“因工作原因”的认定结论。某园区劳动局以导致孙某某摔伤的原因不是雨、雪天气使台阶地滑，而是自己精力不集中导致为由，主张孙某某不属于“因工作原因”摔伤而不予认定工伤，缺乏法律依据。其作出的不予认定孙某某为工伤的决定，依法应予撤销。

【延伸思考】

《工伤保险条例》第16条规定：“职工符合本条例第十四条、第十五条的规定，但是有下列情形之一的，不得认定为工伤或者视同工伤：（一）故意犯罪的；（二）醉酒或者吸毒的；（三）自残或者自杀的。”根据该条规定，只有在以上三种法定情形下才能排除工伤认定，职工从事工作中存在过失，不属于上述排除工伤认定的法定情形，不能阻却职工受伤与其从事本职工作之间形成一定的关联关系。典型的如，用人单位的司机在驾驶公车执行工作任务时发生交通事故，即使该司机对事故负有主要责任，也不影响工伤的认定。工伤保险需要遵循的重要原则之一为无过失补偿原则，即无论工伤事故的责任在企业、受伤职工本人还是其同事，均应按照法定的工伤保险待遇标准对伤残职工或工亡职工遗属给予经济补偿。如果将职工个人主观上的过失作为认定工伤的排除条件，有违工伤保险的基本原则，不符合《工伤保险条例》保障劳动者合法权益的立法本意。

（四）职业病

职业病，是指企业、事业单位和个体经济组织等用人单位的劳动者在职业活动中，因接触粉尘、放射性物质和其他有毒、有害因素而引起的疾病。[1] 它同特定职业密切联系，与劳动卫生相对应，属于职业性有害因素对劳动者健康的慢性伤害。[2]

1. 职业病名类法定

我国现行的法定职业病，以《职业病分类和目录》中规定的为准。换言之，只有被列入名单的疾病，才是法律上承认的职业病。职业病的分类和目录由国务院卫生行政部门会同国务院劳动保障行政部门制定、调整并公布。[3] 按照《职业病分类和目录》，现阶段职业病包括职业性尘肺病及其他呼吸系统疾病、职业性皮肤病、职业性眼病、职业性耳鼻喉口腔疾病、职业性化学中毒、物理因素所致职业病、职业性放射性疾病、职业性传染病、职业性肿瘤以及其他职业病共10大类132种。

2. 职业病的诊断机构

职业病诊断应当由取得《医疗机构执业许可证》的医疗卫生机构承担。承担职业病诊断的医疗卫生机构应当具备下列条件：（1）具有与开展职业病诊断相适应的医疗卫生技术人员；（2）具有与开展职业病诊断相适应的仪器、设备；（3）具有健全的职业病诊断质量管理制度。承担职业病诊断的医疗卫生机构不得

---

〔1〕参见《职业病防治法》第2条第2款。

〔2〕参见王全兴：《劳动法》（第4版），法律出版社2017年版，第435页。

〔3〕参见《职业病防治法》第2条第3款。

拒绝劳动者进行职业病诊断的要求。[1] 劳动者可以在用人单位所在地、本人户籍所在地或者经常居住地依法承担职业病诊断的医疗卫生机构进行职业病诊断。[2]

3. 职业病的诊断流程

医疗卫生机构发现疑似职业病病人时，应当告知劳动者本人并及时通知用人单位。用人单位应当及时安排对疑似职业病病人进行诊断；在疑似职业病病人诊断或者医学观察期间，不得解除或者终止与其订立的劳动合同。疑似职业病病人在诊断、医学观察期间的费用，由用人单位承担。[3]

职业病诊断，应当综合分析下列因素：（1）病人的职业史；（2）职业病危害接触史和工作场所职业病危害因素情况；（3）临床表现以及辅助检查结果等。没有证据否定职业病危害因素与病人临床表现之间的必然联系的，应当诊断为职业病。职业病诊断证明书应当由参与诊断的取得职业病诊断资格的执业医师签署，并经承担职业病诊断的医疗卫生机构审核盖章。[4]

用人单位应当如实提供职业病诊断、鉴定所需的劳动者职业史和职业病危害接触史、工作场所职业病危害因素检测结果等资料；卫生行政部门应当监督检查和督促用人单位提供上述资料；劳动者和有关机构也应当提供与职业病诊断、鉴定有关的资料。职业病诊断、鉴定机构需要了解工作场所职业病危害因素情况时，可以对工作场所进行现场调查，也可以向卫生行政部门提出，卫生行政部门应当在10日内组织现场调查。[5]

职业病诊断、鉴定过程中，用人单位不提供工作场所职业病危害因素检测结果等资料的，诊断、鉴定机构应当结合劳动者的临床表现、辅助检查结果和劳动者的职业史、职业病危害接触史，并参考劳动者的自述、卫生行政部门提供的日常监督检查信息等，作出职业病诊断、鉴定结论。劳动者对用人单位提供的工作场所职业病危害因素检测结果等资料有异议，或者因劳动者的用人单位解散、破产，无用人单位提供上述资料的，诊断、鉴定机构应当提请卫生行政部门进行调查，卫生行政部门应当自接到申请之日起30日内对存在异议的资料或者工作场所职业病危害因素情况作出判定；有关部门应当配合。[6]

---

〔1〕参见《职业病防治法》第43条。
〔2〕参见《职业病防治法》第44条。
〔3〕参见《职业病防治法》第55条。
〔4〕参见《职业病防治法》第46条。
〔5〕参见《职业病防治法》第47条。
〔6〕参见《职业病防治法》第48条。

4. 职业病的鉴定

当事人对职业病诊断有异议的，可以向作出诊断的医疗卫生机构所在地地方人民政府卫生行政部门申请鉴定。职业病诊断争议由设区的市级以上地方人民政府卫生行政部门根据当事人的申请，组织职业病诊断鉴定委员会进行鉴定。当事人对设区的市级职业病诊断鉴定委员会的鉴定结论不服的，可以向省、自治区、直辖市人民政府卫生行政部门申请再鉴定。[1]

职业病诊断鉴定委员会由相关专业的专家组成。省、自治区、直辖市人民政府卫生行政部门应当设立相关的专家库，需要对职业病争议作出诊断鉴定时，由当事人或者当事人委托有关卫生行政部门从专家库中以随机抽取的方式确定参加诊断鉴定委员会的专家。职业病诊断鉴定委员会应当按照国务院卫生行政部门颁布的职业病诊断标准和职业病诊断、鉴定办法进行职业病诊断鉴定，向当事人出具职业病诊断鉴定书。职业病诊断、鉴定费用由用人单位承担。[2] 职业病诊断鉴定委员会组成人员应当遵守职业道德，客观、公正地进行诊断鉴定，并承担相应的责任。职业病诊断鉴定委员会组成人员不得私下接触当事人，不得收受当事人的财物或者其他好处，与当事人有利害关系的，应当回避。人民法院受理有关案件需要进行职业病鉴定时，应当从省、自治区、直辖市人民政府卫生行政部门依法设立的相关的专家库中选取参加鉴定的专家。[3]

5. 争议的处理

职业病诊断、鉴定过程中，在确认劳动者职业史、职业病危害接触史时，当事人对劳动关系、工种、工作岗位或者在岗时间有争议的，可以向当地的劳动人事争议仲裁委员会申请仲裁；接到申请的劳动人事争议仲裁委员会应当受理，并在30日内作出裁决。当事人在仲裁过程中对自己提出的主张，有责任提供证据。劳动者无法提供由用人单位掌握管理的与仲裁主张有关的证据的，仲裁庭应当要求用人单位在指定期限内提供；用人单位在指定期限内不提供的，应当承担不利后果。劳动者对仲裁裁决不服的，可以依法向人民法院提起诉讼。用人单位对仲裁裁决不服的，可以在职业病诊断、鉴定程序结束之日起15日内依法向人民法院提起诉讼；诉讼期间，劳动者的治疗费用按照职业病待遇规定的途径支付。[4]

---

〔1〕 参见《职业病防治法》第52条。

〔2〕 参见《职业病防治法》第53条。

〔3〕 参见《职业病防治法》第54条。

〔4〕 参见《职业病防治法》第49条。

二、工伤认定流程

职工发生事故伤害或者按照《职业病防治法》规定被诊断、鉴定为职业病，所在单位应当自事故伤害发生之日或者被诊断、鉴定为职业病之日起30日内，向统筹地区社会保险行政部门提出工伤认定申请。遇有特殊情况，经报社会保险行政部门同意，申请时限可以适当延长。按照前款规定应当由省级社会保险行政部门进行工伤认定的事项，根据属地原则由用人单位所在地的设区的市级社会保险行政部门办理。用人单位未按前述规定提出工伤认定申请的，工伤职工或者其近亲属、工会组织在事故伤害发生之日或者被诊断、鉴定为职业病之日起1年内，可以直接向用人单位所在地统筹地区社会保险行政部门提出工伤认定申请。用人单位未在前述规定的时限内提交工伤认定申请，在此期间发生符合规定的工伤待遇等有关费用由该用人单位负担。[1] 这里用人单位承担工伤待遇等有关费用的期间是指从事故伤害发生之日或职业病确诊之日起至劳动保障行政部门受理工伤认定申请之日止。[2] 实践中，如果未在前述规定的1年内进行工伤认定申请，工伤行政部门将不再受理该申请。

有下列情形之一的，被延误的时间不计算在工伤认定申请时限内：（1）受不可抗力影响的；（2）职工由于被国家机关依法采取强制措施等人身自由受到限制不能申请工伤认定的；（3）申请人正式提交了工伤认定申请，但因社会保险机构未登记或者材料遗失等原因造成申请超时限的；（4）当事人就确认劳动关系申请劳动仲裁或提起民事诉讼的；（5）其他符合法律法规规定的情形。[3] 此外，由于以下不属于职工或者其近亲属自身原因超过工伤认定申请期限的，被耽误的时间也不计算在工伤认定申请期限内：（1）属于用人单位原因；（2）社会保险行政部门登记制度不完善。[4]

有权申请工伤认定的“工会组织”包括职工所在用人单位的工会组织以及符合《工会法》规定的各级工会组织。用人单位未按规定为职工提出工伤认定申请，受到事故伤害或者患职业病的职工或者其直系亲属、工会组织提出工伤认定申请，职工所在单位是否同意（签字、盖章），不是必经程序。[5]

提出工伤认定申请应当提交下列材料：（1）工伤认定申请表；（2）与用人单位存在劳动关系的证明材料；（3）医疗诊断证明或者职业病诊断证明书（或者职

---

〔1〕 参见《工伤保险条例》第17条。
〔2〕 参见《实施工伤保险条例的意见》第6条。
〔3〕 参见《执行工伤保险条例的意见二》第8条。
〔4〕 参见《审理工伤保险行政案件的规定》第7条。
〔5〕 参见《实施工伤保险条例的意见》第4、5条。

业病诊断鉴定书)。工伤认定申请表应当包括事故发生的时间、地点、原因以及职工伤害程度等基本情况。工伤认定申请人提供材料不完整的，社会保险行政部门应当一次性书面告知工伤认定申请人需要补正的全部材料。申请人按照书面告知要求补正材料后，社会保险行政部门应当受理。[1]

社会保险行政部门受理工伤认定申请后，根据审核需要可以对事故伤害进行调查核实，用人单位、职工、工会组织、医疗机构以及有关部门应当予以协助。职业病诊断和诊断争议的鉴定，依照《职业病防治法》的有关规定执行。对依法取得职业病诊断证明书或者职业病诊断鉴定书的，社会保险行政部门不再进行调查核实。职工或者其近亲属认为是工伤，用人单位不认为是工伤的，由用人单位承担举证责任。[2]

社会保险行政部门应当自受理工伤认定申请之日起60日内作出工伤认定的决定，并书面通知申请工伤认定的职工或者其近亲属和该职工所在单位。社会保险行政部门对受理的事实清楚、权利义务明确的工伤认定申请，应当在15日内作出工伤认定的决定。作出工伤认定决定需要以司法机关或者有关行政主管部门的结论为依据的，在司法机关或者有关行政主管部门尚未作出结论期间，作出工伤认定决定的时限中止。社会保险行政部门工作人员与工伤认定申请人有利害关系的，应当回避。[3] 因工伤认定申请人或者用人单位隐瞒有关情况或者提供虚假材料，导致工伤认定决定错误的，社会保险行政部门发现后，应当及时更正。[4] 因工伤认定申请人或者用人单位隐瞒有关情况或者提供虚假材料，导致工伤认定错误的，社会保险行政部门可以在诉讼中依法予以更正。工伤认定依法更正后，原告不申请撤诉，社会保险行政部门在作出原工伤认定时有过错的，人民法院应当判决确认违法；社会保险行政部门无过错的，人民法院可以驳回原告诉讼请求。[5]

三、社保行政部门在认定工伤时有没有认定劳动关系的职权

在工伤认定中，社会保险行政部门具有认定劳动关系的职权。这是因为：(1)《工伤保险条例》第18条已明确规定申请工伤认定需要提交证明劳动关系的材料，即行政法规已经授权工伤认定部门可以对是否存在劳动关系作出判断。(2) 先通过劳动仲裁确认劳动关系、后进行工伤认定，加重了劳动者的诉累，不

[1] 参见《工伤保险条例》第18条。
[2] 参见《工伤保险条例》第19条。
[3] 参见《工伤保险条例》第20条。
[4] 参见《执行工伤保险条例的意见二》第10条。
[5] 参见《审理工伤保险行政案件的规定》第9条。

利于社会稳定。[1] 最高人民法院行政审判庭《关于劳动行政部门在工伤认定程序中是否具有劳动关系确认权请示的答复》也指出："根据《劳动法》第九条和《工伤保险条例》第五条、第十八条的规定，劳动行政部门在工伤认定程序中，具有认定受到伤害的职工与企业之间是否存在劳动关系的职权。"但是社会保险行政部门受理工伤认定申请后，发现劳动关系存在争议且无法确认的，应告知当事人可以向劳动人事争议仲裁委员会申请仲裁。在此期间，作出工伤认定决定的时限中止，并书面通知申请工伤认定的当事人。劳动关系依法确认后，当事人应将有关法律文书送交受理工伤认定申请的社会保险行政部门，该部门自收到生效法律文书之日起恢复工伤认定程序。[2]

四、劳动者请求相关用工主体承担工伤保险责任的，应当如何处理

一般情况下，人民法院在审理劳动争议案件和民事案件时，没有认定工伤的职权。劳动者未经工伤认定程序认定为工伤，直接起诉至人民法院，要求用人单位承担工伤保险责任的，人民法院应当不予支持其诉讼请求。如果劳动者直接在劳动争议和民事诉讼中要求人民法院认定工伤的，由于不属于人民法院受理民事案件的范围，故应当裁定驳回起诉。[3]

但是，根据现存的一系列部门规定和司法解释，没有劳动关系的劳动者因工负伤、无法认定工伤的，相关用工主体也可能要承担工伤保险责任。[4] 那么，此类情形下，劳动者仲裁及起诉请求相关用工主体"承担工伤保险责任"的，应当如何处理？第一种观点认为，劳动者是否构成工伤及工伤保险责任应由有关社会保险行政部门作出认定，其他机关并无法律法规规定有权对工伤及工伤保险责任作出认定。认定工伤及工伤保险责任并非人民法院受理民事诉讼的范围，故应裁定驳回起诉。第二种观点认为，《执行工伤保险条例的意见》第 7 条规定，具备用工主体资格的承包单位违反法律、法规规定，将承包业务转包、分包给不具备用工主体资格的组织或者自然人，该组织或者自然人招用的劳动者从事承包业务时因工伤亡的，由该具备用工主体资格的承包单位承担用人单位依法应承担的工伤保险责任。故应当判决相关用工主体承担工伤保险责任。第三种观点则认为，应当判决由相关用工主体承担工伤保险责任，但对于劳动者是否构成工伤的认定应属劳动行政部门职责范围，不属于民事审判认定的范畴。

---

〔1〕 参见陈荣鑫：《工伤认定中事实劳动关系的确认权》，载《中国劳动》2005 年第 6 期。

〔2〕 参见《执行工伤保险条例的意见》第 5 条。

〔3〕 参见吴彬：《劳动人事争议裁判规则和实操指引》，中国法制出版社 2022 年版，第 318 ~ 319 页。

〔4〕 具体情形参见本节"八、工伤保险责任的承担主体"部分内容。

笔者赞同第三种观点。现行有效的系列部门规定和司法解释均规定，没有劳动关系的劳动者因工负伤的，相关用工主体需要承担工伤保险责任，因此，判决相关用工主体承担工伤保险责任属于法院受理民事诉讼的范围。但是，法院在民事审判和劳动争议审判中不能超越职权范围，代替行政主管部门行使职权，认定劳动者是否构成工伤。因此，适当的处理是，法院根据查明的事实确认相关用工主体是否存在系列部门规定和司法解释规定的非法用工行为；如果存在，则可以判决如果劳动者构成工伤的话，工伤保险责任由相关用工主体承担；至于劳动者是否构成工伤，仍应由劳动行政部门依据其职权进行认定。

五、劳动能力鉴定

职工发生工伤，经治疗伤情相对稳定后存在残疾、影响劳动能力的，应当进行劳动能力鉴定。劳动能力鉴定，即工伤职工伤残等级鉴定，是指劳动功能障碍程度和生活自理障碍程度的等级鉴定。劳动功能障碍分为十个伤残等级，最重的为一级，最轻的为十级。伤残等级一级至四级的为全部丧失劳动能力；五级至六级的为大部分丧失劳动能力；七级至十级的为部分丧失劳动能力。生活自理障碍分为三个等级：生活完全不能自理、生活大部分不能自理和生活部分不能自理。[1]

劳动能力鉴定由用人单位、工伤职工或者其近亲属向设区的市级劳动能力鉴定委员会提出申请，并提供工伤认定决定和职工工伤医疗的有关资料。省、自治区、直辖市劳动能力鉴定委员会和设区的市级劳动能力鉴定委员会分别由省、自治区、直辖市和设区的市级社会保险行政部门、卫生行政部门、工会组织、经办机构代表以及用人单位代表组成。劳动能力鉴定委员会建立医疗卫生专家库。列入专家库的医疗卫生专业技术人员应当具备下列条件：（1）具有医疗卫生高级专业技术职务任职资格；（2）掌握劳动能力鉴定的相关知识；（3）具有良好的职业品德。设区的市级劳动能力鉴定委员会收到劳动能力鉴定申请后，应当从其建立的医疗卫生专家库中随机抽取 3 名或者 5 名相关专家组成专家组，由专家组提出鉴定意见。设区的市级劳动能力鉴定委员会根据专家组的鉴定意见作出工伤职工劳动能力鉴定结论；必要时，可以委托具备资格的医疗机构协助进行有关诊断。设区的市级劳动能力鉴定委员会应当自收到劳动能力鉴定申请之日起60 日内作出劳动能力鉴定结论，必要时，前述期限可以延长 30 日。劳动能力鉴定结论应当及时送达申请鉴定的单位和个人。[2]

申请鉴定的单位或者个人对设区的市级劳动能力鉴定委员会作出的鉴定结论

---

〔1〕 参见《工伤保险条例》第 21、22 条。

〔2〕 参见《工伤保险条例》第 23 ~25 条。

不服的，可以在收到该鉴定结论之日起15日内向省、自治区、直辖市劳动能力鉴定委员会提出再次鉴定申请。省、自治区、直辖市劳动能力鉴定委员会作出的劳动能力鉴定结论为最终结论。劳动能力鉴定工作应当客观、公正。劳动能力鉴定委员会组成人员或者参加鉴定的专家与当事人有利害关系的，应当回避。自劳动能力鉴定结论作出之日起1年后，工伤职工或者其近亲属、所在单位或者经办机构认为伤残情况发生变化的，可以申请劳动能力复查鉴定。劳动能力鉴定委员会进行再次鉴定和复查鉴定的，亦应当自收到鉴定申请之日起60日内作出劳动能力鉴定结论，必要时，作出劳动能力鉴定结论的期限可以延长30日。[1]

六、工伤保险

工伤保险，又称职业伤害赔偿保险，是指职工因工而致伤、病、残、死亡，依法获得经济赔偿和物质帮助的一种社会保险制度。[2] 国家建立工伤保险的目的，是保障因工作遭受事故伤害或者患职业病的职工获得医疗救治和经济补偿，促进工伤预防和职业康复，同时分散用人单位的工伤风险。[3] 工伤保险采取无过错责任原则，劳动者在各种意外事故或者职业病中只要不是其故意行为所致，就应该按照规定标准对其进行伤害赔偿。[4]

用人单位应当依法参加工伤保险，工伤保险费由用人单位缴纳，劳动者个人不承担缴纳工伤保险费的费用。[5] 职工在两个或两个以上用人单位同时就业的，各用人单位应当分别为职工缴纳工伤保险费。职工发生工伤，由职工受到伤害时其工作的单位依法承担工伤保险责任。[6]

用人单位注册地与生产经营地不在同一统筹地区的，原则上应在注册地为职工参加工伤保险；未在注册地参加工伤保险的职工，可由用人单位在生产经营地为其参加工伤保险。劳务派遣单位跨地区派遣劳动者，应根据《劳务派遣暂行规定》参加工伤保险。[7] 建筑施工企业按项目参保的，应在施工项目所在地参加

---

〔1〕 参见《工伤保险条例》第26～29条。

〔2〕 参见王全兴：《劳动法》（第4版），法律出版社2017年版，第432页。

〔3〕 参见《工伤保险条例》第1条。

〔4〕 参见郭捷主编：《劳动法与社会保障法》（第3版），法律出版社2016年版，第377页。

〔5〕 参见《工伤保险条例》第2条。

〔6〕 参见《实施工伤保险条例的意见》第1条。

〔7〕《劳务派遣暂行规定》第18条规定，劳务派遣单位跨地区派遣劳动者的，应当在用工单位所在地为被派遣劳动者参加社会保险，按照用工单位所在地的规定缴纳社会保险费，被派遣劳动者按照国家规定享受社会保险待遇。第19条规定，劳务派遣单位在用工单位所在地设立分支机构的，由分支机构为被派遣劳动者办理参保手续，缴纳社会保险费。劳务派遣单位未在用工单位所在地设立分支机构的，由用工单位代劳务派遣单位为被派遣劳动者办理参保手续，缴纳社会保险费。

工伤保险。职工受到事故伤害或者患职业病后，在参保地进行工伤认定、劳动能力鉴定，并按照参保地的规定依法享受工伤保险待遇；未参加工伤保险的职工，应当在生产经营地进行工伤认定、劳动能力鉴定，并按照生产经营地的规定依法由用人单位支付工伤保险待遇。[1]

七、工伤保险待遇

（一）医疗待遇

职工因工作遭受事故伤害或者患职业病进行治疗，享受工伤医疗待遇。

职工治疗工伤应当在签订服务协议的医疗机构就医，情况紧急时可以先到就近的医疗机构急救。治疗工伤所需费用符合工伤保险诊疗项目目录、工伤保险药品目录、工伤保险住院服务标准的，从工伤保险基金支付。职工住院治疗工伤的伙食补助费，以及经医疗机构出具证明，报经办机构同意，工伤职工到统筹地区以外就医所需的交通、食宿费用从工伤保险基金支付，基金支付的具体标准由统筹地区人民政府规定。工伤职工治疗非工伤引发的疾病，不享受工伤医疗待遇，按照基本医疗保险办法处理。工伤职工到签订服务协议的医疗机构进行工伤康复的费用，符合规定的，从工伤保险基金支付。社会保险行政部门作出认定为工伤的决定后发生行政复议、行政诉讼的，行政复议和行政诉讼期间不停止支付工伤职工治疗工伤的医疗费用。工伤职工因日常生活或者就业需要，经劳动能力鉴定委员会确认，可以安装假肢、矫形器、假眼、假牙和配置轮椅等辅助器具，所需费用按照国家规定的标准从工伤保险基金支付。[2]

（二）停工留薪期

所谓停工留薪期，是指职工因工作遭受事故伤害或者患职业病需要暂停工作接受工伤医疗的期间。在停工留薪期内，原工资福利待遇不变，由所在单位按月支付。停工留薪期一般不超过 12 个月。就停工留薪期期间的确定，各地方法不一。全国大部分地区由用人单位根据医疗机构出具的诊断证明，结合《停工留薪期目录》确定；上海、江苏、浙江等地由用人单位根据医疗机构出具的诊断证明、休息证明确定；广东、宁夏等地是由劳动能力鉴定委员会确定。[3] 伤情严重或者情况特殊，经设区的市级劳动能力鉴定委员会确认，可以适当延长，但延长

〔1〕 参见《执行工伤保险条例的意见二》第 7 条。

〔2〕 参见《工伤保险条例》第 30 ~ 32 条。

〔3〕 参见北京市兰台律师事务所编著：《劳动争议攻防策略：请求权基础思维分析与合规操作》，中国法制出版社 2023 年版，第 142 ~ 143 页。

不得超过12个月。工伤职工评定伤残等级后，停发原待遇，按照《工伤保险条例》的有关规定享受伤残待遇。工伤职工在停工留薪期满后仍需治疗的，继续享受工伤医疗待遇。生活不能自理的工伤职工在停工留薪期需要护理的，由所在单位负责。工伤职工已经评定伤残等级并经劳动能力鉴定委员会确认需要生活护理的，从工伤保险基金按月支付生活护理费。生活护理费按照生活完全不能自理、生活大部分不能自理或者生活部分不能自理3个不同等级支付，其标准分别为统筹地区上年度职工月平均工资的50%、40%、30%。[1] 核定工伤职工工伤保险待遇时，若上一年度相关数据尚未公布，可暂按前一年度的全国城镇居民人均可支配收入、统筹地区职工月平均工资核定和计发，待相关数据公布后再重新核定，社会保险经办机构或者用人单位予以补发差额部分。[2]

实践中还有一种情形，即工伤职工因种种原因在停工留薪期未满时即恢复工作，此时，对于工伤职工来说，停工留薪期工资与恢复工作之后的工资能否兼得？笔者认为，如果劳动者主动要求恢复工作，我们有理由认为其伤情已经不需要再停工治疗，也就不再符合享受停工留薪期工资的条件，因此，用人单位无需支付停工留薪期工资，只需要根据其提供的劳动支付工资即可。但是，如果恢复工作并非劳动者主动要求，而是用人单位要求，则不能推定劳动者的伤情已经不需要再停工治疗，用人单位应当同时向其支付停工留薪期工资与提供劳动的工资。

工伤职工工伤复发，确认需要治疗的，继续享受《工伤保险条例》第30条、第32条和第33条规定的工伤待遇。[3] 工伤复发是否需要治疗应由治疗工伤职工的协议医疗机构提出意见，有争议的由劳动能力鉴定委员会确认。[4]

需要强调的是，对于发生工伤的超过法定退休年龄但是并未享受基本养老保险待遇的劳动者，按照国务院《关于渐进式延迟法定退休年龄的办法》第6条第1款的规定，其亦有权享受停工留薪期工资。

（三）致残待遇

职工因工致残被鉴定为一级至四级伤残，保留劳动关系，退出工作岗位，享受以下待遇：（1）从工伤保险基金按伤残等级支付一次性伤残补助金，标准为：一级伤残为27个月的本人工资，二级伤残为25个月的本人工资，三级伤残为23

---

〔1〕 参见《工伤保险条例》第33、34条。

〔2〕 参见《执行工伤保险条例的意见》第14条。

〔3〕 参见《工伤保险条例》第38条。

〔4〕 参见《实施工伤保险条例的意见》第7条。

个月的本人工资，四级伤残为21个月的本人工资。（2）从工伤保险基金按月支付伤残津贴，标准为：一级伤残为本人工资的90%，二级伤残为本人工资的85%，三级伤残为本人工资的80%，四级伤残为本人工资的75%。伤残津贴实际金额低于当地最低工资标准的由工伤保险基金补足差额。（3）工伤职工达到退休年龄并办理退休手续后，停发伤残津贴，按照国家有关规定享受基本养老保险待遇。基本养老保险待遇低于伤残津贴的由工伤保险基金补足差额。职工因工致残被鉴定为一级至四级伤残的，由用人单位和职工个人以伤残津贴为基数，缴纳基本医疗保险费。[1]

职工因工致残被鉴定为五级、六级伤残的，享受以下待遇：（1）从工伤保险基金按伤残等级支付一次性伤残补助金，标准为：五级伤残为18个月的本人工资，六级伤残为16个月的本人工资；（2）保留与用人单位的劳动关系，由用人单位安排适当工作。难以安排工作的，由用人单位按月发给伤残津贴，标准为：五级伤残为本人工资的70%，六级伤残为本人工资的60%，并由用人单位按照规定为其缴纳应缴纳的各项社会保险费。伤残津贴实际金额低于当地最低工资标准的，由用人单位补足差额。经工伤职工本人提出，该职工可以与用人单位解除或者终止劳动关系，由工伤保险基金支付一次性工伤医疗补助金，由用人单位支付一次性伤残就业补助金。一次性工伤医疗补助金和一次性伤残就业补助金的具体标准由省、自治区、直辖市人民政府规定。[2]

职工因工致残被鉴定为七级至十级伤残的，享受以下待遇：（1）从工伤保险基金按伤残等级支付一次性伤残补助金，标准为：七级伤残为13个月的本人工资，八级伤残为11个月的本人工资，九级伤残为9个月的本人工资，十级伤残为7个月的本人工资；（2）劳动、聘用合同期满终止，或者职工本人提出解除劳动、聘用合同的，由工伤保险基金支付一次性工伤医疗补助金，由用人单位支付一次性伤残就业补助金。一次性工伤医疗补助金和一次性伤残就业补助金的具体标准由省、自治区、直辖市人民政府规定。[3]

上述“本人工资”，是指工伤职工因工作遭受事故伤害或者患职业病前12个月平均月缴费工资。本人工资高于统筹地区职工平均工资300%的，按照统筹地区职工平均工资的300%计算；本人工资低于统筹地区职工平均工资60%的，按照统筹地区职工平均工资的60%计算。[4]

---

〔1〕参见《工伤保险条例》第35条。

〔2〕参见《工伤保险条例》第36条。

〔3〕参见《工伤保险条例》第37条。

〔4〕参见《工伤保险条例》第64条。

职工在同一用人单位连续工作期间多次发生工伤的，符合上述《工伤保险条例》第36条、第37条规定领取相关待遇时，按照其在同一用人单位发生工伤的最高伤残级别，计发一次性伤残就业补助金和一次性工伤医疗补助金。[1]

实践中较有争议的是，发生工伤的超过法定退休年龄但是并未享受基本养老保险待遇的劳动者能否享受一次性工伤医疗补助金和一次性伤残就业补助金？笔者认为，该部分超龄劳动者无法享受一次性工伤医疗补助金和一次性伤残就业补助金。虽然按照国务院《关于渐进式延迟法定退休年龄的办法》第6条第1款的规定，用人单位招用超过法定退休年龄的劳动者，应当保障劳动者工伤保障等基本权益。但是，根据《工伤保险条例》第36条、第37条的规定，五级、六级伤残的劳动者享受一次性工伤医疗补助金和一次性伤残就业补助金的前提条件是“经工伤职工本人提出，该职工可以与用人单位解除或者终止劳动关系”，七至十级伤残的劳动者享受一次性工伤医疗补助金和一次性伤残就业补助金的前提条件是“劳动、聘用合同期满终止，或者职工本人提出解除劳动、聘用合同”。然而，按照《劳动合同法实施条例》第21条的强制性规定，该部分劳动者与用人单位的劳动关系已于达到法定退休年龄当日自动终止，因此，客观上也就无法满足前述支付一次性工伤医疗补助金和一次性伤残就业补助金的前提条件。

实践中，少数用人单位为节省成本，按照较低的缴费基数为劳动者缴纳工伤保险费，而不是按照劳动者实际的工资水平缴纳，当发生工伤时，较低的缴纳基数导致劳动者获得的工伤保险待遇低于其应当获得的待遇，这种情况下，劳动者能否要求用人单位赔偿工伤保险待遇差额？对此，有观点认为，因缴费基数产生的争议不属于人民法院受理民事诉讼的范围，应当通过由用人单位向社会保险行政部门补缴，或由社会保险行政部门责令补缴来解决。也有观点认为，用人单位应当赔偿工伤保险待遇差额。

笔者赞同后一种观点，这是因为：(1)《工伤保险条例》第62条第3款规定，“用人单位参加工伤保险并补缴应当缴纳的工伤保险费、滞纳金后，由工伤保险基金和用人单位依照本条例的规定支付新发生的费用”。工伤保险实践中，即使用人单位补缴了工伤保险费，工伤保险基金也不会因此对已经发生的工伤保险待遇进行调整，劳动者几乎无法通过补缴来提高由已经发生的工伤引发的工伤保险待遇。(2) 虽然从《劳动争议司法解释一》第1条第5项规定的社会保险待遇纠纷受案范围看，如果用人单位为劳动者办理了社会保险手续，则劳动者因无法享受社会保险待遇要求用人单位赔偿损失的纠纷不属于劳动争议，但是《工伤保险

---

〔1〕 参见《执行工伤保险条例的意见》第10条。

条例》第62条第2款规定，“依照本条例规定应当参加工伤保险而未参加工伤保险的用人单位职工发生工伤的，由该用人单位按照本条例规定的工伤保险待遇项目和标准支付费用”。类推适用该款规定，用人单位未按法定标准参加工伤保险的，亦应由该用人单位按照该条例规定的工伤保险待遇项目和标准支付费用。《工伤保险条例》是行政法规，位阶高于司法解释；且从规定内容看，相对于前述司法解释规定，《工伤保险条例》第62条具有特别法的性质。再结合有关其他社会保险种类的法律规定，可以得出结论：前述司法解释的规定，只适用于养老保险待遇纠纷。因此，前述工伤保险待遇损失纠纷，属于劳动争议，用人单位应当赔偿劳动者工伤保险待遇差额。

案例75　冯某诉大连某公司北京研发中心劳动争议案[1]

——用人单位未足额缴纳工伤保险费致劳动者工伤保险待遇降低的应承担赔偿责任

【基本案情】

冯某于2012年7月26日入职大连某公司北京研发中心，双方订立《劳动合同》。2013年3月17日，冯某在工作中发生工伤，经鉴定已达到职工工伤与职业病致残等级标准八级。生效判决认定冯某月工资标准为12500元。

2018年3月26日，社保管理中心出具《北京市一至十级工伤职工待遇核准表》，载明冯某受伤前12个月平均月缴费工资3878元，伤残程度鉴定等级伤残八级，一次性伤残补助金：3878×11个月=42658元，一次性工伤医疗补助金：7086×9个月=63774元等内容。2019年5月7日，大连某公司北京研发中心与冯某共同完成社会保险费稽核补缴372660元。冯某请求社保管理中心补发单位补缴社保后一次性伤残补助金差额。社保管理中心明确回复，用人单位进行补缴后，新发生的费用不包含一次性伤残补助金。后冯某申请劳动仲裁，要求大连某公司北京研发中心支付病假工资、医疗费、一次性伤残补助金差额等。仲裁裁决作出后，冯某不服诉至法院。

一审法院判决驳回冯某的全部诉讼请求。冯某不服提起上诉。北京市第三中级人民法院作出二审判决：驳回上诉，维持原判。冯某不服，申请再审。北京市高级人民法院作出再审判决：撤销二审判决和一审判决；大连某公司北京研发中

〔1〕 参见北京市高级人民法院民事判决书，（2020）京民再84号。该案系人民法院案例库入库案例，入库编号：2023－16－2－490－007。

心支付冯某一次性伤残补助金差额 94842 元；驳回冯某其他诉讼请求。

【裁判要点】

生效判决认为，社保管理中心核付冯某一次性伤残补助金为 42658 元，是依据大连某公司北京研发中心每月缴纳社会保险费 3878 元的基数计算的。生效判决确认冯某月工资标准为 12500 元，冯某请求大连某公司北京研发中心补缴社会保险，并要求社保管理中心补发一次性伤残补助金差额。社保管理中心明确回复，用人单位进行补缴后，新发生的费用不包含一次性伤残补助金。据此，因大连某公司北京研发中心未足额缴纳工伤保险费用，事实上导致冯某工伤保险待遇降低，且无法通过行政途径予以救济，故冯某主张由大连某公司北京研发中心承担其一次性伤残补助金差额 94842 元，应予支持。

【延伸思考】

上述入库案例确定的裁判要旨是，用人单位未按照相关规定为劳动者足额缴纳工伤保险费，其向有关部门补缴应当缴纳的工伤保险费、滞纳金后，工伤保险基金按照规定向劳动者支付相应费用，劳动者有证据证明工伤保险待遇仍然降低，要求用人单位承担差额损失赔偿责任的，人民法院应予支持。

（四）因工死亡待遇

职工因工死亡，其近亲属按照下列规定从工伤保险基金领取丧葬补助金、供养亲属抚恤金和一次性工亡补助金：（1）丧葬补助金为 6 个月的统筹地区上年度职工月平均工资。（2）供养亲属抚恤金按照职工本人工资的一定比例发给由因工死亡职工生前提供主要生活来源、无劳动能力的亲属。标准为：配偶每月 40%，其他亲属每人每月 30%，孤寡老人或者孤儿每人每月在上述标准的基础上增加 10%。核定的各供养亲属的抚恤金之和不应高于因工死亡职工生前的工资。供养亲属的具体范围由国务院社会保险行政部门规定。（3）一次性工亡补助金标准为上一年度全国城镇居民人均可支配收入的 20 倍。伤残职工在停工留薪期内因工伤导致死亡，其近亲属享受前款规定的待遇。一级至四级伤残职工在停工留薪期满后死亡的，其近亲属可以享受本条前款规定的丧葬补助金、供养亲属抚恤金，不能享受一次性工亡补助金。[1] 五级至十级伤残职工在停工留薪期满后死亡，其近亲属不再享受上述工亡待遇。一级至四级工伤职工死亡，其近亲属同时符合领取工伤保险丧葬补助金、供养亲属抚恤金待遇和职工基本养老保险丧葬补助金、抚恤金待遇条件的，由其近亲属选择领取工伤保险或职工基本养老保险其中

---

〔1〕 参见《工伤保险条例》第 39 条。

一种。[1]

职工因工死亡，其供养亲属享受抚恤金待遇的资格，按职工因工死亡时的条件核定。[2]

职工因工外出期间发生事故或者在抢险救灾中下落不明的，从事故发生当月起3个月内照发工资，从第4个月起停发工资，由工伤保险基金向其供养亲属按月支付供养亲属抚恤金。生活有困难的，可以预支一次性工亡补助金的50%。职工被人民法院宣告死亡的，按照上述职工因工死亡的规定处理。[3]

（五）工伤保险待遇的止付

工伤职工有下列情形之一的，停止享受工伤保险待遇：（1）丧失享受待遇条件的；（2）拒不接受劳动能力鉴定的；（3）拒绝治疗的。[4] 停止支付工伤保险待遇的，在停止支付待遇的情形消失后，自下月起恢复工伤保险待遇，停止支付的工伤保险待遇不予补发。[5]

（六）职业病的特别规定

职业病病人除依法享有工伤保险外，依照有关民事法律，尚有获得赔偿的权利的，有权向用人单位提出赔偿要求。劳动者被诊断患有职业病，但用人单位没有依法参加工伤保险的，其医疗和生活保障由该用人单位承担。职业病病人变动工作单位，其依法享有的待遇不变。用人单位在发生分立、合并、解散、破产等情形时，应当对从事接触职业病危害的作业的劳动者进行健康检查，并按照国家有关规定妥善安置职业病病人。用人单位已经不存在或者无法确认劳动关系的职业病病人，可以向地方人民政府医疗保障、民政部门申请医疗救助和生活等方面的救助。地方各级人民政府应当根据本地区的实际情况，采取其他措施，使前述规定的职业病病人获得医疗救治。需要特别注意的是，根据《职业病防治法》的规定，劳务派遣用工单位应当履行《职业病防治法》规定的用人单位的义务。[6] 对于普通的工伤来说，用人单位义务由劳务派遣单位直接承担。[7]

曾经从事接触职业病危害作业、当时没有发现罹患职业病、离开工作岗位后

---

〔1〕参见《执行工伤保险条例的意见二》第1条。
〔2〕参见《实施工伤保险条例的意见》第8条。
〔3〕参见《工伤保险条例》第41条。
〔4〕参见《工伤保险条例》第42条。
〔5〕参见《执行工伤保险条例的意见》第11条。
〔6〕参见《职业病防治法》第58～61、86条。
〔7〕参见《劳动合同法》第58、62条。

被诊断或鉴定为职业病的符合下列条件的人员，可以自诊断、鉴定为职业病之日起1年内申请工伤认定，社会保险行政部门应当受理：（1）办理退休手续后，未再从事接触职业病危害作业的退休人员；（2）劳动或聘用合同期满后或者本人提出而解除劳动或聘用合同后，未再从事接触职业病危害作业的人员。经工伤认定和劳动能力鉴定，前款第（1）项人员符合领取一次性伤残补助金条件的，按就高原则以本人退休前12个月平均月缴费工资或者确诊职业病前12个月的月平均养老金为基数计发。前款第（2）项人员被鉴定为一级至十级伤残、按《工伤保险条例》规定应以本人工资作为基数享受相关待遇的，按本人终止或者解除劳动、聘用合同前12个月平均月缴费工资计发。按照前述规定被认定为工伤的职业病人员，职业病诊断证明书（或职业病诊断鉴定书）中明确的用人单位，在该职工从业期间依法为其缴纳工伤保险费的，按照《工伤保险条例》的规定，分别由工伤保险基金和用人单位支付工伤保险待遇；未依法为该职工缴纳工伤保险费的，由用人单位按照《工伤保险条例》规定的相关项目和标准支付待遇。[1]

（七）工伤保险待遇与第三人侵权赔偿的双赔

职工的工伤由第三人侵权造成的，会产生能否双赔的问题，即职工能否同时主张工伤保险待遇和人身损害赔偿。现行规定支持除医疗费之外的双赔。

被侵权人有权获得工伤保险待遇或者其他社会保险待遇的，侵权人的侵权责任不因受害人获得社会保险而减轻或者免除。根据《社会保险法》第30条和第42条的规定，被侵权人有权请求工伤保险基金或者其他社会保险支付工伤保险待遇或者其他保险待遇。用人单位未依法缴纳工伤保险费，劳动者因第三人侵权造成人身损害并构成工伤，侵权人已经赔偿的，劳动者有权请求用人单位支付除医疗费之外的工伤保险待遇。用人单位先行支付工伤保险待遇的，可以就医疗费用在第三人应承担的赔偿责任范围内向其追偿。[2]

职工因第三人的原因受到伤害，社会保险行政部门以职工或者其近亲属已经对第三人提起民事诉讼或者获得民事赔偿为由，作出不予受理工伤认定申请或者不予认定工伤决定的，人民法院不予支持。职工因第三人的原因受到伤害，社会保险行政部门已经作出工伤认定，职工或者其近亲属未对第三人提起民事诉讼或者尚未获得民事赔偿，起诉要求社会保险经办机构支付工伤保险待遇的，人民法院应予支持。职工因第三人的原因导致工伤，社会保险经办机构以职工或者其近亲属已经对第三人提起民事诉讼为由，拒绝支付工伤保险待遇的，人民法院不予

---

〔1〕 参见《执行工伤保险条例的意见》第8、9条。

〔2〕 参见《八民会议纪要》第9、10条。

支持，但第三人已经支付的医疗费用除外。[1]

最高人民法院公报案例也明确指出，劳动者因第三人侵权造成人身损害并构成工伤的，在停工留薪期间内，原工资福利待遇不变，由所在单位按月支付。用人单位以侵权人已向劳动者赔偿误工费为由，主张无需支付停工留薪期间工资的，人民法院不予支持。[2]

（八）用人单位在工伤保险待遇之外的赔偿责任

在实践中，工伤保险基金的报销范围，往往不能完全覆盖工伤劳动者支付的医疗费用。此时，对于工伤保险基金报销范围外的医疗费用，是否应由用人单位负担？就该问题主要存在以下三种不同观点。

第一种观点认为，工伤保险基金报销范围外的医疗费，应由用人单位承担无过错的补充赔偿责任，但需注意合理医疗费的认定，不能直接以实际支出费用认定为合理医疗费。该观点的主要理由包括：（1）工伤保险制度的主要目的在于及时救治、补偿工伤职工，同时通过社会化负担方式分散用人单位的工伤风险，而非免除用人单位的全部损害赔偿责任。工伤保险是为了“分散”而非“替代”用人单位的工伤风险。《职业病防治法》第58条、《安全生产法》第56条也均规定受损害职工可在工伤保险外主张民事赔偿。（2）法律对劳动关系中劳动者的保护力度应当大于对雇佣关系中雇员的保护力度。根据最高人民法院《关于审理人身损害赔偿案件适用法律若干问题的解释》（法释〔2003〕20号，已失效）第11条第1款的规定，雇主对雇员从事雇佣活动所受人身损害承担无过错赔偿责任。故单位与个人之间的雇主责任仍适用无过错原则。据此，工伤保险基金报销范围外的医疗费，应由用人单位承担无过错的补充赔偿责任，但是应注意审查医疗费的合理性，对劳动者过度医疗而产生的费用，不应予以支持。

第二种观点认为，工伤保险基金报销范围外的医疗费，不应由用人单位负担。主要理由包括：（1）最高人民法院《关于审理人身损害赔偿案件适用法律若干问题的解释》（法释〔2003〕20号，已失效）第11条第3款、第12条第1款已对工伤保险赔偿与人身损害赔偿之间的关系予以明确，即劳动者非因第三人侵权遭受工伤后只能选择主张工伤保险赔偿，工伤保险赔偿替代人身损害赔偿的适用。劳动者仅能在工伤保险基金报销范围内享受医疗费报销待遇，用人单位无需

---

〔1〕 参见《审理工伤保险行政案件的规定》第8条。

〔2〕 该公报案例载《最高人民法院公报》2021年第6期。

承担工伤保险基金报销范围外的医疗费。[1] （2）《工伤保险条例》第30条也规定治疗工伤所需费用符合工伤保险诊疗项目目录、工伤保险药品目录、工伤保险住院服务标准的，从工伤保险基金支付。据此可知，不符合上述目录和标准的费用，由劳动者负担。

第三种观点认为，首先，不能由用人单位承担无过错的补充赔偿责任。所谓补充责任，是特指侵权人不能承担全部赔偿责任时，由其他某个有过错的特殊主体就侵权人不能承担的部分替代承担赔偿责任。例如，《民法典》第1191条第2款规定，劳务派遣期间，被派遣的工作人员因执行工作任务造成他人损害的，由接受劳务派遣的用工单位承担侵权责任；劳务派遣单位有过错的，承担相应的补充责任。第1198条第2款规定，因第三人的行为造成他人损害的，由第三人承担侵权责任；经营者、管理者或者组织者未尽到安全保障义务的，承担相应的补充责任。第1201条规定，无民事行为能力人或者限制民事行为能力人在幼儿园、学校或者其他教育机构学习、生活期间，受到幼儿园、学校或者其他教育机构以外的人员人身损害的，由侵权人承担侵权责任；幼儿园、学校或者其他教育机构未尽到管理职责的，承担相应的补充责任。在工伤中，不存在用人单位替代工伤保险基金赔偿一说，用人单位也不一定存在过错，而补充责任的承担方需要有过错，因此工伤中不符合承担补充责任的前提。补充责任跟无过错责任、连带责任一样，是加重当事人负担的特别责任，必须由法律明确规定，否则不能随意判令用人单位承担。其次，《职业病防治法》第58条、《安全生产法》第56条，指的应当是在用人单位对工伤存在过错的情况下（如用人单位违章指挥、强令冒险作业，导致事故的发生），除可以享受工伤保险待遇之外，还可以依据《民法典》第1165条第1款，请求用人单位承担损害赔偿的侵权责任。因此，在用人单位对工伤事故的发生存在过错的情况下，可以根据其过错程度、医疗费用发生的必要性等因素，令其就工伤保险基金报销范围外的医疗费用承担部分或者全部的损害赔偿责任。如果符合《民法典》关于支付精神损害赔偿情形的，劳动者还可以依据《民法典》、《职业病防治法》及《安全生产法》的相关规定，请求用人单位承担精神损害赔偿责任。最后，在用人单位对工伤事故无过错的情况下，只能对于极其特殊的情况（工伤保险范围内无可以使用的特效药等），可以依据公平原则，令用人单位适当承担一部分工伤保险范围外的医疗费。笔者赞同第三种观点。

---

〔1〕 参见刘继承：《HR赋能劳动人事争议预防与处理指南》，法律出版社2022年版，第307～308页。

（九）冒用他人身份入职的劳动者被认定工伤，工伤保险待遇的给付

实践中，偶有劳动者因种种原因冒用他人身份入职，用人单位以被冒用人身份为其缴纳工伤保险，该劳动者因工作受伤并被依法认定为工伤后，在申请核发工伤保险待遇时，社会保险部门往往会因该劳动者冒用他人身份、存在欺诈入职为由拒绝核发工伤保险待遇，社会保险部门的做法有没有法律依据?

笔者认为，即使劳动者存在冒用他人身份入职的行为，只要用人单位依法为其缴纳了工伤保险费，工伤保险部门就应当核发工伤保险待遇，理由如下：(1）正如本书第七讲第二节阐述的，劳动者冒用他人身份入职的行为在大部分情况下并不构成欺诈入职。(2）虽然用人单位根据劳动者提供的虚假身份信息错误地以他人名义为其缴纳工伤保险费，但是用人单位完全是为本单位的员工缴纳工伤保险费用，投保的对象完全是该职工，而非被冒用身份的人。用人单位出于善意依法为其职工投保，并无欺诈社保保险部门的故意。(3）工伤保险法律关系是在用人单位、劳动者与社会保险部门三者之间发生的法律关系，该法律关系并非民事法律关系，而是行政法律关系，在判断其效力时应当优先适用行政法相关规范。行政行为一经成立，在被撤销或被认定无效之前，当然具有存续力（公定力、执行力)。服务行政是现代行政文明标志之一，也是法治政府建设应有之义；社会保险类行政之服务属性更为突出。为全部职工甚至事实劳动关系劳动者提供工伤保险等社会保障，是政府应尽的一项基本公共服务。冒名入职者与用人单位构成劳动关系或者事实劳动关系，属于《工伤保险条例》规定的法律意义上的职工，如果参加工伤保险，并获得工伤认定的，就应享受国家赋予的工伤保险待遇。《社会保险法》第 36 条第 1 款也明确规定，“职工因工作原因受到事故伤害或者患职业病，且经工伤认定的，享受工伤保险待遇”。(4）根据《工伤保险条例》第 1 条的规定，用人单位应当为本单位职工缴纳工伤保险费。也就是说，只要是本单位职工，即使是冒用他人身份入职的，用人单位也应当为其缴纳工伤保险费。既然用人单位依法履行了自己的义务，劳动者发生工伤却要由用人单位承担相应的赔付责任（工伤保险基金不支付相应的工伤保险待遇，就意味着用人单位要承担相应的支付责任）就没有任何道理。(5）虽然用人单位为冒用他人身份入职的劳动者以被冒用人身份参加工伤保险，但是只要其依法缴纳了工伤保险费，即使发生由工伤保险基金支付工伤保险待遇的事实，也并没有给工伤保险基金造成损害，不存在骗取社会保险待遇的事实。

2025 年 2 月 28 日，最高人民法院举办 2025 年第二期“行政审判讲堂”（总第 12 期)，针对通过法答网提出的 5 个疑难复杂问题，最高人民法院行政审判庭

相关人员进行了现场答疑。其中问题5就涉及劳动者冒用他人身份入职工伤待遇问题，答疑意见为：

我们认为，用人单位应当依照《工伤保险条例》规定参加工伤保险，如实申请办理工伤保险登记，并为本单位全部职工按时足额缴纳工伤保险费。职工冒用他人身份与用人单位建立劳动关系，用人单位以被冒用人身份为该职工申请办理工伤保险登记，社会保险有关部门对相关参保信息未尽审慎审查义务同意办理，用人单位按时足额缴纳工伤保险费，职工受到伤害被认定工伤后，用人单位、职工或者其近亲属等依法申请核发工伤保险待遇的，人民法院应予以支持。社会保险有关部门认为用人单位、职工存在违法参保等情形的，可以依法追究相应法律责任。实践中，须厘清以下两个问题：第一，冒用他人身份入职并非构成骗取社会保险待遇违法行为的充分条件。若职工冒用他人身份的主观目的仅是入职，而非入职后制造或伪造工伤事故骗取社会保险待遇的，一般不宜认定为《社会保险法》第88条、《社会保险基金行政监督办法》第32条规定"以欺诈、伪造证明材料或者其他手段骗取社会保险待遇"的情形。用人单位以被冒用人身份缴纳社会保险费用，虽然存在名不符实的情况，但用人单位为劳动者购买工伤保险的意思表示真实，且用工的过程存在对应性、唯一性，亦不属于骗取社会保险待遇的情形。因此，用人单位以被冒用人身份为该职工申请办理工伤保险登记，社会保险有关部门对相关参保信息未尽审慎审查义务同意办理，用人单位按时足额缴纳工伤保险费的情形下，职工受到伤害被依法认定工伤后，社会保险部门应依法核发工伤保险待遇。第二，根据责任法定原则的要求，违法行为发生后，法律责任的产生、确定和追究必须依据现行法律的规定。对于冒用他人身份违法行为应承担的法律责任，应结合行为人主观过错、损害结果以及因果关系等因素，适用不同的法律规范作出认定。比如，用人单位可向其主张解除劳动关系以及赔偿给单位造成损失。被冒用人亦可向其主张赔偿身份被冒用造成的损失。根据《居民身份证法》第17条、第18条的规定，冒用他人身份证，公安机关可以依法给予其行政处罚。从事犯罪活动的，依法追究刑事责任。

八、工伤保险责任的承担主体

按照《工伤保险条例》第62条的规定，应当参加工伤保险而未参加工伤保险的用人单位职工发生工伤的，由该用人单位按照《工伤保险条例》规定的工伤保险待遇项目和标准支付费用。容易发生争议的是，此种情形下伤残津贴按多长时间支付？笔者认为，从《工伤保险条例》的规定来看，伤残津贴是用以弥补工伤职工因不能劳动所产生的劳动报酬损失的。对于一至四级伤残，比照《工伤保险条例》第35条，并考虑到充分保障工伤职工的权益和便捷诉讼，可以判令用人单位一次性支付伤残津贴至工伤职工法定退休年龄。如果将来工伤职工到了法定退休年龄却非因本人原因没有办理退休的，仍可以酌情请求用人单位支付伤残津贴。对于五至六级伤残且难以安排工作的，可以比照《工伤保险条例》第36条规定的标准，判令用人单位一次性支付伤残津贴；如果双方劳动关系已经终结的，应当支付到终结之时；如果劳动关系尚未终结，可以判令用人单位支付到一审法庭辩论终结之时，对于之后的伤残津贴，劳动者可以另行主张。对于七至十级伤残，因为劳动者可以参加工作，故用人单位无需支付伤残津贴。

用人单位参加工伤保险并补缴应当缴纳的工伤保险费、滞纳金后，由工伤保险基金和用人单位依法支付新发生的费用。[1] 所谓“新发生的费用”，是指用人单位参加工伤保险前发生工伤的职工，在参加工伤保险后新发生的费用。其中由工伤保险基金支付的费用，按不同情况予以处理：（1）因工受伤的，支付参保后新发生的工伤医疗费、工伤康复费、住院伙食补助费、统筹地区以外就医交通食宿费、辅助器具配置费、生活护理费、一级至四级伤残职工伤残津贴，以及参保后解除劳动合同时的一次性工伤医疗补助金；（2）因工死亡的，支付参保后新发生的符合条件的供养亲属抚恤金。[2]

用人单位分立、合并、转让的，承继单位应当承担原用人单位的工伤保险责任；原用人单位已经参加工伤保险的，承继单位应当到当地经办机构办理工伤保险变更登记。用人单位实行承包经营的，工伤保险责任由职工劳动关系所在单位承担。职工被借调期间受到工伤事故伤害的，由原用人单位承担工伤保险责任，但原用人单位与借调单位可以约定补偿办法。企业破产的，在破产清算时依法拨付应当由单位支付的工伤保险待遇费用。职工被派遣出境工作，依据前往国家或者地区的法律应当参加当地工伤保险的，参加当地工伤保险，其国内工伤保险关系中止；不能参加当地工伤保险的，其国内工伤保险关系不中止。职工再次发生工伤，根据规定应当享受伤残津贴的，按照新认定的伤残等级享受伤残津贴待遇。[3]

需要特别强调的是，虽然根据《工伤保险条例》第1条、第2条、第18条等规定，工伤认定以存在劳动关系为前提，但是在实践中，为了更充分保护劳动者权益，相关规范性文件规定了一些特殊情形，在这些情形下，即使不存在劳动关系，相关用工主体也要承担工伤保险责任。下面进行简单的介绍。

---

〔1〕 参见《工伤保险条例》第62条。

〔2〕 参见《执行工伤保险条例的意见二》第3条。

〔3〕 参见《工伤保险条例》第43～45条。

建筑施工、矿山企业等用人单位将工程（业务）或经营权发包给不具备用工主体资格的组织或自然人，对该组织或自然人招用的劳动者，由具备用工主体资格的发包方承担用工主体责任。[1] 具备用工主体资格的承包单位违反法律、法规规定，将承包业务转包、分包给不具备用工主体资格的组织或者自然人，该组织或者自然人招用的劳动者从事承包业务时因工伤亡的，由该具备用工主体资格的承包单位承担用人单位依法应承担的工伤保险责任。[2]

无营业执照或者未经依法登记、备案的单位以及被依法吊销营业执照或者撤销登记、备案的单位的职工受到事故伤害或者患职业病的，由该单位向伤残职工或者死亡职工的近亲属给予一次性赔偿，赔偿标准不得低于法定的工伤保险待遇；用人单位非法使用童工造成童工伤残、死亡的，由该单位向童工或者童工的近亲属给予一次性赔偿，赔偿标准不得低于法定的工伤保险待遇。前述伤残职工或者死亡职工的近亲属就赔偿数额与单位发生争议的，以及童工或者童工的近亲属就赔偿数额与单位发生争议的，按照处理劳动争议有关规定处理。[3]

达到或超过法定退休年龄，但未办理退休手续或者未依法享受城镇职工基本养老保险待遇，继续在原用人单位工作期间受到事故伤害或患职业病的，用人单位依法承担工伤保险责任。用人单位招用已经达到、超过法定退休年龄或已经领取城镇职工基本养老保险待遇的人员，在用工期间因工作原因受到事故伤害或患职业病的，如招用单位已按项目参保等方式为其缴纳工伤保险费的，应适用《工伤保险条例》。[4] 用人单位聘用的超过法定退休年龄的务工农民，在工作时间内、因工作原因伤亡的，应当适用《工伤保险条例》的有关规定进行工伤认定。[5] 此外，对于其他超龄劳动者，如本书第一讲所述，如果与用人单位建立不完全劳动关系的，亦应当享有工伤保险待遇。

社会保险行政部门认定下列单位为承担工伤保险责任单位的，人民法院应予支持：(1) 职工与两个或两个以上单位建立劳动关系，工伤事故发生时，职工为之工作的单位为承担工伤保险责任的单位；(2) 劳务派遣单位派遣的职工在用工单位工作期间因工伤亡的，派遣单位为承担工伤保险责任的单位；(3) 单位指派到其他单位工作的职工因工伤亡的，指派单位为承担工伤保险责任的单位；

〔1〕 参见《关于确立劳动关系有关事项的通知》第4条。

〔2〕 参见《执行工伤保险条例的意见》第7条。

〔3〕 参见《工伤保险条例》第66条。

〔4〕 参见《执行工伤保险条例的意见二》第2条。

〔5〕 参见最高人民法院行政审判庭《关于超过法定退休年龄的进城务工农民因工伤亡的，应否适用〈工伤保险条例〉请示的答复》，以及最高人民法院《关于超过法定退休年龄的进城务工农民在工作时间内因公伤亡的，能否认定工伤的答复》。

(4) 用工单位违反法律、法规规定将承包业务转包给不具备用工主体资格的组织或者自然人，该组织或者自然人聘用的职工从事承包业务时因工伤亡的，用工单位为承担工伤保险责任的单位；(5) 个人挂靠其他单位对外经营，其聘用的人员因工伤亡的，被挂靠单位为承担工伤保险责任的单位。前述 (4) (5) 项明确的承担工伤保险责任的单位承担赔偿责任或者社会保险经办机构从工伤保险基金支付工伤保险待遇后，有权向相关组织、单位和个人追偿。[1]

从征求意见稿来看，《劳动争议司法解释二》准备规定，具备用工主体资格的承包人将承包业务转包或者分包给不具备用工主体资格的组织或者个人，该组织或者个人招用的劳动者请求确认承包人为承担用工主体责任单位，承担支付工资、给予工伤保险待遇等用工主体责任的，人民法院应予支持。不具备用工主体资格的组织或者个人挂靠其他单位对外经营，该组织或者个人招用的劳动者请求确认被挂靠单位为承担用工主体责任单位，承担支付工资、给予工伤保险待遇等用工主体责任的，人民法院应予支持。可见，具备用工主体资格的承包人将承包业务转包或者分包给不具备用工主体资格的组织、个人，或者不具备用工主体资格的组织、个人挂靠其他单位对外经营，该不具备用工主体资格的组织、个人招用的劳动者可以请求确认承包人、被挂靠单位为承担用工主体责任单位。承担用工主体责任的单位需要承担相应的用工主体责任，包括依法给付工伤保险待遇、依照《保障农民工工资支付条例》等法律法规支付工资等。

案例76　刘某某诉广东省英德市人民政府行政复议案[2]

——建筑施工企业违法将承包的工程交由自然人施工，该自然人因工伤亡，建筑施工企业应当承担工伤保险责任

【基本案情】

2016年3月31日，朱某某与某公司就某商住楼工程签订施工合同，发包人为朱某某，承包人为某公司。补充协议约定由某公司设立工人工资支付专用账户，户名为陆某某。随后，该商住楼工程以某公司为施工单位办理了工程报建手续。案涉工程由梁某某组织工人施工，陆某某亦在现场参与管理。施工现场多处设施的醒目位置均标注该工程的承建单位为某公司。某公司为案涉工程投保了施工人员团体人身意外伤害保险，保险单载明被保险人30人，未附人员名单。2017

〔1〕 参见《审理工伤保险行政案件的规定》第3条。

〔2〕 参见刘某某诉广东省英德市人民政府行政复议案，最高人民法院指导案例191号。

年6月9日，梁某某与陆某某接到住建部门检查通知，二人与工地其他人员在出租屋内等待检查。该出租屋系梁某某承租，用于工地开会布置工作和发放工资。当日15时许，梁某某被发现躺在出租屋内，死亡原因为猝死。

梁某某的妻子刘某某向英德市人社局申请工伤认定。英德市人社局作出《视同工亡认定书》，认定梁某某是在工作时间和工作岗位，突发疾病在48小时之内经抢救无效死亡，符合《工伤保险条例》第15条第1款第1项规定的情形，视同因工死亡。某公司不服，向英德市政府申请行政复议。英德市政府作出《行政复议决定书》，以英德市人社局作出的《视同工亡认定书》认定事实不清，证据不足，适用依据错误，程序违法为由，予以撤销。刘某某不服，提起诉讼，请求撤销《行政复议决定书》，恢复《视同工亡认定书》的效力。

一审法院判决：驳回刘某某的诉讼请求。刘某某不服决，提起上诉。广东省高级人民法院作出二审行政判决：驳回上诉，维持原判。刘某某不服二审判决，向最高人民法院申请再审。最高人民法院作出行政裁定，提审本案。2021年4月27日，最高人民法院作出行政判决：（1）撤销广东省高级人民法院（2019）粤行终390号行政判决；（2）撤销广东省清远市中级人民法院二审行政判决；（3）撤销英德市政府作出《行政复议决定书》；（4）恢复英德市人社局作出的《视同工亡认定书》的效力。

【裁判要点】

最高人民法院认为：（1）某公司应作为承担工伤保险责任的单位。作为具备用工主体资格的承包单位，既然享有承包单位的权利，也应当履行承包单位的义务。在工伤保险责任承担方面，某公司与梁某某之间虽未直接签订转包合同，但其允许梁某某利用其资质并挂靠施工，参照《关于确立劳动关系有关事项的通知》第4条、《执行工伤保险条例的意见》第7条规定以及《审理工伤保险行政案件的规定》第3条第1款第4项、第5项规定精神，可由某公司作为承担工伤保险责任的单位。

（2）某公司应承担梁某某的工伤保险责任。将因工伤亡的“包工头”纳入工伤保险范围，赋予其享受工伤保险待遇的权利，由具备用工主体资格的承包单位承担用人单位依法应承担的工伤保险责任，符合工伤保险制度的建立初衷，也符合《工伤保险条例》及相关规范性文件的立法目的。首先，建设工程领域具备用工主体资格的承包单位承担其违法转包、分包项目上因工伤亡职工的工伤保险责任，并不以存在法律上劳动关系或事实上劳动关系为前提条件。根据《执行工伤保险条例的意见》第7条、《审理工伤保险行政案件的规定》第3条的规定，为保障建筑行业中不具备用工主体资格的组织或自然人聘用的职工因工伤亡后的工伤保险待遇，加强对劳动者的倾斜保护和对违法转包、分包单位的惩戒，现行工伤保险制度确立了因工伤亡职工与承包单位之间推定形成拟制劳动关系的规则，即直接将违法转包、分包的承包单位视为用工主体，并由其承担工伤保险责任。其次，将“包工头”纳入工伤保险范围，符合建筑工程领域工伤保险发展方向。根据国务院办公厅《关于促进建筑业持续健康发展的意见》、人力资源和社会保障部办公厅《关于进一步做好建筑业工伤保险工作的通知》等规范性文件精神，要求完善符合建筑业特点的工伤保险参保政策，大力扩展建筑企业工伤保险参保覆盖面。即针对建筑行业的特点，建筑施工企业对相对固定的职工，应按用人单位参加工伤保险；对不能按用人单位参保、建筑项目使用的建筑业职工特别是农民工，按项目参加工伤保险。因此，为包括“包工头”在内的所有劳动者按项目参加工伤保险，扩展建筑企业工伤保险参保覆盖面，符合建筑工程领域工伤保险制度发展方向。再次，将“包工头”纳入工伤保险对象范围，符合“应保尽保”的工伤保险制度立法目的。《工伤保险条例》关于“本单位全部职工或者雇工”的规定，并未排除个体工商户、“包工头”等特殊的用工主体自身也应当参加工伤保险。易言之，无论是工伤保险制度的建立本意，还是工伤保险法规的具体规定，均没有也不宜将“包工头”排除在工伤保险范围之外。“包工头”作为劳动者，处于违法转包、分包等行为利益链条的最末端，参与并承担着施工现场的具体管理工作，有的还直接参与具体施工，其同样可能存在工作时间、工作地点因工作原因而伤亡的情形。“包工头”因工伤亡，与其聘用的施工人员因工伤亡，就工伤保险制度和工伤保险责任而言，并不存在本质区别。如人为限缩《工伤保险条例》的适用范围，不将“包工头”纳入工伤保险范围，将形成实质上的不平等；而将“包工头”等特殊主体纳入工伤保险范围，则有利于实现对全体劳动者的倾斜保护，彰显社会主义工伤保险制度的优越性。最后，“包工头”违法承揽工程的法律责任，与其参加社会保险的权利之间并不冲突。根据《社会保险法》第1条、第33条的规定，工伤保险作为社会保险制度的一个重要组成部分，由国家通过立法强制实施，是国家对职工履行的社会责任，也是职工应该享受的基本权利。不能因为“包工头”违法承揽工程违反建筑领域法律规范，而否定其享受社会保险的权利。承包单位以自己的名义和资质承包建设项目，又由不具备资质条件的主体实际施工，从违法转包、分包或者挂靠中获取利益，由其承担相应的工伤保险责任，符合公平正义理念。当然，承包单位依法承担工伤保险责任后，在符合法律规定的情况下，可以依法另行要求相应责任主体承担相应的责任。

【延伸思考】

最高人民法院第191号指导案例确立了以下裁判要旨：建筑施工企业违反法

律、法规规定将自己承包的工程交由自然人实际施工，该自然人因工伤亡，社会保险行政部门参照《审理工伤保险行政案件的规定》第3条第1款有关规定认定建筑施工企业为承担工伤保险责任单位的，人民法院应予支持。

九、工伤私了协议的效力

实践中，有些用人单位与劳动者在劳动合同中约定“因劳动者过失造成工伤的责任自负”，由于工伤认定并不以劳动者不存在过失为条件，因此这样的约定免除了用人单位法定责任，排除了劳动者权利，当属无效，对此司法实践中几无争议。但是，对于工伤发生之后，用人单位与劳动者签订的工伤私了协议的效力，各地裁判尺度却有不同。

例如，北京地区规定，用人单位与劳动者就工伤保险待遇达成的协议在履行完毕后，劳动者以双方约定的给付标准低于法定标准为由，在仲裁时效内要求用人单位按法定标准补足差额部分的，应予支持。[1] 北京地区的规定，从保障工伤职工合法权益的角度出发，只要劳动者要求补足差额，就完全否定私了协议的约束力。这种观点认为，从《工伤保险条例》的立法目的来看，意在保障遭受工伤的职工及时获得医疗救治和经济补偿，而私了协议大多数额较低，严重损害了劳动者应当享受的工伤保险待遇，使工伤职工因资金匮乏，得不到及时的救治。如果确定私了工伤协议的效力，将与《工伤保险条例》的立法精神相违背，也不利于调动广大劳动者的工作积极性。

天津地区规定，劳动者发生工伤，用人单位与劳动者达成赔偿协议后，劳动者又提起仲裁和诉讼，要求用人单位按照工伤保险待遇赔付的，对该协议应当区分以下情况处理：（1）如果该赔偿协议是在劳动者已被依法认定为工伤且已完成劳动能力鉴定的前提下签订，不存在《民法典》第148条至第151条规定的情形的，应认定有效；（2）如果该赔偿协议是在劳动者未经劳动行政部门依法认定为工伤且未完成劳动能力鉴定的情形下签订，劳动者实际所获补偿明显低于法定工伤保险待遇标准，劳动者主张该赔偿协议违反其真实意思表示，请求依法予以撤销，或者主张用人单位补足双方协议低于工伤保险待遇的差额部分的，应予支持。劳动者主张上述赔偿协议违反其真实意思表示应予撤销的，应当根据《民法总则》第6章第3节的相关规定进行审查和处理。[2] 天津地区区分不同情形，试图兼顾劳动者与用人单位的利益。

还有些地区引入显失公平等制度对工伤私了协议的效力进行评价。但是《民

---

〔1〕参见《北京市劳动争议解答一》第68条。
〔2〕参见《天津法院劳动争议案件审理指南》第38条。

法典》对显失公平的认定同时设置了主观要件和客观要件，即不仅要求客观上双方的权利义务明显失衡、显著不相称，还要求主观上存在一方利用对方缺乏判断力等情形，这一主观要件包含两方面的内容：一是对方须处于缺乏判断力等情形；二是一方须明知对方存在缺乏判断力等情形而在缔约之际加以利用。显然，对于这一主观要件，劳动者并不容易举证证明。

总体来说，北京地区的处理更符合《劳动合同法》的规定。这是因为，本书第六讲已经阐释，《劳动法》第16条第1款规定，“劳动合同是劳动者与用人单位确立劳动关系、明确双方权利和义务的协议”。该定义是对劳动合同内涵的表述，按照该表述，除了规范的劳动合同文本是劳动合同，其他符合这一定义的协议，即使合同名称不是劳动合同，也可能成为实际上的劳动合同或者成为劳动合同的组成部分。例如，用人单位与劳动者就劳动关系下的某个专门事项订立的专项协议，属于“明确双方权利和义务的协议”，因此是劳动合同的组成部分。《工伤保险条例》对用人单位与工伤职工解除、终止劳动关系规定了一系列限制条件，如劳动能力鉴定程序的限制、用人单位不得主动解除劳动关系的限制等。因此，实践中工伤私了协议基本都是在双方劳动关系存续期间签订的，这就决定了工伤私了协议论其性质正属于前述“用人单位与劳动者就劳动关系下的某个专门事项订立的、明确双方权利和义务的专项协议”，因此，属于劳动合同的组成部分。根据《劳动合同法》第26条第1款第2项的规定，用人单位免除自己的法定责任、排除劳动者权利的劳动合同无效或者部分无效。工伤私了协议如果相对于工伤保险待遇降低了劳动者能够获得的待遇，则属于“用人单位免除自己的法定责任、排除劳动者权利”的情形，当属无效。只有在双方解除劳动合同之际签订的工伤私了协议，才不属于“明确劳动关系项下双方权利和义务”的协议，进而不属于劳动合同组成部分，也就不应适用《劳动合同法》第26条第1款第2项认定其无效。

事实上，最高人民法院《关于审理劳动争议若干问题的解释（二）（征求意见稿）》第28条也曾规定：未参加工伤保险的用人单位发生工伤事故，与劳动者就损害赔偿达成和解协议，协议赔偿金额高于法定工伤待遇给付标准的，人民法院应当认定和解协议有效；协议赔偿金额低于法定工伤待遇给付标准的，人民法院应当认定和解协议无效。

十、工伤职工的解除

根据《劳动合同法》第42条第2项的规定，在本单位患职业病或者因工负伤并被确认丧失或者部分丧失劳动能力的（一级伤残至十级伤残），用人单位不得依照该法第 40 条、第 41 条的规定解除劳动合同。依据《工伤保险条例》第 35 条至第 37 条的规定，职工因工致残被鉴定为一级至四级伤残的，应当保留劳动关系，故劳动关系不得解除或终止；职工因工致残被鉴定为五级、六级伤残的，保留与用人单位的劳动关系，经工伤职工本人提出，该职工可以与用人单位解除或者终止劳动关系——换言之，如果工伤职工本人不提出解除或终止劳动关系，劳动关系不得终结；职工因工致残被鉴定为七级至十级伤残的，劳动、聘用合同期满终止，或者职工本人提出解除劳动、聘用合同的可以终结劳动关系——易言之，用人单位可以依法选择劳动合同到期终止。当然，如果工伤职工存在《劳动合同法》第 39 条规定情形，用人单位可以依法解除劳动关系。

需要注意的是，《劳动合同法实施条例》第 25 条规定，用人单位违法解除或者终止劳动合同，依照《劳动合同法》第 87 条规定支付了赔偿金的，不再支付经济补偿。这只是表明不再支付解除的经济补偿，而医疗补助费、工伤医疗补助金和伤残就业补助金在支付赔偿金的同时仍然应当支付。因为医疗补助费、工伤医疗补助金和伤残就业补助金的依据是患病或工伤，而不在于劳动合同解除或终止；其在依法解除或终止劳动合同时应当于解除的经济补偿之外另行支付，在违法解除或终止劳动合同时就更应当支付。[1]

《工伤保险条例》规定了职工因工致残被鉴定为五级、六级伤残的，经工伤职工本人提出，该职工可以与用人单位解除或者终止劳动关系，由工伤保险基金支付一次性工伤医疗补助金，由用人单位支付一次性伤残就业补助金；职工因工致残被鉴定为七级至十级伤残的，劳动、聘用合同期满终止，或者职工本人提出解除劳动、聘用合同的，由工伤保险基金支付一次性工伤医疗补助金，由用人单位支付一次性伤残就业补助金。但是，如果工伤职工因存在《劳动合同法》第 39 条规定情形被用人单位依法解除劳动关系，由于《工伤保险条例》并未对此进行规定，因此工伤保险基金无需支付一次性工伤医疗补助金。不过此种情形下，用人单位是否需要支付一次性伤残就业补助金？实践中对此存有争议。笔者认为，用人单位仍需要支付一次性伤残就业补助金。理由如下：（1）《工伤保险条例》第 42 条规定，工伤职工停止享受工伤保险待遇的情形包括丧失享受待遇条件的、拒不接受劳动能力鉴定的以及拒绝治疗的，并不包括工伤职工因存在《劳动合同法》第 39 条规定情形被用人单位解除劳动关系的情形。（2）工伤保险目的之一是保障因工作遭受事故伤害或者患职业病的职工获得医疗救治和经济补偿。所谓一次性伤残就业补助金是对工伤职工因所受伤残对其再就业造成困难的一种补

---

〔1〕 参见王全兴：《劳动法》（第 4 版），法律出版社 2017 年版，第 230 页。

助。（3）工伤职工因其过错行为被用人单位解除劳动关系，除了丧失工作外，还不能获得经济补偿金，本身已经因其行为受到了惩处，如果同时不能获得一次性伤残就业补助金，可谓是受到了双重惩处，有违“一事不二罚”原则。（4）如果用人单位可以不支付一次性伤残就业补助金，在强大的利益驱动下，不排除用人单位会利用其优势地位，制造事由解除与工伤职工的劳动关系，以达到不支付一次性伤残就业补助金的目的。[1]

第二节　其他社会保险纠纷

我国的社会保险制度始于20世纪50年代初建立的劳动保险制度，依政务院1951年制定的《劳动保险条例》规定，包括养老、工伤、医疗、生育保险，适用于国营、公私合营、私营和合作社经营的企业及其附属单位的职工。之后经历下述三次变迁：（1）国家劳动保险转向企业劳动保险。在计划经济体制中，国营企业劳动保险形式上为企业保险，即以企业为保险人各自建立且保险待遇由职工所在企业各自支付；实质上为国家保险，即在国家与企业之间统收统支的财务关系中，保险待遇支付实际上由国家“兜底”。在国有企业改革割断国家与企业之间统收统支的财务关系后，企业自负盈亏，劳动保险就转变为形式和实质上的企业保险，即劳动保险资金流由国家“兜底”降格为企业“兜底”。（2）企业劳动保险转向社会化劳动保险。企业劳动保险由于受单个企业实力的限制和企业经营波动的影响，已不能起到分散劳动风险的保险作用，于是，劳动保险社会化应运而生。保险基金实行社会统筹，保险待遇主要由社会保险经办机构支付。1994年《劳动法》中设置“社会保险和福利”专章，对社会保险制度改革的目标模式作出原则性的规定，即“国家发展社会保险事业，建立社会保险制度，设立社会保险基金，使劳动者在年老、患病、工伤、失业、生育等情况下获得帮助和补偿”“社会保险基金按照保险类型确定资金来源，逐步实行社会统筹”“用人单位和劳动者必须依法参加社会保险，缴纳社会保险费”。由此，社会化的劳动保险才具有社会法属性。（3）劳动法体系中社会保险转向社会保障法体系中社会保险。以《劳动法》为依据的社会保险，虽然其适用范围已扩及各种所有制企业及其劳动者，而其覆盖范围仅以劳动关系为界限，故仍然是劳动法体系中的社会保险，但已不适应经济体制进一步市场化和构建和谐社会的要求。2010年《社会保险法》，是我国第一部明确规定社会保险覆盖范围突破劳动关系界限而扩及全体居民的法

〔1〕参见最高人民法院民事审判第一庭编著：《劳动争议案件审判指导》，法律出版社2018年版，第579～584页。

律，不仅就职工社会保险作出制度设计，还要求对城乡居民实行基本养老保险和基本医疗保险。这是开启社会保险制度由劳动法体系组成部分向社会保障法体系组成部分转型的标志。[1]

一、基本养老保险纠纷

（一）基本养老保险概述

《社会保险法》规定了三种养老保险，分别是用人单位职工、无雇工的个体工商户、非全日制从业人员以及其他灵活就业人员参加的基本养老保险，个人缴费、集体补助和政府补贴相结合的新型农村社会养老保险，以及城镇居民社会养老保险。[2] 与劳动关系和劳动争议相关的是第一种，即基本养老保险。所谓基本养老保险，是指劳动者因年老、疾病、非因工负伤丧失劳动能力后，退出劳动领域，定期领取生活费用的社会保险制度。

职工应当参加基本养老保险，由用人单位和职工共同缴纳基本养老保险费。无雇工的个体工商户、未在用人单位参加基本养老保险的非全日制从业人员以及其他灵活就业人员可以参加基本养老保险，由个人缴纳基本养老保险费。基本养老保险实行社会统筹与个人账户相结合。基本养老保险基金由用人单位和个人缴费以及政府补贴等组成。用人单位应当按照国家规定的本单位职工工资总额的比例缴纳基本养老保险费，记入基本养老保险统筹基金。职工应当按照国家规定的本人工资的比例缴纳基本养老保险费，记入个人账户。无雇工的个体工商户、未在用人单位参加基本养老保险的非全日制从业人员以及其他灵活就业人员参加基本养老保险的，应当按照国家规定缴纳基本养老保险费，分别记入基本养老保险统筹基金和个人账户。国有企业、事业单位职工参加基本养老保险前，视同缴费年限期间应当缴纳的基本养老保险费由政府承担；基本养老保险基金出现支付不足时，政府给予补贴。个人账户不得提前支取，记账利率不得低于银行定期存款利率，免征利息税。个人死亡的，个人账户余额可以继承。基本养老金由统筹养老金和个人账户养老金组成。[3]

参加基本养老保险的个人，达到法定退休年龄时累计缴费满 15 年的，按月领取基本养老金。参加基本养老保险的个人，达到法定退休年龄时累计缴费不足 15 年的，可以缴费至满 15 年，按月领取基本养老金；也可以转入新型农村社会养老

---

〔1〕 参见王全兴：《劳动法》（第 4 版），法律出版社 2017 年版，第 418 ~419 页。

〔2〕 参见《社会保险法》第 10、20、22 条。

〔3〕 参见《社会保险法》第 10 ~ 14 条。

保险或者城镇居民社会养老保险，按照国务院规定享受相应的养老保险待遇。[1]参加基本养老保险的个人，因病或者非因工死亡的，其遗属可以领取丧葬补助金和抚恤金；在未达到法定退休年龄时因病或者非因工致残完全丧失劳动能力的，可以领取病残津贴，所需资金从基本养老保险基金中支付。[2]

（二）基本养老保险纠纷

《劳动争议调解仲裁法》第2条第4项虽然规定因社会保险发生的争议属于劳动争议，但是调研发现，各地普遍认为人民法院审理社会保险纠纷案件难度相当大，主要表现在：（1）专业性太强；（2）时间跨度较大；（3）判决生效后社会保险经办机构不配合执行。《社会保险法》《社会保险费征缴暂行条例》等法律法规既赋予了社会保险经办机构办理缴费登记、催促缴费等职责，又赋予了其调查、检查等职能，由此，对于那些已经由用人单位办理了社保手续但因用人单位欠缴、拒缴社会保险费或者因缴费年限、缴费基数等发生的争议，由社会保险经办机构处理最为适宜。从《社会保险法》第16条来看，此种情况下不应当存在不能补缴的情形。对于用人单位没有为劳动者办理社会保险手续且社会保险经办机构不能办理补交手续导致劳动者无法享受社会保险待遇的，由此产生赔偿损失纠纷，则由人民法院处理为宜。[3]

有鉴于此，司法解释对人民法院作为劳动争议受理的养老保险纠纷范围作了限缩。养老保险的征缴、补缴纠纷属于劳动行政部门职责范围，不属于劳动争议，也不属于人民法院受理民事诉讼的范围。就劳动者要求用人单位赔偿养老保险损失的纠纷，根据司法解释的规定，也只有两种属于劳动争议。第一种是《劳动争议司法解释一》第1条第5项规定的，劳动者以用人单位未为其办理社会保险手续，且社会保险经办机构不能补办导致其无法享受社会保险待遇为由，要求用人单位赔偿损失发生的纠纷，属于劳动争议。第二种是《劳动争议司法解释一》第1条第6项规定的，劳动者退休后，与尚未参加社会保险统筹的原用人单位因追索养老金待遇而发生的纠纷。对于其他情形下劳动者请求用人单位赔偿损失的，应当裁定驳回起诉。

---

〔1〕 根据国务院《关于渐进式延迟法定退休年龄的办法》第2条的规定，从2030年1月1日起，将职工按月领取基本养老金最低缴费年限由15年逐步提高至20年，每年提高6个月。职工达到法定退休年龄但不满最低缴费年限的，可以按照规定通过延长缴费或者一次性缴费的办法达到最低缴费年限，按月领取基本养老金。

〔2〕 参见《社会保险法》第16、17条。

〔3〕 参见最高人民法院民事审判第一庭编著：《最高人民法院劳动争议司法解释（三）的理解与适用》，人民法院出版社2015年版，第35～36页。

有意见认为，劳动者退休后与原用人单位发生的纠纷是因退休而引发的，与劳动关系并无关联，因此不属于劳动争议。但是，考虑到劳动者退休后，虽与原用人单位不存在劳动关系，但他们所享有的养老金、医疗费、工伤保险待遇和其他社会保险待遇，是基于过去在劳动岗位上履行劳动义务为前提条件的。因此，由此发生的争议可视为劳动争议。至于将用人单位限定为是尚未参加社会保险统筹的，是因为我国实行社会统筹保险制度，保险费统一由税务机关和劳动保障行政部门设立的社会保险经办机构向用人单位及其职工征收、征缴和管理。这就将劳动合同中关于社会保险待遇的劳动权利义务转化为一种行政管理的权力内容，此时因社会保险待遇发生的纠纷应属于行政诉讼，争议双方为社会保险管理机构与用人单位或劳动者，不属于劳动争议范围。因此，司法解释将因社会保险待遇发生争议的主体限定为尚未参加社会保险统筹的用人单位和退休的劳动者。参加了社会统筹保险的，因社会保险费的征收、发放、领取发生的纠纷，属于行政纠纷。[1]

上述司法解释虽然规定一定条件下的养老保险损失赔偿，但是却未明确如何计算损失，各地的处理方法则千差万别。

例如，重庆市高级人民法院民一庭2014年出台通知认为，劳动者以用人单位未为其办理社会保险手续，且社会保险经办机构不能补办导致其无法享受社会保险待遇为由，要求用人单位赔偿损失的，按以下原则处理：如劳动者在同一用人单位工作年限满15年的，则参照劳动者达到法定退休年龄前一年的重庆市退休职工社会月平均养老金标准的70%确定劳动者的损失，由用人单位按月赔付；如劳动者在同一用人单位连续工作不满15年的，则以劳动者在用人单位的实际工作年限除以15年，再乘以其达到法定退休年龄前一年的重庆市退休职工月社会平均养老金标准的70%确定劳动者的损失，由用人单位按月赔付。

江苏省高级人民法院、江苏省劳动人事争议仲裁委员会2011年联合出台相关指导意见认为，劳动者超过法定退休年龄请求用人单位赔偿养老保险待遇损失，且经社会保险经办机构审核确实不能补缴或者继续缴纳养老保险费的，自该用人单位依法应当为劳动者办理社会保险之日起，如果劳动者在用人单位连续工作未满15年，用人单位应按照每满1年发给相当于1个月当地上一年度职工月平均工资标准一次性支付劳动者养老保险待遇赔偿。如果劳动者在用人单位连续工作满15年，用人单位应按统筹地区社会保险经办机构核定的，以当地最低社会保险缴费基数为缴费基准，并按其应当缴费年限确定养老金数额，按月支付劳动者养老保险待遇，并随当地企业退休人员养老金水平调整而调整。

---

〔1〕 参见最高人民法院民事审判第一庭编著：《最高人民法院劳动争议司法解释的理解与适用》，人民法院出版社2015年版，第18页。

辽宁省高级人民法院民一庭2013年出台有关参考意见认为，用人单位未为劳动者办理社会保险手续、缴纳社会保险费用所造成的劳动者损失，应为正常办理社会保险手续、缴纳社会保险费用条件下劳动者应当享受的经济利益额度，但应扣除劳动者本人应当承担的保险费用额度。上述经济利益额度无法计算的，可以比照用人单位应当缴纳承担的社会保险费用额度计算损失。

湖北省高级人民法院2013年出台相关纪要认为，关于养老保险的损失赔偿，在劳动者已经交纳社会保险的情形下，按其在流动窗口自行缴纳或其他单位代缴的社保费金额进行赔偿。在劳动者未缴纳社会保险的情形下，因政策性原因无法补办、补缴的，可以根据《关于审理劳动争议案件若干问题处理意见》（鄂人社发〔2009〕35号）第15条的规定，按劳动者的工作年限一年支付两个月的劳动者申请仲裁前12个月月平均工资计算损失；因用人单位原因无法补办、补缴的，可以以劳动者主张损失时的缴费标准按工作年限予以赔偿。安徽省高级人民法院《关于审理劳动争议案件若干问题的指导意见》第24条规定："对劳动者依据《最高人民法院〈关于审理劳动争议案件适用法律若干问题的解释（三）〉》第一条的规定起诉要求用人单位赔偿损失的，人民法院应根据不同社会保险险种，判决用人单位按缴费标准或待遇标准补偿劳动者相应损失。用人单位所在地设区的市级人民政府相关劳动政策对基本社会保险有明确补偿标准的，人民法院可以按该标准判决。社会保险待遇损失难以界定的，人民法院可委托社会保险机构核定。"上述计算方法要么有明显缺陷，要么难以操作，要想从根本上解决该问题，还需要人力资源和社会保障部与最高人民法院协商配合。〔1〕

二、企业年金纠纷

企业年金又称企业补充养老保险，是指企业及其职工在依法参加基本养老保险的基础上，自主建立的补充养老保险制度。在我国，企业年金发展较晚，但是发展趋势较快。

企业年金所需费用由企业和职工个人共同缴纳。企业年金基金实行完全积累，为每个参加企业年金的职工建立个人账户，按照国家有关规定投资运营。企业年金基金投资运营收益并入企业年金基金。企业和职工建立企业年金，应当确定企业年金受托人，由企业代表委托人与受托人签订受托管理合同。受托人可以是符合国家规定的法人受托机构，也可以是企业按照国家有关规定成立的企业年金理事会。

建立企业年金，企业应当与职工一方通过集体协商确定，并制定企业年金方

〔1〕 参见吴彬：《劳动人事争议裁判规则和实操指引》，中国法制出版社2022年版，第338～342页。

案。企业年金方案应当提交职工代表大会或者全体职工讨论通过。企业年金方案适用于企业试用期满的职工。企业应当将企业年金方案报送所在地县级以上人民政府人力资源社会保障行政部门。中央所属企业的企业年金方案报送人力资源社会保障部。跨省企业的企业年金方案报送其总部所在地省级人民政府人力资源社会保障行政部门。省内跨地区企业的企业年金方案报送其总部所在地设区的市级以上人民政府人力资源社会保障行政部门。人力资源社会保障行政部门自收到企业年金方案文本之日起15日内未提出异议的，企业年金方案即行生效。企业与职工一方可以根据本企业情况，按照国家政策规定，经协商一致，变更企业年金方案。变更后的企业年金方案应当经职工代表大会或者全体职工讨论通过，并重新报送人力资源社会保障行政部门。

有下列情形之一的，企业年金方案终止：（1）企业因依法解散、被依法撤销或者被依法宣告破产等原因，致使企业年金方案无法履行的；（2）因不可抗力等原因致使企业年金方案无法履行的；（3）企业年金方案约定的其他终止条件出现的。企业应当在企业年金方案变更或者终止后10日内报告人力资源社会保障行政部门，并通知受托人。企业应当在企业年金方案终止后，按国家有关规定对企业年金基金进行清算，并按照《企业年金办法》第四章相关规定处理。[1]

企业年金基金由下列各项组成：（1）企业缴费；（2）职工个人缴费；（3）企业年金基金投资运营收益。企业缴费每年不超过本企业职工工资总额的8%。企业和职工个人缴费合计不超过本企业职工工资总额的12%。具体所需费用，由企业和职工一方协商确定。职工个人缴费由企业从职工个人工资中代扣代缴。实行企业年金后，企业如遇到经营亏损、重组并购等当期不能继续缴费的情况，经与职工一方协商，可以中止缴费。不能继续缴费的情况消失后，企业和职工恢复缴费，并可以根据本企业实际情况，按照中止缴费时的企业年金方案予以补缴。补缴的年限和金额不得超过实际中止缴费的年限和金额。[2]

企业缴费应当按照企业年金方案确定的比例和办法计入职工企业年金个人账户，职工个人缴费计入本人企业年金个人账户。职工企业年金个人账户中个人缴费及其投资收益自始归属于职工个人。职工企业年金个人账户中企业缴费及其投资收益，企业可以与职工一方约定其自始归属于职工个人，也可以约定随着职工在本企业工作年限的增加逐步归属于职工个人，完全归属于职工个人的期限最长不超过8年。有下列情形之一的，职工企业年金个人账户中企业缴费及其投资收益完全归属于职工个人：（1）职工达到法定退休年龄、完全丧失劳动能力或者死

〔1〕参见《企业年金办法》第3、5、7～13条。

〔2〕参见《企业年金办法》第14～16条。

亡的；（2）因企业依法解散、被依法撤销、被依法宣告破产、不可抗力等原因导致企业年金方案终止，以及企业年金方案约定的其他终止条件出现的；（3）非因职工过错企业解除劳动合同的，或者因企业违反法律规定职工解除劳动合同的；（4）劳动合同期满，由于企业原因不再续订劳动合同的；（5）企业年金方案约定的其他情形。职工变动工作单位时，新就业单位已经建立企业年金或者职业年金的，原企业年金个人账户权益应当随同转入新就业单位企业年金或者职业年金。职工新就业单位没有建立企业年金或者职业年金的，或者职工升学、参军、失业期间，原企业年金个人账户可以暂时由原管理机构继续管理，也可以由法人受托机构发起的集合计划设置的保留账户暂时管理；原受托人是企业年金理事会的，由企业与职工协商选择法人受托机构管理。企业年金方案终止后，职工原企业年金个人账户由法人受托机构发起的集合计划设置的保留账户暂时管理；原受托人是企业年金理事会的，由企业与职工一方协商选择法人受托机构管理。[1]

符合下列条件之一可以领取企业年金：（1）职工在达到国家规定的退休年龄或者完全丧失劳动能力，可以从本人企业年金个人账户中按月、分次或者一次性领取企业年金，也可以将本人企业年金个人账户资金全部或者部分购买商业养老保险产品，依据保险合同领取待遇并享受相应的继承权；（2）出国（境）定居人员的企业年金个人账户资金，可以根据本人要求一次性支付给本人；（3）职工或者退休人员死亡后，其企业年金个人账户余额可以继承。未达到上述企业年金领取条件之一的，不得从企业年金个人账户中提前提取资金。[2]

因订立或者履行企业年金方案发生争议的，按照国家有关集体合同的规定执行。因履行企业年金基金管理合同发生争议的，当事人可以依法申请仲裁或者提起诉讼。[3]

案例77　宋某诉Z公司退回企业年金案[4]

——因履行企业年金方案、企业年金基金管理合同发生的争议属于劳动争议

【基本案情】

2015年12月4日，宋某入职Z公司。后来，Z公司提出解除劳动合同，双方

〔1〕参见《企业年金办法》第17、19、20、22~23条。

〔2〕参见《企业年金办法》第24、25条。

〔3〕参见《企业年金办法》第30条。

〔4〕参见北京市石景山区人民法院民事判决书，（2021）京0107民初12420号。

经协商一致，于2020年6月18日签订《协商解除协议》，约定：双方于2020年6月24日解除劳动合同，Z公司承诺于2020年7月10日前支付给宋某补偿金292124元（税前），并协助办理社会保险、住房公积金、企业年金等转移手续；在支付了补偿金后，双方之间不存在任何债权债务关系和劳动争议或其他民事纠纷。

2020年4月28日，某人社局出具《关于Z公司变更企业年金方案备案的复函》，载明："你们报送的《关于Z公司企业年金方案重要条款变更备案的函》及《企业年金方案》已收悉，经研究，该方案符合《企业年金办法》的规定要求，现予以备案。"《企业年金方案》第5章权益归属第22条规定，职工企业年金个人账户中单位缴费及其投资收益，按以下规则归属于职工个人，未归属于职工个人的部分，记入企业账户。

<table>
<tr><th>权益归属核算时点</th><th>N为工作年限</th><th>归属比例</th></tr>
<tr><td rowspan="3">职工与本单位解除劳动合同</td><td>N<1年</td><td>0</td></tr>
<tr><td>1年≤N<5年</td><td>50%</td></tr>
<tr><td>N≥5年</td><td>100%</td></tr>
<tr><td colspan="2">企业年金方案终止</td><td rowspan="4">100%</td></tr>
<tr><td colspan="2">达到法定退休年龄、完全丧失劳动能力或者死亡</td></tr>
<tr><td colspan="2">非因职工过错，企业解除劳动合同；或者企业违法，职工解除劳动合同</td></tr>
<tr><td colspan="2">劳动合同期满，由于企业原因不再续签劳动合同</td></tr>
</table>

因宋某工作不满5年，Z公司在宋某离职后扣除了企业年金中企业缴纳部分的50%，即38847元。宋某遂申请劳动仲裁，劳动争议仲裁机构出具不予受理通知书。宋某不服通知书，提起诉讼，请求判令Z公司将扣除的企业年金38847元退回其账户。

Z公司辩称：(1) 本案不属于劳动争议的受案范围。企业年金由企业自愿建立、自主管理，本质上属于企业享有经营管理权的范畴，不属于人民法院管辖范围。(2) 双方已确认再无争议，故宋某无权向Z公司主张任何权利。Z公司还表示企业年金可以退回，只是手续复杂。如果法院生效文书判决其将扣除宋某的企业年金退回，其会自动履行。

一审法院判决Z公司自判决生效之日起60日内将38847元退还至宋某的企业年金账户。Z公司不服一审判决，提起上诉。二审法院判决驳回上诉，维持原判。

【裁判要点】

法院生效判决认为，本案的争议焦点有二：(1) 本案是否属于劳动争议的受案范围；（2）Z公司应否将扣除宋某的企业年金退回。

关于第一个争议焦点。《企业年金办法》第30条规定，因履行企业年金方案发生争议的，按照国家有关集体合同的规定执行。本案属于因履行企业年金方案过程中发出的争议，故应按照国家有关集体合同的规定执行。《集体合同规定（2004年)》第55条规定，因履行集体合同发生的争议，当事人协商解决不成的，可以依法向劳动争议仲裁委员会申请仲裁。由此可见，本案属于劳动争议的受案范围。

关于第二个争议焦点。首先，《企业年金方案》并未明确规定企业与员工协商一致解除劳动合同应适用“职工与本单位解除劳动合同”这一条来认定职工企业年金个人账户中单位缴费及其投资收益的归属。其次，从字面解释来看，“职工与本单位解除劳动合同”一般应当指的是由职工提出解除劳动合同，而非由单位提出。最后，从目的解释来看（企业设置企业年金归属规则，其目的是达到留住人才），“职工与本单位解除劳动合同”亦应当仅指由职工提出解除劳动合同，而非由单位提出。综上，法院认定Z公司无权依据《企业年金方案》扣除宋某的企业年金，故对宋某要求将扣除的企业年金退还至其账户的诉讼请求予以支持。

【延伸思考】

《企业年金办法》第30条规定，因订立或者履行企业年金方案发生争议的，按照国家有关集体合同的规定执行。因履行企业年金基金管理合同发生争议的，当事人可以依法申请仲裁或者提起诉讼。因此，劳动者与用人单位因订立或者履行企业年金方案发生争议，以及因履行企业年金基金管理合同发生争议，均属于劳动争议。

鉴于企业年金并非法定的养老保险，性质上属于福利，因此在处理这类纠纷时，原则上应当遵循合法的企业年金方案以及双方的约定。

由于《企业年金办法》第24条、第25条规定的领取企业年金和提前提取资金的条件，并不包括劳动合同的解除，因此，对于双方解除劳动合同之后，因用人单位扣除劳动者企业年金发生的劳动争议，不能直接判决用人单位向劳动者支付企业年金，但是可以判令用人单位将扣除的企业年金退回劳动者的企业年金个人账户。

三、职工基本医疗保险纠纷

与养老保险一样，《社会保险法》也规定了三种医疗保险，分别是用人单位职工、无雇工的个体工商户、非全日制从业人员以及其他灵活就业人员参加的职工基本医疗保险，城镇居民基本医疗保险，以及新型农村合作医疗。[1] 与劳动关系和劳动争议相关的是第一种，即职工基本医疗保险。

所谓职工基本医疗保险，是指保障患病或非因工负伤的职工在医疗上获得物质帮助的一种社会保险制度。职工应当参加职工基本医疗保险，由用人单位和职工按照国家规定共同缴纳基本医疗保险费。无雇工的个体工商户、未在用人单位参加职工基本医疗保险的非全日制从业人员以及其他灵活就业人员可以参加职工基本医疗保险，由个人按照国家规定缴纳基本医疗保险费。参加职工基本医疗保险的个人，达到法定退休年龄时累计缴费达到国家规定年限的，退休后不再缴纳基本医疗保险费，按照国家规定享受基本医疗保险待遇；未达到国家规定年限的，可以缴费至国家规定年限。个人跨统筹地区就业的，其基本医疗保险关系随本人转移，缴费年限累计计算。[2]

符合基本医疗保险药品目录、诊疗项目、医疗服务设施标准以及急诊、抢救的医疗费用，按照国家规定从基本医疗保险基金中支付。下列医疗费用不纳入基本医疗保险基金支付范围：(1) 应当从工伤保险基金中支付的；(2) 应当由第三人负担的；(3) 应当由公共卫生负担的；(4) 在境外就医的。医疗费用依法应当由第三人负担，第三人不支付或者无法确定第三人的，由基本医疗保险基金先行支付。基本医疗保险基金先行支付后，有权向第三人追偿。[3]

实践中主要的职工基本医疗保险纠纷是因为未缴纳基本医疗费导致劳动者无法享受相应的基本医疗保险待遇，劳动者向用人单位主张赔偿基本医疗保险待遇的损失。对于这类纠纷，要区分情形进行处理。(1) 用人单位未为劳动者办理社会保险手续、开立账户，但是能通过补缴享受基本医疗保险待遇的，应当判决驳回劳动者的诉讼请求；不能补缴的，对于劳动者来说确实产生损失，依照《劳动争议司法解释一》第 1 条第 5 项规定的精神，应当依法支持其诉讼请求。(2) 用人单位已经为劳动者开立社保账户，但是欠缴基本医疗费的，如果能通过补缴享受相应待遇，则应当判决驳回劳动者的诉讼请求；如果无法通过补缴享受相应基本医疗保险待遇，此时，对于劳动者来说，损失是客观的，故应当依法支持其诉讼请求。(3) 用人单位未依法及时办理社会保险关系转移手续，导致劳动者无法缴纳基本医疗费，如果能通过补缴享受相应待遇的，应当判决驳回劳动者的诉讼请求；如果不能通过补缴享受相应待遇的，应当依法支持其诉讼请求。

---

[1] 参见《社会保险法》第 23～25 条。

[2] 参见《社会保险法》第 23、27、32 条。

[3] 参见《社会保险法》第 28、30 条。

四、失业保险纠纷

失业保险，是指由国家和社会给予一定物质帮助，为失业者维持基本生活提供保障的一种社会保险制度。职工应当参加失业保险，由用人单位和职工按照国家规定共同缴纳失业保险费。[1]

失业人员符合下列条件的，从失业保险基金中领取失业保险金：（1）失业前用人单位和本人已经缴纳失业保险费满1年的；（2）非因本人意愿中断就业的；（3）已经进行失业登记，并有求职要求的。失业人员在领取失业保险金期间有下列情形之一的，停止领取失业保险金，并同时停止享受其他失业保险待遇：（1）重新就业的；（2）应征服兵役的；（3）移居境外的；（4）享受基本养老保险待遇的；（5）无正当理由，拒不接受当地人民政府指定部门或者机构介绍的适当工作或者提供的培训的。[2]

所谓“非因本人意愿中断就业的”，根据《失业保险金申领发放办法》（2024修订）的规定，是指下列人员：（1）终止劳动合同的；（2）被用人单位解除劳动合同的；（3）被用人单位开除、除名和辞退的；（4）根据《劳动法》第32条第2项、第3项与用人单位解除劳动合同的；（5）法律、行政法规另有规定的。笔者认为，根据体系解释原则，前述“法律、行政法规另有规定的”应当包括以下情形：（1）用人单位向劳动者提出解除劳动合同并与劳动者协商一致解除劳动合同的；（2）劳动者本人依照《劳动合同法》第38条规定解除劳动合同的。

失业人员失业前用人单位和本人累计缴费满1年不足5年的，领取失业保险金的期限最长为12个月；累计缴费满5年不足10年的，领取失业保险金的期限最长为18个月；累计缴费10年以上的，领取失业保险金的期限最长为24个月。职工跨统筹地区就业的，其失业保险关系随本人转移，缴费年限累计计算。重新就业后，再次失业的，缴费时间重新计算，领取失业保险金的期限与前次失业应当领取而尚未领取的失业保险金的期限合并计算，最长不超过24个月。失业保险金的标准，由省、自治区、直辖市人民政府确定，不得低于城市居民最低生活保障标准。失业人员在领取失业保险金期间，参加职工基本医疗保险，享受基本医疗保险待遇。失业人员应当缴纳的基本医疗保险费从失业保险基金中支付，个人不缴纳基本医疗保险费。失业人员在领取失业保险金期间死亡的，参照当地对在职职工死亡的规定，向其遗属发给一次性丧葬补助金和抚恤金。所需资金从失业保险基金中支付。个人死亡同时符合领取基本养老保险丧葬补助金、工伤保险丧

〔1〕 参见《社会保险法》第44条。

〔2〕 参见《社会保险法》第45、51条。

葬补助金和失业保险丧葬补助金条件的，其遗属只能选择领取其中的一项。[1] 对领取失业保险金且距法定退休年龄不足1年的人员，领取失业保险金年限延长至法定退休年龄，在实施渐进式延迟法定退休年龄期间，由失业保险基金按照规定为其缴纳养老保险费。[2]

用人单位应当及时为失业人员出具终止或者解除劳动关系的证明，并将失业人员的名单自终止或者解除劳动关系之日起15日内告知社会保险经办机构。失业人员应当持本单位为其出具的终止或者解除劳动关系的证明，及时到指定的公共就业服务机构办理失业登记。失业人员凭失业登记证明和个人身份证明，到社会保险经办机构办理领取失业保险金的手续。失业保险金领取期限自办理失业登记之日起计算。[3]

实践中，失业保险纠纷主要是用人单位原因导致劳动者不能享受失业保险待遇引发的纠纷，主要包括：（1）用人单位未为劳动者缴纳失业保险费，导致劳动者无法领取失业保险金；（2）用人单位未为劳动者缴纳失业保险费，导致劳动者在失业期间无法享受基本医疗保险待遇；（3）用人单位未依法为劳动者出具终止或者解除劳动关系的证明，导致劳动者无法登记失业；（4）失业人员死亡，但是因用人单位未为其缴纳失业保险费，导致其遗属无法领取一次性丧葬补助金和抚恤金。当然，由于失业保险金领取期限自办理失业登记之日起计算，因此，如果劳动者因自身原因未登记失业，其要求用人单位赔偿登记之前的“损失”的，不应予以支持。

五、生育保险纠纷

妇女生育是履行繁衍人类的重要天职，妇女在怀孕、分娩、哺乳期间不能从事正常的生产劳动，为保证其正常生活和婴儿的正常成长，国家和社会有责任为其提供物质帮助。生育保险就是这样一种物质帮助。所谓生育保险，是指国家通过立法强制实施的，在女职工因怀孕、分娩、哺乳而暂时中止劳动时，从国家和社会获得物质帮助的一项社会保险制度。[4]

职工应当参加生育保险，由用人单位按照国家规定缴纳生育保险费，职工不缴纳生育保险费。用人单位已经缴纳生育保险费的，其职工享受生育保险待遇；职工未就业配偶按照国家规定享受生育医疗费用待遇。所需资金从生育保险基金

---

〔1〕 参见《社会保险法》第46~49、52条。

〔2〕 参见国务院《关于渐进式延迟法定退休年龄的办法》第7条。

〔3〕 参见《社会保险法》第50条。

〔4〕 参见郭捷主编：《劳动法与社会保障法》（第3版），法律出版社2016年版，第394页。

中支付。生育保险待遇包括生育医疗费用和生育津贴。生育医疗费用包括下列各项：（1）生育的医疗费用；（2）计划生育的医疗费用；（3）法律、法规规定的其他项目费用。生育津贴按照职工所在用人单位上年度职工月平均工资计发。职工有下列情形之一的，可以按照国家规定享受生育津贴：（1）女职工生育享受产假；（2）享受计划生育手术休假；（3）法律、法规规定的其他情形。[1]

现实中的生育保险纠纷，主要是用人单位未缴纳生育保险费引起。《女职工劳动保护特别规定》第 8 条规定，女职工产假期间的生育津贴，对已经参加生育保险的，按照用人单位上年度职工月平均工资的标准由生育保险基金支付；对未参加生育保险的，按照女职工产假前工资的标准由用人单位支付。女职工生育或者流产的医疗费用，按照生育保险规定的项目和标准，对已经参加生育保险的，由生育保险基金支付；对未参加生育保险的，由用人单位支付。因此，如果用人单位未缴纳生育保险，女职工请求用人单位按照生育保险规定的项目和标准支付生育津贴和生育医疗费用的，应予支持。

就其他生育保险纠纷，本书第九讲“探亲假、婚丧假、产假”部分已有阐述，此处不再赘述。

六、不缴纳社会保险费约定的效力及滞纳金、罚款的承担

实践中，经常出现用人单位与劳动者在劳动合同中约定或者单独约定由用人单位按月向劳动者直接支付社会保险费用，劳动者同意用人单位不依法为其缴纳社会保险。由于该约定内容属于劳动合同的重要条款，[2] 即使独立于劳动合同另行约定，亦属劳动合同的组成部分。根据《社会保险法》的规定，依法缴纳社会保险是用人单位与劳动者的法定义务，如同依法纳税一样。因此，该约定因违反《社会保险法》的强制性规定、侵害国家和社会公共利益而当然无效，不论该约定内容是由用人单位提出，还是由劳动者提出，抑或劳动者被迫同意该约定。因此，从征求意见稿来看，《劳动争议司法解释二》似乎准备规定，用人单位与劳动者有关不缴纳社会保险费的约定无效。劳动者与用人单位约定不缴纳社会保险费，劳动者以用人单位未依法缴纳社会保险费为由请求支付经济补偿的，人民法院应予支持。用人单位补缴社会保险费后，请求劳动者返还已给付的社会保险补偿的，人民法院应予支持。实际上，由于约定无效，根据《民法典》第 157 条的规定，用人单位在补缴社会保险费之前亦可以请求劳动者返还已给付的社会保险补偿。

---

〔1〕 参见《社会保险法》第 53～56 条。

〔2〕 依据《劳动合同法》第 17 条第 1 款的规定，社会保险是劳动合同应当具备的条款。

案例78 张某与某餐饮公司劳动争议案[1]

——职工与用人单位签订自愿放弃缴纳社会保险的协议无效

【基本案情】

张某于2019年春节后入职一家餐饮业单位从事服务员工作，双方签订3年期限劳动合同，约定薪酬为每月2500元。单位同时要求张某提供相关身份证明，由该单位为其缴纳社会保险。张某觉得若由企业为其缴纳社会保险，每个月要从其工资中扣除几百元的个人缴纳部分，实得工资就低了。于是，张某向单位提出，自愿放弃社会保险费的缴纳，并愿意与企业签订协议书。该餐饮单位考虑到若不为张某缴纳社会保险费同样可以节约企业的人力成本支出，遂同意与之订立协议，约定张某自愿放弃单位为其办理社会保险。2020年12月，张某以未依法为其缴纳社会保险费为由向公司提出解除劳动合同，并申请劳动仲裁，要求公司支付其经济补偿。

【裁判要点】

法院生效裁判认为：用人单位为员工缴纳社会保险费是法定的义务，不能根据劳动者或用人单位自己的意愿而免除，不管是口头承诺还是签订书面协议而放弃缴纳社会保险费的行为，均违反了法律强制性规定，属于无效协议。又根据《市人社局关于印发天津市贯彻落实〈劳动合同法〉若干问题实施细则的通知》（津人社规字〔2018〕14号）第15条“用人单位与劳动者约定不缴纳或少缴纳社会保险费的，双方约定无效，应视为因用人单位原因导致未缴纳或未足额缴纳社会保险费”的规定，即便是劳动者承诺放弃缴纳社会保险费，也不能免除用人单位的法定义务，用人单位应承担相应法律责任。

本案中，该餐饮单位虽与张某签订自愿放弃缴纳社会保险费的协议，但因违反法律规定，故双方签订的协议无效。根据《劳动合同法》第38条规定“用人单位有下列情形之一的，劳动者可以解除劳动合同：……（三）未依法为劳动者缴纳社会保险费的……”、第46条规定“有下列情形之一的，用人单位应当向劳动者支付经济补偿：（一）劳动者依照本法第三十八条规定解除劳动合同的……”，劳动人事争议仲裁委员会支持张某因单位未缴纳社会保险费提出解除劳动合同并要求支付经济补偿的仲裁请求。

---

〔1〕 本案为天津市人社局《关于发布2021年度劳动人事争议典型案例的通知》（津人社局函〔2022〕9号）发布的案例5。

【延伸思考】

对于用人单位来说，一定要注意：签订免缴社保的协议，不论是由用人单位提出，还是由劳动者提出，该协议均因违反《社会保险法》的强制性规定、侵害国家和社会公共利益而无效。按照《劳动合同法》第38条第1款第5项的规定，劳动合同因违反法律、行政法规强制性规定而无效的，法律责任均在用人单位一方。如果劳动者以劳动合同无效、用人单位未依法为其缴纳社会保险费为由解除劳动关系并请求用人单位向其支付解除劳动关系经济补偿的，将得到支持。因此，用人单位应当规范管理，避免与劳动者签订这样的协议。

《社会保险法》第60条规定，"用人单位应当自行申报、按时足额缴纳社会保险费，非因不可抗力等法定事由不得缓缴、减免。职工应当缴纳的社会保险费由用人单位代扣代缴，用人单位应当按月将缴纳社会保险费的明细情况告知本人"。也就是说，社会保险费由用人单位统一缴纳及代缴。该法第86条规定，"用人单位未按时足额缴纳社会保险费的，由社会保险费征收机构责令限期缴纳或者补足，并自欠缴之日起，按日加收万分之五的滞纳金；逾期仍不缴纳的，由有关行政部门处欠缴数额一倍以上三倍以下的罚款"。换言之，用人单位不依法缴纳社会保险费会产生滞纳金和罚款。不缴纳社会保险费的协议被认定无效后，就会产生上述滞纳金和罚款，按照前述规定，该滞纳金和罚款均由用人单位承担，劳动者无需承担。需要注意的是，按照《行政强制法》第45条第2款的规定，加处罚款或者滞纳金的数额不得超出欠缴社会保险费的数额。

案例79　王某香与某休闲用品公司侵权责任纠纷案[1]

——因不依法缴纳社会保险费产生的滞纳金等由用人单位承担

【基本案情】

2007年8月21日，王某香入职某休闲用品公司。2011年8月1日，王某香以"年龄过大"为由，在放弃参加社保证明书上签名，并在参保人员调查表"放弃原因"一栏中载明"年龄大"，王某香在该调查表上签名。某休闲用品公司没有为王某香缴纳社会保险。2019年7月10日，王某香以该公司未缴纳社会保险等为由解除劳动关系。2020年9月16日，天津市东丽区劳动保障监察大队对某休闲用品公司作出限期整改指令书，载明某休闲用品公司没有为王某香向社会保

〔1〕参见《天津法院发布劳动争议典型案例》之案例3，载 https：//tjfy. tjcourt. gov. cn/article/detail/2022/04/id/6662902. shtml，2024年11月22日访问。

险经办机构申请办理社会保险登记，要求该公司在规定期限内为王某香办理社会保险登记并补缴社会保险。2021 年 2 月 5 日，某休闲用品公司补缴其应承担的社会保险费用，并缴纳基本养老保险滞纳金、基本医疗保险费滞纳金、失业保险利息、生育保险利息、工伤保险利息共计 130322.93 元。后某休闲用品公司向法院提起诉讼，要求王某香支付其补缴社会保险产生的滞纳金及利息共计 130322.93 元。

一审法院认为，在劳动关系存续期间，王某香作为完全民事行为能力人，应当知道为不减少劳动报酬以书面形式承诺不参加社会保险所产生的法律后果，应承担相应的法律责任。某休闲用品公司作为用人单位，未依法履行代扣代缴职责，亦应负相应的法律责任。鉴于双方均有责任，对补缴社会保险产生的滞纳金及利息共计 130322.93 元，判决双方各自承担 50%。王某香提出上诉后，二审法院判决：撤销一审判决，驳回某休闲用品公司的诉讼请求。

【裁判要点】

生效判决认为，补缴社会保险产生的滞纳金及利息是行政机关对用人单位欠缴社保的处罚措施，旨在规范用人单位按照法律规定及时、足额为劳动者缴纳社会保险，保障劳动者权利。依据《社会保险法》第 86 条、人力资源和社会保障部《实施〈中华人民共和国社会保险法〉若干规定》第 20 条、《工伤保险条例》第 62 条第 1 款、《天津市失业保险条例》第 24 条第 2 款、《社会保险费申报缴纳管理规定》第 11 条等规定，案涉款项的责任主体均为用人单位，且用人单位不得要求职工承担滞纳金。一审法院认定由王某香承担 50% 没有法律依据，应予纠正。

【延伸思考】

社会保险费是社会保险基金的主要来源，用人单位能否按时足额缴纳社会保险费，不仅关系到劳动者是否能享受社会保险待遇，还关系到社会保险基金的安全和有效运行。因事关公共利益，按时足额缴纳社会保险费是法律规定的用人单位的强制性义务。滞纳金和罚息是通过给用人单位增加额外金钱负担的方式，属于通过间接强制执行手段敦促其依法履行义务。究其根本，是对用人单位违反法律强制性规定的处罚措施，不得要求劳动者承担。

第十八讲

劳动争议的受案范围

劳动争议又称劳动纠纷、劳资纠纷。从广义上说，以劳动关系为中心发生的一切争议都属于劳动争议，包括劳动者、用人单位、工会、行业组织、劳动行政部门、社会保险部门等各种主体之间发生的争议。由于人事关系属于特殊的劳动关系，因此劳动争议包括人事争议在内。从狭义上说，劳动争议仅指建立了劳动关系的双方当事人之间，即劳动者个体与用人单位之间关于劳动权利和劳动义务的争议。我国劳动法上所称的劳动争议，一般是指狭义的劳动争议，此外，还较少地涉及以工会为代表的劳动者集体与用人单位或用人单位团体之间发生的集体合同争议。本书具体阐述的劳动争议主要是狭义的劳动争议，即建立了劳动关系的劳动者个体与用人单位之间关于劳动权利和劳动义务的争议。

劳动争议的主体主要是劳动者与用人单位，也就是劳动关系的双方主体。劳动争议的内容具有广泛性，因为劳动权利和劳动义务本身具有广泛性，既有法定权利，也有约定权利；既有财产权利，也有人身性质的权利。劳动争议的内容包括就业、工时、工资、劳动安全与保护、劳动保险与福利、职业培训、民主管理、奖励惩罚等若干方面。[1]

按照争议主体的不同，我国劳动法的劳动争议除了个体劳动争议之外，还包括群体劳动争议与集体合同争议。群体劳动争议，是指10个以上的劳动者基于同类的请求与同一个用人单位发生的劳动争议。《劳动争议调解仲裁法》第7条规定，“发生劳动争议的劳动者一方在十人以上，并有共同请求的，可以推举代表参加调解、仲裁或者诉讼活动”。规定群体劳动争议的意义主要在于便捷当事人解决争议，提高调解、仲裁或者诉讼活动的效率。根据《民事诉讼法》第55条的规定，当事人一方或者双方为二人以上，诉讼标的是同一种类的，人民法院认为可以合并审理并经当事人同意的，可以合并审理。《民事诉讼法》第56条又规定，当事人一方人数众多的共同诉讼，可以由当事人推选代表人进行诉讼。

---

〔1〕 参见郭捷主编：《劳动法与社会保障法》（第3版），法律出版社2016年版，第267页。

集体合同争议，又称集体劳动争议，是指工会与用人单位或用人单位团体之间因签订、履行集体合同发生的劳动争议。该争议的双方主体是工会与用人单位。

第一节　劳动争议受案范围的变迁

从时间线上看，劳动争议受案范围呈逐步扩大的趋势。

1993 年 8 月 1 日施行的《企业劳动争议处理条例》（已失效）第 2 条规定，我国境内的企业与职工之间的下列争议属于劳动争议：（1）因企业开除、除名、辞退职工和职工辞职、自动离职发生的争议；（2）因执行国家有关工资、保险、福利、培训、劳动保护的规定发生的争议；（3）因履行劳动合同发生的争议；（4）法律、法规规定应当依照本条例处理的其他劳动争议。同时，该条例第 39 条规定，国家机关、事业单位、社会团体与本单位工人之间，个体工商户与帮工、学徒之间，发生的劳动争议，参照该条例执行。该条例对劳动争议的类型采取了有限列举的技术进行规定，没有被列举到的纠纷就不属于劳动争议，显得过于狭窄。

1995 年 1 月 1 日施行的《劳动法》第 84 条第 2 款规定，因履行集体合同发生争议，当事人协商解决不成的，可以向劳动争议仲裁委员会申请仲裁；对仲裁裁决不服的，可以自收到仲裁裁决书之日起 15 日内向人民法院提起诉讼。也就是说，《劳动法》把履行集体合同发生的争议也纳入劳动争议的受案范围，这实际上突破了狭义劳动争议的受案范围。

1995 年 8 月 4 日原劳动部发布的《贯彻执行劳动法的意见》第 82 条明确把事实劳动关系也纳入劳动争议的受案范围，[1] 是对《企业劳动争议处理条例》规定的受案范围的补充。

1997 年 8 月 8 日原人事部印发的《人事争议处理暂行规定》（已失效）第 2 条明确规定人事争议的范围：（1）国家行政机关与工作人员之间因录用、调动、履行聘任合同发生的争议；（2）事业单位与工作人员之间因辞职、辞退以及履行聘任合同或聘用合同发生的争议；（3）企业单位与管理人员和专业技术人员之间因履行聘任合同或聘用合同发生的争议；（4）依照法律、法规、规章规定可以仲裁的人才流动争议和其他人事争议。

---

〔1〕《贯彻执行劳动法的意见》第 82 条规定，用人单位与劳动者发生劳动争议不论是否订立劳动合同，只要存在事实劳动关系，并符合《劳动法》的适用范围和《企业劳动争议处理条例》的受案范围，劳动争议仲裁委员会均应受理。

2001年原《劳动争议司法解释一》第1条将法院的受案范围界定为：（1）劳动者与用人单位在履行劳动合同过程中发生的纠纷；（2）劳动者与用人单位之间没有订立书面劳动合同，但已形成劳动关系后发生的纠纷；（3）劳动者退休后，与尚未参加社会保险统筹的原用人单位因追索养老金、医疗费、工伤保险待遇和其他社会保险费而发生的纠纷。

最高人民法院《关于人民法院审理事业单位人事争议案件若干问题的规定》（法释〔2003〕13号）明确规定了事业单位的人事争议范围，即事业单位与其工作人员之间因辞职、辞退及履行聘用合同发生的人事争议适用《劳动法》的规定处理。

2006年原《劳动争议司法解释二》第4条、第5条、第6条以及第7条分别从正、反两面对劳动争议受案范围作了规定。规定下列纠纷属于劳动争议：（1）劳动者与用人单位因劳动关系是否已经解除或者终止，以及应否支付解除或者终止劳动关系经济补偿金发生的纠纷；（2）劳动者与用人单位解除或者终止劳动关系后，请求用人单位返还其收取的劳动合同定金、保证金、抵押金、抵押物发生的纠纷，或者办理劳动者的人事档案、社会保险关系等移转手续发生的纠纷；（3）劳动者因为工伤、职业病，请求用人单位依法给予工伤保险待遇发生的纠纷。下列纠纷不属于劳动争议：（1）劳动者请求社会保险经办机构发放社会保险金的纠纷；（2）劳动者与用人单位因住房制度改革产生的公有住房转让纠纷；（3）劳动者对劳动能力鉴定委员会的伤残等级鉴定结论或者对职业病诊断鉴定委员会的职业病诊断鉴定结论的异议纠纷；（4）家庭或者个人与家政服务人员之间的纠纷；（5）个体工匠与帮工、学徒之间的纠纷；（6）农村承包经营户与受雇人之间的纠纷。

2010年原《劳动争议司法解释三》第1条、第2条和第3条再次就劳动争议受案范围作出规定，规定下列纠纷属于劳动争议：（1）劳动者以用人单位未为其办理社会保险手续，且社会保险经办机构不能补办导致其无法享受社会保险待遇为由，要求用人单位赔偿损失发生的纠纷；（2）劳动者依据《劳动合同法》第85条规定，要求用人单位支付加付赔偿金发生的纠纷；（3）因企业自主进行改制发生的纠纷。

2007年10月1日施行的《人事争议处理规定》第2条对人事争议的范围进行了系统规定：（1）实施公务员法的机关与聘任制公务员之间、参照《公务员法》管理的机关（单位）与聘任工作人员之间因履行聘任合同发生的争议；（2）事业单位与工作人员之间因解除人事关系、履行聘用合同发生的争议；（3）社团组织与工作人员之间因解除人事关系、履行聘用合同发生的争议；

（4）军队聘用单位与文职人员之间因履行聘用合同发生的争议；（5）依照法律、法规规定可以仲裁的其他人事争议。

2008 年 1 月 1 日施行的《劳动合同法》第 96 条规定，“事业单位与实行聘用制的工作人员订立、履行、变更、解除或者终止劳动合同，法律、行政法规或者国务院另有规定的，依照其规定；未作规定的，依照本法有关规定执行”。易言之，《劳动合同法》将事业单位聘用制劳动关系项下的绝大部分纠纷纳入其适用范围，实际上是将绝大部分聘用制人事争议都作为劳动争议进行处理，较之前述规定显著扩大了事业单位的人事争议的受案范围。只不过对于人事争议，优先适用法律、行政法规或者国务院所作的特别规定，在没有特别规定的情况下，直接适用《劳动合同法》的有关规定。《劳动合同法》还在第 56 条明确了集体合同争议的当事人，该条规定：“用人单位违反集体合同，侵犯职工劳动权益的，工会可以依法要求用人单位承担责任；因履行集体合同发生争议，经协商解决不成的，工会可以依法申请仲裁、提起诉讼。”也就是说，集体合同争议的双方当事人应当是工会与用人单位。

2008 年 5 月 1 日施行的《劳动争议调解仲裁法》第 2 条对劳动争议案件的范围作了全面系统的规定，按照该条规定，我国境内的用人单位与劳动者发生的下列争议属于劳动争议，适用劳动法进行调整：（1）因确认劳动关系发生的争议；（2）因订立、履行、变更、解除和终止劳动合同发生的争议；（3）因除名、辞退和辞职、离职发生的争议；（4）因工作时间、休息休假、社会保险、福利、培训以及劳动保护发生的争议；（5）因劳动报酬、工伤医疗费、经济补偿或者赔偿金等发生的争议；（6）法律、法规规定的其他劳动争议。同时，该法第 52 条沿袭《劳动合同法》第 96 条，规定事业单位实行聘用制的工作人员与本单位发生劳动争议的，依照本法执行；法律、行政法规或者国务院另有规定的，依照其规定。

需要注意的是，根据《劳动争议调解仲裁法》第 2 条的规定，劳动争议发生在已经建立了劳动关系的用人单位与劳动者之间，因此，自然人与用工主体在劳动关系建立之前发生的民事纠纷不属于劳动争议，例外是双方当事人因对是否存在劳动关系认识不一，要求确认劳动关系而发生的争议仍属于劳动争议。

2017 年 7 月 1 日施行的《劳动人事争议仲裁办案规则》第 2 条在总结《劳动争议调解仲裁法》《公务员法》《事业单位人事管理条例》《解放军文职人员条例》等法律法规的有关规定基础上，对劳动仲裁受理的劳动争议的范围做了全面梳理，规定下列争议属于劳动争议：（1）企业、个体经济组织、民办非企业单位等组织与劳动者之间，以及机关、事业单位、社会团体与其建立劳动关系的劳动者之间，因确认劳动关系，订立、履行、变更、解除和终止劳动合同，工作时间、休息休假、社会保险、福利、培训以及劳动保护，劳动报酬、工伤医疗费、经济补偿或者赔偿金等发生的争议；（2）实施公务员法的机关与聘任制公务员之间、参照公务员法管理的机关（单位）与聘任工作人员之间因履行聘任合同发生的争议；（3）事业单位与其建立人事关系的工作人员之间因终止人事关系以及履行聘用合同发生的争议；（4）社会团体与其建立人事关系的工作人员之间因终止人事关系以及履行聘用合同发生的争议；（5）军队文职人员用人单位与聘用制文职人员之间因履行聘用合同发生的争议；（6）法律、法规规定由劳动人事争议仲裁委员会处理的其他争议。

值得注意的是，在特殊群体的劳动争议中，事业单位、社会团体与其建立人事关系的工作人员之间因终止人事关系以及履行聘用合同发生的争议，均属于劳动争议受案范围；实施公务员法的机关与聘任制公务员之间、参照公务员法管理的机关（单位）与聘任工作人员之间、军队文职人员用人单位与聘用制文职人员之间，只有因履行聘用合同发生的争议属于劳动争议受案范围，因终止人事关系发生的争议则不属于劳动争议受案范围。

第二节　如何理解《劳动争议司法解释一》对受案范围的规定

2020年年底，以清理涉及《民法典》相关司法解释为契机，最高人民法院在原有的多个劳动争议司法解释的基础上，根据《民法典》《劳动法》《劳动合同法》《劳动争议调解仲裁法》《民事诉讼法》等法律法规，对涉及劳动争议的司法解释作清理，形成《劳动争议司法解释一》，并于2021年1月1日起施行。《劳动争议司法解释一》整合了原来的劳动争议司法解释对受案范围的规定，从正反两面对人民法院受理劳动争议的范围作了规定。

《劳动争议司法解释一》第1条从正面规定，劳动者与用人单位之间发生的下列纠纷，属于劳动争议：（1）劳动者与用人单位在履行劳动合同过程中发生的纠纷；（2）劳动者与用人单位之间没有订立书面劳动合同，但已形成劳动关系后发生的纠纷；（3）劳动者与用人单位因劳动关系是否已经解除或者终止，以及应否支付解除或者终止劳动关系经济补偿金发生的纠纷；（4）劳动者与用人单位解除或者终止劳动关系后，请求用人单位返还其收取的劳动合同定金、保证金、抵押金、抵押物发生的纠纷，或者办理劳动者的人事档案、社会保险关系等移转手续发生的纠纷；（5）劳动者以用人单位未为其办理社会保险手续，且社会保险经办机构不能补办导致其无法享受社会保险待遇为由，要求用人单位赔偿损失发生的纠纷；（6）劳动者退休后，与尚未参加社会保险统筹的原用人单位因追索养老金、医疗费、工伤保险待遇和其他社会保险待遇而发生的纠纷；（7）劳动者因为工伤、职业病，请求用人单位依法给予工伤保险待遇发生的纠纷；（8）劳动者依据《劳动合同法》第 85 条规定，要求用人单位支付加付赔偿金发生的纠纷；（9）因企业自主进行改制发生的纠纷。

《劳动争议司法解释一》第 2 条从反面规定，下列纠纷不属于劳动争议：（1）劳动者请求社会保险经办机构发放社会保险金的纠纷；（2）劳动者与用人单位因住房制度改革产生的公有住房转让纠纷；（3）劳动者对劳动能力鉴定委员会的伤残等级鉴定结论或者对职业病诊断鉴定委员会的职业病诊断鉴定结论的异议纠纷；（4）家庭或者个人与家政服务人员之间的纠纷；（5）个体工匠与帮工、学徒之间的纠纷；（6）农村承包经营户与受雇人之间的纠纷。

显然，《劳动争议司法解释一》规定的受案范围与《劳动争议调解仲裁法》等规定并不一致，如何理解两者之间的适用关系？

一、对《劳动争议司法解释一》第 1 条规定的受案范围的理解

首先，在清理旧司法解释、制定新司法解释时，出于平稳衔接的考虑，很多条文未作修改地被完整沿袭下来，《劳动争议司法解释一》第 1 条实际上是对原《劳动争议司法解释一》第 1 条、原《劳动争议司法解释二》第 4 条、第 5 条、第 6 条以及原《劳动争议司法解释三》第 1 条、第 2 条、第 3 条进行的汇集。可以理解为，本条司法解释通过有限列举的方式，规定劳动争议的受案范围，起的只是强调作用，并不是说本条没有列举的就不属于劳动争议。本条没有列举的，但是属于《劳动争议调解仲裁法》规定的劳动争议的，当然也属于劳动争议受案范围。其次，需要注意的是，相较于《劳动争议调解仲裁法》，《劳动争议司法解释一》缩小了社会保险争议的受案范围。

具体来说，《劳动争议司法解释一》第 1 条强调了以下劳动者与用人单位之间发生的纠纷属于劳动争议。[1]

（一）履行劳动合同过程中发生的纠纷

所谓劳动者与用人单位在履行劳动合同过程中发生的纠纷，并非指向履行劳动合同这个期间段内所有的民事纠纷，而是限定于与履行劳动合同存在牵连性的

---

[1] 部分内容参见最高人民法院民事审判第一庭编著：《最高人民法院新劳动争议司法解释（一）理解与适用》，人民法院出版社 2021 年版，第 44～52 页，该部分由笔者编写。

民事纠纷，换言之，该纠纷的发生，必须与劳动争议主体行使劳动合同项下的劳动权利、履行劳动义务存在关联。比如，劳动者在用人单位开办的商店里购买商品，因此发生的买卖纠纷，往往与行使劳动权利、履行劳动义务并无关联，也就不属于劳动争议。

（二）没有订立书面劳动合同，但已形成劳动关系后发生的纠纷

《劳动合同法》虽然明确规定建立劳动关系应当订立书面劳动合同，但是考虑到实务中仍然存在已经形成劳动关系，却因种种原因未订立书面劳动合同的现象，为避免不必要的歧义，保护广大劳动者的合法权益，有必要强调该类纠纷属于劳动争议。

（三）因劳动关系是否终结，以及应否支付终结劳动关系经济补偿金发生的纠纷

《劳动争议司法解释一》第 1 条第 3 项规定，劳动者与用人单位因劳动关系是否已经解除或者终止，以及应否支付解除或者终止劳动关系经济补偿金发生的纠纷属于劳动争议。该规定中关于应否支付解除或者终止劳动关系经济补偿金发生的纠纷，已经在《劳动争议调解仲裁法》第 2 条第 5 项中体现；关于因劳动关系是否已经解除或者终止发生的纠纷，属于确认之诉，并没有完全被《劳动争议调解仲裁法》第 2 条第 2 项所体现，因此自有保留的必要。实践中，有观点认为，劳动者或者用人单位请求确认劳动关系于某个时间解除或者终止的纠纷不属于劳动争议，人民法院应当不予受理。这种观点实际上就是不熟悉本项司法解释的规定。

（四）终结劳动关系后，劳动者请求用人单位返还其收取的劳动合同定金、保证金、抵押金、抵押物发生的纠纷，或者办理劳动者的人事档案、社会保险关系等移转手续发生的纠纷

本条规定的内容实际上包含在《劳动争议调解仲裁法》第 2 条的相关规定中，但是为避免不必要的争议，本条起到了强调作用。

根据《劳动合同法》第 9 条的规定，用人单位招用劳动者，不得扣押劳动者的居民身份证和其他证件，不得要求劳动者提供担保或者以其他名义向劳动者收取财物。《劳动合同法》第 84 条规定了违法上述规定用人单位将承担相应的行政责任和民事责任：“用人单位违反本法规定，扣押劳动者居民身份证等证件的，由劳动行政部门责令限期退还劳动者本人，并依照有关法律规定给予处罚。用人

单位违反本法规定，以担保或者其他名义向劳动者收取财物的，由劳动行政部门责令限期退还劳动者本人，并以每人五百元以上二千元以下的标准处以罚款；给劳动者造成损害的，应当承担赔偿责任。劳动者依法解除或者终止劳动合同，用人单位扣押劳动者档案或者其他物品的，依照前款规定处罚。”

《劳动合同法》第 50 条还规定，用人单位应当在解除或者终止劳动合同的 15 日内为劳动者办理档案和社会保险关系转移手续。因此，在性质上，为劳动者办理档案和社会保险关系转移手续是劳动合同解除或终止后所产生的用人单位的附随义务，用人单位未履行该附随义务发生纠纷的，属于解除和终止劳动合同发生的争议，属于《劳动争议调解仲裁法》第 2 条第 2 项规定的劳动争议。

如前所述，我国相关法律明确规定，禁止用人单位扣押劳动者的居民身份证和其他证件，禁止用人单位要求劳动者提供担保或者以其他名义向劳动者收取财物。但在实践中，往往难以避免上述情况的发生。如果不把该类纠纷作为劳动争议，人民法院对此类纠纷不予受理，则劳动者的合法权益不能通过司法途径加以保护。同样，在劳动合同解除或者终止后，劳动者要求用人单位及时办理人事档案、社会保险关系等转移手续，也是劳动者合法权益的重要内容。用人单位不应基于其在劳动关系中的优势地位随意侵害劳动者的权益。但是，在现实中，用人单位在解除、终止劳动合同后不按照法律规定及时办理劳动者的人事档案、社会保险转移手续的现象仍然不时存在，劳动者只得委曲求全。基于上述考虑，本条解释强调劳动者在劳动合同解除或者终止后，请求用人单位返还其收取的劳动合同定金、保证金、抵押金、抵押物发生的纠纷，以及请求用人单位办理人事档案、社会保险关系等转移手续的纠纷，均属于劳动争议。当然，在劳动合同履行过程中，劳动者请求用人单位返还其收取的劳动合同定金、保证金、抵押金、抵押物发生的纠纷，自然也属于劳动争议。

（五）劳动者以用人单位未为其办理社会保险手续，且社会保险经办机构不能补办导致其无法享受社会保险待遇为由，要求用人单位赔偿损失发生的纠纷

本项解释是关于人民法院受理社会保险争议案件范围的规定。《劳动争议调解仲裁法》第 2 条第 4 项虽然规定因社会保险发生的争议属于劳动争议，但该规定对具体哪些社会保险争议属于劳动争议未予明确，本解释对此作出回应。

调研发现，各地普遍认为人民法院审理社会保险纠纷案件难度相当大，主要表现在：一是专业性太强；二是时间跨度较大；三是判决生效后社会保险经办机构不配合执行。《社会保险法》《社会保险费征缴暂行条例》等法律法规既赋予了

社会保险经办机构办理缴费登记、催促缴费等职责，又赋予了其调查、检查等职能，因此，对于那些已经由用人单位办理了社保手续但因用人单位欠缴、拒缴社会保险费或者因缴费年限、缴费基数等发生的争议，由社会保险经办机构处理最为适宜。对于用人单位没有为劳动者办理社会保险手续且社会保险经办机构不能办理补交手续导致劳动者无法享受社会保险待遇的，由此产生赔偿损失纠纷，则由人民法院处理为宜。[1]

（六）劳动者退休后，与尚未参加社会保险统筹的原用人单位因追索养老金、医疗费、工伤保险待遇和其他社会保险待遇而发生的纠纷

与前项一样，本项解释也是关于人民法院受理社会保险争议案件范围的规定。与前项解释不同的是，本项解释是专门针对劳动者退休以后的社会保险纠纷作出的规定。

有观点认为，劳动者退休后与原用人单位发生的纠纷是因退休而引发的，与劳动关系并无关联，因此不属于劳动争议。但本解释认为，考虑到劳动者退休后，虽与原用人单位不存在劳动关系，但他们所享有的养老金、医疗费、工伤保险待遇和其他社会保险待遇，是基于过去在劳动岗位上履行劳动义务为前提条件的。因此，由此发生的争议可视为劳动争议。至于将用人单位限定为是尚未参加社会保险统筹的，是因为我国实行社会统筹保险制度，保险费统一由税务机关和劳动保障行政部门设立的社会保险经办机构向用人单位及其职工征收、征缴和管理。这就将劳动合同中关于社会保险待遇的劳动权利义务转化为一种行政管理的权力内容，此时因社会保险待遇发生的纠纷应属于行政诉讼，争议双方为社会保险管理机构与用人单位或劳动者，不属于劳动争议范围。因此，本项解释将因社会保险待遇发生争议的主体限定为尚未参加社会保险统筹的用人单位和退休的劳动者。参加了社会统筹保险的，因社会保险费的征收、发放、领取发生的纠纷，属于行政纠纷。[2]

（七）劳动者因为工伤、职业病，请求用人单位依法给予工伤保险待遇发生的纠纷

涉及工伤保险的纠纷非常复杂，其中很多问题涉及相关行政部门行政权力的

---

〔1〕 参见最高人民法院民事审判第一庭编著：《最高人民法院劳动争议司法解释（三）的理解与适用》，人民法院出版社2015年版，第35～36页。

〔2〕 参见最高人民法院民事审判第一庭编著：《最高人民法院劳动争议司法解释的理解与适用》，人民法院出版社2015年版，第18页。

行使和法定义务的履行，因此，根据《工伤保险条例》第54条的规定，职工与用人单位发生工伤待遇方面的争议，按照处理劳动争议的有关规定处理。根据该条例第62条第2款、第3款的规定，依照本条例规定应当参加工伤保险而未参加工伤保险的用人单位职工发生工伤的，由该用人单位按照本条例规定的工伤保险待遇项目和标准支付费用。用人单位参加工伤保险并补缴应当缴纳的工伤保险费、滞纳金后，由工伤保险基金和用人单位依照本条例的规定支付新发生的费用。本解释则进一步明确，劳动者因为工伤、职业病，请求用人单位依法给予工伤保险待遇发生的纠纷，属于劳动争议。需要说明的是，职业病属于工伤的一种情形，但是鉴于职业病的特殊性，本解释将其单列出来，以示强调。

（八）劳动者依据《劳动合同法》第85条规定，要求用人单位支付加付赔偿金发生的纠纷

用人单位存在《劳动合同法》第85条规定的违法行为时，劳动者是否可以通过民事诉讼的途径获得救济，从而取得赔偿金，在实践中存在争议。

第一种观点认为，用人单位违反《劳动合同法》第85条的规定，法律授权的执法主体是劳动行政部门，相对人是用人单位，劳动者无权主张加付赔偿金，因此，劳动者向仲裁机构和人民法院主张加付赔偿金，仲裁机构、人民法院不应予以受理。第二种观点认为，劳动者往往在劳动关系中处于弱势，仅通过劳动者向劳动行政部门检举等，由劳动行政部门责令用人单位承担相应支付责任，保障力度不够，应当赋予劳动者请求司法保护并获得强制执行的权利。[1] 第三种观点则认为，劳动者加付赔偿金的主张如果想要获得法院的支持，必须有一个前提，即劳动者必须就用人单位拖欠其劳动报酬、加班费或者经济补偿的违法行为先向劳动行政部门投诉，劳动行政部门在责令用人单位限期支付后，用人单位仍未支付的情况下才存在加付赔偿金，如果未经过这一前提程序，劳动者直接主张加付赔偿金，人民法院是不予支持的。[2]

笔者认为，《劳动合同法》第85条规定的“加付赔偿金”是一种本应由劳动行政部门在法定情形下才能责令用人单位承担的行政责任，其并非民事责任。但是毕竟《劳动争议司法解释一》第45条规定了“用人单位应当支付劳动者的劳动报酬和经济补偿，并可支付赔偿金”，因此如果用人单位确实存在《劳动合同

---

〔1〕 参见刘敏、于蒙、危浪平：《〈关于审理劳动争议案件适用法律问题的解释（一）〉几个重点问题的理解与适用》，载《人民司法》2021年第7期。

〔2〕 参见最高人民法院民事审判第一庭编著：《最高人民法院劳动争议司法解释（三）的理解与适用》，人民法院出版社2015年版，第18～19页。

法》第85条规定的未及时足额支付工资、加班费、经济补偿金和低于最低工资标准支付工资的不法情形，劳动者首先应当向劳动行政部门申请责令用人单位限期支付；劳动行政部门责令用人单位支付，但是用人单位逾期不支付的，劳动行政部门应依法责令用人单位按应付金额的50%以上100%以下的标准向劳动者加付赔偿金。只有在劳动行政部门责令用人单位加付赔偿金但是用人单位仍拒不支付的情形下，劳动者才可以通过劳动仲裁或者民事诉讼来主张该笔加付赔偿金。如果劳动行政部门并未责令用人单位向劳动者加付赔偿金，劳动争议仲裁机构和人民法院不应越俎代庖。

（九）因企业自主进行改制发生的纠纷

所谓企业改制，是改革企业体制的简称，是指依法改变企业原有的资本结构、组织形式、经营管理模式或体制等，使其在客观上适应企业发展的新的需要。企业改制的核心是经济机制的转变和企业制度的创新，实质是调整生产关系以适应生产力发展的需要。一般是将原单一所有制的国有、集体企业改为多元投资主体的公司制企业和股份合作制企业或者是内外资企业互转。企业改制一般有内启动、外启动和内外启动相结合等方式。企业改制的方式从总体上分为整体改制和部分改制，改制的形式主要有股份有限公司、有限责任公司、股份合作制企业以及内外资企业互转等。

国有企业改制是企业改制中最重要和最主要的组成部分，是指国有独资企业、国有独资公司及国有控股企业（不包括国有控股的上市公司）改制为国有资本控股、相对控股、参股和不设置国有资本的公司制企业、股份合作制企业或中外合资企业，即改变原有国有企业的体制和经营方式，以便适应于社会主义市场经济的发展。一般来讲，国企改制就是要建立现代企业制度，以完善的企业法人制度为基础，以有限责任制度为保证，以公司为主要形态，以产权清晰、责权明确、政企分开、管理科学为前提，最终的目的是要解决企业的发展动力问题。国有企业改制是一项转换企业经营机制和建立现代企业制度的系统工程。〔1〕

对企业改制特别是国有企业改制过程中引发的劳资纠纷，到底是由政府统筹协调还是由人民法院立案审理的问题，存在不同的观点。观点一认为，这些纷争是国有企业改制过程中发生的特殊情况，不属于劳动者与用人单位在履行劳动合同中出现的问题，由此引发的纠纷，应当由政府有关部门按照企业改制的政策规定统筹解决，人民法院不宜以劳动争议案件立案受理。观点二认为，国有企业改

---

〔1〕 参见最高人民法院民事审判第一庭编著：《最高人民法院劳动争议司法解释（三）的理解与适用》，人民法院出版社2015年版，第54页。

制过程中涉及由政府政策调整而产生的劳动争议纠纷，应明确主管部门，原则上不予受理。但是如当事人依据《民事诉讼法》第122条的规定向人民法院递交诉状，并附有相关的材料及仲裁处理决定书的，就应积极予以受理。观点三认为，人民法院受理的劳动争议案件范畴，是作为平等民事主体的双方当事人之间发生的纠纷，因此，因企业改制引发的纠纷，只要实质上符合法院受理民事案件的条件，形式上符合《民事诉讼法》第122条的规定，人民法院都应当依法受理。但是，对于那些改制过程中，政府及有关主管部门等起决定性因素，并非企业和职工之间基于平等民事主体关系发生的纠纷，人民法院还是不宜作为民事案件受理。上述各种观点，站在不同角度上对因企业改制引发的纠纷处理提出了建设性意见，都是有一定道理的。在综合考量各种观点之后，司法解释采纳了观点三的意见。[1]

本项解释主要有三方面的含义：其一，企业自主改制引发平等主体之间关于民事权益纷争的劳动争议案件，属于人民法院主管的案件范围，人民法院应当依法予以受理。其二，改制并非企业自主进行而是由政府主导、指令下进行的，因改制引发的纠纷，不属于人民法院应受理的平等民事主体之间因民事权益发生纷争的劳动关系，人民法院不予受理。其三，确定人民法院受理此类案件范围时，不因企业性质不同而区别对待。尽管就改制的企业从属性而言，大多属于国有企业，但实践中仍有部分集体企业或民营企业的改制是在政府主导下完成的，因此，本条不再根据企业性质作出不同划分。[2]

二、对《劳动争议司法解释一》第2条列举的不属于劳动争议的理解

本条解释承继了原《劳动争议司法解释二》第7条，对一些貌似劳动争议但是实际上不属于劳动争议的纠纷进行了总结。条文共列举了6种纠纷类型，旨在强调所列举的6种纠纷不属于劳动争议，但并不代表未被列举的劳动者与用人单位之间的纠纷就一定属于劳动争议。[3]

（一）劳动者请求社会保险经办机构发放社会保险金的纠纷

这里的社会保险金是一个概括的称谓，包括依法应由社会保险经办机构发放

---

〔1〕参见最高人民法院民事审判第一庭编著：《最高人民法院劳动争议司法解释（三）的理解与适用》，人民法院出版社2015年版，第53页。

〔2〕参见最高人民法院民事审判第一庭编著：《最高人民法院劳动争议司法解释（三）的理解与适用》，人民法院出版社2015年版，第53～54页。

〔3〕部分内容参见最高人民法院民事审判第一庭编著：《最高人民法院新劳动争议司法解释（一）理解与适用》，人民法院出版社2021年版，第57～64页，该部分由笔者编写。

的各种基本养老保险待遇、基本医疗保险待遇、工伤保险待遇、失业保险待遇和生育保险待遇等社会保障待遇中各种应当给付的费用。

尽管按照《劳动争议调解仲裁法》第2条第4项、第50条以及《社会保险法》第83条第3款的规定，劳动者与用人单位发生社会保险争议的，可以提起仲裁或诉讼。但是社会保险费争议与一般的劳动争议相比，具有很大的特殊性。其特殊性主要体现在两方面：一是在社会保险争议中，司法职能与行政职能相互交叉、重叠，界限不清。《社会保险法》等法律法规明确规定了社会保险管理机构的征收、支付、监督检查、调查等职责，也就是说，我国社会保险从办理登记、缴费、发放社保费用，到监督检查等均由社保管理部门负责和管理。这一规定是与我国当前社会发展阶段相适应的，如果人为地由司法权强行介入，不利于日益完善的社会保险功能的正常运行。二是社会保险纠纷案件的执行离不开社保管理部门的密切配合。对于那些已经由用人单位办理了社保手续，但因用人单位欠缴、拒缴社会保险费或者因缴费年限、缴费基数等发生的争议，由社会保险经办机构处理最为适宜，即使将社会保险纠纷案件全部纳入司法程序予以处理，最终有关社会保险纠纷案件判决或裁定的执行也需要社会保险经办机构的配合。如果社会保险经办机构不予配合，会有损司法权威的建立。[1]

社会保险金纠纷应当区分三个层次。一是如果用人单位没有依法给劳动者建立社保关系、缴纳社会保险费，造成劳动者损失的，这类争议应当属于劳动争议。二是用人单位为劳动者建立社保关系后，没有按时足额缴费，这类争议应当属于行政争议，依照行政强制征缴的程序办理。三是保险金的发放或者社会保险待遇的给付属于社会保险经办机构应当自觉履行的法定职责，这个职责属于行政法规授权行使行政职权的职责，如果产生纠纷，应属于行政案件，人民法院不能作为劳动争议案件处理。上述区分的一个法律政策依据就是2001年5月27日原劳动和社会保障部发布并施行的《社会保险行政争议处理办法》，该办法第6条第1款第6项明确公民法人或者其他组织认为社保经办机构不依法支付其社会保险待遇或者对经办机构停止其享受社会保险待遇有异议的，可以申请行政复议。根据该办法第9条第2款的规定，申请人与经办机构之间发生的属于人民法院受案范围的行政案件，申请人也可以依法直接向人民法院提起行政诉讼。这一条规定在实际执行时因为很多老百姓区分不清，所以本解释作出细化的规定，以便于掌握。[2]

---

〔1〕 参见最高人民法院民事审判第一庭编著：《最高人民法院劳动争议司法解释（三）的理解与适用》，人民法院出版社2015年版，第41~43页。

〔2〕 参见最高人民法院民事审判第一庭编著：《最高人民法院劳动争议司法解释（三）的理解与适用》，人民法院出版社2015年版，第237~238页。

（二）劳动者与用人单位因住房制度改革产生的公有住房转让纠纷

因住房制度改革发生的公有住房转让纠纷，表面上是劳动者与用人单位之间涉及住房福利的争议，但是由于公有住房转让实际上是属于产权归属争议，从性质上讲是不动产物权的法律关系，不属于劳动法律关系，所以也就不是劳动争议。公有住房制度改革之前，在计划经济时代，我国实行“统一管理，统一分配，以租养房”的公有住房实物分配制度。应当说，这种制度模式在当时较低水平的消费层次上，较好地满足了职工的基本住房需求。住房制度改革起始于 1980 年，此后，房改大致经历了试点售房（1979－1985 年）、提租补贴（1986－1990 年）和以售代租（1991－1993 年）等改革阶段，以及全面推进住房市场化改革的确立（1994－1997 年）阶段。1994 年 7 月，国务院发布《关于深化城镇住房制度改革的决定》（国发〔1994〕43 号），开启了城镇住房制度正式改革之路。1998 年 7 月 3 日，国务院发布《关于进一步深化城镇住房制度改革加快住房建设的通知》（国发〔1998〕23 号），该通知宣布全国城镇从 1998 年下半年开始停止住房实物分配，全面实行住房分配货币化，同时建立和完善以经济适用住房为主的多层次城镇住房供应体系。到 2005 年，我国确立的企业住房制度改革目标是：改革住房实物分配方式，逐步实行住房分配货币化，为理顺企业内部的收入分配关系、建立与现代企业制度相适应的收入分配制度服务；逐步实现企业的主辅分离，把住房建设和维修管理职能从企业生产经营职能中分离出来，减轻企业社会负担，实现住房建设和维修管理的社会化。企业住房货币分配的主要形式，包括职工工资中的住房消费含量、职工住房公积金（含补充公积金）中的单位资助部分，以及由单位原有住房建设资金转化的住房补贴等。新参加工作的职工、实行聘任制的职工、新设立企业的职工，全部进入住房新体制，实行住房分配货币化。

经过多年改革，目前我国城镇住房实物分配的福利体制已经基本终止，货币化住房分配、市场化和社会化供给体系也已大体建立。改革在取得一定成绩的基础上，也积累了诸多矛盾，围绕房屋权益发生的民事纠纷日趋增多。此类纠纷，有的属于劳动争议案件，有的则属于一般民事案件。无论是劳动争议案件，还是一般民事案件，人民法院均应依法作出处理。

公有住房在房改过程中产生的权属纠纷主要是指出售公有住房而产生的纠纷，大致有以下几种情况：在履行劳动合同过程中，劳动者依照有关城市公有住房出售规定，与用人单位签订城市公有住房出售合同将单位自管房屋出售给劳动者，但尚未变更产权登记的，原告劳动者起诉要求解除合同、返还房屋的纠纷；职工认为符合购房条件，但是单位不售房的纠纷；职工未在规定期限购房，单位不允许其购房的纠纷；已签合同尚未办理过户时一方反悔的纠纷；职工取得产权证后辞职调离，单位要求收回房屋或补足房款的纠纷；公有住房进行房改，原承租代表人与产权人签订了出售公有住房协议并取得产权，或者原承租代表人死后，原房屋共同承租人中的一人与产权单位重新建立承租关系，并进行房改取得产权，其他共同承租人或原承租代表人的继承人起诉要求确认房改协议无效的纠纷，等等。这些纠纷本质上还是平等主体之间民事财产权利义务的争议，应作为普通民事案件处理。[1]

与此类似的，一些纠纷从时间上看，确实是发生在劳动合同履行、解除等过程中，但是与劳动合同的履行、解除等并不存在牵连性，与劳动争议主体行使劳动合同项下的劳动权利、履行劳动义务没有关联性，这样的纠纷就不属于劳动争议，而是平等民事主体之间的普通民事纠纷。比如，劳动者承租了用人单位对外出租的房屋用于居住，而双方的劳动合同对此并无约定，后来双方就房屋租赁发生纠纷，该纠纷往往因与劳动合同的履行没有牵连性，与行使劳动权利、履行劳动义务并无关联，所以也不属于劳动争议。

（三）劳动者对伤残等级鉴定结论或者对职业病诊断鉴定结论的异议纠纷

工伤职工伤残等级鉴定，也就是《工伤保险条例》第 4 章规定的劳动能力鉴定。依据《工伤保险条例》第 21 条以及《工伤职工劳动能力鉴定管理办法》第 7 条的规定，职工发生工伤，经治疗伤情相对稳定后存在残疾、影响劳动能力的，或者停工留薪期满（含劳动能力鉴定委员会确认的延长期限），工伤职工或者其用人单位应当及时向设区的市级劳动能力鉴定委员会提出劳动能力鉴定申请。

依据《工伤保险条例》的规定，劳动能力鉴定的内容主要包括劳动功能障碍程度和生活自理障碍程度的等级鉴定。其中劳动功能障碍程度分为十个伤残等级，一级最重，十级最轻；生活自理障碍程度分为三个等级：生活完全不能自理、生活大部分不能自理和生活部分不能自理。劳动能力鉴定的标准由国务院社会保险行政部门会同国务院卫生行政部门等部门制定。劳动能力鉴定由用人单位、工伤职工或者其近亲属向设区的市级劳动能力鉴定委员会提出申请。设区的市级劳动能力鉴定委员会收到劳动能力鉴定申请后，应当从其建立的医疗卫生专家库中随机抽取 3 名或者 5 名相关专家组成专家组，由专家组提出鉴定意见。设区的市级劳动能力鉴定委员会根据专家组的鉴定意见作出工伤职工劳动能力鉴定

---

〔1〕 参见最高人民法院民事审判第一庭编著：《最高人民法院劳动争议司法解释的理解与适用》，人民法院出版社 2015 年版，第 238～240 页。

结论；必要时，可以委托具备资格的医疗机构协助进行有关的诊断。设区的市级劳动能力鉴定委员会应当自收到劳动能力鉴定申请之日起60日内作出劳动能力鉴定结论，必要时，作出劳动能力鉴定结论的期限可以延长30日。劳动能力鉴定结论应当及时送达申请鉴定的单位和个人。申请鉴定的单位或者个人对设区的市级劳动能力鉴定委员会作出的鉴定结论不服的，可以在收到该鉴定结论之日起15日内向省、自治区、直辖市劳动能力鉴定委员会提出再次鉴定申请。省、自治区、直辖市劳动能力鉴定委员会作出的劳动能力鉴定结论为最终结论。自劳动能力鉴定结论作出之日起1年后，工伤职工或者其近亲属、所在单位或者经办机构认为伤残情况发生变化的，可以申请劳动能力复查鉴定。

依据《职业病诊断与鉴定管理办法》的规定，当事人对职业病诊断机构作出的职业病诊断结论有异议的，可以在接到职业病诊断证明书之日起30日内，向职业病诊断机构所在地设区的市级卫生行政部门申请鉴定。设区的市级职业病诊断鉴定委员会负责职业病诊断争议的首次鉴定。当事人对设区的市级职业病鉴定结论不服的，可以在接到鉴定书之日起15日内，向原鉴定组织所在地省级卫生行政部门申请再鉴定。职业病鉴定实行两级鉴定制，省级职业病鉴定结论为最终鉴定。

从上述关于劳动能力鉴定和职业病诊断鉴定的规定可以看出，这两种鉴定均具有单方意志性。首先，鉴定机构是特定的，不能由申请人自由选择；其次，鉴定结论尤其是省级鉴定部门作出的鉴定结论为最终结论，对申请人、相关单位都具有拘束力。根据《工伤保险条例》第55条的规定，对劳动能力鉴定结论不服的，不在可提起行政复议或行政诉讼的范围内。从民事诉讼的角度观察，上述鉴定结论属于鉴定意见，属于《民事诉讼法》第63条规定的证据种类之一，属于事实认定的范畴，既不是具体行政行为，并且作出鉴定结论的鉴定机构与被鉴定对象及利害关系人之间也不存在民事法律关系，不具有可诉性。因此，《劳动争议司法解释一》规定，劳动者对劳动能力鉴定委员会的伤残等级鉴定结论或者对职业病诊断鉴定委员会的职业病诊断鉴定结论的异议纠纷不属于劳动争议。

（四）家庭或者个人与家政服务人员之间的纠纷

现实生活中，随着生活水平的提高，出于照顾老人、抚育婴幼儿等需要，家庭或者个人雇用保姆、月嫂等家政服务人员的现象已经十分普遍。家政服务人员向家庭或者个人提供劳动，获取报酬，从外形看，具有劳动关系的一些特征。那么，家庭或者个人与家政服务人员之间是劳动关系吗？如果发生纠纷，属于劳动争议吗？

笔者认为，家庭或者个人与家政服务人员之间不存在劳动关系。首先，根据

《劳动合同法》第 2 条的规定，在家政服务关系下，家庭或者个人不属于劳动关系中的用人单位。其次，家政服务人员相对于雇主，也不存在强烈的人格从属性和组织从属性，他们之间形成的关系，不符合劳动关系的本质。具体来说，有的家政服务人员是由家庭或者个人自己寻找的或者通过他人介绍找到的。这种情况下，家庭或者个人是直接与家政服务人员建立雇佣关系。还有的家政服务人员，是通过专业的家政服务机构介绍的，此时，家庭或者个人系与家政服务机构之间成立雇佣关系，而家政服务人员系受家政服务机构指派为家庭或者个人提供劳务。因此，家庭或者个人与家政服务人员之间发生的纠纷，不属于劳动争议，而是民事纠纷。一旦家政服务人员的权益受到损害，可以通过民法予以保护。

（五）个体工匠与帮工、学徒之间的纠纷

所谓帮工，一般是指无偿提供劳务的帮工人。所谓学徒，一般是指跟着某行业的前辈一起学习技能的新手。在现实生活中，仍然存在帮工、学徒这样的群体，他们为了学习手艺或者由于其他原因，不以获得劳动报酬为主要目的，向他人提供劳务。个体工匠，既可能是个体工商户，也可能不是个体工商户。这类用工形式久已有之，由于一般不按照劳动关系对待，所以对于个体工匠与帮工、学徒之间的纠纷，原则上按照民事纠纷处理比较合适，故界定上述纠纷不属于劳动争议。

（六）农村承包经营户与受雇人之间的纠纷

尽管现在农村的种植业、养殖业有了较大发展，依托农业科技开发搞集约化经营的模式越来越多，农村承包经营户也有了雇工的现象，但不能把农业生产的人员纳入工商业劳动者的范畴，这是劳动法的一项原则。《劳动法》确认的合法用工主体“个体经济组织”，在《贯彻执行劳动法的意见》中解释为雇工 7 人以下的个体工商户，而不包括农村承包经营户。当然，如果是作为乡镇企业的职工，或者是进城务工经商的农民与相应的企业雇主之间形成的劳动关系仍然应属于劳动法的调整范围。

三、《劳动争议司法解释一》关于受案范围的其他规定

（一）《劳动争议司法解释一》第 10 条

《劳动争议司法解释一》第 10 条源于原《劳动争议司法解释二》第 8 条，该条规定：“当事人不服劳动争议仲裁机构作出的预先支付劳动者劳动报酬、工伤医疗费、经济补偿或者赔偿金的裁决，依法提起诉讼的，人民法院不予受理。用

人单位不履行上述裁决中的给付义务，劳动者依法申请强制执行的，人民法院应予受理。”

也就是说，预先支付劳动者部分工资或者医疗费用的裁决，一经作出立即生效，用人单位不服只能申请复议，不得向人民法院提起诉讼；由于一经作出立即生效，因此具有强制执行力，劳动者可以据此依法向人民法院申请强制执行。

（二）《劳动争议司法解释一》第 12 条

《劳动争议司法解释一》第 12 条源于原《劳动争议司法解释三》第 12 条，按照该条规定，劳动争议仲裁机构逾期未作出受理决定或仲裁裁决，当事人直接提起诉讼的，人民法院应予受理，但申请仲裁的案件存在下列事由的除外：（1）移送管辖的；（2）正在送达或者送达延误的；（3）等待另案诉讼结果、评残结论的；（4）正在等待劳动争议仲裁机构开庭的；（5）启动鉴定程序或者委托其他部门调查取证的；（6）其他正当事由。当事人以劳动争议仲裁机构逾期未作出仲裁裁决为由提起诉讼的，应当提交该仲裁机构出具的受理通知书或者其他已接受仲裁申请的凭证、证明。

（三）《劳动争议司法解释一》第 13 条

《劳动争议司法解释一》第 13 条源于原《劳动争议司法解释三》第 17 条，该条规定：“劳动者依据劳动合同法第三十条第二款和调解仲裁法第十六条规定向人民法院申请支付令，符合民事诉讼法第十七章督促程序规定的，人民法院应予受理。依据劳动合同法第三十条第二款规定申请支付令被人民法院裁定终结督促程序后，劳动者就劳动争议事项直接提起诉讼的，人民法院应当告知其先向劳动争议仲裁机构申请仲裁。依据调解仲裁法第十六条规定申请支付令被人民法院裁定终结督促程序后，劳动者依据调解协议直接提起诉讼的，人民法院应予受理。”

（四）《劳动争议司法解释一》第 15 条

《劳动争议司法解释一》第 15 条源于原《劳动争议司法解释二》第 3 条，该条规定：“劳动者以用人单位的工资欠条为证据直接提起诉讼，诉讼请求不涉及劳动关系其他争议的，视为拖欠劳动报酬争议，人民法院按照普通民事纠纷受理。”

该条规定实际上是以劳动者提出的工资欠条是否涉及劳动关系其他争议为界，当劳动者以工资欠条为证据直接向人民法院提起诉讼，如果该诉讼请求还涉及劳动关系其他争议的，人民法院应当告知当事人该纠纷属于劳动争议，应当先申请劳动仲裁；如果该诉讼请求不涉及劳动关系其他争议的，应当按照债务纠纷直接受理。这样规定，有利于及时、有效地保护劳动者合法权益，特别是有利于农民工的权益保护。[1]

但是该条规定在实践中被运用得并不多，笔者猜测可能有以下几个原因：(1) 该规定没有明确以什么案由立案，文字上存在歧义，既说按照普通民事纠纷处理，又表述为“视为拖欠劳动报酬争议”，导致实践中往往被立在劳动争议案由下的追索劳动报酬纠纷子案由之下。(2) 劳动者对经济成本的衡量，如果按照普通民事纠纷起诉，就要按照诉讼标的预先交纳案件受理费；况且，很多劳动者会担心直接按照普通民事纠纷起诉，如果败诉了会损失一大笔案件受理费。劳动仲裁不收案件受理费，劳动争议诉讼案件受理费也只有5元或者10元，只不过多经过一道程序而已。(3) 实践中对于适用该条时，到底是适用1年的劳动争议特殊时效还是适用普通民事纠纷的3年时效，存在较大争议。(4) 就该类纠纷通过劳动争议行使权利和通过普通民事纠纷行使权利，两者之间是只能择一行使的关系还是可以各行使一遍？对此亦存有不同观点，导致实操较为混乱。

案例80　高某持欠条追索劳动报酬案[2]

——劳动者持欠条追索工资的请求因超时效被驳回，以同样请求提起民事诉讼的如何处理

【基本案情】

2018年8月，高某入职B公司吉林分公司（以下简称吉林分公司），担任部门外事经理。2019年7月4日，高某自吉林分公司离职。B公司、吉林分公司各自向高某出具了一份内容相同的《工资支付确认书》，载明：高某入职时间为2018年8月6日，因个人原因离职，解除劳动合同的日期为2019年7月4日；2019年2月应发工资9213.9元，2019年3月应发工资9208.12元，2019年4月应发工资9208.12元，2019年5月应发工资9208.12元，协商解除劳动合同补偿金20000元，合计金额56838.26元；支付方式为银行转账，公司承诺以上工资及补偿金，应在2020年1月1日内通过银行转账方式支付完毕。2021年3月5日，吉

〔1〕参见最高人民法院民事审判第一庭编著：《最高人民法院劳动争议司法解释的理解与适用》，人民法院出版社2015年版，第205页。

〔2〕参见北京市第一中级人民法院民事裁定书，(2022) 京01民终4645号。

林分公司注销。

2021年7月8日，高某以《工资支付确认书》为主要证据申请劳动仲裁，要求B公司向其支付拖欠的2019年2月至5月的工资36838.26元以及解除劳动合同经济补偿金20000元。仲裁庭审中，B公司提出时效抗辩，主张高某申请劳动仲裁的时间已经超过1年的仲裁时效期间。2021年8月31日，仲裁委员会以高某的申请事项超过仲裁时效期间为由，裁决驳回其仲裁请求。

高某不服该裁决，持同样的请求诉至一审法院。其主张，依据《劳动争议司法解释一》第15条的规定，本案系拖欠劳动报酬争议，其可以直接起诉，人民法院应当按照普通民事纠纷受理，并应适用《民法典》关于诉讼时效的相关规定，即诉讼时效应为3年。B公司则辩称，双方纠纷系劳动争议，高某已经按照法律规定就该纠纷申请了劳动仲裁，仲裁委员会亦作出裁决，劳动争议的仲裁时效为1年，高某的申请已经超过仲裁时效。

一审法院认为，根据《工资支付确认书》可以认定，B公司欠付高某工资36838.26元和解除劳动合同经济补偿金20000元。由于本案系高某不服仲裁裁决而提起的诉讼，故应适用劳动争议仲裁时效的规定。本案中，高某与吉林分公司于2019年7月4日解除劳动关系，双方确认的欠付工资、补偿金的支付截止时间为2020年1月1日。现高某于2021年7月8日申请仲裁，已超过1年的仲裁时效期间，且其未举证证明存在仲裁时效中止、中断之情形，故判决驳回其全部的诉讼请求。

高某不服一审判决，提起上诉，请求撤销一审判决，改判支持其在一审法院提出的全部诉讼请求。其主张，其并非不服仲裁裁决提起的诉讼，而是依据工资欠条直接提起的"拖欠劳动报酬纠纷"诉讼。一审判决已经认定B公司确实拖欠其工资，则应该按照普通民事纠纷程序受理，适用《民法典》3年的诉讼时效。

在二审中，高某新提交了一份落款处盖有吉林分公司印章、落款时间为2021年1月10日的《承诺书》，以证明其主张本案债权的仲裁时效发生了中断。该承诺书内容包括：在吉林分公司签署《工资支付确认书》后，高某、马某、冯某3人在2019年12月至2020年年底前多次向吉林分公司索要欠薪，吉林分公司每次都承诺之前签署的《工资支付确认书》有效。3人最后一次向吉林分公司追讨欠薪的日期为2021年1月10日。

考虑到该《承诺书》在仲裁、一审中均未出现，直至二审中才出现，《承诺书》中又含有多处对案涉事实的针对性陈述，具有证人证言的性质，二审法院遂要求高某告知制作及出具该《承诺书》的人员姓名，以便人民法院进行调查核实。但是高某称，吉林分公司制作该《承诺书》时其并不在场，所以不知道是谁制作的；对于该《承诺书》是由谁交给他的，高某称想不起来了。对于《承诺书》，B 公司认为该证据应当在一审阶段提供，故属于逾期提供的证据；对于该证据的真实性，B 公司不予认可，并主张，在 2021 年 1 月 10 日，吉林分公司已经没有工作人员，且高某不能说出该证据的来源，故对该证据的合法性亦不予认可。

二审法院在审理过程中向高某释明：如果其系因不服仲裁裁决提起本案诉讼，则本案当属劳动争议，需适用劳动法律关于时效的规定；如果其并非不服仲裁裁决提起本案诉讼，而是依据相关司法解释的规定，以工资欠条为证据直接提起诉讼，主张人民法院应当按照普通民事纠纷受理，那么仲裁裁决书将因当事人未针对其提起诉讼，在经过法定期限后发生法律效力。经二审法院释明后，高某坚称其并非不服仲裁裁决提起的本案诉讼，而是依据《劳动争议司法解释一》第 15 条直接提起的普通民事诉讼。

【裁判要点】

二审法院认为，一方面，鉴于高某从一审起诉时就一直明确表示其并非不服仲裁裁决提起本案诉讼，而是依据相关司法解释的规定，以用人单位的工资欠条为证据直接提起的普通民事诉讼，因此仲裁裁决书因当事人未针对其提起诉讼，在经过法定期限后发生法律效力。本案的当事人、诉讼标的、诉讼请求与上述劳动仲裁中的当事人、申请标的、申请请求相同，在此情形下，根据民事诉讼法上一事不再理的基本原则，应当裁定驳回高某的起诉。另一方面，高某虽主张其系依据相关司法解释的规定直接提起的普通民事诉讼，但根据相关司法解释的规定，劳动者以用人单位的工资欠条为证据直接提起诉讼的，人民法院才能视为拖欠劳动报酬争议，按照普通民事纠纷受理。高某在提起本案诉讼前，其依据相同的法律事实、以相同的申请标的已提起劳动仲裁，不符合上述司法解释规定的“直接提起诉讼”的受理条件，因此，对其据此提起的诉讼，亦应当裁定驳回。最终二审法院裁定撤销一审判决，驳回高某的起诉。

【延伸思考】

按照《劳动争议司法解释一》第 15 条的规定，劳动者以用人单位的工资欠条为证据直接向人民法院起诉，诉讼请求不涉及劳动关系其他争议的，视为拖欠劳动报酬争议，按照普通民事纠纷受理。可见，如果劳动者想适用该条文，其应当直接起诉，而不是先走劳动仲裁再起诉。如果先走了仲裁再来起诉，是不符合司法解释文意的。

如果劳动者明确不是针对仲裁裁决起诉，而是按照《劳动争议司法解释一》第 15 条另行起诉，那么就涉及仲裁裁决已经生效的问题。《劳动争议调解仲裁法》第50条规定："当事人对本法第四十七条规定以外的其他劳动争议案件的仲裁裁决不服的，可以自收到仲裁裁决书之日起十五日内向人民法院提起诉讼；期满不起诉的，裁决书发生法律效力。"也就是说，如果劳动者未针对仲裁裁决在规定时间内起诉，劳动争议仲裁裁决就生效了。如果人民法院再按照普通民事纠纷作出一个生效判决，就会导致对于同一个法律事实有两个截然不同的生效法律文书。

相关司法解释的规定实际上是为了便捷劳动者维护权益，给了劳动者选择权：劳动者既可以从经济角度考虑，选择先申请劳动争议仲裁、如果对仲裁裁决不服，再提起劳动争议诉讼；毕竟，劳动争议仲裁免收申请费，劳动争议一审诉讼也仅收取5元至10元的案件受理费。劳动者也可以从快捷维权的角度考虑，选择直接起诉。从请求权的角度考察，这有些类似于原《合同法》第122条、《民法典》第186条规定的请求权竞合："因当事人一方的违约行为，损害对方人身权益、财产权益的，受损害方有权选择请求其承担违约责任或者侵权责任。"根据原《合同法司法解释一》第30条的规定，"债权人依照合同法第一百二十二条的规定向人民法院起诉时作出选择后，在一审开庭以前又变更诉讼请求的，人民法院应当准许。对方当事人提出管辖权异议，经审查异议成立的，人民法院应当驳回起诉"。显然，该规定是不允许当事人在选定由对方承担违约责任或者侵权责任之后，因为败诉，换个请求权基础再告一遍的。因为，请求权竞合的所有请求权是指向同一给付的，而对这个给付，只能请求一次。如果其中一个请求权得到满足而消灭，由于它和其他请求权在内容上是重叠的，则其他请求权亦随同消灭。[1] 本案涉及的司法解释，并不会像《民法典》第186条那样导致当事人可以在合同和侵权两个基础法律关系之间进行选择，而是始终只有一个基础法律关系即劳动关系，并不是说劳动者按照司法解释的规定直接起诉，基础法律关系就变成其他法律关系了。因此相较于《民法典》的请求权竞合，本案涉及的选择权应当更为严格，不应允许当事人选择一条路径败诉后又换一条路径再告一遍，这是有违诉讼中的诚实信用原则的，否则当事人会为了节省案件受理费，先选择申请劳动争议仲裁，败诉了再按普通民事纠纷直接起诉，换个程序再告一遍。

按照《劳动争议司法解释一》第15条的规定，劳动者以用人单位的工资欠条为证据直接提起诉讼，诉讼请求不涉及劳动关系其他争议的，人民法院才能按照普通民事纠纷受理。也就是说，劳动者以用人单位的工资欠条为证据起诉时，其诉讼请求是只要求用人单位支付拖欠的工资，并不涉及劳动关系其他争议，比

---

〔1〕参见韩世远：《合同法总论》（第4版），法律出版社2018年版，第893页。

如要求继续履行劳动合同、要求给付福利待遇、要求支付未订立书面劳动合同的二倍工资、要求支付经济补偿金等。严格来说，如果诉讼请求还涉及劳动关系其他争议，那么，这样的纠纷就必须先经过劳动争议仲裁程序，对仲裁裁决不服的，才能向人民法院起诉，而不能直接依据《劳动争议司法解释一》第15条向人民法院起诉。[1] 本案中，高某起诉的请求除了要求B公司支付拖欠的工资之外，还包括要求其支付经济补偿金，因此，高某的起诉实际上涉及劳动关系其他争议，是不严格符合《劳动争议司法解释一》第15条规定的直接起诉条件的。从这个角度来看，人民法院亦应对其起诉不予受理，已经受理的应当裁定驳回起诉。

此外，笔者发现，在普通民事纠纷项下并没有"拖欠劳动报酬争议"的案由，只有在劳动争议项下有"追索劳动报酬纠纷"的案由。因此，即使劳动者按照《劳动争议司法解释一》第15条的规定直接起诉，还是只能立在劳动争议案由之下，只不过为了节省时间，省去了仲裁程序，并且按照普通民事纠纷受理。由此引发的一个争议是，如果劳动者依据《劳动争议司法解释一》第15条的规定直接起诉，到底是适用《劳动争议调解仲裁法》第27条规定的劳动争议的1年时效，还是适用《民法典》第188条第1款规定的普通民事纠纷的3年时效。持两种观点者均有之。赞成适用1年时效的观点认为，《劳动争议司法解释一》第15条的立法目的就是便捷劳动者在法律关系简单、事实清楚的欠薪纠纷中更快地维护权利、拿到欠薪，因此，1年的时效更符合其制度目的，且既然该案件仍立在劳动争议案由之下，适用劳动争议的时效规定便是顺理成章。赞成适用3年时效的观点则认为，既然《劳动争议司法解释一》第15条明确规定相关纠纷视为拖欠劳动报酬争议，按照普通民事纠纷受理，则自然应当适用普通民事纠纷的时效规定。

（五）《劳动争议司法解释一》第51条

《劳动争议司法解释一》第51条源于原《劳动争议司法解释二》第17条，该条规定："当事人在调解仲裁法第十条规定的调解组织主持下达成的具有劳动权利义务内容的调解协议，具有劳动合同的约束力，可以作为人民法院裁判的根据。当事人在调解仲裁法第十条规定的调解组织主持下仅就劳动报酬争议达成调解协议，用人单位不履行调解协议确定的给付义务，劳动者直接提起诉讼的，人民法院可以按照普通民事纠纷受理。"

---

[1] 参见最高人民法院民事审判第一庭编著：《最高人民法院劳动争议司法解释的理解与适用》，人民法院出版社2015年版，第207页。

该条规定的第 2 款与前述《劳动争议司法解释一》第 15 条异曲同工，本处不再赘述。

第三节 事业单位人事争议的受案范围与法律适用

一、事业单位人事争议的受案范围

由于法规之间存在明显的不一致，导致在实务中，对于人民法院受理的事业单位人事争议的范围至少存在三种不同观点。

第一种观点认为，人事争议的受案范围仅限于事业单位与其工作人员之间因辞职、辞退及履行聘用合同发生的人事争议。理由是最高人民法院《关于人民法院审理事业单位人事争议案件若干问题的规定》（法释〔2003〕13 号）明确规定了事业单位的人事争议范围，即事业单位与其工作人员之间因辞职、辞退及履行聘用合同发生的人事争议适用《劳动法》的规定处理。该司法解释至今仍有效。

第二种观点认为，一方面，《劳动合同法》第 96 条、《劳动争议调解仲裁法》第 52 条将事业单位聘用制劳动关系项下的绝大部分纠纷纳入其适用范围，即事业单位与实行聘用制的工作人员因订立、履行、变更、解除或者终止劳动合同发生的争议都属于人事争议，[1] 实际上是将绝大部分聘用制人事争议都作为劳动争议进行处理，较之前述规定显著扩大了事业单位的人事争议的受案范围。另一方面，《事业单位人事管理条例》第 38 条规定，事业单位工作人员对涉及本人的考核结果、处分决定等不服的，可以按照国家有关规定申请复核、提出申诉。因此，事业单位工作人员对考核结果、处分决定等不服的，不属于劳动仲裁和人民法院受理的人事争议。

第三种观点则是较为折中的观点，认为，一方面，虽然《劳动合同法》和《劳动争议调解仲裁法》对事业单位人事争议的受案范围作了显著扩大，但是人事争议毕竟比较特殊，就像社会保险纠纷，虽然《劳动争议调解仲裁法》第 2 条第 4 项规定因工作时间、休息休假、社会保险、福利、培训以及劳动保护发生的争议都属于劳动争议，但是实践中人民法院仍然按照司法解释的规定，将绝大部分的社会保险争议排除在受案范围之外。另一方面，2007 年 10 月 1 日施行的《人事争议处理规定》第 2 条相较于《人事争议处理暂行规定》以及最高人民法

〔1〕 这里需要厘清的一点是，《劳动合同法》第 96 条中所指的劳动合同是广义上的劳动合同，指的就是人事聘用合同，而不是我们一般理解的劳动合同。对于事业单位来说，我们一般理解的劳动合同，规定在《劳动合同法》第 2 条第 2 款，国家机关、事业单位、社会团体和与其建立劳动关系的劳动者，订立、履行、变更、解除或者终止劳动合同，依照该法执行。

院《关于人民法院审理事业单位人事争议案件若干问题的规定》，将事业单位的人事争议范围从“事业单位与其工作人员之间因辞职、辞退及履行聘用合同发生的争议”扩大到了“事业单位与工作人员之间因解除人事关系、履行聘用合同发生的争议”。因此，事业单位人事争议的受案范围应当限定在《人事争议处理规定》第2条规定的范围，即事业单位与工作人员之间因解除人事关系、履行聘用合同发生的争议。笔者倾向于第二种观点，认为该观点更符合法律的规定。

此外，“最高人民法院民一庭”微信公众号刊登的《事业单位工作人员自动离职，属于人事争议案件受案范围》指出，从《人事争议处理暂行规定》《人事争议处理规定》有关事业单位人事争议仲裁受理范围的规定沿革看，原“辞职、辞退”已规定为现在的“解除人事关系”。因“自动离职”属于解除人事关系的情形，故“自动离职”引发的纠纷属于人民法院人事争议案件受案范围，对于此类人事争议案件，人民法院应当依法予以受理。[1]

《劳动合同法》将事业单位的劳动争议分为两种。第一种是因普通劳动合同关系产生的争议，这种争议适用《劳动合同法》第2条第2款处理。依照该款规定，“事业单位和与其建立劳动关系的劳动者，订立、履行、变更、解除或者终止劳动合同，依照本法执行”。此处的“建立劳动关系”，应当是指非人事关系的劳动关系，即通常意义上的劳动关系，不包括人事关系。换言之，事业单位和与其建立普通劳动关系（非人事关系）的劳动者，订立、履行、变更、解除或者终止劳动合同，直接适用《劳动合同法》的规定处理。就两者之间发生的纠纷是否属于劳动争议，则依照通常判断是否属于劳动争议的标准进行判断。

第二种则是因人事关系产生的争议，这种争议适用《劳动合同法》第96条和《劳动争议调解仲裁法》第52条处理，即“事业单位与实行聘用制的工作人员订立、履行、变更、解除或者终止劳动合同，法律、行政法规或者国务院另有规定的，依照其规定；未作规定的，依照本法有关规定执行”。换言之，事业单位与实行聘用制（人事关系）的工作人员订立、履行、变更、解除或者终止劳动合同，如果法律、行政法规或者国务院另有规定的，[2] 优先适用这些特别规定；没有特别规定的，才直接适用《劳动合同法》《劳动争议调解仲裁法》的相关规定。从上述规定来看，事业单位与实行聘用制的人员之间发生的大多数纠纷均属于人事争议。明确不属于人事争议，不能通过劳动仲裁、人事争议诉讼处理和解

〔1〕 参见最高人民法院民一庭：《事业单位工作人员自动离职，属于人事争议案件受案范围》，载微信公众号“最高人民法院民一庭”2023年7月5日。

〔2〕 所谓“国务院另有规定的”，不仅包括国务院所作的规定，也应当包括作为国务院组成部门的各部委的规定，以及国务院各个直属机构的规定。

决的纠纷，则包括事业单位工作人员对涉及本人的下列人事处理不服引发的纠纷：（1）处分；（2）清退违规进人；（3）撤销奖励；（4）考核定为基本合格或者不合格；（5）未按国家规定确定或者扣减工资福利待遇；（6）法律、法规、规章规定可以提出申诉的其他人事处理。对于上述处理不服的，可以通过申请复核或者提出申诉、再申诉的方式解决。[1]

判断事业单位的人员是属于人事关系的工作人员还是普通劳动合同关系的劳动者[2]，关键标准是看该劳动者有没有俗称的“编制”。如果有编制，其与事业单位之间发生争议应当归入人事争议，适用《劳动合同法》第96条处理；如果没有编制，即使其与事业单位订立的是聘用合同，发生的争议仍然属于普通的劳动争议，适用《劳动合同法》第2条第2款处理。

二、事业单位人事争议的法律适用

就人事争议的法律适用，《劳动合同法》与《劳动争议调解仲裁法》作出了一致的规定。《劳动合同法》第96条规定，事业单位与实行聘用制的工作人员订立、履行、变更、解除或者终止劳动合同，法律、行政法规或者国务院另有规定的，依照其规定；未作规定的，依照本法有关规定执行。《劳动争议调解仲裁法》第52条规定，事业单位实行聘用制的工作人员与本单位发生劳动争议的，依照本法执行；法律、行政法规或者国务院另有规定的，依照其规定。

因此，对于人事争议，法律适用的原则是：法律、行政法规或者国务院另有规定的，优先适用特别规定；没有特别规定的，直接适用《劳动合同法》《劳动争议调解仲裁法》的相关规定。梳理各种规范性文件会发现，人事争议有很多特别规定，其中较为重要的特别规定包括：

（一）聘用合同的订立与效力

就聘用合同的种类，与普通劳动合同分为固定期限、无固定期限、以完成一定工作任务为期限的劳动合同这三种类型并不完全相同，聘用合同分为四种类型：（1）3年（含）以下的合同为短期合同，对流动性强、技术含量低的岗位一般签订短期合同；（2）3年（不含）以上的合同为中期合同；（3）至职工退休的合同为长期合同；（4）以完成一定工作为期限的合同为项目合同。[3] 由于与

---

〔1〕 参见《事业单位工作人员申诉规定》第11条。

〔2〕 值得注意的是，针对事业单位不同身份的人员，《劳动合同法》第2条第2款与第96条分别使用了不同的名词进行区分：对于建立普通劳动合同关系的人员使用的是“劳动者”一词，对于建立人事关系的人员使用的是“工作人员”一词。

〔3〕 参见《事业单位试行人员聘用制度有关问题的解释》第10条。

《劳动合同法》上的劳动合同采用了不同的分类体系，属于特别规定，因此，《劳动合同法》关于订立无固定期限劳动合同的相关规定不能直接适用于人事争议当中。就试用期的期限，《事业单位人事管理条例》第 12 条规定，事业单位与工作人员订立的聘用合同，期限一般不低于 3 年。这与普通劳动合同的期限有明显不同。就试用期的长度，该条例第 13 条规定，初次就业的工作人员与事业单位订立的聘用合同期限 3 年以上的，试用期为 12 个月。这与普通劳动合同的试用期不得长于 6 个月也有明显不同。并且，试用期的规定只适用于单位新进的人员，试用期只能约定一次。试用期包括在聘用合同期限内。原固定用人制度职工签订聘用合同，不再规定试用期。[1]

就聘用合同的无效，与《劳动合同法》中关于普通劳动合同无效的规定也有一定的区别。《事业单位试行人员聘用制度有关问题的解释》第 23 条第 1 款规定，下列聘用合同为无效合同：（1）违反国家法律、法规的聘用合同；（2）采取欺诈、威胁等不正当手段订立的聘用合同；（3）权利义务显失公正，严重损害一方当事人合法权益的聘用合同；（4）未经本人书面委托，由他人代签的聘用合同，本人提出异议的。

对于在首次签订聘用合同时，职工拒绝与单位签订合同的，单位给予其不少于 3 个月的择业期，择业期满后未调出的，应当劝其办理辞职手续，未调出又不辞职的，予以辞退。[2] 这与普通劳动合同中的相关规定也有明显不同，可见，对于事业单位不订立书面聘用合同的处理与普通劳动合同完全不同，因此，未订立书面劳动合同二倍工资的相关规定不能适用。

就临近退休人员的合同，《事业单位人事管理条例》规定，事业单位工作人员在本单位连续工作满 10 年且距法定退休年龄不足 10 年，提出订立聘用至退休的合同的，事业单位应当与其订立聘用至退休的合同。《劳动合同法》则规定，用人单位初次实行劳动合同制度或者国有企业改制重新订立劳动合同时，劳动者在该用人单位连续工作满 10 年且距法定退休年龄不足 10 年的，劳动者提出或者同意续订、订立劳动合同的，除劳动者提出订立固定期限劳动合同外，应当订立无固定期限劳动合同。

（二）聘用合同的解除与终止

就劳动者与用人单位解除、终止劳动合同的权利，人事争议有一整套独立于《劳动合同法》的特别规定。换言之，在审理解除、终止聘用合同争议时，原则

---

〔1〕 参见《事业单位试行人员聘用制度有关问题的解释》第 11 条。

〔2〕 参见《事业单位试行人员聘用制度有关问题的解释》第 7 条。

上应当适用人事争议的特别规定；只有在人事争议规定出现空白，不适用《劳动合同法》会导致有失公正时，才有适用《劳动合同法》相关规定的必要。

（1）与《劳动合同法》第36条规定的协商一致解除一样，人事争议中也认可协商一致解除的效力。[1]

（2）相比《劳动合同法》第37条规定的劳动者预告单方解除权，人事争议有显著不同，其限制了劳动者的单方解除权。①虽然《事业单位人事管理条例》也规定工作人员提前30日书面通知事业单位，可以解除聘用合同。但同时又规定“双方对解除聘用合同另有约定的除外”，也就是说，允许通过约定排除前一款规定的适用。《劳动合同法》上，“劳动者提前三十日以书面形式通知用人单位，可以解除劳动合同”是强制性规定，不能通过约定排除适用。②《关于在事业单位试行人员聘用制度的意见》规定，受聘人员提出解除聘用合同未能与聘用单位协商一致的，受聘人员应当坚持正常工作，继续履行聘用合同；6个月后再次提出解除聘用合同仍未能与聘用单位协商一致的，即可单方面解除聘用合同。也就是说，如果受聘人员第一次提出单方解除，但是聘用单位不同意的，受聘人员的解除行为不能发生解除聘用合同的效果，这与《劳动合同法》的规定是截然不同的。此外，《事业单位试行人员聘用制度有关问题的解释》补充规定，前述6个月后再次提出解除聘用合同，仍未能与聘用单位协商一致，受聘人员虽然可单方面解除聘用合同，但对在涉及国家秘密岗位上工作，承担国家和地方重点项目的主要技术负责人和技术骨干不适用此项规定。

（3）相比《劳动合同法》第38条规定的劳动者即时单方解除权，人事争议有明显不同，其赋予劳动者的解除权较少，并且与用人单位是否存在过错无关。《关于在事业单位试行人员聘用制度的意见》规定，有下列情形之一的，受聘人员可以随时单方面解除聘用合同：①在试用期内的；②考入普通高等院校的；③被录用或者选调到国家机关工作的；④依法服兵役的。由此得出的结论是，人事争议中没有规定《劳动合同法》第38条一类的、因用人单位过错使劳动者享有的单方即时解除权。由此引出的问题是，《劳动合同法》第38条能否在人事争议中适用？比如，劳动者能否以用人单位未及时足额支付劳动报酬为由解除聘用合同并主张解除的经济补偿？笔者倾向于认为，人事争议有其特殊性，也有其独立的整套解除、终止规定，《劳动合同法》第38条原则上不能适用于人事争议。就以用人单位未及时足额支付劳动报酬为例，按照《事业单位工作人员申诉规定》第11条的规定，事业单位工作人员对事业单位未按国家规定确定或者扣减

---

[1] 参见《关于在事业单位试行人员聘用制度的意见》第6条。

本人工资福利待遇的，可以申请复核或者提出申诉、再申诉。言下之意，此类纠纷不能通过劳动仲裁或者人事争议诉讼处理。在处理机制、处理机构都不同的情况下，直接适用调整劳动仲裁和人事争议诉讼的《劳动合同法》去处理此类纠纷，是适用法律错位。不过，也有例外：对于差额拨款的事业单位来说，如果其与劳动者约定了绩效工资，且支付绩效工资的钱款来源于其自收自支的钱款，则双方就绩效工资的约定性质上完全属于自由约定的范畴，与人事编制本身无关，因此，因用人单位未及时足额支付绩效工资引发的纠纷，不宜通过前述申请复核或者提出申诉、再申诉途径解决，该类纠纷当属劳动争议，劳动者亦可以直接适用《劳动合同法》第 38 条第 2 项解除聘用合同并要求用人单位支付经济补偿。

（4）相比《劳动合同法》第 39 条规定的用人单位可以行使即时单方解除权的 6 种情形，人事争议中作了不同的规定。《事业单位人事管理条例》规定，事业单位工作人员连续旷工超过 15 个工作日，或者 1 年内累计旷工超过 30 个工作日的，事业单位可以解除聘用合同。对于普通劳动合同，司法实践一般认可劳动者连续旷工 3 个工作日后用人单位的解除行为。《关于在事业单位试行人员聘用制度的意见》规定，受聘人员有下列情形之一的，聘用单位可以随时单方面解除聘用合同：①未经聘用单位同意，擅自出国或者出国逾期不归的；②违反工作规定或者操作规程，发生责任事故，或者失职、渎职，造成严重后果的；③严重扰乱工作秩序，致使聘用单位、其他单位工作不能正常进行的；④被判处有期徒刑以上刑罚收监执行的，或者被劳动教养的；⑤对在试用期内被证明不符合本岗位要求又不同意单位调整其工作岗位的，聘用单位也可以随时单方面解除聘用合同。《事业单位试行人员聘用制度有关问题的解释》补充规定，被人民法院判处拘役、有期徒刑缓刑的，单位可以解除聘用合同。

需要特别注意的是，《事业单位人事管理条例》还规定，处分分为警告、记过、降低岗位等级或者撤职、开除。事业单位工作人员受到开除处分的，解除聘用合同。〔1〕根据《事业单位人事管理条例》第 38 条、《事业单位工作人员申诉规定》第 11 条的规定，事业单位工作人员对涉及本人的处分不服的，可以按照国家有关规定申请复核或者提出申诉、再申诉，易言之，不能通过劳动仲裁、人事争议诉讼处理和解决此类纠纷。那么，劳动者因受到开除处分被解除聘用合同引发的纠纷，如劳动者请求继续履行聘用合同或者请求事业单位支付违法解除聘用合同赔偿金的，能否通过劳动仲裁、人事争议诉讼处理？笔者认为，此种纠纷应属人事争议，其关键在于认定处分是否有效。在判断处分是否有效时，如果劳

〔1〕参见《事业单位人事管理条例》第 18、29 条。

动者依法申请了复核或者提出申诉、再申诉，应当以相关部门依法作出的发生效力的复核决定、申诉处理决定书、再申诉处理决定书为准；如果劳动者没有依法申请复核的，则应当肯认事业单位处分的效力。在认定处分是否有效之后，就可以进一步认定用人单位解除聘用合同行为的合法性。

案例81　刘某与某科学院人事争议案[1]

——事业单位科研人员离岗创业期间受开除处分的，原单位能否与其解除聘用合同

【基本案情】

2014年12月1日，刘某与某科学院（某地方政府直属事业单位）签订了6年期聘用合同，到科学院从事科研工作。2017年10月，刘某与科学院订立离岗协议，并变更聘用合同，约定2017年12月至2020年11月与科学院保留人事关系，到某企业从事科研创新工作，期间服从企业工作安排。2018年9月，刘某公开发表的科研成果被认定存在大量伪造数据及捏造事实，造成严重不良社会影响。按照国家有关规定，科学院决定给予刘某开除处分，并解除聘用合同。刘某认为其离岗创业期间与科学院仅保留人事关系，根据离岗协议及聘用合同约定，应由企业进行管理，科学院无权对其作出人事处理，遂申请劳动仲裁，请求裁决科学院继续履行聘用合同。仲裁委员会裁决驳回刘某的仲裁请求。

【裁判要点】

生效裁决认为，人力资源社会保障部《关于支持和鼓励事业单位专业技术人员创新创业的指导意见》（人社部规〔2017〕4号）规定："事业单位专业技术人员离岗创业……可在3年内保留人事关系""离岗创业人员离岗创业期间执行原单位职称评审、培训、考核、奖励等管理制度""离岗创业期间违反事业单位工作人员管理相关规定的，按照事业单位人事管理条例等相关政策法规处理。"人力资源社会保障部《关于进一步支持和鼓励事业单位科研人员创新创业的指导意见》（人社部发〔2019〕137号）将人员范围限定为"科研人员"，除对离岗创业期限有补充条款外，上述条款均继续有效。依据上述规定，事业单位科研人员离岗创业，并不改变其与原单位的人事关系，也不改变相关管理制度和管理方式。《事业单位人事管理条例》第18条规定："事业单位工作人员受到开除处分的，

[1] 本案为《人力资源社会保障部、最高人民法院关于联合发布第一批劳动人事争议典型案例的通知》（人社部函〔2020〕62号）发布的案例15。

解除聘用合同。”也即，事业单位工作人员受到开除处分，属于法定解除情形，双方之间原有的权利义务不再存在，事业单位必须依法解除。本案中，刘某在离岗创业期间身份仍为事业单位工作人员，属于《事业单位人事管理条例》及相关规定的适用范围。科学院依法依规对刘某给予开除处分，刘某如对处分决定不服，可根据有关规定申请复核、提出申诉。本案离岗协议及聘用合同所涉离岗创业期间服从企业工作安排的约定，应理解为是对刘某工作内容、工作方式的安排，并不改变其作为事业单位的工作人员的受管理地位。因此，科学院依据处分决定解除与刘某的聘用合同，符合法律和政策的规定。

【延伸思考】

虽然对离岗创业人员可实行特殊的工作模式、激励措施等，但其仍属于事业单位正式工作人员，仍应接受事业单位的正当劳动管理。实践中，事业单位在根据上述规定灵活做好离岗创业人员服务，为其开展创新创业创造良好环境的同时，也需特别注意事业单位要对离岗创业人员实施有效监督管理，敦促其规范自身行为、依法履职尽责。

（5）相比《劳动合同法》第40条规定的用人单位预告解除权，人事争议的规定也有不同。①就不合格人员的解除，《事业单位人事管理条例》规定，事业单位工作人员年度考核不合格且不同意调整工作岗位，或者连续两年年度考核不合格的，事业单位提前30日书面通知，可以解除聘用合同。《劳动合同法》的规定是，劳动者不能胜任工作，经过培训或者调整工作岗位，仍不能胜任工作的，用人单位提前30日以书面形式通知劳动者本人或者额外支付劳动者1个月工资后，可以解除劳动合同。显然，相比于劳动合同，在人事关系中，用人单位以劳动者不胜任为由解除劳动合同要更容易。②《关于在事业单位试行人员聘用制度的意见》规定，受聘人员患病或者非因工负伤，医疗期满后，不能从事原工作也不能从事由聘用单位安排的其他工作的，聘用单位可以单方面解除聘用合同，但是应当提前30日以书面形式通知拟被解聘的受聘人员。该规定与《劳动合同法》上的规定基本一致。③人事争议中没有像《劳动合同法》第40条第3项那样，规定用人单位在情势变更情况下的预告解除权。

就用人单位不得解除聘用合同的情形，人事争议的规定亦有所不同。《关于在事业单位试行人员聘用制度的意见》规定，受聘人员有下列情形之一的，聘用单位不得解除聘用合同：①受聘人员患病或者负伤，在规定的医疗期内的；②女职工在孕期、产期和哺乳期内的；③因工负伤，治疗终结后经劳动能力鉴定机构鉴定为1至4级丧失劳动能力的；④患职业病以及现有医疗条件下难以治愈的严重疾病或者精神病的；⑤受聘人员正在接受纪律审查尚未作出结论的；⑥属于国家规定的不得解除聘用合同的其他情形的。不过，人事争议没有就出现上述情形且恰逢聘用合同到期时用人单位能否终止聘用合同进行规定，而此时劳动者的权益有被特别保护的迫切需要，因此，应当适用《劳动合同法》第42条、第45条的规定精神，认定在上述情形下聘用合同到期的，该聘用合同应当延续至相应情形消失时终止。

（6）就合同变更和终止，根据《关于在事业单位试行人员聘用制度的意见》第4条第1款第6项的规定，聘用合同可以就聘用合同变更和终止的条件进行事先约定。这与《劳动合同法》截然不同。在《劳动合同法》上，变更劳动合同一般情况下必须双方协商一致才能进行，不能通过事先约定的方式规避协商一致的程序；《劳动合同法实施条例》第13条更是明确禁止约定劳动合同终止的法外条件。

（7）需要注意的是，事业单位与职工解除工作关系，适用辞职辞退的有关规定；实行聘用制度以后，事业单位与职工解除聘用合同，适用解聘辞聘的有关规定。[1] 自聘用合同依法解除、终止之日起，事业单位与被解除、终止聘用合同人员的人事关系终止。[2]

（8）聘用合同解除后，单位和个人应当在3个月内办理人事档案转移手续。单位不得以任何理由扣留无聘用关系职工的人事档案；个人不得无故不办理档案转移手续。[3] 这也与普通劳动合同不同，《劳动合同法》第50条规定，用人单位应当在解除或者终止劳动合同15日内为劳动者办理档案和社会保险关系转移手续。

（9）就终止聘用合同的经济补偿，人事争议规定了用人单位解除聘用合同的经济补偿却没有规定终止聘用合同的经济补偿，因此，应当认为，用人单位合法终止聘用合同的，无需支付经济补偿。就解除聘用合同的经济补偿，人事争议也有其自己的一套规定。《关于在事业单位试行人员聘用制度的意见》规定，有下列解除聘用合同情形之一的，聘用单位应当根据被解聘人员在本单位的实际工作年限向其支付经济补偿：①聘用单位提出解除聘用合同，受聘人员同意解除的；②受聘人员患病或者非因工负伤，医疗期满后，不能从事原工作也不能从事由聘用单位安排的其他工作，聘用单位单方面解除聘用合同的；③受聘人员年度考核不合格或者聘期考核不合格，又不同意聘用单位调整其工作岗位的，或者虽同意调整工作岗位，但到新岗位后考核仍不合格，聘用单位单方面解除聘用合同的。

---

〔1〕参见《事业单位试行人员聘用制度有关问题的解释》第18条。

〔2〕参见《事业单位人事管理条例》第19条。

〔3〕参见《事业单位试行人员聘用制度有关问题的解释》第19条。

需要强调的是，从人事争议的规定来看，只要是劳动者主动提出解除聘用合同的，不论解除理由是什么，用人单位均无需支付解除的经济补偿。

（10）就经济补偿的计算基数，人事争议的规定也有别于《劳动合同法》。《关于在事业单位试行人员聘用制度的意见》规定，经济补偿以被解聘人员在该聘用单位每工作 1 年，支付其本人 1 个月的上年月平均工资为标准；月平均工资高于当地月平均工资 3 倍以上的，按当地月平均工资的 3 倍计算。聘用单位分立、合并、撤销的，应当妥善安置人员；不能安置受聘人员到相应单位就业而解除聘用合同的，应当按照上述规定给予经济补偿。

（11）人事争议能否适用《劳动合同法》关于违法解除或者违法终止劳动关系赔偿金以及继续履行劳动合同的规定？处理人事争议的相关规定既没有规定用人单位违法解除或者违法终止聘用合同需要支付赔偿金，也没有规定在用人单位违法解除或者违法终止聘用合同之后，劳动者能否要求继续履行聘用合同。笔者认为，这就构成前述“人事争议规定出现空白”的情形，并且，如果不适用《劳动合同法》的相关规定，很有可能会导致用人单位肆意解除、终止聘用合同，令人事关系处于不稳定状态，不利于构建和发展和谐稳定的人事关系，劳动者的劳动权利也得不到有效保障，因此，有适用《劳动合同法》相关规定的必要。但是，聘用合同的特殊性在于，其继续履行要以有“编制”为前提，而一旦劳动者被解除或者终止聘用合同，即便该解除、终止系属违法，其原有的“编制”也有可能已经取消或者被其他劳动者“使用”，造成原聘用合同客观上已经不能继续履行。因此，笔者认为，为了裁判尺度的统一和司法的权威性，不宜支持劳动者要求继续履行聘用合同的请求，但是可以支持其主张违法解除或者违法终止聘用合同赔偿金的请求。

（三）聘用合同的违约责任

就违反聘用合同的违约责任，根据《关于在事业单位试行人员聘用制度的意见》第 4 条第 1 款第 7 项的规定，聘用合同可以约定违反聘用合同的责任；该意见还规定，受聘人员经聘用单位出资培训后解除聘用合同，对培训费用的补偿在聘用合同中有约定的，按照合同的约定补偿。受聘人员解除聘用合同后违反规定使用或者允许他人使用原所在聘用单位的知识产权、技术秘密的，依法承担法律责任。涉密岗位受聘人员的解聘或者工作调动，应当遵守国家有关涉密人员管理的规定。《事业单位试行人员聘用制度有关问题的解释》补充规定，在聘用合同中对培训费用没有约定的，受聘人员提出解除聘用合同后，单位不得收取培训费用；有约定的，按约定收取培训费，但不得超过培训的实际支出，并按培训结束后每服务一年递减20%执行。加之《事业单位人事管理条例》第17条规定，事业单位工作人员提前30日书面通知事业单位，可以解除聘用合同，但是，双方对解除聘用合同另有约定的除外。因此，如果用人单位与劳动者约定“劳动者提前解除聘用合同需承担违约金”，该约定原则上是有效的，裁判者只能审查违约金金额是否适当，却不能直接适用《劳动合同法》第25条的规定，认定违约金约定无效。

但需要注意的是，《关于在事业单位试行人员聘用制度的意见》规定，有下列情形之一的，受聘人员可以随时单方面解除聘用合同：（1）在试用期内的；（2）考入普通高等院校的；（3）被录用或者选调到国家机关工作的；（4）依法服兵役的。换言之，存在上述法定情形时，受聘人员有单方解除聘用合同的权利，此时，服务期及违约金约定对受聘人员不具有约束力。

案例82　郑某诉某大学聘用合同纠纷案〔1〕

——事业单位与聘用制工作人员可以在聘用合同中约定违约金

【基本案情】

郑某于2017年入职某大学，并签订《某大学非教学科研人员工作协议书》从事数学学院助教工作，系事业单位编制人员。双方签订的协议约定：郑某自协议签订之日起，至少为某大学服务5年；服务期限内调离或辞职，应当承担违约责任，按未满服务年限（不足1年，以1年计）缴纳违约金，违约金总额＝学校在个人离校前一年所聘（保留）岗位应发收入×未满服务年限。2019年7月，郑某提出离职申请。2019年8月23日，郑某向某大学提交书面《申请》，称“由于个人原因去西南大学攻读博士学位，因未满服务年限，自愿交纳违约服务金（离校补偿金140692元）。”2019年8月27日，郑某向某大学缴纳140692元。2019年8月28日，某大学与郑某签订《离职协议书》，约定：劳动关系自2019年8月29日起解除；郑某确认某大学应支付的报酬在职期间已经全部支付完毕，也不存在社会保险和住房公积金方面的争议。郑某提供的其与某大学人事处负责人的谈话录音中体现，某大学人事处负责人称若不交违约金，则不予放档案。

郑某于2020年8月26日申请劳动仲裁，要求确认郑某与某大学签订的《某大学非教学科研人员工作协议书》违约金条款无效，某大学返还郑某缴纳的违约

〔1〕参见福建省高级人民法院民事判决书，（2022）闽民再248号。该案系人民法院案例库入库案例，入库编号：2023－16－2－189－001。

金 140692 元及利息。仲裁裁决驳回郑某的仲裁请求。郑某不服仲裁裁决，诉至法院。一审法院判决：（1）确认某大学与郑某于 2017 年 7 月签订的《某大学非教学科研人员工作协议书》中关于郑某未满服务年限辞职应缴纳违约金的条款无效；（2）某大学应于判决生效之日起 10 日内退还郑某 140692 元。宣判后，某大学提起上诉。二审法院判决：驳回上诉，维持原判。某大学不服，申请再审。再审法院作出再审判决：（1）撤销二审判决及一审判决；（2）驳回郑某的诉讼请求。

【裁判要点】

再审法院认为，本案系事业单位与实行聘用制的工作人员之间因履行聘用合同所发生的人事争议。《劳动合同法》第 96 条规定："事业单位与实行聘用制的工作人员订立、履行、变更、解除或者终止劳动合同，法律、行政法规或者国务院另有规定的，依照其规定；未作规定的，依照本法有关规定执行。"根据上述规定，人事争议法律适用应依照法律、行政法规或者国务院的规定；没有规定的，依照《劳动合同法》的有关规定执行。原人事部《关于在事业单位试行人员聘用制度的意见》属于国务院下发的行政规范性文件，故本案应依照该意见执行。该意见第 4 条第 1 款规定："……聘用合同必须具备下列条款：……（七）违反聘用合同的责任。"由此可见，聘用合同应当明确约定违反聘用合同的责任。因此，本案中双方当事人在协议中可以约定违约金条款。原审认定某大学与郑某约定的未满年限离职的违约金条款无效不当，应予纠正。

【延伸思考】

本案例实际上存在瑕疵。因为，根据案例的表述，郑某提出离职申请的原因是"由于个人原因去西南大学攻读博士学位"，但是案例没有写清楚郑某在提出离职时是否已经考入西南大学。根据《关于在事业单位试行人员聘用制度的意见》的规定，受聘人员"考入普通高等院校的"可以随时单方面解除聘用合同。因此，如果郑某因已经"考入普通高等院校"攻读博士学位而提出离职，其有单方解除聘用合同的权利，此时，服务期及违约金约定对其不应具有约束力。

（四）其他特别规定

对于事业单位在编工作人员，还有一些特别规定。例如，《机关事业单位工作人员带薪年休假实施办法》专门对事业单位在编工作人员带薪年休假问题进行了规定，因此，审理事业单位人事争议中的带薪年休假纠纷时，应当优先适用《机关事业单位工作人员带薪年休假实施办法》。

《机关事业单位职业年金办法》（国办发〔2015〕18 号）专门对事业单位在

编工作人员职业年金问题进行了规定，因此，审理事业单位人事争议中的年金纠纷时，应当优先适用《机关事业单位职业年金办法》。

中共中央组织部、人力资源社会保障部《关于机关事业单位县处级女干部和具有高级职称的女性专业技术人员退休年龄问题的通知》（组通字〔2015〕14号）对女干部和具有高级职称的女性专业技术人员的退休年龄作了专门规定，例如，事业单位中担任党务、行政管理工作的相当于正、副处级的女干部和具有高级职称的女性专业技术人员，年满60周岁退休。因此，审理事业单位人事争议，在确定退休年龄时，应当优先适用上述通知的规定。

第四节　一些特殊纠纷是否属于劳动争议

一、复转军人安置纠纷不属于劳动争议

正如前文所述，《劳动争议司法解释一》第2条共列举了6种不属于劳动争议的纠纷类型，旨在强调所列举的6种纠纷不属于劳动争议，但并不代表未被列举的劳动者与用人单位之间的纠纷就一定属于劳动争议，如因复转军人安置问题发生的纠纷就不属于劳动争议，概因复转军人安置是国家政策性安排，是行政性质的行为，其实质是安置争议，而不是劳动争议。

可参考最高人民法院《关于安徽省高级人民法院关于李向阳等十人与亳州市烟草专卖局劳动争议纠纷一案的请示的复函》（〔2004〕民一他字第15号）的规定，“1. 依据《中华人民共和国兵役法》、国务院《退伍义务兵安置条例》的规定，安置单位与退伍义务兵就安置问题建立的关系是安置与被安置的关系，不是《中华人民共和国劳动法》第17条规定的在‘平等自愿、协商一致’基础上建立的劳动关系，双方发生的争议是安置争议，不是《中华人民共和国劳动法》调整的劳动争议。如果亳州市烟草专卖局将李向阳等人临时安排在稽查队工作，不是对他们的安置，当然不发生与之签订无固定期限的劳动合同的义务，按照《最高人民法院关于审理劳动争议案件适用法律若干问题的解释》第1条的规定，李向阳等人与亳州市烟草专卖局之间的安置争议，不符合人民法院受理劳动争议案件的条件。2. 李向阳等人就其被临时安排在稽查队工作期间的工资及保险福利待遇问题与亳州市烟草专卖局之间发生争议，由于双方当事人之间存在事实劳动关系，符合上述司法解释第1条第2项之规定，劳动争议仲裁委员会作裁决后，当事人依法诉至人民法院的，人民法院应当作为劳动争议案件受理。”

二、住房公积金、住房补贴纠纷是否属于劳动争议

住房补贴、住房公积金是实行住房分配货币化以后，由财政和用人单位给予无房户和住房面积未达标的劳动者一定货币的补贴。国务院《关于进一步深化城镇住房制度改革加快住房建设的通知》（国发〔1998〕23号）确定，房价收入比（本地区一套建筑面积为60平方米的经济适用房的平均价格与双职工家庭工资之比）在4倍以上，且财政、单位原有住房资金可转化为住房补贴的地区，可以对无房和住房面积未达到规定标准的职工实行住房补贴。住房补贴的具体办法，由市（县）人民政府根据本地实际情况制定，报省、自治区、直辖市人民政府批准后执行。实践中，各地的做法不尽相同。

笔者认为，城镇住房制度改革中产生的住房公积金和住房补贴涉及政策调整问题，目前不宜作为劳动争议处理，但是，地方法规规定住房补贴属于工资性收入的，应当作为劳动争议案件受理。因为，此种情况下的住房补贴纠纷是工资纠纷，理应纳入劳动争议的范围。

三、请求返还社会保险费的纠纷是否属于劳动争议

对于此类纠纷，笔者认为，要区分不同情形进行处理。

劳动关系存续期间，用人单位为劳动者垫付的本应由劳动者自行负担的社保个人账户缴费，用人单位要求劳动者返还的，由于其垫付行为的本质是向劳动者多支付了工资，[1] 故该纠纷属于《劳动争议调解仲裁法》第2条第5项规定的因劳动报酬发生的争议，因此是劳动争议。

劳动关系终结之后，用人单位多为劳动者缴纳的社会保险费，不能归为工资，用人单位要求劳动者返还保险费引发的纠纷，不属于《劳动争议调解仲裁法》规定的劳动争议，且劳动者亦未直接取得该保险费，故用人单位不能直接要求劳动者返还，但是其可以向社保行政部门要求退还多缴纳的费用。

劳动关系存续期间，劳动者为用人单位垫付了本应由用人单位自行负担的社保统筹账户缴费，劳动者要求用人单位返还的，由于该垫付行为本质是用人单位克扣了劳动者的工资，故该纠纷属于《劳动争议调解仲裁法》第2条第5项规定的因劳动报酬发生的争议，因此是劳动争议。

劳动关系存续期间，用人单位未为劳动者依法缴纳社保费，劳动者以其他单位名义或者按个人账户自行缴纳社保费，后要求用人单位对其缴纳的社保费予以

---

〔1〕 参见吴彬：《劳动人事争议裁判规则和实操指引》，中国法制出版社2022年版，第397页。

返还的，是否可以作为劳动争议案件受理，实践中存在争议。第一种观点认为，此类案件应当受理，但是在实体上无法得到支持。例如，吉林省高级人民法院《关于审理劳动争议案件法律适用问题的解答（二）》第18条规定："由于用人单位未依法为劳动者缴纳社会保险，劳动者自行缴纳后向用人单位追偿的，人民法院应予受理……劳动者在其他用人单位缴纳或按个人账户自行缴纳社会保险费后要求用人单位给付的，因社会保险费缴纳与实际劳动关系不符，二者费率等方面均存在差异，不予支持。"第二种观点认为，此类案件应当受理，并且参考多种相关因素后酌情判令支持。例如，安徽省高级人民法院《关于审理劳动争议案件若干问题的指导意见》第25条规定："劳动者起诉主张用人单位返还由其垫付的社会保险费用的，人民法院应按劳动者已缴费情况、社会保险缴费通知书和社会保险经办机构出具的社保登记证明，判决用人单位将依法由用人单位负担、劳动者事前垫付的基本社会保险费用直接给付劳动者。"第三种观点认为，此类案件不应当受理。例如，北京市高级人民法院、北京市劳动争议仲裁委员会《关于劳动争议案件法律适用问题研讨会会议纪要（二）》第50条规定，劳动者通过其他渠道缴纳保险费包括劳动者自行缴纳和在其他用人单位缴纳两种形式，这两种形式均与劳动关系的真实状态不符，违反社会保险法的规定，对社会保险的登记、核定、缴纳、支付等正常秩序造成影响，因此仲裁委员会、法院不予支持。后北京市高级人民法院又专门明确前述纪要中所谓"不予支持"的含义为不属于人民法院劳动争议受理范围。[1] 笔者认为，此种纠纷属社会保险经办机构职权范围，应由劳动者向社会保险经办机构申请退缴，并由用人单位补缴，不属于人民法院受理民事诉讼的范围，因此，应当裁定不予受理或者驳回起诉。

四、因女职工退休年龄引发的纠纷是否属于劳动争议

由于国务院《关于安置老弱病残干部的暂行办法》（国发〔1978〕104号，已失效）、国务院《关于工人退休、退职的暂行办法》（国发〔1978〕104号，已失效）按照女职工是干部身份还是工人身份将一般岗位上女职工的退休年龄作了不同区分，这导致女职工的"身份"不同，退休年龄也会不同。

国家经济贸易委员会、人事部、劳动和社会保障部《关于深化国有企业内部人事、劳动、分配制度改革的意见》（国经贸企改〔2001〕230号）第2条规定，在国有企业内部取消企业行政级别。企业不再套用国家机关的行政级别，不再比照国家机关公务员确定管理人员的行政级别，打破"干部"和"工人"之间的界

〔1〕 参见吴彬：《劳动人事争议裁判规则和实操指引》，中国法制出版社2022年版，第397～398页。

限，变身份管理为岗位管理。在管理岗位工作的即为管理人员。管理人员是指企业内部担任各级行政领导职务的人员、各职能管理机构的工作人员以及各生产经营单位中专职从事管理工作的人员。

从上述规定来看，随着“干部”与“工人”的界限被打破，女职工退休年龄的认定依据逐渐由“身份”转变为“岗位”，因此，退休年龄与女职工的岗位性质的认定直接相关。目前判断女职工退休年龄，不再按照干部、工人的身份来确定，而是按照管理岗与非管理岗的岗位或专业技术岗位来判断。以退休前女职工的岗位和工作职责等为标准，管理岗位的女职工55岁达到法定退休年龄，非管理岗位的女职工50岁达到法定退休年龄。[1]

在部分地区，人社部门在办理基本养老保险核准时，进一步将判断女职工退休年龄的标准从“干部（专业技术）”与“工人”岗位的区别变为“管理岗（专业技术岗）”与“非管理岗”的区别，[2] 但是就“管理岗（专业技术岗）”与“非管理岗”始终没有明确、可操作性强的认定标准，而对于女职工来说，不同的身份对应着不同的退休年龄，这就导致在解除、终止劳动关系时，用人单位与女职工可能会对女职工的退休年龄产生认识上的分歧，进而就劳动关系是否存续、劳动合同能否继续履行、用人单位是否构成违法终止劳动关系等事项发生争议，引发劳动仲裁和诉讼。

就上述因身份及退休年龄认识分歧导致的纠纷是否属于劳动争议，实践中存在不同观点。一种观点认为，因女职工退休年龄问题引发的争议属于劳动争议，因为其实际上属于劳动者是否具备建立劳动关系主体资格的认定问题，根据《劳动争议司法解释一》第1条第3项的规定，劳动者与用人单位因劳动关系是否已经解除或者终止，以及是否支付解除或者终止劳动关系经济补偿金发生的纠纷属于劳动争议。另一种观点则认为，劳动者是否达到法定退休年龄的审查，属于行政机关的职责范围，无论劳动者是管理岗或者非管理岗，均不是人民法院审查的范围，如果劳动者与用人单位在办理退休过程中就退休年龄发生争议，根据在案证据又不能确认相关事实的，该类争议可以通过行政诉讼进行处理，不应属于劳动争议。

笔者认为，因女职工退休年龄引发的纠纷原则上属于劳动争议。这是因为，其一，并没有规范性文件明确规定女职工退休年龄的认定属于劳动行政部门的职

〔1〕 参见谢丽娜、杜童心：《因女职工法定退休年龄引发的劳动争议纠纷——再谈女职工管理岗与专业技术岗的认定问题》，载微信公众号“兰台劳动”2024年1月21日。

〔2〕 参见北京市人力资源和劳动社会保障局《关于进一步加强基础管理、规范退休核准工作有关问题的通知》（京人社养发〔2011〕49号）。

权；其二，退休年龄的确定，直接关系到劳动关系的终结时间，进而牵涉用人单位终止劳动关系是否合法、是否需要继续支付工资、劳动关系能否继续履行等问题，而这些问题往往是典型的劳动争议。裁判者需要在查明相关事实的基础上合理认定女职工是属于管理岗（专业技术岗）还是非管理岗，进而确定女职工的退休年龄。在认定女职工属于管理岗（专业技术岗）还是非管理岗时，显然不能仅以用人单位的主张为准，而应当结合女职工的工作内容、双方对岗位性质的约定、规章制度中对岗位性质的规定等事实，对女职工是从事管理岗（专业技术岗）还是非管理岗进行审慎认定。

案例83　孙某诉P中心继续履行劳动合同案[1]

——女职工退休年龄的认定

【基本案情】

孙某，女，1970年12月12日出生，于2014年7月1日入职P中心，任直销渠道室直销团队经理岗，双方在2019年7月1日订立无固定期限劳动合同。2020年11月3日，P中心向孙某发送《关于员工退休通知》，告知“根据社保系统提示，并结合职位序列中您属于业务序列而非管理序列的情形，您在2020年12月年满50周岁，所以需办理退休相关手续，请您及时准备材料”。2021年1月6日，P中心向孙某发送电子邮件表示：“您于2020年12月期满50周岁达到退休年龄，劳动关系依法终止。”之后，孙某申请劳动仲裁并起诉，请求继续履行其与P中心的劳动合同。

P中心主张，(1) 根据内部办法和规定，孙某属于非管理序列人员，其担任的团队经理岗属于普通员工。(2) 孙某担任的团队经理岗主要工作对象是直销外包团队，直销外包团队在法律关系上属于由公司指定的对外业务通道管理对接人，孙某与工作对象之间是一个“内外关系”，不是内部的“上下级管理关系”，团队经理对于工作对象的晋升/奖金/升降级没有考核权。(3) 孙某的上级为渠道经理岗（P中心认可的干部序列），其平级是其他团队经理岗和企划岗，企划岗和团队经理岗都属于普通员工。此外，团队经理岗在内部是没有下级的，所以孙某是没有下级需要其管理或者考核的。(4) 截至2020年12月1日，P中心内设6个科室，各科室内配置科室经理及员工岗位，其中总经理、副总经理、科室经理为干部岗位。直销渠道室设有科室经理岗及员工岗，在岗3人，王某任直销渠道

〔1〕参见北京市第三中级人民法院民事判决书，(2021) 京03民终20049号。

室副经理（主持工作），为科室级干部，孙某、闫某任直销团队经理岗，向王某汇报工作。孙某主张，“我入职的时候就是总监，后来叫区域经理，现在叫团队经理，干的同样活儿，在同样的地点管的同样的人，我们直销团队人员的招聘、培养、日常管理都是我们在做的，人是我们自己花钱招的，然后让他们和外包公司签劳动合同，我管理的直销团队达100多人。P中心会偶尔给一部分增员，但那些不是外包的”。

【裁判要点】

生效判决认为，P中心以孙某年满50周岁达到退休年龄为由终止双方之间的劳动合同，但孙某对此不予认可，主张其属于管理岗位，按照规定应于55岁退休，故孙某是否属于管理岗位影响其退休年龄的认定，系本案争议的实质问题。北京市人力资源和社会保障局《关于进一步加强基础管理，规范退休核准工作有关问题的通知》附件一《北京市基本养老保险退休核准工作流程告知书》规定，正常退休条件为：男年满60周岁，女管理和专业技术岗位年满55岁，女非管理岗位年满50周岁，缴费年限（含视同缴费年限）累计满15年。依据上述规定，判断女职工的退休年龄的并非简单依据档案中“干部”或者“工人”的界定，而是更注重对女职工的具体工作岗位的界定。但针对退休条件中所指管理岗位和非管理岗位的判定，目前国家各类规范性文件中没有准确的普适性定义或列举式定义。故在法律及相关规定对管理岗及非管理岗的区分无明确规定的情形下，由于不同企业在招录职工时，职位的名称、岗位的定性、员工级别等内容均存在差异，因此，对职工岗位性质的认定应根据岗位职责及工作内容等综合进行判定。

孙某为P中心直销渠道室直销团队经理，管理100多名外包人员，负责团队的招聘、培养和日常管理，体现出通常意义上的管理内容。虽然P中心主张，在其组织架构中孙某所在直销团队经理岗没有下级，但孙某下属人员为外包人员仅系P中心在聘用、成本、管理、风险等方面的考虑，无法改变孙某对下属多名人员的管理职责。故P中心根据单位内部组织架构否认孙某的管理人员身份，缺乏充足依据。孙某的岗位职责及工作内容，体现了一定的管理职能和属性，法院对其所称的处于管理岗位的相关意见予以采信。根据前述规定，孙某作为管理岗人员退休年龄应为55周岁，P中心应继续履行双方之间的劳动合同。

【延伸思考】

国家规定的女职工年满50周岁退休，主要目的是针对从事生产型等体力工作的女职工群体考虑其身体、生理特点进行的保护和优待。随着社会经济生活的发展及国家养老制度的逐步完善，作为用人单位，在依法行使用工管理权的同时，应当根据实际情况客观确定工作岗位的性质，尽可能尊重女职工的工作意愿，充分保障女职工依法享有的劳动权，不得以年龄、性别等要素变相限制、歧视女职工依法行使劳动权。

五、哪些档案纠纷属于劳动争议

前文已经阐述，《劳动合同法》第50条规定，用人单位应当在解除或者终止劳动合同的15日内为劳动者办理档案转移手续。因此，在性质上，为劳动者办理档案转移手续是劳动合同解除或终止后所产生的用人单位的附随义务，用人单位未履行该附随义务发生纠纷的，属于解除和终止劳动合同发生的争议，属于《劳动争议调解仲裁法》第2条第2项规定的劳动争议。

需要注意的是，因档案丢失或迟延转档，劳动者要求用人单位赔偿损失发生的纠纷也属于劳动争议。首先，既然劳动者请求用人单位办理人事档案转移手续的纠纷属于劳动争议，那么因迟延转档给劳动者造成损失所致的纠纷，也就属于办理人事档案转移手续纠纷的延伸，自然也是劳动争议。其次，在档案丢失的情况下，对劳动者造成的侵害也主要涉及劳动权利方面的侵害，如就业、养老保险、失业保险缴纳等，故应当作为劳动争议处理。

案例84　王某诉L公司劳动争议案[1]

——用人单位对于档案丢失是否存在过错的认定

【基本案情】

王某是城镇户口，于2023年7月29日办理了退休。王某认为，由于L公司管理不善，导致其档案丢失，虽然L公司承诺补齐其档案，但是实际只补办了王某在L公司工作期间的档案，并未补办1992年调入L公司之前的档案，也未将该情况告知王某。由于档案的特殊性，个人根本无法看到档案的内容，直到2023年办理退休时才从社保中心得知上述情况。由于档案丢失，致使其调入前11年3个月的工龄无法确认，造成退休金为2120.6元的月差，并影响到医疗保险未到达退休年限，王某为此补缴了医疗保险43个月。为此，王某起诉请求判令L公司支付其退休金损失534391.2元及补缴医疗保险的损失23803.08元。

王某主张，1992年，L公司派人事部的两个人去某汽车厂把他的档案提回来，之后其就在L公司上班了。为证明其主张，王某提交L公司于2006年10月13日出具的《情况说明》一份，该说明记载："原我单位职工王某从某汽车厂于

---

〔1〕参见北京市第一中级人民法院民事判决书，（2024）京01民终1329号。

1992年4月调到我单位，其档案在转移过程中丢失，后于2001年5月从我单位调出时予以补办。”L公司则主张，现有证据不能证明L公司当年确实收到了王某的档案材料；正常的转移档案程序不应当是个人去提取档案，如果王某陈述属实，那就是某汽车厂没有按照规定把档案交出，责任在某汽车厂；并且因为时间久远，现在已经无法查询到当年转移王某档案的具体情况。某街道便民服务中心出具的《情况说明》显示，王某的档案内无1992年之前的工作经历记载。《社会保险缴费记录》显示，王某补缴43个月医疗保险23803.08元。

【裁判要点】

生效判决认为，根据我国职工档案管理的相关规定，L公司作为负有劳动管理责任的用人单位，收到职工档案时应当对档案进行核对，并保存签收记录。如果L公司未能按时接收到王某的个人档案，应当及时告知王某本人，并采取相应措施。L公司未能提供证据证明其当年接收王某档案时履行了用人单位的职责，且其出具《情况说明》表示在2001年5月王某调出L公司时补办了王某丢失的档案，但实际未予补办。L公司对于王某档案丢失且无法完全补办存在一定的过错。王某因其档案丢失无法补办，要求L公司赔偿退休金、医疗保险等损失，一审法院根据当事人的过错程度和受损情况，酌情确定L公司赔偿王某损失8万元，符合本案实际情况，处理并无不当。

【延伸思考】

《企业职工档案管理工作规定》（劳力字〔1992〕33号）规定，职工档案由所在企业的劳动（组织人事）职能机构管理；企业职工档案管理部门负有保管职工档案，收集、鉴别和整理职工档案材料，登记职工工作变动情况，做好职工档案的安全、保密、保护工作等职责；企业职工调动、辞职、解除劳动合同或被开除、辞退等，应由职工所在单位在1个月内将其档案转交其新的工作单位或其户口所在地的街道劳动（组织人事）部门；转递档案应通过机要交通或派专人送取，不准邮寄或交本人自带；接收单位收到档案经核对无误后，应在回执上签名盖章，并将回执立即退回；逾期1个月转出单位未收到回执应及时催问，以防丢失。另外，根据诚实信用原则，如果用人单位未能按时接收到劳动者的档案，应当及时告知劳动者，并采取相应措施。因此，在审理相关案件时，可以根据上述规定和原则合理认定用人单位对于档案丢失是否存在过错。

但是对于劳动者要求用人单位补办档案发生的纠纷，笔者则认为既不属于劳动争议，也不属于人民法院受理民事案件的范围。虽然最高人民法院在《关于人事档案被原单位丢失后当事人起诉原用人单位补办人事档案并赔偿经济损失是否受理的复函》（〔2004〕民立他字第47号）中指出：“保存档案的企事业单位，违反关于妥善保存档案的法律规定，丢失他人档案的，应当承担相应的民事责任。档案关系人起诉请求补办档案、赔偿损失的，人民法院应当作为民事案件受理。”但是，档案具有历史性，不可复制，在档案丢失后，劳动者并不清楚原档案中存在哪些内容，无法完成举证任务，用人单位也无法予以补办，即使判决也难以执行。因此，对于补办档案的纠纷不应属于人民法院受理民事案件的范围。

第十九讲 劳动争议的处理机制

第一节 劳动争议的处理机构

劳动争议的处理机构包括调解组织、劳动争议仲裁委员会、人民法院和劳动行政主管部门。《劳动争议调解仲裁法》规定的劳动争议处理制度，概括起来即一调一裁两审与一调一裁分流制度。[1]

当发生劳动争议之后，首先，劳动者与用人单位可以自行协商，也可以请工会或者第三方共同协商，达成和解协议。其次，劳动者与用人单位可以向调解组织申请调解；劳动者与用人单位也可以向劳动争议仲裁委员会申请仲裁；对仲裁裁决不服的，除法律另有规定的外，可以向人民法院提起诉讼。

所谓法律另有规定，主要是指《劳动争议调解仲裁法》第 47 条至第 50 条设计的区别案件类型、分别采用先裁后审与司法监督下一裁终局分流的不同处理模式。即对于追索劳动报酬、工伤医疗费、经济补偿或者赔偿金，不超过当地月最低工资标准 12 个月金额的争议，以及因执行国家的劳动标准在工作时间、休息休假、社会保险等方面发生的争议，实行司法监督下的一裁终局，用人单位不能直接起诉，仅可以依法向劳动争议仲裁委员会所在地的中级人民法院申请撤销裁决。对于其他劳动争议，实行先裁后审，劳动者与用人单位不服裁决的，均可以依法向人民法院起诉。

一、调解组织

调解组织包括：（1）企业劳动争议调解委员会；（2）依法设立的基层人民调解组织；（3）在乡镇、街道设立的具有劳动争议调解职能的组织。发生劳动争议，当事人可以到上述调解组织申请调解。[2]

企业劳动争议调解委员会是企业内部依法设立的、负责调解本单位劳动争议

---

〔1〕 参见王全兴：《劳动法》（第 4 版），法律出版社 2017 年版，第 476 页。

〔2〕 参见《劳动争议调解仲裁法》第 10 条第 1 款。

的组织。它的设立和组成，在未成立工会的企业，由职工代表与企业代表协商决定。[1] 在已成立工会的企业，由职工代表和企业代表组成。职工代表由工会成员担任或者由全体职工推举产生，企业代表由企业负责人指定。企业劳动争议调解委员会主任由工会成员或者双方推举的人员担任。[2] 基层人民调解组织是指由村民委员会、居民委员会依法设立的调解民间纠纷的群众性组织，即人民调解委员会。乡镇、街道的劳动争议调解组织是指在企业比较集中的乡镇、街道依法设立的调解劳动争议的区域性或行业性组织。

自上述调解组织收到调解申请之日起 15 日内未达成调解协议的，当事人可以依法申请仲裁。[3] 达成调解协议后，一方当事人在协议约定期限内不履行调解协议的，另一方当事人可以依法申请仲裁。[4] 这也说明这种调解协议对于当事人仅具有合同效力，不具有强制执行力。当然，发生劳动争议后，上述调解程序并非必经程序，当事人也可以不经调解组织调解，直接向劳动争议仲裁委员会申请劳动仲裁。

依据《劳动争议司法解释一》第 51 条的规定，当事人在上述调解组织主持下达成的具有劳动权利义务内容的调解协议，具有劳动合同的约束力，可以直接作为人民法院裁判的根据。当事人在上述调解组织主持下仅就劳动报酬争议达成调解协议，用人单位不履行调解协议确定的给付义务，劳动者可以跳过劳动仲裁程序，直接提起诉讼，此时，人民法院可以按照普通民事纠纷受理。

依据《劳动争议司法解释一》第 52 条的规定，当事人在人民调解委员会主持下仅就给付义务达成的调解协议，双方认为有必要的，可以共同向人民调解委员会所在地的基层人民法院申请司法确认。《人民调解法》第 33 条进一步规定，经人民调解委员会调解达成调解协议后，双方当事人认为有必要的，可以自调解协议生效之日起 30 日内共同向人民法院申请司法确认，人民法院应当及时对调解协议进行审查，依法确认调解协议的效力。人民法院依法确认调解协议有效，一方当事人拒绝履行或者未全部履行的，对方当事人可以向人民法院申请强制执行。人民法院依法确认调解协议无效的，当事人可以通过人民调解方式变更原调解协议或者达成新的调解协议，也可以向人民法院提起诉讼。《劳动争议裁审衔接意见一》第 2 条则将可以进行司法确认的调解组织扩大到所有依法设立的调解组织，该条规定：经依法设立的调解组织调解达成的调解协议生效后，当事人可

---

〔1〕 参见王全兴：《劳动法》（第 4 版），法律出版社 2017 年版，第 479 页。

〔2〕 参见《劳动争议调解仲裁法》第 10 条第 2 款。

〔3〕 参见《劳动争议调解仲裁法》第 14 条第 3 款。

〔4〕 参见《劳动争议调解仲裁法》第 15 条。

以共同向有管辖权的人民法院申请确认调解协议效力。

依据《劳动争议调解仲裁法》第16条的规定，因支付拖欠劳动报酬、工伤医疗费、经济补偿或者赔偿金事项达成调解协议，用人单位在协议约定期限内不履行的，劳动者可以持调解协议书依法向人民法院申请支付令。人民法院应当依法发出支付令。

依据《劳动争议裁审衔接意见一》第1条的规定，劳动人事争议仲裁委员会对调解协议仲裁审查申请不予受理或者经仲裁审查决定不予制作调解书的，当事人可依法就协议内容中属于劳动人事争议仲裁受理范围的事项申请仲裁。当事人直接向人民法院提起诉讼的，人民法院不予受理，但下列情形除外：（1）依据《劳动争议调解仲裁法》第16条规定申请支付令被人民法院裁定终结督促程序后，劳动者依据调解协议直接提起诉讼的；（2）当事人在《劳动争议调解仲裁法》第10条规定的调解组织主持下仅就劳动报酬争议达成调解协议，用人单位不履行调解协议约定的给付义务，劳动者直接提起诉讼的；（3）当事人在经依法设立的调解组织主持下就支付拖欠劳动报酬、工伤医疗费、经济补偿或者赔偿金事项达成调解协议，双方当事人依据《民事诉讼法》第205条规定共同向人民法院申请司法确认，人民法院不予确认，劳动者依据调解协议直接提起诉讼的。

二、劳动争议仲裁委员会

劳动争议发生后，当事人可以进行协商或者申请调解，当事人也可以直接向劳动争议仲裁委员会申请仲裁。劳动仲裁是劳动争议诉讼的前置必经程序。

劳动争议仲裁委员会是依法设立的半官方机构，由劳动行政部门代表、工会代表和企业方面代表组成，劳动争议仲裁委员会组成人员应当是单数。仲裁委员会主任由政府负责人或者人力资源社会保障行政部门主要负责人担任。劳动争议仲裁委员会依法履行下列职责：（1）聘任、解聘专职或者兼职仲裁员；（2）受理争议案件；（3）讨论重大或者疑难的争议案件；（4）监督本仲裁委员会的仲裁活动；（5）制定本仲裁委员会的工作规则；（6）其他依法应当履行的职责。[1] 仲裁员是由仲裁委员会聘任、依法调解和仲裁争议案件的专业工作人员。[2] 仲裁员应当公道正派并符合下列条件之一：（1）曾任审判员的；（2）从事法律研究、教学工作并具有中级以上职称的；（3）具有法律知识、从事人力资源管理或者工会等专业工作满5年的；（4）律师执业满3年的。[3] 仲裁员分为专职仲裁员和兼职

〔1〕参见《劳动人事争议仲裁组织规则》第6条第2款、第7条。
〔2〕参见《劳动人事争议仲裁组织规则》第18条第1款。
〔3〕参见《劳动争议调解仲裁法》第20条第2款。

仲裁员。专职仲裁员和兼职仲裁员在调解仲裁活动中享有同等权利，履行同等义务。[1]

仲裁委员会处理争议案件实行仲裁庭制度，实行一案一庭制。[2] 简单争议案件可以由 1 名仲裁员独任仲裁。[3] 处理下列争议案件应当由 3 名仲裁员组成仲裁庭，设首席仲裁员：（1）10 人以上并有共同请求的争议案件；（2）履行集体合同发生的争议案件；（3）有重大影响或者疑难复杂的争议案件；（4）仲裁委员会认为应当由 3 名仲裁员组庭处理的其他争议案件。仲裁庭组成不符合规定的，仲裁委员会应当予以撤销并重新组庭。[4]

申请人申请劳动仲裁应当提交书面仲裁申请，并按照被申请人人数提交副本。仲裁申请书应当载明下列事项：（1）劳动者的姓名、性别、年龄、职业、工作单位和住所，用人单位的名称、住所和法定代表人或者主要负责人的姓名、职务；（2）仲裁请求和所根据的事实、理由；（3）证据和证据来源、证人姓名和住所。书写仲裁申请确有困难的，可以口头申请，由劳动争议仲裁委员会记入笔录，并告知对方当事人。[5]

劳动争议仲裁委员会收到仲裁申请之日起 5 日内，认为符合受理条件的，应当受理，并通知申请人；认为不符合受理条件的，应当书面通知申请人不予受理，并说明理由。对劳动争议仲裁委员会不予受理或者逾期未作出决定的，申请人可以就该劳动争议事项向人民法院提起诉讼。劳动争议仲裁委员会受理仲裁申请后，应当在 5 日内将仲裁申请书副本送达被申请人。被申请人收到仲裁申请书副本后，应当在 10 日内向劳动争议仲裁委员会提交答辩书。劳动争议仲裁委员会收到答辩书后，应当在 5 日内将答辩书副本送达申请人。被申请人未提交答辩书的，不影响仲裁程序的进行。劳动争议仲裁委员会应当在受理仲裁申请之日起 5 日内将仲裁庭的组成情况书面通知当事人。仲裁庭应当在开庭 5 日前，将开庭日期、地点书面通知双方当事人。当事人有正当理由的，可以在开庭 3 日前请求延期开庭。是否延期，由劳动争议仲裁委员会决定。[6]

申请人收到书面通知，无正当理由拒不到庭或者未经仲裁庭同意中途退庭的，可以视为撤回仲裁申请。被申请人收到书面通知，无正当理由拒不到庭或者

---

〔1〕 参见《劳动人事争议仲裁组织规则》第 18 条第 2 款。

〔2〕 参见《劳动人事争议仲裁组织规则》第 12 条第 1 款。

〔3〕 参见《劳动争议调解仲裁法》第 31 条。

〔4〕 参见《劳动人事争议仲裁组织规则》第 13、15 条。

〔5〕 参见《劳动争议调解仲裁法》第 28 条。

〔6〕 参见《劳动争议调解仲裁法》第 29、30、32、35 条。

未经仲裁庭同意中途退庭的，可以缺席裁决。[1] 仲裁处理结果作出前，申请人可以自行撤回仲裁申请。申请人再次申请仲裁的，仲裁委员会应当受理。[2]

被申请人可以在答辩期间提出反申请，仲裁委员会应当自收到被申请人反申请之日起5日内决定是否受理并通知被申请人。决定受理的，仲裁委员会可以将反申请和申请合并处理。反申请应当另行申请仲裁的，仲裁委员会应当书面告知被申请人另行申请仲裁；反申请不属于应当受理的，仲裁委员会应当向被申请人出具不予受理通知书。被申请人答辩期满后对申请人提出反申请的，应当另行申请仲裁。[3]

仲裁庭裁决劳动争议案件，应当自劳动争议仲裁委员会受理仲裁申请之日起45日内结束。案情复杂需要延期的，经劳动争议仲裁委员会主任批准，可以延期并书面通知当事人，但是延长期限不得超过15日。逾期未作出仲裁裁决的，当事人可以就该劳动争议事项向人民法院提起诉讼。仲裁庭裁决劳动争议案件时，其中一部分事实已经清楚，可以就该部分先行裁决。[4]

仲裁庭对追索劳动报酬、工伤医疗费、经济补偿或者赔偿金的案件，根据当事人的申请，可以裁决先予执行，移送人民法院执行。仲裁庭裁决先予执行的，应当符合下列条件：（1）当事人之间权利义务关系明确；（2）不先予执行将严重影响申请人的生活。劳动者申请先予执行的，可以不提供担保。当事人对发生法律效力的调解书、裁决书，应当依照规定的期限履行。一方当事人逾期不履行的，另一方当事人可以依照民事诉讼法的有关规定向人民法院申请执行。[5]

三、人民法院

劳动者对劳动争议仲裁委员会作出的终局裁决不服的，可以自收到仲裁裁决书之日起15日内向人民法院提起诉讼。用人单位有证据证明终局裁决存在法定情形的，可以自收到仲裁裁决书之日起30日内向劳动争议仲裁委员会所在地的中级人民法院申请撤销裁决。仲裁裁决被人民法院裁定撤销的，当事人可以自收到裁定书之日起15日内就该劳动争议事项向人民法院提起诉讼。当事人对非终局裁决不服的，可以自收到仲裁裁决书之日起15日内向人民法院提起诉讼；期满不起诉的，裁决书发生法律效力。[6]

---

〔1〕参见《劳动争议调解仲裁法》第36条。
〔2〕参见《劳动人事争议仲裁办案规则》第35条。
〔3〕参见《劳动人事争议仲裁办案规则》第36条。
〔4〕参见《劳动争议调解仲裁法》第43条。
〔5〕参见《劳动争议调解仲裁法》第44、51条。
〔6〕参见《劳动争议调解仲裁法》第48~50条。

人民法院是劳动争议处理的最终司法机构，劳动争议案件由法院的民事审判庭负责审理，与一般民事案件的审理程序相同，实行两审终审制。但是，适用小额诉讼程序审理的，实行一审终审。[1]

四、劳动行政主管部门

首先，依据《劳动法》第84条第1款的规定，因签订集体合同发生的争议，当事人协商不成的，当地人民政府劳动行政主管部门可以组织有关各方协调处理。其次，劳动争议仲裁委员会接受同级人民政府的领导并对其负责。最后，劳动行政部门行使劳动监察职权。所以劳动行政主管部门事实上是我国重要的劳动争议处理机构。[2]

第二节　劳动争议的管辖

管辖指确定各个仲裁、诉讼机构审理案件的权限，明确当事人应在哪一个仲裁、诉讼机构申请仲裁、诉讼，由哪一个仲裁、诉讼机构受理的法律制度。其实质是各个仲裁、诉讼机构审理案件的内部分工。劳动争议的管辖实行地域管辖为主，级别管辖为辅的原则。地域管辖指同级仲裁、诉讼机构之间，对于劳动争议案件的职权划分。同级仲裁、诉讼机构的管辖权，原则上依行政区域划分。级别管辖是划分由哪一级仲裁、诉讼机构审理什么样的劳动争议案件。划分级别管辖的标准主要是依据案件性质、重大、复杂的程度，在劳动争议仲裁中还往往依据企业类型乃至行政级别等标准进行划分。[3]

一、劳动争议仲裁的管辖

《劳动争议调解仲裁法》第21条规定，劳动争议由劳动合同履行地或者用人单位所在地的劳动争议仲裁委员会管辖。双方当事人分别向劳动合同履行地和用人单位所在地的劳动争议仲裁委员会申请仲裁的，由劳动合同履行地的劳动争议仲裁委员会管辖。

根据《劳动人事争议仲裁办案规则》第8条的规定，所谓劳动合同履行地，是指劳动者实际工作场所地。所谓用人单位所在地，是指用人单位注册、登记地

---

〔1〕 参见《民事诉讼法》第165条。

〔2〕 参见郭捷主编：《劳动法与社会保障法》（第3版），法律出版社2016年版，第280页。

〔3〕 参见黎建飞：《劳动法与社会保障法：原理、材料与案例》（第2版），北京大学出版社2019年版，第258页。

或者主要办事机构所在地。用人单位未经注册、登记的，其出资人、开办单位或者主管部门所在地为用人单位所在地。案件受理后，劳动合同履行地和用人单位所在地发生变化的，不改变争议仲裁的管辖，也就是说，劳动仲裁的管辖也遵循管辖恒定的原则。有多个劳动合同履行地的，由最先受理的仲裁委员会管辖。劳动合同履行地不明确的，由用人单位所在地的仲裁委员会管辖。

仲裁委员会发现已受理案件不属于其管辖范围的，应当移送至有管辖权的仲裁委员会，并书面通知当事人。对上述移送案件，受移送的仲裁委员会应当依法受理。受移送的仲裁委员会认为移送的案件按照规定不属于其管辖，或者仲裁委员会之间因管辖争议协商不成的，应当报请共同的上一级仲裁委员会主管部门指定管辖。当事人提出管辖异议的，应当在答辩期满前书面提出。仲裁委员会应当审查当事人提出的管辖异议，异议成立的，将案件移送至有管辖权的仲裁委员会并书面通知当事人；异议不成立的，应当书面决定驳回。当事人逾期提出的，不影响仲裁程序的进行。[1]

此外，各地劳动仲裁还可能根据案件性质、影响范围等对管辖问题作出特别规定。以北京市为例，北京市人力资源和社会保障局《关于调整我市劳动人事争议仲裁案件管辖的通知》（京人社仲发〔2022〕5号）规定，市仲裁委员会管辖下列劳动人事争议案件：（1）劳动合同履行地与用人单位注册地均位于通州区，注册资本在1000万美元以上或者相当于1000万美元以上（含1000万美元或者相当于1000万美元）的，外国及港澳台投资者单独或者与中央、市属单位共同设立的外商及港澳台商投资企业与劳动者发生的劳动争议案件；（2）市属事业单位、在市民政部门登记的社会团体与其建立人事关系的工作人员之间，因终止人事关系以及履行聘用合同发生的人事争议案件；（3）军队驻京军级以上（含军级）用人单位与聘用制文职人员之间，因履行聘用合同发生的人事争议案件；（4）在全市有重大影响的劳动人事争议案件。各区（含北京经济技术开发区）仲裁委员会管辖下列劳动人事争议案件：（1）市仲裁委员会管辖范围以外的，劳动合同履行地或用人单位所在地位于本辖区的用人单位与劳动者发生的劳动争议案件；（2）用人单位所在地位于本辖区的中央或者区属事业单位、在中央或者区民政部门登记的社会团体与其建立人事关系的工作人员之间，因终止人事关系以及履行聘用合同发生的人事争议案件；（3）军队驻本辖区师级以下（含师级）用人单位与聘用制文职人员之间，因履行聘用合同发生的人事争议案件。用人单位所在地为用人单位注册、登记地或者主要办事机构所在地。用人单位注册、登记地与主

---

〔1〕 参见《劳动人事争议仲裁办案规则》第9、10条。

要办事机构所在地不一致，双方当事人分别向用人单位注册、登记地和主要办事机构所在地的仲裁委员会申请仲裁的，由用人单位注册、登记地的仲裁委员会管辖。

二、劳动争议诉讼的管辖

《劳动争议司法解释一》第 3 条规定，劳动争议案件由用人单位所在地或者劳动合同履行地的基层人民法院管辖。劳动合同履行地不明确的，由用人单位所在地的基层人民法院管辖。法律另有规定的，依照其规定。

所谓“法律另有规定的，依照其规定”，比如，在用人单位破产申请被受理后，如果出现新的劳动争议案件，人民法院受理破产申请后，有关债务人的民事诉讼，只能向受理破产申请的人民法院提起。[1] 但是该问题在实践中存在不同观点。比如，上海市高级人民法院《关于上海法院受理涉劳动争议破产衍生诉讼指定管辖的通知》规定，本市人民法院受理破产申请后，有关债务人的劳动争议诉讼案件，按照劳动争议纠纷的管辖原则，仍由用人单位所在地或劳动合同履行地的基层人民法院管辖；二审案件由该基层人民法院对应辖区的中级人民法院审理。本市人民法院受理破产申请前，已经受理的有关债务人的劳动争议诉讼案件，按照《企业破产法》第 20 条规定，待管理人接管债务人财产后，继续审理；二审案件由该基层人民法院对应辖区的中级人民法院审理。

需要注意的是，在一般的民事诉讼管辖规定中，很少存在由用人单位所在地管辖的规定，相对应的是由法人或其他组织住所地管辖的规定。所谓法人或者其他组织的住所地，根据《民事诉讼法解释》的规定，是指法人或者其他组织的主要办事机构所在地；法人或者其他组织的主要办事机构所在地不能确定的，其注册地或者登记地为住所地。但是何为用人单位所在地，法律和司法解释并没有明确规定，笔者认为可以参照《劳动人事争议仲裁办案规则》第 12 条的规定加以确定，即用人单位所在地是指用人单位注册、登记地；用人单位未经注册、登记的，其出资人、开办单位或主管部门所在地为用人单位所在地。

需要强调的是，当双方当事人就同一仲裁裁决分别向有管辖权的人民法院起诉时，确定管辖法院的规则与劳动仲裁时不一样。劳动仲裁遵循劳动合同履行地优先管辖的原则，《劳动争议调解仲裁法》第 21 条规定，双方当事人分别向劳动合同履行地和用人单位所在地的劳动争议仲裁委员会申请仲裁的，由劳动合同履行地的劳动争议仲裁委员会管辖。劳动争议诉讼遵循先受理优先的原则，《劳动

---

〔1〕 参见《企业破产法》第 21 条。

争议司法解释一》第4条规定，双方当事人就同一仲裁裁决分别向有管辖权的人民法院起诉的，后受理的人民法院应当将案件移送给先受理的人民法院。

人民法院发现受理的案件不属于本院管辖的，应当移送有管辖权的人民法院，受移送的人民法院应当受理。受移送的人民法院认为受移送的案件依照规定不属于本院管辖的，应当报请上级人民法院指定管辖，不得再自行移送。有管辖权的人民法院由于特殊原因，不能行使管辖权的，由上级人民法院指定管辖。人民法院之间因管辖权发生争议，由争议双方协商解决；协商解决不了的，报请它们的共同上级人民法院指定管辖。上级人民法院有权审理下级人民法院管辖的第一审民事案件；确有必要将本院管辖的第一审民事案件交下级人民法院审理的，应当报请其上级人民法院批准。下级人民法院对它所管辖的第一审民事案件，认为需要由上级人民法院审理的，可以报请上级人民法院审理。[1]

另外，根据新颁布的《最高人民法院关于军事法院管辖民事案件若干问题的规定》（法释〔2025〕6号）规定，军队聘用制文职人员与军队单位发生解除或者终止聘用合同争议，不服劳动人事争议仲裁裁决，依法提起诉讼的案件，由军事法院管辖。军事法院受理案件后，根据当事人申请或者依职权追加地方当事人参加诉讼的，由军事法院继续审理。军事法院受理第一审民事案件，应当参照《民事诉讼法》关于级别管辖、地域管辖的规定确定。当事人住所地省级行政区划内没有可以受理案件的第一审军事法院，或者处于交通十分不便的边远地区，双方当事人同意由地方人民法院管辖的，地方人民法院可以管辖。

三、撤销一裁终局裁决的管辖

《劳动争议调解仲裁法》第49条规定，用人单位应该自收到仲裁裁决书之日起30日内向劳动争议仲裁委员会所在地的中级人民法院申请撤销裁决。

四、涉外劳动仲裁的管辖

前述关于仲裁和诉讼的管辖规定，均是指向在我国境内用人单位与劳动者发生的劳动争议。如果我国境内的劳动者与境外用人单位发生劳动争议，如何确定管辖地？对此问题，原劳动部《关于涉外劳动争议管辖权问题的复函》（劳部发〔1994〕42号）仍具有参考意义，该复函中指出："《中华人民共和国民事诉讼法》第二百四十三条规定，因合同纠纷或者其他财产权益纠纷，对在中华人民共和国领域内没有住所的被告提起诉讼，如果合同在中华人民共和国领域内签订或

〔1〕 参见《民事诉讼法》第37～39条。

者履行，可以由合同签订地、合同履行地人民法院管辖。据此，我国公民与国（境）外企业签订的劳动（工作）合同，如果劳动（工作）合同的履行地在我国领域内，因履行劳动（工作）合同发生劳动争议，可按照《中华人民共和国企业劳动争议处理条例》第二条第四款规定精神，由劳动（工作）合同履行地的劳动争议仲裁委员会受理。”

第三节　劳动争议的仲裁时效

一、时效制度概述

民法上的时效，是指一定事实状态经过一定的期间后即产生与该期间经过相对应的法律效果的法律制度。[1] 时效是各国普遍承认的法律制度，一般而言，时效又分为取得时效和消灭时效。所谓取得时效，又称占有时效，是指占有他人的财产的事实状态持续相当的时间，占有人可以被视为真实权利人。我国民法没有规定取得时效。所谓消灭时效，是指如果不行使权利的事实状态持续相当的时间，可以认为未予行使的某种权利已经消灭。民事诉讼中的诉讼时效以及劳动争议中的仲裁时效即是消灭时效。之所以我国不称之为消灭时效，概因《民法通则》效仿苏联民法，使用了“仲裁时效”和“诉讼时效”的称谓，一直沿用至今。

（一）仲裁时效和诉讼时效制度的功能

仲裁时效和诉讼时效制度的功能主要体现在以下三个方面：[2]（1）督促权利人及时行使权利。时效制度的一个重要内容就是，如果权利人享有权利但不积极地行使权利，将产生权利消灭或效力减损的法律后果。时效本身就体现了“法律保护勤勉者，不保护懒惰者”的原则。财产的权利人虽然享有权利，但其长期“睡眠于权利之上”，不主动行使权利，则不利于物尽其用。法律并不保护“睡眠于权利之上者”，而只保护积极行使权利的人，这就是时效制度的立法宗旨之所在。（2）维护既定法律秩序的稳定。在社会生活中，一定的事实状态的继续必然会产生相应的法律秩序。在交易中，如果请求权人长期不向义务人主张权利，义务人也认为权利人已经放弃其请求权，当事人已习惯在这种法律关系状态下生活，这就在社会中形成一定的秩序。所以法律要通过时效制度来维护既定的财产

---

〔1〕参见陈甦主编：《民法总则评注》，法律出版社2017年版，第1003页。

〔2〕参见王利明：《民法总则》，中国人民大学出版社2017年版，第426～427页。

秩序和交易秩序，如果经过相当长的时间，权利人仍得行使权利推翻既定的社会秩序，将不利于法律秩序的稳定。(3) 有利于证据的收集和判断，并及时解决纠纷。时效法欲保护的应该是被告免受由很久以前的事件引起的陈年旧账般的权利主张的困扰。因为民事案件证据的收集通常较为复杂，年代越久、诉累越重，如无时间的限制，原权利人举证负担沉重，现在的权利人不堪其扰，所以，法律规定时效制度，有利于证据的收集和判断，并及时解决纠纷。[1]

(二) 法院不得主动适用时效的规定

《民法典》第 193 条规定："人民法院不得主动适用诉讼时效的规定。"《诉讼时效司法解释》第 2 条亦规定："当事人未提出诉讼时效抗辩，人民法院不应对诉讼时效问题进行释明。"上述规定明确了时效利益实现上的当事人主义，也就是说，时效利益纯属义务人的私益，按照意思自治的原则，完全应由义务人自行决断是否抛弃。[2]

有鉴于此，从征求意见稿来看，《劳动争议司法解释二》似乎准备规定，当事人在仲裁期间未提出仲裁时效抗辩，在一审期间提出仲裁时效抗辩的，人民法院不予支持，但其基于新的证据能够证明对方当事人的请求权已超过仲裁时效期间的情形除外。当事人未按照前款规定提出仲裁时效抗辩，以仲裁时效期间届满为由申请再审或者提出再审抗辩的，人民法院不予支持。再结合《民法典》的规定，可以得出以下结论：(1) 在劳动争议案件审理中，人民法院不得在当事人没有提出时效抗辩的情况下主动适用时效规定，如果当事人没有提出时效抗辩，人民法院就不得适用时效规定。(2) 是否进行时效抗辩由当事人决定，人民法院既不得主动询问当事人关于时效的意见和主张，也不得向当事人提醒或者释明有关时效的规定。(3) 劳动争议的时效抗辩应当在仲裁期间提出，如果当事人在仲裁期间未提出时效抗辩，到了诉讼期间才提出的，人民法院不应支持；但是，当事人在仲裁期间没有提出时效抗辩，在诉讼期间基于得到或者发现的新证据提出时效抗辩，且该新证据能够证明其主张的，人民法院对于时效抗辩应予支持。前述司法解释征求意见稿虽然只规定了一审期间的情形，但是笔者认为，如果当事人基于在二审期间得到或者发现的新证据提出时效抗辩的，亦应当类推适用该规定。(4) 当事人在仲裁或者诉讼期间未提出时效抗辩，却以仲裁时效期间届满为由申请再审或者提出再审抗辩的，人民法院不予支持；但是，当事人基于得到或者发现的新证据申请再审或者提出再审抗辩，且该新证据能够证明其主张的，人

---

〔1〕 参见王泽鉴：《民法总则》，北京大学出版社 2009 年版，第 492 页。

〔2〕 参见王利明：《民法总则》，中国人民大学出版社 2017 年版，第 452 页。

民法院应予支持。

（三）时效利益不得预先放弃

《民法典》第 197 条第 2 款规定："当事人对诉讼时效利益的预先放弃无效。"法律上作出此种规定的原因在于：一方面，如果允许当事人预先抛弃诉讼时效利益，权利人就可能利用其优势地位，强迫义务人抛弃其诉讼时效利益。[1] 另一方面，时效规则具有强制性，如果允许当事人可以预先放弃诉讼时效利益，就可能使法律上的时效规则形同虚设。[2]

当然，时效利益的事后放弃是被允许的，《民法典》第 192 条第 2 款规定："诉讼时效期间届满后，义务人同意履行的，不得以诉讼时效期间届满为由抗辩；义务人已经自愿履行的，不得请求返还。"该规定体现了时效利益的事后放弃具有法律效力。

二、劳动争议仲裁时效的法律适用

劳动争议仲裁时效属于仲裁时效的一种，而仲裁时效是与诉讼时效对应的概念，是指权利人向仲裁机构请求保护其权利的期限。劳动争议仲裁时效，具体来说，是指劳动者与用人单位在法定期限内不向劳动争议仲裁机构申请劳动仲裁，而丧失请求劳动争议仲裁机构保护其权利实现之权利的制度。[3]

由于劳动争议案件施行仲裁前置，所以对于劳动争议案件来说，只有仲裁时效，无所谓诉讼时效，或者说，仲裁时效涵盖了诉讼时效。《民法典》第 198 条规定，法律对仲裁时效有规定的，适用该规定；没有规定的，适用诉讼时效的规定。也就是说，相对于《民法典》关于诉讼时效的规定来说，《劳动争议调解仲裁法》所规定的仲裁时效属于特别规定，优先适用；但是当《劳动争议调解仲裁法》等劳动法律未涉及的时效规定，则适用《民法典》及《诉讼时效司法解释》等关于诉讼时效的规定。

至于当事人应当在仲裁阶段的什么时间之前提出时效抗辩，根据《劳动争议司法解释二》征求意见稿的规定，只要在仲裁期间提出即可。所谓仲裁期间，应当是指劳动争议仲裁机构依法作出仲裁裁决之前，而不是仲裁庭审结束之前。

三、劳动争议仲裁时效的重大变化

劳动争议仲裁时效的重大变化主要体现在以下四个方面：（1）时效期间从 60

---

〔1〕 参见李适时主编：《中华人民共和国民法总则释义》，法律出版社 2017 年版，第 628 页。
〔2〕 参见王利明：《民法总则》，中国人民大学出版社 2017 年版，第 454 页。
〔3〕 参见王全兴：《劳动法》（第 4 版），法律出版社 2017 年版，第 486 页。

日延长为1年；(2) 时效起算点更容易确定；(3) 仲裁机构对时效的审查从主动审查变为被动审查；(4) 仲裁时效的法律效果从诉权消灭变更为胜诉权消灭。

(一) 时效期间从60日延长为1年

在2008年5月1日《劳动争议调解仲裁法》施行之前，劳动争议仲裁时效期间只有60日。《劳动法》第82条规定，提出仲裁要求的一方应当自劳动争议发生之日起60日内向劳动争议仲裁委员会提出书面申请。《劳动法》规定这么短的仲裁时效旨在尽快解决劳动争议，但是在实践中，由于有些纠纷比较复杂，劳动者难以在60日内申请仲裁；尤其是在劳动力整体供大于求的情况下，劳动者相对于用人单位处于弱势地位，往往不会在争议刚发生时就去申请劳动仲裁，而是在实在没有办法的情况下才通过劳动仲裁主张权利。因此，60日的仲裁时效过于短促，不利于保护劳动者的合法权益。有鉴于此，《劳动争议调解仲裁法》将劳动争议仲裁时效延长为1年。

(二) 时效起算点更容易确定

在劳动法时代，仲裁时效起算点均为劳动争议发生之日。但是由于举证能力等原因，经常导致对于如何确定劳动争议发生之日颇有难度。为解决这个问题，原《劳动争议司法解释二》第1条、第2条区分不同情形作了较为详细的规定，但难免显得复杂。

到了《劳动争议调解仲裁法》时代，《劳动争议调解仲裁法》效仿民法上关于诉讼时效起算点的规则，在第27条第1款作出一般规定："劳动争议申请仲裁的时效期间为一年。仲裁时效期间从当事人知道或者应当知道其权利被侵害之日起计算。"由于诉讼时效的起算规则已经较为成熟，易于把握，因此该规定相对于《劳动法》第82条显然是一大进步。《劳动争议调解仲裁法》又在第27条第4款针对劳动报酬的仲裁时效作出特别规定："劳动关系存续期间因拖欠劳动报酬发生争议的，劳动者申请仲裁不受本条第一款规定的仲裁时效期间的限制；但是，劳动关系终止的，应当自劳动关系终止之日起一年内提出。"该规定一方面充分考虑到大多数劳动者在劳动关系存续期间处于受用人单位支配的弱势地位，为了不丢工作，可能不敢立即对用人单位拖欠劳动报酬等行为申请劳动仲裁；另一方面该规定以"劳动关系终止之日"这一客观法律事实为时效起算点，在实践中易于证明。

(三) 从主动审查到被动审查

劳动法时代的仲裁时效与民法上的诉讼时效是有显著区别的，一个重要的不同就在于：对于诉讼时效，人民法院是不能主动审查的，而《劳动法》时代的劳动争议仲裁机构对仲裁时效却是要主动审查的。比较《劳动争议调解仲裁法》第27条第1款和《劳动法》第82条关于仲裁时效的规定，会发现明显区别。《劳动争议调解仲裁法》第27条第1款规定，"劳动争议申请仲裁的时效期间为一年。仲裁时效期间从当事人知道或者应当知道其权利被侵害之日起计算。"《劳动法》第82条规定，"提出仲裁要求的一方应当自劳动争议发生之日起六十日内向劳动争议仲裁委员会提出书面申请"。该规定要求劳动争议的当事人必须自劳动争议发生之日起60日内向申请仲裁，从该规定的文字表述来看，劳动争议仲裁时效的性质更像是民法上的除斥期间，而不是诉讼时效，这意味着一旦未在劳动争议发生之日起60日内向申请仲裁，仲裁机构就会"过时不候"。

所谓除斥期间，是指法律规定的某种民事权利有效存续的期间。权利人在法律规定的期限内不行使其权利，其权利即被除斥。除斥期间不同于诉讼时效的特征在于：（1）它是权利人依法可行使权利的期限，其本质是权利的存续期；（2）它是法律规定的不变期间，一般不发生期间中断、中止或延长问题；（3）其适用直接凭借法院职权，不取决于当事人诉讼主张；（4）其期间原则上自权利确立之日起算；（5）它所消灭的是实体权利（非胜诉权）且不限于请求权，如追认权、撤销权、解除权等。

正因如此，原《劳动争议司法解释一》第3条规定，"劳动争议仲裁委员会根据《劳动法》第八十二条之规定，以当事人的仲裁申请超过六十日期限为由，作出不予受理的书面裁决、决定或者通知，当事人不服，依法向人民法院起诉的，人民法院应当受理；对确已超过仲裁申请期限，又无不可抗力或者其他正当理由的，依法驳回其诉讼请求"。该规定变相确认了当时仲裁时效的除斥期间性质。

长期以来，劳动仲裁机构也是以除斥期间对待仲裁时效的。1993年10月18日发布的《劳动争议仲裁委员会办案规则》第12条第1款规定，"仲裁委员会的办事机构负责劳动争议案件受理的日常工作。仲裁委员会办事机构工作人员接到仲裁申请书后，应对下列事项进行审查：（一）申诉人是否与本案有直接利害关系；（二）申请仲裁的争议是否属于劳动争议；（三）申请仲裁的劳动争议是否属于仲裁委员会的受理内容；（四）该劳动争议是否属于本仲裁委员会管辖；（五）申请书及有关材料是否齐备并符合要求；（六）申请时间是否符合申请仲裁的时效规定"。该款规定的第6项，即是要求仲裁机构工作人员在接到申请后应当主动审查仲裁时效。

2008年12月17日发布的《劳动人事争议仲裁办案规则》虽然在第10条和

第 11 条参照诉讼时效制度分别引入了时效中断和时效中止的制度，从而区别于除斥期间。但是仍然在第 30 条明确规定应当主动审查仲裁时效：“仲裁委员会对符合下列条件的仲裁申请应当予以受理，并在收到仲裁申请之日起五日内向申请人出具受理通知书：（一）属于本规则第二条规定的争议范围；（二）有明确的仲裁请求和事实理由；（三）在申请仲裁的法定时效期间内；（四）属于仲裁委员会管辖范围。”也就是说，仲裁机构应当对仲裁时效主动审查，对超过仲裁时效的仲裁申请应当不予受理。

直到 2017 年 7 月 1 日施行的新修订的《劳动人事争议仲裁办案规则》才删除了主动审查时效的规定。该办案规则第 30 条规定：“仲裁委员会对符合下列条件的仲裁申请应当予以受理，并在收到仲裁申请之日起五日内向申请人出具受理通知书：（一）属于本规则第二条规定的争议范围；（二）有明确的仲裁请求和事实理由；（三）申请人是与本案有直接利害关系的自然人、法人或者其他组织，有明确的被申请人；（四）属于本仲裁委员会管辖范围。”相较于之前的规定，删除了“在申请仲裁的法定时效期间内”的表述，这就意味着仲裁机构不应主动审查时效，不应以超过时效为由对案件不予受理，自此，劳动争议仲裁时效在性质上与诉讼时效基本一致，不再具备除斥期间的特征。

不过，实践中少数仲裁员没有及时注意到新旧规定之间的变化，仍然会在当事人没有提出时效抗辩的情况下主动适用时效规定进行裁决。需要提醒当事人的是，不论仲裁员是否主动适用时效规定，到了诉讼阶段，人民法院都会审查当事人在仲裁期间有没有提出时效抗辩，因此，为充分保障自身权益，只要符合时效规定，当事人都应当在仲裁期间主动提出时效抗辩。

（四）从诉权消灭主义到抗辩权发生主义

劳动法时代的仲裁时效与民法上的诉讼时效另一个重要的不同就在于：时效届满后产生的法律效果不同。

各国立法上就诉讼时效届满的法律效果，主要有四种：（1）实体权消灭主义，即诉讼时效期间一旦完成将直接消灭权利人的实体权利。如《日本民法典》规定，债权因 10 年间不行使而消灭；物权或所有权以外的财产权，因 20 年间不行使而消灭。（2）诉权消灭主义，即诉讼时效完成后，实体权利本身仍然存在，仅诉权归于消灭，实体权利因而转化为自然权利。例如，《法国民法典》规定，一切物权或债权的诉权，均经 30 年的时效而消灭。（3）抗辩权发生主义，即时效完成后，只是发生抗辩权产生的效果，即义务人仅取得拒绝履行的抗辩权，权利人的实体权利与诉权均不消灭。如《德国民法典》规定，消灭时效完成后，义务人有权拒绝给付。(4) 胜诉权消灭主义,即时效完成后,只是发生胜诉权消灭的效果。胜诉权概念源于苏联法学家顾尔维奇的二元诉权论,该理论将诉权分为程序意义上的诉权即“起诉权”以及实体意义上的诉权即“胜诉权”,胜诉权的消灭并不导致实体权利本身的消灭,只是使权利人请求人民法院保护的权利丧失。[1]

在我国,诉讼时效届满的法律效果也经历了立法变化。《民法通则》第135条规定:“向人民法院请求保护民事权利的诉讼时效期间为二年,法律另有规定的除外。”第138条规定:“超过诉讼时效,当事人自愿履行的,不受诉讼时效限制。”因此,一般认为《民法通则》采纳的是胜诉权消灭主义。依《民法通则》的规定,时效届满后权利人的权利本身并不消灭,而只是丧失了胜诉权。[2] 据此,法院应当对诉讼时效的状态依职权查明。然而,2008年9月1日施行的原《诉讼时效司法解释》第1条规定:“当事人可以对债权请求权提出诉讼时效抗辩”;第3条规定:“当事人未提出诉讼时效抗辩,人民法院不应对诉讼时效问题进行释明及主动适用诉讼时效的规定进行裁判。”由此可见,司法解释采用的显然是抗辩权发生主义。司法解释的观点被《民法典》采纳,《民法典》未采纳胜诉权消灭主义,而改采抗辩权发生主义。《民法典》第192条规定:“诉讼时效期间届满的,义务人可以提出不履行义务的抗辩。诉讼时效期间届满后,义务人同意履行的,不得以诉讼时效期间届满为由抗辩;义务人已经自愿履行的,不得请求返还。”并在第193条明确规定人民法院不得主动适用诉讼时效的规定。

鉴于劳动争议仲裁是劳动争议诉讼的前置程序,其对时效的适用原则应当与诉讼中适用的原则一致,因此可以认为,劳动仲裁立法对于仲裁时效的法律效果的把握已经与诉讼时效一致,即也采纳了抗辩权发生主义。具体来说,抗辩权发生主义主要包括以下内容:(1) 仲裁机构亦应与人民法院保持一致,不得主动审查仲裁时效,不得主动适用仲裁时效的规定。(2) 根据《诉讼时效司法解释》第2条的规定,当事人未提出诉讼时效抗辩,人民法院不应对诉讼时效问题进行释明。劳动仲裁机构亦应如此。(3) 仲裁时效届满产生以下法律效果。其一,义务人产生拒绝履行的抗辩权;其二,若义务人未主张时效届满的抗辩权或者主张抗辩权但又继续履行义务,权利人受领义务人之给付,不构成不当得利;其三,义务人同意履行的,不得以诉讼时效届满为由进行抗辩。

---

〔1〕 参见王利明:《民法总则》,中国人民大学出版社2017年版,第449~450页。

〔2〕 参见梁慧星:《民法总论》(第4版),法律出版社2011年版,第249页。

四、劳动争议仲裁时效的适用范围

（一）仲裁时效一般仅适用于债权请求权

《诉讼时效司法解释》第 1 条明确将诉讼时效的适用范围限定于债权请求权，该条规定：当事人可以对债权请求权提出诉讼时效抗辩，但对下列债权请求权提出诉讼时效抗辩的，人民法院不予支持：（1）支付存款本金及利息请求权；（2）兑付国债、金融债券以及向不特定对象发行的企业债券本息请求权；（3）基于投资关系产生的缴付出资请求权；（4）其他依法不适用诉讼时效规定的债权请求权。

从该条规定来看，诉讼时效仅适用于给付之诉中的债权请求权。《民法典》第 196 条在规定不适用诉讼时效的情形时，在其第 4 项也明确规定“依法不适用诉讼时效的其他请求权”不适用诉讼时效制度，该引致性条款与《诉讼时效司法解释》第 1 条相呼应，因此，可以认定：诉讼时效仅适用于给付之诉中的债权请求权，不适用于给付之诉中的物权请求权等其他请求权，也不适用于确认之诉和形成之诉。当然也有例外，就是《民法典》第 196 条第 2 项将未登记的动产物权的权利人请求返还财产的请求权也置于诉讼时效统摄之下，而该返还财产请求权既可能是债权请求权，也可能是物权请求权。

由于在没有规定时，仲裁时效要适用诉讼时效的规定，因此，劳动争议仲裁时效的适用范围也同样遵循上述限制。

（二）仲裁时效不适用于确认之诉、形成之诉

前文已经阐述，仲裁时效和诉讼时效仅适用于给付之诉中的债权请求权，原则上不适用于给付之诉中的物权请求权，更不适用于确认之诉和形成之诉。所谓确认之诉和形成之诉，是诉的两种类型。民事之诉根据诉讼请求的性质和内容可以分为确认之诉、给付之诉和形成之诉。

确认之诉，是指原告要求确认其主张的法律关系存在或不存在的请求。主张法律关系存在的确认之诉是积极的确认之诉。例如，劳动者请求确认其与某企业之间存在劳动关系。主张法律关系不存在的确认之诉是消极确认之诉。例如，某企业请求确认其与劳动者之间不存在劳动关系，或者请求确认其与劳动者订立的劳动合同无效。

给付之诉，是指原告向被告主张给付请求权，并要求法院对此作出给付判决的请求。这里所谓的给付，并不仅仅指被告对原告金钱或实物的交付，还包括被告履行原告所要求的行为（作为或不作为）。例如，要求被告履行合同所确定的

义务。按照给付之诉的内容不同，可以将给付之诉分为特定物给付之诉、种类物给付之诉和行为给付之诉。特定物给付之诉，是指权利人向义务人请求给付的标的物是特定的物品。在法院判决应履行义务时，义务人不能以其他物品来代替特定物；当特定物灭失，无法给付特定物时，义务人才能以其他方式满足权利人的请求。种类物给付之诉，是指权利人向义务人请求给付的标的物在性质上属于同一种类，即在物理属性和经济价值上具有共同性，并且可以用一定的方式加以度量，相互之间可以替代的物。例如，请求给付同类型的建筑材料等。行为给付之诉，是指权利人请求义务人为一定行为或不为一定行为。例如，要求义务人按照合同的规定将某物运输到某地或请求义务人不得再排放污染物。[1]

形成之诉，是指原告要求法院变动或消灭一定法律状态（权利义务关系）的请求。通常发生在婚姻诉讼或公司诉讼领域。我国以往的教科书通常称为“变更之诉”。在实体法上，这种变动和消灭一定法律状态的实体权利被称为“形成权”，以此为基础的诉的具体形式也就应当相应地称为“形成之诉”。[2] 一般情况下，权利义务关系因当事人的行为或某种法律事实的发生而发生变动，而没有必要向法院提起诉讼，通过裁判加以变更。对于某些法律关系而言，即使存在实体上已经变更的条件，但如果没有法院判决的宣告，其现存的法律关系仍然是有效的。当事人为了使现存的法律关系发生变动并产生相应的法律效果，就只有向法院提起形成之诉。例如，《劳动争议司法解释一》第 35 条规定：“劳动者与用人单位就解除或者终止劳动合同办理相关手续、支付工资报酬、加班费、经济补偿或者赔偿金等达成的协议，不违反法律、行政法规的强制性规定，且不存在欺诈、胁迫或者乘人之危情形的，应当认定有效。前款协议存在重大误解或者显失公平情形，当事人请求撤销的，人民法院应予支持。”根据该规定，当事人提起请求撤销协议之诉即属于形成之诉。又如，《劳动争议司法解释一》第 53 条规定：“用人单位对劳动者作出的开除、除名、辞退等处理，或者因其他原因解除劳动合同确有错误的，人民法院可以依法判决予以撤销。对于追索劳动报酬、养老金、医疗费以及工伤保险待遇、经济补偿金、培训费及其他相关费用等案件，给付数额不当的，人民法院可以予以变更。”根据该规定，当事人提起请求撤销相关决定或者请求变更给付数额之诉，亦均属于形成之诉。

笔者注意到，对于当事人起诉请求确认某段期间存在劳动关系的诉讼请求，仍有裁判观点认为适用仲裁时效。例如，在杨某诉某化工总厂劳动争议案中，法院认为，《劳动争议调解仲裁法》第 2 条第 1 项规定，因确认劳动关系发生的争

---

〔1〕 参见张卫平：《民事诉讼法》（第 4 版），法律出版社 2016 年版，第 187 页。

〔2〕 参见张卫平：《民事诉讼法》（第 4 版），法律出版社 2016 年版，第 188 页。

议，属于劳动争议。第 27 条第 1 款规定，“劳动争议申请仲裁的时效期间为一年。仲裁时效期间从当事人知道或者应当知道其权利被侵害之日起计算”。确认劳动关系虽然在民法一般理论上属于确认之诉，但确认劳动关系争议同时亦属于《劳动争议调解仲裁法》规定的劳动争议范畴。《劳动争议调解仲裁法》关于仲裁时效的规定并未排除确认劳动关系争议不适用仲裁时效，故确认劳动关系争议应当适用仲裁时效。杨某主张其提起的是确认之诉，不是给付之诉，无时效限制，理由不成立，依法不予支持。[1]

实际上，《劳动争议调解仲裁法》第 27 条第 1 款的规定虽然表述为“劳动争议申请仲裁的时效期间为一年。仲裁时效期间从当事人知道或者应当知道其权利被侵害之日起计算”，但这并不意味着所有劳动争议都要适用仲裁时效。正如前文所述，《民法典》第 198 条规定，法律对仲裁时效有规定的，适用该规定；没有规定的，适用诉讼时效的规定。因此仲裁时效其适用前提还是应当限定在特定的债权请求权。并且，这种观点也有悖于相关立法规定。《职业病防治法》第 49 条第 1 款规定：“职业病诊断、鉴定过程中，在确认劳动者职业史、职业病危害接触史时，当事人对劳动关系、工种、工作岗位或者在岗时间有争议的，可以向当地的劳动人事争议仲裁委员会申请仲裁；接到申请的劳动人事争议仲裁委员会应当受理，并在三十日内作出裁决。”由该规定可知，在确认劳动者职业史、职业病危害接触史时，当事人对是否存在劳动关系、劳动关系存续期间发生争议的，显然不受仲裁时效的限制。此外，《职业病防治法》第 59 条规定：“劳动者被诊断患有职业病，但用人单位没有依法参加工伤保险的，其医疗和生活保障由该用人单位承担。”第 60 条第 1 款规定：“职业病病人变动工作单位，其依法享有的待遇不变。”这就意味着，如果劳动者变动过工作单位，且现用人单位有证据证明劳动者的职业病是在之前工作单位患上的，而之前的工作单位恰好没有依法为劳动者缴纳工伤保险，此时，之前的工作单位就要承担相关工伤保险待遇。但是，由于时间久远或者出于趋利避害的考虑，之前的工作单位很可能不承认与劳动者存在过劳动关系，此时，劳动者很可能就要面临与之前的工作单位先确认劳动关系的劳动仲裁和诉讼，如果确认劳动关系争议也要适用仲裁时效，则劳动者就难以确认劳动关系并要求之前的工作单位承担工伤保险待遇。

因此，对于《劳动争议调解仲裁法》仲裁时效的规定，应当结合有关诉讼时效的法律和司法解释从整体上加以理解，避免孤立、片面地理解。况且，前文已经分析，劳动法时代的仲裁时效具有除斥期间的诸多特性，在除斥期间之下，确

〔1〕 参见广西壮族自治区高级人民法院民事裁定书，(2022) 桂民申 5881 号。

认之诉并无特殊。现在的仲裁时效已经摒除除斥期间的性质，与诉讼时效并无二致，此时，确认之诉再无适用之理。

需要强调的是，确认之诉原则上以确认一定权利义务关系存在与否作为对象，单纯的事实不能作为确认之诉的对象。例如，要求确认存在某个事实的诉讼就不能成立。〔1〕

五、劳动争议仲裁时效的起算、中断和中止

（一）时效的起算

根据《劳动争议调解仲裁法》第 27 条的规定，劳动争议仲裁时效的起算点分为两种情形。第一种是该条第 1 款规定的一般劳动争议，时效从当事人知道或者应当知道其权利被侵害之日起计算。这与普通民事诉讼中诉讼时效的起算点基本一致，只不过《民法典》第 188 条第 2 款规定除了规定诉讼时效期间自权利人知道或者应当知道权利受到损害之日起算，同时还规定时效期间自权利人知道或者应当知道具体义务人之日起计算。

第二种是该条第 4 款规定的特殊劳动争议，即劳动关系存续期间因拖欠劳动报酬发生争议的，劳动者申请仲裁不受前述仲裁时效期间的限制；但是，劳动关系终止的，应当自劳动关系终止之日起 1 年内提出。当然，如果劳动者与用人单位就拖欠劳动报酬的给付时间另行达成约定的，时效自然不受该条限制。例如，小李与甲公司于 2022 年 1 月 1 日解除劳动合同，当日双方达成解除劳动合同协议，协议约定甲公司于 2022 年 5 月 1 日向小李支付拖欠的劳动报酬。如果甲公司没有依约支付拖欠的劳动报酬，则小李申请仲裁的时效起算点应从 2022 年 5 月 1 日起算，而不是从 2022 年 1 月 1 日起算。

《劳动人事争议仲裁办案规则》还明确了第三种起算点，根据该办案规则第 26 条第 2 款的规定，实施公务员法的机关与聘任制公务员之间、参照公务员法管理的机关（单位）与聘任工作人员之间因履行聘任合同发生的争议，申请仲裁的时效期间适用公务员法有关规定。《公务员法》第 105 条规定，聘任制公务员与所在机关之间因履行聘任合同发生争议的，可以自争议发生之日起 60 日内申请仲裁。

此外，对于分期履行的债务，《民法典》第 189 条规定："当事人约定同一债务分期履行的，诉讼时效期间自最后一期履行期限届满之日起计算。"例如，小李与甲公司于 2022 年 1 月 1 日解除劳动合同，当日双方达成解除劳动合同协议，

---

〔1〕 参见张卫平：《民事诉讼法》（第 4 版），法律出版社 2016 年版，第 186 页。

协议就甲公司拖欠的5万元劳动报酬的给付时间作出分3期支付的约定：甲公司于2022年2月1日前向小李支付2万元，于2022年3月1日前向小李再支付2万元，于2022年4月1日前向小李支付最后的1万元。如果甲公司没有依约支付上述拖欠的劳动报酬，则小李就5万元劳动报酬申请仲裁的时效起算点统一从2022年4月1日起算。

（二）时效的中断和中止

时效的中断，是指时效进行中因法定事由的发生，推翻了时效存在的基础，因此使已进行的期间全部归于无效，时效重新起算。[1]

时效的中止，是指在时效期间进行中，因发生一定的法定事由使权利人不能行使请求权，从而暂时停止计算诉讼时效期间。[2]

关于中断，《劳动争议调解仲裁法》第27条第2款规定，前款规定的仲裁时效，因当事人一方向对方当事人主张权利，或者向有关部门请求权利救济，或者对方当事人同意履行义务而中断。从中断时起，仲裁时效期间重新计算。

关于中止，《劳动争议调解仲裁法》第27条第3款规定，因不可抗力或者有其他正当理由，当事人不能在本条第1款规定的仲裁时效期间申请仲裁的，仲裁时效中止。从中止时效的原因消除之日起，仲裁时效期间继续计算。

首先需要注意的是，从上述中断、中止规定的字面意思来看，劳动争议仲裁时效的中断和中止，似乎仅适用于一般的劳动争议，不适用于前述特殊的争议，即劳动关系存续期间因拖欠劳动报酬发生的争议。但是这并无道理，笔者理解，这可能是立法技术上出现的瑕疵，劳动关系存续期间因拖欠劳动报酬发生的争议同样应适用时效中断和中止的规定。《劳动人事争议仲裁办案规则》的相关规定也没有区分一般劳动争议和特殊劳动争议。该办案规则第27条规定，在申请仲裁的时效期间内，有下列情形之一的，仲裁时效中断：（1）一方当事人通过协商、申请调解等方式向对方当事人主张权利的；（2）一方当事人通过向有关部门投诉，向仲裁委员会申请仲裁，向人民法院起诉或者申请支付令等方式请求权利救济的；（3）对方当事人同意履行义务的。从中断时起，仲裁时效期间重新计算。第28条规定，因不可抗力，或者有无民事行为能力或者限制民事行为能力劳动者的法定代理人未确定等其他正当理由，当事人不能在规定的仲裁时效期间申请仲裁的，仲裁时效中止。从中止时效的原因消除之日起，仲裁时效期间继续计算。

---

〔1〕 参见王泽鉴：《民法总则》，北京大学出版社2009年版，第533页。

〔2〕 参见王利明：《民法总则》，中国人民大学出版社2017年版，第445页。

其次需要注意的是，根据《民法典》第 194 条的规定，除了不可抗力之外，构成时效中止的其他正当理由包括：（1）无民事行为能力人或者限制民事行为能力人没有法定代理人，或者法定代理人死亡、丧失民事行为能力、丧失代理权；（2）继承开始后未确定继承人或者遗产管理人；（3）权利人被义务人或者其他人控制；（4）其他导致权利人不能行使请求权的障碍。

此外，根据《诉讼时效司法解释》的规定，权利人对同一债权中的部分债权主张权利，时效中断的效力及于剩余债权，但权利人明确表示放弃剩余债权的情形除外。当事人一方向人民法院提交起诉状或者口头起诉的，时效从提交起诉状或者口头起诉之日起中断。对于连带债权人中的一人发生诉讼时效中断效力的事由，应当认定对其他连带债权人也发生诉讼时效中断的效力。对于连带债务人中的一人发生诉讼时效中断效力的事由，应当认定对其他连带债务人也发生诉讼时效中断的效力。比如，A 公司与 B 公司对劳动者甲混同用工，因此 A 公司与 B 公司基于用工，对劳动者甲产生支付劳动报酬等连带债务，也就是说，A 公司和 B 公司相对于劳动者甲是连带债务人，因此，劳动者甲向 A 公司主张权利的行为，不仅对 A 公司构成时效中断，对 B 公司也产生时效中断的效力。

另外，有下列事项之一，应当认定与提起诉讼具有同等时效中断的效力：（1）申请支付令；（2）申请破产、申报破产债权；（3）为主张权利而申请宣告义务人失踪或死亡；（4）申请诉前财产保全、诉前临时禁令等诉前措施；（5）申请强制执行；（6）申请追加当事人或者被通知参加诉讼；（7）在诉讼中主张抵销；（8）其他与提起诉讼具有同等诉讼时效中断效力的事项。

六、最长时效期间的适用

《民法典》第 188 条第 2 款规定，“诉讼时效期间自权利人知道或者应当知道权利受到损害以及义务人之日起计算。法律另有规定的，依照其规定。但是，自权利受到损害之日起超过二十年的，人民法院不予保护，有特殊情况的，人民法院可以根据权利人的申请决定延长”。上述所谓 20 年的诉讼时效期间就是最长时效期间。根据《民法典》第 198 条，最长时效期间的规定同样适用于劳动争议，不过，其只适用于《劳动争议调解仲裁法》第 27 条第 1 款规定的一般劳动争议的仲裁时效。例如，在徐某诉 B 公司劳动争议案中，二审法院认为，劳动法律并未规定劳动争议的最长仲裁时效，故仍应适用民法的一般规定，《民法通则》关于 20 年最长诉讼时效的规定应当适用于劳动争议案件。最长诉讼时效从“权利被侵害之日”起算，而不考虑权利人主观上是否“知道”这一事实；该时效“有特殊情况”才可以延长。具体到本案，徐某于 1962 年被精简，

B 公司当时即应妥善处置徐某的档案；现该公司称其已将档案移转，但并无证据佐证，故其侵害徐某权利的事实于 1962 年即已发生。徐某迟至 2013 年才首次申请仲裁，此前并无妨碍其行使权利的客观障碍，故其请求权早已超出 20 年的最长诉讼时效期间。[1]

最长时效期间与前述一般劳动争议的仲裁时效的区别有以下几点：（1）适用的条件不同。后者适用于权利人知道或应当知道其权利被侵害的情形，而最长时效期间则适用于权利人不知道及不应当知道权利被侵害的情形。（2）时效期间的起算点不同。后者从权利人知道或应当知道权利被侵害时起计算，最长时效期间则从权利被侵害之日起计算。（3）后者可以适用中止、中断和延长的规定，而最长时效期间只能适用延长的规定，不能适用中止、中断的规定。[2]

第四节　劳动争议中的证明

在民事诉讼中，证明是指当事人和人民法院依法运用证据确定案件事实的活动。[3] 与普通民事诉讼一样，在劳动争议案件中，当事人也必须运用证据向裁判人员证明案件事实，以使裁判人员相信该事实的存在或者不存在，从而支持己方的主张。实践表明，准确掌握证明责任的分配规则和证明标准，并据以收集和运用证据，能够促使裁判者相信并支持己方的主张，对于劳动争议案件的胜诉至关重要。

一、劳动争议中的证明对象

（一）证明对象的范围

证明对象即待证事实，是指需要证明主体运用证据予以证明的对案件的解决有法律意义的事实。[4] 在劳动争议案件中，证明对象包括实体法律事实、程序法律事实以及裁判者不知道的外国法、地方性法规、习惯规则和经验法则。

实体法律事实，在劳动争议案件中是指引起劳动法律关系发生、变更、消灭的事实，如订立劳动合同的事实、变更劳动合同的事实、履行劳动合同的事实、解除劳动合同的事实、违反竞业限制义务的事实等。当事人对实体法律事实有争议时，该事实即成为证明对象。

---

〔1〕参见北京市高级人民法院民事判决书，（2014）高民终字第 04062 号。
〔2〕参见李开国：《民法总则研究》，法律出版社 2003 年版，第 437 页。
〔3〕参见江伟、肖建国主编：《民事诉讼法》（第 8 版），中国人民大学出版社 2018 年版，第 199 页。
〔4〕参见江伟、肖建国主编：《民事诉讼法》（第 8 版），中国人民大学出版社 2018 年版，第 202 页。

程序法律事实，在劳动争议案件中是指能够引起仲裁或诉讼法律关系发生、变更、消灭的事实，如当事人是否适格、裁判机构是否具有管辖权、裁判者是否需要回避、代理人是否具有代理权限等。

作为法律专家的裁判者应当知晓案件所适用的法律，即使不知，也可以依职权进行调查了解。因此，一般情况下，案件所适用的法律是否存在及其内容，并不需要当事人加以证明。但是外国法、地方性法规以及习惯规则，裁判者则未必了解，因此就需要当事人对此加以证明。[1]

经验法则是指人类以经验归纳所获得的是有关事物因果关系或性质状态的法则或知识。众所周知的经验法则无需证明，但是若运用专门性经验法则并且该法则为一般人所不知时，则有必要对其加以证明。[2]

（二）无需证明的事实

无需证明的事实又称免证事实，是指在诉讼中当事人虽然就某一事实提出主张，但是免除其提供证据进行证明的责任。之所以要规定免证的事实，是为了防止因证明范围过宽，加重当事人的证明负担。

在劳动争议案件中，免证的事实主要有两类：一类是《民事诉讼证据规定》第 10 条第 1 款列举的 7 种事实，[3] 另一类则是对方当事人在诉讼中的自认。

1.《民事诉讼证据规定》第 10 条第 1 款列举的免证事实

（1）自然规律以及定理、定律。自然规律以及定理、定律已经经科学反复验证并为人们所认识，所以无需证明，并且其具有不可反驳性，当事人的自认、证人证言、专家意见与其不一致时，裁判者应当认定自然规律以及定理、定律的效力，排斥其他证据。[4]

（2）众所周知的事实，是指一定区域内为具有一定知识经验的一般人共同知晓的常识性事实。例如，农历八月十五为中国传统中秋节。对于众所周知的事实，无需提供证明，其属于司法认知的范畴。如果某事实仅为具有特定职业或地

---

〔1〕 参见张卫平：《民事诉讼法》（第 4 版），法律出版社 2016 年版，第 229 页。

〔2〕 参见江伟、肖建国主编：《民事诉讼法》（第 8 版），中国人民大学出版社 2018 年版，第 204 页。

〔3〕《民事诉讼证据规定》第 10 条规定，下列事实，当事人无须举证证明：（1）自然规律以及定理、定律；（2）众所周知的事实；（3）根据法律规定推定的事实；（4）根据已知的事实和日常生活经验法则推定出的另一事实；（5）已为仲裁机构的生效裁决所确认的事实；（6）已为人民法院发生法律效力的裁判所确认的基本事实；（7）已为有效公证文书所证明的事实。前款第 2 项至第 5 项事实，当事人有相反证据足以反驳的除外；第 6 项、第 7 项事实，当事人有相反证据足以推翻的除外。

〔4〕 参见江伟、肖建国主编：《民事诉讼法》（第 8 版），中国人民大学出版社 2018 年版，第 229 页。

位的人知悉，而非一般人知晓的，则不属于众所周知的事实。[1] 众所周知的事实作为免证事实并不是绝对的，依据《民事诉讼证据规定》第 10 条第 2 款的规定，当事人有相反证据足以反驳时，该事实不再是免证事实。

（3）根据法律规定推定的事实。其是指法律、法规、司法解释等明确规定，应当基于某一已知事实的存在而认定另一事实的存在。例如，《民法典》第 1222 条规定，基于法定情形可以推定医疗机构具有过错。根据法律规定推定的事实作为免证事实也不是绝对的，依据《民事诉讼证据规定》第 10 条第 2 款的规定，当事人有相反证据足以反驳时，该事实不再是免证事实。

（4）根据已知的事实和日常生活经验法则推定出的另一事实。例如，主张劳动关系存在的一方，虽然不能证明双方订立过劳动合同，但是其提供的证据能够证明其为对方当事人提供了劳动，接受对方的劳动管理，对方向其按月支付了劳动报酬，则裁判者足以根据这些事实推定出双方存在劳动关系。同样，当事人有相反证据足以反驳时，根据已知的事实和日常生活经验法则推定出的另一事实即不再是免证事实。

（5）已为仲裁机构的生效裁决所确认的事实。对于劳动争议案件来说，需要特别强调的是，对于反驳生效仲裁裁决书所确认事实的证明标准，《民事诉讼证据规定》改变了原来的民事诉讼法司法解释的规定。《民事诉讼法解释》第 93 条规定的证明标准是要达到“有相反证据足以推翻”的程度，而《民事诉讼证据规定》第 10 条降低了该反驳标准，规定否定生效仲裁裁决确认的事实，只要达到“有相反证据足以反驳”的程度，即只需要动摇裁判者对于该免证事实的内心确信，使其处于真伪不明的状态即可。[2]

（6）已为人民法院发生法律效力的裁判所确认的基本事实。并不是生效裁判确认的所有事实都属于免证事实。相比《民事诉讼法解释》，《民事诉讼证据规定》限缩了人民法院生效裁判确认事实的免证范围。按照《民事诉讼法解释》第 93 条的规定，法院生效裁判所确认的事实均属于免征事实，而《民事诉讼证据规定》第 10 条则规定，只有法院生效裁判确认的基本事实，才属于免证事实。什么是基本事实？按照《民事诉讼法解释》第 333 条的规定，[3] 基本事实是指用以

---

〔1〕 参见最高人民法院民事审判第一庭编著：《最高人民法院新民事诉讼证据规定理解与适用》（上），人民法院出版社 2020 年版，第 149 页。

〔2〕 参见最高人民法院民事审判第一庭编著：《最高人民法院新民事诉讼证据规定理解与适用》（上），人民法院出版社 2020 年版，第 162 页。

〔3〕《民事诉讼法解释》第 333 条规定，《民事诉讼法》第 177 条第 1 款第 3 项规定的基本事实，是指用以确定当事人主体资格、案件性质、民事权利义务等对原判决、裁定的结果有实质性影响的事实。

确定当事人主体资格、案件性质、民事权利义务等对判决、裁定的结果有实质性影响的事实。只有这样的事实才能成为预决事实，对后行诉讼具有预决效力。要否定已为人民法院发生法律效力的裁判所确认的基本事实，需要证据的证明力达到推翻该事实的程度，即达到提出证据证明相反事实成立的程度。[1]

（7）已为有效公证文书所证明的事实。与前一种事实一样，要否定已为有效公证文书所证明的事实，需要证据的证明力达到推翻该事实的程度，即达到提出证据证明相反事实成立的程度，也就是达到本证的证明标准。

2. 诉讼中的自认

自认是指当事人对不利于自己事实的承认。依据自认作出的场合，自认可以分为诉讼中的自认和诉讼外的自认。

所谓诉讼中的自认，顾名思义，就是指一方当事人在诉讼过程中就对方当事人主张的、于己不利的事实予以承认的行为，或者是一方当事人在诉讼中主动陈述的于己不利的事实。

诉讼外的自认，则是指当事人在本案诉讼过程之外或者不是向本案裁判者作出的，对不利于己的案件事实的承认。例如，张三对他人陈述其曾向李四借款一事，在陈述时被录了下来。后来，李四对张三提起返还借款之诉，在诉讼中李四向法院提供上述录音。在这个案例中，张三对借款事实的陈述，就构成诉讼外的自认。诉讼外的自认只有间接事实的作用。[2]

《民事诉讼证据规定》通过 7 个条文，系统全面地对诉讼中的自认制度作出规定。该规定第 3 条规定："在诉讼过程中，一方当事人陈述的于己不利的事实，或者对于己不利的事实明确表示承认的，另一方当事人无需举证证明。在证据交换、询问、调查过程中，或者在起诉状、答辩状、代理词等书面材料中，当事人明确承认于己不利的事实的，适用前款规定。"该条是自原《民事诉讼证据规定》第 8 条第 1 款、第 74 条和《民事诉讼法解释》第 92 条第 1 款修改而来，相比这些规定，新规定进一步将自认的场合从诉讼过程中、法庭审理中、书面材料中扩展到包括证据交换、询问、调查过程中。

《民事诉讼证据规定》第 4 条规定："一方当事人对于另一方当事人主张的于己不利的事实既不承认也不否认，经审判人员说明并询问后，其仍然不明确表示肯定或者否定的，视为对该事实的承认。"该条规定的是拟制自认，自原《民事诉讼证据规定》第 8 条第 2 款修改而来，删除了原规定中的"充分"二字，降低

〔1〕 参见最高人民法院民事审判第一庭编著：《最高人民法院新民事诉讼证据规定理解与适用》（上），人民法院出版社 2020 年版，第 161 页。

〔2〕 参见张卫平：《民事诉讼法》（第 4 版），法律出版社 2016 年版，第 231 页。

了审判人员的释明义务。

《民事诉讼证据规定》第5条规定：“当事人委托诉讼代理人参加诉讼的，除授权委托书明确排除的事项外，诉讼代理人的自认视为当事人的自认。当事人在场对诉讼代理人的自认明确否认的，不视为自认。”该条规定的是代理人自认的法律效果，修改自原《民事诉讼证据规定》第8条第3款，相比旧规定，实质性放宽了代理人自认的范围。原规定里，未经特别授权的代理人对事实的承认直接导致承认对方诉讼请求的，不适用自认规则；而新规定里，只要授权委托书没有明确排除的事项，诉讼代理人的自认都视为当事人的自认。

《民事诉讼证据规定》第6条规定：“普通共同诉讼中，共同诉讼人中一人或者数人作出的自认，对作出自认的当事人发生效力。必要共同诉讼中，共同诉讼人中一人或者数人作出自认而其他共同诉讼人予以否认的，不发生自认的效力。其他共同诉讼人既不承认也不否认，经审判人员说明并询问后仍然不明确表示意见的，视为全体共同诉讼人的自认。”该条规定了共同诉讼中，部分共同诉讼人自认的效力以及其他共同诉讼人的拟制自认。首先，在普通共同诉讼中，共同诉讼人中一人或者数人作出的自认，仅对作出自认的当事人发生效力，对未作出自认的其他当事人不发生自认的效果。其次，在必要共同诉讼中，共同诉讼人中一人或者数人作出自认而其他共同诉讼人予以否认的，不发生自认的效力。也就是说，如果其他共同诉讼人予以否认的，该自认不仅对其他共同诉讼人没有约束力，对自认者本人也不发生自认的法律效力；但是，其他必要共同诉讼人既不承认也不否认，经审判人员说明并询问后仍然不明确表示意见的，该自认被视为全体共同诉讼人的自认。

《民事诉讼证据规定》第7条规定：“一方当事人对于另一方当事人主张的于己不利的事实有所限制或者附加条件予以承认的，由人民法院综合案件情况决定是否构成自认。”该条规定的是部分自认和附条件自认应如何处理。

《民事诉讼证据规定》第8条规定，“《最高人民法院关于适用〈中华人民共和国民事诉讼法〉的解释》第九十六条第一款规定的事实，〔1〕不适用有关自认的规定。自认的事实与已经查明的事实不符的，人民法院不予确认”。〔2〕该条第1款规定了对自认适用范围的限制，也就是不适用自认的情形。为什么要对自认

〔1〕《民事诉讼法解释》第96条规定，《民事诉讼法》第67条第2款规定的人民法院认为审理案件需要的证据包括：（1）涉及可能损害国家利益、社会公共利益的；（2）涉及身份关系的；（3）涉及《民事诉讼法》第58条规定诉讼的；（4）当事人有恶意串通损害他人合法权益可能的；（5）涉及依职权追加当事人、中止诉讼、终结诉讼、回避等程序性事项的。除前款规定外，人民法院调查收集证据，应当依照当事人的申请进行。

〔2〕需要注意的是，《劳动争议裁审衔接意见一》第8条也作了基本相同的规定。

进行限制呢？因为自认属于当事人陈述，是证据的一种，属于民事诉讼的实体内容，应当由当事人决定，法院仅在特殊情况下，出于保护公共利益等需要进行有限介入。如果法院拥有广泛调查收集证据的职能，则既偏离了其作为中立裁判者的角色，也容易发生寻租行为，影响审判的公正性。基于此，反过来说，对法律、司法解释明确规定应由法院依职权调查收集的证据，就不能适用自认规则。这意味着，其一，对于《民事诉讼法解释》第 96 条第 1 款这 5 种不适用自认的情形，即使有当事人自认，法院仍可以要求另一方当事人继续举证证明；其二，必要时法院应当依职权调查取证。该条第 2 款规定，自认的事实与已经查明的事实不符的，人民法院不予确认。因为民事诉讼证明的目标在于发现真实，因此，当发现自认与已经查明的事实不符时，应当对当事人对事实的处分权进行限制。这里所指的已经查明的事实，包括法院依职权查明的事实，案外人举证证明的事实，以及当事人对自认反悔后，通过举证证明的事实。

《民事诉讼证据规定》第 9 条规定，“有下列情形之一，当事人在法庭辩论终结前撤销自认的，人民法院应当准许：（一）经对方当事人同意的；（二）自认是在受胁迫或者重大误解情况下作出的。人民法院准许当事人撤销自认的，应当作出口头或者书面裁定”。该条规定了自认的撤销，系从原《民事诉讼证据规定》第 8 条第 4 款修改完善而来。〔1〕与原规定相比，明确了对于准许撤销自认，应以裁定的方式作出，至于裁定的方式，书面和口头皆可。与原规定相比，放宽了对受胁迫或者重大误解情况下作出的自认的撤销，删除了“与事实不符”的限定条件，回归了撤销自认的基础即违背当事人真实意思；删除了“充分证据证明”的限定条件，减轻了当事人的举证证明责任。〔2〕《劳动争议裁审衔接意见一》第 9 条吸收了上述规定，将对自认的撤销延伸到仲裁环节。〔3〕需要强调的是，在当事人意图推翻自认但是又无法举证证明自认是在“受胁迫或者重大误解情况下”作出的情况下，依据《民事诉讼证据规定》第 8 条第 2 款，若其能够举证证明自认与事实不符，人民法院应以查明的事实作为裁判的基础。

另外，《民事诉讼法解释》第 107 条还规定了一种不适用自认的情形，即

---

〔1〕原《民事诉讼证据规定》第 8 条第 4 款规定，当事人在法庭辩论终结前撤回承认并经对方当事人同意，或者有充分证据证明其承认行为是在受胁迫或者重大误解情况下作出且与事实不符的，不能免除对方当事人的举证责任。

〔2〕参见最高人民法院民事审判第一庭编著：《最高人民法院新民事诉讼证据规定理解与适用》（上），人民法院出版社 2020 年版，第 141 页。

〔3〕《劳动争议裁审衔接意见一》第 9 条规定，当事人在诉讼程序中否认在仲裁程序中自认事实的，人民法院不予支持，但下列情形除外：（1）经对方当事人同意的；（2）自认是在受胁迫或者重大误解情况下作出的。

“在诉讼中，当事人为达成调解协议或者和解协议作出妥协而认可的事实，不得在后续的诉讼中作为对其不利的根据，但法律另有规定或者当事人均同意的除外”。这主要是考虑到，调解、和解往往涉及对事实的陈述，如果该陈述会被作为自认，当事人很可能就不愿意进行调解或者和解。并且有些当事人，为了达成调解或者和解，对部分事实不再纠缠，如果将此当作自认，可能既违背当事人的真实意思，也与事实真相不符。

二、劳动争议中的证明责任

证明责任又称举证责任、举证证明责任，是指待证事实处于真伪不明状态的时候，一方当事人需承担不利的法律后果。《民事诉讼法解释》使用的是“举证证明责任”概念，其意图表明证明责任包括行为意义上的证明责任和结果意义上的证明责任这两层含义。前者是指对于待证事实应当由谁提出证据加以证明的责任，后者是指当待证事实的存在与否最终处于真伪不明的状态时，应当由谁承担因此产生的不利法律后果的责任。[1]

比如，劳动者要求用人单位发放工资的，就需要证明自己与用人单位存在劳动关系，如果无法证明与用人单位存在劳动关系的，劳动者要求用人单位发放工资的请求就无法获得支持。

证明责任的分配，又称举证责任的分配、证明责任的分担，是指按照一定的标准，将事实真伪不明时所要承担的不利后果在当事人之间进行划分。在劳动争议案件中，证明责任的分配主要遵循以下规则。

（一）一般规则——“谁主张，谁举证”

《民事诉讼法》第67条第1款规定，当事人对自己提出的主张，有责任提供证据。这是普通的民事诉讼中证明责任分配的一般规则——“谁主张，谁举证”。劳动争议案件中的举证责任分配原则上也遵循普通民事诉讼中规则，即“谁主张，谁举证”。这从《劳动争议调解仲裁法》第6条的第一句话就能看出来。[2]并且，如果不要求劳动者提出证据对其主张加以证明，就会因主张者没有成本而随意启动劳动争议程序，不仅浪费有限的仲裁和诉讼资源，也会给对方当事人造成损失。因此，“谁主张，谁举证”，也应被视为劳动争议案件中证明责任分配的

---

〔1〕 参见江伟、肖建国主编：《民事诉讼法》（第8版），中国人民大学出版社2018年版，第211页。

〔2〕《劳动争议调解仲裁法》第6条规定，发生劳动争议，当事人对自己提出的主张有责任提供证据。与争议事项有关的证据属于用人单位掌握管理的，用人单位应当提供；用人单位不提供的，应当承担不利后果。

基本规则。一般情况下，如果当事人不能提供证据对其所主张的事实加以证明，或虽提供了证据但不能使得仲裁员或法官对待证事实产生内心确信，当事人将承担败诉的风险。

《民事诉讼法解释》第90条进一步明确了“谁主张，谁举证”的意义及法律后果：当事人对自己提出的诉讼请求所依据的事实或者反驳对方诉讼请求所依据的事实，应当提供证据加以证明，但法律另有规定的除外。在作出判决前，当事人未能提供证据或者证据不足以证明其事实主张的，由负有举证证明责任的当事人承担不利的后果。

《民事诉讼法解释》第91条对“谁主张，谁举证”规则的具体运用作了细化规定：人民法院应当依照下列原则确定举证证明责任的承担，但法律另有规定的除外：（1）主张法律关系存在的当事人，应当对产生该法律关系的基本事实承担举证证明责任；（2）主张法律关系变更、消灭或者权利受到妨害的当事人，应当对该法律关系变更、消灭或者权利受到妨害的基本事实承担举证证明责任。

比如，劳动者主张与某公司存在劳动关系，而该公司否认的，劳动者作为主张劳动关系存在的一方，应当对产生该劳动关系的基本事实承担举证证明责任；用人单位主张已经与劳动者就工资标准协商变更的，应当对该协商变更的基本事实承担举证证明责任。

（二）例外——证明责任的特殊考量

任何原则都有例外，在证明责任分配方面，需要考虑当事人举证的能力，以及举证的可能性和现实性。在劳动关系中，用人单位掌握着生产资料要素的配置权，对劳动者的人事管理权和奖惩权。用人单位还决定着劳动力的内部调配以及单位内部劳动力资源的整体性的垄断权。也就是说，在劳动关系中，用人单位处于强势地位，劳动者普遍处于弱势地位，这就导致一旦发生纠纷，很多证据都在用人单位的掌控之中，如各种劳动人事资料都是用人单位在保管，劳动者无法获取这些证据材料。基于这一点，在劳动争议案件的证明责任分配上，应在公正优先的前提下，尽可能均衡保护劳动者及用人单位双方的利益。

1. 由离证据近者举证

证据应当由离证据最近的一方提供，让离证据远的人承担举证责任可能有失公允。因此，《劳动争议调解仲裁法》第6条规定，“与争议事项有关的证据属于用人单位掌握管理的，用人单位应当提供；用人单位不提供的，应当承担不利后果”。《民事诉讼证据规定》第48条第1款进一步明确了不利后果的内容：“控制书证的当事人无正当理由拒不提交书证的，人民法院可以认定对方当事人所主张的书证内容为真实。”当然，这并不是说在任何情形下用人单位掌握管理的证据都要由其举证，比如，人事经理请求支付未订立书面劳动合同的2倍工资，用人单位抗辩称，其与人事经理订立了书面劳动合同，但是单位的劳动合同就是由该人事经理掌握保管的，人事经理擅自拿走了书面劳动合同；公司还提供有效证据证明了人事经理确实负责保管单位的劳动合同，在这种情况下，就不能仅因为用人单位未提供劳动合同就断然令其承担不利后果，因为，该证据离人事经理更近。

案例85　高某诉H教育公司支付竞业限制经济补偿案[1]

——由离证据近者举证

【基本案情】

高某于2015年11月入职H教育公司，于2018年8月离职。双方签订竞业限制协议，约定于高某离职时发放股票期权若干作为竞业限制经济补偿。后来，高某起诉主张离职时公司未向其支付竞业限制经济补偿。

H教育公司提交银行回单，证明高某离职时向其支付了12344.64元的预付行权价以保留期权，公司通过保留期权的方式支付了竞业限制补偿。高某则主张，其在与公司订立第一份劳动合同后，公司授予其3万股期权，具体的期权归属条件是，工作满2年之后可以归属1.5万股，之后每工作1个月可以归属1/24。第一份劳动合同到期后，双方续订了劳动合同，公司又授予其1万股期权，具体的期权归属条件是，工作满2年之后可以归属0.5万股，之后每工作1个月可以归属1/24。在其离职时，已经因为在公司工作2年多，获得了21250股期权的归属，具备行权资格，其支付的就是支付上述已经获得行权资格部分的期权的预付行权价。该次行权与竞业限制协议中公司承诺的于其离职时向其发放的作为竞业限制补偿的期权，并非同一笔期权。对于高某就股票期权行过几次权，H教育公司表示不清楚。为查清高某被授予过几次股票期权、期权的归属数量、行权次数，以及双方就股票期权的归属条件、行权时间、行权价格等所作的具体约定，法院要求双方当事人提交签订的期权授予协议等相关协议。高某称，当时签了很多期权授予相关的协议，并且都是英文版本，他签字以后协议都被公司收走了，自己手中并没有协议。H教育公司在一审和二审庭审中均表示同意提交，但始终未予提交。

---

〔1〕参见北京市第一中级人民法院民事判决书，(2021)京01民终1751号。

【裁判要点】

高某就行权的相关的主张符合股票期权的一般常识，具有合理性，而法院为查清事实，要求公司提交双方签订的期权授予协议等相关协议，公司表示同意提交却未予提交。在此情形下，H教育公司应当承担不提供相关证据的不利后果。因此，法院推定高某的相关陈述属实，进而认定其于离职时支付预付行权价的行权标的，与竞业限制协议中公司承诺的作为履行保密和不竞争义务对价的股票期权，并非同一笔期权，J教育公司仍需向高某给付竞业限制经济补偿。

【延伸思考】

在这个案例中，劳动者称当时签了很多期权授予相关的协议，并且都是英文版本，签字以后协议都被公司收走，自己手中并没有协议。劳动者的说法具有一定的可信性，在实践中，用人单位往往会在劳动者签字之后将期权相关协议收走自己保管。因此，本案中，法院根据由离证据近者举证的规则，让用人单位一方提交相关协议，虽然用人单位在一审和二审庭审中都同意提交协议，但是实际上一直没有提交。因此，法院根据证明责任分配规则，判定由用人单位承担举证不能的不利后果，即认定高某的主张为真实。

2. 证明责任专属

《劳动争议司法解释一》第44条规定，“因用人单位作出的开除、除名、辞退、解除劳动合同、减少劳动报酬、计算劳动者工作年限等决定而发生的劳动争议，用人单位负举证责任”。之所以如此规定，是因为在劳动管理中，用人单位针对劳动者单方作出决定的行为，类似于具体行政行为，在劳动争议处理中由用人单位负证明责任与行政诉讼中由行政机关负证明责任同理。[1]

3. 证明责任倒置

证明责任倒置，是指根据法律法规规定，将通常情形下本应由提出主张的一方当事人承担的证明责任，转由对方当事人就此种事实存在或不存在承担证明责任，如果对方当事人不能就此举证证明，则推定主张一方所主张的事实成立。证明责任倒置是为了弥补“谁主张，谁举证”规则的不足，针对一些特殊情况所做的制度设置。典型的例如，《工伤保险条例》第19条第2款规定：“职工或者其近亲属认为是工伤，用人单位不认为是工伤的，由用人单位承担举证责任。”《工伤认定办法》第17条进一步规定：“职工或者其近亲属认为是工伤，用人单位不认为是工伤的，由该用人单位承担举证责任。用人单位拒不举证的，社会保险行政部门可以根据受伤害职工提供的证据或者调查取得的证据，依法作出工伤认定

〔1〕参见王全兴：《劳动法》（第4版），法律出版社2017年版，第493页。

决定。”

4. 公平原则、诚信原则兜底

由于法律规定的预定性和滞后性，可能会出现现行的法律和司法解释中并没有具体规定由谁承担证明责任的情形，在此情况下可以由裁判者根据公平原则和诚信原则，结合当事人的举证能力确定的证明责任承担的对象。

《劳动人事争议仲裁办案规则》第 14 条对此作出了规定：“法律没有具体规定、按照本规则第十三条规定无法确定举证责任承担的，仲裁庭可以根据公平原则和诚实信用原则，综合当事人举证能力等因素确定举证责任的承担。”该规则也可以为劳动争议诉讼中确定证明责任所借鉴。

比如，在实践中，有劳动者起诉要求用人单位向其支付违法解除劳动合同经济赔偿金，理由是用人单位口头通知与其解除劳动合同，但是由于事发突然，其并没有留下录音录像等证据。用人单位抗辩称，其没有口头解除劳动合同，是劳动者从某一天开始就不来了，所以应当视为劳动者自动离职。对于一个管理规范的用人单位来说，当有劳动者不辞而别时，用人单位理应对双方的劳动关系作出处理，如与劳动者进行联系和沟通，或者通知劳动者限期回到工作岗位，等等，但是用人单位未能提举类似证据。在这种情形下，有判例就根据公平原则，对证明责任进行分配，既不认定用人单位单方违法解除，也不认定劳动者不辞而别，而是认定双方的劳动关系以一种类似于协商一致的方式解除，从而平衡双方的利益。

三、劳动争议中的证明标准

所谓证明标准，是指在仲裁和诉讼活动中，当事人对于待证事实的证明所应达到的最低程度。它是一个最低要求，只要当事人对于待证事实的证明达到或者高于该标准时，裁判者就应当依法对该事实的存在或者不存在作出相应的评价。

在劳动仲裁和诉讼中，负有举证责任的一方当事人，对于待证事实的证明程度，直接影响仲裁员和法官对待证事实的内心确信，从而直接影响到案件结果。但是立法者考虑到，不同的事实其证明的难易程度是不一样的，并且不同的事实对对方当事人的影响程度也有很大差异，因此，法律对不同的事实所规定的确定标准也是不一样的。不同层级的证明标准交织在一起，形成了证明标准体系。

（一）一般证明标准

一般证明标准是指能够普遍适用于一般情形的证明标准。证明标准具有主观性和模糊性，不同的人，对于同一个证明情况，可能会对争议事实的存在与否作出不同的评价，因此，要想精确界定是很困难的。在世界范围内，大陆法系和英美法系对于一般证明标准的规定也是不一样的。

大陆法系普遍采用的是高度盖然性证明标准。比如，在德国，一般证明标准是指在穷尽了可以获得的证据之后，如果仍然达不到75%的证明标准，则应当认定事实不存在；超过75%的，应当认定待证事实存在。

在英美法系，主要采用的则是盖然性标准，也称优势证据标准，是指当事人必须证明他所主张的事实存在的可能性大于不存在的可能性，它要求一方当事人提供的证据比另一方的证据更具有说服力或者更令人相信。也就是说，只要一方当事人证据的优势超过50%，他就可以胜诉。

在我国，关于一般证明标准，《民事诉讼法解释》第108条第1款采用的是大陆法系的高度盖然性标准。该款规定，对负有举证证明责任的当事人提供的证据，人民法院经审查并结合相关事实，确信待证事实的存在具有高度可能性的，应当认定该事实存在。高度盖然性标准是在现有证据对待证事实的证明无法达到完全还原客观真实的情况下，基于对事物发展的盖然性规律的科学认识所确立的认定案件事实的证明规则。一方面，它要求人民法院只有确信待证事实的存在具有“高度可能性”才能认定该事实存在，这样就可以减少案件事实认定错误的可能性；另一方面，它并不要求人民法院对待证事实达到绝对确信的程度，从而使权利人更容易获得司法救济，并提高诉讼效率。[1]

（二）更高的证明标准

有些事实的认定对于对方当事人来说影响更为重大，就有必要在证明标准上作出要求更高的特殊规定。因此，《民事诉讼法解释》第109条规定，负有举证证明责任的一方对欺诈、胁迫、恶意串通事实的证明以及对口头遗嘱或者赠与事实的证明，必须达到令人民法院确信该待证事实存在的可能性能够排除合理怀疑的程度，人民法院才能认定该事实存在。《民事诉讼证据规定》第86条第1款再次强调了该证明标准。

（三）降低的证明标准

为了更好地保障当事人合法权益不被侵害，维护司法公正，对于一些程序性事实的证明，有必要降低其证明标准。实际上《民事诉讼法》第47条中有“与本案当事人、诉讼代理人有其他关系，可能影响对案件公正审理的”审判人员需

---

〔1〕参见江伟、肖建国主编：《民事诉讼法》（第8版），中国人民大学出版社2018年版，第220页。

要回避的规定，这里的“可能”就意味着证明标准的降低。也就是说，只要当事人能够证明审判人员存在一定程度“影响对案件公正审理”的可能性，就可以认定审判人员需要回避。

2019年修正后的《民事诉讼证据规定》则首次明确了降低的证明标准，主要针对的就是程序性事实的认定。《民事诉讼证据规定》第86条第2款规定，与诉讼保全、回避等程序事项有关的事实，人民法院结合当事人的说明及相关证据，认为有关事实存在的可能性较大的，可以认定该事实存在。这里所谓的“可能性较大”，是一种高于真伪不明，但又未达到高度盖然性的标准。[1]

（四）反驳的证明标准

在劳动争议案件中，负有举证责任的当事人需积极举证，使裁判者就待证事实的存在形成确信；反之，不负举证责任的对方当事人为避免败诉，亦有必要及时提出反证对对方的主张进行反驳，以动摇裁判者可能形成的内心确信。所谓反驳的证明标准，即是指对待证事实不负举证责任的一方当事人，为反驳对方主张时所提供证据所要达到的证明标准。

1. 一般的反驳标准

对于反驳所要达到的证明标准，《民事诉讼法解释》第108条第2款作出了明确的规定。该款规定，对一方当事人为反驳负有举证证明责任的当事人所主张事实而提供的证据，人民法院经审查并结合相关事实，认为待证事实真伪不明的，应当认定该事实不存在。

显然，这个证明标准要低于高度盖然性标准，即对于反驳证据的证明标准来说，只要能够动摇裁判者的内心确信，使负有举证责任的一方当事人达不到证明标准的最低要求，令待证事实陷入真伪不明的状态就可以了。有一些司法解释明确表述为“足以反驳”的证明标准，也是一般的反驳标准。比如，对于《民事诉讼证据规定》第10条所提到的众所周知的事实、根据法律规定推定的事实、根据已知的事实和日常生活经验法则推定出的另一事实、已为仲裁机构的生效裁决所确认的事实，反驳一方的当事人不需要举证来推翻该事实，而只要其有相反证据足以反驳该事实即可。也就是说，反驳一方只需要动摇免证事实对裁判者形成的内心确信，使免证事实陷入真伪不明的状态即可。

---

〔1〕 参见最高人民法院民事审判第一庭编著：《最高人民法院新民事诉讼证据规定理解与适用》（下），人民法院出版社2020年版，第756页。

案例86　夏某诉Z公司工资差额案[1]

——反驳要达到令待证事实真伪不明的证明标准

【基本案情】

夏某于2014年11月入职Z公司，担任大客户经理，后经两次调岗至清欠办督导岗位，主要负责催收公司客户的欠收账款。

后来双方就工资标准产生争议，夏某遂诉至法院，请求Z公司向其支付2017年6月1日至2017年8月31日的工资差额7000元。夏某主张其入职时工资标准为10000元，2016年1月1日工作岗位调整至清欠办督导后，工资标准调整为12000元。主要证据有两个，一个是Z公司致签证官的英文信件及翻译件，该信件中载明夏某年薪150000元人民币。另一个则是Z公司委托代理人在本案劳动仲裁庭审中述称夏某的月工资为12000元。Z公司则反驳称其委托代理人仲裁期间的陈述是口误，并表示夏某转正后工资标准一直为10000元，从未变化调整，并提交以下反驳证据：一是夏某在要求其公司支付违法解除劳动合同赔偿金的另案中，在劳动仲裁申请书中自述月工资为10000元，并以该工资标准为基数，要求其公司支付相应金额的赔偿金。该案仲裁裁决以10000元为标准裁决Z公司向夏某支付赔偿金，夏某未就仲裁裁决起诉。二是《岗位/薪资告知单》、两份《员工异动申请表》及银行转账明细。《岗位/薪资告知单》显示夏某试用期工资8000元，转正后工资10000元，夏某在本人确认处签名。第一份《员工异动申请表》显示夏某由社会资源部调整至推广中心大项目部，异动类别为调岗，薪酬待遇处无变化，夏某在本人同意并确认异动处签名。第二份《员工异动申请表》显示夏某由推广中心大客户经理调动至清欠督导，异动类别为调岗，薪酬待遇处无变化，夏某在本人同意并确认异动处签名。银行明细显示转正后夏某的银行每月实发工资均在8000元左右，并无大的波动变化。

【裁判要点】

生效判决认为，夏某主张其月工资从10000元涨至12000元，并提供了Z公司致签证官的信件、Z公司委托代理人在仲裁庭审中的陈述为证。但是其在另案的劳动仲裁申请书中自述月工资为10000元，《岗位/薪资告知单》显示其转正后月工资为10000元，两份《员工异动申请表》显示，其在经历两次调岗后，薪酬待遇均无变化，银行交易明细亦显示，在其工作岗位调整前后，工资实发金额并无上涨趋势。综合考察双方当事人提交的证据，Z公司的反驳使夏某主张的"工

---

〔1〕参见北京市第一中级人民法院民事判决书，(2018) 京01民终7616号。

资从10000元升至12000元”这一待证事实处于真伪不明的状态。因此，根据《民事诉讼法解释》第108条第2款的规定，法院无法认定夏某月工资为12000元，判决驳回夏某的该项诉讼请求。

【延伸思考】

在本案中，双方当事人就夏某的工资标准都曾经作出于己不利的陈述。一方面，夏某就其主张的高工资标准提供了具有英文信件、翻译件以及对方代理人作出的自认，上述证据对证明夏某主张的工资标准是具有一定的证明力的。另一方面，Z公司为反驳夏某主张所提供的《岗位/薪资告知单》、《员工异动申请表》、银行转账明细特别是夏某在另案中的自认，对于反驳夏某的主张同样具有一定的证明力。在此种情形下，法院通过比对双方当事人所提举证据的证明力，认定Z公司提举的证据已经达到《民事诉讼法解释》第108条第2款确定的反驳证据所要达到的证明标准，即令待证事实真伪不明，从而对夏某主张的工资标准不予采信。

2. 较强的反驳标准

除了前述一般标准之外，有一些特殊的反驳标准比较高，要达到证明相反事实成立的程度，即前文所述的高度盖然性标准，在法条中经常表述为“足以推翻”标准。比如，对于《民事诉讼证据规定》第10条所提到的已为人民法院发生法律效力的裁判所确认的基本事实、已为有效公证文书所证明的事实，还有《民事诉讼法解释》第114条提到的“国家机关或者其他依法具有社会管理职能的组织，在其职权范围内制作的文书所记载的事项”，反驳的一方当事人提供的证据必须达到“足以推翻”的程度，也就是说，要达到证明相反事实成立的程度，即本证中的高度可能性标准。

第二十讲

劳动争议的裁审衔接

第一节　不同类型仲裁裁决的裁审衔接

一、终局裁决

劳动争议终局裁决是指《劳动争议调解仲裁法》第47条规定的两种裁决。该条规定："下列劳动争议，除本法另有规定的外，仲裁裁决为终局裁决，裁决书自作出之日起发生法律效力：（一）追索劳动报酬、工伤医疗费、经济补偿或者赔偿金，不超过当地月最低工资标准十二个月金额的争议；（二）因执行国家的劳动标准在工作时间、休息休假、社会保险等方面发生的争议。"

由此可见，终局裁决原则上自作出之日即生效，但是"除本法另有规定的外"。所谓"除本法另有规定的外"，一是指劳动者不服前述终局裁决，依据《劳动争议调解仲裁法》第48条规定向人民法院提起诉讼，此时，前述终局裁决并不发生法律效力。二是指用人单位向劳动争议仲裁机构所在地的中级人民法院申请撤销的，此时，终局裁决也不发生法律效力，劳动者向人民法院申请执行的，人民法院应当裁定中止执行。[1] 因此，如果劳动者未针对终局裁决起诉，用人单位也未申请撤销裁决的，依据《劳动争议调解仲裁法》第47条的规定，裁决书自作出之日起发生法律效力。

用人单位有证据证明终局裁决有下列情形之一，可以自收到仲裁裁决书之日起30日内向劳动争议仲裁委员会所在地的中级人民法院申请撤销裁决：（1）适用法律、法规确有错误的；（2）劳动争议仲裁委员会无管辖权的；（3）违反法定程序的；（4）裁决所根据的证据是伪造的；（5）对方当事人隐瞒了足以影响公正裁决的证据的；（6）仲裁员在仲裁该案时有索贿受贿、徇私舞弊、枉法裁决行为的。中级人民法院审理用人单位申请撤销终局裁决的案件，应当组成合议庭开庭审理。经过阅卷、调查和询问当事人，对没有新的事实、证据或者理由，合议庭

〔1〕参见《劳动争议司法解释一》第25条。

认为不需要开庭审理的，可以不开庭审理。人民法院经审查核实裁决有前述6种情形之一的，应当裁定撤销。中级人民法院作出的驳回申请或者撤销仲裁裁决的裁定为终审裁定。中级人民法院在审理撤销案件时，可以组织双方当事人调解。达成调解协议的，可以制作调解书。一方当事人逾期不履行调解协议的，另一方可以申请人民法院强制执行。[1] 当事人对部分终局裁决事项达成调解协议的，中级人民法院可以对达成调解协议的事项出具调解书；对未达成调解协议的事项进行审理，作出驳回申请或者撤销仲裁裁决的裁定。[2] 仲裁裁决被人民法院裁定撤销的，当事人可以自收到裁定书之日起15日内就该劳动争议事项向人民法院提起诉讼。[3]

就终局裁决，用人单位不能直接提起诉讼。劳动者向基层人民法院提起诉讼，用人单位向中级人民法院申请撤销仲裁裁决的，中级人民法院应当不予受理；已经受理的，应当裁定驳回申请。劳动者被人民法院驳回起诉或者撤诉的，用人单位可以自收到裁定书之日起30日内，向劳动争议仲裁机构所在地的中级人民法院申请撤销仲裁裁决。[4] 劳动者向基层人民法院提起诉讼，中级人民法院对用人单位撤销终局裁决的申请不予受理或者裁定驳回申请的，依据《劳动争议裁审衔接意见一》的规定，用人单位也可以直接在劳动者起诉的案件中主张终局裁决存在《劳动争议调解仲裁法》第49条第1款规定情形，此时，基层人民法院应当一并审理。[5]

但是，对于该规定引出的两个问题需要明确：（1）用人单位虽然可以直接在劳动者起诉的案件中主张终局裁决存在可撤销的情形，但这只是从简化劳动争议处理程序和缩短劳动争议处理周期的角度所作的规定，因此，用人单位的诉讼地位并非原告，也并非申请人，仍然只是被告，其可以以终局裁决存在可撤销的情形作为抗辩理由，却不能提出独立的诉讼请求。（2）如果人民法院经审理认为仲裁裁决确实存在可撤销的情形，是由基层人民法院直接撤销仲裁裁决的同时对劳动者的诉讼请求一并作出裁决，还是仅裁定撤销仲裁裁决，然后依据《劳动争议调解仲裁法》第49条第3款规定，告知双方当事人可以自收到裁定书之日起15日内就该劳动争议事项向人民法院提起诉讼？个人认为，如果基层人民法院在裁定撤销仲裁裁决的同时，对劳动者提出的诉讼请求直接作出裁决，则由于用人单位在该案件中并无提出诉讼请求的资格，这就导致在用人单位一方也想起诉的情

---

〔1〕参见《劳动争议调解仲裁法》第49条第1、2款，《劳动争议司法解释一》第22、23条。

〔2〕参见《劳动争议裁审衔接意见一》第14条。

〔3〕参见《劳动争议调解仲裁法》第49条第3款。

〔4〕参见《劳动争议司法解释一》第21条。

〔5〕参见《劳动争议裁审衔接意见一》第13条。

况下，用人单位的请求实际上并没有得到诉讼处理，其可能仍会依据《劳动争议调解仲裁法》第49条第3款的规定，提起另一个诉讼。这样的话，整个劳动争议的处理程序和处理周期并没有简化和缩短，还导致原来一个劳动仲裁案件分裂为两个诉讼案件，不利于合并审理查清案件事实，甚至会由此导致矛盾裁决的出现。因此，笔者认为，如果基层人民法院经审理认为仲裁裁决确实存在可撤销的情形，应当仅裁定撤销仲裁裁决，然后类推适用《劳动争议调解仲裁法》第49条第3款规定，告知双方当事人可以自收到裁定书之日起15日内就该劳动争议事项向人民法院提起诉讼。

审理申请撤销终局裁决案件的中级人民法院认为该案件必须以非终局裁决案件的审理结果为依据，另案尚未审结的，可以中止诉讼。〔1〕

劳动争议仲裁机构作出的同一仲裁裁决同时包含终局裁决事项和非终局裁决事项，当事人不服该仲裁裁决向人民法院提起诉讼的，应当按照非终局裁决处理。〔2〕

仲裁裁决是不是仲裁裁决，以仲裁裁决书确定的为准。也就是说，如果仲裁裁决书明确载明该裁决是终局裁决，则该裁决就确定是终局裁决。如果仲裁裁决书明确载明其是非终局裁决，或者载明当事人均可以自收到仲裁裁决书之日起15日内向人民法院提起诉讼的，则该裁决就确定是非终局裁决。如果仲裁裁决书既没有明确载明其为终局裁决，也没有明确其为非终局裁决，用人单位不服该仲裁裁决向基层人民法院提起诉讼的，应当按照以下情形分别处理：经审查认为该仲裁裁决为非终局裁决的，基层人民法院应予受理；经审查认为该仲裁裁决为终局裁决的，基层人民法院不予受理，但应告知用人单位可以自收到不予受理裁定书之日起30日内向劳动争议仲裁机构所在地的中级人民法院申请撤销该仲裁裁决；已经受理的，裁定驳回起诉。〔3〕

如果仲裁裁决书既没有明确载明其为终局裁决，也没有明确其为非终局裁决，根据《劳动争议司法解释一》第19条的规定，仲裁裁决仅涉及追索劳动报酬、工伤医疗费、经济补偿或者赔偿金，每项确定的数额均不超过当地月最低工资标准12个月金额的，人民法院按照终局裁决处理。〔4〕但是《劳动争议裁审衔接意见一》将终局裁决的适用范围进一步进行了扩展，根据该意见，人民法院可以依据以下标准审查该裁决是否为终局裁决——仲裁裁决仅涉及下列事项，每项

〔1〕参见《劳动争议裁审衔接意见一》第12条第2款。

〔2〕参见《劳动争议司法解释一》第20条。

〔3〕参见《劳动争议司法解释一》第18条。

〔4〕参见《劳动争议司法解释一》第19条。

裁决的金额均不超过当地月最低工资标准12个月金额的，为终局裁决：（1）劳动者在法定标准工作时间内提供正常劳动的工资；（2）停工留薪期工资或者病假工资；（3）用人单位未提前通知劳动者解除劳动合同的一个月工资；（4）工伤医疗费；（5）竞业限制的经济补偿；（6）解除或者终止劳动合同的经济补偿；（7）《劳动合同法》第82条规定的第二倍工资；（8）违法约定试用期的赔偿金；（9）违法解除或者终止劳动合同的赔偿金；（10）其他劳动报酬、经济补偿或者赔偿金。但是，裁决事项涉及确认劳动关系的，该裁决为非终局裁决。[1] 在劳动者申请仲裁时遇到当地调整最低工资标准的，就“当地月最低工资标准12个月金额”中的月最低工资标准到底是以调整前的为准还是以调整后的为准，实践中存有争议。笔者认为，结合《劳动争议调解仲裁法》第47条的立法目的，最低工资标准以裁决作出时的为准较为妥当。

二、非终局裁决

非终局裁决也称普通裁决，是指当事人对终局裁决之外的劳动争议仲裁裁决不服，依据《劳动争议调解仲裁法》第50条的规定，自收到仲裁裁决书之日起15日内向人民法院提起诉讼；期满不起诉的，裁决书发生法律效力。[2]

需要注意的是，非终局裁决与终局裁决的生效时间不一样。对于终局裁决，如果劳动者未针对终局裁决起诉，用人单位也未申请撤销裁决的，依据《劳动争议调解仲裁法》第47条的规定，裁决书自作出之日起发生法律效力。对于非终局裁决，依据《劳动争议调解仲裁法》第50条的规定，当事人未在法定期限内起诉的，裁决书自起诉期满才发生法律效力。

三、先予执行裁决

《劳动争议调解仲裁法》第44条规定，劳动仲裁机构对追索劳动报酬、工伤医疗费、经济补偿或者赔偿金的案件，根据当事人的申请，可以裁决先予执行，移送人民法院执行。裁决先予执行的，应当符合下列条件：当事人之间权利义务关系明确；不先予执行将严重影响申请人的生活。劳动者申请先予执行的，可以不提供担保。

当事人不服劳动争议仲裁机构作出的预先支付劳动者劳动报酬、工伤医疗费、经济补偿或者赔偿金的裁决，依法提起诉讼的，人民法院不予受理。用人单

---

〔1〕 参见《劳动争议裁审衔接意见一》第10、11条。
〔2〕 参见《劳动争议调解仲裁法》第50条。

位不履行上述裁决中的给付义务，劳动者依法申请强制执行的，人民法院应予受理。[1]

由上述规定可见，先予执行裁决自裁决书作出之日即发生法律效力。但是，先予执行后，被执行的用人单位在仲裁中获得支持的，如何处理？在普通民事诉讼中，先予执行制度在申请人败诉的情况下所采取的措施是还原，即执行回转。在劳动争议案件中，笔者认为，如果当事人没有起诉，仲裁裁决生效后，人民法院应当责令劳动者返还因先予执行所得到的利益，劳动者不返还的，用人单位可以申请强制执行；如果当事人起诉了，则不应立即执行回转，而应等待人民法院作出生效判决后再执行回转。

第二节　裁审衔接中的重要问题

一、仲裁裁决的生效

仲裁裁决生效，即仲裁裁决发生法律效力。仲裁裁决生效后，即具备法律的既定执行力，义务人应当自觉执行，否则，权利人可以向人民法院申请强制执行。[2]

如前所述，就终局裁决，如果劳动者未针对终局裁决起诉，用人单位也未申请撤销裁决的，依据《劳动争议调解仲裁法》第47条的规定，裁决书自作出之日起发生法律效力。就非终局裁决，依据《劳动争议调解仲裁法》第50条的规定，当事人未在法定期限内起诉的，裁决书自起诉期满才发生法律效力。先予执行裁决自裁决书作出之日即发生法律效力。

劳动争议仲裁机构作出仲裁裁决后，当事人对裁决中的部分事项不服，依法提起诉讼的，劳动争议仲裁裁决不发生法律效力。[3] 需要注意的是，根据最高人民法院《对劳动部〈关于人民法院审理劳动争议案件几个问题的函〉的答复》[法（经）函〔1989〕53号] 第2条的规定，劳动争议当事人对仲裁决定不服，向人民法院起诉的，人民法院仍应以争议的双方为诉讼当事人，不应将劳动争议仲裁委员会列为被告或者第三人。在判决书、裁定书、调解书中也不应含有撤销或者维持仲裁决定的内容。

对人民法院裁定准予撤诉或驳回起诉后，劳动争议仲裁裁决从何时起生效的问题，最高人民法院《关于人民法院对经劳动争议仲裁裁决的纠纷准予撤诉或驳

---

〔1〕参见《劳动争议司法解释一》第10条。
〔2〕参见《劳动争议调解仲裁法》第51条。
〔3〕参见《劳动争议司法解释一》第16条。

回起诉后劳动争议仲裁裁决从何时起生效的解释》（法释〔2000〕18号）专门作出规定：（1）当事人不服劳动争议仲裁裁决向人民法院起诉后又申请撤诉，经人民法院审查准予撤诉的，原仲裁裁决自人民法院裁定送达当事人之日起发生法律效力。（2）当事人因超过起诉期间而被人民法院裁定驳回起诉的，原仲裁裁决自起诉期间届满之次日起恢复法律效力。（3）因仲裁裁决确定的主体资格错误或仲裁裁决事项不属于劳动争议，被人民法院驳回起诉的，原仲裁裁决不发生法律效力。

同样，对于当事人不服劳动争议仲裁裁决向人民法院起诉后，因无正当理由拒不到庭或者未经法庭同意中途退庭，人民法院按撤诉处理的，可以类推适用上述最高人民法院《关于人民法院对经劳动争议仲裁裁决的纠纷准予撤诉或驳回起诉后劳动争议仲裁裁决从何时起生效的解释》第1条规定，认定原仲裁裁决自人民法院裁定送达当事人之日起发生法律效力。

仲裁裁决因人民法院裁定准许当事人撤诉、按撤诉处理等原因生效后，当事人再就相同的事项向劳动争议仲裁机构及人民法院主张权利的，劳动争议仲裁机构不应予以受理。[1] 同样，人民法院亦不应予以受理。

在群体劳动争议中，劳动争议仲裁机构对多个劳动者的劳动争议作出仲裁裁决后，部分劳动者对仲裁裁决不服，依法提起诉讼的，仲裁裁决对提起诉讼的劳动者不发生法律效力；对未提起诉讼的部分劳动者，发生法律效力，如其申请执行的，人民法院应当受理。[2]

二、可以不经仲裁直接起诉的情形

劳动争议，可以不经劳动仲裁前置程序直接起诉的主要有以下几种情形。

一是《劳动争议司法解释一》第15条规定的，劳动者以用人单位的工资欠条为证据直接提起诉讼，诉讼请求不涉及劳动关系其他争议的，视为拖欠劳动报酬争议，人民法院按照普通民事纠纷受理。

二是《劳动争议司法解释一》第51条规定的，当事人在上述调解组织主持下达成的具有劳动权利义务内容的调解协议，具有劳动合同的约束力，可以作为人民法院裁判的根据。当事人在上述调解组织主持下仅就劳动报酬争议达成调解协议，用人单位不履行调解协议确定的给付义务，劳动者直接提起诉讼的，人民法院可以按照普通民事纠纷受理。

上述情形在本书第十八讲“劳动争议的受案范围”中已经具体阐述。

---

〔1〕 参见《劳动人事争议仲裁办案规则》第34条。

〔2〕 参见《劳动争议司法解释一》第17条。

此外，依据《劳动争议裁审衔接意见一》第1条的规定，以下情形，劳动人事争议仲裁委员会对调解协议仲裁审查申请不予受理或者经仲裁审查决定不予制作调解书的，当事人可以直接向人民法院提起诉讼的，人民法院应予受理：（1）依据《劳动争议调解仲裁法》第16条规定申请支付令被人民法院裁定终结督促程序后，劳动者依据调解协议直接提起诉讼的；（2）当事人在《劳动争议调解仲裁法》第10条规定的调解组织主持下仅就劳动报酬争议达成调解协议，用人单位不履行调解协议约定的给付义务，劳动者直接提起诉讼的；（3）当事人在经依法设立的调解组织主持下就支付拖欠劳动报酬、工伤医疗费、经济补偿或者赔偿金事项达成调解协议，双方当事人依据《民事诉讼法》第205条规定共同向人民法院申请司法确认，人民法院不予确认，劳动者依据调解协议直接提起诉讼的。

三、对仲裁不予受理的处理

劳动争议仲裁机构以申请仲裁的主体不适格为由，作出不予受理的书面裁决、决定或者通知，当事人不服依法提起诉讼，经审查确属主体不适格的，人民法院不予受理；已经受理的，裁定驳回起诉。[1] 需要明确的是，所谓主体不适格，根据《民事诉讼法》第122条的规定，[2] 包括原告不适格和被告不适格。原告不适格，是指原告与本案没有直接的利害关系；被告不适格，是指没有明确的被告。显然，在适格性上，对原告的要求比对被告的要求更高。对于被告来说，只要有明确的被告就可以，并不考虑该被告与本案有没有实际的直接利害关系；对于原告来说，除了要有明确的原告，该原告还必须是与本案有直接利害关系的公民、法人和其他组织。

劳动争议仲裁机构以当事人申请仲裁的事项不属于劳动争议为由，作出不予受理的书面裁决、决定或者通知，当事人不服，依法向人民法院起诉提起诉讼的，人民法院应当分别情况予以处理：（1）属于劳动争议案件的，应当受理；（2）虽不属于劳动争议案件，但属于人民法院主管的其他案件，应当依法受理。[3]

需要强调的是，对于不属于劳动争议的案件，人民法院要根据不同的情形，作出不同的处理：（1）属于人民法院受理民事诉讼的范围的，民事审判庭仍应当

---

〔1〕参见《劳动争议司法解释一》第7条。

〔2〕《民事诉讼法》第122条规定，起诉必须符合下列条件：（1）原告是与本案有直接利害关系的公民、法人和其他组织；（2）有明确的被告；（3）有具体的诉讼请求和事实、理由；（4）属于人民法院受理民事诉讼的范围和受诉人民法院管辖。

〔3〕参见《劳动争议司法解释一》第6条。

继续审理，而不能直接裁定驳回起诉。在实践中，经常能在裁判文书上看到“该请求事项不属于劳动争议，本院不予处理”的驳回理由，这是有违程序法的。实际上在我国，劳动争议案件也属于民事诉讼的范围，除了适用劳动法律之外，还适用一般的民事实体法和民事程序法，并且由民事审判庭进行审理。因此，审理的请求事项即使不属于劳动争议，但是只要该请求事项仍属于人民法院受理民事诉讼的范围，则人民法院民事审判庭完全没有理由不予处理，令当事人再诉，给当事人徒增诉累。（2）依照行政诉讼法的规定，属于行政诉讼受案范围的，告知原告提起行政诉讼。（3）依照法律规定，应当由其他机关处理的争议，告知原告向有关机关申请解决。比如，当事人请求补缴社会保险，由于该请求事项属于社会保险行政部门处理的权限范围，人民法院就应当裁定驳回起诉，并告知原告向有关机关申请解决。（4）对判决、裁定、调解书已经发生法律效力的案件，当事人又起诉的，告知原告申请再审，但人民法院准许撤诉的裁定除外。[1]

劳动争议仲裁机构以无管辖权为由对劳动争议案件不予受理，当事人提起诉讼的，人民法院按照以下情形分别处理：（1）经审查认为该劳动争议仲裁机构对案件确无管辖权的，应当告知当事人向有管辖权的劳动争议仲裁机构申请仲裁；（2）经审查认为该劳动争议仲裁机构有管辖权的，应当告知当事人申请仲裁，并将审查意见书面通知该劳动争议仲裁机构；劳动争议仲裁机构仍不受理，当事人就该劳动争议事项提起诉讼的，人民法院应予受理。[2]

四、仲裁不受理，当事人应当在多长时间内提起诉讼

实务中还存在一种现象，就是部分地区的劳动仲裁机构在出具不予受理的裁决、决定或者通知时，往往会在裁决、决定或者通知中载明诸如“当事人可以在收到决定书15日内向人民法院起诉”。随之而来的问题是，如果当事人超过决定书载明的期限才向人民法院起诉，人民法院是否应当受理？笔者认为，人民法院应当区分不同情形决定是否受理。比如，如前所述，如果属于劳动争议案件的，应当受理；虽不属于劳动争议案件，但属于人民法院主管的其他案件，应当依法受理。

实际上，劳动仲裁机构在出具的不予受理的裁决、决定或者通知中载明诸如“当事人可以在收到决定书15日内向人民法院起诉”的内容，是没有法律依据的，原因在于：（1）对于当事人的申请事项，劳动仲裁机构并没有进行实体审理，也没有作出实体裁决。（2）法律就劳动仲裁机构作出不同性质的法律文书后，当事人的诉权行使期限的规定是具有差异的。就终局裁决来说，原则上自作

---

〔1〕参见《民事诉讼法》第127条。

〔2〕参见《劳动争议司法解释一》第5条。

出即生效，但是劳动者可以自收到仲裁裁决书之日起15日内向人民法院提起诉讼。在符合法定情形时，用人单位可以自收到仲裁裁决书之日起30日内向劳动争议仲裁委员会所在地的中级人民法院申请撤销裁决。仲裁裁决被人民法院裁定撤销的，当事人可以自收到裁定书之日起15日内就该劳动争议事项向人民法院提起诉讼。就非终局裁决来说，当事人可以自收到仲裁裁决书之日起15日内向人民法院提起诉讼；期满不起诉的，裁决书发生法律效力。[1] 也就是说，对于劳动仲裁机构经过实体审理作出的实体裁决，法律限定了当事人行使诉权的期限。对于劳动仲裁机构未经实体审理作出的不予受理决定，以及逾期未作出决定的，《劳动争议调解仲裁法》第29条规定，“对劳动争议仲裁委员会不予受理或者逾期未作出决定的，申请人可以就该劳动争议事项向人民法院提起诉讼”。显然，法律并未就未经劳动仲裁机构实体审理作出的不予受理决定限定当事人行使诉权的期限。(3) 尽管立法和司法解释没有规定当事人对劳动争议仲裁委员会不予受理或者逾期未作出决定而向法院起诉的期间，但15日的期限不符合立法本意。在《劳动争议调解仲裁法》的立法过程中，该法草案三次审议稿修改意见的报告记载：“草案三次审议稿第二十九条规定了申请人可以自收到不予受理通知书之日起15日内就该劳动争议事项向人民法院提起诉讼。有的常委委员提出，申请人收到劳动争议仲裁委员会作出的不予受理通知书后，应当给予申请人充分的时间去为诉讼作准备，而不应将申请人就劳动争议事项提起诉讼的时效限定为15日……法律委员会经同财政经济委员会和国务院法制办、劳动保障部、全国总工会研究，赞同这一意见。”最终定稿时删除了15日的规定。从立法本意看，就是要给予当事人更多的时间准备起诉。[2]

需要注意的是，当事人在申请仲裁时，时效中断，但是在当事人收到不予受理的法律文书时，时效开始重新起算。因劳动争议仲裁时效为1年，因此，如果当事人收到不予受理的法律文书超过1年后才起诉，则已经超过了仲裁时效期间，其诉讼请求可能会因为对方当事人提出时效抗辩而得不到人民法院的支持。

五、诉讼请求与仲裁请求不一致的处理

（一）对诉讼中增加请求事项的处理

1.《民事诉讼法解释》第326条在劳动争议案件中的适用

由于劳动争议必须仲裁前置的强制规定，使当事人在人民法院起诉提出的请

---

〔1〕 参见《劳动争议调解仲裁法》第47~50条。

〔2〕 参见最高人民法院民事审判第一庭编著：《劳动争议案件审判指导》，法律出版社2018年版，第712页。

求，原则上必须先经过劳动仲裁机构审理。因此，虽然《民事诉讼法解释》第326条规定，“在第二审程序中，原审原告增加独立的诉讼请求或者原审被告提出反诉的，第二审人民法院可以根据当事人自愿的原则就新增加的诉讼请求或者反诉进行调解；调解不成的，告知当事人另行起诉。双方当事人同意由第二审人民法院一并审理的，第二审人民法院可以一并裁判”。但是该规定原则上只能适用于普通民事诉讼，不能直接适用于劳动争议案件，因为劳动争议仲裁前置的法律规定是强制性规定，不应允许通过当事人协商一致进行规避。

例外的是，《劳动争议司法解释一》第14条规定，人民法院受理劳动争议案件后，当事人增加诉讼请求的，如该诉讼请求与讼争的劳动争议具有不可分性，应当合并审理；如属独立的劳动争议，应当告知当事人向劳动争议仲裁机构申请仲裁。因此，如果当事人到了二审才增加某个诉讼请求，并且该请求与讼争的劳动争议又具有不可分性，则根据前述《民事诉讼法解释》第326条规定，二审法院可以根据当事人自愿的原则就新增加的诉讼请求进行调解；调解不成的，告知当事人另行起诉。

2. 对《劳动争议司法解释一》第14条中“不可分性”的理解

《劳动争议司法解释一》第14条规定，主要是从方便当事人和节约处理成本的原则考虑。但是对于何为“不可分性”，实践中存在不同的把握尺度，这导致一定程度的裁判尺度不统一，有损司法权威。并且，当事人可能通过在诉讼中增加诉讼请求来规避仲裁前置规定，使劳动争议仲裁前置立法目的落空。因此，应当准确把握所谓的“不可分性”。笔者认为，判断增加的请求与仲裁请求是否具有不可分性，应主要考虑以下因素：[1]

（1）受诉法院有管辖权，即受诉法院应当对增加的诉讼请求有管辖权，或者基于受诉法院对原请求有管辖权进而对与该诉有牵连关系的增加的诉讼请求也有管辖权。当然，属于其他法院专属管辖的除外。

（2）对增加的诉讼请求合并审理，不会导致对原请求审理的拖延。如果对增加的诉讼请求合并审理，会造成对原请求审理程序的正常进行产生影响并造成案件审理的拖延，也可以将已合并之诉予以分离，分别审判。

（3）增加的诉讼请求与仲裁的事项是基于同一法律关系或事实而产生的，相互之间有依附性。如劳动者基于支付劳动报酬的法律关系，请求用人单位给付拖欠的工资。劳动报酬的范围很广，包括工人工资、加班费、奖金等报酬。劳动者

〔1〕 参见最高人民法院民事审判第一庭编著：《最高人民法院劳动争议司法解释的理解与适用》，人民法院出版社2015年版，第47～48页。

提出支付拖欠工资的请求后，又增加请求支付加班费，加班费与工资是基于同一法律关系而提出，因此，对两个请求的审理具有不可分性，这两个请求就可以合并审理。并且，由于加班费属于劳动报酬，对于加班费的认定就有可能会影响到对其他请求事项的认定标准，如解除劳动合同经济补偿金的计算基数，因此确有必要合并审理。但是如果劳动者申请仲裁时请求给付拖欠工资，诉讼中增加请求用人单位返还押金，增加的请求与原诉讼请求是基于不同的法律关系提出，亦是基于不同的事实而提出，二者属于不同的劳动争议，各自独立。这种情形不应合并审理，应当告知当事人就增加的诉讼请求向劳动争议仲裁机构申请仲裁。需要特别注意的是，连带债权或连带债务是基于同一法律关系或事实而产生的，因此，人民法院受理劳动争议案件后，如果当事人增加的诉讼请求与仲裁的请求是基于同一连带债权或连带债务而产生的，则符合《劳动争议司法解释一》第14条规定的不可分性，人民法院应当合并审理。比如，劳动者在仲裁仅请求了混同用工的一方用工主体承担责任，到了一审又追加混同用工的另一方用工主体承担连带责任，则人民法院应当依据不可分性的规定，合并审理劳动者增加的请求。

案例87　任某诉F公司、G公司劳动争议案[1]

——基于连带责任产生的请求具有不可分性

【基本案情】

2014年8月1日，任某入职F公司，从事销售工作，于2016年4月1日离职。2017年3月29日，任某申请劳动仲裁，要求F公司支付其2014年8月1日至2016年3月31日的销售提成等款项。2017年10月16日，仲裁委裁决驳回其仲裁请求。任某不服仲裁裁决，诉至法院，并申请追加G公司为本案共同被告。

为证明F公司拖欠其销售提成，任某提供了2015年客户经理销售提成办法打印件、2016年客户经理销售提成办法打印件、与F公司法定代表人陈某及G公司法定代表人曹某的QQ聊天记录。任某还主张F公司与G公司经营地址一致，人员及业务混同，其对外签订合同时，由实际管理人陈某指定签订合同的公司名称，有时是F公司，有时是G公司。为证明其主张，任某提供了两公司的工商登记信息、G公司出具的证明打印件、为两公司签订的若干合同原件、F公司网络域名注册信息、G公司网站截图打印件、中标公告网页打印件、股东会议邀请函打印件、邮件网页打印件等证据，并申请证人代某出庭作证。

〔1〕参见北京市第一中级人民法院民事判决书，(2018) 京01民终7282号。

F公司在第一次庭审中认可任某存在销售提成但金额核算不清，在第二次庭审中称任某没有提成、无法统计其销售业绩。

任某主张自2003年入职G公司，该公司一直为其缴纳社会保险，从2014年8月开始改由F公司为其缴纳社保。两公司认可2014年8月之前任某确系在G公司工作，由G公司为其缴纳社保，2014年8月之后改由F公司缴纳。

【裁判要点】

生效判决认为：(1) 根据任某提供的前述QQ聊天记录可以认定，G公司法定代表人曹某曾通过QQ与任某就提成数额进行沟通，任某与F公司法定代表人陈某就涉案的应付提成数额达成合意。(2) 任某提供的相关证据材料显示，在本案所涉提成款发生的期间，陈某系G公司股东并担任F公司法定代表人，G公司的联系地址与F公司的注册地及经营地址一致；G公司的法定代表人曹某向陈某发送了有关任某业绩计算的相关文件，任某在拟定相关未付提成协议时共同列明了F公司与G公司，陈某未就此予以明确反对而是确认了任某的销售提成款数额；证人代某亦表示两公司之间混同经营，其虽然为G公司的员工但也以F公司的名义签订过相关合同；任某提供的上述证据，已经足以证明两公司存在共同的经营地址、曹某与陈某均对任某进行了管理，且两公司在计算销售提成时并未对各自公司的销售合同予以明确区分，陈某作为F公司的法定代表人，在与任某协商提成款项时，亦未提出过区分两公司的提成款。因此，法院根据上述事实认定两公司存在混同经营、混同用工，故任某要求G公司对销售提成工资承担连带支付责任的诉请，应予支持。

G公司主张，任某对其的诉请未经过仲裁前置，且已经超过仲裁时效。但是，其一，两公司对任某存在混同用工，就任某的劳动报酬债权，两公司是连带债务人，需对提成款承担连带支付责任。因此，任某在一审中追加要求G公司就提成款承担连带支付责任，与其在仲裁中要求F公司支付提成款的请求，系基于同一法律事实而产生，具有不可分性，符合原《劳动争议司法解释一》第6条的规定，并不违反劳动争议仲裁前置的相关规定。其二，仲裁时效与诉讼时效的法律性质基本相同，因此对于仲裁时效，亦可适用《诉讼时效司法解释》进行处理。依据该司法解释第13条规定，任某对F公司就提成款申请仲裁的行为，具有中断仲裁时效的效力。再依据该司法解释第17条第2款规定，应当认定，任某对于连带债务人中的一人（F公司）发生时效中断效力的事由，对其他连带债务人（G公司）也发生时效中断的效力。因此，任某的相关诉请并未超过仲裁时效。

综上，法院判决F科技公司支付任某2015年的销售提成工资，G器材公司承担连带支付责任。

【延伸思考】

连带债权或连带债务是基于同一法律关系或事实而产生的，因此，人民法院受理劳动争议案件后，如果当事人增加的诉讼请求与仲裁的请求是基于同一连带债权或连带债务而产生的，则符合《劳动争议司法解释一》第14条规定的不可分性，人民法院应当合并审理。

在混同用工中，混同用工的单位相对于劳动者是连带债务人，因此，在时效期间内，劳动者向其中一家单位主张权利的行为，不仅对该单位构成时效中断，对其他混同用工的单位也产生时效中断的效力。

（二）对一审中减少请求事项的处理

当事人仅就部分仲裁裁决内容起诉的，人民法院应当如何确定审理范围？一种观点认为，如果当事人的诉讼请求事项少于仲裁裁决事项，人民法院只需将诉讼请求事项列入审理范围即可。[1]

部分地区的司法实践也持这种观点，例如，《北京市劳动争议解答一》第16条规定，“仲裁裁决作出后当事人未在法定期限内起诉，或仅就部分内容提起诉讼，人民法院只需审理当事人在法定期限内起诉的请求，保持当事人诉讼请求与审理内容的一致性”。

该观点也体现在《劳动争议裁审衔接意见一》第15条，根据该条的规定，当事人未提起诉讼的裁决事项属于人民法院受理的案件范围的，人民法院应当在判决主文中予以确认。

但是，对当事人未提起诉讼的裁决事项直接在判决主文中予以确认，并不意味着人民法院在审查案件事实时，仅仅审查当事人起诉部分的事实。人民法院在围绕当事人诉讼请求进行审理的同时，仍应当对全案事实进行审查，发现事实认定有误时，应当进行纠正。[2] 这是因为，（1）当事人虽然仅针对部分事项起诉，但是仲裁裁决全部不发生法律效力，[3] 其对于事实的认定自然也不发生效力。（2）《民事诉讼法解释》第321条明确规定：“第二审人民法院应当围绕当事人的上诉请求进行审理。当事人没有提出请求的，不予审理，但一审判决违反法律禁止性规定，或者损害国家利益、社会公共利益、他人合法权益的除外。”从该规定也不难发现，只有对当事人未起诉或者未上诉的请求所涉及的事实也进行审查，才有可能发现未提出的请求所涉及的事实存在违反法律禁止性规定，或者损

〔1〕 参见王全兴：《劳动法》（第4版），法律出版社2017年版，第491页。

〔2〕 参见吴彬：《劳动人事争议裁判规则和实操指引》，中国法制出版社2022年版，第376页。

〔3〕 参见《劳动争议裁审衔接意见一》第15条。

害国家利益、社会公共利益、他人合法权益的情形。（3）案件事实与裁决事项虽有联系，但是毕竟不属于同一范畴，裁决事项属于对当事人权利义务的确认、分配和判定，即使作为其前提的事实认定有误，只要当事人对权利义务分配没有异议，则应当尊重当事人意思，这是民事权利处分原则的体现。[1] 对案件事实的认定，不仅与当事人处分权利无关，还可能涉及当事人未在本案中涉及的其他权利义务的分配。综上所述，妥当的做法是，人民法院对必要的全案事实进行审查，对于未起诉事项涉及的事实，如果发现有错误，应当予以纠正；由于当事人对该事实涉及的裁决事项无异议，所以事实虽然被纠正，但是对于裁决事项本身不予变动，并在判决主文中予以确认；[2] 但是，裁决事项违反法律禁止性规定，或者损害国家利益、社会公共利益、他人合法权益的除外。

部分地区的司法实践也采取了上述审理思路。比如，《北京市劳动争议解答一》第16条规定，“人民法院对于案件事实的审理不受当事人诉讼请求的限制，人民法院应当结合证据对事实进行综合判断和认定”。

（三）对一审中变更请求事项的处理

在特殊情况下，还存在当事人在一审中变更仲裁请求事项的情形，主要是指劳动者请求用人单位支付违法解除、终止劳动合同赔偿金与请求用人单位支付解除劳动合同经济补偿之间的变更，俗称“赔变补、补变赔”问题。实践中，由于劳动者对用人单位解除劳动合同行为的法律性质认识不准确，常常致使其在劳动仲裁中申请用人单位支付合法解除劳动合同的经济补偿，到了一审，又将该请求变更为请求用人单位支付违法解除或者终止劳动合同的赔偿金；或者其在劳动仲裁中申请用人单位支付违法解除或者终止劳动合同的赔偿金，到了一审，又将该请求变更为请求用人单位支付合法解除劳动合同的经济补偿。

长久以来，对于此问题的处理，在实践中存在不小的争论。一种观点认为，根据劳动争议仲裁前置的强制规定，不应允许劳动者的请求在经济补偿和赔偿金之间随意变更；另一种观点则认为，从便捷当事人诉讼和节省诉讼成本的角度考虑，应当准许劳动者变更请求。

笔者认为，当这两项请求均是基于用人单位作出的同一个解除行为时，这两项请求实质上就是基于同一法律关系或事实而产生的，即具有“不可分性”，故可以类推适用《劳动争议司法解释一》第14条的规定，由人民法院一并审理，不再令劳动者另行申请劳动仲裁。

---

〔1〕 参见吴彬：《劳动人事争议裁判规则和实操指引》，中国法制出版社2022年版，第380页。

〔2〕 参见吴彬：《劳动人事争议裁判规则和实操指引》，中国法制出版社2022年版，第380页。

《劳动争议裁审衔接意见一》第 5 条即是基于“不可分性”，对该问题的处理作了统一规定：劳动者请求用人单位支付违法解除或者终止劳动合同赔偿金，劳动人事争议仲裁委员会、人民法院经审查认为用人单位系合法解除劳动合同应当支付经济补偿的，可以依法裁决或者判决用人单位支付经济补偿。劳动者基于同一事实在仲裁辩论终结前或者人民法院一审辩论终结前将仲裁请求、诉讼请求由要求用人单位支付经济补偿变更为支付赔偿金的，劳动人事争议仲裁委员会、人民法院应予准许。

也就是说，基于同一个解除行为，一方面，仲裁机构和人民法院在查明事实的基础上，可以直接将劳动者要求用人单位支付违法解除或者终止劳动合同赔偿金的请求变更为要求用人单位支付合法解除劳动合同的经济补偿，这种变更是基于仲裁机构和人民法院查明的事实所作的强制变更，不需要经过劳动者同意；另一方面，劳动者自己只要在一审辩论终结前将请求由要求用人单位支付经济补偿变更为支付赔偿金，或者将请求由要求用人单位支付赔偿金变更为支付经济补偿，仲裁机构或者人民法院都应当准许。

六、其他裁审程序衔接问题

根据《劳动争议裁审衔接意见一》第 4 条的规定，申请人撤回仲裁申请后向人民法院起诉的，人民法院应当裁定不予受理；已经受理的，应当裁定驳回起诉。申请人再次申请仲裁的，劳动人事争议仲裁委员会应当受理。

但是，相较于前述《劳动争议裁审衔接意见一》第 4 条的规定，《劳动人事争议仲裁办案规则》第 39 条就相似问题却作出完全不同的程序规定：“申请人收到仲裁机构书面开庭通知，无正当理由拒不到庭或者未经仲裁庭同意中途退庭的，仲裁机构可以按撤回仲裁申请处理；申请人重新申请仲裁的，仲裁委员会不予受理。”按照该规定，申请人重新申请仲裁，仲裁委员会不予受理之后，申请人再向有管辖权的人民法院起诉的，只要请求事项属于人民法院受理民事诉讼的范围，人民法院自然应当依法受理。问题是，如果申请人收到仲裁机构书面开庭通知，无正当理由拒不到庭或者未经仲裁庭同意中途退庭，仲裁机构按撤回仲裁申请处理之后，申请人没有重新申请仲裁，而是直接向人民法院起诉，此时，人民法院究竟应如何处理？是不予受理或者裁定驳回起诉，还是依法予以受理？笔者认为，鉴于《劳动人事争议仲裁办案规则》第 39 条规定“申请人重新申请仲裁的，仲裁委员会不予受理”，为避免程序空转，只要请求事项属于人民法院受理民事诉讼的范围，人民法院宜依法受理。当然，笔者也呼吁有关部门尽快对《劳动人事争议仲裁办案规则》第 39 条的相关规定进行修订，以保持与《劳动争议裁审衔接意见一》第4条规定的协调与衔接。

劳动争议仲裁机构逾期未作出受理决定或仲裁裁决，当事人直接提起诉讼的，人民法院应予受理，但申请仲裁的案件存在下列事由的除外：（1）移送管辖的；（2）正在送达或者送达延误的；（3）等待另案诉讼结果、评残结论的；（4）正在等待劳动争议仲裁机构开庭的；（5）启动鉴定程序或者委托其他部门调查取证的；（6）其他正当事由。当事人以劳动争议仲裁机构逾期未作出仲裁裁决为由提起诉讼的，应当提交该仲裁机构出具的受理通知书或者其他已接受仲裁申请的凭证、证明。[1]

劳动争议仲裁机构作出的裁决遗漏了申请事项，当事人起诉的，人民法院应当依法作出处理，不能仅以遗漏的事项未经仲裁前置程序而不予处理。

劳动人事争议仲裁委员会认为已经生效的仲裁处理结果确有错误，可以依法启动仲裁监督程序，但当事人提起诉讼，人民法院已经受理的除外。劳动人事争议仲裁委员会重新作出处理结果后，当事人依法提起诉讼的，人民法院应当受理。[2]

按照《劳动争议司法解释一》第9条的规定，劳动争议仲裁机构仲裁的事项不属于人民法院受理的案件范围，当事人不服依法提起诉讼的，人民法院不予受理；已经受理的，裁定驳回起诉。这里存在一个立法漏洞：按照最高人民法院《关于人民法院对经劳动争议仲裁裁决的纠纷准予撤诉或驳回起诉后劳动争议仲裁裁决从何时起生效的解释》第3条的规定，因仲裁裁决确定的主体资格错误或仲裁裁决事项不属于劳动争议，被人民法院驳回起诉的，原仲裁裁决不发生法律效力。但是，如果劳动争议仲裁机构仲裁的事项不属于人民法院受理的案件范围，当事人不服依法提起诉讼，人民法院不予受理的，原仲裁裁决效力如何？对此法律和司法解释均未作规定。笔者认为，按照体系解释的原则，应当确定原仲裁裁决亦属无效。同时，这里还存在一个有意思的现象：如果劳动争议仲裁机构裁决确定的主体资格错误或仲裁裁决事项不属于劳动争议，并且当事人均没有起诉，则根据《劳动争议调解仲裁法》第47条、第50条的规定，裁决书将发生法律效力。假设某个劳动者为维护自身权益申请了劳动仲裁，裁决作出后，劳动者对裁决结果不服，此时，如果其不起诉，裁决书将生效；如果其起诉，一方面人民法院不会支持其诉请，另一方面也将导致裁决书失效。

---

〔1〕参见《劳动争议司法解释一》第12条。

〔2〕《劳动争议裁审衔接意见一》第18条对此作出详细规定，《劳动争议司法解释一》第8条亦有类似规定。

当事人就部分仲裁裁决事项向人民法院提起诉讼的，仲裁裁决不发生法律效力。[1]

当事人不服仲裁裁决，诉至人民法院后又撤回起诉或者被人民法院按撤诉处理，然后又起诉的，由于根据最高人民法院《关于人民法院对经劳动争议仲裁裁决的纠纷准予撤诉或驳回起诉后劳动争议仲裁裁决从何时起生效的解释》第1条的规定，原仲裁裁决自人民法院裁定送达当事人之日起已经发生法律效力，因此人民法院对于当事人的重新起诉应当不予受理，已经受理的裁定驳回起诉。劳动争议仲裁机构作出的调解书已经发生法律效力，一方当事人反悔提起诉讼的，人民法院不予受理；已经受理的，裁定驳回起诉。[2]

劳动者依据《劳动合同法》第30条第2款和《劳动争议调解仲裁法》第16条规定向人民法院申请支付令，符合《民事诉讼法》第17章督促程序规定的，人民法院应予受理。依据《劳动合同法》第30条第2款规定申请支付令被人民法院裁定终结督促程序后，劳动者就劳动争议事项直接提起诉讼的，人民法院应当告知其先向劳动争议仲裁机构申请仲裁。但是，依据《劳动争议调解仲裁法》第16条规定申请支付令被人民法院裁定终结督促程序后，劳动者依据调解协议直接提起诉讼的，人民法院应予受理。[3]

劳动争议仲裁机构对调解协议仲裁审查申请不予受理或者经仲裁审查决定不予制作调解书的，当事人可就协议内容中属于劳动人事争议仲裁受理范围的事项申请仲裁。当事人直接向人民法院提起诉讼的，人民法院不予受理，但下列情形除外：（1）依据《劳动争议调解仲裁法》第16条规定申请支付令被人民法院裁定终结督促程序后，劳动者依据调解协议直接提起诉讼的；（2）当事人在《劳动争议调解仲裁法》第10条规定的调解组织主持下仅就劳动报酬争议达成调解协议，用人单位不履行调解协议约定的给付义务，劳动者直接提起诉讼的；（3）当事人在经依法设立的调解组织主持下就支付拖欠劳动报酬、工伤医疗费、经济补偿或者赔偿金事项达成调解协议，双方当事人依据《民事诉讼法》第205条规定共同向人民法院申请司法确认，人民法院不予确认，劳动者依据调解协议直接提起诉讼的。[4]

当事人申请人民法院执行劳动争议仲裁机构作出的发生法律效力的裁决书、调解书，被申请人提出证据证明劳动争议仲裁裁决书、调解书有下列情形之一，

---

〔1〕参见《劳动争议裁审衔接意见一》第15条。
〔2〕参见《劳动争议司法解释一》第11条。
〔3〕参见《劳动争议司法解释一》第13条。
〔4〕参见《劳动争议裁审衔接意见一》第1条。

并经审查核实的，人民法院可以根据《民事诉讼法》第248条规定，裁定不予执行：（1）裁决的事项不属于劳动争议仲裁范围，或者劳动争议仲裁机构无权仲裁的；（2）适用法律、法规确有错误的；（3）违反法定程序的；（4）裁决所根据的证据是伪造的；（5）对方当事人隐瞒了足以影响公正裁决的证据的；（6）仲裁员在仲裁该案时有索贿受贿、徇私舞弊、枉法裁决行为的；（7）人民法院认定执行该劳动争议仲裁裁决违背社会公共利益的。人民法院在不予执行的裁定书中，应当告知当事人在收到裁定书之次日起30日内，可以就该劳动争议事项向人民法院提起诉讼。劳动争议仲裁机构作出终局裁决，劳动者向人民法院申请执行，用人单位向劳动争议仲裁机构所在地的中级人民法院申请撤销的，人民法院应当裁定中止执行。用人单位撤回撤销终局裁决申请或者其申请被驳回的，人民法院应当裁定恢复执行。仲裁裁决被撤销的，人民法院应当裁定终结执行。用人单位向人民法院申请撤销仲裁裁决被驳回后，又在执行程序中以相同理由提出不予执行抗辩的，人民法院不予支持。[1] 但是，当劳动者申请执行一裁终局的仲裁裁决，而用人单位不申请撤销仲裁裁决却直接向人民法院申请不予执行时，应当如何处理？笔者认为，人民法院应当直接审查不予执行是否成立，并依据审查结果裁定是否执行仲裁裁决。

需要特别说明的是，不同于普通的民事诉讼，对于劳动争议案件来说，双方当事人提起的诉讼请求在多数情况下并不能形成反诉。[2] 因为反诉请求与本诉请求在防御方法上需有牵连。[3] 因此，司法解释规定，劳动者与用人单位均不服劳动争议仲裁机构的同一裁决，向同一人民法院起诉的，人民法院应当并案审理，双方当事人互为原告和被告，对双方的诉讼请求，人民法院应当一并作出裁决。在诉讼过程中，一方当事人撤诉的，人民法院应当根据另一方当事人的诉讼请求继续审理。双方当事人就同一仲裁裁决分别向有管辖权的人民法院起诉的，后受理的人民法院应当将案件移送给先受理的人民法院。[4]

---

〔1〕 参见《劳动争议司法解释一》第24、25条。

〔2〕 参见最高人民法院民事审判第一庭编著：《最高人民法院劳动争议司法解释的理解与适用》，人民法院出版社2015年版，第267页。

〔3〕 参见张卫平：《民事诉讼法》（第4版），法律出版社2016年版，第321页。

〔4〕 参见《劳动争议司法解释一》第4条。